个人所得税精通好帮手

个人所得税汇算清缴
实务与案例

主 编·吴健 柴成山
副主编·卢艺 范锰杰 吴冠桦

与每位纳税人息息相关的税法
税务人员、纳税人、HR管理者等必读

图书在版编目(CIP)数据

个人所得税汇算清缴实务与案例/吴健,柴成山主编. —上海:立信会计出版社,2020.3
ISBN 978-7-5429-6417-5

Ⅰ.①个… Ⅱ.①吴…②柴… Ⅲ.①个人所得税—税收管理—中国 Ⅳ.①F812.424

中国版本图书馆 CIP 数据核字(2020)第 032328 号

策划编辑　　张巧玲
责任编辑　　张巧玲

个人所得税汇算清缴实务与案例
Geren Suodeshui Huisuan Qingjiao Shiwu Yu Anli

出版发行	立信会计出版社
地　　址	上海市中山西路 2230 号　邮政编码　200235
电　　话	(021)64411389　传　真　(021)64411325
网　　址	www.lixinaph.com　电子邮箱　lixinaph2019@126.com
网上书店	http://lixin.jd.com　http://lxkjcbs.tmall.com
经　　销	各地新华书店
印　　刷	固安华明印业有限公司
开　　本	787 毫米×1092 毫米　1/16
印　　张	28.75　插　页　1
字　　数	666 千字
版　　次	2020 年 3 月第 1 版
印　　次	2020 年 3 月第 1 次
书　　号	ISBN 978-7-5429-6417-5/F
定　　价	98.00 元

如有印订差错,请与本社联系调换

序

2019年1月1日，具有里程碑意义的综合与分类相结合的个人所得税制在我国正式实施。2019年11月20日，国务院常务会议要求合理有序建立个人所得税年度汇算清缴制度。

数千万的自然人将首次进行综合所得个人所得税汇算清缴，这对征纳双方均是挑战，对高收入纳税人群体挑战尤甚。鉴于绝大多数自然人纳税人"不了解政策口径，不掌握收入情况，不熟悉申报操作，不清楚税收风险"的实际情况，有着多年税政管理、征收管理、税务稽查、中介咨询和教学实践经验的吴健老师，与实战经验丰富的甘肃永诚财税集团董事长柴成山、教学经验丰富科研成果丰硕的国家税务总局税务干部学院卢艺博士、范锰杰老师合作编写了《个人所得税汇算清缴实务与案例》一书。此书的编写也凝聚了吴冠桦的辛勤劳动，他整理资料、校对书稿、复核数据，并负责编写部分章节。全书46万余字，共13章，精选案例78个。

本书理论联系实际，以案例解析复杂的个人所得税汇算清缴操作实务。并力图做到：

第一，围绕个人所得税汇算清缴内容。

本书紧扣居民个人综合所得汇算清缴和经营所得汇算清缴，详细讲解了现行个人所得税汇算清缴政策与操作实务，包括：个人所得税法的基本要素、综合所得的征税范围、减除费用与专项扣除、专项附加扣除、依法确定的其他扣除、捐赠支出的扣除、减免税优惠、综合所得应纳税额、扣缴申报与自行申报、综合所得汇算清缴、无住所个人所得税、经营所得预缴与汇算清缴以及居民个人境外所得个人所得税处理。对与个人所得税汇算清缴关系不大的利息股息红利所得、财产租赁所得、财产转让所得和偶然所得等项目，除在个人所得税法的基本要素一章作简要介绍外，其他章节基本没有涉及，感兴趣的读者朋友可以参阅本书主编之一吴健老师的《新个人所得税实务与案例》一书。

第二，注重个人所得税汇算清缴实务运用。

本书突出个人所得税汇算清缴实际操作，在讲解个人所得税汇算清缴政策规定的同时，注重将复杂的个人所得税政策规定灵活地运用到个人所得税汇算清缴操作实务中。如年终一次性奖金计税方法及其选择策略、劳务报酬所得与工资薪金所得、劳务报酬所得与经营所得的区分技巧，综合所得预扣预缴与汇算清缴的衔接方法，综合所得与经营所得费用扣除的衔接，专项附加扣除常见疑难问题的处理，公益性捐赠的扣除，无住所居民个人的代扣代缴（预扣预缴）与汇算清缴衔接，以及境外所得抵免操作注意事项，等等，无不突出个人所得税汇算清缴政策在实务中的灵活运作。

第三，以案例解析汇算清缴疑难问题。

本书对现行个人所得税汇算清缴政策进行全面、权威、透彻的解析,并辅以大量精选案例加以佐证说明。本书共收录了奖金的个人所得税处理、央企负责人年度绩效薪金延期兑现收入和任期奖励计税方法、单位低价向职工售房所得、解除劳动关系取得的一次性补偿收入、内部退养取得的一次性收入计税方法、提前退休人员的一次性收入等案例 78 个。此外,本书还分主要纳税人类型对个人所得税汇算清缴进行案例解析,例如,仅取得境内所得汇算清缴与纳税申报案例、综合所得汇算清缴简易申报案例、无住所居民个人汇算清缴与纳税申报案例、居民个人境外所得汇算清缴案例、保险营销员汇算清缴案例、经营所得的预缴与汇算清缴案例等。我们相信,这对广大基层税务干部准确掌握个人所得税汇算清缴精髓和相关操作实务、对纳税人的税务处理与纳税规划等,都将起到一定的帮助和规范作用。

本书依据的政策法规截至 2020 年 2 月 29 日。随着个人所得税汇算清缴配套政策的陆续发布,我们将通过"财税健谈"微信公众号及时更新相关内容。

本书内容力求既完整准确又切合财税工作的实际需要,期盼它能成为广大财税工作者和高收入、高净值人群的良师益友。

本书可供税务干部、企业财务人员、税务经理、注册会计师、律师、税务师等税收咨询服务人员,高收入、高净值人群以及财经类相关专业师生等学习和参考。

本书的顺利出版,得到了国家税务总局宿迁市税务局和扬州税务干部学院同仁,以及部分税务机关、税务师事务所、上市公司财务总监等的大力支持和帮助,书中的内容不乏他们的智慧。立信会计出版社编辑对本书的出版付出了辛勤劳动,在此一并致以诚挚的谢意!

虽然我们已经尽己所能,力求做到书中内容完整准确,方便读者阅读理解,但由于时间、精力和水平所限,方方面面的不足难免存在,诚挚地欢迎广大读者、纳税人和税务工作者批评指正,与我们共同探讨、改进。恳请致信:896659584@qq.com。

王健

2020 年 3 月 31 日

目 录

第一章 个人所得税法的基本要素 1
第一节 纳税人与扣缴义务人 1
一、纳税义务人 1
（一）个人所得税纳税人 1
（二）负税人与纳税人 1
（三）纳税人与纳税单位 2
（四）按家庭征税存在的问题 2
（五）纳税人的权利与义务 3
二、扣缴义务人 3
（一）扣缴义务人的界定 3
（二）个人所得税的扣缴义务人 4
第二节 征税项目 4
一、征税对象 4
二、税源与税目 5
（一）税源 5
（二）税目 5
三、应税项目 5
（一）个人所得税应税项目 5
（二）工资、薪金所得 6
（三）劳务报酬所得 6
（四）稿酬所得 6
（五）特许权使用费所得 6
（六）经营所得 6
（七）利息、股息、红利所得 6
（八）财产租赁所得 6
（九）财产转让所得 7
（十）偶然所得 7
第三节 税率 7
一、税率种类 7
（一）比例税率 7
（二）累进税率 7
（三）定额税率 8
二、速算扣除数 8

三、个人所得税税率 ·· 9
　　（一）居民个人综合所得税率表 ··· 9
　　（二）非居民个人劳动所得适用税率 ··· 9
　　（三）经营所得的适用税率 ··· 10
　　（四）其他分类所得的适用税率 ·· 10
　　（五）税制改革前个人所得税税率 ··· 11
　　（六）预扣率 ·· 12
第四节　计税依据 ·· 13
　一、个人所得税计税依据 ·· 13
　二、收入形式与费用扣除方法 ··· 14
　　（一）收入形式 ·· 14
　　（二）费用扣除方法 ··· 14
　三、外币折算 ··· 15
　　（一）个人所得税的外币折算 ·· 15
　　（二）企业所得税的外币折算 ·· 15

第二章　综合所得的征税范围 ·· 17

第一节　工资、薪金所得 ·· 17
　一、综合所得的计征项目 ·· 17
　二、征税范围的一般规定 ·· 18
　三、征税范围的具体规定 ·· 18
　　（一）内部退养人员取得的收入 ·· 18
　　（二）退休人员再任职取得的收入 ··· 18
　　（三）用于购买企业国有股权的劳动分红所得 ·· 18
　　（四）出租车驾驶员从事客货运营收入 ·· 19
　　（五）免费旅游 ·· 19
　　（六）企业为职工购买商业保险 ·· 19
　　（七）股票期权计划中购买价低于市场价的差额 ···································· 19
　　（八）以现金形式发放的住房补贴 ··· 19
　　（九）民航空地勤人员的伙食费与飞行小时费 ·· 20
　四、不属于工资、薪金性质的津补贴 ··· 20
　五、工资、薪金所得的申报 ··· 21
　　（一）预扣预缴或代扣代缴申报 ·· 21
　　（二）汇算清缴申报 ··· 21
第二节　劳务报酬所得 ·· 21
　一、征税范围的一般规定 ·· 21
　二、征税范围的具体规定 ·· 22
　　（一）个人的兼职收入 ··· 22
　　（二）关于董事费征税问题 ··· 22
　三、劳务报酬与工资、薪金的划分 ·· 22
　四、个人举办各类学习班取得的收入 ··· 23

五、非有形商品推销、代理等服务收入 ································ 23
　　六、广告市场个人所得税 ·· 23
　　七、劳务报酬所得的申报 ·· 24
　　　（一）预扣预缴或代扣代缴申报 ·· 24
　　　（二）汇算清缴申报 ·· 24

第三节　稿酬所得 ·· 25
　　一、征税范围的一般规定 ·· 25
　　二、征税范围的具体规定 ·· 25
　　三、稿酬所得每次的确定 ·· 26
　　四、稿酬所得的申报 ·· 26
　　　（一）预扣预缴或代扣代缴申报 ·· 26
　　　（二）汇算清缴申报 ·· 26

第四节　特许权使用费所得 ·· 27
　　一、征税范围的一般规定 ·· 27
　　二、征税范围的具体规定 ·· 27
　　　（一）专利权 ··· 27
　　　（二）商标权 ··· 27
　　　（三）著作权 ··· 27
　　　（四）非专利技术 ··· 28
　　三、特许权使用费所得的申报 ·· 28
　　　（一）预扣预缴或代扣代缴申报 ·· 28
　　　（二）汇算清缴申报 ·· 29

第三章　减除费用与专项扣除

第一节　基本减除费用 ·· 30
　　一、综合所得的扣除项目 ·· 30
　　二、基本费用扣除 ··· 30
　　　（一）基本费用扣除标准 ·· 30
　　　（二）费用扣除标准与起征点及免征额 ··································· 32
　　　（三）基本费用扣除标准的动态调整 ······································ 33
　　　（四）劳务报酬、稿酬与特许权使用费所得的费用扣除 ············· 33
　　三、基本减除费用的申报 ·· 33
　　　（一）预扣预缴或代扣代缴申报 ·· 33
　　　（二）汇算清缴申报 ·· 33

第二节　专项扣除 ·· 33
　　一、专项扣除项目 ··· 33
　　二、社会保险费 ·· 34
　　　（一）社会保险费的税前扣除 ·· 34
　　　（二）个人领取社会保险费免税 ··· 34
　　三、住房公积金 ·· 35
　　　（一）住房公积金的税前扣除处理 ·· 35

（二）个人领取原提存的住房公积金时免税 ······ 35
　四、专项扣除的申报 ······ 35
　　（一）预扣预缴或代扣代缴申报 ······ 35
　　（二）汇算清缴申报 ······ 35

第四章　专项附加扣除 ······ 36
第一节　专项附加扣除概述 ······ 36
　一、专项附加扣除项目 ······ 36
　二、可扣除专项附加扣除的所得项目 ······ 37
　三、办理扣除的时间 ······ 37
　　（一）办理扣除时间的一般规定 ······ 37
　　（二）年度中间更换工作单位的扣除 ······ 38
　　（三）没有工资、薪金所得的扣除 ······ 38
　　（四）年度内未享受或未足额享受的处理 ······ 38
　　（五）当年扣不完的不能结转以后年度扣除 ······ 38
　四、专项附加扣除信息报送 ······ 38
　　（一）信息变化与更换工作单位后的信息报送 ······ 39
　　（二）次年继续扣除的信息确认 ······ 39
　　（三）扣除资料留存期限 ······ 39
　　（四）信息报送方式 ······ 39
　五、暂停享受扣除与追补扣除 ······ 40
　六、后续核查与管理 ······ 40
　　（一）享受扣除的核查 ······ 40
　　（二）违规处理与联合惩戒 ······ 40
　七、专项附加扣除的申报 ······ 40
　　（一）预扣预缴或代扣代缴申报 ······ 40
　　（二）汇算清缴申报 ······ 41

第二节　子女教育 ······ 41
　一、子女教育专项附加扣除政策 ······ 41
　二、扣除时间 ······ 42
　三、扣除信息的填报与留存备查资料 ······ 42
　　（一）专项附加扣除信息报送 ······ 42
　　（二）留存备查资料 ······ 47
　四、疑难问题解析 ······ 47

第三节　继续教育 ······ 49
　一、继续教育专项附加扣除政策 ······ 49
　二、扣除时间 ······ 49
　三、扣除信息的填报与留存备查资料 ······ 49
　　（一）专项附加扣除信息报送 ······ 49
　　（二）留存备查资料 ······ 50
　四、疑难问题解析 ······ 50

第四节 大病医疗 ... 52
一、大病医疗专项附加扣除政策 ... 52
二、扣除时间 ... 52
三、扣除信息的填报与留存备查资料 ... 52
（一）专项附加扣除信息报送 ... 52
（二）留存备查资料 ... 53
四、疑难问题解析 ... 53

第五节 住房贷款利息 ... 54
一、住房贷款利息专项附加扣除政策 ... 54
（一）住房贷款利息专项附加扣除政策规定 ... 54
（二）首套住房贷款的界定 ... 55
二、扣除时间 ... 55
三、扣除信息的填报与留存备查资料 ... 55
（一）专项附加扣除信息报送 ... 55
（二）留存备查资料 ... 55
四、疑难问题解析 ... 56

第六节 住房租金 ... 58
一、住房租金专项附加扣除政策 ... 58
二、扣除时间 ... 58
三、扣除信息的填报与留存备查资料 ... 59
（一）专项附加扣除信息的填报 ... 59
（二）留存备查资料 ... 59
四、疑难问题解析 ... 59

第七节 赡养老人 ... 61
一、赡养老人专项附加扣除政策 ... 61
二、扣除时间 ... 62
三、扣除信息的填报与留存备查资料 ... 62
（一）专项附加扣除信息的填报 ... 62
（二）留存备查资料 ... 62
四、疑难问题解析 ... 62

第五章 依法确定的其他扣除 ... 64

第一节 企业或职业年金 ... 64
一、补充养老保险个人所得税处理 ... 64
二、年金递延纳税政策 ... 64
（一）年金缴费的个人所得税处理 ... 65
（二）年金基金投资运营收益的个人所得税处理 ... 65
（三）税制改革前领取年金的处理 ... 65
（四）新税制实施后的处理 ... 66
（五）操作与申报 ... 66
（六）年金个人所得税案例分析 ... 68

第二节　商业健康保险支出 …… 69
- 一、商业健康保险产品支出限额扣除政策 …… 69
- 二、商业健康保险限额扣除政策的适用对象 …… 69
  - （一）符合规定的商业健康保险产品的界定 …… 70
  - （二）符合规定的健康保险产品的分类 …… 71
- 三、商业健康保险支出的税前扣除 …… 71
  - （一）取得工资、薪金或劳务报酬所得个人自行购买的处理 …… 71
  - （二）单位为员工购买或者单位和个人共同负担购买的处理 …… 73
  - （三）取得经营所得的个人购买商业健康保险支出的扣除 …… 75
- 四、税优识别码的使用 …… 75
  - （一）税优识别码 …… 75
  - （二）未获得税优识别码不得税前扣除 …… 75
- 五、特殊事项的处理 …… 76
  - （一）两处以上取得工资、薪金所得的扣除 …… 76
  - （二）核定征收个体工商户的处理 …… 76
  - （三）部门协作 …… 76
- 六、税前扣除情况明细表的填报 …… 76

第三节　税延养老保险支出 …… 78
- 一、税延养老税前扣除试点政策 …… 78
  - （一）个人缴费税前扣除标准 …… 78
  - （二）资金投资收益暂不征税 …… 79
  - （三）个人领取商业养老金征税 …… 79
- 二、试点地区及时间 …… 79
- 三、试点政策适用对象 …… 79
- 四、征收管理 …… 79
  - （一）商业养老资金账户和信息平台 …… 79
  - （二）商业养老保险产品及管理 …… 80
  - （三）缴费税前扣除 …… 80
  - （四）领取商业养老金时的税款征收 …… 82
  - （五）相关工作与部门协作 …… 82

第四节　其他扣除 …… 83
- 一、公务交通费与通讯补贴 …… 83
  - （一）一般扣除规定 …… 83
  - （二）具体扣除标准 …… 84
- 二、供热采暖补贴与冬季取暖补贴 …… 87
- 三、补充住房公积金和住房补贴 …… 87
- 四、补充医疗保险 …… 89
- 五、允许可扣除的税费 …… 89
  - （一）允许扣除税费的所得项目 …… 89
  - （二）劳务报酬所得可以扣除税金 …… 90

		（三）特许权使用费的税费扣除	90
		（四）税制改革后的费用扣除	91
第六章	**捐赠支出的扣除**		**92**
	第一节	公益性捐赠税前扣除	92
		一、公益性捐赠税前扣除政策	92
		（一）税制改革后捐赠扣除政策	92
		（二）税制改革前捐赠扣除政策	92
		（三）捐赠税前扣除的计算	93
		二、公益性捐赠支出捐赠额的确定	93
		三、居民个人公益捐赠支出的扣除	93
		（一）居民个人扣除公益捐赠支出规则	93
		（二）综合所得中扣除公益捐赠支出的处理	94
		四、经营所得中扣除公益捐赠支出的处理	94
		五、非居民个人发生公益捐赠支出的扣除	95
		六、公益捐赠支出的追补扣除	95
		七、捐赠扣除票据与手续	95
		八、捐赠扣除的政策衔接	96
	第二节	全额扣除的捐赠支出	96
		一、限额扣除与全额扣除的扣除次序	96
		二、全额扣除的公益捐赠支出项目	96
		（一）向农村义务教育或教育事业的捐赠	96
		（二）对中国教育发展基金会的捐赠	97
		（三）对公益性青少年活动场所的捐赠	97
		（四）对老年服务机构的捐赠	97
		（五）通过宋庆龄基金会等6家单位的捐赠	97
		（六）通过中国医药卫生事业发展基金会的捐赠	97
		（七）向红十字事业的公益捐赠	98
		（八）通过中国老龄事业发展基金会等8家单位的公益捐赠	98
		（九）向中华快车基金会等5家单位的捐赠	98
		（十）对北京2022年冬奥会和冬残奥会的捐赠	98
		（十一）支持新冠肺炎疫情防控的捐赠	98
		三、公益慈善事业捐赠扣除明细表及其填报	98
第七章	**减免税优惠**		**101**
	第一节	法定免征	101
		一、省部军级和外国组织、国际组织特定奖金优惠	101
		（一）省部军级和外国组织、国际组织特定奖金免征	101
		（二）省部级特定奖金免税的具体项目	102
		（三）从省级以下政府部门取得的一次性奖励应纳税	102
		二、国债和国家发行的金融债券利息优惠	102
		（一）国债和国家发行的金融债券利息免征优惠	102

(二)地方政府债券利息优惠 ··· 102
三、按照国家统一规定发给的补贴、津贴优惠 ································ 103
　　(一)免税的津补贴的范围 ··· 103
　　(二)西藏艰苦边远地区津贴等津补贴 ····································· 103
　　(三)远洋运输船员伙食费 ··· 103
　　(四)不属于工资、薪金性质的津补贴 ····································· 103
四、福利费、抚恤金、救济金优惠 ··· 104
　　(一)福利费、抚恤金、救济金免征优惠 ··································· 104
　　(二)免税范围的界定 ··· 104
五、保险赔款免征优惠 ·· 104
六、军人的转业费、复员费、退役金免征优惠 ································ 104
七、安家费、退职费、退休费、离休费、离休生活补助费优惠 ·················· 105
　　(一)安家费、退职费、退休费、离休费、离休生活补助费免征 ················ 105
　　(二)高级专家延长离退休期间工资、薪金免征优惠 ························· 105
八、使馆、领事馆的外交代表、领事官员和其他人员的所得优惠 ················ 106
　　(一)外交代表免纳捐税 ··· 106
　　(二)领事官员或领馆行政技术人员免纳捐税 ······························ 106
　　(三)驻华机构雇员应按规定纳税 ·· 106
九、国际公约、协议中规定免税的所得优惠 ·································· 107
十、国务院规定的其他免税所得 ··· 107

第二节　法定减征 ·· 107
一、残疾、孤老人员和烈属的所得减征 ····································· 107
　　(一)残疾、孤老人员和烈属的所得减征优惠 ······························ 107
　　(二)可减征个人所得税的所得项目 ······································ 108
　　(三)减征幅度与期限 ··· 108
　　(四)汇算清缴地与预扣预缴地标准不一致的处理 ·························· 112
二、因自然灾害遭受重大损失的减征 ······································· 112
　　(一)因自然灾害遭受重大损失的减征优惠 ································ 112
　　(二)减征幅度与期限 ··· 112
三、国务院规定的其他减税情形 ··· 113

第三节　投资抵扣优惠 ·· 113
一、天使投资个人投资抵扣所得额优惠 ····································· 113
　　(一)天使投资个人投资抵扣所得额 ······································ 113
　　(二)初创科技型企业应符合的条件 ······································ 114
　　(三)天使投资个人应符合的条件 ·· 115
　　(四)接受投资满2年后上市的处理 ······································ 115
　　(五)违规享受优惠的处理 ··· 119
二、合伙创投企业个人合伙人投资抵扣 ····································· 119
　　(一)创业投资企业及其备案管理 ·· 119
　　(二)个人合伙人投资抵扣所得额优惠 ···································· 120

（三）合伙创业投资企业应符合的条件 ······ 121
　　（四）备案管理与申报 ······ 121
三、创业投资企业个人合伙人的处理 ······ 126
　　（一）创业投资企业的核算方式 ······ 126
　　（二）个人合伙人的税务处理 ······ 126
　　（三）单一投资基金核算个人合伙人的处理 ······ 126
　　（四）创投企业年度所得整体核算个人合伙人的处理 ······ 127
　　（五）核算方式备案与转请机制 ······ 128
四、个人所得税减免税事项报告表及其填报 ······ 129

第四节　其他优惠 ······ 135
一、破产安置费和解除劳动合同补偿金优惠 ······ 135
　　（一）职工从破产企业取得的安置费优惠 ······ 135
　　（二）解除劳动合同取得的补偿金优惠 ······ 135
二、军转择业与再就业扶持优惠 ······ 136
　　（一）随军家属从事个体经营3年内免征优惠 ······ 136
　　（二）军转干部从事个体经营3年内免征优惠 ······ 136
　　（三）退役士兵从事个体经营3年内限额扣减优惠 ······ 137
　　（四）重点群体人员从事个体经营3年内限额扣减优惠 ······ 138
三、奖金个人所得税优惠 ······ 139
　　（一）见义勇为奖金免征优惠 ······ 139
　　（二）体彩中奖所得1万元以下免征优惠 ······ 139
　　（三）社会福利有奖募捐奖券中奖1万元以下免征优惠 ······ 139
　　（四）单张有奖发票奖金不超800元的免征优惠 ······ 139
　　（五）举报、协查违法犯罪奖金免征优惠 ······ 139
四、符合条件的外籍专家工资、薪金优惠 ······ 139
　　（一）世界银行直接派往我国工作的外国专家优惠 ······ 139
　　（二）联合国组织直接派往我国工作的专家优惠 ······ 140
　　（三）为联合国援助项目来华工作的专家优惠 ······ 140
　　（四）援助国派往我国专为该国无偿援助项目工作的专家优惠 ······ 140
　　（五）文化交流项目来华工作两年以内的文教专家优惠 ······ 140
　　（六）国际交流项目来华工作两年以内的文教专家优惠 ······ 140
　　（七）通过民间科研协定来华工作的专家优惠 ······ 141
五、外籍个人的津补贴优惠 ······ 141
　　（一）住房补贴、伙食补贴、搬迁费、洗衣费优惠 ······ 141
　　（二）外籍个人按合理标准取得的境内外出差补贴优惠 ······ 142
　　（三）探亲费、语言训练费、子女教育费优惠 ······ 142
　　（四）外籍个人八项津补贴优惠的清理与过渡 ······ 143
　　（五）外国派出单位发给包干款项中的非工资收入优惠 ······ 145
　　（六）留学生的生活津贴费、奖学金不征税 ······ 145
　　（七）平潭工作的台湾居民税负差额补贴优惠 ······ 145

（八）粤港澳大湾区境外高端人才和紧缺人才补贴免税优惠 …………… 145
六、外籍个人从外商投资企业取得股息红利优惠 ……………………………… 146
七、支持住房个人所得税优惠 …………………………………………………… 147
 （一）个人转让自用5年以上家庭唯一生活用房免征优惠 …………… 147
 （二）符合条件的房屋赠与免征优惠 …………………………………… 148
 （三）拆迁补偿款免征优惠 ……………………………………………… 149
 （四）城镇住房保障家庭取得的住房租赁补贴优惠 …………………… 149
 （五）个人出租房屋减征优惠 …………………………………………… 149
八、支持金融资本市场发展优惠 ………………………………………………… 149
 （一）上市公司股息红利差别化政策优惠 ……………………………… 149
 （二）新三板挂牌公司股息红利差别化政策优惠 ……………………… 150
 （三）投资创新企业境内发行存托凭证所得优惠 ……………………… 152
 （四）转让上市公司股票所得免征优惠 ………………………………… 152
 （五）个人通过沪港通、深港通取得的股票转让差价所得优惠 ……… 153
 （六）转让新三板挂牌公司非原始股优惠 ……………………………… 154
 （七）储蓄存款利息所得优惠 …………………………………………… 154
 （八）证券交易结算资金利息所得优惠 ………………………………… 155
 （九）"三险一金"存款利息所得优惠 …………………………………… 155
 （十）行政和解金免税优惠 ……………………………………………… 155
 （十一）铁路债券利息收入减半征收优惠 ……………………………… 155
 （十二）内地与香港基金互认优惠 ……………………………………… 156
 （十三）股权分置改革非流通股股东向流通股股东支付对价免税 …… 156
九、社会保险与公积金优惠 ……………………………………………………… 156
 （一）单位为个人按规定缴付的"三险一金"免征优惠 ………………… 156
 （二）工伤保险待遇免征优惠 …………………………………………… 156
 （三）生育津贴和生育医疗费免征优惠 ………………………………… 157
十、从事四业所得暂免征收优惠 ………………………………………………… 157
 （一）个人或个体户从事四业所得暂免征收优惠 ……………………… 157
 （二）独资与合伙企业投资者取得四业所得暂不征收优惠 …………… 157
十一、支持体育事业发展优惠 …………………………………………………… 157
 （一）支持北京2022年冬奥会和冬残奥会优惠 ………………………… 157
 （二）支持青奥会、亚青会、东亚会税收优惠 ………………………… 158
 （三）支持亚沙会税收优惠 ……………………………………………… 158
 （四）支持第七届世界军人运动会优惠 ………………………………… 158
十二、远洋船员工资、薪金优惠 ………………………………………………… 158
十三、代扣代缴税款手续费优惠 ………………………………………………… 159
十四、支持新冠肺炎疫情防控优惠 ……………………………………………… 159

第八章 综合所得应纳税额 …………………………………………………… 160
第一节 应纳税所得额 ………………………………………………………… 160
一、综合所得的应纳税所得额 …………………………………………………… 160

二、收入额的确定 …………………………………………………… 160
第二节　税率与预扣率 …………………………………………………… 160
　　一、综合所得的适用税率 …………………………………………… 160
　　二、按月换算后的月度税率表 ……………………………………… 161
　　三、速算扣除数的计算与适用 ……………………………………… 163
　　四、关于税率的探讨 ………………………………………………… 165
　　　（一）关于最高边际税率调整的讨论 …………………………… 165
　　　（二）关于综合所得适用累进税率与比例税率的讨论 ………… 167
　　五、综合所得的预扣率 ……………………………………………… 167
　　　（一）工资、薪金的预扣率表 …………………………………… 167
　　　（二）劳务报酬所得的预扣率表 ………………………………… 168
　　　（三）稿酬与特许权使用费所得的预扣率 ……………………… 168
第三节　应纳税额的计算 ………………………………………………… 168
　　一、综合所得应纳税额的计算 ……………………………………… 168
　　二、非居民个人应纳税额的计算 …………………………………… 172
第四节　特殊事项的处理 ………………………………………………… 173
　　一、不含税收入的换算 ……………………………………………… 173
　　　（一）雇主为雇员负担全部税款 ………………………………… 173
　　　（二）雇主为雇员定额负担部分税款 …………………………… 174
　　　（三）雇主为雇员定率负担部分税款 …………………………… 174
　　　（四）雇主为雇员负担超过原居住国的税款 …………………… 175
　　　（五）雇主负担税款的简便算法——方程法 …………………… 175
　　二、全年一次性奖金 ………………………………………………… 176
　　　（一）全年一次性奖金的处理 …………………………………… 176
　　　（二）优惠计税方法的适用范围 ………………………………… 177
　　　（三）不含税全年一次性奖金的处理 …………………………… 178
　　　（四）全年一次性奖金的纳税筹划 ……………………………… 181
　　　（五）税制改革后全年一次性奖金的处理 ……………………… 183
　　三、央企负责人年度绩效薪金延期兑现收入和任期奖励 ………… 187
　　　（一）税制改革前的处理 ………………………………………… 187
　　　（二）税制改革后的处理 ………………………………………… 188
　　四、单位低价向职工售房 …………………………………………… 189
　　　（一）税制改革前的处理 ………………………………………… 189
　　　（二）税制改革后的处理 ………………………………………… 189
　　五、解除劳动关系取得的一次性补偿收入 ………………………… 191
　　　（一）税制改革前的处理 ………………………………………… 191
　　　（二）税制改革后的处理 ………………………………………… 193
　　六、内部退养取得的一次性收入 …………………………………… 194
　　　（一）税制改革前的处理 ………………………………………… 194
　　　（二）税制改革后的处理 ………………………………………… 194

七、提前退休人员的一次性收入 ·································· 195
　(一) 税制改革前的处理 ·································· 195
　(二) 税制改革后的处理 ·································· 196
八、保险营销员与证券经纪人佣金收入 ·································· 197
　(一) 税制改革前的处理 ·································· 197
　(二) 税制改革后的处理 ·································· 198
　(三) 代理人应纳税费的委托代征和代扣代缴 ·································· 199
　(四) 案例分析 ·································· 199
九、代开发票不附征个人所得税 ·································· 202
　(一) 江苏省的具体规定 ·································· 203
　(二) 海南省的具体规定 ·································· 203
　(三) 云南省的具体规定 ·································· 203
　(四) 厦门市的具体规定 ·································· 204
　(五) 四川省的具体规定 ·································· 204

第九章　扣缴申报与自行申报

第一节　个人所得税征管 ·································· 205
一、纳税人识别号 ·································· 205
　(一) 纳税人识别号的概念 ·································· 205
　(二) 纳税人识别号的提供 ·································· 205
　(三) 纳税人识别号的用途 ·································· 206
二、纳税前置与协税护税 ·································· 206
　(一) 协税护税 ·································· 206
　(二) 专项附加扣除信息的提供与核实 ·································· 207
　(三) 财产转让纳税前置 ·································· 207
　(四) 联合激励或者惩戒 ·································· 207

第二节　扣缴申报 ·································· 207
一、扣缴义务人 ·································· 208
　(一) 扣缴义务人的概念 ·································· 208
　(二) 个人所得税扣缴义务人 ·································· 208
　(三) 扣缴义务人应依法扣缴税款 ·································· 210
　(四) 非居民个人所得税的代扣代缴 ·································· 210
二、全员全额扣缴申报 ·································· 211
　(一) 全员全额扣缴申报的界定 ·································· 211
　(二) 全员全额扣缴申报的应税所得项目 ·································· 211
　(三) 个人所得税扣缴申报表及其填报 ·································· 211
　(四) 个人所得税申报表体系 ·································· 216
三、扣缴申报期限 ·································· 216
四、居民个人综合所得的预扣预缴 ·································· 218
　(一) 工资、薪金所得的累计预扣法 ·································· 218
　(二) 劳务报酬、稿酬与特许权使用费所得的预扣预缴 ·································· 221

（三）佣金的预扣预缴 …………………………………………………… 222
五、非居民个人劳动所得的代扣代缴 …………………………………………… 222
　　（一）代扣代缴税款方法 ………………………………………………… 222
　　（二）非居民个人劳动所得适用的税率 ………………………………… 223
六、分类所得的代扣代缴 ………………………………………………………… 223
　　（一）按次或者按月代扣代缴税款 ……………………………………… 223
　　（二）每次的界定 ………………………………………………………… 223
七、扣缴手续费 …………………………………………………………………… 223
　　（一）扣缴个人所得税手续费 …………………………………………… 223
　　（二）扣缴手续费的处理 ………………………………………………… 224
　　（三）代扣代缴手续费申请表及其填报 ………………………………… 225
八、信息提供与处理 ……………………………………………………………… 226
　　（一）基础信息的提供与报送 …………………………………………… 226
　　（二）享受税收协定待遇信息、资料的提供 …………………………… 226
　　（三）个人所得和已扣缴税款等信息的反馈 …………………………… 226
　　（四）涉税信息与实际不符的处理 ……………………………………… 229
　　（五）留存备查资料与信息保密 ………………………………………… 229

第三节　自行申报 ………………………………………………………………… 229
一、自行申报情形 ………………………………………………………………… 229
　　（一）需办理自行纳税申报的情形 ……………………………………… 229
　　（二）纳税申报方式 ……………………………………………………… 230
　　（三）基础信息表的报送 ………………………………………………… 230
二、综合所得汇缴申报 …………………………………………………………… 233
　　（一）综合所得汇算清缴纳税申报情形 ………………………………… 233
　　（二）豁免汇算清缴申报的情形 ………………………………………… 233
　　（三）纳税申报时间 ……………………………………………………… 233
　　（四）纳税申报地点 ……………………………………………………… 233
　　（五）纳税资料的留存备查与报送 ……………………………………… 234
　　（六）预扣预缴与汇算清缴案例 ………………………………………… 234
三、取得经营所得的纳税申报 …………………………………………………… 239
　　（一）申报时间 …………………………………………………………… 239
　　（二）申报地点 …………………………………………………………… 239
四、取得应税所得没有扣缴义务人的纳税申报 ………………………………… 240
五、扣缴义务人未扣缴税款的纳税申报 ………………………………………… 240
六、取得境外所得的纳税申报 …………………………………………………… 240
　　（一）申报时间 …………………………………………………………… 240
　　（二）申报地点 …………………………………………………………… 240
七、因移居境外注销中国户籍的纳税申报 ……………………………………… 240
　　（一）注销中国户籍纳税申报内容 ……………………………………… 240
　　（二）申报时间 …………………………………………………………… 241

八、非居民个人从两处以上取得工资、薪金所得的纳税申报 ……………… 241
　　九、税务总局规定自行申报的其他情形 ……………………………………… 241

第十章　综合所得汇算清缴 ……………………………………………………… 243
第一节　综合所得汇算清缴概述 ………………………………………………… 243
　　一、综合所得汇算清缴内容 ………………………………………………… 243
　　　（一）综合所得汇算清缴的概念 ………………………………………… 243
　　　（二）年度综合所得汇算清缴内容 ……………………………………… 243
　　　（三）年度综合所得汇算清缴的原因 …………………………………… 244
　　二、需办理综合所得汇算清缴的纳税人 …………………………………… 245
　　　（一）需要办理年度综合所得汇算清缴的纳税人 ……………………… 245
　　　（二）无须办理年度综合所得汇算清缴的纳税人 ……………………… 246
　　三、汇算清缴可享受的税前扣除 …………………………………………… 247
　　四、汇算清缴时间与办理方式 ……………………………………………… 247
　　　（一）办理时间 …………………………………………………………… 247
　　　（二）办理方式 …………………………………………………………… 248
　　　（三）办理渠道 …………………………………………………………… 248
　　五、申报信息及资料留存 …………………………………………………… 249
　　六、接受汇算清缴申报的税务机关 ………………………………………… 249
　　七、汇算清缴的退税与补税 ………………………………………………… 250
　　　（一）汇算清缴退税 ……………………………………………………… 250
　　　（二）汇算清缴补税 ……………………………………………………… 250
第二节　综合所得汇算清缴纳税申报表 ………………………………………… 250
　　一、个人所得税年度自行纳税申报表（A 表）及其填报 ………………… 250
　　二、个人所得税年度自行纳税申报表（简易版）及其填报 ……………… 256
　　三、个人所得税年度自行纳税申报表（问答版）及其填报 ……………… 257
　　四、个人所得税年度自行纳税申报表（B 表）及其填报 ………………… 263
　　五、境外所得个人所得税抵免明细表及其填报 …………………………… 271
第三节　汇算清缴纳税申报案例解析 …………………………………………… 276
　　一、仅取得境内所得汇算清缴与纳税申报案例 …………………………… 276
　　二、综合所得汇算清缴简易申报案例解析 ………………………………… 284
　　三、保险营销员汇算清缴与纳税申报案例 ………………………………… 287
　　四、无住所居民个人汇算清缴与纳税申报案例 …………………………… 295

第十一章　无住所个人所得税 …………………………………………………… 302
第一节　无住所个人所得税概述 ………………………………………………… 302
　　一、税收管辖权 ……………………………………………………………… 302
　　　（一）居民税收管辖权与居民身份的确定 ……………………………… 302
　　　（二）来源地税收管辖权与所得来源地的确定 ………………………… 304
　　二、居民个人与非居民个人 ………………………………………………… 305
　　　（一）居民个人与非居民个人的划分 …………………………………… 305
　　　（二）居民个人及其纳税义务 …………………………………………… 306

　　　　（三）非居民个人及其纳税义务 ································· 308

　　三、居住时间与工作时间 ··· 309

　　　　（一）居住天数 ··· 309

　　　　（二）工作天数 ··· 310

第二节　所得来源地的判定 ··· 310

　　一、来源于中国境内所得的判定原则 ······························· 311

　　　　（一）税制改革前来源于境内所得的判定 ······················· 311

　　　　（二）税制改革后来源于境内所得的判定 ······················· 311

　　二、工资、薪金所得来源地的判定 ································· 313

　　　　（一）税制改革前工资、薪金所得来源地的判定 ··············· 313

　　　　（二）税制改革后工资、薪金所得来源地的判定 ··············· 313

　　三、数月奖金或股权激励所得来源地的判定 ························· 314

　　四、高管人员报酬所得来源地的判定 ······························· 315

　　五、企业所得税所得来源地的判定 ································· 316

　　六、境内销售货物、劳务或发生应税行为 ··························· 317

　　　　（一）境内销售货物或者提供劳务 ····························· 317

　　　　（二）境内销售服务、无形资产或者不动产 ····················· 317

　　　　（三）不属于在境内销售服务或者无形资产的情形 ··············· 317

第三节　无住所个人优惠 ··· 318

　　一、居住不超过90日境内所得境外雇主支付部分免税 ················· 318

　　二、居住累计满183天的年度连续不满6年境外所得境外支付免税 ······ 319

第四节　工资、薪金所得收入额计算 ··································· 323

　　一、工资、薪金所得境内应税收入额的确定 ························· 323

　　二、非居民个人工资、薪金收入额的计算 ··························· 325

　　　　（一）一个纳税年度内境内居住累计不超过90天的处理 ··········· 325

　　　　（二）一个纳税年度内境内居住累计超过90天不满183天的处理 ··· 326

　　三、居民个人工资、薪金收入额的计算 ····························· 326

　　　　（一）境内居住累计满183天的年度连续不满6年的处理 ··········· 326

　　　　（二）境内居住累计满183天的年度连续满6年后的处理 ··········· 327

　　四、无住所高管人员收入额的计算 ································· 327

　　　　（一）非居民个人为高管人员收入额的计算 ····················· 328

　　　　（二）无住所居民个人为高管人员收入额的计算 ················· 328

第五节　无住所个人税款计算 ··· 329

　　一、非居民个人税款的计算 ······································· 329

　　　　（一）当月工资、薪金所得税款计算 ··························· 329

　　　　（二）非居民个人数月奖金税款的计算 ························· 330

　　　　（三）非居民个人股权激励所得税款计算 ······················· 331

　　　　（四）劳务报酬、稿酬与特许权使用费所得税款计算 ············· 332

　　　　（五）非居民个人税款计算案例分析 ··························· 332

　　二、无住所居民个人税款的计算 ··································· 335

（一）综合所得应纳税款的计算 ·········· 335
　　（二）全年一次性奖金应纳税款的计算 ·········· 338
　　（三）股权激励所得应纳税款的计算 ·········· 339
第六节　无住所个人税收协定的适用 ·········· 339
　一、无住所个人税收协定待遇的享受 ·········· 339
　　（一）境外受雇所得协定待遇 ·········· 339
　　（二）境内受雇所得协定待遇 ·········· 340
　　（三）独立个人劳务或者营业利润协定待遇 ·········· 340
　　（四）董事费条款规定 ·········· 340
　　（五）特许权使用费或者技术服务费协定待遇 ·········· 340
　二、无住所个人适用受雇所得条款 ·········· 340
　　（一）无住所个人享受境外受雇所得协定待遇 ·········· 340
　　（二）无住所个人享受境内受雇所得协定待遇 ·········· 340
　三、适用独立个人劳务或者营业利润条款 ·········· 341
　四、无住所个人适用董事费条款 ·········· 341
　五、适用特许权使用费或者技术服务费条款 ·········· 341
第七节　无住所个人所得税征收管理 ·········· 342
　一、非居民个人的计税方法 ·········· 342
　　（一）非居民个人按月或按次分项计算纳税 ·········· 342
　　（二）非居民个人的税款扣缴方法 ·········· 343
　　（三）无住所个人预计境内居住时间与税款缴纳 ·········· 343
　　（四）案例分析 ·········· 344
　二、代扣代缴与自行申报 ·········· 345
　三、境内雇主报告境外关联方支付工资、薪金所得 ·········· 345
　四、境内受雇境外支付工资、薪金所得的纳税申报 ·········· 346
　　（一）委托境内雇主代为申报缴纳税款的处理 ·········· 346
　　（二）无住所个人自行纳税申报的处理 ·········· 346
　五、个人工资、薪金及实际在境内工作期间的证据 ·········· 346
　六、非居民个人享受协定待遇管理 ·········· 347
　　（一）自行判断、申报享受、相关资料留存备查 ·········· 347
　　（二）协定适用和纳税申报 ·········· 347
　　（三）留存备查资料 ·········· 348
　　（四）少缴、未缴或多缴税款的处理 ·········· 348
　　（五）税务机关后续管理 ·········· 348
　七、中国税收居民身份证明及其开具 ·········· 349

第十二章　经营所得预缴与汇算清缴 ·········· 351
第一节　经营所得概述 ·········· 351
　一、征税范围 ·········· 351
　　（一）经营所得的征税范围 ·········· 351
　　（二）税制改革前的个体工商户生产经营所得 ·········· 352

（三）税改前的对企业事业单位承包、承租经营所得 ……………………… 355
　　（四）对外投资分回利息、股息、红利的处理 …………………………… 355
二、纳税义务人 ………………………………………………………………………… 356
　　（一）个体工商户及其纳税人 …………………………………………………… 356
　　（二）个人独资、合伙企业及其纳税人 ………………………………………… 356
三、应纳税所得额 ……………………………………………………………………… 357
　　（一）应纳税所得额的确定原则 ………………………………………………… 358
　　（二）经营所得应纳税所得额 …………………………………………………… 358
　　（三）收入总额 …………………………………………………………………… 359
　　（四）成本、费用与损失 ………………………………………………………… 360
　　（五）经营所得的费用扣除 ……………………………………………………… 360
四、税率 ………………………………………………………………………………… 362
　　（一）经营所得的适用税率 ……………………………………………………… 362
　　（二）不同组织形式税负分析与规划 …………………………………………… 363
五、应纳税额 …………………………………………………………………………… 364
　　（一）经营所得应纳税额 ………………………………………………………… 364
　　（二）个体工商户应纳税额 ……………………………………………………… 365
　　（三）经营期不足一年应纳税额的计算 ………………………………………… 365
六、亏损及其弥补 ……………………………………………………………………… 366
　　（一）亏损的界定 ………………………………………………………………… 366
　　（二）个体工商户的亏损弥补 …………………………………………………… 366
　　（三）个人独资和合伙企业亏损的弥补 ………………………………………… 366
七、资产的税务处理 …………………………………………………………………… 366
　　（一）资产税务处理原则 ………………………………………………………… 366
　　（二）存货的税务处理 …………………………………………………………… 366
　　（三）资产净值的扣除 …………………………………………………………… 367
八、2018年第四季度个人所得税的计算 …………………………………………… 367
　　（一）减除费用标准 ……………………………………………………………… 367
　　（二）应纳税额计算 ……………………………………………………………… 367
　　（三）案例分析 …………………………………………………………………… 368
九、境外已缴税款抵免 ………………………………………………………………… 369
十、残疾人兴办或参与兴办企业优惠享受 …………………………………………… 369
十一、清算所得的个人所得税处理 …………………………………………………… 370
　　（一）个人独资企业的解散与清算 ……………………………………………… 370
　　（二）合伙企业的解散与清算 …………………………………………………… 370
　　（三）清算的个人所得税处理 …………………………………………………… 371

第二节　税前扣除 ……………………………………………………………………… 372
一、经营所得的扣除项目 ……………………………………………………………… 372
　　（一）成本费用 …………………………………………………………………… 372
　　（二）损失 ………………………………………………………………………… 372

(三)个体工商户的税前扣除项目 …… 372
　二、不得税前扣除的项目 …… 373
　三、按规定标准扣除的项目 …… 374
　　(一)工资、薪金支出的扣除 …… 374
　　(二)三项经费的扣除 …… 374
　　(三)利息支出的扣除 …… 375
　　(四)业务招待费的扣除 …… 375
　　(五)广告费和业务宣传费的扣除 …… 376
　　(六)教育和公益事业捐赠 …… 376
　　(七)保险费和住房公积金的扣除 …… 376
　　(八)折旧费用和无形资产摊销 …… 377
　　(九)汇兑损失的扣除 …… 377
　　(十)开办费的扣除 …… 377
　　(十一)劳动保护支出的扣除 …… 377
　　(十二)赞助支出的扣除 …… 377
　　(十三)研发支出的扣除 …… 377
　　(十四)规费的扣除 …… 378
　　(十五)固定资产租赁费 …… 378
　　(十六)混用费用的扣除 …… 378
　　(十七)准备金的扣除 …… 379
　四、投资者的费用扣除 …… 379
　五、经营所得案例分析 …… 380

第三节　自然人合伙人的个人所得税 …… 382
　一、应税项目的确定 …… 382
　　(一)合伙人转让合伙份额 …… 382
　　(二)合伙企业转让财产所得 …… 382
　　(三)股息红利所得 …… 382
　　(四)有限合伙人投资收益的处理 …… 383
　二、合伙人应纳税所得额的确定 …… 383
　　(一)合伙企业的利润分配与亏损分担 …… 383
　　(二)合伙人应纳税所得的确定 …… 383
　三、合伙创投企业个人合伙人投资抵扣应纳税所得额 …… 383
　　(一)合伙创投企业个人合伙人投资抵扣优惠 …… 383
　　(二)享受优惠的投资与投资额的界定 …… 384
　　(三)享受优惠的创业投资企业应符合的条件 …… 384
　四、创投企业单一投资基金核算优惠 …… 384
　　(一)股权转让所得 …… 385
　　(二)股息红利所得 …… 385
　　(三)成本费用的扣除 …… 385
　　(四)单一投资基金核算方法的适用范围 …… 385

（五）案例分析 ·· 386
　　（六）单一投资基金核算的合伙制创业投资企业个人所得税扣缴申报表 ········ 387
第四节　特殊行业个人所得税处理 ·· 390
　一、律师事务所从业人员个人所得税 ·· 390
　　（一）出资律师所得的税务处理 ·· 390
　　（二）雇员律师所得的税务处理 ·· 391
　　（三）非雇员律师所得的税务处理 ··· 392
　二、建安工程作业人员个人所得税 ·· 395
　　（一）建筑安装业的界定 ·· 395
　　（二）应税项目的确定 ··· 395
　　（三）税务登记与纳税保证金 ·· 395
　　（四）代扣代缴与自行申报 ··· 396
　　（五）纳税地点 ·· 396
　　（六）管理与检查 ··· 397
　　（七）核定征收 ·· 397
　三、出租车驾驶员个人所得税 ··· 397
　　（一）纳税人与扣缴义务人 ··· 397
　　（二）纳税地点与税务登记 ··· 398
　　（三）应税项目的确定 ··· 398
　　（四）核定征收 ·· 398
　四、演出市场个人所得税 ·· 399
　　（一）纳税人与扣缴义务人 ··· 399
　　（二）涉税信息报送 ·· 399
　　（三）应税项目的确定 ··· 399
　　（四）组台（团）演出的处理 ·· 400
　　（五）税收保全措施 ·· 400
　　（六）不含税收入的换算 ·· 400
　　（七）征收方式 ·· 400
第五节　经营所得的核定征收 ·· 400
　一、经营所得的核定征收 ·· 400
　二、个人独资与合伙企业的核定征收 ·· 401
　　（一）核定征收个人所得税的条件 ··· 401
　　（二）应纳所得税额与应税所得率的确定 ·· 401
　　（三）不适用核定征收的行业 ·· 402
　三、个体工商户的定期定额征收 ··· 402
　　（一）定期定额征收适用范围 ·· 402
　　（二）定额的核定方法 ··· 403
　　（三）纳税申报 ·· 404
　　（四）简并征期 ·· 404
第六节　征收管理 ·· 405

一、征收管理 ·· 405
　（一）征收管理的一般规定 ·· 405
　（二）设有多个经营机构的申报 ·· 405
　（三）个人兴办多个企业的处理 ·· 405
　（四）注销前结清税款 ·· 406
　（五）申报期限 ··· 406
　（六）纳税地点 ··· 406
二、经营所得纳税申报表及其填报 ·· 406
　（一）个人所得税生产经营所得纳税申报表（A表） ························· 406
　（二）个人所得税生产经营所得纳税申报表（B表） ························· 409
　（三）个人所得税生产经营所得纳税申报表（C表） ························· 414

第十三章　居民个人境外所得个人所得税 ··· 417
第一节　境外所得个人所得税处理 ·· 417
一、来源于境外所得的判定 ·· 417
二、境外所得的计税方法 ··· 419
　（一）居民个人境内、境外所得的计税方法 ·· 419
　（二）两个以上个人共同取得同一项所得先分后税 ····························· 419
三、纳税期限与纳税地点 ··· 420
　（一）境外所得纳税申报期限 ··· 420
　（二）纳税年度的确定 ··· 420
　（三）境外所得纳税申报地点 ··· 420
四、"走出去"个人的预扣预缴与信息报告 ·· 420

第二节　境外所得抵免 ·· 421
一、缓解和消除国际间重复征税的方法 ·· 421
　（一）免税法 ·· 421
　（二）扣除法 ·· 421
　（三）减免法 ·· 421
　（四）抵免法 ·· 422
二、抵免限额的计算 ··· 422
　（一）综合所得的抵免限额 ··· 423
　（二）经营所得的抵免限额 ··· 423
　（三）其他分类所得的抵免限额 ·· 423
　（四）来源于一国（地区）所得的抵免限额 ······································· 423
三、可抵免的境外所得税税额 ·· 424
　（一）可抵免的境外已纳税额 ·· 424
　（二）税收饶让处理 ··· 424
四、抵免与结转抵免 ··· 425
五、抵免凭证与追补抵免 ··· 425
六、境外所得抵免案例分析 ·· 426

第一章

个人所得税法的基本要素

> 愚蠢的人去偷税；
> 聪明的人去避税；
> 智慧的人去节税。
> ——中国俗语

第一节 纳税人与扣缴义务人

纳税人，全称为纳税义务人，是指法律、行政法规规定负有纳税义务的单位和个人。每一个税种都有关于纳税义务人的规定，如果不履行纳税义务，即应当由该行为的直接责任人承担法律责任。现代社会，人人都承担或多或少的纳税义务，事实上都是纳税人。税法规定的负有纳税义务的人可以是自然人（个人），也可以是单位。

一、纳税义务人

（一）个人所得税纳税人

为了有效地行使税收管辖权，根据国际惯例，个人所得税法根据住所标准和居住时间标准，将个人所得税的纳税人分为居民个人和非居民个人。

根据2018年《中华人民共和国个人所得税法》（以下简称《个人所得税法》）第1条的规定，在中国境内有住所，或者无住所而一个纳税年度内在中国境内居住累计满183天的个人，为居民个人。居民个人从中国境内和境外取得的所得，依照该法规定缴纳个人所得税。

在中国境内无住所又不居住，或者无住所而一个纳税年度内在中国境内居住累计不满183天的个人，为非居民个人。非居民个人从中国境内取得的所得，依照该法规定缴纳个人所得税。

2019年以前，根据2011年《个人所得税法》第1条的规定，个人所得税的纳税义务人，是指在中国境内有住所，或者无住所但在境内居住满1年，以及无住所又不居住或居住不满1年但有从中国境内取得所得的个人，从中国境内、境外取得的所得，只要达到中国税法规定的纳税标准，都是个人所得税的纳税人，包括中国公民、个体工商户业主以及在中国有所得的外籍人员（包括无国籍人员，下同）和中国香港、中国澳门、中国台湾同胞。

（二）负税人与纳税人

负税人与纳税人是两个既有联系又有区别的概念。纳税人是负有纳税义务、直接向税务机关缴纳税款的单位与个人；负税人是实际负担税款的单位与个人。如果说纳税人是法律上的纳税主体，那么负税人就是经济上的纳税主体。纳税人与负税人有时是一致的，有时是不一致的。纳税人如果能够通过一定途径把税款转嫁或转移出去，纳税人就不再是负税人；否则，纳税人同时也是负税人。由此可见，纳税人和负税人的不一致是由税负转嫁引起的。税法中并没有关于负税人的规定，国家在制定税法时，只规定由谁负责缴纳税款，并不规定税款最终由谁承担。

（三）纳税人与纳税单位

纳税人与纳税单位也是不同的。纳税单位，是指申报缴纳税款的单位，是纳税人的有效集合。有效，是指为了征管和缴纳税款的方便，可以允许在法律上负有纳税义务的同类型纳税人作为一个纳税单位，填写一份申报表纳税。比如，某些国家个人所得税可以单个人为一个纳税单位，也可以夫妇为一个纳税单位，还可以一个家庭为一个纳税单位。纳税单位的大小通常要根据管理上的需要和国家政策来确定。我国的个人所得税法不允许以家庭为单位缴纳个人所得税。

（四）按家庭征税存在的问题

从国外个人所得税征管实践来看，个人所得税主要有按家庭征收、个人征收、"个人＋夫妻"联合申报三种情形。自20世纪80年代以来，经济合作与发展组织（Organization for Economic Co-operation and Development，以下简称OECD）成员国的课税单位在发生变化，按家庭申报已不是当前国际主流，部分原先以家庭为征税单位的国家，如英国、澳大利亚、意大利、荷兰、丹麦、芬兰、瑞典等国家，纳税申报单位相继由家庭转为个人。目前，34个OECD成员国中，完全以个人为纳税单位的有19个国家，以家庭为纳税单位的仅有法国、葡萄牙、卢森堡、瑞士4个，其他11个国家可在个人和夫妻之间选择。我国周边的日本与韩国也以个人为纳税单位。

从理论上来讲，按家庭征收能够全面反映一个家庭的收入、支出和纳税能力，是最为公平的一种政策选择。但按家庭征收需要更高的征管能力与配套条件，我国目前还不具备按家庭征收的条件。

一是受传统文化影响，我国家庭结构较为复杂，难以准确界定家庭的概念和外延。

二是与按个人、"个人＋夫妻"联合申报相比，按家庭征税较为公平，但按个人、"个人＋夫妻"联合申报也可以实现一定程度的"公平"。追求按家庭征税的"公平"需要征纳双方乃至整个社会付出更多的遵从成本。

三是按家庭征税可能对婚姻关系甚至社会产生一定负面影响。例如，一旦出现纳税申报不实等违法情况，难以确定税收违法责任主体，容易引发家庭纠纷。同时，由于家庭联合申报和个人单独申报适用的税率表和费用扣除标准不同，会造成同一纳税人结婚与否税负水平不一致的情况，从而对婚姻产生"惩罚"或"激励"影响。

四是按家庭申报计算复杂、手续烦琐，不易实现。按家庭申报要求家庭或夫妻双方收集家庭全部收入、支出及纳税资料，填写申报表并办理纳税申报，这些将增加纳税人的申报难度和申报成本。

五是现有社会配套条件不能支撑家庭申报方式。家庭或夫妻联合申报,对社会配套条件要求较高,涉及地方财权、民事和刑事责任划分及追究等,复杂程度高,制度调整难度大。

(五) 纳税人的权利与义务

1. 纳税人的权利

根据《国家税务总局关于纳税人权利与义务的公告》(国家税务总局公告2009年第1号)的规定,纳税人(或扣缴义务人)在履行纳税义务过程中,依法享有以下14项权利:①知情权;②保密权;③税收监督权;④纳税申报方式选择权;⑤申请延期申报权;⑥申请延期缴纳税款权;⑦申请退还多缴税款权;⑧依法享受税收优惠权;⑨委托税务代理权;⑩陈述与申辩权;⑪对未出示税务检查证和税务检查通知书的拒绝检查权;⑫税收法律救济权;⑬依法要求听证的权利;⑭索取有关税收凭证的权利。

2. 纳税人的义务

根据我国宪法、税收法律和行政法规的相关规定,纳税人(或扣缴义务人)在纳税过程中负有以下10项义务:①依法进行税务登记的义务;②依法设置账簿、保管账簿和有关资料以及依法开具、使用、取得和保管发票的义务;③财务会计制度和会计核算软件备案的义务;④按照规定安装、使用税控装置的义务;⑤按时、如实申报的义务;⑥按时缴纳税款的义务;⑦代扣、代收税款的义务;⑧接受依法检查的义务;⑨及时提供信息的义务;⑩报告其他涉税信息的义务。

二、扣缴义务人

(一) 扣缴义务人的界定

根据《中华人民共和国税收征收管理法》(以下简称征管法)第4条的规定,法律、行政法规规定负有代扣代缴、代收代缴税款义务的单位和个人为扣缴义务人。纳税人、扣缴义务人必须依照法律、行政法规的规定缴纳税款、代扣代缴、代收代缴税款。

代扣代缴义务人,是指有义务从持有的纳税人收入中扣除其应纳税款并代为缴纳的企业、单位或个人。对税法规定的扣缴义务人,应办理扣缴税款登记,明确其代扣代缴义务。代扣代缴义务人必须严格履行扣缴义务。对不履行扣缴义务的,应承担相应的法律责任。

与代扣代缴义务人相关的概念有代收代缴义务人和代征代缴义务人。代收代缴义务人,是指有义务借助与纳税人的经济交往而向纳税人收取应纳税款并代为缴纳的单位。例如,《中华人民共和国消费税暂行条例》及其实施细则规定,委托加工的应税消费品,除受托方为个人外,由受托方在向委托方交货时代收代缴税款。代收代缴义务人不同于代扣代缴义务人。代扣代缴义务人直接持有纳税人的收入,可以从中扣除纳税人的应纳税款;代收代缴义务人不直接持有纳税人的收入,只能在与纳税人的经济往来中收取纳税人的应纳税款并代为缴纳。

代征代缴义务人,是指因税法规定,受税务机关委托而代征税款的单位和个人。通过由代征代缴义务人代征税款,不仅便利了纳税人税款的缴纳,有效地保证了税款征收的实现,而且对于强化税收征管,有效杜绝和防止税款流失,有明显的作用。

(二)个人所得税的扣缴义务人

根据2018年《个人所得税法》第9条的规定,个人所得税以所得人为纳税人,以支付所得的单位或者个人为扣缴义务人。扣缴义务人扣缴税款时,纳税人应当向扣缴义务人提供纳税人识别号。

根据《财政部 国家税务总局 证监会关于个人转让上市公司限售股所得征收个人所得税有关问题的通知》(财税〔2009〕167号)的规定,限售股转让所得个人所得税,以限售股持有者为纳税义务人,以个人股东开户的证券机构为扣缴义务人。限售股个人所得税由证券机构所在地主管税务机关负责征收管理。

个人财产拍卖所得应纳的个人所得税税款,由拍卖单位负责代扣代缴,并按规定向拍卖单位所在地主管税务机关办理纳税申报。

根据《财政部 国家税务总局关于完善股权激励和技术入股有关所得税政策的通知》(财税〔2016〕101号)第5条第2项的规定,企业实施股权激励或个人以技术成果投资入股,以实施股权激励或取得技术成果的企业为个人所得税扣缴义务人。递延纳税期间,扣缴义务人应在每个纳税年度终了后向主管税务机关报告递延纳税有关情况。

根据《财政部 税务总局 证监会关于个人转让全国中小企业股份转让系统挂牌公司股票有关个人所得税政策的通知》(财税〔2018〕137号)第3条的规定,2019年9月1日之前,个人转让新三板挂牌公司原始股的个人所得税,征收管理办法按照现行股权转让所得有关规定执行,以股票受让方为扣缴义务人,由被投资企业所在地税务机关负责征收管理。自2019年9月1日(含)起,个人转让新三板挂牌公司原始股的个人所得税,以股票托管的证券机构为扣缴义务人,由股票托管的证券机构所在地主管税务机关负责征收管理。具体征收管理办法参照《财政部 国家税务总局 证监会关于个人转让上市公司限售股所得征收个人所得税有关问题的通知》(财税〔2009〕167号)和《财政部 国家税务总局 证监会关于个人转让上市公司限售股所得征收个人所得税有关问题的补充通知》(财税〔2010〕70号)有关规定执行。

根据《财政部 税务总局 人力资源社会保障部 中国银行保险监督管理委员会 证监会关于开展个人税收递延型商业养老保险试点的通知》(财税〔2018〕22号)的规定,个人按规定领取商业养老金时,由保险公司代扣代缴其应缴的个人所得税。

第二节 征税项目

一、征税对象

征税对象又称课税对象,是税法规定的征税的目的物,是国家据以征税的依据。通过规定课税对象,解决对什么征税问题。每一个税种都有自己的课税对象,否则,这一税种就失去了存在的意义。凡是被列为课税对象的,就属于该税种的征收范围;凡是未被列为课税对象的,就不属于该税种的征收范围。例如,所得税的课税对象是企业的所得额和自然人的工资、薪金,转让财产等各项应税所得。

课税对象是一个税种区别于另一个税种的主要标志,是税收实体法的基本要素之一,它体现着课税范围的广度。在具体工作中,要注意征税对象与计税依据、税目、税源等的关系。

二、税源与税目

(一)税源

税源是指税款的最终来源,或者说是税收负担的最终归宿。税源的大小体现着纳税人的负担能力。纳税人缴纳税款的直接来源是一定的货币收入,而一切货币收入都是由社会产品价值派生出来的。在社会产品价值中,能够成为税源的只能是国民收入分配中形成的各种收入,如工资、利润等。当某个税种以国民收入分配中形成的各种收入为课税对象时,税源和课税对象就是一致的,如所得税。但是,很多税种的课税对象并不是或不完全是国民收入分配中形成的各种收入,如消费税、房产税等。课税对象是国家据以征税的依据,税源则表明纳税人的负担能力。

(二)税目

税目是课税对象的具体化,反映具体的征税范围,代表征税的广度。不是所有的税种都规定税目。但对大多数税种来说,课税对象比较复杂,且税种内部不同的课税对象之间又需要采取不同的税率档次进行调节。这样就需要对课税对象做进一步划分,做出具体的界限规定,这个规定的界限范围,就是税目。

三、应税项目

(一)个人所得税应税项目

对个人所得税而言,确定应税所得项目可以使纳税人了解自己都有哪些收入要纳税。根据2018年《个人所得税法》第2条的规定,下列各项个人所得,应纳个人所得税:①工资、薪金所得;②劳务报酬所得;③稿酬所得;④特许权使用费所得;⑤经营所得;⑥利息、股息、红利所得;⑦财产租赁所得;⑧财产转让所得;⑨偶然所得。根据2018年《个人所得税法实施条例》第6条2款的规定,个人取得的所得,难以界定应纳税所得项目的,由国务院税务主管部门确定。

根据2011年《个人所得税法》第2条的规定,下列各项个人所得,应纳个人所得税:①工资、薪金所得;②个体工商户的生产、经营所得;③对企事业单位的承包经营、承租经营所得;④劳务报酬所得;⑤稿酬所得;⑥特许权使用费所得;⑦利息、股息、红利所得;⑧财产租赁所得;⑨财产转让所得;⑩偶然所得;⑪经国务院财政部门确定征税的其他所得。个人取得的所得,难以界定应纳税所得项目的,由主管税务机关确定。

与2011年《个人所得税法》第2条相比,2018年《个人所得税法》第2条将"个体工商户的生产、经营所得"改为"经营所得",取消了"对企事业单位的承包经营、承租经营所得"和

"经国务院财政部门确定征税的其他所得"项目,将"对企事业单位的承包经营、承租经营所得"中的工资、薪金性质和经营性质的所得,分别并入"工资、薪金所得"和"经营所得"项目征税。

(二)工资、薪金所得

根据《中华人民共和国个人所得税法实施条例》(以下简称《个人所得税法实施条例》)第 6 条第 1 款第 1 项的规定,工资、薪金所得,是指个人因任职或者受雇取得的工资、薪金、奖金、年终加薪、劳动分红、津贴、补贴以及与任职或者受雇有关的其他所得。

(三)劳务报酬所得

根据《个人所得税法实施条例》第 6 条第 1 款第 2 项的规定,劳务报酬所得,是指个人从事劳务取得的所得,包括从事设计、装潢、安装、制图、化验、测试、医疗、法律、会计、咨询、讲学、翻译、审稿、书画、雕刻、影视、录音、录像、演出、表演、广告、展览、技术服务、介绍服务、经纪服务、代办服务以及其他劳务取得的所得。

(四)稿酬所得

根据《个人所得税法实施条例》第 6 条第 1 款第 3 项的规定,稿酬所得,是指个人因其作品以图书、报刊等形式出版、发表而取得的所得。

(五)特许权使用费所得

根据《个人所得税法实施条例》第 6 条第 1 款第 4 项的规定,特许权使用费所得,是指个人提供专利权、商标权、著作权、非专利技术以及其他特许权的使用权取得的所得;提供著作权的使用权取得的所得,不包括稿酬所得。

根据《个人所得税法实施条例》第 14 条第 1 项的规定,劳务报酬所得、稿酬所得、特许权使用费所得,属于一次性收入的,以取得该项收入为一次;属于同一项目连续性收入的,以一个月内取得的收入为一次。

(六)经营所得

根据《个人所得税法实施条例》第 6 条第 1 款第 5 项的规定,经营所得,是指:①个体工商户从事生产、经营活动取得的所得,个人独资企业投资人、合伙企业的个人合伙人来源于境内注册的个人独资企业、合伙企业生产、经营的所得;②个人依法从事办学、医疗、咨询以及其他有偿服务活动取得的所得;③个人对企业、事业单位承包经营、承租经营以及转包、转租取得的所得;④个人从事其他生产、经营活动取得的所得。

(七)利息、股息、红利所得

根据《个人所得税法实施条例》第 6 条第 1 款第 6 项的规定,利息、股息、红利所得,是指个人拥有债权、股权等而取得的利息、股息、红利所得。

根据《个人所得税法实施条例》第 14 条第 3 项的规定,利息、股息、红利所得,以支付利息、股息、红利时取得的收入为一次。

(八)财产租赁所得

根据《个人所得税法实施条例》第 6 条第 1 款第 7 项的规定,财产租赁所得,是指个人出租不动产、机器设备、车船以及其他财产取得的所得。

根据《个人所得税法实施条例》第14条第2项的规定,财产租赁所得,以一个月内取得的收入为一次。

(九) 财产转让所得

根据《个人所得税法实施条例》第6条第1款第8项的规定,财产转让所得,是指个人转让有价证券、股权、合伙企业中的财产份额、不动产、机器设备、车船以及其他财产取得的所得。

(十) 偶然所得

根据《个人所得税法实施条例》第6条第1款第9项的规定,偶然所得,是指个人得奖、中奖、中彩以及其他偶然性质的所得。

根据《个人所得税法实施条例》第14条第4项的规定,偶然所得,以每次取得该项收入为一次。

第三节 税 率

一、税率种类

税率是应纳税额与计税依据之间的比例,是计算税额的尺度,代表课税的深度,关系着国家税收收入的多少和纳税人负担的程度,是税收制度的核心和灵魂。

税率在实际应用中可分为两种形式:一种是按绝对量形式规定的固定征收额度,即定额税率,其适用于从量计征的税种,如城镇土地使用税等;另一种是按相对量形式规定的征收比例,包括比例税率和累进税率,其适用于从价计征的税种,如企业所得税等。

(一) 比例税率

比例税率,是指对同一征税对象或同一税目,无论数额大小只规定一个比例,都按同一比例征税,税额与课税对象呈正比例关系。

在具体运用上,又可分为:产品比例税率,即一种或一类产品采用一个税率,如消费税、增值税等;行业比例税率,即对不同的行业采用不同的税率;地区差别比例税率,如城市维护建设税,城市适用税率为7%、县城与建制镇为5%等;有幅度的比例税率,即对同一课税对象,税法只规定最低税率和最高税率。

我国个人所得税中的财产转让所得、财产租赁所得、偶然所得项目都采用比例税率。

(二) 累进税率

累进税率,是指同一课税对象,随着数量的增大,征收比例也相应增高的税率,表现为将课税对象按数额大小分为若干等级,不同等级适用由低到高的不同税率。累进税率可以有效地调节纳税人的收入,正确处理税收负担的纵向公平问题,多在收益课税中使用。按照税率累进依据的性质,累进税率分为额累与率累两种。

累进税率因计算方法和依据的不同,主要分为:全额累进税率、超额累进税率、超率累进税率与全率累进税率。

1. 全额累进税率

全额累进税率,是以课税对象的全部数额为基础计征税款的累进税率。其特点包括:一是对具体纳税人来说,在应税所得额确定以后,相当于按比例税率计征,计算简便;二是税收负担不合理,在各级征税对象数额分界处税收负担悬殊,甚至会出现增加的税额超过课税对象增加数额的现象。

2. 超额累进税率

超额累进税率,是分别以课税对象数额超过前级的部分为基础计算应纳税额的累进税率。这种税率的特点包括:一是计算方法比较复杂;二是累进幅度比较缓和,税收负担较为合理;三是边际税率和平均税率一致,税收负担透明度较差。

我国2018年《个人所得税法》规定,对综合所得、经营所得实行超额累进税率。

3. 超率累进税率

超率累进税率,是指以课税对象数额的相对率为累进依据,按超累方式计算应纳税额的税率。我国现行税制中的土地增值税即采用超率累进税率计税。

4. 全率累进税率

全率累进税率,是按课税对象数额的相对额划分若干级距,每个级距规定的税率随课税对象相对额的增大而提高,纳税人的全部课税对象都按与课税对象相对额所对应的税率计算纳税的税率制度。

(三)定额税率

定额税率是税率的一种特殊形式。它不是按照课税对象规定征收比例,而是按照征税对象的计量单位规定固定税额,所以又称固定税额,一般适用于从量计征的税种,如车船税、城镇土地使用税等。

二、速算扣除数

为解决超额累进税率计税复杂问题,在实际工作中引进了"速算扣除数"这一概念,通过预先计算出的扣除数,直接计算应纳税额,不必再分级分段计算。速算扣除数是为简化计税程序而按全额累进税率计算超额累进税率应纳税额时所使用的扣除数额,是指在采用超额累进税率征税的情况下,根据超额累进税率表中划分的应纳税所得额级距和税率,先用全额累进方法计算出税额,再减去用超额累进方法计算的应征税额后的差额。超额累进税率表中的级距和税率一旦确定,各级速算扣除数就固定不变,成为计算应纳税额时的常数。其计算公式为:

$$速算扣除数 = 全额累进税额 - 超额累进税额$$

速算扣除数也可依据税法规定的级距和每一级距的税率,预先计算出来。只要级距和税率不变,速算扣除数也不变。其计算公式为:

$$速算扣除数 = 前一级的最高所得额 \times (本级税率 - 前一级税率) + 前级速算扣除数$$
$$应纳税额 = 应纳税所得额 \times 适用税率 - 速算扣除数$$

【例 1-1】 2019 年张先生取得工资、薪金等综合所得(已扣除基本费用和专项扣除等)为 50 000 元。

要求：计算应纳税额及速算扣除数。

【解析】 若按全额累进税率计算应纳税额为：50 000×10%＝5 000(元)；

若按超额累进税率计算应纳税额为：

36 000×3%＋(50 000－36 000)×10%＝1 080＋1 400＝2 480(元)。

速算扣除数是指按全额累进税率计算的税额减去按超额累进税率计算的税额之后的差额，即速算扣除数＝全额累进税额－超额累进税额＝5 000－2 480＝2 520(元)。

三、个人所得税税率

2018 年《个人所得税法》采用分类与综合相结合的个人所得税制度，对不同的所得项目分别采用不同的税率形式和税率。

(一) 居民个人综合所得税率表

居民个人取得的综合所得，适用 3%～45% 的七级超额累进税率计算个人所得税，税率表如表 1-1 所示。

表 1-1　　　　　　　　　　个人所得税税率表一

(综合所得适用)

级数	全年应纳税所得额	税率(%)	速算扣除数
1	不超过 36 000 元的	3	0
2	超过 36 000 元至 144 000 元的部分	10	2 520
3	超过 144 000 元至 300 000 元的部分	20	16 920
4	超过 300 000 元至 420 000 元的部分	25	31 920
5	超过 420 000 元至 660 000 元的部分	30	52 920
6	超过 660 000 元至 960 000 元的部分	35	85 920
7	超过 960 000 元的部分	45	181 920

注：(1) 本表所称全年应纳税所得额是指依照 2018 年《个人所得税法》第 6 条的规定，居民个人以每一纳税年度综合所得收入额减除费用 6 万元、专项扣除、专项附加扣除和依法确定的其他扣除后的余额。

(2) 非居民个人取得工资、薪金所得，劳务报酬所得，稿酬所得和特许权使用费所得依照本表按月换算后计算应纳税额。

(二) 非居民个人劳动所得适用税率

非居民个人取得的工资、薪金，劳务报酬，稿酬和特许权使用费所得，按月按次分项计税，适用综合所得税率表按月换算后的月度税率表计算应按个人所得税，如表 1-2 所示。

表 1-2　　　　　　　　　　个人所得税税率表二
（非居民个人取得工资、薪金,劳务报酬,稿酬和特许权使用费所得适用）

级数	应纳税所得额	税率(%)	速算扣除数
1	不超过 3 000 元的	3	0
2	超过 3 000 元至 12 000 元的部分	10	210
3	超过 12 000 元至 25 000 元的部分	20	1 410
4	超过 25 000 元至 35 000 元的部分	25	2 660
5	超过 35 000 元至 55 000 元的部分	30	4 410
6	超过 55 000 元至 80 000 元的部分	35	7 160
7	超过 80 000 元的部分	45	15 160

注：(1) 本表适用于非居民个人 2019 年 1 月 1 日以后取得的工资、薪金所得,劳务报酬所得税,稿酬所得、特许权使用费所得,应纳个人所得税的计算。

(2) 2018 年 10 月 1 日至 12 月 31 日,纳税人取得工资、薪金所得适用本表计算个人所得税。

（三）经营所得的适用税率

经营所得按年计算个人所得税,适用 5%~35% 的五级超额累进税率计算应纳税额,如表 1-3 所示。

表 1-3　　　　　　　　　　个人所得税税率表三
（经营所得适用）

级数	全年应纳税所得额	税率(%)	速算扣除数
1	不超过 30 000 元的	5	0
2	超过 30 000 元至 90 000 元的部分	10	1500
3	超过 90 000 元至 300 000 元的部分	20	10500
4	超过 300 000 元至 500 000 元的部分	30	40500
5	超过 500 000 元的部分	35	65 500

注：本表所称全年应纳税所得额是指依照 2018 年《个人所得税法》第 6 条的规定,以每一纳税年度的收入总额,减除成本、费用以及损失后的余额。

（四）其他分类所得的适用税率

利息、股息、红利所得,财产租赁所得,财产转让所得和偶然所得,适用比例税率,税率为 20%。

根据《财政部　国家税务总局关于廉租住房、经济适用住房和住房租赁有关税收政策的通知》(财税〔2008〕24 号)的规定,自 2008 年 3 月 1 日起,对个人出租住房取得的所得减按 10% 的税率征收个人所得税。

根据《财政部　税务总局关于个人取得有关收入适用个人所得税应税所得项目的公告》(财政部　税务总局公告 2019 年第 74 号)第 4 条的规定,个人按照《财政部　税务总局　人力资源社会保障部　中国银行保险监督管理委员会　证监会关于开展个人税收递延型商业养老保险试点的通知》(财税〔2018〕22号)的规定,领取的税收递延型商业养老保险的养老金收入,其中25%部分予以免税,其余75%部分按照10%的比例税率计算缴纳个人所得税,税款计入"工资、薪金所得"项目,由保险机构代扣代缴后,在个人购买税延养老保险的机构所在地办理全员全额扣缴申报。

(五)税制改革前个人所得税税率

1. 工资、薪金所得的适用税率

自2011年9月1日起至2018年9月30日止执行的工资、薪金所得适用的税率表如表1-4所示。

表1-4　　　　　　　　　个人所得税税率表四
（工资、薪金所得适用）

级数	全月应纳税所得额		税率(%)	速算扣除数
	含税级距	不含税级距		
1	不超过1 500元的	不超过1 455元的	3	0
2	超过1 500元至4 500元的部分	超过1 455元至4 155元的部分	10	105
3	超过4 500元至9 000元的部分	超过4 155元至7 755元的部分	20	555
4	超过9 000元至35 000元的部分	超过7 755元至27 255元的部分	25	1 005
5	超过35 000元至55 000元的部分	超过27 255元至41 255元的部分	30	2 755
6	超过55 000元至80 000元的部分	超过41 255元至57 505元的部分	35	5 505
7	超过80 000元的部分	超过57 505元的部分	45	13 505

注：(1) 本表所称含税级距与不含税级距,均为按照税法规定减除有关费用后的所得额。
(2) 含税级距适用于由纳税人负担税款的工资、薪金所得;不含税级距适用于由他人(单位)代付税款的工资、薪金所得。
(3) 本表适用于2011年9月1日至2018年9月30日取得的工资、薪金所得应纳税额的计算。

2. 稿酬所得的适用税率

税制改革之前,稿酬所得适用比例税率,税率为20%,并按应纳税额减征30%。

3. 劳务报酬所得的适用税率

税制改革之前,劳务报酬所得适用比例税率,税率为20%。对劳务报酬所得一次收入畸高的,可以实行加成征收。

根据2011年《个人所得税法实施条例》的规定,劳务报酬所得一次收入畸高,是指个人一次取得劳务报酬,其应纳税所得额超过2万元。对应纳税所得额超过2万元至5万元的部分,依照税法规定计算应纳税额后再按照应纳税额加征五成;超过5万元的部分,加征十成。2011年劳务报酬所得的税率如表1-5所示。

表 1-5 　　　　　　　　　个人所得税税率表五

(劳务报酬所得适用)

级数	含税级距	不含税级距	税率	速算扣除数
1	不超过 20 000 元的部分	不超过 16 000 元的部分	20%	0
2	超过 20 000 元至 50 000 元的部分	超过 16 000 到 37 000 元的部分	30%	2 000
3	超过 50 000 元的部分	超过 37 000 元的部分	40%	7 000

注：(1) 本表中的含税级距、不含税级距，均为按照税法规定减除有关费用后的所得额。

(2) 含税级距适用于由纳税人负担税款的劳务报酬所得；不含税级距适用于由他人(单位)代付税款的劳务报酬所得。

4. 特许权使用费所得的适用税率

税制改革之前，特许权使用费所得适用比例税率，税率为 20%。

5. 个体工商户生产经营所得适用税率

自 2011 年 9 月 1 日起至 2018 年 9 月 3 日止执行的适用于个体工商户的生产、经营所得和对企事业单位的承包经营、承租经营所得的税率如表 1-6 所示。

表 1-6 　　　　　　　　　个人所得税税率表六

(个体工商户的生产、经营所得和对企事业单位的承包经营、承租经营所得适用)

级数	全年应纳税所得额		税率(%)	速算扣除数
	含税级距	不含税级距		
1	不超过 15 000 元的	不超过 14 250 元的	5	0
2	超过 15 000 元至 30 000 元的部分	超过 14 250 元至 27 750 元的部分	10	750
3	超过 30 000 元至 60 000 元的部分	超过 27 750 元至 51 750 元的部分	20	3 750
4	超过 60 000 元至 100 000 元的部分	超过 51 750 元至 79 750 元的部分	30	9 750
5	超过 100 000 元的部分	超过 79 750 元的部分	35	14 750

注：(1) 本表所称含税级距与不含税级距，均为按照税法规定以每一纳税年度的收入总额减除成本、费用以及损失后的所得额。

(2) 含税级距适用于个体工商户的生产、经营所得和由纳税人负担税款的对企事业单位的承包经营、承租经营所得；不含税级距适用于由他人(单位)代付税款的对企事业单位的承包经营、承租经营所得。

(六) 预扣率

1. 居民个人的工资、薪金所得预扣率

扣缴义务人向居民个人支付工资、薪金所得时，应当按照累计预扣法计算预扣税款，并按月办理扣缴申报。累计预扣法，是指扣缴义务人在一个纳税年度内预扣预缴税款时，以纳税人在本单位截至当前月份工资、薪金所得累计收入减除累计免税收入、累计减除费用、累计专项扣除、累计专项附加扣除和累计依法确定的其他扣除后的余额为累计预扣预缴应纳税所得额，适用个人所得税预扣率如表 1-7 所示。计算累计应预扣预缴税额，再减除累计减免税额和累计已预扣预缴税额，其余额为本期应预扣预缴税额。

表 1-7　　　　　　　　　个人所得税预扣率表一

（居民个人工资、薪金所得预扣预缴适用）

级数	累计预扣预缴应纳税所得额	预扣率(%)	速算扣除数
1	不超过 36 000 元的	3	0
2	超过 36 000 元至 144 000 元的部分	10	2 520
3	超过 144 000 元至 300 000 元的部分	20	16 920
4	超过 300 000 元至 420 000 元的部分	25	31 920
5	超过 420 000 元至 660 000 元的部分	30	52 920
6	超过 660 000 元至 960 000 元的部分	35	85 920
7	超过 960 000 元的部分	45	181 920

2. 居民个人劳务报酬所得的预扣率

居民个人劳务报酬所得以每次收入额为预扣预缴应纳税所得额，计算应预扣预缴税额。劳务报酬所得适用20%～40%的三级超额累进预扣率，如表1-8所示。

表 1-8　　　　　　　　　个人所得税预扣率表二

（居民个人劳务报酬所得预扣预缴适用）

级数	预扣预缴应纳税所得额	预扣率(%)	速算扣除数
1	不超过 20 000 元的	20	0
2	超过 20 000 元至 50 000 元的部分	30	2 000
3	超过 50 000 元的部分	40	7 000

3. 稿酬与特许权使用费所得的预扣率

稿酬所得、特许权使用费所得，以每次收入额为预扣预缴应纳税所得额，计算应预扣预缴税额。稿酬所得、特许权使用费所得适用20%的比例预扣率。

第四节　计税依据

一、个人所得税计税依据

计税依据，是指税法中规定的据以计算各种应征税款的依据或标准。课税对象与计税依据的关系：课税对象是指征税的目的物，计税依据则是在目的物已经确定的前提下，对目的物据以计算税款的依据或标准；课税对象是从质的方面对征税所作的规定，计税依据则是从量的方面对征税所作的规定，是课税对象量的表现。

不同税种的计税依据是不同的。增值税的计税依据一般是境内销售货物、劳务、服务、无形资产、不动产以及进口货物的增值额；所得税的计税依据是企业和个人的所得额，等等。需要说明的是，计税依据在表现形态上一般有两种：一种是价值形态（从价计征），即以征税对象的价值作为计税依据,在这种情况下征税对象与计税依据一般是一致的,如所得税;另一种是实物形态(从量计征),就是以课税对象的数量、重量、面积等作为计税依据,在这种情况下课税对象与计税依据一般是不一致的,如车船税等。

个人所得税的计税依据是纳税人取得的应纳税所得额。应纳税所得额是个人取得的各项应税收入减去税法规定的扣除项目或扣除金额后的余额。正确计算应纳税所得额,是依法征收个人所得税的前提和基础。

二、收入形式与费用扣除方法

(一) 收入形式

根据2018年《个人所得税法实施条例》第8条的规定,个人所得的形式,包括现金、实物、有价证券和其他形式的经济利益。所得为实物的,应当按照取得的凭证上所注明的价格计算应纳税所得额,无凭证的实物或者凭证上所注明的价格明显偏低的,参照市场价格核定应纳税所得额。所得为有价证券的,根据票面价格和市场价格核定应纳税所得额。所得为其他形式的经济利益的,参照市场价格核定应纳税所得额。

(二) 费用扣除方法

在计算个人所得税应纳税所得额时,除利息、股息、红利所得和偶然所得项目外,一般允许从个人的应税收入中减去税法规定的扣除项目或扣除金额,包括为取得收入所支出的必要的成本或费用。因为个人在取得收入过程中,大多需要支付必要的成本或费用。从世界各国征收个人所得税的实践看,一般都允许纳税人从其收入中扣除必要的费用,仅就扣除费用后的所得征税。我国2019年以前的个人所得税采取分项确定、分类扣除,根据其所得的不同情况分别实行定额、定率和会计核算等扣除办法。

1. 定额扣除

对居民个人综合所得涉及的个人生计费用,采取定额扣除的办法。自2019年1月1日起,居民个人综合所得的减除费用标准为60 000元/年。居民个人的子女教育、继续教育、住房贷款利息、住房租金和赡养老人专项附加扣除采用定额扣除方法。

2. 定额与定率相结合

财产租赁所得,因涉及既要按一定比例合理扣除费用,又要避免扩大征税范围等两个需同时兼顾的因素,故采取定额与定率相结合的扣除办法。

如《个人所得税法》规定财产租赁所得,每次收入不超过4 000元的,减除费用800元;4 000元以上的,减除20%的费用,其余额为应纳税所得额。

3. 会计核算扣除

经营所得涉及生产、经营有关成本或费用支出,采取会计核算办法扣除有关成本、费用、税金等支出。

4. 不扣除费用

利息、股息、红利所得和偶然所得,因不涉及必要费用的支出,所以规定不得扣除任何费用。即利息、股息、红利所得,偶然所得,以每次收入额为应纳税所得额。

三、外币折算

(一) 个人所得税的外币折算

由于我国的税收计算和缴纳都是以人民币为单位,个人所得税的费用扣除额以及应纳税所得额也都是通过人民币来计算的,因此2018年《个人所得税法》第16条规定,各项所得的计算,以人民币为单位。所得为人民币以外的货币的,按照人民币汇率中间价折合成人民币缴纳税款。

2018年《个人所得税法实施条例》第32条进一步明确规定,所得为人民币以外货币的,按照办理纳税申报或者扣缴申报的上一月最后一日人民币汇率中间价,折合成人民币计算应纳税所得额。年度终了后办理汇算清缴的,对已经按月、按季或者按次预缴税款的人民币以外货币所得,不再重新折算;对应当补缴税款的所得部分,按照上一纳税年度最后一日人民币汇率中间价,折合成人民币计算应纳税所得额。

根据《中国人民银行关于人民币汇价管理问题的通知》(银传〔1995〕26号)的规定,自1995年4月1日起,中国人民银行只公布人民币对美元、港币和日元的外汇牌价(基准汇价),人民币对美元、港币、日元以外各种可兑换货币的外汇牌价,由各外汇指定银行根据国际外汇市场行情和中国人民银行的有关规定自行制定。为便于纳税人申报纳税和税务机关征收审核,《国家税务总局关于外商投资企业和外国企业及外籍个人的外币收入如何折合成人民币计算缴纳税款问题的通知》(国税发〔1995〕70号),就外商投资企业和外国企业以及外籍个人计税时使用的外汇牌价问题明确规定:外商投资企业和外国企业及外籍个人取得的收入和所得为美元、港币和日元的,统一使用中国人民银行公布的外汇牌价;其他可兑换货币的外汇统一使用中国银行公布的挂牌价格,折合成人民币收入和所得计算纳税。

(二) 企业所得税的外币折算

依照企业所得税法缴纳的企业所得税,以人民币计算。所得以人民币以外的货币计算的,应当折合成人民币计算并缴纳税款。

企业所得以人民币以外的货币计算的,预缴企业所得税时,应当按照月度或者季度最后一日的人民币汇率中间价,折合成人民币计算应纳税所得额。年度终了汇算清缴时,对已经按照月度或者季度预缴税款的人民币以外的货币,不再重新折合计算,只就该纳税年度内未缴纳企业所得税的部分,按照纳税年度最后一日的人民币汇率中间价,折合成人民币计算应纳税所得额。扣缴义务人对外支付或者到期应支付的款项为人民币以外货币的,在申报扣缴企业所得税时,应当按照扣缴当日国家公布的人民币汇率中间价,折合成人民币计算应纳税所得额。

经税务机关检查确认,企业少计或者多计上述规定的所得的,应当按照检查确认补税或者退税时的上一个月最后一日的人民币汇率中间价,将少计或者多计的所得折合成人民币计算应纳税所得额,再计算应补缴或者应退的税款。

可见,预缴企业所得税时,按照月度或季度最后一日的人民币汇率中间价折算;汇算清缴期间多退少补税款,只就未缴纳税款部分,按纳税年度最后一日人民币汇率中间价折算;税务机关查出的多计或少计税款,按检查确认补税或退税时的上一个月最后一日人民币汇率中间价折算;年度中间终止经营活动的,清算所得应以实际经营终止之日人民币汇率中间价折合计算。

第二章
综合所得的征税范围

> 世上最难理解的是所得税。
> ——阿尔伯特·爱因斯坦

第一节 工资、薪金所得

一、综合所得的计征项目

根据2018年《个人所得税法》第2条的规定,将居民个人的工资、薪金所得,劳务报酬所得,稿酬所得,特许权使用费所得称为综合所得,按纳税年度合并计算个人所得税。非居民个人取得的上述四项所得按月或者按次分项计算个人所得税。

2018年税制改革前,我国的个人所得税法采用分类征税方式,将应税所得分为十一类,分别实行不同征税办法。按照"逐步建立综合与分类相结合的个人所得税制"的要求,结合当前征管能力和配套条件等实际情况,2018年《个人所得税法》将居民个人取得的工资、薪金所得,劳务报酬所得,稿酬所得,特许权使用费所得四项主要劳动性所得(以下简称综合所得)纳入综合征税范围,适用统一的超额累进税率,居民个人按纳税年度合并计算个人所得税。

个人所得税的应税项目及其分类如图2-1所示。

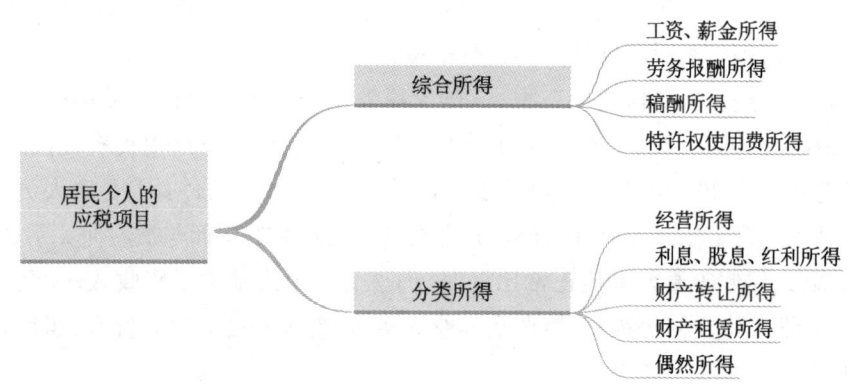

图2-1 个人所得税的应税项目及其分类

二、征税范围的一般规定

根据2018年《个人所得税法实施条例》第6条第1款第1项的规定,工资、薪金所得,是指个人因任职或者受雇而取得的工资、薪金、奖金、年终加薪、劳动分红、津贴、补贴以及与任职或者受雇有关的其他所得。

2011年与2018年《个人所得税法实施条例》对工资、薪金所得的界定没有差异。

一般来说,工资、薪金所得属于非独立个人劳动所得。非独立个人劳动,是指个人所从事的是由他人指定、安排并接受管理的劳动,工作或服务于公司、工厂、行政、事业单位的人员(私营企业主除外)均为非独立劳动者。

年终加薪、劳动分红不分种类和取得情况,一律按工资、薪金所得课税。津贴、补贴等则有例外。根据我国目前个人收入的构成情况,税法规定对于一些不属于工资、薪金性质的补贴、津贴或者不属于纳税人本人工资、薪金所得项目的收入,不予征税。奖金是指所有具有工资性质的奖金,免税奖金的范围在税法中另有规定。

三、征税范围的具体规定

(一)内部退养人员取得的收入

关于企业减员增效和行政事业单位、社会团体在机构改革过程中实行内部退养办法人员取得收入的征税问题,《国家税务总局关于个人所得税有关政策问题的通知》(国税发〔1999〕58号)规定,实行内部退养的个人在其办理内部退养手续后至法定离退休年龄之间从原任职单位取得的工资、薪金,不属于离退休工资,应按"工资、薪金所得"项目计征个人所得税。

(二)退休人员再任职取得的收入

在2018年12月31日以前,根据《国家税务总局关于个人兼职和退休人员再任职取得收入如何计算征收个人所得税问题的批复》(国税函〔2005〕382号)的规定,退休人员再任职取得的收入,在减除按个人所得税法规定的费用扣除标准后,按"工资、薪金所得"应税项目缴纳个人所得税。

自2019年1月1日起,属于居民个人的退休人员再任职取得的收入,作为工资、薪金所得,应并入综合所得按纳税年度计算个人所得税。

这里所称的"退休人员再任职",根据《国家税务总局关于离退休人员再任职界定问题的批复》(国税函〔2006〕526号)第3条和《国家税务总局关于个人所得税有关问题的公告》(国家税务总局公告2011年第27号)的规定,应同时符合下列条件:①受雇人员与用人单位签订1年以上(含1年)劳动合同(协议),存在长期或连续的雇佣与被雇佣关系;②受雇人员因事假、病假、休假等原因不能正常出勤时,仍享受固定或基本工资收入;③受雇人员与单位其他正式职工享受同等福利、培训及其他待遇;④受雇人员的职务晋升、职称评定等工作由用人单位负责组织。

(三)用于购买企业国有股权的劳动分红所得

根据《国家税务总局关于联想集团改制员工取得的用于购买企业国有股权的劳动分红

征收个人所得税问题的批复》(国税函〔2001〕832号)的规定,企业将留存在企业应分配给职工的劳动分红,划分给职工个人,用于购买企业的国有股权,再以职工持股会的形式持有公司的股份,这种做法实际上是将多年留存在企业应分未分的劳动分红在职工之间进行了分配,职工个人再将分得的部分用于购买企业的国有股权。根据个人所得税法有关规定,对公司职工取得的用于购买企业国有股权的劳动分红,应按"工资、薪金所得"项目计征个人所得税,税款由公司代扣代缴。

(四)出租车驾驶员从事客货运营收入

根据《机动出租车驾驶员个人所得税征收管理暂行办法》(国税发〔1995〕50号)第6条的规定,出租汽车经营单位对出租车驾驶员采取单车承包或承租方式运营,出租车驾驶员从事客货运营取得的收入,按"工资、薪金所得"项目征收个人所得税。

(五)免费旅游

根据《财政部 国家税务总局关于企业以免费旅游方式提供对营销人员个人奖励有关个人所得税政策的通知》(财税〔2004〕11号)的规定,自2004年1月20日起,对商品营销活动中,企业和单位对营销业绩突出人员以培训班、研讨会、工作考察等名义组织旅游活动,通过免收差旅费、旅游费对个人实行的营销业绩奖励(包括实物、有价证券等),应根据所发生费用全额计入营销人员应税所得,依法征收个人所得税,并由提供上述费用的企业和单位代扣代缴。其中,对企业雇员享受的此类奖励,应与当期的工资、薪金合并,按照"工资、薪金所得"项目征收个人所得税;对其他人员享受的此类奖励,应作为当期的劳务收入,按照"劳务报酬所得"项目征收个人所得税。

(六)企业为职工购买商业保险

根据《国家税务总局关于单位为员工支付有关保险缴纳个人所得税问题的批复》(国税函〔2005〕318号)的规定,企业为员工支付各项免税之外的保险金,应在企业向保险公司缴付(即该保险落到保险人的保险账户)时并入员工当期的工资收入,按"工资、薪金所得"项目计征个人所得税,税款由企业负责代扣代缴。

(七)股票期权计划中购买价低于市场价的差额

根据《财政部 国家税务总局关于个人股票期权所得征收个人所得税问题的通知》(财税〔2005〕35号)的规定,根据企业股票期权计划,员工行权时,其从企业取得股票的实际购买价(施权价)低于购买日公平市场价(指该股票当日的收盘价)的差额,是因员工在企业的表现和业绩情况而取得的与任职、受雇有关的所得,应按"工资、薪金所得"适用的规定计算缴纳个人所得税。

对因特殊情况,员工在行权日之前将不可公开交易的股票期权转让的,以股票期权的转让净收入,作为"工资、薪金所得"征收个人所得税。需要注意的是,此种情况下不是按"财产转让所得"项目征收个人所得税。

(八)以现金形式发放的住房补贴

根据《财政部 国家税务总局关于住房公积金 医疗保险金 养老保险金征收个人所得税问题的通知》(财税字〔1997〕144号)第3条的规定,企业以现金形式发给个人的住房补贴、医疗补助费,应全额计入领取人的当期工资、薪金收入计征个人所得税。但对外籍个人以实报实销形式取得的住房补贴,在2018年12月31日以前仍按照《财政部 国家税务总局关于个人所得税若干政策问题的通知》(财税字〔1994〕20号)的规定,暂免征收个人所得税。

根据《财政部 税务总局关于个人所得税法修改后有关优惠政策衔接问题的通知》(财税〔2018〕164号)第7条的规定,2019年1月1日至2021年12月31日期间,外籍个人符合居民个人条件的,可以选择享受个人所得税专项附加扣除,也可以选择按照《财政部 国家税务总局关于个人所得税若干政策问题的通知》(财税〔1994〕20号)、《国家税务总局关于外籍个人取得有关补贴征免个人所得税执行问题的通知》(国税发〔1997〕54号)和《财政部 国家税务总局关于外籍个人取得港澳地区住房等补贴征免个人所得税的通知》(财税〔2004〕29号)规定,享受住房补贴、语言训练费、子女教育费等津补贴免税优惠政策,但不得同时享受。外籍个人一经选择,在一个纳税年度内不得变更。自2022年1月1日起,外籍个人不再享受住房补贴、语言训练费、子女教育费津补贴免税优惠政策,应按规定享受专项附加扣除。

(九)民航空地勤人员的伙食费与飞行小时费

根据《财政部 国家税务总局关于民航空地勤人员的伙食费征收个人所得税的通知》(财税字〔1995〕77号)的规定,民航空地勤人员的伙食费应当按照税法规定,并入工资、薪金所得,计算征收个人所得税,并由支付单位负责代扣代缴。

根据《国家税务总局关于新疆航空公司空勤人员飞行小时费和伙食费收入征收个人所得税的批复》(国税函发〔1995〕554号)的规定,空勤人员的飞行小时费和伙食费收入,应全额计入工资、薪金所得计征个人所得税,不能给予扣除。

四、不属于工资、薪金性质的津补贴

税法规定,对按照国务院规定发给的政府特殊津贴和国务院规定免纳个人所得税的补贴、津贴,免予征收个人所得税。其他各种补贴、津贴除另有规定外均应计入"工资、薪金所得"项目征税。

根据《征收个人所得税若干问题的规定》(国税发〔1994〕89号)的规定,下列不属于工资、薪金性质的补贴、津贴或者不属于纳税人本人"工资、薪金所得"项目的收入,不征税:①独生子女补贴;②执行公务员工资制度未纳入基本工资总额的补贴、津贴差额和家属成员的副食品补贴;③托儿补助费;④差旅费津贴,误餐补助。

根据《财政部 国家税务总局关于误餐补助范围确定问题的通知》(财税字〔1995〕82号)的规定,不征税的误餐补助,是指按财政部门规定,个人因公在城区、郊区工作,不能在工作单位或返回就餐,确实需要在外就餐的,根据实际误餐顿数,按规定的标准领取的误餐费。一些单位以误餐补助名义发给职工的补贴、津贴,应当并入当月"工资、薪金所得"计征个人所得税。

五、工资、薪金所得的申报

(一) 预扣预缴或代扣代缴申报

任职受雇单位向属于居民个人的职工支付工资、薪金时,应按累计预扣法预扣预缴工资、薪金所得的个人所得税,并填报《个人所得税扣缴申报表》第8列至第10列"收入额计算"。

一个纳税年度内在船航行时间累计满183天的远洋船员,其取得的工资、薪金收入减按50%计入应纳税所得额优惠;非营利性科研机构和高校,从职务科技成果转化收入中给予科技人员的现金奖励,可减按50%计入科技人员当月"工资、薪金所得",依法缴纳个人所得税优惠。其取得的工资、薪金收入填报该表第8列"收入",享受的减半征收优惠填报第10列"免税收入"。

居民个人取得的不并入综合所得采用优惠计税方法单独计税的全年一次性奖金、符合条件的上市公司股权激励、低价向职工售房所得、解除劳动合同一次性补偿金等收入,不填报该表第8列"收入"。而居民个人取得的选择并入综合所得计税的全年一次性奖金金额,应填报该表第8列"收入"。

(二) 汇算清缴申报

仅取得境内综合所得的居民个人办理综合所得汇算清缴时,其取得的境内工资、薪金所得填报《个人所得税年度自行纳税申报表(A表)》第2行"(一)工资、薪金",该行包括居民个人取得的选择并入综合所得计税的全年一次性奖金金额,而不包括不并入综合所得采用优惠计税方法单独计税的全年一次性奖金、符合条件的上市公司股权激励、低价向职工售房所得、解除劳动合同一次性补偿金等收入。

对取得境外所得的居民个人,其取得的境内工资、薪金所得金额填报《个人所得税年度自行纳税申报表(B表)》第2行"(一)工资、薪金",取得的境外工资、薪金所得金额填报第7行"(一)工资、薪金"。

第二节 劳务报酬所得

一、征税范围的一般规定

自2019年1月1日起,根据2018年《个人所得税法实施条例》第6条第1款第2项的规定,劳务报酬所得,是指个人从事劳务取得的所得,包括设计、装潢、安装、制图、化验、测试、医疗、法律、会计、咨询、讲学、翻译、审稿、书画、雕刻、影视、录音、录像、演出、表演、广告、展览、技术服务、介绍服务、经纪服务、代办服务以及其他劳务取得的所得。与2011年《个人所得税法实施条例》的相关规定相比,2018年《个人所得税法实施条例》删除了"新闻、广播"项目(见表2-1)。

表 2-1　　　　　　　　　　劳务报酬所得的界定

2018年《个人所得税法实施条例》	2011年《个人所得税法实施条例》	差异分析
劳务报酬所得,指个人从事劳务取得的所得,包括设计、装潢、安装、制图、化验、测试、医疗、法律、会计、咨询、讲学、翻译、审稿、书画、雕刻、影视、录音、录像、演出、表演、广告、展览、技术服务、介绍服务、经纪服务、代办服务以及其他劳务取得的所得	劳务报酬所得,是指个人从事设计、装潢、安装、制图、化验、测试、医疗、法律、会计、咨询、讲学、新闻、广播、翻译、审稿、书画、雕刻、影视、录音、录像、演出、表演、广告、展览、技术服务、介绍服务、经纪服务、代办服务以及其他劳务取得的所得	2018年条例删除了"新闻、广播"项目

二、征税范围的具体规定

(一) 个人的兼职收入

根据《国家税务总局关于个人兼职和退休人员再任职取得收入如何计算征收个人所得税问题的批复》(国税函〔2005〕382号)的规定,个人兼职取得的收入应按照"劳务报酬所得"应税项目缴纳个人所得税;退休人员再任职取得的收入,在减除按个人所得税法规定的费用扣除标准后,按"工资、薪金所得"应税项目缴纳个人所得税。

(二) 关于董事费征税问题

根据《征收个人所得税若干问题的规定》(国税发〔1994〕89号)第8条的规定,个人由于担任董事职务所取得的董事费收入,属于劳务报酬所得性质,按照劳务报酬所得项目征收个人所得税。根据《国家税务总局关于明确个人所得税若干政策执行问题的通知》(国税发〔2009〕121号)的规定,这里的董事费按劳务报酬所得项目征税方法,仅适用于个人担任公司董事、监事,且不在公司任职、受雇的情形。个人在公司(包括关联公司)任职、受雇,同时兼任董事、监事的,应将董事费、监事费与个人工资收入合并,统一按工资、薪金所得项目缴纳个人所得税。

三、劳务报酬与工资、薪金的划分

劳务报酬与属于非独立个人劳动取得的工资、薪金是有区别的。根据《征收个人所得税若干问题的规定》(国税发〔1994〕89号)的规定,工资、薪金所得属于非独立个人劳务活动,即在机关、团体、学校、部队、企事业单位及其他组织中任职、受雇而得到的报酬;劳务报酬所得则是个人独立从事各种技艺,提供各项劳务取得的报酬。两者的主要区别在于,前者存在雇佣与被雇佣关系,后者则不存在这种关系。一般来说,劳务报酬是独立个人从事自由职业取得的所得。

根据《国家税务总局关于影视演职人员个人所得税问题的批复》(国税函〔1997〕385号)的规定,凡与单位存在工资、人事方面关系的人员,其为本单位工作所取得的报酬,属于"工资、薪金所得"应税项目征税范围;而其因某一特定事项临时为外单位工作所取得的报酬,不属于税法中所说的"受雇",应是"劳务报酬所得"应税项目征税范围。

四、个人举办各类学习班取得的收入

根据《国家税务总局关于个人举办各类学习班取得的收入征收个人所得税问题的批复》(国税函〔1996〕658号)的规定,个人经政府有关部门批准并取得执照举办学习班、培训班的,其取得的办班收入属于个体工商户的生产、经营所得应税项目,应按个人所得税法规定计征个人所得税。个人无须经政府有关部门批准并取得执照举办学习班、培训班的,其取得的办班收入属于劳务报酬所得应税项目,应按税法规定计征个人所得税。其中,办班者每次收入按以下方法确定:一次收取学费的,以一期取得的收入为一次;分次收取学费的,以每月取得的收入为一次。

五、非有形商品推销、代理等服务收入

根据《财政部 国家税务总局关于个人提供非有形商品推销、代理等服务活动取得收入征收营业税和个人所得税有关问题的通知》(财税字〔1997〕103号)的规定,非本企业雇员为企业提供非有形商品推销、代理等服务活动取得的佣金、奖励和劳务费等名目的收入,无论该收入采用何种计取方法和支付方式,均应计入个人从事服务业应税劳务的营业额,按照规定计算征收营业税("营改增"后为增值税);上述收入扣除已缴纳的税款后,应计入个人的劳务报酬所得,按照《个人所得税法》及其实施条例和其他有关规定计算征收个人所得税。

雇员为本企业提供非有形商品推销、代理等服务活动取得佣金、奖励和劳务费等名目的收入,无论该收入采用何种计取方法和支付方式,均应计入该雇员的当期工资、薪金所得,按照个人所得税法及其实施条例和其他有关规定计算征收个人所得税。

雇员或非雇员从聘用的企业取得收入的,该企业即为雇员或非雇员应纳税款的扣缴义务人,应按照有关规定按期向主管税务机关申报并代扣代缴上述税款。对雇员或非雇员直接从其服务对象或其他方面取得收入的部分,由其主动向主管税务机关申报缴纳营业税("营改增"后为增值税)和个人所得税。

六、广告市场个人所得税

为了进一步加强对广告市场个人所得税的征收管理,国家税务总局印发的《广告市场个人所得税征收管理暂行办法》(国税发〔1996〕148号)规定,凡在广告中提供名义、形象或在广告设计、制作、发布过程中提供劳务并取得所得的个人以及广告主、广告经营者或受托从事广告制作的单位和广告发布者,均应当依照该办法的规定办理个人所得税有关事宜。

这里所称广告主,是指为推销商品或者提供服务,自行或者委托他人设计、制作、发布广告的法人、其他经济组织或者个人。广告经营者,是指受委托提供广告设计、制作、代理服务的法人、其他经济组织或者个人。受托从事广告制作的单位,是指受广告主或广告经营者委托而从事广告设计、制作的法人、其他经济组织或者个人。广告发布者,是指为广告主,或者广告主委托的广告经营者发布广告的法人及其他经济组织。

1. 纳税人与扣缴义务人

在广告设计、制作、发布过程中提供名义、形象及劳务并取得所得的个人为个人所得税的纳税义务人；直接向上述个人支付所得的广告主、广告经营者、受托从事广告制作的单位和广告发布者为个人所得税的扣缴义务人。

2. 应税项目的确定

根据《广告市场个人所得税征收管理暂行办法》(国税发〔1996〕148号)的规定，纳税人在广告设计、制作、发布过程中提供名义、形象而取得的所得，应按劳务报酬所得项目计算纳税。纳税人在广告设计、制作、发布过程中提供其他劳务取得的所得，视其情况分别按照税法规定的劳务报酬所得、稿酬所得、特许权使用费所得等应税项目计算纳税。扣缴人的本单位人员在广告设计、制作、发布过程中取得的由本单位支付的所得，按工资、薪金所得项目计算纳税。

3. 应纳税所得额的确定

纳税人以现金、实物和有价证券以外的其他形式取得所得，税务机关可以根据其所得的形式和价值，核定其应纳税所得额，据以征税。对于不能准确提供或划分个人在广告设计、制作、发布过程中提供名义、形象及劳务而取得的所得的纳税人，主管税务机关可以根据支付总额等实际情况，参照同类广告活动名义、形象及其他劳务提供者的所得标准，核定其应纳税所得额，据以征税。

4. 次的界定

劳务报酬所得以纳税人每参与一项广告的设计、制作、发布所取得的所得为一次；稿酬所得以在图书、报刊上发布一项广告时使用其作品而取得的所得为一次；特许权使用费所得以提供一项特许权在一项广告的设计、制作、发布过程中使用而取得的所得为一次。上述所得，采取分笔支付的，应合并为一次所得计算纳税。

七、劳务报酬所得的申报

(一) 预扣预缴或代扣代缴申报

单位向个人支付劳务报酬所得时，应按规定预扣预缴或代扣代缴劳务报酬所得的个人所得税，并填报《个人所得税扣缴申报表》第8列至第10列"收入额计算"，以不含增值税的劳务报酬收入金额填入第8列"收入"。代扣代缴非居民个人劳务报酬所得个人所得税的按收入金额的20%填报第9列"费用"，预扣预缴居民个人劳务报酬所得个人所得税时，每次收入不超过4 000元，第9列"费用"填800；每次收入4 000元以上的，第9列"费用"按收入的20%填写。取得劳务报酬时发生的允许扣除的税费填报第20列"允许扣除的税费"。

保险公司(或证券公司)支付保险营销员或证券经纪人的佣金收入时，应按照累计预扣法预扣预缴佣金的个人所得税，截至本期的收入额填报第22列"累计收入额"。

(二) 汇算清缴申报

仅取得境内综合所得的居民个人办理综合所得汇算清缴时，其取得的境内劳务报酬所得填报《个人所得税年度自行纳税申报表(A表)》第3行"(二)劳务报酬"，该行的20%金额填入第 6 行"二、费用合计"中。

取得境外所得的居民个人,其取得的境内劳务报酬所得填报《个人所得税年度自行纳税申报表(B 表)》第 3 行"(二)劳务报酬",境外劳务报酬所得金额填报第 8 行"(二)劳务报酬"。按照第 3 行与第 8 行合计金额的 20%,填报第 11 行"三、费用合计"。

第三节 稿酬所得

一、征税范围的一般规定

自 2019 年 1 月 1 日起,根据 2018 年《个人所得税法实施条例》第 6 条第 1 款第 3 项的规定,稿酬所得,是指个人因其作品以图书、报刊等形式出版、发表而取得的所得。这与 2011 年版《个人所得法实施条例》有关稿酬所得的规定相比,增加了一个"等"字。稿酬所得征税范围规定对比如表 2-2 所示。

表 2-2　　　　　　　　　稿酬所得征税范围规定对比

2018 年《个人所得税法实施条例》	2011 年《个人所得税法实施条例》	差异分析
稿酬所得,是指个人因其作品以图书、报刊等形式出版、发表而取得的所得	稿酬所得,是指个人因其作品以图书、报刊形式出版、发表而取得的所得。这里所说的作品,包括文学作品、书画作品、摄影作品,以及其他作品	2018 年条例增加了"等"字

二、征税范围的具体规定

有关报刊、杂志、出版等单位的职员在本单位的刊物上发表作品、出版图书取得所得如何征收个人所得税问题,《国家税务总局关于个人所得税若干业务问题的批复》(国税函〔2002〕146 号)等文件明确规定:

(1) 任职、受雇于报刊、杂志等单位的记者、编辑等专业人员,因在本单位的报刊、杂志上发表作品取得的所得,属于因任职、受雇而取得的所得,应与其当月工资收入合并,按"工资、薪金所得"项目征收个人所得税。

除上述专业人员以外,其他人员在本单位的报刊、杂志上发表作品取得的所得,应按"稿酬所得"项目征收个人所得税。

(2) 出版社的专业作者撰写、编写或翻译的作品,由本社以图书形式出版而取得的稿费收入,应按"稿酬所得"项目计算缴纳个人所得税。

(3) 作者去世后,对取得其遗作稿酬的个人,按"稿酬所得"项目征收个人所得税。

稿酬所得具有特许权使用费、劳务报酬等的性质。在原个人所得税和个人收入调节税中,曾把稿酬所得列入特许权使用费所得或投稿、翻译所得。修订后的现行个人所得税法将稿酬所得单列为一个独立征税项目,不仅因为稿酬所得有着不完全等同于特许权使用费所得和一般劳务报酬所得的特点,而且,对稿酬所得单列征税,有利于单独制定征税办法,体现国家的优惠、照顾政策。

三、稿酬所得每次的确定

在 2018 年 12 月 31 日以前,根据 2011 年《个人所得税法实施条例》第 21 条的规定,稿酬所得,以每次出版、发表取得的收入为一次。根据《征收个人所得税若干问题的规定》(国税发〔1994〕89 号)的规定,个人每次以图书、报刊方式出版、发表同一作品(文字作品,书画作品,摄影作品以及其他作品),无论出版单位是预付还是分笔支付稿酬,或者加印该作品后再付稿酬,均应合并其稿酬所得按一次计征个人所得税。在两处或两处以上出版、发表或再版同一作品而取得稿酬所得,则可分别各处取得的所得或再版所得按分次所得计征个人所得税。

个人的同一作品在报刊上连载,应合并其因连载而取得的所有稿酬所得为一次,按税法规定计征个人所得税。在其连载之后又出书取得稿酬所得,或先出书后连载取得稿酬所得,应视同再版稿酬分次计征个人所得税。

作者去世后,对取得其遗作稿酬的个人,按稿酬所得征收个人所得税。

这里应注意的是,根据《征收个人所得税若干问题的规定》(国税发〔1994〕89 号)的规定,作者将自己的文字作品手稿原件或复印件公开拍卖(竞价)取得的所得,不能适用稿酬所得项目,而应按特许权使用费所得项目征收个人所得税。

自 2019 年 1 月 1 日起,根据 2018 年《个人所得税法实施条例》第 14 条的规定,稿酬所得,属于一次性收入的,以取得该项收入为一次;属于同一项目连续性收入的,以一个月内取得的收入为一次。

四、稿酬所得的申报

(一)预扣预缴或代扣代缴申报

单位向个人支付稿酬所得时,应按规定预扣预缴或代扣代缴稿酬所得的个人所得税,并填报《个人所得税扣缴申报表》第 8 列至第 10 列"收入额计算",稿酬收入金额填入第 8 列"收入"。代扣代缴非居民个人稿酬所得个人所得税的按收入金额的 20% 填报第 9 列"费用",按收入扣除 20% 费用后收入额的 30% 填报第 10 列"免税收入"。预扣预缴居民个人稿酬所得个人所得税时,每次收入不超过 4 000 元,第 9 列"费用"填 800;每次收入 4 000 元以上的,第 9 列"费用"按收入的 20% 填写。

(二)汇算清缴申报

仅取得境内综合所得的居民个人办理综合所得汇算清缴时,其取得的境内稿酬所得填报《个人所得税年度自行纳税申报表(A 表)》第 4 行"(三)稿酬",该行的 20% 金额填入第 6 行"二、费用合计"。

取得境外所得的居民个人,其取得的境内稿酬所得填报《个人所得税年度自行纳税申报表(B 表)》第 4 行"(三)稿酬",取得境外稿酬所得金额填报第 9 行"(三)稿酬"。按照第 4

行与第 9 行合计金额的 20%,填报第 11 行"三、费用合计"。

第 4 行与第 9 行合计金额扣除 20% 费用后收入额的 30% 填入第 13 行"(一)稿酬所得免税部分"。

第四节　特许权使用费所得

一、征税范围的一般规定

2011 年与 2018 年《个人所得税法实施条例》均规定,特许权使用费所得,是指个人提供专利权、商标权、著作权、非专利技术以及其他特许权的使用权取得的所得;提供著作权的使用权取得的所得,不包括稿酬所得。

二、征税范围的具体规定

(一)专利权

专利权,即自然人、法人或者其他组织依法对发明、实用新型和外观设计在一定期限内享有的独占实施权。

(二)商标权

商标权,即商标注册人或权利继受人在法定期限内对注册商标依法享有的各种权利。

(三)著作权

著作权,又称版权,是指文学、艺术和科学作品的作者及其相关主体依法对作品所享有的人身权利和财产权利。

1. 剧本使用费收入

根据《国家税务总局关于剧本使用费征收个人所得税问题的通知》(国税发〔2002〕52 号)的规定,自 2002 年 5 月 1 日起,对于剧本作者从电影、电视剧的制作单位取得的剧本使用费,不再区分剧本的使用方是否为其任职单位,统一按"特许权使用费所得"项目计征个人所得税。

2. 文字作品手稿原件或复印件拍卖所得

根据《征收个人所得税若干问题的规定》(国税发〔1994〕89 号)的规定,作者将自己的文字作品手稿原件或复印件公开拍卖(竞价)取得的所得,应按"特许权使用费所得"项目征收个人所得税。

根据《国家税务总局关于加强和规范个人取得拍卖收入征收个人所得税有关问题的通知》(国税发〔2007〕38 号)的规定,作者将自己的文字作品手稿原件或复印件拍卖取得的所得,在 2018 年 12 月 31 日以前应以其转让收入额减除税法规定的费用扣除标准后的余额为应纳税所得额,按照"特许权使用费"所得项目适用 20% 税率缴纳个人所得税。自 2019 年 1 月 1 日起,居民个人应按综合所得的相关规定处理。个人拍卖除文字作品原稿及复印件外的其他财产,应以其转让收入额减除财产原值和合理费用后的余额为应纳税所得额,按照

"财产转让所得"项目适用20%税率缴纳个人所得税。

3. 提供拍摄的照片取得的所得

《国家税务总局关于×××提供艺术照片取得的所得征收个人所得税问题的批复》(国税函〔1998〕482号)明确,《青岛年鉴》编辑部编辑×××因北京谊友公关广告公司青岛分公司使用其拍摄的艺术照片制作广告宣传路牌而取得的所得,应按照"特许权使用费所得"应税项目计算缴纳个人所得税。

(四)非专利技术

非专利技术,即专利技术以外的专用技术。这类技术大多尚处于保密状态,仅为特定人知晓。

根据《国家税务总局关于企业员工向本企业提供非专利技术取得收入征收个人所得税问题的批复》(国税函〔2004〕952号)的规定,个人在其工资福利待遇与其工作大致相当及与企业其他员工相比没有异常的情况下,由于向本企业提供所需相关技术而取得本企业支付的按不超过一定比例的(如20%)全部可分配利润的这部分收入,与其任职、受雇无关,而与其提供有关技术直接相关,属于非专利技术所得,应按"特许权使用费所得"项目缴纳个人所得税,税款由该企业在支付时代扣代缴。

【例2-1】 下列收入中,应按照特许权使用费所得缴纳个人所得税的有(   )。

A. 个人取得特许权经济赔偿收入

B. 某作家的文字作品手稿复印件公开拍卖取得的收入

C. 某电视剧编剧从任职的电视剧制作中心获得的剧本使用费收入

D. 出版社专业作者翻译作品后,由本社以图书形式出版而取得的收入

【答案】 ABC

【解析】 选项A:根据《国家税务总局关于个人取得专利赔偿所得征收个人所得税问题的批复》(国税函〔2000〕257号)精神,专利的所有者,因其专利权被他人使用而取得的经济赔偿收入,应按照个人所得税法及其实施条例的规定,按"特许权使用费所得"应税项目缴纳个人所得税,税款由支付赔款的单位代扣代缴。因而,选项A正确。

选项B:提供著作权的使用权取得的所得不包括稿酬所得,作者将自己的文字作品手稿原件或复印件公开拍卖(竞价)取得的所得,属于提供著作权的使用权所得,故应按特许权使用费所得项目征收个人所得税。

选项C:从2002年5月1日起,编剧从电视剧的制作单位取得的剧本使用费,不再区分剧本的使用方是否为其任职单位,统一按特许权使用费所得项目计征个人所得税。

选项D:出版社专业作者翻译作品后,由本社以图书形式出版而取得的收入按照"稿酬所得"缴纳个人所得税。

三、特许权使用费所得的申报

(一)预扣预缴或代扣代缴申报

单位向个人支付特许权使用费时,应按规定预扣预缴或代扣代缴特许权使用费所得的

个人所得税,并填报《个人所得税扣缴申报表》第8列至第10列"收入额计算",特许权使用费收入金额填入第8列"收入"。代扣代缴非居民个人特许权使用费所得个人所得税,按收入的20%填报第9列"费用"。预扣预缴居民个人特许权使用费所得个人所得税时,每次收入不超过4 000元,第9列"费用"填800;每次收入4 000元以上的,第9列"费用"按收入的20%填写。

(二)汇算清缴申报

仅取得境内综合所得的居民个人办理综合所得汇算清缴时,其取得的境内特许权使用费所得填报《个人所得税年度自行纳税申报表(A表)》第5行"(四)特许权使用费",该行的20%金额填入第6行"二、费用合计"。

取得境外所得的居民个人,其取得的境内特许权使用费所得填报《个人所得税年度自行纳税申报表(B表)》第5行"(四)特许权使用费",境外稿酬所得金额填报第10行"(四)特许权使用费"。按照第5行与第10行合计金额的20%,填报第11行"三、费用合计"。

第三章
减除费用与专项扣除

> 谁道田家乐？春税秋未足。
> ——宋·梅尧臣《田家语》

第一节　基本减除费用

一、综合所得的扣除项目

根据2018年《个人所得税法》第6条第1款的规定，居民个人的综合所得，以每一纳税年度的收入额减除费用60 000元以及专项扣除、专项附加扣除和依法确定的其他扣除后的余额，为应纳税所得额。

非居民个人的工资、薪金所得，以每月收入额减除费用5 000元后的余额为应纳税所得额；劳务报酬所得、稿酬所得、特许权使用费所得，以每次收入额为应纳税所得额。

劳务报酬所得、稿酬所得、特许权使用费所得以收入减除20%的费用后的余额为收入额。稿酬所得的收入额减按70%计算。

因而，计算居民个人综合所得应纳税所得额的扣除项目包括：基本费用扣除、专项扣除、专项附加扣除和依法确定的其他扣除。基本费用扣除，是最为基础的一项生计扣除，全员适用，考虑个人基本生活支出情况，设置定额的扣除标准。专项扣除，是对允许扣除的个人交纳的"三险一金"进行归纳后，新创造的一个概念。专项附加扣除，是在基本费用扣除的基础上，以国家税收和个人共同分担的方式，适度缓解个人在教育、医疗、住房等方面的支出压力。在综合和分类税制施行初期，专项附加扣除项目包括子女教育、继续教育、大病医疗、住房贷款利息或者住房租金、赡养老人等六项。依法确定的其他扣除，指综合所得中除基本费用扣除、专项扣除、专项附加扣除之外的扣除项目，包括符合条件的企业年金、职业年金，商业健康保险、税收递延型商业养老保险的个人缴费部分，以及国务院规定可以扣除的其他项目。

综合所得的费用扣除，如图3-1所示。

二、基本费用扣除

（一）基本费用扣除标准

基本费用扣除，是指纳税人为维持基本生计而发生的、允许在税前扣除的固定额度。

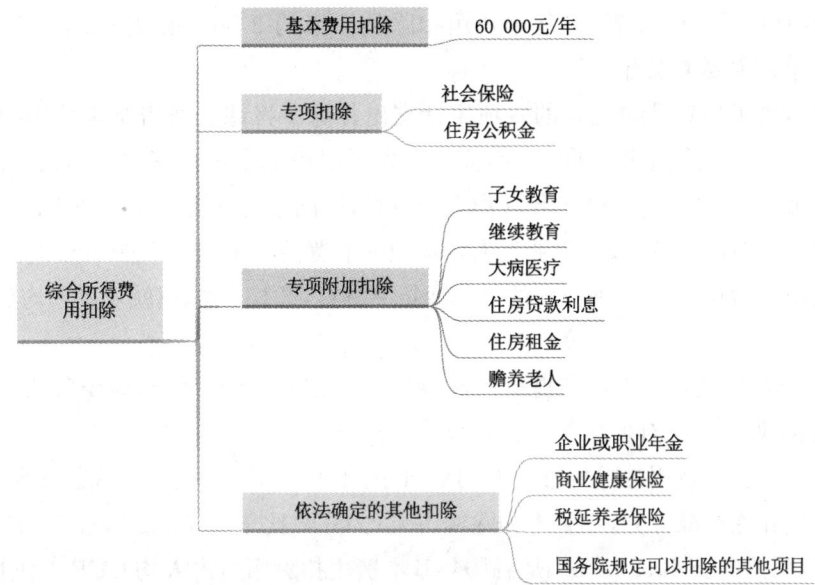

图 3-1　综合所得的费用扣除

基本费用扣除和个人收入无关,一般是按照全社会平均消费支出情况计算确定的,总体上反映了全国各地区经济发展和居民收入平均水平。

根据 2018 年《个人所得税法》的规定,居民个人取得综合所得,以每一纳税年度的收入额减除费用 60 000 元、专项扣除、专项附加扣除和依法确定的其他扣除后的余额,为应纳税所得额。非居民个人取得工资、薪金所得,以每月收入额减除费用 5 000 元后的余额为应纳税所得额。

基本费用扣除标准的历次调整情况如表 3-1 所示。

表 3-1　　　　　　　　　　基本费用扣除标准调整情况

项目	2006 年以前	2006.1.1—2008.2.29	2008.3.1—2011.8.31	2011.9.1—2018.9.30	自 2018.10.1 起
基本费用扣除	800 元/月	1 600 元/月	2 000 元/月	3 500 元/月	60 000 元/年（5 000 元/月）
附加减除费用	3 200 元/月	3 200 元/月	2 800 元/月	1 300 元/月	取消
小计	4 000 元/月	4 800 元/月	4 800 元/月	4 800 元/月	60 000 元/年（5 000 元/月）

国际上确定基本费用扣除标准,主要参考两方面因素:一是基本生活支出变动情况;二是消费者物价指数(CPI)变动情况。例如,美国根据通货膨胀率进行指数化调整;英国从 1982 年起,按前一年度的消费物价指数,自动调整主要免税项目的数额和税率级距;加拿大实行在通货膨胀率高于 3%时,按高于 3%的部分调整个人基本抵免额和税率级距。根据国际做法以及我国实际情况,基本费用扣除标准设置主要考虑纳税人负担的社会平均消费支出水平、城镇居民收入水平、居民消费支出增长和物价变化等因素。

2018年个人所得税改革,将基本费用扣除从原来的 3 500 元/月提高至 5 000 元/月(60 000 元/年),主要考虑有:

一是基本费用扣除是纳税人的一项生计支出扣除。将综合所得基本费用扣除标准确定为每人每月 5 000 元、全年 60 000 元,充分考虑了居民基本生活消费支出情况。据统计,2017 年我国城镇居民人均消费支出为 2 037 元/月,按国家统计局公布的平均每一就业者负担 1.9 人的负担系数计算,城镇就业者人均负担的消费性支出约为 3 900 元/月。考虑城镇居民消费支出的增长因素,按照 7%的平均增长率测算,2018 年城镇就业者人均负担的月消费支出为 4 200 元/月。

2018 年改革将减除费用标准提高到 5 000 元/月(60 000 元/年),为今后几年居民消费性支出的增长预留一定空间。

二是从世界各国费用减除标准占人均 GDP 的比重看,5 000 元比较高。按原每月 3 500 元的基本费用扣除标准计算,年基本扣除额占人均 GDP 比重为 78.2%,按 5 000 元标准计算,这一比重已提高至 109.69%。从各国年基本费用扣除额所占人均 GDP 比重情况看,很多国家都低于 50%,如美国是 10.97%、日本是 8.59%,我国基本费用扣除额占比在国际上处于较高水平。

三是除提高综合所得基本费用扣除标准外还增加专项附加扣除。税制改革后,按照个人享受"三险一金"专项扣除、1～2 项专项附加扣除估算,年收入 10 万元以下的个人无须缴税,年收入 10 万元已经高于当前城镇就业人员社会平均工资,因此,5 000 元的标准总体上能够满足人民群众对税制改革的期望。

综上所述,将基本费用扣除标准确定为 5 000 元/月(60 000 元/年)较为合理。

制定全国统一的基本费用扣除标准的主要考虑有:一是我国是一个法制统一的国家,税收法制是国家法制的重要组成部分,应该实施全国统一的税收政策。二是基本费用扣除标准是参照城镇居民社会平均消费支出情况确定的,兼顾了富裕地区和欠发达地区,总体上反映了全国各类地区经济发展状况和居民收支水平。就部分富裕地区而言,可能生活成本较高,但居民收入水平也较高,负担能力强,而且机会多,享受到的各种公共服务也多,实行统一的基本费用扣除标准,有利于体现税收量能负担原则。三是市场经济条件下人口流动性非常大,如果不实行统一的标准,可能会造成人员非正常流动,甚至产生人员在其他地区工作而在特殊优惠区域领取工薪收入等情况,给正常的税收征管秩序带来冲击和挑战。四是从国际上看,大部分国家个人所得税一般都是采用全国统一的基本费用扣除标准,不实行差别化政策。

(二)费用扣除标准与起征点及免征额

对综合所得涉及的个人生计费用,采取定额扣除的办法。自 2018 年 10 月 1 日起,工资、薪金所得的基本费用扣除标准提高到 5 000 元/月。自 2019 年 1 月 1 日起,居民个人综合所得的基本费用扣除标准为 60 000 元/年。

这里所说的"基本费用扣除标准"也称"免征额",与"起征点"不同。起征点,是指税法规定的对课税对象开始征税的最低界限。当课税对象数额低于起征点时,无须纳税;当课税对象数额高于起征点时,就要对课税对象的全部收入征税。基本费用扣除标准是对个人收入征税时允许扣除的费用限额。当个人收入低于减除费用标准时,无须纳税;当个人收入高于基本费用扣除标准时,则对减去基本费用扣除标准后的个人所得征税。所以,"基本费用扣除标准"与"起征点"并不是同一个概念。

(三) 基本费用扣除标准的动态调整

从国际上看,英国、美国、加拿大、卢森堡、西班牙、瑞士、荷兰等国家每年都会根据物价变动对基本费用扣除进行调整。2005 年以来,我国根据城镇居民基本生活消费支出变化情况,已经 4 次调整基本费用扣除标准,但略显滞后,有必要建立动态调整机制。

对基本费用扣除标准实施动态调整社会关注度高。实行动态调整机制可以有效回应群众关切,体现量能负担原则,稳定社会预期。对基本费用扣除标准实施动态调整可以及时对个人收入进行调节,及时适应经济社会发展形势。对基本费用扣除标准实施动态调整的机制建立后,可以避免频繁修法。

(四) 劳务报酬、稿酬与特许权使用费所得的费用扣除

根据 2018 年《个人所得税法》第 6 条的规定,对劳务报酬所得、稿酬所得、特许权使用费所得以收入减除 20% 的费用后的余额为收入额,其中稿酬所得的收入额减按 70% 计算。这是平移了原个人所得税费用扣除和稿酬所得的税收优惠。对工资、薪金所得以外的综合所得,在减除必要的费用后计算收入额,以体现量能课税,以净所得征税的原则。

三、基本减除费用的申报

(一) 预扣预缴或代扣代缴申报

单位向个人支付工资、薪金所得时,应按规定预扣预缴或代扣代缴工资、薪金所得的个人所得税。按月代扣代缴非居民个人工资、薪金所得个人所得税,以每月工资、薪金收入额扣除 5 000 元费用后计算应代扣代缴工资、薪金所得的个人所得税。基本减除费用 5 000 元填入《个人所得税扣缴申报表》第 11 列"减除费用"中。预扣预缴居民个人工资、薪金所得个人所得税时,以费用 5 000 元乘以在本单位的任职受雇月份后的金额填入第 11 列"减除费用"。预扣预缴保险营销员或证券经纪人佣金收入的个人所得税时,以 5 000 元乘以规定月份数得到的金额填入第 11 列"减除费用"。

(二) 汇算清缴申报

仅取得境内综合所得的居民个人办理综合所得汇算清缴时,基本减除费用 60 000 元填入《个人所得税年度自行纳税申报表(A 表)》第 10 行"减除费用"。

取得境外所得的居民个人,基本减除费用 60 000 元填入《个人所得税年度自行纳税申报表(B 表)》第 15 行"减除费用"。

第二节 专项扣除

一、专项扣除项目

根据 2018 年《个人所得税法》第 6 条的规定,专项扣除,包括居民个人按照国家规定的

范围和标准缴纳的基本养老保险、基本医疗保险、失业保险等社会保险费和住房公积金等。

二、社会保险费

（一）社会保险费的税前扣除

根据《财政部 国家税务总局关于基本养老保险费 基本医疗保险费 失业保险费 住房公积金有关个人所得税政策的通知》（财税〔2006〕10号）第1条的规定，企事业单位按照国家或省（自治区、直辖市）人民政府规定的缴费比例或办法实际缴付的基本养老保险费、基本医疗保险费和失业保险费，免征个人所得税；个人按照国家或省（自治区、直辖市）人民政府规定的缴费比例或办法实际缴付的基本养老保险费、基本医疗保险费和失业保险费，允许在个人应纳税所得额中扣除。

企事业单位和个人超过规定的比例和标准缴付的基本养老保险费、基本医疗保险费和失业保险费，应将超过部分并入个人当期的工资、薪金收入，计征个人所得税。

（二）个人领取社会保险费免税

根据《财政部 国家税务总局关于基本养老保险费 基本医疗保险费 失业保险费 住房公积金有关个人所得税政策的通知》（财税〔2006〕10号）第3条的规定，个人实际领（支）取原提存的基本养老保险金、基本医疗保险金、失业保险金和住房公积金时，免征个人所得税。

基本养老保险、基本医疗保险、失业保险的个人所得税处理，如表3-2所示。

表3-2　　　　　　　　　　社会保险的个人所得税处理

项目	原则	《财政部 税务总局关于基本养老保险费 基本医疗保险费 失业保险费 住房公积金有关个人所得税政策的通知》（财税〔2006〕10号）	2011年《个人所得税法实施条例》
基本养老保险、基本医疗保险和失业保险	按规定标准实际缴付时免税或允许税前扣除	企事业单位按照国家或省（自治区、直辖市）人民政府规定的缴费比例或办法实际缴付的基本养老保险费、基本医疗保险费和失业保险费，免征个人所得税	第25条 按照国家规定，单位为个人缴付和个人缴付的基本养老保险费、基本医疗保险费、失业保险费、住房公积金，从纳税义务人的应纳税所得额中扣除
		个人按照国家或省（自治区、直辖市）人民政府规定的缴费比例或办法实际缴付的基本养老保险费、基本医疗保险费和失业保险费，允许在个人所得税应纳税所得额中扣除	
	超规定标准缴付部分应纳税	企事业单位和个人超过规定的比例和标准缴付的基本养老保险费、基本医疗保险费和失业保险费，应将超过部分并入个人当期的工资、薪金收入，计征个人所得税	
	领（支）取提存的养老保险时免税	个人实际领（支）取原提存的基本养老保险金、基本医疗保险金、失业保险金时，免征个人所得税	

三、住房公积金

（一）住房公积金的税前扣除处理

《财政部 国家税务总局关于基本养老保险费 基本医疗保险费 失业保险费 住房公积金有关个人所得税政策的通知》（财税〔2006〕10号）第2条明确，根据《住房公积金管理条例》《建设部 财政部 中国人民银行关于住房公积金管理若干具体问题的指导意见》（建金管〔2005〕5号）等规定精神，单位和个人分别在不超过职工本人上一年度月平均工资12%的幅度内，其实际缴存的住房公积金，允许在个人应纳税所得额中扣除。单位和职工个人缴存住房公积金的月平均工资不得超过职工工作地所在设区城市上一年度职工月平均工资的3倍，具体标准按照各地有关规定执行。

单位和个人超过上述规定比例和标准缴付的住房公积金，应将超过部分并入个人当期的工资、薪金收入，计征个人所得税。

上述职工工资口径按照国家统计局规定列入工资总额统计的项目计算。

（二）个人领取原提存的住房公积金时免税

根据《财政部 国家税务总局关于基本养老保险费 基本医疗保险费 失业保险费 住房公积金有关个人所得税政策的通知》（财税〔2006〕10号）第3条的规定，个人实际领（支）取原提存住房公积金时，免征个人所得税。

四、专项扣除的申报

（一）预扣预缴或代扣代缴申报

单位向居民个人支付工资、薪金所得时，应按规定预扣预缴工资、薪金所得的个人所得税。居民个人按照国家规定的范围和标准缴纳的基本养老保险、基本医疗保险、失业保险等社会保险费和住房公积金等专项扣除，可以在计算应预扣预缴工资、薪金所得个人所得税时扣除，其中本月缴纳金额分别填入《个人所得税扣缴申报表》第12列"基本养老保险费"、第13列"基本医疗保险费"、第14列"失业保险费"和第15列"住房公积金"中。本年累计可扣除金额填入该表第24列"累计专项扣除"中。

（二）汇算清缴申报

仅取得境内综合所得的居民个人办理综合所得汇算清缴时，按照国家规定的范围和标准缴纳的基本养老保险、基本医疗保险、失业保险等社会保险费和住房公积金等专项扣除，分别填入《个人所得税年度自行纳税申报表（A表）》第12行"基本养老保险费"、第13行"基本医疗保险费"、第14行"失业保险费"和第15列"住房公积金"。

取得境外所得的居民个人，按照国家规定的范围和标准缴纳的基本养老保险、基本医疗保险、失业保险等社会保险费和住房公积金等专项扣除，分别填入《个人所得税年度自行纳税申报表（B表）》第17行"基本养老保险费"、第18行"基本医疗保险费"、第19行"失业保险费"和第20列"住房公积金"。

第四章

专项附加扣除

> 民贫轻摧让,力尽畏征输。
> ——清·沈德潜《夏日述感》

第一节 专项附加扣除概述

一、专项附加扣除项目

为积极回应社会各界对子女教育、大病医疗等支出纳入个人所得税税前扣除的呼声,2018年《个人所得税法》,首次增加了子女教育、继续教育等专项附加扣除。个人所得税专项附加扣除,是指个人所得税法规定的子女教育、继续教育、大病医疗、住房贷款利息或者住房租金、赡养老人等六项专项附加扣除。

根据2018年《个人所得税法》第6条的规定,国务院制定并印发了《个人所得税专项附加扣除暂行办法》(国发〔2018〕41号),自2019年1月1日起施行。根据教育、医疗、住房、养老等民生支出变化情况,国务院将适时调整专项附加扣除范围和标准。

为切实将专项附加扣除政策精准落地,让纳税人能够清楚自己如何享受专项附加扣除,具体享受扣除的起始时间、标准和办理途径等,国家税务总局制发了《国家税务总局关于发布〈个人所得税专项附加扣除操作办法(试行)〉的公告》(国家税务总局公告2018年第60号)。纳税人享受子女教育、继续教育、大病医疗、住房贷款利息或者住房租金、赡养老人专项附加扣除的,依照该办法规定办理。

在提高居民个人综合所得基本费用扣除标准,明确基本养老保险、基本医疗保险、失业保险、住房公积金等专项扣除项目以及依法确定的其他扣除项目继续执行的同时,2018年《个人所得税法》增加了子女教育、继续教育等与人民群众生活密切相关的专项附加扣除项目。专项附加扣除考虑了个人负担的差异性,更符合个人所得税基本原理,有利于税制公平。

根据2018年《个人所得税法》第6条第4款的规定,专项附加扣除,包括子女教育、继续教育、大病医疗、住房贷款利息或者住房租金、赡养老人等支出,具体范围、标准和实施步骤由国务院确定,并报全国人民代表大会常务委员会备案。

六项专项附加扣除的扣除范围、扣除标准、扣除方式、留存资料等详见本章第三节。

二、可扣除专项附加扣除的所得项目

根据 2018 年《个人所得税法》第 6 条第 1 款第 1 项的规定,居民个人的综合所得,以每一纳税年度的收入额减除费用 6 万元以及专项扣除、专项附加扣除和依法确定的其他扣除后的余额,为应纳税所得额。

根据 2018 年《个人所得税法实施条例》第 15 条第 2 款的规定,取得经营所得的个人,没有综合所得的,计算其每一纳税年度的应纳税所得额时,应当减除费用 6 万元、专项扣除、专项附加扣除以及依法确定的其他扣除。专项附加扣除在办理汇算清缴时减除。

由此可见,计算居民个人综合所得应纳税所得额时可以扣除专项附加扣除。取得经营所得的个人,没有综合所得的,计算其每一纳税年度的应纳税所得额时,也可以扣除专项附加扣除项目。

根据《财政部 税务总局关于个人所得税法修改后有关优惠政策衔接问题的通知》(财税〔2018〕164 号)第 7 条的规定,2019 年 1 月 1 日至 2021 年 12 月 31 日,外籍个人符合居民个人条件的,可以选择享受个人所得税专项附加扣除,也可以选择按照《财政部 国家税务总局关于个人所得税若干政策问题的通知》(财税〔1994〕20 号)、《国家税务总局关于外籍个人取得有关补贴征免个人所得税执行问题的通知》(国税发〔1997〕54 号)和《财政部 国家税务总局关于外籍个人取得港澳地区住房等补贴征免个人所得税的通知》(财税〔2004〕29 号)规定,享受住房补贴、语言训练费、子女教育费等津补贴免税优惠政策,但不得同时享受。外籍个人一经选择,在一个纳税年度内不得变更。自 2022 年 1 月 1 日起,外籍个人不再享受住房补贴、语言训练费、子女教育费津补贴免税优惠政策,应按规定享受专项附加扣除。

三、办理扣除的时间

(一)办理扣除时间的一般规定

1. 预缴享受扣除的办理

根据 2018 年《个人所得税法》第 11 条第 2 款的规定,居民个人向扣缴义务人提供专项附加扣除信息的,扣缴义务人按月预扣预缴税款时应当按照规定予以扣除,不得拒绝。

根据《个人所得税专项附加扣除操作办法(试行)》第 4 条的规定,享受子女教育、继续教育、住房贷款利息或者住房租金、赡养老人专项附加扣除的纳税人,自符合条件开始,可以向支付工资、薪金所得的扣缴义务人提供上述专项附加扣除有关信息,由扣缴义务人在预扣预缴税款时,按其在本单位本年可享受的累计扣除额办理扣除;也可以在次年 3 月 1 日至 6 月 30 日内,向汇缴地主管税务机关办理汇算清缴申报时扣除。纳税人同时从两处以上取得工资、薪金所得,并由扣缴义务人办理上述专项附加扣除的,对同一专项附加扣除项目,一个纳税年度内,纳税人只能选择从其中一处扣除。享受大病医疗专项附加扣除的纳税人,由其在次年 3 月 1 日至 6 月 30 日内,自行向汇缴地主管税务机关办理汇算清缴申报时扣除。

根据《个人所得税专项附加扣除操作办法(试行)》第 24 条、第 25 条的规定,纳税人向扣缴义务人提供专项附加扣除信息的,扣缴义务人应当按照规定予以扣除,不得拒绝。扣缴义务人应当为纳税人报送的专项附加扣除信息保密。扣缴义务人应当及时按照纳税人提供的信息计算办理扣缴申报,不得擅自更改纳税人提供的相关信息。扣缴义务人发现纳税人提供的信息与实际情况不符,可以要求纳税人修改。纳税人拒绝修改的,扣缴义务人应当向主管税务机关报告,税务机关应当及时处理。除纳税人另有要求外,扣缴义务人应当于年度终了后2个月内,向纳税人提供已办理的专项附加扣除项目及金额等信息。

2. 汇缴享受扣除的办理

根据《个人所得税专项附加扣除操作办法(试行)》第10条、第11条的规定,纳税人选择在汇算清缴申报时享受专项附加扣除的,应当填写并向汇缴地主管税务机关报送《专项附加扣除信息表》。纳税人将需要享受的专项附加扣除项目信息填报至《专项附加扣除信息表》相应栏次。填报要素完整的,扣缴义务人或者主管税务机关应当受理;填报要素不完整的,扣缴义务人或者主管税务机关应当及时告知纳税人补正或重新填报。纳税人未补正或重新填报的,暂不办理相关专项附加扣除,待纳税人补正或重新填报后再行办理。

(二)年度中间更换工作单位的扣除

根据《个人所得税专项附加扣除操作办法(试行)》第5条的规定,扣缴义务人办理工资、薪金所得预扣预缴税款时,应当根据纳税人报送的《个人所得税专项附加扣除信息表》为纳税人办理专项附加扣除。

纳税人年度中间更换工作单位的,在原单位任职、受雇期间已享受的专项附加扣除金额,不得在新任职、受雇单位扣除。原扣缴义务人应当自纳税人离职不再发放工资、薪金所得的当月起,停止为其办理专项附加扣除。

(三)没有工资、薪金所得的扣除

根据《个人所得税专项附加扣除操作办法(试行)》第6条的规定,纳税人未取得工资、薪金所得,仅取得劳务报酬所得、稿酬所得、特许权使用费所得需要享受专项附加扣除的,应当在次年3月1日至6月30日内,自行向汇缴地主管税务机关报送《专项附加扣除信息表》,并在办理汇算清缴申报时扣除。

(四)年度内未享受或未足额享受的处理

根据《个人所得税专项附加扣除操作办法(试行)》第7条的规定,一个纳税年度内,纳税人在扣缴义务人预扣预缴税款环节未享受或未足额享受专项附加扣除的,可以在当年内向支付工资、薪金的扣缴义务人申请在剩余月份发放工资、薪金时补充扣除,也可以在次年3月1日至6月30日内,向汇缴地主管税务机关办理汇算清缴时申报扣除。

(五)当年扣不完的不能结转以后年度扣除

根据《个人所得税专项附加扣除暂行办法》第30条的规定,个人所得税专项附加扣除额一个纳税年度扣除不完的,不能结转以后年度扣除。

四、专项附加扣除信息报送

根据《个人所得税专项附加扣除暂行办法》第25条的规定,纳税人首次享受专项附加扣除,应当将专项附加扣除相关信息提交扣缴义务人或者税务机关,扣缴义务人应当及时将相关信息报送税务机关,纳税人对所提交信息的真实性、准确性、完整性负责。专项附加扣除信息发生变化的,纳税人应当及时向扣缴义务人或者税务机关提供相关信息。

专项附加扣除相关信息,包括纳税人本人、配偶、子女、被赡养人等个人身份信息,以及国务院税务主管部门规定的其他与专项附加扣除相关的信息。

(一) 信息变化与更换工作单位后的信息报送

根据《个人所得税专项附加扣除操作办法(试行)》第8条的规定,纳税人选择在扣缴义务人发放工资、薪金所得时享受专项附加扣除的,首次享受时应当填写并向扣缴义务人报送《专项附加扣除信息表》;纳税年度中间相关信息发生变化的,纳税人应当更新《专项附加扣除信息表》相应栏次,并及时报送给扣缴义务人。

更换工作单位的纳税人,需要由新任职、受雇扣缴义务人办理专项附加扣除的,应当在入职的当月,填写并向扣缴义务人报送《专项附加扣除信息表》。

(二) 次年继续扣除的信息确认

根据《个人所得税专项附加扣除操作办法(试行)》第9条的规定,纳税人次年需要由扣缴义务人继续办理专项附加扣除的,应当于每年12月份对次年享受专项附加扣除的内容进行确认,并报送至扣缴义务人。纳税人未及时确认的,扣缴义务人于次年1月起暂停扣除,待纳税人确认后再行办理专项附加扣除。

扣缴义务人应当将纳税人报送的专项附加扣除信息,在次月办理扣缴申报时一并报送至主管税务机关。

根据国家税务总局官方"个人所得税"客户端发布的"专项附加扣除政策继续享受七提醒"有关精神,为减轻纳税人负担,税务机关进一步简化操作流程,如果纳税人不进行修改,已填报的扣除信息将自动视同有效并延长至2020年。

(三) 扣除资料留存期限

根据《个人所得税专项附加扣除暂行办法》第25条第3款的规定,纳税人需要留存备查的相关资料应当留存5年。

根据《个人所得税专项附加扣除操作办法(试行)》第23条的规定,纳税人应当将《专项附加扣除信息表》及相关留存备查资料,自法定汇算清缴期结束后保存5年。纳税人报送给扣缴义务人的《专项附加扣除信息表》,扣缴义务人应当自预扣预缴年度的次年起留存5年。

(四) 信息报送方式

纳税人可以通过远程办税端、电子或者纸质报表等方式,向扣缴义务人或者主管税务机关报送个人专项附加扣除信息。

1. 扣缴环节扣除的办理

根据《个人所得税专项附加扣除操作办法(试行)》第20条的规定,纳税人选择纳税年度内由扣缴义务人办理专项附加扣除的,按下列规定办理:

(1) 纳税人通过远程办税端选择扣缴义务人并报送专项附加扣除信息的,扣缴义务人根据接收的扣除信息办理扣除。

(2) 纳税人通过填写电子或者纸质《专项附加扣除信息表》直接报送扣缴义务人的,扣缴义务人将相关信息导入或者录入扣缴端软件,并在次月办理扣缴申报时提交给主管税务机关。

《专项附加扣除信息表》应当一式两份,纳税人和扣缴义务人签字(章)后分别留存备查。

2. 汇算清缴享受扣除的办理

根据《个人所得税专项附加扣除操作办法(试行)》第21条的规定,纳税人选择年度终了后办理汇算清缴申报时享受专项附加扣除的,既可以通过远程办税端报送专项附加扣除信息,也可以将电子或者纸质《专项附加扣除信息表》(一式两份)报送给汇缴地主管税务机关。报送电子《专项附加扣除信息表》的,主管税务机关受理打印,交由纳税人签字后,一份由纳税人留存备查,一份由税务机关留存;报送纸质《专项附加扣除信息表》的,纳税人签字确认、主管税务机关受理签章后,一份退还纳税人留存备查,一份由税务机关留存。

五、暂停享受扣除与追补扣除

根据《财政部 税务总局关于个人所得税综合所得汇算清缴涉及有关政策问题的公告》(财政部 税务总局公告2019年第94号)第3条的规定,居民个人填报专项附加扣除信息存在明显错误,经税务机关通知,居民个人拒不更正或者不说明情况的,税务机关可暂停纳税人享受专项附加扣除。居民个人按规定更正相关信息或者说明情况后,经税务机关确认,居民个人可继续享受专项附加扣除,以前月份未享受扣除的,可按规定追补扣除。

六、后续核查与管理

(一)享受扣除的核查

根据《个人所得税专项附加扣除操作办法(试行)》第26~28条的规定,税务机关定期对纳税人提供的专项附加扣除信息开展抽查。

税务机关核查时,纳税人无法提供留存备查资料,或者留存备查资料不能支持相关情况的,税务机关可以要求纳税人提供其他佐证;不能提供其他佐证材料,或者佐证材料仍不足以支持的,不得享受相关专项附加扣除。

税务机关核查专项附加扣除情况时,可以提请有关单位和个人协助核查,相关单位和个人应当协助。

(二)违规处理与联合惩戒

根据《个人所得税专项附加扣除操作办法(试行)》第29条的规定,纳税人有下列情形之一的,主管税务机关应当责令其改正;情形严重的,应当纳入有关信用信息系统,并按照国家有关规定实施联合惩戒;涉及违反税收征管法等法律法规的,税务机关依法进行处理:①报送虚假专项附加扣除信息;②重复享受专项附加扣除;③超范围或标准享受专项附加扣除;④拒不提供留存备查资料;⑤税务总局规定的其他情形。纳税人在任职、受雇单位报送虚假扣除信息的,税务机关责令改正的同时,通知扣缴义务人。

七、专项附加扣除的申报

(一)预扣预缴或代扣代缴申报

居民个人向扣缴义务人提供专项附加扣除信息的,扣缴义务人按月预扣预缴工资、薪金所得个人所得税时应当按照规定扣除子女教育、赡养老人、住房贷款利息、住房租金、继续教育专项附加扣除,并将累计专项附加扣除金额分别填入《个人所得税扣缴申报表》第25列"子女教育"、第26列"赡养老人"、第27列"住房贷款利息"、第28列"住房租金"和第29列"继续教育"。

大病医疗专项附加扣除在年终汇算清缴时扣除。

(二) 汇算清缴申报

仅取得境内综合所得的居民个人办理综合所得汇算清缴时,按照规定扣除子女教育、继续教育、大病医疗、住房贷款利息、住房租金和赡养老人专项附加扣除,分别填入《个人所得税年度自行纳税申报表(A表)》第17行"子女教育"、第18行"继续教育"、第19行"大病医疗"、第20行"住房贷款利息"、第21行"住房租金"和第22行"赡养老人"。

取得境外所得的居民个人,按照规定扣除的子女教育、继续教育、大病医疗、住房贷款利息、住房租金和赡养老人专项附加扣除,分别填入《个人所得税年度自行纳税申报表(B表)》第22行"子女教育"、第23行"继续教育"、第24行"大病医疗"、第25行"住房贷款利息"、第26列"住房租金"和第27列"赡养老人"。

第二节 子女教育

子女教育是大多数家庭最基本、最重要的支出项目。从国际上看,大部分国家都有子女教育相关扣除政策。例如,美国对符合条件的学费和相关教育支出允许扣除;法国对纳税人子女接受中学或大学教育,每个子女可以享受61~183欧元以下的抵免额,7岁以下子女日托费的50%可获得抵免,最高额为1 150欧元;德国对第一职业技术教育或第一学业(学校或大学的学费、书本费以及在家或宿舍设置工作室的费用)每年最高可扣除6 000欧元,夫妻双方都可以按此标准扣除;巴西对纳税人及其受抚养人发生的符合条件的教育费用可在税前扣除(2015年起,标准为不超过3 561.5雷亚尔)。

为体现教育公平和适当扶持原则,我国2018年《个人所得税法》增加了子女教育专项附加扣除项目。

一、子女教育专项附加扣除政策

根据《个人所得税专项附加扣除暂行办法》第5条的规定,纳税人的子女接受全日制学历教育的相关支出,按照每个子女每月1 000元的标准定额扣除。

学历教育包括义务教育(小学、初中教育)、高中阶段教育(普通高中、中等职业、技工教育)、高等教育(大学专科、大学本科、硕士研究生、博士研究生教育)。年满3岁至小学入学前处于学前教育阶段的子女,按上述规定执行。

3岁之前属于抚育阶段,没有纳入子女教育专项附加扣除的范畴。

根据《个人所得税专项附加扣除暂行办法》第6条的规定,父母可以选择由其中一方按扣除标准的100%扣除,也可以选择由双方分别按扣除标准的50%扣除,具体扣除方式在一个纳税年度内不能变更。

《个人所得税专项附加扣除暂行办法》第29条规定,父母,是指生父母、继父母、养父母。子女,是指婚生子女、非婚生子女、继子女、养子女。父母之外的其他人担任未成年人的监护人的,比照本办法规定执行。

二、扣除时间

根据《个人所得税专项附加扣除操作办法(试行)》第3条的规定,纳税人享受符合规定的子女教育专项附加扣除的计算时间为:学前教育阶段,为子女年满3周岁当月至小学入学前一月。学历教育,为子女接受全日制学历教育入学的当月至全日制学历教育结束的当月。

学历教育期间,包含因病或其他非主观原因休学但学籍继续保留的休学期间,以及施教机构按规定组织实施的寒暑假等假期。

三、扣除信息的填报与留存备查资料

(一)专项附加扣除信息报送

根据《个人所得税专项附加扣除操作办法(试行)》第12条的规定,纳税人享受子女教育专项附加扣除,应当填报配偶及子女的姓名、身份证件类型及号码、子女当前受教育阶段及起止时间、子女就读学校以及本人与配偶之间扣除分配比例等信息。

《个人所得税专项附加扣除信息表》格式如表4-1所示。

表4-1 个人所得税专项附加扣除信息表

填报日期: 年 月 日　　　　扣除年度:
纳税人姓名:　　　　纳税人识别号:□□□□□□□□□□□□□□□□□□

纳税人信息	手机号码		电子邮箱		
	联系地址		配偶情况	□有配偶	□无配偶
纳税人配偶信息	姓名		身份证件类型	身份证件号码	□□□□□□□□□□□□□□□□□□
一、子女教育					
较上次报送信息是否发生变化:□首次报送(请填写全部信息)　□无变化(不需重新填写) □有变化(请填写发生变化项目的信息)					
子女一	姓名		身份证件类型	身份证件号码	□□□□□□□□□□□□□□□□□□
	出生日期		当前受教育阶段	□学前教育阶段　□义务教育　□高中阶段教育 □高等教育	
	当前受教育阶段起始时间	年 月	当前受教育阶段结束时间	年 月	子女教育终止时间 *不再受教育时填写　年 月
	就读国家(或地区)		就读学校	本人扣除比例	□100%(全额扣除) □50%(平均扣除)

(续表)

子女二	姓名		身份证件类型		身份证件号码	□□□□□□□□□□□□□□□□□□
	出生日期		当前受教育阶段		□学前教育阶段 □义务教育 □高中阶段教育 □高等教育	
	当前受教育阶段起始时间	年　月	当前受教育阶段结束时间	年　月	子女教育终止时间 *不再受教育时填写	年　月
	就读国家（或地区）		就读学校		本人扣除比例	□100%（全额扣除） □50%（平均扣除）

二、继续教育

较上次报送信息是否发生变化：□首次报送（请填写全部信息）　□无变化（不需重新填写）
　　　　　　　　　　　　　　　□有变化（请填写发生变化项目的信息）

学历(学位)继续教育	当前继续教育起始时间	年　月	当前继续教育结束时间	年　月	学历(学位)继续教育阶段	□专科　□本科　□硕士研究生 □博士研究生　□其他
职业资格继续教育	职业资格继续教育类型	□技能人员		□专业技术人员	证书名称	
	证书编号		发证机关		发证(批准)日期	

三、住房贷款利息

较上次报送信息是否发生变化：□首次报送（请填写全部信息）　□无变化（不需重新填写）
　　　　　　　　　　　　　　　□有变化（请填写发生变化项目的信息）

房屋信息	住房坐落地址	＿＿＿＿省(区、市)　　　市　　　县(区)　　　街道(乡、镇)		
	产权证号/不动产登记号/商品房买卖合同号/预售合同号			
房贷信息	本人是否借款人	□是　　□否	是否婚前各自首套贷款，且婚后分别扣除50%	□是　　□否
	公积金贷款1贷款合同编号			
	贷款期限(月)		首次还款日期	
	商业贷款1贷款合同编号		贷款银行	
	贷款期限(月)		首次还款日期	

四、住房租金

较上次报送信息是否发生变化：□首次报送（请填写全部信息）　□无变化（不需重新填写）
　　　　　　　　　　　　　　　□有变化（请填写发生变化项目的信息）

房屋信息	住房坐落地址	＿＿＿＿省(区、市)　　　市　　　县(区)　　　街道(乡、镇)	
租赁情况	出租方(个人)姓名	身份证件类型	身份证件号码 □□□□□□□□□□□□□□□□□□
	出租方(单位)名称		纳税人识别号（统一社会信用代码）
	主要工作城市（*填写市一级）		住房租赁合同编号(非必填)
	租赁期起		租赁期止

(续表)

五、赡养老人				
较上次报送信息是否发生变化：□首次报送(请填写全部信息)　□无变化(不需重新填写) □有变化(请填写发生变化项目的信息)				
纳税人身份			□独生子女　□非独生子女	
被赡养人一	姓名		身份证件类型	身份证件号码
	出生日期		与纳税人关系	□父亲　□母亲　□其他
被赡养人二	姓名		身份证件类型	身份证件号码
	出生日期		与纳税人关系	□父亲　□母亲　□其他
共同赡养人信息	姓名		身份证件类型	身份证件号码
	姓名		身份证件类型	身份证件号码
	姓名		身份证件类型	身份证件号码
分摊方式 *独生子女不需填写	□平均分摊　□赡养人约定分摊 □被赡养人指定分摊		本年度月扣除金额	
六、大病医疗(仅限综合所得年度汇算清缴申报时填写)				
较上次报送信息是否发生变化：□首次报送(请填写全部信息)　□无变化(不需重新填写) □有变化(请填写发生变化项目的信息)				
患者一	姓名		身份证件类型	身份证件号码
	医药费用总金额		个人负担金额	与纳税人关系	□本人　□配偶　未成年子女
患者二	姓名		身份证件类型	身份证件号码
	医药费用总金额		个人负担金额	与纳税人关系	□本人　□配偶　未成年子女
需要在任职受雇单位预扣预缴工资、薪金所得个人所得税时享受专项附加扣除的，填写本栏				
重要提示：当您填写本栏，表示您已同意该任职受雇单位使用本表信息为您办理专项附加扣除。				
扣缴义务人名称			扣缴义务人纳税人识别号(统一社会信用代码)	
本人承诺：我已仔细阅读了填表说明，并根据《中华人民共和国个人所得税法》及其实施条例、《个人所得税专项附加扣除暂行办法》《个人所得税专项附加扣除操作办法(试行)》等相关法律法规规定填写本表。本人已就所填的扣除信息进行了核对，并对所填内容的真实性、准确性、完整性负责。 　　　　　　　　　　　　　　　　　　　　　　　　　　　纳税人签字：　　　　　　年　月　日				
扣缴义务人签章： 经办人签字： 接收日期： 　　　　　年　月　日	代理机构签章： 代理机构统一社会信用代码： 经办人签字： 经办人身份证件号码：		受理人： 受理税务机关(章)： 受理日期：　　年　月　日	

国家税务总局监制

该表根据 2018 年《个人所得税法》及其实施条例、《个人所得税专项附加扣除暂行办法》《个人所得税专项附加扣除操作办法（试行）》等法律法规有关规定制定。

纳税人按享受的专项附加扣除情况填报对应栏次；纳税人不享受的项目，无须填报。纳税人未填报的项目，默认为不享受。

如各类扣除项目的表格篇幅不够，可另附多张《个人所得税专项附加扣除信息表》。

（1）适用范围：

① 该表适用于享受子女教育、继续教育、大病医疗、住房贷款利息或住房租金、赡养老人六项专项附加扣除的自然人纳税人填写。选择在工资、薪金所得预扣预缴个人所得税时享受的，纳税人填写后报送至扣缴义务人；选择在年度汇算清缴申报时享受专项附加扣除的，纳税人填写后报送至税务机关。

② 纳税人首次填报专项附加扣除信息时，应将本人所涉及的专项附加扣除信息表内各信息项填写完整。纳税人相关信息发生变化的，应及时更新此表相关信息项，并报送至扣缴义务人或税务机关。

纳税人在以后纳税年度继续申报扣除的，应对扣除事项有无变化进行确认。

（2）表头项目：

填报日期：纳税人填写本表时的日期。

扣除年度：填写纳税人享受专项附加扣除的所属年度。

纳税人姓名：填写自然人纳税人姓名。

纳税人识别号：纳税人有中国居民身份证的，填写公民身份证号码；没有公民身份号码的，填写税务机关赋予的纳税人识别号。

（3）表内基础信息栏：

纳税人信息：填写纳税人有效的手机号码、电子邮箱、联系地址。其中，手机号码为必填项。

纳税人配偶信息：纳税人有配偶的填写本栏，没有配偶的则不填。具体填写纳税人配偶的姓名、有效身份证件名称及号码。

（4）扣缴义务人信息：

纳税人选择由任职受雇单位办理专项附加扣除的填写本栏。

扣缴义务人名称、纳税人识别号（统一社会信用代码）：纳税人由扣缴义务人在工资、薪金所得预扣预缴个人所得税时办理专项附加扣除的，填写扣缴义务人名称全称及纳税人识别号或统一社会信用代码。

（5）签字（章）栏次：

"声明"栏：需由纳税人签字。

"扣缴义务人签章"栏：扣缴单位向税务机关申报的，应由扣缴单位签章，办理申报的经办人签字，并填写接收专项附加扣除信息的日期。

"代理机构签章"栏：代理机构代为办理纳税申报的，应填写代理机构统一社会信用代码，加盖代理机构印章，代理申报的经办人签字，并填写经办人身份证件号码。

纳税人或扣缴义务人委托专业机构代为办理专项附加扣除的，需代理机构签章。

"受理机关"栏：由受理机关填写。

（6）子女教育支出信息的填报：

子女姓名、身份证件类型及号码：填写纳税人子女的姓名、有效身份证件名称及号码。

出生日期：填写纳税人子女的出生日期，具体到年月日。

当前受教育阶段：选择纳税人子女当前的受教育阶段。区分"学前教育阶段、义务教育、高中阶段教育、高等教育"四种情形，在对应框内打"√"。

当前受教育阶段起始时间：填写纳税人子女处于当前受教育阶段的起始时间，具体到年月。

当前受教育阶段结束时间：纳税人子女当前受教育阶段的结束时间或预计结束的时间，具体到年月。

子女教育终止时间：填写纳税人子女不再接受符合子女教育扣除条件的学历教育的时间，具体到年月。

就读国家（或地区）、就读学校：填写纳税人子女就读的国家或地区名称、学校名称。

本人扣除比例：选择可扣除额度的分摊比例，由本人全额扣除的，选择"100%"，分摊扣除的，选

"50%",在对应框内打"√"。

(7) 继续教育支出信息的填报：

当前继续教育起始时间：填写接受当前学历(学位)继续教育的起始时间,具体到年月。

当前继续教育结束时间：填写接受当前学历(学位)继续教育的结束时间,或预计结束的时间,具体到年月。

学历(学位)继续教育阶段：区分"专科、本科、硕士研究生、博士研究生、其他"五种情形,在对应框内打"√"。

职业资格继续教育类型：区分"技能人员、专业技术人员"两种类型,在对应框内打"√"。证书名称、证书编号、发证机关、发证(批准)日期：填写纳税人取得的继续教育职业资格证书上注明的证书名称、证书编号、发证机关及发证(批准)日期。

(8) 住房贷款利息支出信息的填报：

住房坐落地址：填写首套贷款房屋的详细地址,具体到楼门号。

产权证号/不动产登记号/商品房买卖合同号/预售合同号：填写首套贷款房屋的产权证、不动产登记证、商品房买卖合同或预售合同中的相应号码。如所购买住房已取得房屋产权证的,填写产权证号或不动产登记号；所购住房尚未取得房屋产权证的,填写商品房买卖合同号或预售合同号。

本人是否借款人：按实际情况选择"是"或"否",并在对应框内打"√"。本人是借款人的情形,包括本人独立贷款、与配偶共同贷款的情形。如果选择"否",则表头位置须填写配偶信息。

是否婚前各自首套贷款,且婚后分别扣除 50%：按实际情况选择"是"或"否",并在对应框内打"√"。该情形是指夫妻双方在婚前各有一套首套贷款住房,婚后选择按夫妻双方各 50%份额扣除的情况。不填默认为"否"。

公积金贷款|贷款合同编号：填写公积金贷款的贷款合同编号。

商业贷款|贷款合同编号：填写与金融机构签订的住房商业贷款合同编号。

贷款期限(月)：填写住房贷款合同上注明的贷款期限,按月填写。

首次还款日期：填写住房贷款合同上注明的首次还款日期。

贷款银行：填写商业贷款的银行总行名称。

(9) 住房租金支出信息的填报：

住房坐落地址：填写纳税人租赁房屋的详细地址,具体到楼门号。

出租方(个人)姓名、身份证件类型及号码：租赁房屋为个人的,填写本栏。具体填写住房租赁合同中的出租方姓名、有效身份证件名称及号码。

出租方(单位)名称、纳税人识别号(统一社会信用代码)：租赁房屋为单位所有的,填写单位法定名称全称及纳税人识别号(统一社会信用代码)。

主要工作城市：填写纳税人任职受雇的直辖市、计划单列市、副省级城市、地级市(地区、州、盟)。无任职受雇单位的,填写其办理汇算清缴地所在城市。

住房租赁合同编号(非必填)：填写签订的住房租赁合同编号。

租赁期起、租赁期止：填写纳税人住房租赁合同上注明的租赁起、止日期,具体到年月。提前终止合同(协议)的,以实际租赁期限为准。

(10) 赡养老人支出信息的填报：

纳税人身份：区分"独生子女、非独生子女"两种情形,并在对应框内打"√"。

被赡养人姓名、身份证件类型及号码：填写被赡养人的姓名、有效证件名称及号码。

被赡养人出生日期：填写被赡养人的出生日期,具体到年月。

与纳税人关系：按被赡养人与纳税人的关系填报,区分"父亲、母亲、其他"三种情形,在对应框内打"√"。

共同赡养人：纳税人为非独生子女时填写本栏,独生子女无须填写。填写与纳税人实际承担共同赡养义务的人员信息,包括姓名、身份证件类型及号码。

分摊方式：纳税人为非独生子女时填写本栏,独生子女无须填写。区分"平均分摊、赡养人约定分摊、被赡养人指定分摊"三种情形,并在对应框内打"√"。

本年度月扣除金额:填写扣除年度内,按政策规定计算的纳税人每月可以享受的赡养老人专项附加扣除的金额。

(11) 大病医疗支出信息的填报:

患者姓名、身份证件类型及号码:填写享受大病医疗专项附加扣除的患者姓名、有效证件名称及号码。

医药费用总金额:填写社会医疗保险管理信息系统记录的与基本医保相关的医药费用总金额。

个人负担金额:填写社会医疗保险管理信息系统记录的基本医保目录范围内扣除医保报销后的个人自付部分。

与纳税人关系:按患者与纳税人的关系填报,区分"本人、配偶或未成年子女"三种情形,在对应框内打"√"。

(二)留存备查资料

纳税人子女在中国境外接受教育的,纳税人应当留存境外学校录取通知书、留学签证等相关教育的证明资料备查。

子女教育专项附加扣除的标准、范围、方式与时间,如表4-2所示。

表 4-2　　　　　　　　　　　子女教育专项附加扣除

项目		具体规定
标准		按照每个子女每月1 000元的标准定额扣除
范围	学前教育	年满3岁至小学入学前
	学历教育	义务教育(小学和初中教育)
		高中阶段教育(普通高中、中等职业、技工教育)
		高等教育(大学专科、大学本科、硕士研究生、博士研究生教育)
方式		父母可以由其中一方按扣除标准的100%扣除
		也可以由受教育子女的父母分别按扣除标准的50%扣除
		具体扣除方式在一个纳税年度内不能变更
时间		学前教育阶段,为子女年满3周岁当月至小学入学前一月。 学历教育,为子女接受全日制学历教育入学的当月至全日制学历教育结束的当月

四、疑难问题解析

❶ 子女教育专项附加扣除中的子女的范围包括哪些?

答:子女包括婚生子女、非婚生子女、养子女、继子女。也包括未成年但受到本人监护的非子女。

❷ 子女教育专项附加扣除在父母之间如何分配?

答:父母可以选择由其中一方按扣除标准的100%扣除,即一人每月1 000元扣除,也可以选择由双方分别按扣除标准的50%扣除,即一人每月500元扣除。只有这两种分配方式,纳税人可以根据情况自行选择。

❸ 在民办学校接受教育可以享受子女教育扣除吗？在境外学校接受教育可以享受扣除吗？

答：可以。无论子女在公办学校还是民办学校接受教育，纳税人都可以享受扣除。无论子女在境内学校还是境外学校接受教育，纳税人都可以享受扣除。

❹ 纳税人享受子女教育专项附加扣除，需要保存哪些资料？

答：纳税人子女在境内接受教育的，享受子女教育专项扣除不需留存任何资料。纳税人子女在境外接受教育的，应当留存境外学校录取通知书、留学签证等相关教育的证明资料备查。

❺ 有多子女的父母，可以对不同的子女选择不同的扣除方式吗？

答：可以。有多子女的父母，可以对不同的子女选择不同的扣除方式，即对子女甲可以选择由一方按照每月1 000元的标准扣除，对子女乙可以选择由双方分别按照每月500元的标准扣除。

❻ 对于存在离异重组等情况的家庭子女而言，该如何享受政策？

答：具体扣除方法由父母双方协商决定，一个孩子扣除总额不能超过1 000元/月，扣除人不能超过2个。

❼ 不是孩子亲生父母，但是承担了抚养和教育义务，可以享受子女教育扣除吗？

答：一般情况下，父母负有抚养和教育未成年子女的义务，可依法享受子女教育扣除；对情况特殊、未由父母抚养和教育的未成年子女，相应的义务会转移到其法定监护人身上。因此，假如您是孩子的法定监护人，对其负有抚养和教育的义务，您就可以依法申报享受子女教育扣除。

❽ 本科毕业之后，准备考研究生的期间，父母是否可以扣除子女教育？

答：不可以，该生已经本科毕业，未实际参与全日制学历教育，尚未取得研究生学籍，不符合《个人所得税专项附加扣除暂行办法》相关规定。研究生考试通过入学后，可以享受高等教育阶段子女教育。

❾ 子女6月高中毕业，9月上大学，7～8月能不能享受子女教育扣除？

答：可以扣除。对于连续性的学历（学位）教育，升学衔接期间属于子女教育期间，可以申报扣除子女教育专项附加扣除。

❿ 大学期间参军，学校保留学籍，是否可以按子女教育扣除？

答：服兵役是公民的义务，大学期间参军是积极响应国家的号召，休学保留学籍期间，属于高等教育阶段，可以申报扣除子女教育专项附加扣除。

⓫ "跨校联合培养"需要到国外读书几年，可否享受子女教育专项附加扣除？

答：一般情况下，参加跨校联合培养的学生，原学校保留学生学籍，父母可以享受子女教育附加扣除。

⓬ 硕士与博士研究生教育属于子女教育还是继续教育，由谁扣除？

答：这要根据具体情况进行判定。一种情况是纳税人的子女接受全日制学历教育（由小学一直到博士研究生阶段）的支出，纳税人可以按照每个子女每月1 000元的标准定额扣除;第二种情况是纳税人自己接受硕士研究生及以上的继续教育,在受教育期间,由本人按照每月400元的标准定额扣除,但同一学历(学位)继续教育的扣除期限不能超过48个月。

第三节 继续教育

继续教育是国家终身教育体系的重要组成部分,是建设学习型社会的需要。从国际上看,美国、日本、德国等部分国家有相关规定。美国对纳税人继续教育支出给予每年4 000美元的税前扣除限额,相当于月人均工资的94%。德国规定,对纳税人第一次参加职业技能培训的费用,允许税前扣除的最高限额为6 000欧元,约为月人均工资收入的150%。日本规定,为获得律师、注册会计师、税理士等资格或资质而发生的培训费,可在125万日元(相当于月人均工资收入的3倍)限额内据实扣除。

为满足人民群众对自我提升的需求,我国2018年《个人所得税法》增加了继续教育专项附加扣除。继续教育专项附加扣除,是指纳税人接受学历继续教育、技能人员职业资格继续教育、专业技术人员职业资格继续教育,按照规定标准定额扣除。

一、继续教育专项附加扣除政策

根据《个人所得税专项附加扣除暂行办法》第8条的规定,纳税人在中国境内接受学历(学位)继续教育的支出,在学历(学位)教育期间按照每月400元定额扣除。同一学历(学位)继续教育的扣除期限不能超过48个月。纳税人接受技能人员职业资格继续教育、专业技术人员职业资格继续教育的支出,在取得相关证书的当年,按照3 600元定额扣除。

根据《个人所得税专项附加扣除暂行办法》第9条的规定,个人接受本科及以下学历(学位)继续教育,符合该办法规定扣除条件的,可以选择由其父母扣除,也可以选择由本人扣除。

这里的选择由其父母扣除,是指由其父母按照子女教育相关规定扣除。

二、扣除时间

根据《个人所得税专项附加扣除操作办法(试行)》(国家税务总局公告2018年第60号)第3条的规定,纳税人享受符合规定的学历(学位)继续教育专项附加扣除的计算时间,为在中国境内接受学历(学位)继续教育入学的当月至学历(学位)继续教育结束的当月,同一学历(学位)继续教育的扣除期限最长不得超过48个月。纳税人享受符合规定的技能人员职业资格继续教育、专业技术人员职业资格继续教育的时间,为取得相关证书的当年。

学历(学位)继续教育的期间,包含因病或其他非主观原因休学但学籍继续保留的休学期间,以及施教机构按规定组织实施的寒暑假等假期。

三、扣除信息的填报与留存备查资料

(一)专项附加扣除信息报送

根据《个人所得税专项附加扣除操作办法(试行)》第13条的规定,纳税人享受继续教育

专项附加扣除,接受学历(学位)继续教育的,应当填报教育起止时间、教育阶段等信息;接受技能人员或者专业技术人员职业资格继续教育的,应当填报证书名称、证书编号、发证机关、发证(批准)时间等信息。

(二)留存备查资料

纳税人需要留存备查的资料包括:纳税人接受技能人员职业资格继续教育、专业技术人员职业资格继续教育的,应当留存职业资格相关证书等资料。

继续教育专项附加扣除的范围、标准、方式与起扣时间,如表4-3所示。

表4-3 继续教育专项附加扣除

范围		标准	方式	起扣时间
学历(学位)继续教育		400元/月	在学历(学位)教育期间按照每月400元定额扣除	录取通知书注明的入学时间的当月
职业资格继续教育	技能人员职业资格继续教育	3 600元	在取得相关证书的年度,按照3 600元定额扣除	取得相关职业资格证书的当年
	专业技术人员职业资格继续教育			
个人接受同一学历教育事项,符合规定扣除条件的,该项教育支出可以由其父母按照子女教育扣除,也可以由本人按照继续教育扣除,但不得同时扣除				

四、疑难问题解析

❶ 继续教育专项附加扣除的扣除范围与标准是什么?

答:纳税人在中国境内接受学历(学位)继续教育的支出,在学历(学位)教育期间按照每月400元定额扣除。同一学历继续教育的扣除期限不能超过48个月。纳税人接受技能人员职业资格继续教育、专业技术人员职业资格继续教育支出,在取得相关证书的当年,按照3 600元定额扣除。

❷ 因病、因故等休学且学籍继续保留的休学期间,以及施教机构按规定组织实施的寒暑假是否连续计算?

答:学历(学位)继续教育的扣除期限最长不得超过48个月。48个月包括纳税人因病、因故等休学且学籍继续保留的休学期间,以及施教机构按规定组织实施的寒暑假期连续计算。

❸ 纳税人享受继续教育专项附加扣除需保存哪些资料?

答:纳税接受学历继续教育,无须保存相关资料。纳税人接受技能人员职业资格继续教育、专业技术人员职业资格继续教育的,应当留存相关证书等资料备查。

❹ 没有证书的兴趣培训费用可扣除吗?

答:目前,继续教育专项附加扣除的范围限定学历继续教育、技能人员职业资格继续教育和专业技术人员职业资格继续教育的支出,上述培训之外的花艺等兴趣培训不在扣除范围内。

❺ 如果纳税人在接受学历继续教育的同时取得技能人员职业资格证书或者专业技术人员职业资格证书的,如何享受继续教育扣除?

答:根据《个人所得税专项附加扣除暂行办法》,纳税人接受学历继续教育,可以按照每月400元的标准扣除,全年共计4 800元;在同年又取得技能人员职业资格证书或者专业技术人员职业资格证书的,且符合扣除条件的,可按照3 600元的标准定额扣除。但是,只能同时享受一个学历(学位)继续教育和一个职业资格继续教育。因此,对同时符合此类情形的纳税人,该年度可叠加享受两个扣除,当年其继续教育共计可扣除8 400元(4 800+3 600)。

❻ 继续教育专项附加扣除的扣除主体是谁?

答:继续教育的扣除主体以纳税人本人为主。大学本科及以下的学历继续教育可以由接受教育的本人扣除,暂可以由其父母按照子女教育扣除,但对于同一教育事项,不得重复扣除。

❼ 如果在国外进行的学历继续教育,或者是拿到了国外颁发的技能证书,能否享受每月400元或每年3 600元的扣除?

答:根据《个人所得税专项附加扣除暂行办法》规定,纳税人在中国境内接受的学历(学位)继续教育支出,以及接受技能人员职业资格继续教育、专业技术人员职业资格继续教育支出可以扣除。由于您在国外接受的学历继续教育和国外颁发的技能证书,不符合"中国境内"的规定,不能享受专项附加扣除政策。

❽ 我现在处于本硕博连读的博士阶段,父母已经申报享受了子女教育。我博士读书时取得律师资格证书,可以申报扣除继续教育吗?

答:如您有综合所得(如稿酬或劳务报酬等)或经营所得,一个纳税年度内,在取得证书的当年,可以享受职业资格继续教育扣除(3 600元/年)。

❾ 我参加了学历(学位)教育,最后没有取得学历(学位)证书,是否可以享受继续教育扣除?

答:参加学历(学位)继续教育,按照实际受教育时间,享受每月400元的扣除。不考察最终是否取得证书,最多扣除48个月。

❿ 参加自学考试,纳税人应当如何享受扣除?

答:按照《高等教育自学考试暂行条例》的有关规定,高等教育自学考试应考者取得一门课程的单科合格证书后,省考委即应为其建立考籍管理档案。具有考籍管理档案的考生,可以按照《个人所得税专项附加扣除暂行办法》的规定,享受继续教育专项附加扣除。

⓫ 纳税人参加夜大、函授、现代远程教育、广播电视大学等学习,是否可以按照继续教育扣除?

答:纳税人参加夜大、函授、现代远程教育、广播电视大学等教育,所读学校为其建立学籍档案的,可以享受学历(学位)继续教育扣除。

⓬ 如果可以,48个月后,换一个专业就读(属于第二次继续教育),还可以继续扣48个月?

答:纳税人48个月后,换一个新的专业学习,可以重新按第二次参加学历(学位)继续教育扣除,还可以继续扣48个月。

第四节 大病医疗

医疗费用支出是家庭的重要生活支出项目,增加大病医疗专项附加扣除,可以缓解大病医疗费支出给家庭带来的经济压力。从国际上看,美国在基本扣除之后,对医疗费用等专项扣除可以采取固定数额扣除或者分项据实扣除。在美国采取分项据实扣除的纳税人,对于其实际发生医疗和牙医费用超过纳税人调整后应税收入10%的部分(65岁以上纳税人比例为7.5%),可在应税收入中扣减;纳税人为配偶、孩子及其他赡养人支付的医疗费用,也可以抵扣。日本规定,纳税人及其配偶、赡养人的医疗费,减去已报销返还的部分,再减去个人收入5%与10万日元二者孰小值后,为实际扣除额,但一个年度不得超过200万日元,个人申请医疗费用扣除,应提供相应凭证。韩国规定,纳税人为配偶和赡养人(不包括残疾人和由纳税人供养的老人)支付的医疗费用,超过应税收入3%以上的部分,可在税前扣除,每年最高不得超过700万韩元。巴西规定,纳税人为其本人及其抚养人员支付的医疗费中扣除国家医疗保险和返还的部分,可以扣除。我国台湾地区规定,纳税人为自己、配偶以及符合条件的赡养人负担的医疗费用,可据实扣除。

一、大病医疗专项附加扣除政策

根据《个人所得税专项附加扣除暂行办法》第11条的规定,在一个纳税年度内,纳税人发生的与基本医保相关的医药费用支出,扣除医保报销后个人负担(指医保目录范围内的自付部分)累计超过15 000元的部分,由纳税人在办理年度汇算清缴时,在80 000元限额内据实扣除。

根据《个人所得税专项附加扣除暂行办法》第12条的规定,纳税人发生的医药费用支出可以选择由本人或者其配偶扣除;未成年子女发生的医药费用支出可以选择由其父母一方扣除。纳税人及其配偶、未成年子女发生的医药费用支出,按该办法第11条规定分别计算扣除额。

二、扣除时间

根据《个人所得税专项附加扣除操作办法(试行)》第3条的规定,纳税人享受符合规定的大病医疗专项附加扣除的时间,为医疗保障信息系统记录的医药费用实际支出的当年。

三、扣除信息的填报与留存备查资料

(一)专项附加扣除信息报送

根据《个人所得税专项附加扣除操作办法(试行)》第17条的规定,纳税人享受大病医疗专项附加扣除,应当填报患者姓名、身份证件类型及号码、与纳税人关系、与基本医保相关的医药费用总金额、医保目录范围内个人负担的自付金额等信息。

（二）留存备查资料

纳税人需要留存备查资料包括：大病患者医药服务收费及医保报销相关票据原件或复印件，或者医疗保障部门出具的纳税年度医药费用清单等资料。

医疗保障部门应当向患者提供在医疗保障信息系统记录的本人年度医药费用信息查询服务。

大病医疗专项附加扣除的范围、标准、方式和时间等界定，如表4-4所示。

表4-4　　　　　　　　　　　大病医疗专项附加扣除

项目	界定
范围	一个纳税年度内，由个人负担的医保目录范围内的自付部分的医药费用支出超过15 000元的部分，由纳税人在办理年度汇算清缴时，在80 000元限额内据实扣除
标准	按照每年80 000元标准限额内据实扣除
方式	大病医疗专项附加扣除由纳税人办理汇算清缴时扣除
	纳税人发生的医药费用支出可以选择由本人或其配偶一方扣除；未成年子女发生的医药费用支出可以选择由其父母一方扣除
资料	纳税人应当留存医疗服务收费相关票据原件（或复印件），或医疗保障部门出具的纳税年度医药费用清单等
时间	取得大病医疗服务收费票据年度的次年3月1日至6月30日

四、疑难问题解析

❶ **大病医疗专项附加扣除的扣除方式是怎样的？**

答：在一个纳税年度内，纳税人发生的与基本医保相关的医药费用支出，扣除医保报销后个人负担（指医保目录范围内的自付部分）累计超过15 000元的部分，由纳税人在办理年度汇算清缴时，在80 000元限额内据实扣除。

❷ **大病医疗专项附加扣除何时扣除？**

答：在次年3月1日至6月30日汇算清缴时扣除。

❸ **纳税人配偶、子女的大病医疗支出是否可以在纳税人税前扣除？**

答：纳税人发生的医药费用支出可以选择由本人或其配偶一方扣除；未成年子女发生的医药费用支出可以选择由其父母一方扣除。

纳税人及其配偶、未成年子女发生的医药费用支出，可按规定分别计算扣除额。

❹ **纳税人父母的大病医疗支出，是否可以在纳税人税前扣除？**

答：目前未将纳税人父母纳入纳税人大病医疗扣除范围。

❺ **享受大病医疗专项附加扣除时，纳税人需要注意什么？**

答：纳税人日常看病时，应当留存医药服务收费及医保报销相关票据原件（或者复印件）等资料备查，同时，可以通过医疗保障部门的医疗保障管理信息系统查询本人上一年度医药费用情况。纳税人在年度汇算清缴时填报相关信息申请退税。

❻ **夫妻同时有大病医疗支出,想全部都在男方扣除,扣除限额是 16 万元吗?**

答:夫妻两人同时有符合条件的大病医疗支出,可以选择都在男方扣除,扣除限额分别计算,每人最高扣除限额为 8 万元,合计最高扣除限额为 16 万元。

❼ **大病医疗支出中,纳税人 2018 年年末住院,2019 年年初出院,这种跨年度的医疗费用,如何计算扣除额?是分两个年度分别扣除吗?**

答:纳税人年末住院,第二年年初出院,一般是在出院时才进行医疗费用的结算。纳税人申报享受大病医疗扣除,以医疗费用结算单上的结算时间为准,因此该医疗支出属于是第二年的医疗费用,到 2019 年结束时,如果达到大病医疗扣除的"起付线",可以在 2020 年汇算清缴时享受扣除。

❽ **在私立医院就诊是否可以享受大病医疗扣除?**

答:对于纳入医疗保障结算系统的私立医院,只要纳税人看病的支出在医保系统可以体现和归集,则纳税人发生的与基本医保相关的支出,可以按照规定享受大病医疗扣除。

❾ **大病医疗专项附加扣除,是不是住院的医疗支出才能扣除,没住院的医疗支出不能作为专项附加扣除?**

答:根据《个人所得税专项附加扣除暂行办法》规定,纳税人发生的与基本医保相关的医药费用支出,扣除医保报销后个人负担(指医保目录范围内的自付部分)累计超过 1.5 万元的部分,在 8 万元限额内据实扣除。也就是说,大病医疗支出只需满足上述条件即可,不考察纳税人是否住院治疗。

第五节 住房贷款利息

房屋按揭/抵押贷款利息扣除,在国际上不属于主流扣除项目,在经合组织国家中,约有 1/3 国家允许扣除房屋贷款利息,但扣除范围有所不同。有的国家规定仅主要住所的抵押贷款利息可以扣除,如墨西哥、韩国、法国、希腊、葡萄牙、意大利等;有的国家对一定贷款额度内的住房抵押贷款利息允许抵扣。美国规定贷款总额不超过 100 万美元的住房贷款利息可在综合所得中扣除,例如,贷款利率按 4% 计算,每年可扣除 4 万美元,约为月人均工资收入的 9 倍。泰国规定,每人每年扣除限额为 10 万泰铢,约为月人均工资收入的 8 倍。

一、住房贷款利息专项附加扣除政策

(一)住房贷款利息专项附加扣除政策规定

根据《个人所得税专项附加扣除暂行办法》第 14 条第 1 款的规定,纳税人本人或者配偶单独或者共同使用商业银行或者住房公积金个人住房贷款为本人或者其配偶购买中国境内住房,发生的首套住房贷款利息支出,在实际发生贷款利息的年度,按照每月 1 000 元的标准定额扣除,扣除期限最长不超过 240 个月。纳税人只能享受一次首套住房贷款的利息扣除。

根据《个人所得税专项附加扣除暂行办法》第 15 条的规定,经夫妻双方约定,可以选择

由其中一方扣除,具体扣除方式在一个纳税年度内不能变更。

夫妻双方婚前分别购买住房发生的首套住房贷款,其贷款利息支出,婚后可以选择其中一套购买的住房,由购买方按扣除标准的100%扣除,也可以由夫妻双方对各自购买的住房分别按扣除标准的50%扣除,具体扣除方式在一个纳税年度内不能变更。

(二)首套住房贷款的界定

根据《个人所得税专项附加扣除暂行办法》第14条第2款的规定,首套住房贷款是指购买住房享受首套住房贷款利率的住房贷款。

根据《中国人民银行办公厅 财政部办公厅 税务总局办公厅关于做好个人所得税住房贷款利息专项附加扣除相关信息归集工作的通知》的规定,"是否为首套住房贷款"的判断以差别化住房信贷政策的发布时间为分界点,2003年6月6日,中国人民银行发布《中国人民银行关于进一步加强房地产信贷业务管理的通知》(银发〔2003〕121号),开始执行差别化住房信贷政策,要求全国各地区的商业银行对借款人购买第一套自住房和第二套(含)以上住房,执行差别化的首付款比例和利率政策。贷款发放日期在2003年6月6日(含)之后的,根据当时发放贷款的历史时点的差别化住房信贷政策以及所在地区在该历史时点发布的相关住房信贷政策执行标准判断"是否为首套住房贷款"。

对于1989年1月1日(含)至2003年6月5日(含)之间发放的商业性个人住房贷款,该期间未发布差别化住房信贷政策,没有首套住房贷款的概念,由借款人按照是否是家庭的首次贷款进行判断。借款人可查看本人及配偶手中的商业性个人住房贷款合同和个人公积金住房贷款合同,比对贷款的发放日期,发放日期最早的那笔贷款若在2018年12月31日仍未结清,就是首次个人住房贷款,可参照首套住房贷款,依法享受个人所得税专项附加扣除政策。

二、扣除时间

根据《个人所得税专项附加扣除操作办法(试行)》(国家税务总局公告2018年第60号)第3条的规定,纳税人享受符合规定的住房贷款利息专项附加扣除的计算时间,为贷款合同约定开始还款的当月至贷款全部归还或贷款合同终止的当月,扣除期限最长不得超过240个月。

三、扣除信息的填报与留存备查资料

(一)专项附加扣除信息报送

根据《个人所得税专项附加扣除操作办法(试行)》第14条的规定,纳税人享受住房贷款利息专项附加扣除,应当填报住房权属信息、住房坐落地址、贷款方式、贷款银行、贷款合同编号、贷款期限、首次还款日期等信息;纳税人有配偶的,填写配偶姓名、身份证件类型及号码。

(二)留存备查资料

纳税人需要留存备查的资料包括:住房贷款合同、贷款还款支出凭证等资料。

住房贷款利息专项附加扣除的范围、标准、方式与时间，如表 4-5 所示。

表 4-5　　　　　　　　住房贷款利息专项附加扣除

项目	界定
范围	纳税人本人或配偶单独或者共同使用商业银行或住房公积金个人住房贷款为本人或其配偶购买中国境内住房，发生的首套住房贷款利息支出，在实际发生贷款利息的年度定额扣除。首套住房贷款，是指购买住房享受首套住房贷款利率的住房贷款
标准	按每月 1 000 元的标准定额扣除，扣除期限最长不超过 240 个月
方式	非首套住房贷款利息支出，纳税人不得扣除
	纳税人只能享受一套首套住房贷款利息扣除
	经夫妻双方约定，可以选择由其中一方扣除，具体扣除方式在一个纳税年度内不得变更
	夫妻双方婚前分别购买住房发生的首套住房贷款，其贷款利息支出，婚后可以选择其中一套由购买方按扣除标准 100% 扣除，也可以由夫妻双方对各自购买的住房按扣除标准的 50% 扣除，具体扣除方式在一个纳税年度内不得变更。
资料	纳税人应当留存住房贷款合同、贷款还款支出凭证
时间	贷款合同约定开始还款的当月至贷款全部归还或贷款合同终止的当月

四、疑难问题解析

❶ **住房贷款利息专项附加扣除的标准是怎么规定的？**

答：在实际发生贷款利息的年度，按照每月 1 000 元标准定额扣除，扣除期限最长不超过 240 个月。纳税人只能享受一次首套住房贷款的利息扣除。

❷ **住房贷款利息专项附加扣除的扣除主体是谁？**

答：经夫妻双方约定，可以选择由其中一方扣除，具体扣除方式在一个纳税年度内不能变更。

夫妻双方婚前分别购买住房发生的首套住房贷款，其贷款利息支出，婚后可以选择其中一套购买的住房，由购买方按扣除标准的 100% 扣除，也可以由夫妻双方对各自购买的住房分别按扣除标准的 50% 扣除，具体扣除方式在一个纳税年度内不能变更。

❸ **住房贷款利息和住房租金扣除可以同时享受吗？**

答：不可以。纳税人及其配偶在一个纳税年度内不能同时分别享受住房贷款利息和住房租金专项附加扣除。

❹ **首套房的贷款还清后，贷款购买第二套房屋时，银行仍旧按照首套房贷款利率发放贷款，首套房没有享受过扣除，第二套房屋是否可以享受住房贷款利息扣除？**

答：根据《个人所得税专项附加扣除暂行办法》相关规定，如纳税人此前未享受过住房贷款利息扣除，那么其按照首套住房贷款利率贷款购买的第二套住房，可以享受住房贷款利息扣除。

❺ 我有一套住房,是公积金和商贷的组合贷款,公积金中心按首套贷款利率发放,商业银行贷款按普通商业银行贷款利率发放,是否可以享受住房贷款利率扣除?

答:一套采用组合贷款方式购买的住房,如公积金中心或者商业银行其中之一,是按照首套房屋贷款利率发放的贷款,则可以享受住房贷款利息扣除。

❻ 父母和子女共同购房,房屋产权证明、贷款合同均登记为父母和子女,住房贷款利息专项附加扣除如何享受?

答:父母和子女共同购买一套房子,不能既由父母扣除又由子女扣除,应该由主贷款人扣除。如主贷款人为子女的,由子女享受贷款利息专项附加扣除;主贷款人为父母中一方的,由父母任一方享受贷款利息扣除。

❼ 父母为子女买房,房屋产权证明登记为子女,贷款合同的贷款人为父母,住房贷款利息支出的扣除如何享受?

答:从实际看,房屋产权证明登记主体与贷款合同主体完全没有交叉的情况很少发生。如确有此类情况,按照《个人所得税专项附加扣除暂行办法》的规定,只有纳税人本人或者配偶使用住房贷款为本人或者其配偶购买中国境内住房,发生的首套住房贷款利息支出可以扣除。父母所购房屋是为子女购买的,不符合上述规定,父母和子女均不可以享受住房贷款利息扣除。

❽ 如何理解纳税人只能享受一次住房贷款利息扣除?

答:只要纳税人申报扣除过一套住房贷款利息,在个人所得税专项附加扣除的信息系统里存有扣除住房贷款利息的记录,无论扣除时间长短,也无论该住房的产权归属情况,纳税人就不得再就其他房屋享受住房贷款利息扣除。

❾ 我刚办的房贷期限是 30 年,我现在扣完子女教育和赡养老人就不用缴税了,我可以选择过两年再开始办理房贷扣除吗?

答:住房贷款利息支出扣除实际可扣除时间为,贷款合同约定开始还款的当月至贷款全部归还或贷款合同终止的当月,扣除期限最长不得超过 240 个月。因此,在不超过 240 个月以内,您可以办理符合条件的住房贷款利息扣除。

❿ 商业住房贷款还清了,现还有唯一公积金住房贷款,可税前扣除吗?

答:如果是同一套房子且符合政策规定条件,采取的为组合贷的形式,在商业贷款还清后,公积金贷款继续还的情况下可以税前扣除。

⓫ 婚后两方共同购买的住房,发生的住房贷款利息支出是否可以夫妻双方各按 50% 扣除?

答:根据《个人所得税专项附加扣除暂行办法的通知》的规定,纳税人本人或者配偶单独或者共同使用商业银行或者住房公积金个人住房贷款为本人或者其配偶购买中国境内住房,发生的首套住房贷款利息支出,在实际发生贷款利息的年度,按照每月 1 000 元的标准定额扣除,扣除期限最长不超过 240 个月。纳税人只能享受一次首套住房贷款的利息扣除。经夫妻双方约定,可以选择由其中一方扣除,具体扣除方式在一个纳税年度内不能变更。夫妻双方婚前分别购买住房发生的首套住房贷款,其贷款利息支出,婚后可以选择其中一套购买的住房,由购买方按扣除标准的 100% 扣除,也可以由夫妻双方对各自购买的住房分别按扣除标准的 50% 扣除,具体扣除方式在一个纳税年度内不能变更。

因此,婚后两方共同购买的住房,只能选择由其中一方扣除,具体扣除方式在一个纳税年度内不能变更。

⓬ 填报住房贷款利息支出需要符合什么条件?

答:一是本人或者配偶购买的中国境内住房;二是属于首套住房贷款,且扣除年度仍在还贷;三是住房贷款利息支出和住房租金支出未同时扣除。

第六节 住 房 租 金

在国际上允许扣除住房租金支出的国家并不多,有部分国家允许扣除房屋租金。例如,印度规定房租支出超过总收入 10% 的部分,可以在税前扣除,但不得超过 2 000 卢比/月或全年总收入的 25%;韩国规定,自 2014 年起,家庭收入不超过 7 000 万韩元的,如按月支付房租,可以扣除房租支出的 10%,但不得超过 70 万韩元,且承租房屋面积需小于 85 m^2;德国规定,个人由于异地工作原因租赁房屋的费用,允许税前扣除,扣除上限为每月 1 000 欧元。考虑到中国国情,落实"租购并举"政策,有必要增加住房租金专项附加扣除项目,并借鉴国际经验,采取定额扣除方式。

一、住房租金专项附加扣除政策

根据《个人所得税专项附加扣除暂行办法》第 17~20 条的规定,纳税人在主要工作城市没有自有住房而发生的住房租金支出,可以按照以下标准定额扣除:

(1) 直辖市、省会(首府)城市、计划单列市以及国务院确定的其他城市,扣除标准为每月 1 500 元。

(2) 除上述第(1)项所列城市以外,市辖区户籍人口超过 100 万人的城市,扣除标准为每月 1 100 元;市辖区户籍人口不超过 100 万人的城市,扣除标准为每月 800 元。

纳税人的配偶在纳税人的主要工作城市有自有住房的,视同纳税人在主要工作城市有自有住房。市辖区户籍人口,以国家统计局公布的数据为准。

主要工作城市是指纳税人任职受雇的直辖市、计划单列市、副省级城市、地级市(地区、州、盟)全部行政区域范围;纳税人无任职受雇单位的,为受理其综合所得汇算清缴的税务机关所在城市。

夫妻双方主要工作城市相同的,只能由一方扣除住房租金支出。住房租金支出由签订租赁住房合同的承租人扣除。

纳税人及其配偶在一个纳税年度内不能同时分别享受住房贷款利息和住房租金专项附加扣除。

二、扣除时间

根据《个人所得税专项附加扣除操作办法(试行)》的规定,纳税人享受符合规定的住房租金专项附加扣除的计算时间,为租赁合同(协议)约定的房屋租赁期开始的当月至租赁期结束的当月。提前终止合同(协议)的,以实际租赁期限为准。

三、扣除信息的填报与留存备查资料

(一)专项附加扣除信息的填报

根据《个人所得税专项附加扣除操作办法(试行)》第15条的规定,纳税人享受住房租金专项附加扣除,应当填报主要工作城市、租赁住房坐落地址、出租人姓名及身份证件类型和号码或者出租方单位名称及纳税人识别号(社会统一信用代码)、租赁起止时间等信息;纳税人有配偶的,填写配偶姓名、身份证件类型及号码。

(二)留存备查资料

纳税人需要留存备查的资料包括:住房租赁合同或协议等资料。

住房租金专项附加扣除的范围、标准、方式和时间,如表4-6所示。

表4-6　　　　　　　　　　住房租金专项附加扣除

项目	具体标准		
范围	纳税人本人在主要工作城市没有自有住房,而发生的租金支出,可以按照规定标准定额扣除。 纳税人的配偶在纳税人的主要工作城市有自有住房的,视同纳税人在主要工作城市有自有住房		
标准	承租的住房位于直辖市、省会/首府城市、计划单列市以及国务院确定的其他城市		扣除标准为每月1500元
	除上述城市以外	市辖区户籍人口超过100万人的	扣除标准为每月1100元
		市辖区户籍人口不超过100万人(含)的	扣除标准为每月800元
方式	夫妻双方主要工作城市相同的,只能由一方扣除住房租金支出		
	夫妻双方主要工作城市不相同的,且各自在其主要工作城市都没有住房的,可以分别扣除住房租金支出		
	住房租金支出由签订租赁住房合同的承租人扣除		
	纳税人及其配偶在一个纳税年度内不得同时分别享受住房贷款利息和住房租金专项附加扣除		
资料	纳税人应当留存住房租赁合同		
时间	为租赁合同(协议)约定的房屋租赁期开始的当月至租赁期结束的当月		

四、疑难问题解析

❶ **夫妻双方无住房,两人主要工作城市不同,各自租房,如何扣除?**

答:夫妻双方主要工作城市不同,且都无住房,可以分别扣除。

❷ **住房贷款利息和住房租金扣除可以同时享受吗?**

答:不可以。住房贷款利息和住房租金只能二选一。如果对于住房贷款利息进行了税前扣除,就不能再对住房租金进行税前扣除;反之亦然。

❸ 纳税人首次享受住房租金扣除的时间是什么时候?

答:纳税人首次享受住房租赁扣除的起始时间为租赁合同约定起租的当月,截止日期是租约结束或者在主要工作城市已有住房。

❹ 合租住房可以分别扣除住房租金支出吗?

答:住房租金支出由签订租赁合同的承租人扣除。因此,合租租房的个人(非夫妻关系),若都与出租方签署了规范租房合同,可根据租金定额标准各自扣除。

❺ 员工宿舍可以扣除租金支出吗?

答:如果个人不付租金,不得扣除。如果本人支付租金,可以扣除。

❻ 某些行业员工流动性比较大,一年换几个城市租赁住房,或者当年度一直外派并在当地租房子,如何申报住房租金专项附加扣除?

答:对于为外派员工解决住宿问题的,不应扣除住房租金。对于外派员工自行解决租房问题的,对于一年内多次变换工作地点的,个人应及时向扣缴义务人或者税务机关更新专项附加扣除相关信息,允许一年内按照更换工作地点的情况分别进行扣除。

❼ 个人的工作城市与实际租赁房产地不一致,是否符合条件扣除住房租赁支出?

答:纳税人在主要工作城市没有自有住房而实际租房发生的住房租金支出,可以按照实际工作地城市的标准定额扣除住房租金。

❽ 公租房是公司与保障房公司签的协议,但员工是需要付房租的,这种情况下员工是否可以享受专项附加扣除,这种需要保留什么资料留存备查呢?

答:纳税人在主要工作城市没有自有住房而发生的住房租金支出,可以按照标准定额扣除。员工租用公司与保障房公司签订的保障房,并支付租金的,可以申报扣除住房租金专项附加扣除。纳税人应当留存与公司签订的公租房合同或协议等相关资料备查。

❾ 纳税人公司所在地为保定,被派往分公司北京工作,纳税人及其配偶在北京都没有住房,由于工作原因在北京租房,纳税人是否可以享受住房租金扣除项目,按照哪个城市的标准扣除?

答:符合条件的纳税人在主要工作地租房的支出可以享受住房租金扣除。主要工作地指的是纳税人的任职受雇所在地,如果任职受雇所在地与实际工作地不符的,以实际工作地为主要工作城市。按照纳税人陈述的情形,纳税人当前的实际工作地(主要工作地)是北京市,应当按照北京市的标准享受住房租金扣除。

❿ 主要工作地在北京,在燕郊租房居住,应当按北京还是燕郊的标准享受住房租金扣除?

答:如北京是纳税人当前的主要工作地,应当按北京的标准享受住房租金扣除。

⓫ 纳税人任职受雇单位在上海市,但日常工作地点在广州市,上海和广州均无自有住房。那么纳税人在广州发生的租房支出能否享受专项附加扣除?

答:对于您这种情况发生的租房支出,按照实际工作地点广州的住房租金扣除标准进行扣除。

⓬ **任职受雇单位在 A 城市,在 A 城市发放工资申报个税,但是被外派到 B 城市,请问租房扣除标准是按照 A 城市还是 B 城市?**

答:按照实际工作地 B 城市适用租房扣除标准。

⓭ **如果住房租金实际支付不到扣除的定额,是按定额扣除还是按实际租金扣除?**

答:住房租金专项附加扣除按照以下标准定额扣除:

(1)直辖市、省会城市、计划单列市以及国务院确定的其他城市,扣除标准为每月1 500 元。

(2)除第一项所列城市以外,市辖区户籍人口超过 100 万人的城市,扣除标准为每月1 100 元;市辖区人口不超过 100 万人(含)的城市,扣除标准为每月 800 元。纳税人的配偶在纳税人的主要工作城市有自有住房的,视同纳税人在主要工作城市有自有住房。

市辖区户籍人口,以国家统计局公布的数据为准。

因此住房租金支出应按规定标准定额扣除。

⓮ **如果房屋产权所有人为甲,房屋租赁给中介公司后,再由中介公司转租给纳税人,租赁合同齐全,此类情况纳税人是否可享受住房租金专项附加扣除?出租方信息应填写产权所有人还是中介公司?**

答:如果与出租方签署了规范租房合同,可根据租金定额标准进行扣除。

根据《个人所得税专项附加扣除操作办法(试行)》第 15 条的规定,纳税人享受住房租金专项附加扣除,应当填报主要工作城市、租赁住房坐落地址、出租人姓名及身份证件类型和号码或者出租方单位名称及纳税人识别号(社会统一信用代码)、租赁起止时间等信息。出租方信息应填写与纳税人签订租赁合同的出租方信息。

第七节 赡养老人

赡养老人是中华民族的传统美德,增加赡养老人专项附加扣除,有利于应对老龄化趋势,鼓励形成尊老敬老的社会风气。在国际上只有少数国家专门制定赡养老人扣除,更多地将赡养老人与子女抚养等家庭支出综合考虑。例如,美国、英国、法国、德国、印度等国家没有专门针对老人赡养支出的扣除项目,其中美国税法对需要负担老人和子女生活支出的纳税人,以及无须负担的纳税人设置了不同的费用扣除标准。

一、赡养老人专项附加扣除政策

根据《个人所得税专项附加扣除暂行办法》第 22~23 条的规定,纳税人赡养一位及以上被赡养人的赡养支出,统一按照以下标准定额扣除:

(1)纳税人为独生子女的,按照每月 2 000 元的标准定额扣除。

(2)纳税人为非独生子女的,由其与兄弟姐妹分摊每月 2 000 元的扣除额度,每人分摊的额度不能超过每月 1 000 元。可以由赡养人均摊或者约定分摊,也可以由被赡养人指定分摊。约定或者指定分摊的须签订书面分摊协议,指定分摊优先于约定分摊。具体分摊方式和额度在一个纳税年度内不能变更。

被赡养人是指年满60岁的父母,以及子女均已去世的年满60岁的祖父母、外祖父母。

二、扣除时间

根据《个人所得税专项附加扣除操作办法(试行)》的规定,纳税人享受符合规定的赡养老人专项附加扣除的计算时间,为被赡养人年满60周岁的当月至赡养义务终止的年末。

三、扣除信息的填报与留存备查资料

(一)专项附加扣除信息的填报

根据《个人所得税专项附加扣除操作办法(试行)》第16条的规定,纳税人享受赡养老人专项附加扣除,应当填报纳税人是否为独生子女、月扣除金额、被赡养人姓名及身份证件类型和号码、与纳税人关系;有共同赡养人的,需填报分摊方式、共同赡养人姓名及身份证件类型和号码等信息。

(二)留存备查资料

纳税人需要留存备查的资料包括:约定或指定分摊的书面分摊协议等资料。

赡养老人专项附加扣除的扣除范围、标准、方式及时间等,如表4-7所示。

表4-7　　　　　　　　　赡养老人专项附加扣除

项目	具体标准	
范围	纳税人赡养一位及以上被赡养人的赡养支出,按照规定的标准定额扣除。 被赡养人是指年满60岁(含)的父母以及子女均已去世的祖父母、外祖父母	
标准	纳税人为独生子女的	按照每月2 000元的标准定额扣除
	纳税人为非独生子女的	由其与兄弟姐妹分摊每月2 000元扣除额度,每人分摊额度不能超过每月1 000元
方式	可以由赡养人均摊或约定分摊,也可以由被赡养人指定分摊,约定分摊或指定分摊的,须签订书面分摊协议,指定分摊优于约定分摊	
	具体分摊方式和额度在一个纳税年度内不能变更	
时间	被赡养人年满60周岁的当月至赡养义务终止的年末	

四、疑难问题解析

❶ 赡养老人专项附加扣除的扣除主体是谁?

答:赡养老人专项附加扣除的扣除主体包括:一是负有赡养义务的所有子女。《婚姻法》规定:婚生子女、非婚生子女、养子女、继子女有赡养扶助父母的义务。二是祖父母、外祖父母的子女均已去世,负有赡养义务的孙子女、外孙子女。

❷ 纳税人父母年龄均超过60周岁,在进行赡养老人扣除时,是否可以按照两倍标准扣除?

答:不能。扣除标准是按照每个纳税人有两位赡养老人测算的。只要父母其中一位达到60岁就可以享受扣除,不按照老人人数计算。

❸ 由于纳税人的叔叔伯伯无子女,纳税人实际承担对叔叔伯伯的赡养义务,是否可以扣除赡养老人支出?

答:不可以。被赡养人是指年满60岁的父母,以及子女均已去世的年满60岁的祖父母、外祖父母。

❹ 非居民个人符合条件转变为居民个人后,是否可以在计算个人所得税时扣除赡养老人的费用?

答:非居民个人符合条件转变为居民个人后,可以在年度汇算清缴时享受赡养老人的专项附加扣除政策。

❺ 赡养岳父岳母或公婆的费用是否可以享受个人所得税附加扣除?

答:不可以。被赡养人是指年满60岁的父母,以及子女均已去世的年满60岁的祖父母、外祖父母。

❻ 父母均要满60岁,还是只要一位满60岁即可?

答:父母中有一位年满60周岁的,纳税人可以按照规定标准扣除。

❼ 非独生子女的兄弟姐妹都已去世,是否可以按独生子女赡养老人扣除2 000元/月?

答:如纳税人的其他兄弟姐妹当年均已去世,在第二年其可以按照独生子女赡养老人标准扣除2 000元/月。

❽ 子女均已去世的年满60岁的祖父母、外祖父母,孙子女、外孙子女能否按照独生子女扣除,如何判断?

答:只要祖父母、外祖父母中的任何一方,没有纳税人以外的其他孙子女、外孙子女共同赡养,则纳税人可以按照独生子女扣除。如果还有其他的孙子女、外孙子女与纳税人共同赡养祖父母、外祖父母,则纳税人不能按照独生子女扣除。

❾ 两个子女中的一个无赡养父母的能力,是否可以由余下那名子女享受2 000元扣除标准?

答:不可以。按照《个人所得税专项附加扣除暂行办法》规定,纳税人为非独生子女的,在兄弟姐妹之间分摊2 000元/月的扣除额度,每人分摊的额度不能超过每月1 000元,不能由其中一人单独享受全部扣除。

❿ 非独生子女,父母指定或兄弟协商,是否可以最高某一个子女可以扣2 000元?

答:根据《个人所得税专项附加扣除暂行办法》的规定,纳税人为非独生子女的,由其与兄弟姐妹分摊每月2 000元的扣除额度,每人分摊的额度不能超过每月1 000元。因此,非独生子女是不能通过父母指定或兄弟协商享受2 000元扣除标准的。

第五章
依法确定的其他扣除

> 易其田畴。薄其税敛。民可使富也。
> ——《孟子·尽心上》

第一节 企业或职业年金

我国养老保险体系主要包括基本养老保险、补充养老保险和个人储蓄性养老保险3个层次,其中,补充养老保险包括企业年金和职业年金。企业年金主要针对企业,是指根据《企业年金办法》等国家相关政策规定,企业及其职工在依法参加基本养老保险的基础上,自愿建立的补充养老保险制度。职业年金主要针对机关事业单位,是指根据《机关事业单位职业年金办法》(国办发〔2015〕18号)等国家相关政策规定,机关事业单位及其职工在依法参加基本养老保险的基础上,建立的补充养老保险制度。

一、补充养老保险个人所得税处理

根据《财政部 国家税务总局关于个人所得税有关问题的批复》(财税〔2005〕94号)的规定,单位为职工个人购买商业性补充养老保险等,在办理投保手续时应作为个人所得税的"工资、薪金所得"项目,按税法规定缴纳个人所得税;因各种原因退保,个人未取得实际收入的,已缴纳的个人所得税应予以退回。

二、年金递延纳税政策

年金递延纳税,是指在年金缴费环节和年金基金投资收益环节暂不征收个人所得税,将纳税义务递延到个人实际领取年金的环节,也称EET模式(E代表免税,T代表征税)。EET模式是西方发达国家对企业年金普遍采用的一种税收优惠模式。在OECD国家中,法国、德国、美国、日本等多数国家均选择了EET模式。2013年年底,为促进我国多层次养老保险体系的发展,在研究借鉴发达国家通行做法的基础上,结合我国实际对年金个人所得税政策体系进行了完善,《财政部 人力资源社会保障部 国家税务总局关于企业年金职业年金个人所得税有关问题的通知》(财税〔2013〕103号)出台了企业年金、职业年金个人所得税递延纳税政策规定。年金的个人所得税处理,如图5-1所示。

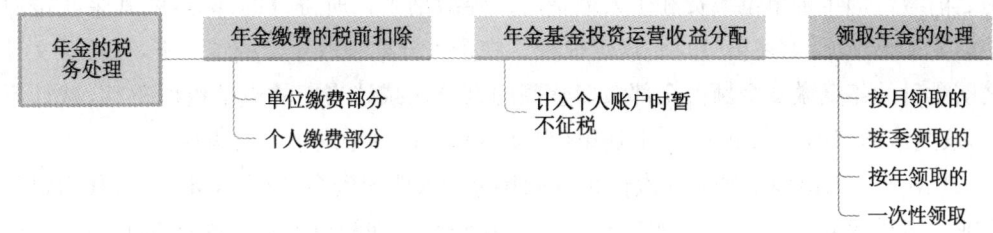

图 5-1　年金的个人所得税处理

(一) 年金缴费的个人所得税处理

(1) 企业和事业单位(以下统称单位)根据国家有关政策规定的办法和标准,为在本单位任职或者受雇的全体职工缴付的企业年金或职业年金(以下统称年金)单位缴费部分,在计入个人账户时,个人暂不缴纳个人所得税。

(2) 个人根据国家有关政策规定缴付的年金个人缴费部分,在不超过本人缴费工资计税基数的4%标准内的部分,暂从个人当期的应纳税所得额中扣除。

(3) 超过上述第(1)项和第(2)项规定的标准缴付的年金单位缴费和个人缴费部分,应并入个人当期的工资、薪金所得,依法计征个人所得税。税款由建立年金的单位代扣代缴,并向主管税务机关申报解缴。

(4) 企业年金个人缴费工资计税基数为本人上一年度月平均工资。月平均工资按国家统计局规定列入工资总额统计的项目计算。月平均工资超过职工工作地所在设区城市上一年度职工月平均工资300%以上的部分,不计入个人缴费工资计税基数。

职业年金个人缴费工资计税基数为职工岗位工资和薪级工资之和。职工岗位工资和薪级工资之和超过职工工作地所在设区城市上一年度职工月平均工资300%以上的部分,不计入个人缴费工资计税基数。

综上所述,在年金缴费环节,对单位根据国家有关政策规定为职工缴付的年金单位缴费部分,在计入个人账户时,个人暂不缴纳个人所得税;个人根据国家有关政策规定缴付的年金个人缴费部分,在不超过本人缴费工资计税基数的4%标准内的部分,暂从个人当期的应纳税所得额中扣除。

(二) 年金基金投资运营收益的个人所得税处理

年金基金投资运营收益分配计入个人账户时,个人暂不缴纳个人所得税。即在年金基金投资环节,年金基金投资运营收益分配计入个人账户时,暂不征收个人所得税。

(三) 税制改革前领取年金的处理

(1) 个人达到国家规定的退休年龄,在2014年1月1日至2018年12月31日按月领取的年金,全额按照"工资、薪金所得"项目适用的税率,计征个人所得税;按年或按季领取的年金,平均分摊计入各月,每月领取额全额按照"工资、薪金所得"项目适用的税率,计征个人所得税。

(2) 对单位和个人在2014年1月1日《财政部　人力资源社会保障部　国家税务总局关于企业年金　职业年金个人所得税有关问题的通知》(财税〔2013〕103号)实施之前开始缴付年金缴费,个人在该通知实施之后领取年金的,允许其从领取的年金中减除在该文件实施之前缴付的年金单位缴费和个人缴费且已经缴纳个人所得税的部分,就其余额按照该通知第3条第1项[上述第(1)项]规定征税。在个人分期领取年金的情况下,可按该文件实施之前缴付的年金缴费金额占全部缴费金额的百分比减计当期的应纳税所得额,减计后的余额,按照该通知第3条第1项[上述第(1)项]规定,计算缴纳个人所得税。

(3) 对个人因出境定居而一次性领取的年金个人账户资金,或个人死亡后,其指定的受益人或法定继承人一次性领取的年金个人账户余额,允许领取人将一次性领取的年金个人账户资金或余额按12个月分摊到各月,就其每月分摊额,按照《财政部 人力资源社会保障部 国家税务总局关于企业年金 职业年金个人所得税有关问题的通知》第3条第1项和第2项[上述第(1)、(2)项]的规定计算缴纳个人所得税。对个人除上述特殊原因外一次性领取年金个人账户资金或余额的,则不允许采取分摊的方法,而是就其一次性领取的总额,单独作为一个月的工资、薪金所得,按照该通知第3条第1项和第2项[上述第(1)、(2)项]的规定,计算缴纳个人所得税。

综上所述,在年金领取环节,个人达到国家规定的退休年龄领取的企业年金或职业年金,按照"工资、薪金所得"项目适用的税率,计征个人所得税。

(4) 个人领取年金时,其应纳税款由受托人代表委托人委托托管人代扣代缴。年金账户管理人应及时向托管人提供个人年金缴费及对应的个人所得税纳税明细。托管人根据受托人指令及账户管理人提供的资料,按照规定计算扣缴个人当期领取年金待遇的应纳税款,并向托管人所在地主管税务机关申报解缴。

(5) 建立年金计划的单位、年金托管人,应按照个人所得税法和税收征收管理法的有关规定,实行全员全额扣缴明细申报。受托人有责任协调相关管理人依法向税务机关办理扣缴申报、提供相关资料。

(四) 新税制实施后的处理

自2019年1月1日起,根据《财政部 税务总局关于个人所得税法修改后有关优惠政策衔接问题的通知》(财税〔2018〕164号)第4条的规定,个人达到国家规定的退休年龄,领取的企业年金、职业年金,符合《财政部 人力资源社会保障部 国家税务总局关于企业年金 职业年金个人所得税有关问题的通知》(财税〔2013〕103号)规定的,不并入综合所得,全额单独计算应纳税款。其中按月领取的,适用月度税率表计算纳税;按季领取的,平均分摊计入各月,按每月领取额适用月度税率表计算纳税;按年领取的,适用综合所得税率表计算纳税。

个人因出境定居而一次性领取的年金个人账户资金,或个人死亡后,其指定的受益人或法定继承人一次性领取的年金个人账户余额,适用综合所得税率表计算纳税。对个人除上述特殊原因外一次性领取年金个人账户资金或余额的,适用月度税率表计算纳税。

(五) 操作与申报

就年金所得来看,企业年金、职业年金涉及纳税义务主要集中在缴费和领取两个环节。在年金缴费环节,由个人所在单位在其缴费时,对超出扣除标准的部分随同当月工资、薪金所得一并计算代扣代缴(预扣预缴)个人所得税,并向其所在单位主管税务机关申报缴纳;在年金领取环节,由托管人在为个人支付年金待遇时,根据个人当月取得的年金所得、往期缴费及纳税情况计算扣缴个人所得税,并向托管人主管税务机关申报缴纳。

(1)单位建立年金计划后,应在建立年金计划的次月15日内,向其所在地主管税务机关报送年金方案、人力资源社会保障部门出具的方案备案函、计划确认函以及主管税务机关要求报送的其他相关资料。年金方案、受托人、托管人发生变化的,应在发生变化的次月15日内重新向其主管税务机关报送上述资料,供税务部门登记备案。

(2)缴费环节,由个人所在单位为其计算扣缴个人所得税,并向主管税务机关申报解缴。

(3)领取环节,应纳税款由受托人代表委托人委托托管人代扣代缴。年金账户管理人应及时向托管人提供个人年金缴费及对应的个人所得税纳税明细。托管人根据受托人指令及账户管理人提供的资料,按照规定计算扣缴个人当期领取年金待遇的应纳税款,并向主管税务机关申报解缴。

单位和托管人在扣缴个人所得税时,必须按照税法规定实行全员全额扣缴明细申报。建立年金计划的单位、委托人、受托人、账户管理人之间要及时传递纳税相关的信息。受托人负责统筹协调并督促有关机构依法向税务部门办理扣缴申报及提供涉税资料。

综上所述,年金计缴个人所得税可按如下四个步骤处理:

第一步:计算年金个人缴费工资计税基数。

企业先计算各员工的上一年度月平均工资。事业单位先计算各职工的岗位工资和薪级工资之和。

企业员工月平均工资需按国家统计局规定列入工资总额统计的项目计算,相对复杂些。根据《关于工资总额组成的规定》(国家统计局令1990年第1号),工资总额的计算应以直接支付给职工的全部劳动报酬为依据,由计时工资、计件工资、奖金、津贴和补贴、加班加点工资、特殊情况下支付的工资共6个部分组成,但出差伙食补助费、误餐补助、调动工作的旅费和安家费、计划生育独生子女补贴等11项不列入工资总额的范围。

企业员工上一年度月平均工资(或事业单位职工岗位工资和薪级工资之和)如果不超过工作地所在设区城市上一年度职工月平均工资300%,即为年金个人缴费工资计税基数;如果超过了,则超过300%以上的部分,不计入个人缴费工资计税基数。

第二步:比较年金个人缴费部分与本人缴费工资计税基数的4%。

如果年金个人缴费部分不超过本人缴费工资计税基数的4%,则不计缴个人所得税;超过4%的部分,并入当期工资、薪金所得,计缴个人所得税。

第三步:比较年金单位缴费部分与国家政策规定的标准。

如果企(事)业单位缴费部分不超过国家政策规定的标准,在计入个人账户时,个人不计缴个人所得税;超过标准的部分,并入当期工资、薪金所得,计缴个人所得税。

根据《企业年金办法》第15条的规定,企业缴费每年不超过本企业职工工资总额的8%。企业和职工个人缴费合计不超过本企业职工工资总额的12%。具体所需费用,由企业和职工一方协商确定。职工个人缴费由企业从职工个人工资中代扣代缴。

根据《机关事业单位职业年金办法》(国办发〔2015〕18号)第4条的规定,职业年金所需费用由单位和工作人员个人共同承担。单位缴纳职业年金费用的比例为本单位工资总额的8%,个人缴费比例为本人缴费工资的4%,由单位代扣。单位和个人缴费基数与机关事业单位工作人员基本养老保险缴费基数一致。

第四步:将工资、薪金所得与第二步、第三步计算出的并入部分合计,按工资、薪金所得纳税。

(六) 年金个人所得税案例分析

【例5-1】 甲公司下列退休人员2019年按规定领取年金情况如下,请计算应纳的个人所得税:

1. 员工A按月领取年金1万元;
2. 员工B按季领取年金3万元;
3. 员工C按年领取年金12万元;
4. 员工D因出境定居而一次性领取年金个人账户资金60万元;
5. 员工E去世后,其子女一次领取年金个人账户余额60万元;
6. 员工F因购房急需资金而一次性领取的年金个人账户资金60万元。

【解析】 个人达到国家规定的退休年龄,领取的企业年金、职业年金,符合规定的,不并入综合所得,全额单独计算应纳税款。

其中按月领取的,适用月度税率表计算纳税;

按季领取的,平均分摊计入各月,按每月领取额适用月度税率表计算纳税;

按年领取的,适用综合所得税率表计算纳税。

1. 员工A按月领取年金10 000元,应纳个人所得税:

10 000×10%－210＝790(元);

全年年金收入应缴个人所得税:790×12＝9 480(元)。

2. 员工B按季领取年金30 000元,应纳个人所得税计算:

按月分摊后月领取额:30 000÷3＝10 000(元),查找月度税率表,适用税率为10%,速算扣除数210。应纳个人所得税:

(10 000×10%－210)×3＝2 370(元);

全年年金收入应纳个人所得税:2 370×4＝9 480(元)。

3. 员工C按年领取年金120 000元,应纳个人所得税计算:

查找综合所得税率表,适用税率为10%,速算扣除数2 520。

应纳个人所得税:120 000×10%－2 520＝9 480(元)。

4. 员工D因出境定居而一次性领取年金个人账户资金60万元。

个人因出境定居而一次性领取的年金个人账户资金,或个人死亡后,其指定的受益人或法定继承人一次性领取的年金个人账户余额,适用综合所得税率表计算纳税。

对个人除上述特殊原因外一次性领取年金个人账户资金或余额的,适用月度税率表计算纳税。

员工D因出境定居而一次性领取年金个人账户资金60万元,找查综合所得税率表,适用税率为30%,速算扣除数52 920。

应纳个人所得税为：600 000×30%－52 920＝127 080(元)。

5. 员工E去世后，其子女一次性领取年金个人账户余额60万元。

找查综合所得税率表，适用税率为30%，速算扣除数52 920。

应纳个人所得税为：600 000×30%－52 920＝127 080(元)。

6. 员工F购房急需资金而一次性领取年金个人账户资金60万元。

找查找月度税率表，适用税率为45%，速算扣除数15 160。

应纳个人所得税为：600 000×45%－15 160＝254 840(元)。

第二节　商业健康保险支出

为贯彻落实《国务院关于促进健康服务业发展的若干意见》(国发〔2013〕40号)精神，经国务院批准，自2016年1月1日起，在全国31个城市试点开展商业健康保险支出个人所得税限额扣除政策。

为进一步推动医疗保障事业发展，《财政部　国家税务总局　保监会关于将商业健康保险个人所得税试点政策推广到全国范围实施的通知》(财税〔2017〕39号)规定，自2017年7月1日起，将商业健康保险个人所得税税前扣除试点政策推至全国，对个人购买符合条件的商业健康保险产品的支出，允许按每年最高2 400元的限额予以税前扣除。为便于纳税人及时享受政策、规范纳税申报，国家税务总局制发了《国家税务总局关于推广实施商业健康保险个人所得税政策有关征管问题的公告》(国家税务总局公告2017年第17号)，进一步明确了相关操作问题。

一、商业健康保险产品支出限额扣除政策

根据《财政部　国家税务总局　保监会关于将商业健康保险个人所得税试点政策推广到全国范围实施的通知》(财税〔2017〕39号)第1条的规定，对个人购买符合规定的商业健康保险产品的支出，允许在当年(月)计算应纳税所得额时予以税前扣除，扣除限额为2 400元/年(200元/月)。单位统一为员工购买符合规定的商业健康保险产品的支出，应分别计入员工个人工资、薪金，视同个人购买，按上述限额予以扣除。

2 400元/年(200元/月)的限额扣除为个人所得税法规定的减除费用标准之外的扣除。

二、商业健康保险限额扣除政策的适用对象

根据《财政部　国家税务总局　保监会关于将商业健康保险个人所得税试点政策推广到全国范围实施的通知》(财税〔2017〕39号)第2条的规定，适用商业健康保险税收优惠政策的纳税人，是指取得工资、薪金所得，连续性劳务报酬所得的个人，以及取得经营所得(2018年12月31日以前为个体工商户生产经营所得、对企事业单位的承包承租经营所得)的个体工商户业主、个人独资企业投资者、合伙企业个人合伙人和承包承租经营者。根据《国家税务总局关于推广实施商业健康保险个人所得税政策有关征管问题的公告》(国家税

务总局公告2017年第17号)第1条的规定,取得工资、薪金所得,连续性劳务报酬所得的个人,以及取得个体工商户的生产经营所得、对企事业单位的承包承租经营所得(自2019年1月1日起为经营所得)的个体工商户业主、个人独资企业投资者、合伙企业个人合伙人和承包承租经营者,对其购买符合规定的商业健康保险产品支出,可按照《财政部 国家税务总局 保监会关于将商业健康保险个人所得税试点政策推广到全国范围实施的通知》(财税〔2017〕39号)规定标准(2 400元/年,200元/月)在个人所得税前扣除。根据该公告第2条的规定,这里所称取得连续性劳务报酬所得,是指个人连续3个月以上(含3个月)为同一单位提供劳务而取得的所得。

【例5-2】 2019年,张某取得炒股收入50万元;李某取得租房收入30万元;王某取得特许权使用费收入20万元。除此以外,他们都是中国居民个人,没有工资、薪金,劳务报酬,经营所得以及项目。2019年他们都自己购买了符合规定的商业健康保险产品,支出5 000元。

请问:可否在个人所得税应纳税所得额中扣除商业健康保险产品支出?

【解析】 根据《财政部 国家税务总局 保监会关于将商业健康保险个人所得税试点政策推广到全国范围实施的通知》(财税〔2017〕39号)第2条的规定,适用商业健康保险税收优惠政策的纳税人,是指取得工资、薪金所得,连续性劳务报酬所得的个人,以及取得个体工商户生产经营所得、对企事业单位的承包承租经营所得(自2019年1月1日起为经营所得)的个体工商户业主、个人独资企业投资者、合伙企业合伙人和承包承租经营者。

由于,在本案例中,2019年张某取得的是炒股收入、李某取得的是租房收入都不属于可以扣除商业健康保险支出的收入项目,因而不可以税前扣除商业健康保险支出。王某取得的是特许权使用费收入,可在年终办理综合所得汇算清缴时按规定扣除商业健康保险支出。

(一)符合规定的商业健康保险产品的界定

符合规定的商业健康保险产品,是指由保监会研发并会同财政部、国家税务总局联合发布的适合大众的综合性健康保险产品。

根据《财政部 国家税务总局 保监会关于将商业健康保险个人所得税试点政策推广到全国范围实施的通知》(财税〔2017〕39号)第3条的规定,符合规定的商业健康保险产品,是指保险公司参个人税收优惠型健康保险产品指引框架及示范条款开发的、符合下列条件的健康保险产品:

(1)健康保险产品采取具有保障功能并设立有最低保证收益账户的万能险方式,包含医疗保险和个人账户积累两项责任。被保险人个人账户由其所投保的保险公司负责管理维护。

(2)被保险人为16周岁以上、未满法定退休年龄的纳税人群。保险公司不得因被保险人既往病史拒保,并保证续保。

(3)医疗保险保障责任范围包括被保险人医保所在地基本医疗保险基金支付范围内的自付费用及部分基本医疗保险基金支付范围外的费用,费用的报销范围、比例和额度由各保险公司根据具体产品特点自行确定。

（4）同一款健康保险产品，可依据被保险人的不同情况，设置不同的保险金额，具体保险金额下限由保监会规定。

（5）健康保险产品坚持"保本微利"原则，对医疗保险部分的简单赔付率低于规定比例的，保险公司要将实际赔付率与规定比例之间的差额部分返还到被保险人的个人账户。

符合上述条件的个人税收优惠型健康保险产品，保险公司应按《保险法》规定程序上报保监会审批。

（二）符合规定的健康保险产品的分类

根据目标人群已有保障项目和保障需求的不同，符合规定的健康保险产品共有三类，分别适用于以下群体：

（1）对公费医疗或基本医疗保险报销后个人负担的医疗费用有报销意愿的人群。

（2）对公费医疗或基本医疗保险报销后个人负担的特定大额医疗费用有报销意愿的人群。

（3）未参加公费医疗或基本医疗保险，对个人负担的医疗费用有报销意愿的人群。

三、商业健康保险支出的税前扣除

（一）取得工资、薪金或劳务报酬所得个人自行购买的处理

根据《财政部 国家税务总局 保监会关于将商业健康保险个人所得税试点政策推广到全国范围实施的通知》（财税〔2017〕39号）第4条第2项的规定，取得工资、薪金所得或连续性劳务报酬所得的个人，自行购买符合规定的商业健康保险产品的，应当及时向代扣代缴单位提供保单凭证。扣缴单位自个人提交保单凭证的次月起，在不超过200元/月的标准内按月扣除。一年内保费金额超过2400元的部分，不得税前扣除。以后年度续保时，按上述规定执行。个人自行退保时，应及时告知扣缴义务人。

根据《国家税务总局关于推广实施商业健康保险个人所得税政策有关征管问题的公告》（国家税务总局公告2017年第17号）第5条的规定，保险公司销售符合规定的商业健康保险产品，及时为购买保险的个人开具发票和保单凭证，并在保单凭证上注明税优识别码。个人购买商业健康保险未获得税优识别码的，其支出金额不得税前扣除。

【例5-3】 江苏省苏州市甲企业员工张某，于2018年7月自行购买符合规定的商业健康保险，年保费为3 000元，保险期间为：2018年8月1日至2019年7月31日。7月20日张某将购买商业健康保险的保单凭证提供给所在单位。张某月工资收入8 000元，不考虑"三险一金"专项扣除、专项附加扣除以及其他扣除。

要求：

（1）计算可税前扣除的商业健康保险产品支出；

（2）计算2018年7月至2019年8月单位应代扣代缴（预扣预缴）的工资、薪金所得的个人所得税。

【解析】 根据《财政部 国家税务总局 保监会关于将商业健康保险个人所得税试点

政策推广到全国范围内实施的通知》(财税〔2017〕39号)第4条第2项的规定,取得工资、薪金所得的个人,自行购买符合规定的商业健康保险产品的,应当及时向代扣代缴单位提供保单凭证。扣缴单位自个人提交保单凭证的次月起,在不超过200元/月的标准内按月扣除。一年内保费金额超过2 400元的部分,不得税前扣除。

甲企业在2018年7月20日收到员工张某提供的保单凭证,根据财税〔2017〕39号文件的规定,于8月开始扣除。

2018年7月应代扣代缴张某工资、薪金所得个人所得税为:

(8 000−3 500)×10%−105=345(元);

2018年8月应代扣代缴张某工资、薪金所得个人所得税为:

(8 000−3 500−200)×10%−105=325(元)。

没有扣除商业健康保险支出前,张某月应纳工资、薪金所得个人所得税345元;因扣除健康保险支出200元,张某8月少缴纳工资、薪金所得个人所得税20元。

2018年9应代扣代缴张某工资、薪金所得个人所得税为:

(8 000−3 500−200)×10%−105=325(元)。

2018年10~12月每月应代扣代缴张某工资、薪金所得个人所得税为:

(8 000−5 000−200)×3%=84(元)。

2019年1月应预扣预缴张某工资、薪金所得个人所得税为:

(8 000−5 000−200)×3%=84(元)。

2019年2月应预扣预缴张某工资、薪金所得个人所得税为:

(8 000×2−5 000×2−200×2)×3%−84=168−84=84(元)。

2019年3月应预扣预缴张某工资、薪金所得个人所得税为:

(8 000×3−5 000×3−200×3)×3%−168=252−168=84(元)。

2019年4月应预扣预缴张某工资、薪金所得个人所得税为:

(8 000×4−5 000×4−200×4)×3%−252=336−252=84(元)。

2019年5月应预扣预缴张某工资、薪金所得个人所得税为:

(8 000×5−5 000×5−200×5)×3%−336=420−336=84(元)。

2019年6月应预扣预缴张某工资、薪金所得个人所得税为:

(8 000×6−5 000×6−200×6)×3%−420=504−420=84(元)。

2019年7月应预扣预缴张某工资、薪金所得个人所得税为:

(8 000×7−5 000×7−200×7)×3%−504=588−504=84(元)。

2019年8月应预扣预缴张某工资、薪金所得个人所得税为:

(8 000×8−5 000×8−200×7)×3%−588=678−588=90(元)。

注:2018年8月至2019年7月,张某累计扣除的健康保险支出已达到2 400元/年的限额,故8月不能再新增扣除。

【例5-4】 2018年7月10日,李某自行购买一年期符合规定的商业健康保险产品支出2 400元。由于个人疏忽,直到2018年11月5日才将保单凭证提交给任职单位。

请问:可否在申报代扣11月个人所得税时,一次性扣除800元商业健康保险支出?

【解析】 根据国家税务总局所得税司个人所得税处的视频培训精神,为保证纳税人享受税收优惠,纳税人可以在11月一次补扣以前月份应扣未扣除的商业健康保险支出。

(二)单位为员工购买或者单位和个人共同负担购买的处理

根据《财政部 国家税务总局 保监会关于将商业健康保险个人所得税试点政策推广到全国范围实施的通知》(财税〔2017〕39号)第4条第1项的规定,单位统一组织为员工购买或者单位和个人共同负担购买符合规定的商业健康保险产品,单位负担部分应当实名计入个人工资、薪金明细清单,视同个人购买,并自购买产品次月起,在不超过200元/月的标准内按月扣除。一年内保费金额超过2 400元的部分,不得税前扣除。以后年度续保时,按上述规定执行。个人自行退保时,应及时告知扣缴单位。对于个人相关退保信息保险公司应及时传递给税务机关。

【例5-5】 江苏省南京市乙科技公司于2018年9月统一组织为员工购买符合规定条件的商业健康保险产品,年保费为3 000元/人,保险期间为:2018年10月1日至2019年9月30日。公司员工李某月工资收入8 000元,不考虑"三险一金"专项扣除、专项附加扣除以及其他扣除。

要求:

(1)计算李某2018年8~12月应缴纳的工资、薪金所得个人所得税;

(2)计算2019年上半年单位应预扣预缴的工资、薪金所得个人所得税。

【解析】 (1)2018年8~12月应纳的个人所得税为:

① 8月李某应纳工资、薪金所得个人所得税额为:

$(8\,000-3\,500)\times 10\%-105=345(元)$。

② 9月应纳个人所得税的计算:

根据《财政部 国家税务总局关于个人所得税有关问题的批复》(财税〔2005〕94号)的规定,单位为职工个人购买商业性补充养老保险等,在办理投保手续时应作为个人所得税的"工资、薪金所得"项目,按税法规定缴纳个人所得税;因各种原因退保,个人未取得实际收入的,已缴纳的个人所得税应予以退回。

《国家税务总局关于单位为员工支付有关保险缴纳个人所得税问题的批复》(国税函〔2005〕318号)也规定,企业为员工支付各项免税之外的保险金,应在企业向保险公司缴付时(即该保险落到保险人的保险账户)并入员工当期的工资收入,按"工资、薪金所得"项目计征个人所得税,税款由企业负责代扣代缴。

因而,单位为员工购买商业健康保险支出3 000元,应并入当月工资、薪金所得项目缴纳个人所得税。

9月李某应纳工资、薪金所得个人所得税额为:

$(8\,000+3\,000-3\,500)\times 20\%-555=945(元)$。

为不增加纳税人负担,有些地方税务机关也认可纳税人将单位为员工购买的商业健康保险支出,按月平均后分月计入各月的工资、薪金所得,按规定计算征收个人所得税。

③ 10月应纳个人所得税的计算：

根据《财政部　国家税务总局　保监会关于将商业健康保险个人所得税试点政策推广到全国范围实施的通知》(财税〔2017〕39号)第4条第1项的规定，单位统一组织为员工购买符合规定的商业健康保险产品，单位负担部分应当实名计入个人工资、薪金明细清单，视同个人购买，并自购买产品次月起，在不超过200元/月的标准内按月扣除。一年内保费金额超过2 400元的部分，不得税前扣除。

10月李某应纳工资、薪金所得个人所得税额为：

(8 000－5 000－200)×3％＝84(元)。

④ 11月与12月应纳个人所得税均为：

(8 000－5 000－200)×3％＝84(元)。

由此可见，单位为员工购买和员工自行购买商业健康保险产品的个人所得税计算方法不同，前者需要将单位负担的部分实名计入个人工资、薪金明细清单，即增加个人所得税应纳税所得额后，再按规定减除准予扣除的金额。而后者则直接从应纳税所得额中扣除。

(2) 2019年工资、薪金所得个人所得税的预扣预缴

1月取得工资、薪金应预扣预缴个人所得税：

(8 000－5 000－200)×3％＝84(元)；

2月取得工资、薪金应预扣预缴个人所得税：

(8 000×2－5 000×2－200×2)×3％－84＝168－84(元)；

3月取得工资、薪金应预扣预缴个人所得税：

(8 000×3－5 000×3－200×3)×3％－168＝252－168＝84(元)；

4月取得工资、薪金应预扣预缴个人所得税：

(8 000×4－5 000×4－200×4)×3％－252＝336－252＝84(元)；

5月取得工资、薪金应预扣预缴个人所得税：

(8 000×5－5 000×5－200×5)×3％－336＝420－336＝84(元)；

6月取得工资、薪金应预扣预缴个人所得税：

(8 000×6－5 000×6－200×6)×3％－420＝504－420＝84(元)。

【例5-6】 上海丙公司于2018年9月统一组织为员工购买符合规定的商业健康保险产品，年保费为3 000元/人，单位负担2 000元，其余由个人负担。保险期间为：2018年10月1日至2019年9月30日。公司员工王某月工资收入18 000元，不考虑"三险一金"专项扣除、专项附加扣除和其他扣除。

要求：计算王某2018年8月到2019年9月单位应代扣代缴(预扣预缴)工资、薪金所得的个人所得税。

【解析】 2018年8月王某应纳工资、薪金所得个人所得税为：

(18 000－3 500)×25％－1 005＝2 620(元)；

2018年9月王某应纳工资、薪金所得个人所得税的计算：

单位为员工负担的商业健康保险支出2 000元，应并入当月工资、薪金所得项目缴纳个

人所得税。因而,应纳个人所得税为:

$(18\,000+2\,000-3\,500)\times25\%-1\,005=3\,120(元);$

2018年10~12月王某应纳工资、薪金所得个人所得税为:

$(18\,000-5\,000-200)\times20\%-1\,410=1\,155(元)。$

2019年1月单位应预扣预缴工资、薪金所得的个人所得税为:

$(18\,000-5\,000-200)\times3\%=384(元)。$

2019年2月单位应预扣预缴工资、薪金所得的个人所得税为:

$(18\,000\times2-5\,000\times2-200\times2)\times3\%-384=768-384=384(元)。$

2019年3月单位应预扣预缴工资、薪金所得的个人所得税为:

$(18\,000\times3-5\,000\times3-200\times3)\times10\%-2\,520-768=1\,320-768=552(元)。$

2019年4月单位应预扣预缴工资、薪金所得的个人所得税为:

$(18\,000\times4-5\,000\times4-200\times4)\times10\%-2\,520-1\,320=2\,600-1\,320=1\,280(元)。$

2019年5月单位应预扣预缴工资、薪金所得的个人所得税为:

$(18\,000\times5-5\,000\times5-200\times5)\times10\%-2\,520-2\,600=3\,880-2\,600=1\,280(元)。$

2019年6月单位应预扣预缴工资、薪金所得的个人所得税为:

$(18\,000\times6-5\,000\times6-200\times6)\times10\%-2\,520-3\,880=5\,160-3\,880=1\,280(元)。$

2019年7月单位应预扣预缴工资、薪金所得的个人所得税为:

$(18\,000\times7-5\,000\times7-200\times7)\times10\%-2\,520-5\,160=6\,440-5\,160=1\,280(元)。$

2019年8月单位应预扣预缴工资、薪金所得的个人所得税为:

$(18\,000\times8-5\,000\times8-200\times8)\times10\%-2\,520-6\,440=7\,720-6\,440=1\,280(元)。$

2019年9月单位应预扣预缴工资、薪金所得的个人所得税为:

$(18\,000\times9-5\,000\times9-200\times8)\times10\%-2\,520-7\,720=9\,020-7\,720=1\,300(元)。$

(三)取得经营所得的个人购买商业健康保险支出的扣除

根据《财政部 国家税务总局 保监会关于将商业健康保险个人所得税试点政策推广到全国范围实施的通知》(财税〔2017〕39号)第4条第3项的规定,个体工商户业主、企事业单位承包承租经营者、个人独资和合伙企业个人投资者自行购买符合条件的商业健康保险产品的,在不超过2 400元/年的标准内据实扣除。一年内保费金额超过2 400元的部分,不得税前扣除。以后年度续保时,按上述规定执行。

四、税优识别码的使用

(一)税优识别码

税优识别码,是指为确保税收优惠商业健康保险保单的唯一性、真实性和有效性,由商业健康保险信息平台按照"一人一单一码"的原则对投保人进行校验后,下发给保险公司,并在保单凭证上打印的数字识别码。

(二)未获得税优识别码不得税前扣除

根据《国家税务总局关于推广实施商业健康保险个人所得税政策有关征管问题的公告》

(国家税务总局公告2017年第17号)第5条的规定,保险公司销售符合规定的商业健康保险产品,应及时为购买保险的个人开具发票和保单凭证,并在保单凭证上注明税优识别码。

个人购买商业健康保险未获得税优识别码的,其支出金额不得税前扣除。

五、特殊事项的处理

(一)两处以上取得工资、薪金所得的扣除

根据《国家税务总局关于推广实施商业健康保险个人所得税政策有关征管问题的公告》(国家税务总局公告2017年第17号)第3条第2款的规定,个人自行购买符合规定的商业健康保险产品的,应及时向扣缴义务人提供保单凭证,扣缴义务人应当依法为其税前扣除,不得拒绝。个人从中国境内两处或者两处以上取得工资、薪金所得,且自行购买商业健康保险的,只能选择在其中一处扣除。

(二)核定征收个体工商户的处理

根据《国家税务总局关于推广实施商业健康保险个人所得税政策有关征管问题的公告》(国家税务总局公告2017年第17号)第4条第2款的规定,实行核定征收的纳税人,应向主管税务机关报送《商业健康保险税前扣除情况明细表》,主管税务机关按程序相应调减其应纳税所得额或应纳税额。纳税人未续保或退保的,应当及时告知主管税务机关,终止商业健康保险税前扣除。

(三)部门协作

根据《财政部 国家税务总局 保监会关于将商业健康保险个人所得税试点政策推广到全国范围实施的通知》(财税〔2017〕39号)第5条的规定,商业健康保险个人所得税税前扣除政策涉及环节和部门多,各相关部门应密切配合,切实落实好商业健康保险个人所得税政策。

(1) 财政、税务、保监部门要做好商业健康保险个人所得税优惠政策宣传解释,优化服务。税务、保监部门应建立信息共享机制,及时共享商业健康保险涉税信息。

(2) 保险公司在销售商业健康保险产品时,要为购买健康保险的个人开具发票和保单凭证,载明产品名称及缴费金额等信息,作为个人税前扣除的凭据。保险公司要与商业健康保险信息平台保持实时对接,保证信息真实准确。

(3) 扣缴单位应按照《财政部 国家税务总局 保监会关于将商业健康保险个人所得税试点政策推广到全国范围实施的通知》及税务机关有关要求,认真落实商业健康保险个人所得税税前扣除政策。

(4) 保险公司或商业健康保险信息平台应向税务机关提供个人购买商业健康保险的相关信息,并配合税务机关做好相关税收征管工作。

六、税前扣除情况明细表的填报

《商业健康保险税前扣除情况明细表》如表5-1所示,适用于个人购买符合规定的商业健康保险支出税前扣除申报。

第五章 依法确定的其他扣除

表 5-1　　　　　　　　商业健康保险税前扣除情况明细表

所属期：　年　月　日至　年　月　日　　　　　　　　　　　　　金额单位：人民币元(列至角分)

扣缴义务人(被投资单位)情况								
名　称				纳税人识别号				
商业健康保险税前扣除情况								
序号	姓名	身份证件类型	身份证件号码	税优识别码	保单生效日期	年度保费	月度保费	本期扣除金额

　　谨声明：此表是根据《中华人民共和国个人所得税法》及有关法律法规规定填写的，是真实的、完整的、可靠的。

　　纳税人或扣缴义务人负责人签字：　　　　　　　　　　　　　　　　　　　　　年　月　日

代理申报机构(人)签章： 经办人： 经办人执业证件号码： 代理申报日期：　年　月　日	主管税务机关受理章： 受理人： 受理日期：　年　月　日

国家税务总局监制

《商业健康保险税前扣除情况明细表》填报说明如下：

(1) 所属期。

所属期应与《个人所得税扣缴申报表》等申报表上注明的"税款所属期"一致。

(2) 扣缴义务人(被投资单位)情况。

填写涉及商业健康保险扣除政策的扣缴义务人、个体工商户、承包承租的企事业单位、个人独资企业、合伙企业的信息。

(3) 商业健康保险税前扣除情况。

① 姓名、身份证件类型、身份证件号码。

填写购买商业健康保险的个人的信息，相关信息应与《个人所得税扣缴申报表》等申报表上载明的明细信息保持一致；个体工商户业主、个人独资企业投资者、合伙企业个人合伙人、承包承租经营者和其他自行纳税申报个人按照本人实际情况填写。

② 税优识别码。

税优识别码，是指为确保税收优惠商业健康保险保单的唯一性、真实性和有效性，由商业健康保险信息平台按照"一人一单一码"的原则对投保人进行校验后，下发给保险公司，并在保单凭证上打印的数字识别码。

③ 保单生效日期。

填写商业健康保险生效日期。

④ 年度保费。

填写保单载明的年度总保费的金额。

⑤ 月度保费。

按月缴费的保单填写每月所缴保费，按年一次性缴费的保单填写年度保费除以 12 后的金额。

⑥ 本期扣除金额。

扣缴申报和按月自行申报时，月度保费大于 200 元的，填写 200 元；月度保费小于 200 元的，按月度保费填写。个体工商户业主、个人独资企业投资者、合伙企业个人合伙人和承包承租经营者申报时，年度保费金额大于 2 400 元的，填写 2 400 元；年度保费小于 2 400 元的，按实际年度保费填写。

第三节　税延养老保险支出

为贯彻落实党的十九大精神，推进多层次养老保险体系建设，对养老保险第三支柱进行有益探索，《财政部　税务总局　人力资源社会保障部　中国银行保险监督管理委员会　证监会关于开展个人税收递延型商业养老保险试点的通知》(财税〔2018〕22 号)就开展个人税收递延型商业养老保险(以下简称税延养老保险)试点有关问题做出如下规定。

一、税延养老税前扣除试点政策

对试点地区个人通过个人商业养老资金账户购买符合规定的商业养老保险产品的支出，允许在一定标准内税前扣除；计入个人商业养老资金账户的投资收益，暂不征收个人所得税；个人领取商业养老金时再征收个人所得税。具体规定如下。

(一) 个人缴费税前扣除标准

在 2018 年 12 月 31 日以前，取得工资、薪金，连续性劳务报酬所得的个人，其缴纳的保费准予在申报扣除当月计算应纳税所得额时予以限额据实扣除，扣除限额按照当月工资、薪金，连续性劳务报酬收入的 6% 和 1 000 元孰低办法确定。取得个体工商户生产经营所得、对企事业单位的承包承租经营所得(自2019年为经营所得)的个体工商户业主、个人独资企业投资者、合伙企业自然人合伙人和承包承租经营者,其缴纳的保费准予在申报扣除当年计算应纳税所得额时予以限额据实扣除,扣除限额按照不超过当年应税收入的6%和12 000元孰低办法确定。

(二) 资金投资收益暂不征税

计入个人商业养老资金账户的投资收益,在缴费期间暂不征收个人所得税。

(三) 个人领取商业养老金征税

个人达到国家规定的退休年龄时,可按月或按年领取商业养老金,领取期限原则上为终身或不少于15年。个人身故、发生保险合同约定的全残或罹患重大疾病的,可以一次性领取商业养老金。

对个人达到规定条件时领取的商业养老金收入,其中25%部分予以免税,其余75%部分按照10%的比例税率计算缴纳个人所得税,在2018年12月31日以前税款计入"其他所得"项目。

自2019年1月1日起,根据《财政部 税务总局关于个人取得有关收入适用个人所得税应税所得项目的公告》(财政部 国家税务总局公告2019年第74号)第4条的规定,个人按照《财政部 税务总局 人力资源社会保障部 中国银行保险监督管理委员会 证监会关于开展个人税收递延型商业养老保险试点的通知》(财税〔2018〕22号)的规定,领取的税收递延型商业养老保险的养老金收入,其中25%部分予以免税,其余75%部分按照10%的比例税率计算缴纳个人所得税,税款计入"工资、薪金所得"项目,由保险机构代扣代缴后,在个人购买税延养老保险的机构所在地办理全员全额扣缴申报。

二、试点地区及时间

自2018年5月1日起,在上海市、福建省(含厦门市)和苏州工业园区实施个人税收递延型商业养老保险试点。试点期限暂定1年。

三、试点政策适用对象

适用试点税收政策的纳税人,是指在试点地区取得工资、薪金,连续性劳务报酬所得的个人,以及取得个体工商户生产经营所得、对企事业单位的承包承租经营所得(自2019年1月1日起为经营所得)的个体工商户业主、个人独资企业投资者、合伙企业自然人合伙人和承包承租经营者,其工资、薪金,连续性劳务报酬的个人所得税扣缴单位,或者个体工商户、承包承租单位、个人独资企业、合伙企业的实际经营地均位于试点地区内。

取得连续性劳务报酬所得,是指纳税人连续6个月以上(含6个月)为同一单位提供劳务而取得的所得。而可扣除商业健康保险的连续性劳务报酬所得,是指个人连续3个月以上(含3个月)为同一单位提供劳务而取得的所得。

四、征收管理

(一) 商业养老资金账户和信息平台

个人商业养老资金账户是由纳税人指定的、用于归集税收递延型商业养老保险缴费、收益以及资金领取等的商业银行个人专用账户。该账户封闭运行,与居民身份证件绑定,具有唯一性。

试点期间使用中国保险信息技术管理有限责任公司建立的信息平台(以下简称中保信平台)。个人商业养老资金账户在中保信平台进行登记,校验其唯一性。个人商业养老资金账户变更银行须经中保信平台校验后,进行账户结转,每年允许结转一次。中保信平台与税务系统、商业保险机构和商业银行对接,提供账户管理、信息查询、税务稽核、外部监管等基础性服务。

(二)商业养老保险产品及管理

个人商业养老保险产品按稳健型产品为主、风险型产品为辅的原则选择,采取名录方式确定。试点期间的产品是指由保险公司开发,符合"收益稳健、长期锁定、终身领取、精算平衡"原则,满足参保人对养老账户资金安全性、收益性和长期性管理要求的商业养老保险产品。具体商业养老保险产品指引由中国银行保险监督管理委员会提出,商财政部、人社部、国家税务总局后发布。

(三)缴费税前扣除

个人购买符合规定的商业养老保险产品、享受递延纳税优惠时,以中保信平台出具的税延养老扣除凭证为扣税凭据。取得工资、薪金所得和连续性劳务报酬所得的个人,应及时将相关凭证提供给扣缴单位。扣缴单位应按照要求,认真落实个人税收递延型商业养老保险试点政策,为纳税人办理税前扣除有关事项。

个人在试点地区范围内从两处或者两处以上取得所得的,只能选择在其中一处享受试点政策。

根据《国家税务总局关于开展个人税收递延型商业养老保险试点有关征管问题的公告》(国家税务总局公告2018年第21号)第1条第1项的规定,试点地区内可享受税延养老保险税前扣除优惠政策的个人,凭中国保险信息技术管理有限责任公司相关信息平台出具的《个人税收递延型商业养老保险扣除凭证》(以下简称税延养老扣除凭证),办理税前扣除。取得工资、薪金所得,连续性劳务报酬所得的个人,其购买符合规定商业养老保险产品的支出享受税前扣除优惠时,应及时将税延养老扣除凭证提供给扣缴单位。扣缴单位应当按照规定,在个人申报扣除当月计算扣除限额并办理税前扣除。扣缴单位在填报《个人所得税扣缴申报表》时,应当将当期可扣除金额填至"其他扣除"(税延养老保险)列中,并同时填报《个人税收递延型商业养老保险税前扣除情况明细表》(见表5-2)。

个人因未及时提供税延养老扣除凭证而造成往期未扣除的,扣缴单位可追补至应扣除月份扣除,并按规定重新计算应扣缴税款,在收到扣除凭证的当月办理抵扣或申请退税。个人缴费金额发生变化、未续保或退保的,应当及时告知扣缴义务人重新计算或终止税延养老保险税前扣除。除个人提供资料不全、信息不实等情形外,扣缴单位不得拒绝为纳税人办理税前扣除。

表 5-2 个人税收递延型商业养老保险税前扣除情况明细表

所属期：　年　月　日至　年　月　日　　　　　　　　　　　金额单位：人民币元（列至角分）

单位或个人情况										
填表人身份	☐ 扣缴义务人　　　　　　☐ 个体工商户和承包承租经营者 ☐ 个人独资企业投资者　　☐ 合伙企业自然人合伙人　　☐ 其他									
单位名称				纳税人识别号(统一社会信用代码)						
税收递延型商业养老保险税前扣除情况										
序号	姓名	身份证件类型	身份证件号码	税延养老账户编号	申报扣除期	报税校验码	年度保费	月度保费	本期扣除金额	

谨声明：此表是根据《中华人民共和国个人所得税法》及有关法律法规规定填写的，是真实的、完整的、可靠的。

　　　　　　　　　　　　　　纳税人或扣缴义务人负责人签字：　　　　　　年　月　日

代理申报机构（人）签章： 经办人： 经办人身份证件类型： 经办人身份证件号码： 经办人执业证件号码： 代理申报日期：　　年　月　日	主管税务机关受理章： 受理人： 受理日期：　　年　月　日

国家税务总局监制

《个人税收递延型商业养老保险税前扣除情况明细表》填报说明如下:

本表适用于个人购买符合规定的税收递延型商业养老保险支出税前扣除申报。本表随《个人所得税扣缴申报表》《个人所得税经营所得纳税申报表(B表)》等申报表一并报送;实行核定征收的,可单独报送。

(1) 所属期:应与《个人所得税扣缴申报表》等申报表上注明的"税款所属期"一致。

(2) 单位和个人情况。

单位名称:填写涉及商业养老保险扣除政策的扣缴义务人、个体工商户、承包承租的企事业单位、个人独资企业、合伙企业的单位名称。

纳税人识别号(统一社会信用代码):填写上述单位的相应号码。

(3) 税收递延型商业养老保险税前扣除情况。

姓名、身份证件类型、身份证件号码:填写购买税延养老保险的个人信息,相关信息应与《个人所得税扣缴申报表》等申报表上载明的明细信息保持一致;个体工商户业主、个人独资企业投资者、合伙企业自然人合伙人、承包承租经营者和其他自行纳税申报个人按照本人实际情况填写。

税延养老账户编号、报税校验码:按照中国保险信息技术管理有限责任公司相关信息平台出具的《个人税收递延型商业养老保险扣除凭证》载明的对应项目填写。

申报扣除期:取得工资、薪金所得,连续性劳务报酬所得的个人,填写申报扣除的月份;取得个体工商户的生产经营所得、对企事业单位的承包承租经营所得(自 2019 年 1 月 1 日起为经营所得)的个人及特定行业取得工资、薪金的个人,填写申报扣除的年份。

年度保费:取得经营所得(在 2018 年 12 月 31 日以前为个体工商户的生产经营所得、对企事业单位的承包承租经营所得)的个人及特定行业取得工资、薪金的个人,填写《个人税收递延型商业养老保险扣除凭证》载明的年度保费金额。

月度保费:取得工资、薪金所得,连续性劳务报酬所得(特定行业除外)的个人,填写《个人税收递延型商业养老保险扣除凭证》载明的月度保费金额,一次性缴费的保单填写月平均保费金额。

本期扣除金额:

① 取得工资、薪金所得,连续性劳务报酬所得(特定行业除外)的个人,应按税延养老保险扣除凭证记载的当月金额和扣除限额孰低的方法计算可扣除额。扣除限额按照申报扣除当月的工资、薪金,连续性劳务报酬收入的 6% 和 1 000 元孰低的办法确定。

② 取得经营所得(在 2018 年 12 月 31 日以前为个体工商户的生产经营所得、对企事业单位的承包承租经营所得)的个人及特定行业取得工资、薪金的个人,按税延养老保险扣除凭证记载的当年金额和扣除限额孰低的方法计算可扣除额。扣除限额按照不超过当年应税收入的 6% 和 12 000 元孰低的办法确定。

(四) 领取商业养老金时的税款征收

个人按规定领取商业养老金时,由保险公司代扣代缴其应缴的个人所得税。

在 2018 年 12 月 31 日以前,根据《国家税务总局关于开展个人税收递延型商业养老保险试点有关征管问题的公告》(国家税务总局公告 2018 年第 21 号)的规定,个人达到规定条件领取商业养老金时,保险公司按照规定代扣代缴"其他所得"(自 2019 年 1 月 1 日起为"工资、薪金所得")项目个人所得税,并在个人购买税延养老保险的机构所在地办理全员全额扣缴申报。

(五) 相关工作与部门协作

1. 试点期间其他相关准备工作

试点期间,中国银行保险监督管理委员会、证监会做好相关准备工作,完善养老账户管理制度,制定银行、公募基金类产品指引等相关规定,指导相关金融机构产品开发。做好中国证券登记结算有限责任公司信息平台(以下简称中登公司平台)与商业银行、税务等信息系统的对接准备工作。同时,由人社部、财政部牵头,联合国家税务总局、中国银行保险监督管理委员会、证监会等单位,共同研究建立第三支柱制度和管理服务信息平台。

试点结束后,根据试点情况,结合养老保险第三支柱制度建设的有关情况,有序扩大参与的金融机构和产品范围,将公募基金等产品纳入个人商业养老账户投资范围,相应将中登公司平台作为信息平台,与中保信平台同步运行。第三支柱制度和管理服务信息平台建成以后,中登公司平台、中保信平台与第三支柱制度和管理服务信息平台对接,实现养老保险第三支柱宏观监管。

2. 部门协作

信息平台应向税务机关提供个人税收递延型商业养老保险有关信息,并配合税务机关做好相关税收征管工作。

保险公司在销售个人税收递延型商业养老保险产品时,应为购买商业养老保险产品的个人开具发票和保单凭证,载明产品名称及缴费金额等信息。保险公司与信息平台实时对接,保证信息真实准确。

第四节 其他扣除

一、公务交通费与通讯补贴

(一)一般扣除规定

根据《国家税务总局关于个人所得税有关政策问题的通知》(国税发〔1999〕58号)第2条"关于个人取得公务交通、通讯补贴收入征税问题"的规定,个人因公务用车和通讯制度改革而取得的公务用车、通讯补贴收入,扣除一定标准的公务费用后,按照"工资、薪金所得"项目计征个人所得税。按月发放的,并入当月"工资、薪金所得"计征个人所得税;不按月发放的,分解到所属月份并与该月份"工资、薪金所得"合并后计征个人所得税。

公务费用的扣除标准,由省级税务局根据纳税人公务交通、通讯费用的实际发生情况调查测算,报经省级人民政府批准后确定,并报国家税务总局备案。

《国家税务总局关于个人因公务用车制度改革取得补贴收入征收个人所得税问题的通知》(国税函〔2006〕245号)进一步规定,部分单位因公务用车制度改革,对用车人给予各种形式的补偿:直接以现金形式发放,在限额内据实报销用车支出,单位反租职工个人的车辆支付车辆租赁费("私车公用"),单位向用车人支付车辆使用过程中的有关费用等。因公务用车制度改革而以现金、报销等形式向职工个人支付的收入,均应视为个人取得公务用车补贴收入,按照"工资、薪金所得"项目计征个人所得税。具体计征方法,按国税发〔1999〕58号文件第二条"关于个人取得公务交通、通讯补贴收入征税问题"的有关规定执行。

根据《国家税务总局关于中国海洋石油总公司系统深化用工薪酬制度改革有关个人所得税问题的通知》(国税函〔2003〕330号)的规定,中油公司系统公务用车、通讯制度改革后,其发放给职工的公务用车、通讯补贴收入,根据《国家税务总局关于个人所得税有关政策问题的通知》(国税发〔1999〕58号)第2条的规定,可按公司所在省级政府统一规定或批准的公务费用扣除标准扣除公务费用后,计入职工个人工资、薪金所得计算缴纳个人所得税。凡中油公司系统各公司所在省级政府尚未规定扣除标准的,可暂按各公司2002年公务费用实际发生数为扣除基数;超过扣除基数的补贴,应计入个人所得征税;具体扣除基数,由各公司报所在地海洋石油税务局核备。

【例5-7】 税务机关在对某市商业银行2018年度纳税情况进行检查时发现:行长李某每月工资收入15 000元,每月还领取通讯补贴500元,车改后公务交通补贴1 200元。经审查《代扣代缴个人所得税报告表》证实:单位仅对每月的工资收入15 000元扣缴个人所得税,对取得的交通、通讯补贴未扣缴个人所得税(当地省级税务机关规定的通讯补贴、公务交通补贴扣除标准分别为300元/月、600元/月)。

要求:分析说明存在的个人所得税问题。

【解析】 根据《国家税务总局关于个人所得税有关政策问题的通知》(国税发〔1999〕58号)的规定,个人因公务用车和通讯制度改革而取得的公务用车、通讯补贴收入,扣除一定标准的公务费用后,按照"工资、薪金所得"项目计征个人所得税。

根据上述规定,行长李某取得的通讯补贴与公务交通补贴,扣除该省规定的扣除标准后,应并入当月的工资、薪金所得,计征个人所得税。即应缴个人所得税为:

$\{[15\,000+(500-300)+(1\,200-600)-3\,500]\times 25\%-1\,005\}\times 9+\{[15\,000+(500-300)+(1\,200-600)-5\,000]\times 10\%-210\}\times 3=18\,630+2\,610=21\,240(元)$。

(二)具体扣除标准

1. 贵州通讯补贴的扣除标准

根据《国家税务总局 贵州省税务局关于发布〈继续执行的税收规范性文件目录〉的公告》(国家税务总局 贵州省税务局公告2018年第4号)和《贵州省地方税务局关于个人取得通讯补贴有关个人所得税前扣除问题的公告》(贵州省地方税务局公告2018年第4号)的规定,在贵州省取得工资、薪金所得的纳税人,每月从任职单位取得的通讯补贴收入,可在300元以内据实扣除,超过部分并入工资、薪金所得计算缴纳个人所得税。按月发放的,并入当月"工资、薪金所得"计缴个人所得税;不按月发放的,分解到所属月份并与该月份"工资、薪金所得"合并后计缴个人所得税。

2. 辽宁公务交通费扣除标准

根据《国家税务总局 辽宁省税务局关于发布修改部分税收规范性文件的公告》(国家税务总局 辽宁省税务局公告2018年第3号)和《辽宁省地方税务局 辽宁省财政厅关于进一步明确公务用车制度改革后个人所得税政策的通知》(辽地税发〔2009〕76号)的规定,实行公务用车制度改革的单位应向当地主管税务机关报送公务用车改革方案,经当地主管税务机关核实后径报省局备案。公务用车改革方案应载明参加公务用车改革的人员范围、人数、月补贴额度、补贴资金来源、补贴发放及使用管理办法、已改车辆及未参改车辆的用途等内容。

公务用车费用是指在省内因公务而实际发生的燃油、保险、租车库(位)、维修、停车、过路桥、折旧等与车辆使用有关的费用。单位公务用车制度改革后向个人支付的公务用车费用,原则上应在本单位公车改革前3年公车平均支出额的75%以下。

实行公务用车制度改革的单位,其职工以现金或实报实销方式取得的车改补贴收入,均扣除70%的公务费用后并入"工资、薪金所得"计征个人所得税。公务费用扣除最高限额为每月2500元,超过的部分并入"工资、薪金所得"计征个人所得税。未备案的公务用车改革单位,其向职工个人支付的现金补贴或限额内实报实销的公务用车费用,均应全额并入当月工资、薪金中征收个人所得税。

单位因租用个人车辆(含本单位职工)而支付的车辆租赁费,由于个人车辆的使用权已经归单位所有。因此,单位向个人支付的车辆租赁费应按照"财产租赁所得"征收个人所得税。

3. 陕西通讯补贴的扣除标准

自2018年1月1日起,根据《国家税务总局陕西省税务局关于发布税收规范性文件清理结果的公告》(国家税务总局陕西省税务局公告2018年第1号)和《陕西省地方税务局关于个人因通讯制度改革取得补贴收入征收个人所得税有关问题的公告》(陕西省地方税务局公告2017年第2号)的规定,陕西省通讯补贴征收个人所得税公务费用税前扣除限额为每人每月300元。纳税人取得通讯补贴收入在限额内的,按实际收入全额扣除;超过限额的,按限额300元扣除。

通讯补贴发放单位应及时将通讯制度改革方案报主管税务机关备案。

4. 广西公务通讯补贴扣除标准

自2018年9月1日起,根据《国家税务总局 广西壮族自治区税务局关于公务通讯补贴个人所得税有关问题的公告》(国家税务总局 广西壮族自治区税务局公告2018年第13号)的规定,广西壮族自治区范围内个人取得的通讯补贴收入,扣除一定标准的费用后,按照《国家税务总局关于个人所得税有关政策问题的通知》(国税发〔1999〕58号)第2条规定计征个人所得税。

对公务人员按规定标准取得的公务通讯补贴收入,即厅级每人每月240元,处级每人每月180元,科级每人每月130元,科员及以下每人每月80元的标准,允许在计算个人所得税税前全额扣除,超出规定标准部分按照"工资、薪金所得"项目计征个人所得税。今后,若自治区党委、自治区人民政府调整公务通讯补贴标准的,按调整后的标准扣除。

对区内企业职工取得的通讯补贴收入,无论是以现金形式还是以报销方式取得的通讯补贴收入,在计征个人所得税时,准予在每人每月不超过240元的标准内据实税前扣除,超出规定标准部分按照"工资、薪金所得"项目计征个人所得税。

5. 北京通讯费用扣除标准

根据《北京市地方税务局关于对公司员工报销手机费征收个人所得税问题的批复》(京地税个〔2002〕116号)的规定,单位为个人通讯工具(因公需要)负担通讯费采取全额实报实销或限额实报实销部分的,可不并入当月工资、薪金征收个人所得税。

单位为个人通讯工具负担通讯费采取发放补贴形式的,应并入当月工资、薪金计征个人所得税。

6. 广州通讯补贴的扣除标准

根据《广州市地税局关于个人通讯补贴收入征收个人所得税问题的通知》(穗地税发

〔2007〕201号)的规定,个人因通讯制度改革而取得的通讯补贴公务费用的扣除标准,在广东省税务局未有统一规定前,省直党政群机关、参照公务员管理的事业单位、省高级人民法院、省人民检察院在职人员,按照中共广东省纪律检查委员会、广东省人事厅、广东省财政厅、广东省监察厅《关于印发〈关于省直机关单位通讯费改革的实施意见〉的通知》(粤纪发〔2002〕31号)第2条规定的通讯费补贴标准执行。即通讯费补贴标准为:

(1)正副省(部)级每月发放650元;正副厅(局)长、巡视员580元,助理巡视员(副厅级)530元;处长450元、调研员(正处级)380元、副处长350元、助理调研员(副处级)300元;正科级200元、副科级150元;其他工作人员(含在编工勤人员)100元。

(2)个别人员因工作需要,全年通讯费开支超出补贴标准的,年终由本人写出书面报告,经本人所在单位领导班子集体讨论同意后,报省财政厅批准,并报省委党廉办备案后,可据实报销。

市(区)直党政群机关、参照公务员管理的事业单位、市(区)人民法院、市(区)人民检察院在职人员,按照广州市财政局、中共广州市纪律检查委员会、广州市人事局、广州市监察局《印发〈关于市直机关单位通讯费改革的实施意见〉的通知》(穗财行〔2006〕283号)第2条的有关规定执行。即通讯费补贴标准为:

(1)通讯费补贴月发放标准:正副市级650元;正副局长、巡视员580元,副巡视员530元;处长450元、调研员380元、副处长350元、副调研员300元;正科级200元、副科级150元;其他工作人员(含在编工勤人员)100元。

(2)个别人员因工作需要,全年通讯费开支超出补贴标准的,年终由本人写出书面报告,经本人所在单位领导班子集体讨论同意后,报市财政局批准,并报市委党廉办备案后,可据实报销。

除上述以外的其他扣缴义务人,参照《广东省地方税务局转发国家税务总局关于执行〈企业会计制度〉需要明确的有关所得税问题的通知》(粤地税函〔2004〕547号)第4条的规定,其单位高层管理人员(包括总经理、副总经理、总会计师以及在本单位受薪的董事会成员)在每人每月500元的标准额度内,其他人员在每人每月300元的标准额度内,凭发票在单位报销通讯费用的部分,准予在计征个人所得税前扣除。超过上述规定标准为职工报销的通讯费用以及发给职工的现金通讯补贴,应并入个人当月"工资、薪金"所得项目计征个人所得税。

7. 天津通讯补贴扣除标准

根据《天津市地方税务局关于个人取得通讯补贴收入有关个人所得税政策的公告》(天津市地方税务局公告2017年第7号)的规定,自2017年11月1日起,以现金形式发放给个人的办公通讯补贴,或以报销方式支付给个人的办公通讯费用,费用扣除标准为每月不超过500元(含500元)。其中,机关、事业单位发放给个人的办公通讯补贴,费用扣除标准为天津市财政、人力社保部门规定的发放标准,但每月最高不得超过500元(含500元)。

机关、事业单位是指党的机关、人大机关、行政机关、政协机关、审判机关、检查检察机关、民主党派机关、工商联机关、经批准参照《公务员法》管理的单位,以及事业单位。

举例说明：A 单位当月为个人发放基本工资 5 000 元,通讯补贴 300 元,其中 300 元通讯补贴未超过 500 元扣除标准,不予征税,该个人当月应按 5 000 元计征个人所得税;B 单位当月为个人发放基本工资 5 000 元,通讯补贴 800 元,其中 800 元通讯补贴未超过 500 元扣除标准的部分不予征税,超过的 300 元部分依法计税,该个人当月应按 5 300 元(5 000＋300)计征个人所得税。

8. 西藏自治区的扣除标准

根据《西藏自治区人民政府关于贯彻个人所得税法的通知》(藏政发〔2018〕38 号)第 2 条"公务交通和通讯补贴扣除标准"的规定,自 2018 年 10 月 1 日起,个人取得的交通、通讯补贴收入,扣除一定标准的公务费用后,按照"工资、薪金所得"项目计征个人所得税。公务费用限额扣除标准如下：公务交通补贴每人每月 4 000 元,公务通讯补贴每人每月 1 000 元。

个人取得公务用车补贴、通讯补贴在上述限额标准之内的,缴纳个人所得税时据实扣除,超过限额部分按规定计征个人所得税。

二、供热采暖补贴与冬季取暖补贴

自 2004 年 1 月 1 日起,根据《天津市地方税务局关于提高我市机关企事业单位集中供热采暖补贴冬季取暖补贴有关个人所得税问题的通知》(津地税所〔2004〕14 号)的规定,经市政府批准,从 2004 年起调整天津市居民住宅供热价格,同时,相应提高供热采暖补贴和冬季取暖补贴。对提高后供热采暖补贴和冬季取暖补贴,暂免征收个人所得税。

三、补充住房公积金和住房补贴

财政部和国家税务总局没有就补充住房公积金和住房补贴税前扣除做出全国统一规定,天津等地税务机关做出相关的地方规定。

1. 天津补充住房公积金和住房补贴的扣除

根据《天津市地方税务局关于补充住房公积金征收个人所得税问题的通知》(津地税所〔2001〕19 号)的规定,对天津市各单位为职工建立、缴存的补充住房公积金,凡符合天津市人民政府印发《天津市进一步深化城镇住房制度改革实施办法的通知》(津政发〔1999〕38 号)及其附件《天津市补充住房公积金和按月住房补贴资金管理暂行办法》规定的,按照《财政部 国家税务总局关于住房公积金 医疗保险金 养老保险金征收个人所得税问题的通知》(财税字〔1997〕144 号)的规定,在计算征收个人所得税时,可从个人当月工资、薪金收入中减除。

《天津市地方税务局关于住房补贴收入有关个人所得税政策问题的补充通知》(津地税所〔2005〕10 号)进一步规定,天津市城镇范围内实行住房货币分配的机关、团体、企事业单位,应当根据市政府下发的《天津市进一步深化城镇住房制度改革实施办法》(津政发〔1999〕38 号)、《天津市人民政府批转市城镇住房制度改革办公室关于全面推进住房货币分配工作实施意见的通知》(津政发〔2001〕59 号)相关规定,制定本单位住房货币分配方案。

单位住房货币分配方案须经职代会或工会讨论通过,经主管区、县、局城镇住房制度改革领导小组批准,报市房改办备案后,方可执行。

上述单位按照批准备案后的住房货币分配方案中规定的住房补贴标准和住房补贴面积标准,向职工发放的住房补贴,可按照《天津市地方税务局关于对住房补贴收入有关个人所得税问题的通知》(津地税所〔2001〕36号)的规定,凭主管区、县、局城镇住房制度改革领导小组批准的《天津市单位住房货币分配审批表》,免征个人所得税。

住房补贴收入按职工个人计算。实行住房货币分配方式,包括建立补充住房公积金、按月发放住房补贴、一次性发放住房补贴、一次性发放住房补贴与按月发放住房补贴相结合。对单位发放给职工个人的住房补贴超过规定标准的部分,应当并入其发放当期的工薪所得计征个人所得税。

对不符合天津市政府文件规定,单位向职工个人发放的住房补贴,应按照《财政部 国家税务总局关于住房公积金、医疗保险金、养老保险金征收个人所得税问题的通知》(财税字〔1997〕144号)的规定,征收个人所得税。

2. 河北住房补贴免税标准

根据《河北省地方税务局关于个人所得税有关政策问题的通知》(冀地税函〔2003〕283号)第2条"关于住房补贴问题"的规定,国家住房制度改革后,将原来的福利分房改为货币分房。对执行货币分房的职工取得的住房补贴税收政策问题,国家将做出统一规定。在国家统一规定出台前,对没有参与福利分房或福利分房没有达到标准的个人取得的住房补贴征免个人所得税问题规定如下:

对个人按照当地政府规定的标准取得的下列住房补贴暂免征收个人所得税。

(1) 无住房职工的住房补贴。

(2) 职位提升后的职工,其住房面积不足国家规定标准的住房补贴。

(3) 住房面积不足国家规定标准的职工补差住房补贴。

对超过当地政府规定标准取得的上述住房补贴按税法规定并入当月工资、薪金所得征收个人所得税。

住房公积金和住房补贴的个人所得税处理,如表5-3所示。

表5-3 住房公积金与住房补贴的个人所得税处理

项目	情形	税务处理
住房公积金	按规定标准缴存时	单位和个人分别在不超过职工本人上一年度月平均工资12%的幅度内,其实际缴存的住房公积金,允许在个人应纳税所得额中扣除。单位和职工个人缴存住房公积金的月平均工资不得超过职工工作地所在设区城市上一年度职工月平均工资的3倍,具体标准按照各地有关规定执行
	超标准缴付时	单位和个人超过上述规定比例和标准缴付的住房公积金,将超过部分并入个人当期的工资、薪金收入,计征个人所得税
	领取住房公积金时	个人实际领(支)取原提存的住房公积金时,免征个人所得税

(续表)

项目	情形	税务处理
住房补贴	中国公民	企业以现金形式发给个人的住房补贴,应全额计入领取人的当期工资、薪金收入计征个人所得税。另有规定的除外
	外籍个人	对外籍个人以实报实销形式取得的住房补贴,按照《关于个人所得税若干政策问题的通知》(〔94〕财税字第20号)的规定,暂免个人所得税

四、补充医疗保险

补充医疗保险税前扣除没有全国统一的规定,天津等地出台了地方性规定,明确补充医疗保险税前扣除标准。

根据《天津市地方税务局关于医疗保险金征收个人所得税问题的通知》(津地税所〔2002〕23号)的规定,单位和个人按照天津市人民政府批转市劳动和社会保障局拟定的《天津市城镇职工基本医疗保险规定的通知》(津政发〔2001〕80号)中规定的标准向社会保险经办机构实际缴付的基本医疗保险、门(急)诊大额医疗费补助、大额医疗费救助,不计入个人当期的工资、薪金收入,免予征收个人所得税。

企业按照《财政部 劳动保障部关于企业补充医疗保险有关问题的通知》(财社〔2002〕18号)规定,在工资总额4%以内列支的补充医疗保险费和行政、事业单位按照《天津市公务员医疗补助暂行办法》筹集的国家公务员医疗补助经费,用于职工个人医药费用补助的,免予征收个人所得税。

超过《天津市地方税务局关于医疗保险金征收个人所得税问题的通知》(津地税所〔2002〕23号)第2条规定的范围和标准之外,单位以现金形式发给个人的医疗补助费和单位为职工个人通过商业保险公司缴付的补充医疗保险金,均应并入个人当期的工资、薪金收入,计征个人所得税。

五、允许可扣除的税费

(一)允许扣除税费的所得项目

计算应纳税所得额时允许扣除的税费,只适用于劳务报酬所得、特许权使用费所得、财产租赁所得和财产转让所得项目。

(1)劳务报酬所得允许扣除的税费是指劳务发生过程中实际缴纳的税费。

(2)特许权使用费允许扣除的税费是指提供特许权过程中发生的中介费和相关税费。

(3)适用于财产租赁所得时,允许扣除的税费是指修缮费和出租财产过程中发生的相关税费。

(4)适用于财产转让所得时,允许扣除的税费是指财产原值和转让财产过程中发生的合理税费。

（二）劳务报酬所得可以扣除税金

《财政部 国家税务总局关于个人提供非有形商品推销 代理等服务活动取得收入征收营业税和个人所得税有关问题的通知》（财税〔1997〕103号）规定，非本企业雇员为企业提供非有形商品推销、代理等服务活动取得的佣金、奖励和劳务费等名目的收入，无论该收入采用何种计取方法和支付方式，均应计入个人从事服务业应税劳务的营业额（销售额），按照规定计算征收营业税（"营改增"后为增值税）；上述收入扣除已缴纳的营业税税款后，应计入个人的劳务报酬所得，按照《个人所得税法》及其实施条例和其他有关规定计算征收个人所得税。

根据《国家税务总局关于个人所得税偷税案件查处中有关问题的补充通知》（国税函发〔1996〕602号）的规定，获取劳务报酬所得的纳税义务人从其收入中支付给中介人和相关人员的报酬，在定率扣除20%的费用后，一律不再扣除。对中介人和相关人员取得的上述报酬，应分别计征个人所得税，这与《财政部 国家税务总局关于个人所得税若干政策问题的通知》（财税字〔1994〕20号）有关特许权使用费的规定不同。财税字〔1994〕20号文件规定，对个人从事技术转让、提供劳务等过程中所支付的中介费，如能提供有效、合法凭证的，允许从其所得中扣除。

计算个人所得税时可以在税前扣除的税费包括：纳税人取得劳务报酬所得时，可依法扣除劳务发生过程中实际缴纳的税费；纳税人取得特许权使用费所得时，填写可依法扣除提供特许权过程中发生的中介费和实际缴纳的税费；纳税人取得财产租赁所得时，可依法扣除修缮费和出租财产过程中实际缴纳的税费；纳税人取得财产转让所得时，可依法扣除转让财产过程中实际缴纳的税费。

【例5-8】 2018年8月，演员张某利用业余时间参加某市房地产公司开业庆典文艺演出，按照合同规定取得的不含增值税的劳务报酬50 000元。

要求：计算张某应缴纳的相关税费。

【解析】 演员张某应纳增值税为：$50\,000 \times 3\% = 1\,500$（元）。

应纳城市维护建设税为：$1\,500 \times 7\% = 105$（元）。

根据《财政部 国家税务总局关于扩大有关政府性基金免征范围的通知》（财税〔2016〕12号）的规定，自2016年2月1日起，对按月纳税的月销售额不超过10万元（按季度纳税的季度销售额不超过30万元）的缴纳义务人，免征教育费附加、地方教育附加、水利建设基金。因而，对张某取得的劳务报酬免征教育费附加和地方教育附加。

张某应纳的个人所得税为：$(50\,000 - 105) \times (1 - 20\%) \times 30\% - 2\,000 = 9\,974.80$（元）。

（三）特许权使用费的税费扣除

计算应纳税所得额时允许扣除的税费，只适用于劳务报酬所得、特许权使用费所得、财产租赁所得和财产转让所得项目。特许权使用费允许扣除的税费是指提供特许权过程中发生的中介费和相关税费。

(四) 税制改革后的费用扣除

自 2019 年 1 月 1 日起,根据 2018 年《个人所得税法》第 6 条第 2 款的规定,劳务报酬所得、稿酬所得、特许权使用费所得以收入减除 20% 的费用后的余额为收入额。稿酬所得的收入额减按 70% 计算。

也就是说,税制改革后,劳务报酬所得仍可以扣除 20% 的费用。

第六章

捐赠支出的扣除

> 春贷秋赋民皆欢，春赋秋贷民皆怨。
> ——《淮南子·说山训》

第一节 公益性捐赠税前扣除

扶贫济困、乐善好施，一方有难、八方支援，是中华民族的传统美德。捐赠是一项有利于国家和社会的公益活动，为此《个人所得税法》规定，个人的公益性捐赠可按规定在税前扣除。

一、公益性捐赠税前扣除政策

（一）税制改革后捐赠扣除政策

根据2018年《个人所得税法》第6条第3款的规定，个人将其所得对教育、扶贫、济困等公益慈善事业进行捐赠，捐赠额未超过纳税人申报的应纳税所得额30%的部分，可以从其应纳税所得额中扣除；国务院规定对公益慈善事业捐赠实行全额税前扣除的，从其规定。这里所称个人将其所得对教育、扶贫、济困等公益慈善事业进行捐赠，根据2018年《个人所得税法实施条例》第19条的规定，是指个人将其所得通过中国境内的公益性社会组织、国家机关向教育、扶贫、济困等公益慈善事业的捐赠；所称应纳税所得额，是指计算扣除捐赠额之前的应纳税所得额。

根据《财政部 税务总局关于公益慈善事业捐赠个人所得税政策的公告》（财政部 税务总局公告2019年第99号）第1条的规定，个人通过中华人民共和国境内公益性社会组织、县级以上人民政府及其部门等国家机关，向教育、扶贫、济困等公益慈善事业的捐赠（以下简称公益捐赠），发生的公益捐赠支出，可以按照《个人所得税法》有关规定在计算应纳税所得额时扣除。境内公益性社会组织，包括依法设立或登记并按规定条件和程序取得公益性捐赠税前扣除资格的慈善组织、其他社会组织和群众团体。

（二）税制改革前捐赠扣除政策

根据2011年《个人所得税法》第6条第2款的规定，个人将其所得对教育事业和其他公益事业捐赠的部分，按照国务院有关规定从应纳税所得中扣除。

根据2011年《个人所得税法实施条例》第24条的规定，这里所说的个人将其所得对教育事业和其他公益事业的捐赠，是指个人将其所得通过中国境内的社会团体、国家机关向教育和其他社会公益事业以及遭受严重自然灾害地区、贫困地区的捐赠。捐赠额未超过纳税义务人申报的应纳税所得额30%的部分,可以从其应纳税所得额中扣除。超过部分不得扣除,也不得结转以后年度扣除。

(三)捐赠税前扣除的计算

公益性捐赠税前扣除限额的具体计算步骤为:

(1) 调整所得额,即将捐赠额从所得额中剔除,计算没有扣除捐赠之前的应纳税所得额。

(2) 计算扣除限额,将调整后的所得额乘以30%,计算出扣除限额。

(3) 计算扣除额,比较实际捐赠额与扣除限额,以孰低值确定公益性捐赠扣除额。即个人发生的公益性捐赠不足所得额的30%的,据实扣除;超过30%扣除限额的,按30%限额扣除。

(4) 计算应纳税所得额,将调整后的所得额减去法定的公益性捐赠扣除额,其差额为应纳税所得额。

【例6-1】 2019年8月,非居民个人大山从中国境内取得翻译收入20 000元,他从中拿出5 000元,通过公益性社会团体捐给了贫困地区。大山就该笔翻译收入应缴纳的个人所得税(不考虑个人所得税以外的其他税费)为( )。

A. 1 052元　　　　B. 2 150元　　　　C. 2 240元　　　　D. 1 072元

【答案】 C

【解析】 个人向贫困地区的公益性捐赠可以根据税法规定在限额内扣除,捐赠扣除限额=20 000×(1−20%)×30%=4 800(元),实际捐赠额为5 000元,税前准予扣除4 800元。应缴个人所得税=[20 000×(1−20%)−4 800]×20%=2 240(元)。

二、公益性捐赠支出捐赠额的确定

根据《财政部　税务总局公益慈善事业捐赠个人所得税政策的公告》(财政部　税务总局公告2019年第99号)第2条的规定,个人发生的公益捐赠支出金额,按照以下规定确定:

(1) 捐赠货币性资产的,按照实际捐赠金额确定。

(2) 捐赠股权、房产的,按照个人持有股权、房产的财产原值确定。

(3) 捐赠除股权、房产以外的其他非货币性资产的,按照非货币性资产的市场价格确定。

三、居民个人公益捐赠支出的扣除

(一)居民个人扣除公益捐赠支出规则

1. 扣除捐赠支出的所得项目

根据《财政部　税务总局公益慈善事业捐赠个人所得税政策的公告》(财政部　税务总局公告2019年第99号)第3条第1项的规定,居民个人发生的公益捐赠支出可以在财产租赁所得、财产转让所得、利息股息红利所得、偶然所得(以下统称分类所得)、综合所得或者经营所得中扣除。在当期一个所得项目扣除不完的公益捐赠支出,可以按规定在其他所得项目中继续扣除。

2. 扣除限额

根据《财政部 税务总局公益慈善事业捐赠个人所得税政策的公告》(财政部 税务总局公告2019年第99号)第3条第2项的规定,居民个人发生的公益捐赠支出,在综合所得、经营所得中扣除的,扣除限额分别为当年综合所得、当年经营所得应纳税所得额的30%;在分类所得中扣除的,扣除限额为当月分类所得应纳税所得额的30%。

3. 扣除顺序

根据《财政部 税务总局公益慈善事业捐赠个人所得税政策的公告》(财政部 税务总局公告2019年第99号)第3条第3项的规定,居民个人根据各项所得的收入、公益捐赠支出、适用税率等情况,自行决定在综合所得、分类所得、经营所得中扣除的公益捐赠支出的顺序。

(二)综合所得中扣除公益捐赠支出的处理

根据《财政部 税务总局公益慈善事业捐赠个人所得税政策的公告》(财政部 税务总局公告2019年第99号)第4条的规定,居民个人在综合所得中扣除公益捐赠支出的,应按照以下规定处理:

(1) 居民个人取得工资、薪金所得的,可以选择在预扣预缴时扣除,也可以选择在年度汇算清缴时扣除。

居民个人选择在预扣预缴时扣除的,应按照累计预扣法计算扣除限额,其捐赠当月的扣除限额为截至当月累计应纳税所得额的30%(全额扣除的从其规定,下同)。个人从两处以上取得工资、薪金所得,选择其中一处扣除,选择后当年不得变更。

(2) 居民个人取得劳务报酬所得、稿酬所得、特许权使用费所得的,预扣预缴时不扣除公益捐赠支出,统一在汇算清缴时扣除。

(3) 居民个人取得全年一次性奖金、股权激励等所得,且按规定采取不并入综合所得而单独计税方式处理的,公益捐赠支出扣除比照分类所得的扣除规定处理。

四、经营所得中扣除公益捐赠支出的处理

根据《财政部 税务总局公益慈善事业捐赠个人所得税政策的公告》(财政部 税务总局公告2019年第99号)第6条的规定,在经营所得中扣除公益捐赠支出,应按以下规定处理:

(1) 个体工商户发生的公益捐赠支出,在其经营所得中扣除。根据《国家税务总局个体工商户个人所得税计税办法》(国家税务总局令第35号)第36条的规定,个体工商户通过公益性社会团体或者县级以上人民政府及其部门,用于《公益事业捐赠法》规定的公益事业的捐赠,捐赠额不超过其应纳税所得额30%的部分可以据实扣除。财政部、国家税务总局规定可以全额在税前扣除的捐赠支出项目,按有关规定执行。个体工商户直接对受益人的捐赠不得扣除。公益性社会团体的认定,按照财政部、国家税务总局、民政部有关规定执行。

(2) 个人独资企业、合伙企业发生的公益捐赠支出,其个人投资者应当按照捐赠年度合

伙企业的分配比例(个人独资企业分配比例为100％),计算归属于每一个人投资者的公益捐赠支出,个人投资者应将其归属的个人独资企业、合伙企业公益捐赠支出和本人需要在经营所得扣除的其他公益捐赠支出合并,在其经营所得中扣除。

(3) 在经营所得中扣除公益捐赠支出的,可以选择在预缴税款时扣除,也可以选择在汇算清缴时扣除。

(4) 经营所得采取核定征收方式的,不扣除公益捐赠支出。

五、非居民个人发生公益捐赠支出的扣除

根据《财政部 税务总局公益慈善事业捐赠个人所得税政策的公告》(财政部 税务总局公告2019年第99号)第7条的规定,非居民个人发生的公益捐赠支出,未超过其在公益捐赠支出发生的当月应纳税所得额30％的部分,可以从其应纳税所得额中扣除。扣除不完的公益捐赠支出,可以在经营所得中继续扣除。

六、公益捐赠支出的追补扣除

根据《财政部 税务总局公益慈善事业捐赠个人所得税政策的公告》(财政部 税务总局公告2019年第99号)第5条的规定,居民个人发生的公益捐赠支出,可在捐赠当月取得的分类所得中扣除。当月分类所得应扣除未扣除的公益捐赠支出,可以按照以下规定追补扣除:

(1) 扣缴义务人已经代扣但尚未解缴税款的,居民个人可以向扣缴义务人提出追补扣除申请,退还已扣税款。

(2) 扣缴义务人已经代扣且解缴税款的,居民个人可以在公益捐赠之日起90日内提请扣缴义务人向征收税款的税务机关办理更正申报追补扣除,税务机关和扣缴义务人应当予以办理。

(3) 居民个人自行申报纳税的,可以在公益捐赠之日起90日内向主管税务机关办理更正申报追补扣除。

居民个人捐赠当月有多项多次分类所得的,应先在其中一项一次分类所得中扣除。已经在分类所得中扣除的公益捐赠支出,不再调整到其他所得中扣除。

根据《财政部 税务总局公益慈善事业捐赠个人所得税政策的公告》(财政部 税务总局公告2019年第99号)第7条的规定,非居民个人按规定可以在应纳税所得额中扣除公益捐赠支出而未实际扣除的,可按照该公告第5条的规定追补扣除。

七、捐赠扣除票据与手续

根据《财政部 税务总局公益慈善事业捐赠个人所得税政策的公告》(财政部 税务总局公告2019年第99号)第9条的规定,公益性社会组织、国家机关在接受个人捐赠时,应当按照规定开具捐赠票据;个人索取捐赠票据的,应予以开具。个人发生公益捐赠时不能及时取得捐赠票据的,可以暂时凭公益捐赠银行支付凭证扣除,并向扣缴义务人提供公益捐

赠银行支付凭证复印件。个人应在捐赠之日起 90 日内向扣缴义务人补充提供捐赠票据,如果个人未按规定提供捐赠票据的,扣缴义务人应在 30 日内向主管税务机关报告。机关、企事业单位统一组织员工开展公益捐赠的,纳税人可以凭汇总开具的捐赠票据和员工明细单扣除。

根据《财政部 税务总局公益慈善事业捐赠个人所得税政策的公告》(财政部 税务总局公告 2019 年第 99 号)第 10 条的规定,个人通过扣缴义务人享受公益捐赠扣除政策,应当告知扣缴义务人符合条件可扣除的公益捐赠支出金额,并提供捐赠票据的复印件,其中捐赠股权、房产的还应出示财产原值证明。扣缴义务人应当按照规定在预扣预缴、代扣代缴税款时予扣除,并将公益捐赠扣除金额告知纳税人。个人自行办理或扣缴义务人为个人办理公益捐赠扣除的,应当在申报时一并报送《个人所得税公益慈善事业捐赠扣除明细表》。个人应留存捐赠票据,留存期限为 5 年。

八、捐赠扣除的政策衔接

根据《财政部 税务总局公益慈善事业捐赠个人所得税政策的公告》(财政部 税务总局公告 2019 年第 99 号)第 11 条的规定,该公告自 2019 年 1 月 1 日起施行。个人自 2019 年 1 月 1 日至该公告发布之日期间发生的公益捐赠支出,按照该公告规定可以在分类所得中扣除但未扣除的,可以在 2020 年 1 月 31 日前通过扣缴义务人向征收税款的税务机关提出追补扣除申请,税务机关应当按规定予以办理。

第二节　全额扣除的捐赠支出

一、限额扣除与全额扣除的扣除次序

根据《财政部 税务总局公益慈善事业捐赠个人所得税政策的公告》(财政部 税务总局公告 2019 年第 99 号)第 8 条的规定,国务院规定对公益捐赠全额税前扣除的,按照规定执行。个人同时发生按 30% 扣除和全额扣除的公益捐赠支出,自行选择扣除次序。

二、全额扣除的公益捐赠支出项目

(一)向农村义务教育或教育事业的捐赠

根据《财政部 国家税务总局关于纳税人向农村义务教育捐赠有关所得税政策的通知》(财税〔2001〕103 号)的规定,自 2001 年 7 月 1 日起,个人通过非营利性的社会团体和国家机关向农村义务教育的捐赠,准予在缴纳个人所得税前的所得额中全额扣除。

这里所称农村义务教育的范围,是指政府和社会力量举办的农村乡镇(不含县和县级市政府所在地的镇)、村的小学和初中以及属于这一阶段的特殊教育学校。纳税人对农村义务教育与高中在一起的学校的捐赠,也享受《财政部 国家税务总局关于纳税人向农村义务教育捐赠有关所得税政策的通知》(财税〔2001〕103 号)规定的所得税前扣除

政策。

接受捐赠或办理转赠的非营利的社会团体和国家机关,应按照财务隶属关系分别使用由中央或省级财政部门统一印(监)制的捐赠票据,并加盖接受捐赠或转赠单位的财务专用印章。税务机关据此对捐赠个人进行税前扣除。

根据《财政部 国家税务总局关于教育税收政策的通知》(财税〔2004〕39号)的规定,个人通过中国境内非营利性的社会团体、国家机关向教育事业的捐赠,准予在个人所得税前全额扣除。

(二) 对中国教育发展基金会的捐赠

根据《财政部 国家税务总局关于中国教育发展基金会捐赠所得税政策问题的通知》(财税〔2006〕68号)的规定,自2006年1月1日起,对个人等社会力量,通过中国教育发展基金会用于公益救济性捐赠,准予在缴纳个人所得税前全额扣除。

(三) 对公益性青少年活动场所的捐赠

根据《财政部 国家税务总局关于对青少年活动场所、电子游戏厅有关所得税和营业税政策问题的通知》(财税〔2000〕21号)的规定,自2000年1月1日起,个人通过非营利性的社会团体和国家机关对公益性青少年活动场所(其中包括新建)的捐赠,在缴纳个人所得税前准予全额扣除。

公益性青少年活动场所,是指专门为青少年学生提供科技、文化、德育、爱国主义教育、体育活动的青少年宫、青少年活动中心等校外活动的公益性场所。

(四) 对老年服务机构的捐赠

根据《财政部 国家税务总局关于对老年服务机构有关税收政策问题的通知》(财税〔2000〕97号)的规定,自2000年10月1日起,对个人通过非营利性的社会团体和政府部门向福利性、非营利性的老年服务机构的捐赠,在缴纳个人所得税前准予全额扣除。

这里所称老年服务机构,是指专门为老年人提供生活照料、文化、护理、健身等多方面服务的福利性、非营利性的机构,主要包括:老年社会福利院、敬老院(养老院)、老年服务中心、老年公寓(含老年护理院、康复中心、托老所)等。

(五) 通过宋庆龄基金会等6家单位的捐赠

根据《财政部 国家税务总局关于向宋庆龄基金会等6家单位捐赠所得税政策问题的通知》(财税〔2004〕172号)的规定,自2004年1月1日起,对个人等社会力量,通过宋庆龄基金会、中国福利会、中国残疾人福利基金会、中国扶贫基金会、中国煤矿尘肺病治疗基金会、中华环境保护基金会用于公益救济性的捐赠,准予在缴纳个人所得税前全额扣除。

(六) 通过中国医药卫生事业发展基金会的捐赠

根据《财政部 国家税务总局关于中国医药卫生事业发展基金会捐赠所得税政策问题的通知》(财税〔2006〕67号)的规定,自2006年1月1日起,对个人等社会力量,通过中国医药卫生事业发展基金会用于公益救济性捐赠,准予在缴纳个人所得税前全额扣除。

(七) 向红十字事业的公益捐赠

根据《财政部 国家税务总局关于企业等社会力量向红十字事业捐赠有关所得税政策问题的通知》(财税〔2000〕30号)的规定,自2000年1月1日起,个人通过非营利性的社会团体和国家机关(包括中国红十字会)向红十字事业的捐赠,在计算缴纳个人所得税时准予全额扣除。

(八) 通过中国老龄事业发展基金会等8家单位的公益捐赠

根据《财政部 国家税务总局关于中国老龄事业发展基金会等8家单位捐赠所得税政策问题的通知》(财税〔2006〕66号)的规定,自2006年1月1日起,对个人等社会力量,通过中国老龄事业发展基金会、中国华文教育基金会、中国绿化基金会、中国妇女发展基金会、中国关心下一代健康体育基金会、中国生物多样性保护基金会、中国儿童少年基金会和中国光彩事业基金会用于公益救济性捐赠,准予在缴纳个人所得税前全额扣除。

(九) 向中华快车基金会等5家单位的捐赠

为支持我国农村医疗卫生、经济科学教育、慈善、法律援助和见义勇为等社会公益事业的发展,《财政部 国家税务总局关于向中华健康快车基金会等5家单位的捐赠所得税税前扣除问题的通知》(财税〔2003〕204号)规定,自2003年1月1日起,对个人等社会力量向中华健康快车基金会和孙冶方经济科学基金会、中华慈善总会、中国法律援助基金会和中华见义勇为基金会的捐赠,准予在缴纳个人所得税前全额扣除。

(十) 对北京2022年冬奥会和冬残奥会的捐赠

根据《财政部 税务总局 海关总署关于北京2022年冬奥会和冬残奥会税收政策的通知》(财税〔2017〕60号)的规定,个人捐赠北京2022年冬奥会、冬残奥会、测试赛的资金和物资支出可在计算个人应纳税所得额时予以全额扣除。

(十一) 支持新冠肺炎疫情防控的捐赠

根据《财政部 税务总局关于支持新型冠状病毒感染的肺炎疫情防控有关捐赠税收政策的公告》(财政部 税务总局公告2020年第9号)的规定,自2020年1月1日起,企业和个人通过公益性社会组织或者县级以上人民政府及其部门等国家机关,捐赠用于应对新型冠状病毒感染的肺炎疫情的现金和物品,允许在计算应纳税所得额时全额扣除。

企业和个人直接向承担疫情防治任务的医院捐赠用于应对新型冠状病毒感染的肺炎疫情的物品,允许在计算应纳税所得额时全额扣除。

捐赠人凭承担疫情防治任务的医院开具的捐赠接收函办理税前扣除事宜。

三、公益慈善事业捐赠扣除明细表及其填报

《个人所得税公益慈善事业捐赠扣除明细表》(如表6-1所示)适用于个人发生符合条件的公益慈善事业捐赠,进行个人所得税前扣除时填报。扣缴义务人办理扣缴申报、纳税人办理自行申报时一并报送。以纸质方式报送该表的,应当一式两份,纳税人或者扣缴义务人、税务机关各留存一份。

第六章 捐赠支出的扣除

表6-1 个人所得税公益慈善事业捐赠扣除明细表

捐赠年度： 年
纳税人姓名： 纳税人识别号：□□□□□□□□□□□□□□□□□□
扣缴义务人名称： 扣缴义务人纳税人识别号：□□□□□□□□□□□□□□□□□□

金额单位：人民币元（列至角分）

序号	捐赠信息							扣除信息				备注
	纳税人姓名	纳税人识别号	受赠单位名称	受赠单位纳税人识别号（统一社会信用代码）	捐赠凭证号	捐赠日期	捐赠金额	扣除比例	扣除所得项目	税款所属期	扣除金额	
	2	3	4	5	6	7	8	9	10	11	12	13
1												

谨承诺：此表是根据国家税收法律法规及相关规定填报的，是真实的、可靠的、完整的。

纳税人或扣缴义务人负责人签字： 年 月 日

经办人签字：
经办人身份证件号码：
代理机构签章：
代理机构统一社会信用代码：

受理人：
受理税务机关（章）：
受理日期： 年 月 日

国家税务总局监制

《个人所得税公益慈善事业捐赠扣除明细表》填表说明

(一) 表头项目

1. 捐赠年度：填写个人发生公益慈善事业捐赠支出的所属年度。
2. 纳税人姓名和纳税人识别号：填写个人姓名及其纳税人识别号。有中国公民身份号码的，填写中华人民共和国居民身份证上载明的"公民身份号码"；没有中国公民身份号码的，填写税务机关赋予的纳税人识别号。

   个人通过自行申报进行公益慈善事业捐赠扣除的，填写上述两项。扣缴义务人填报时，无须填写。
3. 扣缴义务人名称及扣缴义务人纳税人识别号：填写扣缴公益慈善事业捐赠人的法定名称全称，以及其纳税人识别号或者统一社会信用代码。

   扣缴义务人在扣缴申报时为个人办理公益慈善事业捐赠扣除的，填写本项。纳税人自行申报无须填报本项。

(二) 表内各列

1. 第2列"纳税人姓名"和第3列"纳税人识别号"：扣缴单位为纳税人办理捐赠扣除时，填写本栏。个人自行申报的，无须填写本项。
2. 第4列"受赠单位名称"：填写受赠单位的法定名称全称。
3. 第5列"受赠单位纳税人识别号（统一社会信用代码）"：填写受赠单位的纳税人识别号或者统一社会信用代码。
4. 第6列"捐赠凭证号"：填写捐赠票据的凭证号。
5. 第7列"捐赠日期"：填写个人发生的公益慈善事业捐赠的具体日期。
6. 第8列"捐赠金额"：填写个人发生的公益慈善事业捐赠的具体金额。
7. 第9列"扣除比例"：填写公益慈善事业捐赠支出税前扣除比例。如：30%或者100%。
8. 第10列"扣除所得项目"：填写扣除公益慈善事业捐赠公益所得项目。
9. 第11列"税款所属期"：填写扣除所得项目"扣除所得项目"对应的税款所属期。
10. 第12列"扣除金额"：填写个人取得"扣除所得项目"对应收入办理扣缴申报或者自行申报时，实际扣除的公益慈善事业捐赠支出金额。
11. 第13列"备注"：填写个人认为需要特别说明的或者税务机关要求说明的事项。

第七章
减免税优惠

> 取于民有度，用之有止，国虽小必安；取于民无度，用之不止，国虽大必危。
> ——〔中〕《管子·权修》

第一节 法定免征

个人所得税既是一种分配手段，也是体现国家政策的重要工具。为了体现税收的奖励和照顾政策，我国现行个人所得税法对纳税人因特定行为取得的所得和特定纳税人取得的所得，分别规定了一系列的免税和减税政策。

2018年个人所得税制改革，对《个人所得税法》第4条的各项免税优惠条款调整较少，主要是根据经济社会发展实际，对部分免税所得的名称进行了修改，如将"退休工资"改为"基本养老金或者退休费"，将"离休工资"改为"离休费"；根据军人退出现役的改革情况，增加军人退役金，但总体优惠内容不变。原因主要有：一是2018年改革的总体思路和重点是"转模式、建机制、降税负"，即建立综合与分类相结合的个人所得税制模式，对居民个人综合所得按年征税，降低纳税人税负，税收优惠不是此次改革的重点；二是通过提高基本费用扣除标准，增加子女教育、继续教育、大病医疗、住房贷款利息或住房租金、赡养老人等六项专项附加扣除，调整和优化税率结构，客观上实现了降低税负的普惠性目标。

根据2018年《个人所得税法》第4条的规定，下列各项个人所得，免征个人所得税：①省级人民政府、国务院部委和中国人民解放军军以上单位，以及外国组织、国际组织颁发的科学、教育、技术、文化、卫生、体育、环境保护等方面的奖金；②国债和国家发行的金融债券利息；③按照国家统一规定发给的补贴、津贴；④福利费、抚恤金、救济金；⑤保险赔款；⑥军人的转业费、复员费、退役金；⑦按照国家统一规定发给干部、职工的安家费、退职费、基本养老金或者退休费、离休费、离休生活补助费；⑧依照有关法律规定应予免税的各国驻华使馆、领事馆的外交代表、领事官员和其他人员的所得；⑨中国政府参加的国际公约、签订的协议中规定免税的所得；⑩国务院规定的其他免税所得。

一、省部军级和外国组织、国际组织特定奖金优惠

（一）省部军级和外国组织、国际组织特定奖金免征

根据2018年《个人所得税法》第4条第1款第1项的规定，省级人民政府、国务院部委

和中国人民解放军军以上单位,以及外国组织、国际组织颁发的科学、教育、技术、文化、卫生、体育、环境保护等方面的奖金,免征个人所得税。

省级人民政府、国务院部委和中国人民解放军军以上单位,包括省级以上人民政府以及国务院组成部门、国务院直属特设机构、国务院直属机构、国务院办事机构、国务院直属事业单位和中国人民解放军军以上单位;所称颁发的奖金,是指省级人民政府、国务院部委和中国人民解放军军以上单位制定奖励办法,并确定获奖人员,由财政资金或者公益性社会团体负担的奖金。

(二)省部级特定奖金免税的具体项目

1. 曾宪梓教育基金会教师奖

《国家税务总局关于曾宪梓教育基金会教师奖免征个人所得税的函》(国税函发〔1994〕376号)明确,曾宪梓教育基金会致力于发展中国的教育事业,评选教师奖具有严格的程序,奖金由国家教委颁发,根据《个人所得税法》第4条的规定,对个人获得曾宪梓教育基金会教师奖的奖金,可视为国务院部委颁发的教育方面的奖金,免予征收个人所得税。

2. 国际青少年消除贫困奖

"国际青少年消除贫困奖"是由联合国开发计划署和中国青少年发展基金会共同设立,旨在表彰奖励在与贫困做斗争中取得突出成绩的青少年,根据《个人所得税法》第4条第1款的规定,《财政部 国家税务总局关于国际青少年消除贫困奖免征个人所得税的通知》(财税字〔1997〕51号)特对个人取得的"国际青少年消除贫困奖",视同从国际组织取得的教育、文化方面的奖金,免予征收个人所得税。

(三)从省级以下政府部门取得的一次性奖励应纳税

根据《国家税务总局关于个人取得的奖金收入征收个人所得税问题的批复》(国税函〔1998〕293号)的规定,个人因在各行各业做出突出贡献而从省级以下人民政府及其所属部门取得的一次性奖励收入,无论其奖金来源于何处,均不属于税法所规定的免税范畴,应按"偶然所得"项目征收个人所得税。

二、国债和国家发行的金融债券利息优惠

(一)国债和国家发行的金融债券利息免征优惠

根据2018年《个人所得税法》第4条第1款第2项的规定,国债和国家发行的金融债券利息,免征个人所得税。

根据2018年《个人所得税法实施条例》第9条的规定,国债利息是指个人持有中华人民共和国财政部发行的债券而取得的利息;国家发行的金融债券利息,是指个人持有经国务院批准发行的金融债券而取得的利息。

(二)地方政府债券利息优惠

根据《财政部 国家税务总局关于地方政府债券利息免征所得税问题的通知》(财税〔2013〕5号)的规定,对企业和个人取得的2012年及以后年度发行的地方政府债券利息收入,免征企业所得税和个人所得税。

地方政府债券是指经国务院批准同意,以省、自治区、直辖市和计划单列市政府为发行和偿还主体的债券。

三、按照国家统一规定发给的补贴、津贴优惠

根据2018年新《个人所得税法》第4条第1款第3项的规定,按照国家统一规定发给的补贴、津贴,免征个人所得税。

(一) 免税的津补贴的范围

在目前个人的工资收入构成中,各种各样的补贴、津贴占有相当大的比重,这些补贴、津贴有些是按国务院的规定发放的,有些是按人社部门的规定发放的,有些则是各地政府根据中央和国务院有关文件精神结合本地情况而安排发放的。

根据2018年《个人所得税法实施条例》第10条的规定,可以免征个人所得税的按照国家统一规定发给的补贴、津贴,是指按照国务院规定发给的政府特殊津贴、院士津贴,以及国务院规定免予缴纳个人所得税的其他补贴、津贴。

在2018年12月31日以前,根据2011年《个人所得税法实施条例》第13条的规定,按照国家统一规定发给的补贴、津贴,是指按照国务院规定发给的政府特殊津贴、院士津贴、资深院士津贴,以及国务院规定免纳个人所得税的其他补贴、津贴。

因此,目前除政府特殊津贴、院士津贴和国务院规定免纳个人所得税的其他补贴、津贴外,纳税人取得的其他各项补贴、津贴均应缴纳个人所得税。

(二) 西藏艰苦边远地区津贴等津补贴

根据《财政部 国家税务总局关于西藏自治区贯彻施行〈中华人民共和国个人所得税法〉有关问题的批复》(财税字〔1994〕021号)的规定,为了照顾西藏的实际情况,保持国家对西藏的特别优惠政策,对个人从西藏自治区内取得的艰苦边远地区津贴以及经国家批准或者同意,由自治区人民政府或者有关部门发给在藏长期工作的人员和大中专毕业生的浮动工资,增发的工龄工资,离退休人员的安家费和建房补贴费,免征个人所得税。

(三) 远洋运输船员伙食费

根据《国家税务总局关于远洋运输船员工资、薪金所得个人所得税费用扣除问题的通知》(国税发〔1999〕202号)的规定,对远洋运输船员取得的工资、薪金所得采取按年计算、分月预缴的方式计征个人所得税。由于船员的伙食费统一用于集体用餐,不发给个人,故特案允许该项补贴不计入船员个人的应纳税工资、薪金收入。

(四) 不属于工资、薪金性质的津补贴

根据《征收个人所得税若干问题的规定》(国税发〔1994〕89号)的规定,对按照国务院规定发给的政府特殊津贴和国务院规定免纳个人所得税的补贴、津贴,免予征收个人所得税。其他各种补贴、津贴均应计入工资、薪金所得项目征税。下列不属于工资、薪金性质的补贴、津贴或者不属于纳税人本人工资、薪金所得项目的收入,不征税:①独生子女补贴;②执行公务员工资制度未纳入基本工资总额的补贴、津贴差额和家属成员的副食品补贴;③托儿补助费;④差旅费津贴,误餐补助。

这里不征税的误餐补助,根据《财政部 国家税务总局关于误餐补助范围确定问题的通知》(财税字〔1995〕82号)的规定,是指按财政部门规定,个人因公在城区、郊区工作,不能在工作单位或返回就餐,确实需要在外就餐的,根据实际误餐顿数,按规定的标准领取的误餐费。一些单位以误餐补助名义发给职工的补贴、津贴,应当并入当月工资、薪金所得计征个人所得税。

四、福利费、抚恤金、救济金优惠

(一)福利费、抚恤金、救济金免征优惠

根据2018年《个人所得税法》第4条第1款第4项的规定,福利费、抚恤金、救济金,免征个人所得税。

(二)免税范围的界定

根据2018年《个人所得税法实施条例》第11条的规定,可以免征个人所得税的福利费,是指根据国家有关规定,从企业、事业单位、国家机关、社会组织提留的福利费或者工会经费中支付给个人的生活补助费;救济金,是指各级人民政府民政部门支付给个人的生活困难补助费。

《国家税务总局关于生活补助费范围确定问题的通知》(国税发〔1998〕155号)对从福利费或者工会经费中支付给个人的生活补助费免税的范围进一步明确规定,生活补助费,是指由于某些特定事件或原因而给纳税人或其家庭的正常生活造成一定困难,其任职单位按国家规定从提留的福利费或者工会经费中向其支付的临时性生活困难补助。下列收入不属于免税的福利费范围,应当并入纳税人的工资、薪金收入计征个人所得税:

(1)从超出国家规定的比例或基数计提的福利费、工会经费中支付给个人的各种补贴补助。

(2)从福利费和工会经费中支付给单位职工的人人有份的补贴补助。

(3)单位为个人购买汽车、住房、电子计算机等不属于临时性生活困难补助性质的支出。

五、保险赔款免征优惠

保险赔款,是指投保人按照规定向保险公司支付保险费,但因各种灾害、事故而给自身造成损失,保险公司给予的相应数额的赔偿。

根据2018年《个人所得税法》第4条第1款第5项的规定,保险赔款,免征个人所得税。

六、军人的转业费、复员费、退役金免征优惠

根据2018年《个人所得税法》第4条第1款第6项的规定,军人的转业费、复员费、退役金,免征个人所得税。

根据《财政部 国家税务总局关于退役士兵退役金和经济补助免征个人所得税问题的通知》(财税〔2011〕109号)的规定,自2011年11月1日起,对退役士兵按照《退役士兵安置

条例》(国务院、中央军委令第 608 号)规定,取得的一次性退役金以及地方政府发放的一次性经济补助,免征个人所得税。

根据《退役士兵安置条例》第 19 条的规定,对自主就业的退役士兵,由部队发给一次性退役金,一次性退役金由中央财政专项安排;地方人民政府可以根据当地实际情况给予经济补助,经济补助标准及发放办法由省、自治区、直辖市人民政府规定。一次性退役金和一次性经济补助按照国家规定免征个人所得税。

七、安家费、退职费、退休费、离休费、离休生活补助费优惠

(一) 安家费、退职费、退休费、离休费、离休生活补助费免征

根据 2018 年《个人所得税法》第 4 条第 1 款第 7 项的规定,按照国家统一规定发给干部、职工的安家费、退职费、基本养老金或者退休费、离休费、离休生活补助费,免征个人所得税。

单位对离退休人员发放离退休工资以外的奖金补贴不免税。《国家税务总局关于离退休人员取得单位发放离退休工资以外奖金补贴征收个人所得税的批复》(国税函〔2008〕723 号)明确,离退休人员除按规定领取离退休工资或养老金外,另从原任职单位取得的各类补贴、奖金、实物,不属于《个人所得税法》第 4 条规定可以免税的退休工资、离休工资、离休生活补助费。离退休人员从原任职单位取得的各类补贴、奖金、实物,应在减除费用扣除标准后,按"工资、薪金所得"应税项目缴纳个人所得税。

(二) 高级专家延长离退休期间工资、薪金免征优惠

根据《财政部 国家税务总局关于个人所得税若干政策问题的通知》(财税字〔1994〕20 号)第 2 条第 7 项的规定,对按《国务院关于高级专家离休退休若干问题的暂行规定》(国发〔1983〕141 号)和《国务院办公厅关于杰出高级专家暂缓离退休审批问题的通知》(国办发〔1991〕40 号)精神,达到离休、退休年龄,但确因工作需要,适当延长离休退休年龄的高级专家(指享受国家发放的政府特殊津贴的专家、学者),其在延长离休退休期间的工资、薪金所得视同退休工资、离休工资,免征个人所得税。

根据《财政部 国家税务总局关于高级专家延长离休退休期间取得工资、薪金所得有关个人所得税问题的通知》(财税〔2008〕7 号)第 1 条的规定,延长离休退休年龄的高级专家是指:享受国家发放的政府特殊津贴的专家、学者;中国科学院、中国工程院院士。

根据《财政部 国家税务总局关于高级专家延长离休退休期间取得工资、薪金所得有关个人所得税问题的通知》(财税〔2008〕7 号)第 2 条的规定,高级专家延长离休退休期间取得的工资、薪金所得,其免征个人所得税政策口径按下列标准执行:

(1) 对高级专家从其劳动人事关系所在单位取得的,单位按国家有关规定向职工统一发放的工资、薪金、奖金、津贴、补贴等收入,视同离休、退休工资,免征个人所得税。

(2) 除上述第(1)项所述收入以外各种名目的津补贴收入等,以及高级专家从其劳动人事关系所在单位之外的其他地方取得的培训费、讲课费、顾问费、稿酬等各种收入,依法计征个人所得税。

高级专家从两处以上取得应税工资、薪金所得以及具有税法规定应当自行纳税申报的

其他情形的,应在税法规定的期限内自行向主管税务机关办理纳税申报。

八、使馆、领事馆的外交代表、领事官员和其他人员的所得优惠

根据2018年《个人所得税法》第4条第1款第8项的规定,依照有关法律规定应予免税的各国驻华使馆、领事馆的外交代表、领事官员和其他人员的所得,免征个人所得税。

根据2018年《个人所得税法实施条例》第12条的规定,依照有关法律规定应予免税的各国驻华使馆、领事馆的外交代表、领事官员和其他人员的所得,是指依照《外交特权与豁免条例》和《领事特权与豁免条例》规定免税的所得。

凡是这两个条例中明确规定免税的所得项目,都应严格遵照执行。

(一) 外交代表免纳捐税

根据《外交特权与豁免条例》第16条的规定,外交代表免纳捐税,但下列各项除外:

(1) 通常计入商品价格或者劳务价格内的捐税。

(2) 有关遗产的各种捐税,但外交代表亡故,其在中国境内的动产不在此限。

(3) 对来源于中国境内的私人收入所征的捐税。

(4) 为其提供特定服务所收的费用。

根据《外交特权与豁免条例》第20条的规定,与外交代表共同生活的配偶及未成年子女,如果不是中国公民,也享有该条例第16条规定的免纳捐税待遇。外交代表是指使馆馆长或者使馆外交人员。

(二) 领事官员或领馆行政技术人员免纳捐税

根据《领事特权与豁免条例》第17条的规定,领事官员或领馆行政技术人员免纳捐税,但下列各项除外:

(1) 通常计入商品价格或者服务价格内的捐税。

(2) 对在中国境内私有不动产所征的捐税,但用作领馆馆舍的不在此限。

(3) 有关遗产的各种捐税,但领事官员亡故,其在中国境内的动产的有关遗产的各种捐税免纳。

(4) 对来源于中国境内的私人收入所征的捐税。

(5) 为其提供特定服务所收的费用。

《领事特权与豁免条例》第21条规定,与领事官员、领馆行政技术人员、领馆业务人员共同生活的配偶及未成年子女,分别享有领事官员、领馆行政技术人员根据本条例第17条规定所享有的免税待遇。但身为中国公民或者在中国永久居留的外国人除外。领事官员是指总领事、副总领事、领事、副领事、领事随员或领事代理人。领馆行政技术人员是指从事领馆行政或技术工作的人员。

(三) 驻华机构雇员应按规定纳税

《国家税务总局关于国际组织驻华机构 外国政府驻华使领馆和驻华新闻机构雇员个人所得税征收方式的通知》(国税函〔2004〕808号)规定,根据《维也纳外交关系公约》和国际组织有关章程规定,对于在国际组织驻华机构、外国政府驻华使领馆中工作的中方雇员和

在外国驻华新闻机构的中外籍雇员,均应按照个人所得税法规定缴纳个人所得税。

根据国际惯例,在国际组织驻华机构、外国政府驻华使领馆中工作的非外交官身份的外籍雇员,如是"永久居留"者,亦应在驻在国缴纳个人所得税,但由于我国税法对"永久居留"者尚未作出明确的法律定义和解释,因此,对于仅在国际组织驻华机构和外国政府驻华使领馆中工作的外籍雇员,暂不征收个人所得税。在中国境内,若国际驻华机构和外国政府驻华使领馆中工作的外交人员、外籍雇员在该机构或使领馆之外,从事非公务活动所取得的收入,应缴纳个人所得税。

九、国际公约、协议中规定免税的所得优惠

根据2018年《个人所得税法》第4条第1款第9项的规定,中国政府参加的国际公约、签订的协议中规定免税的所得,免征个人所得税。

中国政府参加的国际公约、签订的协定中规定免税的所得,是指我国政府参加的国际公约、签订的国际税收协定中明确规定免征个人所得税的所得,此项免税主要涉及工资、薪金所得。公约和协定中没有明确规定的,应严格征税。

《财政部 国家税务总局关于〈建立亚洲开发银行协定〉有关个人所得税问题的补充通知》(财税〔2007〕93号)规定,《建立亚洲开发银行协定》第56条第2款规定:"对亚行付给董事、副董事、官员和雇员(包括为亚行执行任务的专家)的薪金和津贴不得征税。除非成员在递交批准书或接受书时,声明对亚行向其本国公民或国民支付的薪金和津贴该成员及其行政部门保留征税的权力。"鉴于我国在加入亚洲开发银行时,未作相关声明,因此,对由亚洲开发银行支付给我国公民或国民(包括为亚行执行任务的专家)的薪金和津贴,凡经亚洲开发银行确认这些人员为亚洲开发银行雇员或执行项目专家的,其取得的符合我国税法规定的有关薪金和津贴等报酬,应依《建立亚洲开发银行协定》的约定,免征个人所得税。

十、国务院规定的其他免税所得

根据2018年《个人所得税法》第4条第1款第10项的规定,国务院规定的其他免税所得,免征个人所得税。该项免税规定,由国务院报全国人民代表大会常务委员会备案。

第二节 法定减征

根据2018年《个人所得税法》第5条的规定,有下列情形之一的,可以减征个人所得税,具体幅度和期限,由省、自治区、直辖市人民政府规定,并报同级人民代表大会常务委员会备案:①残疾、孤老人员和烈属的所得;②因自然灾害遭受重大损失的。

国务院可以规定其他减税情形,报全国人民代表大会常务委员会备案。

一、残疾、孤老人员和烈属的所得减征

(一)残疾、孤老人员和烈属的所得减征优惠

根据2018年《个人所得税法》第5条第1款第1项的规定,残疾、孤老人员和烈属的所

得,可以减征个人所得税,具体幅度和期限,由省、自治区、直辖市人民政府规定,并报同级人民代表大会常务委员会备案。

(二)可减征个人所得税的所得项目

根据《国家税务总局关于明确残疾人所得征免个人所得税范围的批复》(国税函〔1998〕329号)的规定,可减征个人所得税的残疾、孤老人员和烈属的所得仅限于劳动所得,具体所得项目为:工资、薪金所得,个体工商户的生产、经营所得,对企事业单位的承包经营、承租经营所得(自2019年1月1日起为经营所得),劳务报酬所得,稿酬所得,特许权使用费所得。2011年《个人所得税法》第2条所列的其他各项所得,包括:利息、股息、红利所得,财产租赁所得,财产转让所得,偶然所得,以及经国务院财政部门确定征税的其他所得,不属于减征照顾的范围。

根据《国家税务总局关于〈关于个人独资企业和合伙企业投资者征收个人所得税的规定〉执行口径的通知》(国税函〔2001〕84号)的规定,残疾人员投资兴办或参与投资兴办个人独资企业和合伙企业的,残疾人员取得的生产经营所得,符合各省、自治区、直辖市人民政府规定的减征个人所得税条件的,可按各省、自治区、直辖市人民政府规定减征的范围和幅度,减征个人所得税。

(三)减征幅度与期限

1. 安徽省的减征幅度和期限

根据《安徽省人民政府办公厅关于残疾、孤老人员和烈属所得减征个人所得税有关政策的通知》(皖政办〔2019〕2号)的规定,自2019年1月1日起对安徽省残疾、孤老人员和烈属本人取得的综合所得(工资、薪金所得,劳务报酬所得,稿酬所得,特许权使用费所得)和经营所得,其应减免的个人所得税,在每人每年8 000元税额的范围内实行限额减免。纳税人取得的上述综合所得和经营所得,应合并计算其减免税额。

2. 黑龙江省的减征幅度和期限

根据《黑龙江省人民政府关于调整残疾、孤老人员和烈属个人所得税减征幅度和期限的通知》(黑政规〔2019〕1号)的规定,自2019年1月1日起,对残疾、孤老人员和烈属取得的综合所得和经营所得,一个纳税年度内减征个人所得税的幅度以6 000元为限;不足6 000元的,据实减征。

对残疾、孤老人员和烈属取得的上述所得,不设置个人所得税减征的执行期限。

3. 云南省的减征规定

自2019年1月1日起,根据《云南省财政厅 国家税务总局云南省税务局关于印发〈云南省残疾人等减征个人所得税政策〉的通知》(云财税〔2019〕31号)第1条的规定,残疾人员、孤老人员、烈属的所得,在每年应纳税额7 000元的限额内减征100%的个人所得税,超过限额部分不予减征。

可以享受减征优惠的所得包括工资、薪金所得,劳务报酬所得,稿酬所得,特许权使用费所得,经营所得;不包括利息、股息、红利所得,财产租赁所得,财产转让所得和偶然所得。

减征期限为该纳税人残疾、孤老等情况发生改变,不再有以上情形为止。

纳税人同时符合残疾人、孤老人员、烈属两种以上身份的,优惠政策不能累加执行。

有关享受减征个人所得税纳税人的认定标准,《云南省财政厅 国家税务总局云南省税务局关于印发〈云南省残疾人等减征个人所得税政策〉的通知》(云财税〔2019〕31号)第3条规定,残疾人是指在心理、生理、人体结构上,某种组织、功能丧失或者不正常,全部或者部分丧失以正常方式从事某种活动能力的人。包括视力残疾、听力残疾、言语残疾、肢体残疾、智力残疾、精神残疾、多重残疾和其他残疾的人员。

以上人员需持有民政、残联、退役军人事务等主管部门颁发的下列证件之一,即《残疾人证》《残疾军人证》《伤残人民警察证》《伤残公务员证》《因战因公伤残人员证》《伤残国家机关工作人员证》或《伤残民兵民工证》。

孤老人员是指男年满60周岁,女年满55周岁,没有配偶或丧偶的且无法定赡养和抚养义务人,或者其赡养人和抚养人确无赡养能力或抚养能力的个人。

烈属是指烈士的父母(抚养人)、配偶、子女。

以上人员需持有民政或退役军人事务部门颁发的《烈士证明书》。

4. 广西壮族自治区的减征规定

根据《广西壮族自治区人民政府关于减征个人所得税有关问题的通知》(桂政发〔2019〕21号)第1条的规定,残疾(不含重度残疾)人员、孤老人员和烈属所得,减征50%的个人所得税;重度残疾人员所得,减征100%的个人所得税。

可以减征个人所得税的"所得"包括工资、薪金所得,劳务报酬所得,稿酬所得,特许权使用费所得,经营所得;不包括利息、股息、红利所得,财产租赁所得,财产转让所得和偶然所得。

"残疾(不含重度残疾)人员"是指持有《残疾人证》(三至四级)或《残疾军人证》(五至十级)的自然人。"重度残疾人员"是指持有《残疾人证》(一至二级)或者《残疾军人证》(一至四级)的自然人。"孤老人员"是指年满60周岁且无法定赡养义务人或法定赡养义务人无赡养能力的个人。"烈属"是指烈士的父母(抚养人)、配偶、子女和兄弟姐妹。

纳税人同时符合残疾人员、孤老人员和烈属两种或两种以上身份的,只能选择一种身份享受减征政策,多重身份不叠加享受。

5. 四川省的减征规定

根据《四川省人民政府关于明确残疾、孤老人员和烈属所得减征个人所得税等有关政策的通知》(川府发〔2019〕26号)的规定,对残疾、孤老人员和烈属个人取得的综合所得和经营所得予以减征个人所得税。其中:残疾人限额减征年应纳个人所得税税额6 000元;孤老人员、烈属限额减征年应纳个人所得税税额10 000元。

对因自然灾害遭受重大损失的个人,其来源于受灾地区的所得在受灾后3年内(含受灾当年)可减征个人所得税。具体标准为:第一年减征年应纳个人所得税税额的90%,第二年减征年应纳个人所得税税额的70%,第三年减征年应纳个人所得税税额的50%。

发生重大自然灾害,国务院及相关部委另有规定的从其规定。

残疾、孤老人员和烈属的所得减征个人所得税优惠如表7-1所示。

表 7-1　　　　　残疾、孤老人员和烈属的所得减征个人所得税优惠

地区	减征幅度	减征依据	备注
安徽省	在每人每年 8 000 元税额的范围内实行限额减免	《安徽省人民政府办公厅关于残疾、孤老人员和烈属所得减征个人所得税有关政策的通知》（皖政办〔2019〕2 号）	纳税人取得的综合所得和经营所得，应合并计算其减免税额
黑龙江省	一个纳税年度内减征个人所得税的幅度以 6 000 元为限；不足 6 000 元的，据实减征	黑龙江省人民政府关于调整残疾、孤老人员和烈属个人所得税减征幅度和期限的通知（黑政规〔2019〕1 号）	
云南省	在每年应纳税额 7 000 元的限额内减征 100% 的个人所得税，超过限额部分不予减征	云南省财政厅 云南省税务局关于印发《云南省残疾人等减征个人所得税政策》的通知（云财税〔2019〕31 号）	同时符合残疾人、孤老人员、烈属两种以上身份的，优惠政策不能累加执行
广西壮族自治区	残疾（不含重度残疾）人员、孤老人员和烈属所得，减征 50% 的个人所得税；重度残疾人员所得，减征 100% 的个人所得税	《广西壮族自治区人民政府关于减征个人所得税有关问题的通知》（桂政发〔2019〕21 号）	
四川省	残疾人限额减征年应纳个人所得税税额 6 000 元；孤老人员、烈属限额减征年应纳个人所得税税额 10 000 元	《四川省人民政府关于明确残疾、孤老人员和烈属所得减征个人所得税等有关政策的通知》（川府发〔2019〕26 号）	

6. 江苏的减征幅度和期限

1) 减征范围

根据《江苏省政府办公厅关于我省残疾人等个人所得税减征规定的函》（苏政办函〔2015〕52 号）第 4 条的规定，自 2016 年 1 月 1 日起，减征范围限于劳动所得，具体所得项目为：工资、薪金所得，个体工商户的生产、经营所得，对企事业单位的承包、承租经营所得，劳务报酬所得，稿酬所得，特许权使用费所得。

根据《江苏省地方税务局关于残疾人等个人所得税减征管理有关规定的公告》（苏地税规〔2015〕7 号）第 3 条第 2 款的规定，可申请退还的个人所得税以纳税人或者其扣缴义务人在江苏省范围内自行申报或者扣缴申报缴纳的个人所得税为限。

2) 孤老和烈属的所得减征幅度

根据《江苏省政府办公厅关于我省残疾人等个人所得税减征规定的函》（苏政办函〔2015〕52 号）的规定，孤老和烈属的所得，其个人所得税减征幅度按表 7-2 所示比例计算。

表 7-2　　　　　　　　　　孤老和烈属的所得减征幅度

级数	全年应纳所得税额	减征比例(%)
1	不超过 5 000(含)元的	100
2	超过 5 000 元至 20 000(含)元的部分	50
3	超过 20 000 元的部分	0

3) 残疾人的所得的减征幅度

残疾人的所得,其个人所得税减征幅度根据残疾程度分别确定。残疾程度为中度以上,即残疾等级为一、二、三级(视力、听力、言语、肢体、智力、精神、多重)的残疾人,一级至六级(含六级)的转业、复员、退伍的革命伤残军人,其个人所得税减征幅度与孤老、烈属相同;残疾程度为轻度,即残疾等级为四级(视力、听力、言语、肢体、智力、精神、多重)的残疾人,七级至八级的转业、复员、退伍革命伤残军人,其个人所得税减征幅度按孤老、烈属的50%计算。

4) 减征期限

残疾、孤老人员和烈属的所得,每年均可减征。

5) 减征对象

享受税收优惠的残疾人是持有第二代《残疾人证》并注明属于视力残疾、听力残疾、言语残疾、肢体残疾、智力残疾、精神残疾和多重残疾的人员,以及持有《残疾军人证(1 至 8 级)》的人员;孤老是指男年满 60 周岁、女年满 55 周岁,无法定扶养义务人的个人;烈属是指烈士的父母、配偶及子女。

6) 减征原则

根据《江苏省地方税务局关于残疾人等个人所得税减征管理有关规定的公告》(苏地税规〔2015〕7 号)的规定,残疾人等个人所得税减征实行"先征后退"原则。即纳税人或者扣缴义务人必须按照税法的规定申报缴纳个人所得税,年度终了后再按该办法规定办理退税。

7) 减征申请

符合规定享受减征个人所得税优惠的纳税人,应在《江苏省地方税务局关于残疾人等个人所得税减征管理有关规定的公告》(苏地税规〔2015〕7 号)第 7 条规定(即符合规定享受减征个人所得税优惠的纳税人,应于纳税年度终了后及时办理上一年度的减免税申请;申请时间超过 3 年的,按照《税收征收管理法》规定处理)的时间内向主管税务机关提出书面申请,同时按规定提交减免税申请表及相关资料。

残疾、孤老以及烈属类减免纳税人在首次办理减免税时,需提供下列资料:

(1)《纳税人减免税备案登记表》。

(2) 申请人的有效个人身份证件(复印件)。

(3) 残疾证明(残疾人减免税)。

(4) 男年满 60 周岁、女年满 55 周岁,无法定抚养义务人的个人的证明(孤老减免税)。

(5) 烈属资格证明(烈属减免税)。

(6) 申请减免年度个人完税证明。

残疾证明是指第二代《残疾人证》或《残疾军人证(1至8级)》,残疾证应在有效期内。

孤老证明由乡镇以上的民政部门或当地政府开具。

烈属资格证明是指中华人民共和国民政部出具的《烈士证明书》(2013年8月1日以前未换新证的烈属持有《革命烈士证明书》);能证明烈属身份的户口簿、结婚证等有效证件原件(现场审核后交还)及复印件,如无有效证件证明,可提供由当地乡镇以上公安机关或政府民政部门出具的身份证明原件。

以后年度办理减免税时,除残疾程度发生变化需按上述要求提供新的材料外,不需要再办理减免税申请,可凭以前年度减免税批复直接填写《纳税人减免税申请表》申请办理退税。

根据《江苏省地方税务局关于残疾人等个人所得税减征管理有关规定的公告》(苏地税规〔2015〕7号)第8条的规定,个人所得税减征由主管税务机关一次性核实确认。纳税人应在主要收入来源地主管税务机关申请办理个人所得税减征。

(四) 汇算清缴地与预扣预缴地标准不一致的处理

《财政部 税务总局关于个人所得税综合所得汇算清缴涉及有关政策问题的公告》(财政部 税务总局公告2019年第94号)第2条的规定,残疾、孤老人员和烈属取得综合所得办理汇算清缴时,汇算清缴地与预扣预缴地规定不一致的,用预扣预缴地规定计算的减免税额与用汇算清缴地规定计算的减免税额相比较,按照孰高值确定减免税额。

二、因自然灾害遭受重大损失的减征

(一) 因自然灾害遭受重大损失的减征优惠

根据2018年《个人所得税法》第5条第1款第2项的规定,因自然灾害遭受重大损失的,可以减征个人所得税,具体幅度和期限,由省、自治区、直辖市人民政府规定,并报同级人民代表大会常务委员会备案。

(二) 减征幅度与期限

1. 云南省的减征规定

自2019年1月1日起,根据《云南省财政厅 国家税务总局云南省税务局关于印发〈云南省残疾人等减征个人所得税政策〉的通知》(云财税〔2019〕31号)第2条的规定,因自然灾害遭受重大损失的,在遭受自然灾害当年和次年,对其个人所得税予以减征。具体减征幅度由县级税务机关根据纳税人扣除保险赔款后的实际损失情况确定,最高不超过其年应纳个人所得税额的90%。

自然灾害造成重大损失是指因风、火、水、地震等自然灾害造成的重大损失。遭受损失的个人应当向主管税务机关提供遭受损失的原因、损失程度等材料(包括职能部门、保险公司等出具的相关材料)。

2. 广西壮族自治区的减征规定

自2019年1月1日起,根据《广西壮族自治区人民政府关于减征个人所得税有关问题的通知》(桂政发〔2019〕21号)第2条的规定,纳税人因自然灾害遭受重大损失的,以扣除保险赔款后的实际损失额为限,给予扣减当年应纳税所得额。

这里的"自然灾害"的种类包括干旱、洪涝灾害,台风、风雹、低温冷冻、雪等气象灾害,火山、地震灾害,山体崩塌、滑坡、泥石流等地质灾害,风暴潮、海啸等海洋灾害,森林草原火灾和生物灾害等。

3. 四川省的减征规定

根据《四川省人民政府关于明确残疾、孤老人员和烈属所得减征个人所得税等有关政策的通知》(川府发〔2019〕26号)第2条的规定,对因自然灾害遭受重大损失的个人,其来源于受灾地区的所得在受灾后3年内(含受灾当年)可减征个人所得税。具体标准为:第一年减征年应纳个人所得税税额的90%,第二年减征年应纳个人所得税税额的70%,第三年减征年应纳个人所得税税额的50%。

发生重大自然灾害,国务院及相关部委另有规定的从其规定。

三、国务院规定的其他减税情形

根据2018年《个人所得税法》第5条第2款的规定,国务院可以规定其他减税情形,报全国人民代表大会常务委员会备案。

第三节 投资抵扣优惠

一、天使投资个人投资抵扣所得额优惠

(一)天使投资个人投资抵扣所得额

自2018年7月1日起,根据《财政部 税务总局关于创业投资企业和天使投资个人有关税收政策的通知》(财税〔2018〕55号)的规定,执行日期前2年内发生的投资,在执行日期后投资满2年,且符合该通知规定的其他条件的,可以适用该通知规定的税收政策第1条第3项的规定,天使投资个人采取股权投资方式直接投资于种子期、初创期科技型企业(以下简称初创科技型企业)满2年的,可以按照投资额的70%抵扣转让该初创科技型企业股权取得的应纳税所得额;当期不足抵扣的,可以在以后取得转让该初创科技型企业股权的应纳税所得额时结转抵扣。

天使投资个人投资多个初创科技型企业的,对其中办理注销清算的初创科技型企业,天使投资个人对其投资额的70%尚未抵扣完的,可自注销清算之日起36个月内抵扣天使投资个人转让其他初创科技型企业股权取得的应纳税所得额。

自2017年7月1日起至2018年6月30日,根据《财政部 国家税务总局关于创业投资企业和天使投资个人有关税收试点政策的通知》(财税〔2017〕38号)第1条中的规定,天使投资个人采取股权投资方式直接投资于初创科技型企业满2年的,可以按照投资额的70%抵扣转让该初创科技型企业股权取得的应纳税所得额;当期不足抵扣的,可以在以后取得

转让该初创科技型企业股权的应纳税所得额时结转抵扣。天使投资个人在试点地区投资多个初创科技型企业的,对其中办理注销清算的初创科技型企业,天使投资个人对其投资额的70%尚未抵扣完的,可自注销清算之日起36个月内抵扣天使投资个人转让其他初创科技型企业股权取得的应纳税所得额。试点地区包括京津冀、上海、广东、安徽、四川、武汉、西安、沈阳8个全面创新改革试验区域和苏州工业园区。

1. 投资与投资额的界定

享受天使投资个人投资抵扣优惠税收政策的投资,仅限于通过向被投资初创科技型企业直接支付现金方式取得的股权投资,不包括受让其他股东的存量股权。

投资额,按照天使投资个人对初创科技型企业的实缴投资额确定。

2. 投资满2年的界定

投资满2年,是指天使投资个人投资于初创科技型企业的实缴投资满2年,投资时间从初创科技型企业接受投资并完成工商变更登记的日期算起。

(二)初创科技型企业应符合的条件

根据《财政部 税务总局关于创业投资企业和天使投资个人有关税收政策的通知》(财税〔2018〕55号)第2条第1项的规定,初创科技型企业,应同时符合以下条件:

(1)在中国境内(不包括港、澳、台地区)注册成立、实行查账征收的居民企业。

(2)在2018年12月31日之前,接受投资时从业人数不超过200人,其中具有大学本科以上学历的从业人数不低于30%;资产总额和年销售收入均不超过3 000万元。

自2019年1月1日起,根据《财政部 税务总局关于实施小微企业普惠性税收减免政策的通知》(财税〔2019〕13号)第5条的规定,财税〔2018〕55号文件第2条第1项关于初创科技型企业条件中的"从业人数不超过200人"调整为"从业人数不超过300人","资产总额和年销售收入均不超过3 000万元"调整为"资产总额和年销售收入均不超过5 000万元"。2019年1月1日至2021年12月31日期间发生的投资,投资满2年且符合财税〔2019〕13号文件规定和财税〔2018〕55号文件规定的其他条件的,可以适用财税〔2018〕55号文件规定的投资抵扣税收优惠政策。2019年1月1日前2年内发生的投资,自2019年1月1日起投资满2年且符合财税〔2019〕13号文件规定和财税〔2018〕55号文件规定的其他条件的,可以适用财税〔2018〕55号文件规定的投资抵扣税收优惠政策。这就与调整后的企业所得税小型微利企业相关标准保持一致,从而进一步扩大了创投企业和天使投资个人享受投资抵扣优惠的投资对象范围。

根据财税〔2018〕55号文件第3条的规定,从业人数,包括与企业建立劳动关系的职工人员及企业接受的劳务派遣人员。从业人数和资产总额指标,按照企业接受投资前连续12个月的平均数计算,不足12个月的,按实际月数平均计算。销售收入,包括主营业务收入与其他业务收入;年销售收入指标,按照企业接受投资前连续12个月的累计数计算,不足12个月的,按实际月数累计计算。根据《国家税务总局关于创业投资企业和天使投资个人税收政策有关问题的公告》(国家税务总局公告2018年第43号)第1条第4项的规定,从业人数及资产总额指标,按照初创科技型企业接受投资前连续12个月的平均数计算,不足12个

月的,按实际月数平均计算。具体计算公式如下:

> 月平均数=(月初数+月末数)÷2
> 接受投资前连续12个月平均数=接受投资前连续12个月平均数之和÷12

(3) 接受投资时设立时间不超过5年(60个月)。

(4) 接受投资时以及接受投资后2年内未在境内外证券交易所上市。

(5) 接受投资当年及下一纳税年度,研发费用总额占成本费用支出的比例不低于20%。

根据《国家税务总局关于创业投资企业和天使投资个人税收政策有关问题的公告》(国家税务总局公告2018年第43号)第1条第2项的规定,研发费用总额占成本费用支出的比例,是指企业接受投资当年及下一纳税年度的研发费用总额合计占同期成本费用总额合计的比例。研发费用口径,按照《财政部 国家税务总局 科技部关于完善研究开发费用税前加计扣除政策的通知》(财税〔2015〕119号)等规定执行。成本费用,包括主营业务成本、其他业务成本、销售费用、管理费用、财务费用。

(三) 天使投资个人应符合的条件

享受规定的投资抵扣税收政策的天使投资个人,应同时符合以下条件:

(1) 不属于被投资初创科技型企业的发起人、雇员或其亲属(包括配偶、父母、子女、祖父母、外祖父母、孙子女、外孙子女、兄弟姐妹,下同),且与被投资初创科技型企业不存在劳务派遣等关系。

(2) 投资后2年内,本人及其亲属持有被投资初创科技型企业股权比例合计应低于50%。

(四) 接受投资满2年后上市的处理

根据《财政部 税务总局关于创业投资企业和天使投资个人有关税收政策的通知》(财税〔2018〕55号)第3条第5项的规定,初创科技型企业接受天使投资个人投资满2年,在上海证券交易所、深圳证券交易所上市的,天使投资个人转让该企业股票时,按照现行限售股有关规定执行,其尚未抵扣的投资额,在税款清算时一并计算抵扣。

也就是说,天使投资个人投资初创科技型企业满足投资抵扣税收优惠条件后,初创科技型企业在上海证券交易所、深圳证券交易所上市的,天使投资个人在转让初创科技型企业股票时,有尚未抵扣完毕的投资额的,应向证券机构所在地主管税务机关办理限售股转让税款清算,抵扣尚未抵扣完毕的投资额。清算时,应提供投资初创科技型企业后税务机关受理的《天使投资个人所得税投资抵扣备案表》和《天使投资个人所得税投资抵扣情况表》。

1. 天使投资个人所得税投资抵扣备案表

《天使投资个人所得税投资抵扣备案表》(见表7-3)适用于天使投资个人投资境内"初创科技型企业",就符合投资抵扣税收优惠条件的投资,向主管税务机关办理投资情况备案。

初创科技型企业、天使投资个人应共同于满足投资抵扣税收优惠条件次月15日内,向其主管税务机关报送本表。

表 7-3　　　　　　　天使投资个人所得税投资抵扣备案表

备案编号(主管税务机关填写)：　　　　　　　　　　　　　单位：％,人民币元(列至角分)

天使投资个人基本情况						
姓名		身份证件类型		身份证件号码		
国籍(地区)		联系电话		联系地址		
初创科技型企业基本情况						
企业名称		纳税人识别号(统一社会信用代码)				
设立时间		注册地址				
初创科技型企业及天使投资个人投资情况						
投资日期	从业人数	本科以上学历人数占比	资产总额	年销售收入	研发费用总额占成本费用支出的比例	投资2年内与其亲属合计持股比例是否超过50%	投资额

谨声明：本人(单位)知悉并保证本表填报内容及所附证明材料真实、完整,并承担因资料虚假而产生的法律责任。

　　　　　天使投资个人签章：
　　　　　初创科技型企业负责人签章：
　　　　　　　　　　　　　　　　　　　　　　　　　　　　　　　　　年　　月　　日

代理机构印章：	主管税务机关印章：
联系人： 填报日期：	受理人： 受理日期：
初创科技型企业注销清算情况(税务机关填写)	
注销清算时间	清算前已抵扣投资额
主管税务机关印章： 受理人： 受理日期：	

注：本表是天使投资个人日后转让初创科技型企业股权办理投资抵扣的重要凭据,请妥善保管。

　　　　　　　　　　　　　　　　　　　　　　　　　　　　　　　　　国家税务总局监制

表内各栏填报说明

（一）天使投资个人基本情况

1. 姓名：填写天使投资个人姓名。中国境内无住所个人，其姓名应当用中、外文同时填写。

2. 身份证件类型：填写能识别天使投资个人唯一身份的身份证、军官证、士兵证、护照、港澳居民来往内地通行证、台湾居民来往大陆通行证等有效证照名称。

3. 身份证件号码：填写能识别天使投资个人唯一身份的有效证照号码。

4. 国籍（地区）：填写天使投资个人的国籍或者地区。

5. 联系电话、联系地址：填写天使投资个人的有效联系方式。

（二）初创科技型企业基本情况

1. 企业名称：填写初创科技型企业名称全称。

2. 纳税人识别号（统一社会信用代码）：填写初创科技型企业的纳税人识别号或统一社会信用代码。

3. 设立时间：填写初创科技型企业设立登记的具体日期。

4. 注册地址：填写初创科技型企业注册登记的具体地址。

（三）初创科技型企业及天使投资个人投资情况

1. 投资日期：填写初创科技型企业接受天使投资个人投资并完成工商变更登记的日期。

2. 从业人数：填写与初创科技型企业建立劳动关系的职工及企业接受的劳务派遣人员人数。具体按照初创科技型企业接受投资前连续12个月的平均数填写，不足12个月的按实际月数平均计算填写。

3. 本科以上学历人数占比：填写初创科技型企业接受投资时本科以上学历人数占企业从业人数的比例。

4. 资产总额：填写初创科技型企业的资产总额。具体按照初创科技型企业接受投资前连续12个月的平均数填写，不足12个月的按实际月数平均计算填写。

5. 年销售收入：填写初创科技型企业的年销售收入。具体按照初创科技型企业接受投资前连续12个月的累计数填写，不足12个月的按实际月数累计计算填写。

6. 研发费用总额占成本费用支出的比例：填写企业接受投资当年及下一年两个纳税年度的研发费用总额合计占同期成本费用总额合计的比例。

7. 投资2年内与其亲属合计持股比例是否超过50%：填写"是"或"否"。

8. 投资额：填写天使投资个人以现金形式对初创科技型企业的实缴出资额。

（四）初创科技型企业注销清算情况

本栏由主管税务机关在初创科技型企业注销后纳税人有尚未抵扣完毕的投资额需要结转抵扣时填写。

本表一式两份。主管税务机关受理后，由天使投资个人和主管税务机关分别留存。

2. 天使投资个人所得税投资抵扣情况表

《天使投资个人所得税投资抵扣情况表》（见表7-4）适用于天使投资个人投资境内"初创科技型企业"，享受投资抵扣税收优惠时，向主管税务机关报告有关情况并办理投资抵扣手续。

天使投资个人应于股权转让次月15日内或在限售股转让清算时，向主管税务机关报送本表。

表7-4　　　　　　　天使投资个人所得税投资抵扣情况表

单位：人民币元(列至角分)

天使投资个人基本情况					
姓名		身份证件类型		身份证件号码	
国籍(地区)		联系电话		联系地址	
投资抵扣备案编号		投资额		可抵扣投资额	
初创科技型企业基本情况					
企业名称		纳税人识别号（统一社会信用代码）			
投资抵扣情况								
股权转让时间	股权转让应纳税所得额	从已清算企业结转待抵扣投资额	本企业可抵扣投资额	可抵扣投资额合计	累计已抵扣投资额	本期抵扣投资额	结转抵扣投资额

谨声明：本人知悉并保证本表填报内容及所附证明材料真实、完整，并承担因资料虚假而产生的法律责任。

　　　　　　　　　　　　　　　　天使投资个人签章：　　　　　　　年　　月　　日

代理机构印章： 联系人： 填报日期：	主管税务机关印章： 受理人： 受理日期：

国家税务总局监制

表内各栏填报说明

(一)天使投资个人基本情况

1. 姓名：填写天使投资个人姓名。中国境内无住所个人，其姓名应当用中、外文同时填写。

2. 身份证件类型：填写能识别天使投资个人唯一身份的身份证、军官证、士兵证、护照、港澳居民来往内地通行证、台湾居民来往大陆通行证等有效证照名称。

3. 身份证件号码：填写能识别天使投资个人唯一身份的有效证照号码。

4. 国籍(地区)：填写天使投资个人的国籍或者地区。

5. 联系电话、联系地址：填写天使投资个人的有效联系方式。

6. 投资抵扣备案编号：填写天使投资个人办理投资情况备案时，税务机关受理《天使投资个人所得税投资抵扣备案表》时赋予的备案编号。

7. 投资额：填写天使投资个人在转让初创科技型企业股权时，符合投资抵扣税收优惠条件的投资额合计。

8. 可抵扣投资额：可抵扣投资额＝投资额×70％。

(二) 初创科技型企业基本情况

1. 企业名称：填写初创科技型企业名称全称。

2. 纳税人识别号(统一社会信用代码)：填写初创科技型企业的纳税人识别号或统一社会信用代码。

(三) 投资抵扣情况

1. 股权转让时间：填写天使投资个人转让初创科技型企业股权的具体时间。

2. 股权转让应纳税所得额：填写天使投资个人转让初创科技型企业股权取得的应纳税所得额。

3. 从已清算企业结转待抵扣投资额：填写天使投资个人投资的其他初创科技型企业注销清算时尚未抵扣完毕的可抵扣投资额。

4. 本企业可抵扣投资额：本企业可抵扣投资额＝可抵扣投资额("天使投资个人基本情况"栏)。

5. 可抵扣投资额合计：可抵扣投资额合计＝从已清算企业结转待抵扣投资额＋本企业可抵扣投资额。

6. 累计已抵扣投资额：填写天使投资个人前期转让初创科技型企业股权时已抵扣投资额合计。

7. 本期抵扣投资额：区别以下情况计算填写。

(1) 股权转让应纳税所得额＜可抵扣投资额合计－累计已抵扣投资额时，

本期抵扣投资额＝股权转让应纳税所得额；

(2) 股权转让应纳税所得额≥可抵扣投资额合计－累计已抵扣投资额时，

本期抵扣投资额＝可抵扣投资额合计－累计已抵扣投资额。

8. 结转抵扣投资额：结转抵扣投资额＝可抵扣投资额合计－累计已抵扣投资额－本期抵扣投资额。

本表一式两份。主管税务机关受理后，由天使投资个人和主管税务机关分别留存。

(五) 违规享受优惠的处理

对纳税人提供虚假资料，违规享受税收政策的，应按税收征管法相关规定处理，并将其列入失信纳税人名单，按规定实施联合惩戒措施。

二、合伙创投企业个人合伙人投资抵扣

(一) 创业投资企业及其备案管理

创业投资企业，是指在中国境内注册设立的主要从事创业投资的企业组织。创业投资，是指向创业企业进行股权投资，以期所投资创业企业发育成熟或相对成熟后主要通过股权转让获得资本增值收益的投资方式。创业企业，是指在中国境内注册设立的处于创建或重建过程中的成长性企业，但不含已经在公开市场上市的企业。

国家对创业投资企业实行备案管理。凡遵照《创业投资企业管理暂行办法》规定完成

备案程序的创业投资企业,应当接受创业投资企业管理部门的监管,投资运作符合有关规定的可享受政策扶持。未遵照该办法规定完成备案程序的创业投资企业,不受创业投资企业管理部门的监管,不享受政策扶持。

创业投资企业向管理部门备案应当具备下列条件:

第一,已在工商行政管理部门(市场监督管理部门)办理注册登记。

第二,经营范围符合如下规定。

根据《创业投资企业管理暂行办法》第12条的规定,创业投资企业的经营范围限于:

(1)创业投资业务。

(2)代理其他创业投资企业等机构或个人的创业投资业务。

(3)创业投资咨询业务。

(4)为创业企业提供创业管理服务业务。

(5)参与设立创业投资企业与创业投资管理顾问机构。

创业投资企业不得从事担保业务和房地产业务,但是购买自用房地产除外。

第三,实收资本不低于3 000万元人民币,或者首期实收资本不低于1 000万元人民币且全体投资者承诺在注册后的5年内补足不低于3 000万元人民币实收资本。

第四,投资者不得超过200人。其中,以有限责任公司形式设立创业投资企业的,投资者人数不得超过50人。单个投资者对创业投资企业的投资不得低于100万元人民币。所有投资者应当以货币形式出资。

第五,有至少3名具备2年以上创业投资或相关业务经验的高级管理人员承担投资管理责任。委托其他创业投资企业、创业投资管理顾问企业作为管理顾问机构负责其投资管理业务的,管理顾问机构必须有至少3名具备2年以上创业投资或相关业务经验的高级管理人员对其承担投资管理责任。"高级管理人员",系指担任副经理及以上职务或相当职务的管理人员。

创业投资企业可以以全额资产对外投资。其中,对企业的投资,仅限于未上市企业。但是所投资的未上市企业上市后,创业投资企业所持股份的未转让部分及其配售部分不在此限。其他资金只能存放银行、购买国债或其他固定收益类的证券。

(二)个人合伙人投资抵扣所得额优惠

根据《财政部 税务总局关于创业投资企业和天使投资个人有关税收政策的通知》(财税〔2018〕55号)第1条第2项的规定,有限合伙制创业投资企业(以下简称合伙创投企业)采取股权投资方式直接投资于"初创科技型企业"满2年的,该合伙创投企业的个人合伙人可以按照对初创科技型企业投资额的70%抵扣个人合伙人从合伙创投企业分得的经营所得;当年不足抵扣的,可以在以后纳税年度结转抵扣。

1. 投资满2年的界定

根据《国家税务总局关于创业投资企业和天使投资个人税收政策有关问题的公告》(国家税务总局公告2018年第43号)第1条的规定,这里所称满2年是指合伙创投企业投资于初创科技型企业的实缴投资满2年,投资时间从初创科技型企业接受投资并完成工商变更登记的日期算起。

2. 投资与投资额的确定

享受规定的合伙创投企业个人合伙人投资抵扣税收政策的投资,仅限于通过向被投资初创科技型企业直接支付现金方式取得的股权投资,不包括受让其他股东的存量股权。

投资额,按照创业投资企业对初创科技型企业的实缴投资额确定。合伙创投企业的合伙人对初创科技型企业的投资额,按照合伙创投企业对初创科技型企业的实缴投资额和合伙协议约定的合伙人占合伙创投企业的出资比例计算确定。合伙人从合伙创投企业分得的所得,按照《财政部 国家税务总局关于合伙企业合伙人所得税问题的通知》(财税〔2008〕159号)规定计算。根据《国家税务总局关于创业投资企业和天使投资个人税收政策有关问题的公告》(国家税务总局公告2018年第43号)第1条第3项的规定,这里所称出资比例,按投资满2年当年年末各合伙人对合伙创投企业的实缴出资额占所有合伙人全部实缴出资额的比例计算。

(三) 合伙创业投资企业应符合的条件

根据《财政部 税务总局关于创业投资企业和天使投资个人有关税收政策的通知》(财税〔2018〕55号)第2条第2项的规定,享受该通知规定投资抵扣优惠税收政策的创业投资企业,应同时符合以下条件:

(1) 在中国境内(不含港、澳、台地区)注册成立、实行查账征收的合伙创投企业,且不属于被投资初创科技型企业的发起人。

(2) 符合《创业投资企业管理暂行办法》(发展改革委等10部门令第39号)规定或者《私募投资基金监督管理暂行办法》(证监会令第105号)关于创业投资基金的特别规定,按照上述规定完成备案且规范运作。

(3) 投资后2年内,创业投资企业及其关联方持有被投资初创科技型企业的股权比例合计应低于50%。

(四) 备案管理与申报

合伙创投企业、被投资初创科技型企业应按规定办理优惠手续。

1. 备案与留存备查资料

合伙创投企业的个人合伙人符合享受优惠条件的,合伙创投企业应在投资初创科技型企业满2年的年度终了后3个月内,向合伙创投企业主管税务机关办理备案手续,备案时应报送《合伙创投企业个人所得税投资抵扣备案表》(见表7-5),同时将有关资料留存备查。合伙企业多次投资同一初创科技型企业的,应按年度分别备案。

备查资料包括发展改革或证监部门出具的符合创业投资企业条件的年度证明材料,初创科技型企业接受现金投资时的投资合同(协议)、章程、实际出资的相关证明材料,创业投资企业与其关联方持有初创科技型企业的股权比例的说明,被投资企业符合初创科技型企业条件的有关资料等。

表 7-5　　　　　合伙创投企业个人所得税投资抵扣备案表

（_____年度）

备案编号（主管税务机关填写）：　　　　　　　　　　　单位：％，人民币元（列至角分）

合伙创投企业基本情况			
企业名称		纳税人识别号（统一社会信用代码）	
备案管理部门		备案时间	
联系人		联系电话	
对初创科技型企业投资情况			

初创科技型企业名称	纳税人识别号	注册地	设立时间	投资日期	从业人数	本科以上学历人数占比	资产总额	年销售收入	研发费用总额占成本费用支出的比例	投资2年内与关联方合计持股比例是否超50％	投资额

谨声明：本人（单位）知悉并保证本表填报内容及所附证明材料真实、完整，并承担因资料虚假而产生的法律责任。

合伙创投企业印章：
合伙创投企业负责人签章：
　　　　　　　　　　　　　　　　　　　　　　　　　年　　月　　日

代理机构印章：	主管税务机关印章：
联系人： 填报日期：	受理人： 受理日期：

国家税务总局监制

填报说明

一、适用范围

本表适用于有限合伙制创业投资企业(以下简称"合伙创投企业")投资境内种子期、初创期科技型企业(以下简称"初创科技型企业"),就符合投资抵扣税收优惠条件的投资,向主管税务机关办理投资情况备案。

二、报送期限

合伙创投企业应于投资满2年的年度终了后3个月内,向其注册地主管税务机关报送本表。

三、表内各栏

(一)合伙创投企业基本情况

1. 企业名称:填写合伙创投企业名称全称。

2. 纳税人识别号(统一社会信用代码):填写合伙创投企业的纳税人识别号或统一社会信用代码。

3. 备案管理部门:填写合伙创投企业根据《创业投资企业管理暂行办法》或《私募投资基金监督管理暂行办法》等规定,办理备案的主管部门名称全称。

4. 备案时间:填写合伙创投企业向备案管理部门完成备案的时间。

5. 联系人:填写合伙创投企业联系人姓名。

6. 联系电话:填写合伙创投企业联系人的联系电话。

(二)对初创科技型企业投资情况

合伙创投企业投资多个初创科技型企业或对同一家初创科技型企业有多轮投资的,均需就每次投资情况分行填写。

1. 初创科技型企业名称:填写初创科技型企业名称全称。

2. 纳税人识别号:填写初创科技型企业的纳税人识别号或统一社会信用代码。

3. 注册地:填写初创科技型企业注册登记的具体地址。

4. 设立时间:填写初创科技型企业设立登记的具体日期。

5. 投资日期:填写初创科技型企业接受合伙创投企业投资并完成工商变更登记的日期。

6. 从业人数:填写与初创科技型企业建立劳动关系的职工及企业接受的劳务派遣人员人数。具体按照初创科技型企业接受投资前连续12个月的平均数填写,不足12个月的按实际月数平均计算填写。

7. 本科以上学历人数占比:填写初创科技型企业接受投资时本科以上学历人数占企业从业人数的比例。

8. 资产总额:填写初创科技型企业的资产总额。具体按照初创科技型企业接受投资前连续12个月的平均数填写,不足12个月的按实际月数平均计算填写。

9. 年销售收入:填写初创科技型企业的年销售收入。具体按照初创科技型企业接受投资前连续12个月的累计数填写,不足12个月的按实际月数累计计算填写。

10. 研发费用总额占成本费用支出的比例:填写企业接受投资当年及下一年两个纳税年度的研发费用总额合计占同期成本费用总额合计的比例。

11. 投资后2年内与关联方合计持股比例是否超50%:填写"是"或"否"。

12. 投资额:填写合伙创投企业以现金形式对初创科技型企业的实缴出资额。

本表一式两份。主管税务机关受理后,由合伙创投企业和主管税务机关分别留存。

2. 合伙创投企业个人所得税投资抵扣情况表及其填报

合伙创投企业应在投资初创科技型企业满2年后的每个年度终了后3个月内,向合伙创投企业主管税务机关报送《合伙创投企业个人所得税投资抵扣情况表》(见表7-6)。

表 7-6　　　　合伙创投企业个人所得税投资抵扣情况表

（_____年度）

单位：％，人民币元(列至角分)

合伙创投企业情况											
企业名称							纳税人识别号（统一社会信用代码）				
投资情况备案编号											
当年新增符合条件的投资额合计							新增可抵扣投资额				
个人合伙人相关情况											
姓名	身份证件类型	身份证件号码	出资额	出资比例	分配比例	当年度分配的经营所得	结转上年可抵扣投资额	当年新增可抵扣投资额	当年实际抵扣投资额	结转抵扣投资额	

谨声明：本人(单位)知悉并保证本表填报内容及所附证明材料真实、完整，并承担因资料虚假而产生的法律责任。

合伙创投企业印章：　　　合伙创投企业负责人签章：　　　年　月　日

代理机构印章： 联系人： 填报日期：	主管税务机关印章： 受理人： 受理日期：

国家税务总局监制

填报说明

一、适用范围

本表适用于有限合伙制创业投资企业(以下简称"合伙创投企业")投资境内种子期、初创期科技型企业(以下简称"初创科技型企业"),在符合投资抵扣税收优惠年度及以后年度,向主管税务机关报告有关情况并办理投资抵扣手续。

二、报送期限

合伙创投企业自符合投资抵扣税收优惠年度起,每个年度终了3个月内,向其注册地主管税务机关报送本表。

三、表内各栏

(一)合伙创投企业情况

1. 企业名称:填写合伙创投企业名称全称。
2. 纳税人识别号(统一社会信用代码):填写合伙创投企业的纳税人识别号或统一社会信用代码。
3. 投资情况备案编号:填写合伙创投企业办理投资情况备案时,税务机关受理其填报的《合伙创投企业个人所得税投资抵扣备案表》赋予的备案编号。
4. 当年新增符合条件的投资额合计:填写当年《合伙创投企业个人所得税投资抵扣备案表》投资额合计。若当年无新增符合投资抵扣税收优惠条件的投资,则无须填写。
5. 新增可抵扣投资额:新增可抵扣投资额=当年新增符合条件的投资额合计×70%。

(二)个人合伙人相关情况

本栏填报个人合伙人报告年度实际投资抵扣的有关情况。

1. 姓名:填写个人合伙人姓名。
2. 身份证件类型:填写个人合伙人办理个人所得税年度申报时使用的身份证件类型。
3. 身份证件号码:填写个人合伙人办理个人所得税年度申报时使用的身份证件号码。
4. 出资额:填写个人合伙人在投资满两年当年年末,对合伙创投企业的实缴出资额。
5. 出资比例:填写报告年度年末各合伙人对合伙创投企业的实缴出资额占所有合伙人全部实缴出资额的比例。
6. 分配比例:填写个人合伙人办理个人所得税年度申报时填报的分配比例。
7. 当年度分配的经营所得:填写报告年度个人合伙人按其分配比例自合伙创投企业计算分得的经营所得。
8. 结转上年可抵扣投资额:填写上年度此表"结转抵扣投资额",上年无结转抵扣投资额的填"0"。
9. 当年新增可抵扣投资额:当年新增可抵扣投资额=新增可抵扣投资额×出资比例。
10. 当年实际抵扣投资额:区别以下情况计算填写。
(1) 当年度分配的经营所得<结转上年可抵扣投资额+当年新增可抵扣投资额时,
   当年实际抵扣投资额=当年度分配的经营所得;
(2) 当年度分配的经营所得≥结转上年可抵扣投资额+当年新增可抵扣投资额时,
   当年实际抵扣投资额=当年新增可抵扣投资额+结转上年可抵扣投资额。
11. 结转抵扣投资额:结转抵扣投资额=结转上年可抵扣投资额+当年新增可抵扣投资额-当年实际抵扣投资额。

本表一式两份。主管税务机关受理后,由合伙创投企业和主管税务机关分别留存。

3. 投资抵扣申报

个人合伙人在个人所得税年度申报时,应将当年允许抵扣的投资额填至《个人所得税经营所得纳税申报表(B表)》第60行"十、投资抵扣"行。

4. 转请机制与骗取抵扣处理

税务机关在合伙创投企业合伙人享受优惠政策后续管理中,对初创科技型企业是否符合规定条件有异议的,可以转请初创科技型企业主管税务机关提供相关资料,主管税务机关应积极配合。

创业投资企业、合伙创投企业合伙人、初创科技型企业提供虚假情况、故意隐瞒已投资抵扣情况或采取其他手段骗取投资抵扣,不缴或者少缴应纳税款的,按税收征管法有关规定处理。

三、创业投资企业个人合伙人的处理

为进一步支持创业投资企业(含创投基金,以下统称创投企业)发展,《财政部 税务总局 发展改革委 证监会关于创业投资企业个人合伙人所得税政策问题的通知》(财税〔2019〕8号)就创投企业个人合伙人的个人所得税政策做出规定,自2019年1月1日起至2023年12月31日止执行。

(一)创业投资企业的核算方式

根据《财政部 税务总局 发展改革委 证监会关于创业投资企业个人合伙人所得税政策问题的通知》(财税〔2019〕8号)第1条的规定,创投企业可以选择按单一投资基金核算或者按创投企业年度所得整体核算两种方式之一,对其个人合伙人来源于创投企业的所得计算个人所得税应纳税额。

创投企业,是指符合《创业投资企业管理暂行办法》(发展改革委等10部门令第39号)或者《私募投资基金监督管理暂行办法》(证监会令第105号)关于创业投资企业(基金)的有关规定,并按照上述规定完成备案且规范运作的合伙制创业投资企业(基金)。

私募投资基金(简称私募基金),是指在中国境内,以非公开方式向投资者募集资金设立的投资基金。私募基金财产的投资包括买卖股票、股权、债券、期货、期权、基金份额及投资合同约定的其他投资标的。创业投资基金,是指主要投资于未上市创业企业普通股或者依法可转换为普通股的优先股、可转换债券等权益的股权投资基金。享受国家财政税收扶持政策的创业投资基金,其投资范围应当符合国家相关规定。

根据《财政部 税务总局 发展改革委 证监会关于创业投资企业个人合伙人所得税政策问题的通知》(财税〔2019〕8号)第5条的规定,创投企业选择按单一投资基金核算或按创投企业年度所得整体核算后,3年内不能变更。

(二)个人合伙人的税务处理

根据《财政部 税务总局 发展改革委 证监会关于创业投资企业个人合伙人所得税政策问题的通知》(财税〔2019〕8号)第2条的规定,创投企业选择按单一投资基金核算的,其个人合伙人从该基金应分得的股权转让所得和股息红利所得,按照20%税率计算缴纳个人所得税。

创投企业选择按年度所得整体核算的,其个人合伙人应从创投企业取得的所得,按照"经营所得"项目、5%~35%的超额累进税率计算缴纳个人所得税。

(三)单一投资基金核算个人合伙人的处理

根据《财政部 税务总局 发展改革委 证监会关于创业投资企业个人合伙人所得税政

策问题的通知》(财税〔2019〕8号)第3条的规定,单一投资基金核算,是指单一投资基金(包括不以基金名义设立的创投企业)在一个纳税年度内从不同创业投资项目取得的股权转让所得和股息红利所得按下述方法分别核算纳税。

1. 股权转让所得

单个投资项目的股权转让所得,按年度股权转让收入扣除对应股权原值和转让环节合理费用后的余额计算,股权原值和转让环节合理费用的确定方法,参照股权转让所得个人所得税有关政策规定执行;单一投资基金的股权转让所得,按一个纳税年度内不同投资项目的所得和损失相互抵减后的余额计算,余额大于或等于零的,即确认为该基金的年度股权转让所得;余额小于零的,该基金年度股权转让所得按零计算且不能跨年结转。

个人合伙人按照其应从基金年度股权转让所得中分得的份额计算其应纳税额,并由创投企业在次年3月31日前代扣代缴个人所得税。如符合《财政部 税务总局关于创业投资企业和天使投资个人有关税收政策的通知》(财税〔2018〕55号)规定条件的,创投企业个人合伙人可以按照被转让项目对应投资额的70%抵扣其应从基金年度股权转让所得中分得的份额后再计算其应纳税额,当期不足抵扣的,不得向以后年度结转。

2. 股息红利所得

单一投资基金的股息红利所得,以其来源于所投资项目分配的股息、红利收入以及其他固定收益类证券等收入的全额计算。

个人合伙人按照其应从基金股息红利所得中分得的份额计算其应纳税额,并由创投企业按次代扣代缴个人所得税。

3. 成本费用的扣除

除前述可以扣除的成本、费用之外,单一投资基金发生的包括投资基金管理人的管理费和业绩报酬在内的其他支出,不得在核算时扣除。

4. 单一投资基金核算方法的适用范围

根据财税〔2019〕8号文件第3条的规定,单一投资基金核算方法仅适用于计算创投企业个人合伙人的应纳税额。

(四)创投企业年度所得整体核算个人合伙人的处理

根据《财政部 税务总局 发展改革委 证监会关于创业投资企业个人合伙人所得税政策问题的通知》(财税〔2019〕8号)第4条的规定,创投企业年度所得整体核算,是指将创投企业以每一纳税年度的收入总额减除成本、费用以及损失后,计算应分配给个人合伙人的所得。如符合《财政部 税务总局关于创业投资企业和天使投资个人有关税收政策的通知》(财税〔2018〕55号)规定条件的,创投企业个人合伙人可以按照被转让项目对应投资额的70%抵扣其可以从创投企业应分得的经营所得后再计算其应纳税额。年度核算亏损的,准予按有关规定向以后年度结转。

按照"经营所得"项目计税的个人合伙人,没有综合所得的,可依法减除基本减除费用、专项扣除、专项附加扣除以及国务院确定的其他扣除。从多处取得经营所得的,应汇总计算个人所得税,只减除一次上述费用和扣除。

合伙创投企业(基金)核算方法与合伙人个人所得税处理如图7-1所示。

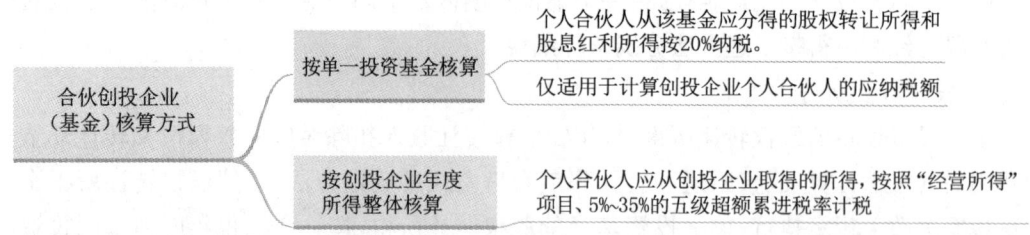

图7-1　合伙创投企业(基金)核算方法与合伙人个人所得税处理

(五)核算方式备案与转请机制

1. 核算方式备案

根据《财政部　税务总局　发展改革委　证监会关于创业投资企业个人合伙人所得税政策问题的通知》(财税〔2019〕8号)第6条的规定,创投企业选择按单一投资基金核算的,应当在按照规定在管理机构完成创业投资企业(基金)备案的30日内,向主管税务机关进行核算方式备案;未按规定进行核算方式备案的,视同选择按创投企业年度所得整体核算。2019年1月1日前已经在管理机构完成创业投资企业(基金)备案的创投企业,选择按单一投资基金核算的,应当在2019年3月1日前向主管税务机关进行核算方式备案。创投企业选择一种核算方式满3年需要调整的,应当在满3年的次年1月31日前,重新向主管税务机关备案。

合伙制创业投资企业单一投资基金核算方式备案表,如表7-7所示。

表7-7　　　　　　合伙制创业投资企业单一投资基金核算方式备案表

(　　　　至　　　　年度)

备案编号(主管税务机关填写):

创投企业(基金)名称	
纳税人识别号(统一社会信用代码)	
创投企业(基金)备案管理机构	□发展改革部门　　□证券监管部门
管理机构备案编号	
管理机构备案时间	
谨声明:本表是根据国家税收法律法规及相关规定填报的,是真实的、可靠的、完整的。 　　　　　　　　　　　　　　　　　创投企业(基金)印章: 　　　　　　　　　　　　　　　　　　　　　　　　　年　　月　　日	
经办人签字: 经办人身份证件号码: 代理机构签章: 代理机构统一社会信用代码:	受理人: 受理税务机关(章): 受理日期:　　　　　　　年　　月　　日

国家税务总局监制

《合伙制创业投资企业单一投资基金核算方式备案表》填表说明

一、适用范围

本表适用于合伙制创业投资企业(含创投基金,以下统称创投企业)选择按单一投资基金核算,按规定向主管税务机关进行核算类型备案。

二、报送期限

选择按单一投资基金核算的创投企业,应当在管理机构完成备案的30日内,向主管税务机关进行核算方式备案,报送本表。

创投企业选择一种核算方式满3年需要调整的,应当在满3年的次年1月31日前,重新向主管税务机关备案,报送本表。

三、本表各栏填写

1. 创投企业(基金)名称:填写创投企业的法定名称全称。
2. 纳税人识别号(统一社会信用代码):填写创投企业的纳税人识别号或统一社会信用代码。
3. 创投企业(基金)备案管理机构:选择创投企业备案的机构名称,在"发展改革部门"或"证券监管部门"备案的,分别在对应框中打"√"。
4. 管理机构备案编号:填写创投企业在国家发展和改革委员会或中国证券投资基金业协会备案的编号。
5. 管理机构备案时间:填写创投企业在国家发展和改革委员会或中国证券投资基金业协会备案的时间。

四、其他事项说明

以纸质方式报送本表的,应当一式两份,扣缴义务人、税务机关各留存一份。

2. 个人所得税的代扣代缴

《单一投资基金核算的合伙制创业投资企业个人所得税扣缴申报表》(见表7-8),适用于选择按单一投资基金核算的合伙制创业投资企业(含创投基金,以下统称创投企业)按规定办理年度股权转让所得扣缴申报时,向主管税务机关报送。

创投企业取得所得的次年3月31日前报送。

3. 转请机制

税务部门依法开展税收征管和后续管理工作,可转请发展改革部门、证券监督管理部门对创投企业及其所投项目是否符合有关规定进行核查,发展改革部门、证券监督管理部门应当予以配合。

四、个人所得税减免税事项报告表及其填报

《个人所得税减免税事项报告表》(见表7-9),适用于个人纳税年度内发生减免税事项,需要在纳税申报时享受的,向税务机关报送。其中,纳税人在办理2019年年度个人所得税综合所得汇算清缴填写免税收入时,暂不附报《个人所得税减免税事项报告表》。

报送期限为:①个人需要享受减免税事项的,应当及时向扣缴义务人提交该表做信息采集;②扣缴义务人扣缴申报时,个人需要享受减免税事项的,扣缴义务人应当一并报送该表;③个人需要享受减免税事项并采取自行纳税申报方式的,应按照税法规定的自行纳税申报时间,在自行纳税申报时一并报送该表。

表7-8 单一投资基金核算的合伙制创业投资企业个人所得税扣缴申报表

税款所属期：　年　月　日至　年　月　日

扣缴义务人名称：

扣缴义务人纳税人识别号（统一社会信用代码）：□□□□□□□□□□□□□□□□□□

税务机关备案编号：□□□□□□□□□□

金额单位：人民币元（列至角分）

创投企业投资项目所得情况

序号	被投资企业名称	被投资企业纳税人识别号（统一社会信用代码）	投资股权份数	转让后股权份数	股权转让时间	股权转让收入	股权原值	合理费用	股权转让所得额
1	2	3	4	5	6	7	8	9	10	11

纳税年度内股权转让所得额合计

创投企业个人合伙人所得分配情况

序号	个人合伙人姓名	身份证件类型	身份证件号码	个人合伙人纳税人识别号	分配比例（%）	创投企业股权转让所得额	分配所得额	其中：投资初创科技型企业情况			应纳税所得额	税率	应纳税额	减免税额	已缴税额	应补/退税额
								创投企业符合条件的投资额	个人出资比例	当年按个人投资额70%计算的实际抵扣额						
12	13	14	15	16	17	18	19	20	21	22	23	24	25	26	27	28
合计												—				

谨声明：本表是根据国家税收法律法规及相关规定填报的，是真实的、可靠的、完整的。

创投企业（基金）印章：　　　　　　　　年　月　日

经办人签字：

经办人身份证件号码：

代理机构签章：

代理机构统一社会信用代码：

受理人：	
受理税务机关（章）：	年　月　日
受理日期：	年　月　日

国家税务总局监制

《单一投资基金核算的合伙制创业投资企业个人所得税扣缴申报表》填表说明

(一) 表头项目

1. 税款所属期间：填写创投企业申报股权转让所得的所属期间，应具体的起止年月日。
2. 扣缴义务人名称：填写扣缴义务人（即创投企业）的法定名称全称。
3. 扣缴义务人纳税人识别号（统一社会信用代码）：填写扣缴义务人（即创投企业）的纳税人识别号或者统一社会信用代码。
4. 税务机关备案编号：填写创投企业在主管税务机关进行核算方式备案的编号。

(二) 表内各栏

1. 创投企业投资项目所得情况：

(1) 第2列"被投资企业名称"：填写被投资企业的法定名称。

(2) 第3列"被投资企业纳税人识别号（统一社会信用代码）"：填写被投资企业的纳税人识别号或者统一社会信用代码。

(3) 第4列"投资股份数"：填写创投企业在发生股权转让前持有被投资企业的股份数。

(4) 第5列"转让股份数"：填写创投企业纳税年度内转让被投资企业股权的份数，一年内发生多次转让的，应分行填写。

(5) 第6列"转让后股份数"：填写创投企业发生股权转让后持有被投资企业的股份数。

(6) 第7列"股权转让时间"：填写创投企业转让被投资企业股权的具体时间，一年内发生多次转让的，应分行填写。

(7) 第8列"股权转让收入"：填写创投企业发生股权转让收入额，一年内发生多次转让的，应分行填写。

(8) 第9列"股权原值"：填写创投企业转让股权的原值。

(9) 第10列"合理费用"：填写股权转让过程中发生的按规定可以扣除的合理费用。

(10) 第11列"股权转让所得额"：按相关列次计算填报。第11列＝第8列－第9列－第10列。

(11) "纳税年度内股权转让所得额合计"：填写纳税年度内股权转让所得的合计金额，即所得与损失相互抵减后的余额。如余额为负数的，填写0。

2. 创投企业个人合伙人所得分配情况：

(1) 第13列"个人合伙人姓名"：填写个人合伙人姓名。

(2) 第14列"身份证件类型"：填写纳税人有效的身份证件名称。中国公民有中华人民共和国居民身份证的，填写居民身份证；没有居民身份证的，填写中华人民共和国护照、港澳居民来往内地通行证或港澳居民居住证、台湾居民通行证或台湾居民居住证、外国人永久居留身份证、外国人工作许可证或写中华人民共和国护照、港澳居民来往内地通行证或港澳居民居住证、台湾居民通行证或台湾居民居住证、外国人永久居留身份证、外国人工作许可证或护照等。

(3) 第15列"身份证件号码"：填写纳税人有效身份证件上载明的证件号码。

(4) 第16列"个人合伙人纳税人识别号"：有中国公民身份号码的，填写中华人民共和国居民身份证上载明的"公民身份号码"；没有中国公民身份号码的，填写税务机关赋予的纳税人识别号。

(5) 第17列"分配比例（%）"：分配比例按照合伙协议约定的比例填写；合伙协议未约定或约定不明确的，按合伙人协商决定的比例填写；协商不成的，按合伙人实缴出资比例填写；无法确定出资比例的，按合伙人平均分配。

(6) 第18列"创投企业股权转让所得额"：填写创投企业纳税年度内取得的股权转让所得总额，即本表"创投企业投资项目所得情况"中"纳税年度内股权转让所得额合计"的金额。

(7) 第19列"分配所得额"：填写个人合伙人按比例分得的股权转让所得额。第19列＝第18列×第17列。

(8) 第20列"创投企业符合条件的投资额"：填写合伙人对投资创业企业对种子期、初创期科技型企业符合投资抵扣条件的投资额。

(9) 第21列"个人出资比例"：填写个人合伙人对创投企业的出资比例。

(10) 第22列"当年按个人投资额70%计算的实际抵扣额"：根据相关列次计算填报。第22列＝第20列×第21列×70%。

(11) 第23列"应纳税所得额"：填写个人合伙人纳税年度内取得股权转让所得应纳税所得额。第23列＝第19列－第22列。

(12) 第24列"税率"：填写所得项目按规定适用的税率。

(13) 第25列"应纳税额"：根据相关列次计算填报。第25列＝第23列×第24列。

(14) 第26列"减免税额"：填写符合税法规定的可以减免的税款，并附报《个人所得税减免税事项报告表》。

(15) 第27列"已缴税额"：填写纳税人当期已实际缴纳或者被扣缴的个人所得税款。

(16) 第28列"应补（退）税额"：根据相关列次计算填报。第28列＝第25列－第26列－第27列。

以纸质方式报送本表的，应当一式两份，扣缴义务人、税务机关各留存一份。

表 7-9　　　　　　　　　个人所得税减免税事项报告表

税款所属期：　年　月　日至　　年　月　日　　　　　　　金额单位：人民币元(列至角分)
纳税人姓名：　　　　　　纳税人识别号：□□□□□□□□□□□□□□□□□－□□
扣缴义务人名称：　　　　扣缴义务人纳税人识别号：□□□□□□□□□□□□□□□□□

减免税情况						
编号	勾选	减免税事项	减免人数	免税收入	减免税额	备注
1	□	残疾、孤老、烈属减征个人所得税				
2	□	个人转让5年以上唯一住房免征个人所得税		—		
3	□	随军家属从事个体经营免征个人所得税		—		
4	□	军转干部从事个体经营免征个人所得税		—		
5	□	退役士兵从事个体经营免征个人所得税		—		
6	□	建档立卡贫困人口从事个体经营扣减个人所得税				
7	□	登记失业半年以上人员，零就业家庭、享受城市低保登记失业人员，毕业年度内高校毕业生从事个体经营扣减个人所得税		—		
8	□	取消农业税从事"四业"所得暂免征收个人所得税		—		
9	□	符合条件的房屋赠与免征个人所得税		—		
10	□	科技人员取得职务科技成果转化现金奖励			—	
11	□	外籍个人出差补贴、探亲费、语言训练费、子女教育费等津补贴		—		
12	□	税收协定 股息	税收协定名称及条款：			
13	□	利息	税收协定名称及条款：			
14	□	特许权使用费	税收协定名称及条款：		—	
15	□	财产收益	税收协定名称及条款：			
16	□	受雇所得	税收协定名称及条款：			
17	□	其他	税收协定名称及条款：			
18	□	其他 减免税事项名称及减免性质代码：				
19	□	减免税事项名称及减免性质代码：				
20	□	减免税事项名称及减免性质代码：				
合计						

(续表)

减免税人员名单							
序号	姓名	纳税人识别号	减免税事项 （编号或减免性质代码）	所得项目	免税收入	减免税额	备注

谨声明：本表是根据国家税收法律法规及相关规定填报的，本人（单位）对填报内容（附带资料）的真实性、可靠性、完整性负责。

纳税人或扣缴单位负责人签字：　　　　　　年　月　日

经办人签字： 经办人身份证件类型： 经办人身份证件号码： 代理机构签章： 代理机构统一社会信用代码：	受理人： 受理税务机关（章）： 受理日期：　　年　月　日

国家税务总局监制

《个人所得税减免税事项报告表》填表说明

（一）表头项目

1. 税款所属期：填写个人发生减免税事项的所属期间，应填写具体的起止年月日。

2. 纳税人姓名：个人自行申报并报送本表或向扣缴义务人提交本表做信息采集的，由个人填写纳税人姓名。

3. 纳税人识别号：个人自行申报并报送本表或向扣缴义务人提交本表做信息采集的，由个人填写纳税人识别号。纳税人识别号为个人有中国公民身份号码的，填写中华人民共和国居民身份证上载明的"公民身份号码"；没有中国公民身份号码的，填写税务机关赋予的纳税人识别号。

4. 扣缴义务人名称：扣缴义务人扣缴申报并报送本表的，由扣缴义务人填写扣缴义务人名称。

5. 扣缴义务人纳税人识别号：扣缴义务人扣缴申报并报送本表的，由扣缴义务人填写扣缴义务人统一社会信用代码。

（二）减免税情况

1. "减免税事项"：个人或扣缴义务人勾选享受的减免税事项。

个人享受税收协定待遇的，应勾选"税收协定"项目，并填写具体税收协定名称及条款。

个人享受列示项目以外的减免税事项的，应勾选"其他"项目，并填写减免税事项名称及减免性质代码。

2. "减免人数":填写享受该行次减免税政策的人数。
3. "免税收入":填写享受该行次减免税政策的免税收入合计金额。
4. "减免税额":填写享受该行次减免税政策的减免税额合计金额。
5. "备注":填写个人或扣缴义务人需要特别说明的或者税务机关要求说明的事项。

(三)减免税人员名单栏

1. "姓名":填写个人姓名。
2. "纳税人识别号":填写个人的纳税人识别号。
3. "减免税事项(编号或减免性质代码)":填写"减免税情况栏"列示的减免税事项对应的编号或税务机关要求填报的其他信息。
4. "所得项目":填写适用减免税事项的所得项目名称。例如:工资、薪金所得。
5. "免税收入":填写个人享受减免税政策的免税收入金额。
6. "减免税额":填写个人享受减免税政策的减免税额金额。
7. "备注":填写个人或扣缴义务人需要特别说明的或者税务机关要求说明的事项。

以纸质方式报送本表的,建议通过计算机填写打印,一式两份,纳税人(扣缴义务人)、税务机关各留存一份。

第四节 其他优惠

根据 2018 年《个人所得税法》第 4~5 条的规定,除法定免征、减征个人所得税优惠以外,自 2019 年 1 月 1 日起,其他减免个人所得税优惠的规定权限在国务院。根据《财政部 税务总局关于个人所得税法修改后有关优惠政策衔接问题的通知》(财税〔2018〕164 号)第 8 条的规定,自 2019 年 1 月 1 日起,除该通知规定的衔接事项外,其他个人所得税优惠政策继续按照原文件规定执行。《财政部 税务总局关于继续有效的个人所得税优惠政策目录的公告》(财政部 税务总局公告 2018 年第 177 号)进一步明确了 2018 年《个人所得税法》实施后,继续有效的 88 个个人所得税优惠政策文件。

一、破产安置费和解除劳动合同补偿金优惠

(一)职工从破产企业取得的安置费优惠

《财政部 国家税务总局关于个人与用人单位解除劳动关系取得的一次性补偿收入征免个人所得税问题的通知》(财税〔2001〕157 号)第 3 条的规定,企业依照国家有关法律规定宣告破产,企业职工从该破产企业取得的一次性安置费收入,免征个人所得税。

(二)解除劳动合同取得的补偿金优惠

《财政部 国家税务总局关于个人与用人单位解除劳动关系取得的一次性补偿收入征免个人所得税问题的通知》(财税〔2001〕157 号)第 1 条的规定,个人因与用人单位解除劳动关系而取得的一次性补偿收入(包括用人单位发放的经济补偿金、生活补助费和其他补助费用),其收入在当地上年职工平均工资 3 倍数额以内的部分,免征个人所得税;在 2018 年 12 月 31 日以前,超过的部分按照《国家税务总局关于个人因解除劳动合同取得经济补偿金征收个人所得税问题的通知》(国税发〔1999〕178 号)的有关规定(即对于个人取得的一次性

经济补偿收入,可视为一次取得数月的工资、薪金收入,允许在一定期限内进行平均。具体平均办法为:以个人取得的一次性经济补偿收入,除以个人在本企业的工作年限数,以其商数作为个人的月工资、薪金收入,按照税法规定计算缴纳个人所得税。个人在本企业的工作年限数按实际工作年限数计算,超过 12 年的按 12 计算),计算征收个人所得税。

自 2019 年 1 月 1 日起,根据《财政部 税务总局关于个人所得税法修改后有关优惠政策衔接问题的通知》(财税〔2018〕164 号)第 5 条第 1 项的规定,个人与用人单位解除劳动关系取得一次性补偿收入(包括用人单位发放的经济补偿金、生活补助费和其他补助费),在当地上年职工平均工资 3 倍数额以内的部分,免征个人所得税;超过 3 倍数额的部分,不并入当年综合所得,单独适用综合所得税率表,计算纳税。

根据《财政部 国家税务总局关于个人与用人单位解除劳动关系取得的一次性补偿收入征免个人所得税问题的通知》(财税〔2001〕157 号)第 2 条的规定,个人领取一次性补偿收入时按照国家和地方政府规定的比例实际缴纳的住房公积金、医疗保险费、基本养老保险费、失业保险费,可以在计征其一次性补偿收入的个人所得税时予以扣除。

二、军转择业与再就业扶持优惠

军转择业与再就业扶持个人所得税优惠政策,如图 7-2 所示。

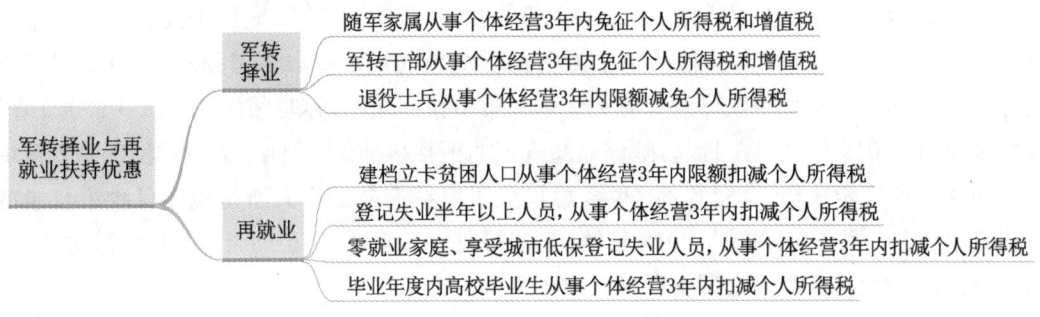

图 7-2 军转择业与再就业扶持优惠

(一)随军家属从事个体经营 3 年内免征优惠

根据《财政部 国家税务总局关于随军家属就业有关税收政策的通知》(财税〔2000〕84 号)第 2 条的规定,对从事个体经营的随军家属,自领取税务登记证之日起,3 年内免征个人所得税。

自 2016 年 5 月 1 日起,根据《营业税改征增值税试点过渡政策的规定》(财税〔2016〕36 号)附件 3 第 1 条第 39 项的规定,从事个体经营的随军家属,自办理税务登记事项之日起,其提供的应税服务 3 年内免征增值税。随军家属必须有师以上政治机关出具的可以表明其身份的证明。

每一名随军家属可以享受一次上述免税政策。

(二)军转干部从事个体经营 3 年内免征优惠

自 2003 年 5 月 1 日起,根据《财政部 国家税务总局关于自主择业的军队转业干部有关税收政策问题的通知》(财税〔2003〕26号)第1条的规定,从事个体经营的军队转业干部,自领取税务登记证之日起,3年内免征个人所得税。

自2016年5月1日起,根据《营业税改征增值税试点过渡政策的规定》(财税〔2016〕36号)附件3第1条第40项的规定,从事个体经营的军队转业干部,自领取税务登记证之日起,其提供的应税服务3年内免征增值税。

享受上述优惠政策的自主择业的军队转业干部必须持有师以上部队颁发的转业证件。

(三)退役士兵从事个体经营3年内限额扣减优惠

1. 自主就业退役士兵从事个体经营的限额扣减优惠

根据《财政部 税务总局 退役军人部关于进一步扶持自主就业退役士兵创业就业有关税收政策的通知》(财税〔2019〕21号,执行期限为2019年1月1日至2021年12月31日)第1条的规定,自主就业退役士兵从事个体经营的,自办理个体工商户登记当月起,在3年(36个月,下同)内按每户每年12 000元为限额依次扣减其当年实际应缴纳的增值税、城市维护建设税、教育费附加、地方教育附加和个人所得税。限额标准最高可上浮20%,各省、自治区、直辖市人民政府可根据本地区实际情况在此幅度内确定具体限额标准。

纳税人年度应缴纳税款小于上述扣减限额的,减免税额以其实际缴纳的税款为限;大于上述扣减限额的,以上述扣减限额为限。纳税人的实际经营期不足1年的,应当按月换算其减免税限额。换算公式为:

$$减免税限额=年度减免税限额\div12\times实际经营月数$$

城市维护建设税、教育费附加、地方教育附加的计税依据是享受本项税收优惠政策前的增值税应纳税额。

自主就业退役士兵是指依照《退役士兵安置条例》(国务院 中央军委令第608号)的规定退出现役并按自主就业方式安置的退役士兵。

2. 留存备查资料

根据《财政部 税务总局 退役军人部关于进一步扶持自主就业退役士兵创业就业有关税收政策的通知》(财税〔2019〕21号)第4条的规定,自主就业退役士兵从事个体经营的,在享受税收优惠政策进行纳税申报时,注明其退役军人身份,并将《中国人民解放军义务兵退出现役证》《中国人民解放军士官退出现役证》或《中国人民武装警察部队义务兵退出现役证》《中国人民武装警察部队士官退出现役证》留存备查。

退役士兵以前年度已享受退役士兵创业就业税收优惠政策满3年的,不得再享受财税〔2019〕21号文件规定的税收优惠政策;以前年度享受退役士兵创业就业税收优惠政策未满3年且符合该文件规定条件的,可按该文件规定享受优惠至3年期满。

3. 退役士兵从事个体经营的限额扣减老政

自2017年1月1日起至2018年12月31日止,根据《财政部 税务总局 民政部关于继续实施扶持自主就业退役士兵创业就业有关税收政策的通知》(财税〔2017〕46号)第1条的规定,对自主就业退役士兵从事个体经营的,在3年内按每户每年8 000元为限额依次扣减其当年实际应缴纳的增值税、城市维护建设税、教育费附加、地方教育附加和个人所得税。限额标准最高可上浮20%，各省、自治区、直辖市人民政府可根据本地区实际情况在此幅度内确定具体限额标准，并报财政部和国家税务总局备案。

(四) 重点群体人员从事个体经营3年内限额扣减优惠

1. 重点群体人员从事个体经营限额扣减优惠

根据《财政部 税务总局 人力资源社会保障部 国务院扶贫办关于进一步支持和促进重点群体创业就业有关税收政策的通知》(财税〔2019〕22号,执行期限为2019年1月1日至2021年12月31日)第1条的规定,建档立卡贫困人口、持《就业创业证》(注明"自主创业税收政策"或"毕业年度内自主创业税收政策")或《就业失业登记证》(注明"自主创业税收政策")的人员,从事个体经营的,自办理个体工商户登记当月起,在3年(36个月,下同)内按每户每年12 000元为限额依次扣减其当年实际应缴纳的增值税、城市维护建设税、教育费附加、地方教育附加和个人所得税。限额标准最高可上浮20%,各省、自治区、直辖市人民政府可根据本地区实际情况在此幅度内确定具体限额标准。

纳税人年度应缴纳税款小于上述扣减限额的,减免税额以其实际缴纳的税款为限;大于上述扣减限额的,以上述扣减限额为限。

上述人员具体包括:①纳入全国扶贫开发信息系统的建档立卡贫困人口;②在人力资源社会保障部门公共就业服务机构登记失业半年以上的人员;③零就业家庭、享受城市居民最低生活保障家庭劳动年龄内的登记失业人员;④毕业年度内高校毕业生。高校毕业生是指实施高等学历教育的普通高等学校、成人高等学校应届毕业的学生;毕业年度是指毕业所在自然年,即1月1日至12月31日。

上述人员,以前年度已享受重点群体创业就业税收优惠政策满3年的,不得再享受财税〔2019〕22号文件规定的税收优惠政策;以前年度享受重点群体创业就业税收优惠政策未满3年且符合财税〔2019〕22号文件规定条件的,可按该规定享受优惠至3年期满。

国务院扶贫办在每年1月15日前将建档立卡贫困人口名单及相关信息提供给人力资源社会保障部、税务总局,税务总局将相关信息转发给各省、自治区、直辖市税务部门。人力资源社会保障部门依托全国扶贫开发信息系统核实建档立卡贫困人口身份信息。

2. 促进重点群体创业就业限额减征优惠老政

自2017年1月1日起至2018年12月31日止,根据《财政部 税务总局 人力资源社会保障部关于继续实施支持和促进重点群体创业就业有关税收政策的通知》(财税〔2017〕49号)第1条的规定,对持《就业创业证》(注明"自主创业税收政策"或"毕业年度内自主创业税收政策")或《就业失业登记证》(注明"自主创业税收政策"或附《高校毕业生自主创业证》)的人员从事个体经营的,在3年内按每户每年8 000元为限额依次扣减其当年实际应缴纳的增值税、城市维护建设税、教育费附加、地方教育附加和个人所得税。限额标准最高可上浮20%,各省、自治区、直辖市人民政府可根据本地区实际情况在此幅度内确定具体限额标准,并报财政部和国家税务总局备案。

上述人员是指:①在人力资源社会保障部门公共就业服务机构登记失业半年以上的人

员;②零就业家庭、享受城市居民最低生活保障家庭劳动年龄内的登记失业人员;③毕业年度内高校毕业生。高校毕业生是指实施高等学历教育的普通高等学校、成人高等学校应届毕业的学生;毕业年度是指毕业所在自然年,即1月1日至12月31日。

三、奖金个人所得税优惠

(一) 见义勇为奖金免征优惠

根据《财政部 国家税务总局关于发给见义勇为者的奖金免征个人所得税问题的通知》(财税字〔1995〕25号)的规定,为了鼓励广大人民群众见义勇为,维护社会治安,对乡、镇(含乡、镇)以上人民政府或经县(含县)以上人民政府主管部门批准成立的有机构、有章程的见义勇为基金会或者类似组织,奖励见义勇为者的奖金或奖品,免予征收个人所得税。

(二) 体彩中奖所得1万元以下免征优惠

根据《财政部 国家税务总局关于个人取得体育彩票中奖所得征免个人所得税问题的通知》(财税字〔1998〕12号)的规定,自1998年4月1日起,对个人购买体育彩票中奖收入,凡一次中奖收入不超过1万元的,暂免征收个人所得税;超过1万元的,应按税法规定全额征收个人所得税。

(三) 社会福利有奖募捐奖券中奖1万元以下免征优惠

根据《国家税务总局关于社会福利有奖募捐发行收入税收问题的通知》(国税发〔1994〕127号)第2条的规定,自1994年6月1日起,对个人购买社会福利有奖募捐奖券一次中奖收入不超过1万元的暂免征收个人所得税,对一次中奖收入超过1万元的,应按税法规定全额征税。

(四) 单张有奖发票奖金不超800元的免征优惠

根据《财政部 国家税务总局关于个人取得有奖发票奖金征免个人所得税问题的通知》(财税〔2007〕34号)的规定,个人取得单张有奖发票奖金所得不超过800元(含800元)的,暂免征收个人所得税;个人取得单张有奖发票奖金所得超过800元的,应全额按照个人所得税法规定的"偶然所得"项目征收个人所得税。

税务机关或其指定的有奖发票兑奖机构,是有奖发票奖金所得个人所得税的扣缴义务人。

(五) 举报、协查违法犯罪奖金免征优惠

根据《财政部 国家税务总局关于个人所得税若干政策问题的通知》(财税字〔1994〕20号)第2条第4项的规定,个人举报、协查各种违法、犯罪行为而获得的奖金所得,暂免征收个人所得税。

四、符合条件的外籍专家工资、薪金优惠

(一) 世界银行直接派往我国工作的外国专家优惠

根据《财政部 国家税务总局关于个人所得税若干政策问题的通知》(财税字〔1994〕20号)第2条第9项第1点的规定,根据世界银行专项贷款协议由世界银行直接派往我国工作

的外国专家取得的工资、薪金所得可免征个人所得税。

(二) 联合国组织直接派往我国工作的专家优惠

根据《财政部 国家税务总局关于个人所得税若干政策问题的通知》(财税字〔1994〕20号)第2条第9项第2点的规定,联合国组织直接派往我国工作的专家取得的工资、薪金所得可免征个人所得税。

《国家税务总局关于世界银行 联合国直接派遣来华工作的专家享受免征个人所得税有关问题的通知》(国税函发〔1996〕417号)进一步规定,世界银行或联合国"直接派往"是指世界银行或联合国组织直接与该专家签订提供技术服务的协议或与该专家的雇主签订技术服务协议,并指定该专家为有关项目提供技术服务,由世界银行或联合国支付该外国专家的工资、薪金报酬。该外国专家办理上述免税时,应提供其与世界银行签订的有关合同和其工资、薪金所得由世界银行或联合国组织支付、负担的证明。联合国组织是指联合国的有关组织,包括联合国开发计划署、联合国人口活动基金、联合国儿童基金会、联合国技术合作部、联合国工业发展组织、联合国粮农组织、世界粮食计划署、世界卫生组织、世界气象组织、联合国教科文组织等。除上述由世界银行或联合国组织直接派往中国工作的外国专家以外,其他外国专家从事与世界银行贷款项目有关的技术服务所取得的工资、薪金所得或劳务报酬所得,均应依法征收个人所得税。

(三) 为联合国援助项目来华工作的专家优惠

根据《财政部 国家税务总局关于个人所得税若干政策问题的通知》(财税字〔1994〕20号)第2条第9项第3点的规定,为联合国援助项目来华工作的专家取得的工资、薪金所得可免征个人所得税。

(四) 援助国派往我国专为该国无偿援助项目工作的专家优惠

根据《财政部 国家税务总局关于个人所得税若干政策问题的通知》(财税字〔1994〕20号)第2条第9项第4点的规定,援助国派往我国专为该国无偿援助项目工作的专家取得的工资、薪金所得可免征个人所得税。

根据《财政部关于外国来华工作人员缴纳个人所得税问题的通知》(财税字〔1980〕189号)第1条的规定,援助国派往我国专为该国无偿援助我国的建设项目服务的工作人员,取得的工资、生活津贴,不论是我方支付或外国支付,均可免征个人所得税。

(五) 文化交流项目来华工作两年以内的文教专家优惠

根据《财政部 国家税务总局关于个人所得税若干政策问题的通知》(财税字〔1994〕20号)第2条第9项第5点的规定,根据两国政府签订文化交流项目来华工作两年以内的文教专家,其工资、薪金所得由该国负担的免征个人所得税。

(六) 国际交流项目来华工作两年以内的文教专家优惠

根据《财政部 国家税务总局关于个人所得税若干政策问题的通知》(财税字〔1994〕20号)第2条第9项第6点的规定,根据我国大专院校国际交流项目来华工作两年以内的文教专家,其工资、薪金所得由该国负担的免征个人所得税。

根据《财政部关于外国来华工作人员缴纳个人所得税问题的通知》(财税字〔1980〕189

号)的规定,外国来华文教专家,在我国服务期间,由我方发工资、薪金,并对其住房、使用汽车、医疗实行免费"三包",可只就工资、薪金所得按照税法规定征收个人所得税;对我方免费提供的住房、使用汽车、医疗,可免予计算纳税。

(七)通过民间科研协定来华工作的专家优惠

根据《财政部 国家税务总局关于个人所得税若干政策问题的通知》(财税字〔1994〕20号)第2条第9项第7点的规定,通过民间科研协定来华工作的专家,其工资、薪金所得由该国政府机构负担的免征个人所得税。

五、外籍个人的津补贴优惠

对外籍个人的八项津补贴优惠情况,如图7-3所示。

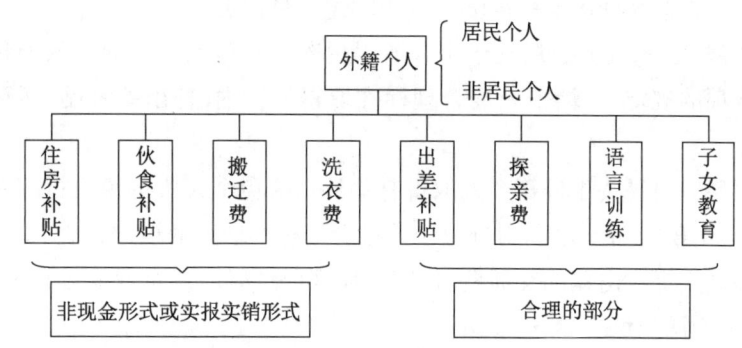

图7-3 外籍个人的八项津补贴

(一)住房补贴、伙食补贴、搬迁费、洗衣费优惠

根据《财政部 国家税务总局关于个人所得税若干政策问题的通知》(财税字〔1994〕20号)第2条第1项的规定,外籍个人以非现金形式或实报实销形式取得的住房补贴、伙食补贴、搬迁费、洗衣费暂免征收个人所得税。

根据《国家税务总局关于外籍个人取得有关补贴征免个人所得税执行问题的通知》(国税发〔1997〕54号)第1条的规定,对外籍个人以非现金形式或实报实销形式取得的合理的住房补贴、伙食补贴和洗衣费免征个人所得税,应由纳税人在初次取得上述补贴或上述补贴数额、支付方式发生变化的月份的次月进行工资、薪金所得纳税申报时,向主管税务机关提供上述补贴的有效凭证,由主管税务机关核准确认免税。

根据《国家税务总局关于外籍个人取得有关补贴征免个人所得税执行问题的通知》(国税发〔1997〕54号)第2条的规定,对外籍个人因到中国任职或离职,以实报实销形式取得的搬迁收入免征个人所得税,应由纳税人提供有效凭证,由主管税务机关审核认定,就其合理的部分免税。外商投资企业和外国企业在中国境内的机构、场所,以搬迁费名义每月或定期向其外籍雇员支付的费用,应计入工资、薪金所得征收个人所得税。

外籍个人取得的住房和伙食补贴、搬迁费、洗衣费免税操作办法如表7-10所示。

表 7-10　　　　　　　外籍个人住房和伙食补贴、搬迁费、洗衣费免税

	补贴项目	具体界定及管理
外籍个人以非现金形式或实报实销形式取得的住房补贴、伙食补贴、搬迁费、洗衣费	住房补贴	1. 在初次取得上述补贴或补贴数额、支付方式发生变化的月份的次月进行工资、薪金所得纳税申报时； 2. 向主管税务机关提供上述补贴的有效凭证； 3. 由主管税务机关确认免税
	伙食补贴	
	洗衣费	
	搬迁费	1. 外籍个人因到中国任职或离职，以实报实销形式取得的搬迁收入免征； 2. 由纳税人提供有效凭证，由主管税务机关审核认定，就其合理的部分免税； 3. 以搬迁费名义每月或定期向其外籍雇员支付的费用不免税

（二）外籍个人按合理标准取得的境内外出差补贴优惠

根据《财政部　国家税务总局关于个人所得税若干政策问题的通知》（财税字〔1994〕20号）第 2 条第 2 项的规定，外籍个人按合理标准取得的境内、外出差补贴，暂免征收个人所得税。

根据《国家税务总局关于外籍个人取得有关补贴征免个人所得税执行问题的通知》（国税发〔1997〕54 号）第 3 条的规定，对外籍个人按合理标准取得的境内、外出差补贴免征个人所得税，应由纳税人提供出差的交通费、住宿费凭证（复印件）或企业安排出差的有关计划，由主管税务机关确认免税。

对外籍个人取得的出差补贴优惠情况，如表 7-11 所示。

表 7-11　　　　　　　　　外籍个人取得的出差补贴

	项目	具体界定及管理
对外籍个人按合理标准取得的境内、外出差补贴免征个人所得税	境内、外出差补贴	1. 由纳税人提供出差的交通费、住宿费凭证（复印件）或企业安排出差的有关计划； 2. 由主管税务机关确认免税

（三）探亲费、语言训练费、子女教育费优惠

根据《财政部　国家税务总局关于个人所得税若干政策问题的通知》（财税字〔1994〕20号）第 2 条第 3 的规定，外籍个人取得的探亲费、语言训练费、子女教育费等，经当地税务机关审核批准为合理的部分，暂免征收个人所得税。

根据《国家税务总局关于外籍个人取得有关补贴征免个人所得税执行问题的通知》（国税发〔1997〕54 号）第 4 条的规定，对外籍个人取得的探亲费免征个人所得税，应由纳税人提供探亲的交通支出凭证（复印件），由主管税务机关审核，对其实际用于本人探亲，且每年探亲的次数和支付的标准合理的部分给予免税。《国家税务总局关于外籍个人取得的探亲费免征个人所得税有关执行标准问题的通知》（国税函〔2001〕336 号）规定，可以享受免征个人所得税优惠待遇的探亲费，仅限于外籍个人在我国的受雇地与其家庭所在地（包括配偶或

父母居住地)之间搭乘交通工具且每年不超过2次的费用。

根据《国家税务总局关于外籍个人取得有关补贴征免个人所得税执行问题的通知》(国税发〔1997〕54号)第5条的规定,对外籍个人取得的语言培训费和子女教育费补贴免征个人所得税,应由纳税人提供在中国境内接受上述教育的支出凭证和期限证明材料,由主管税务机关审核,对其在中国境内接受语言培训以及子女在中国境内接受教育取得的语言培训费和子女教育费补贴,且在合理数额内的部分免予纳税。

此外,《财政部 国家税务总局关于外籍个人取得港澳地区住房等补贴征免个人所得税的通知》(财税〔2004〕29号)进一步规定:受雇于我国境内企业的外籍个人(不包括香港澳门居民个人),因家庭等原因居住在香港、澳门,每个工作日往返于内地与香港、澳门等地区,由此境内企业(包括其关联企业)给予在香港或澳门住房、伙食、洗衣、搬迁等非现金形式或实报实销形式的补贴,凡能提供有效凭证的,经主管税务机关审核确认后,可以依照《财政部 国家税务总局关于个人所得税若干政策问题的通知》〔(94)财税字第20号〕第2条以及《国家税务总局关于外籍个人取得有关补贴征免个人所得税执行问题的通知》(国税发〔1997〕54号)第1~2条的规定,免予征收个人所得税。上述外籍个人就其在香港或澳门进行语言培训、子女教育而取得的费用补贴,凡能提供有效支出凭证等材料的,经主管税务机关审核确认为合理的部分,可以依照上述(94)财税字第20号文件第2条以及国税发〔1997〕54号文件第5条的规定,免予征收个人所得税。

根据《财政部 税务总局关于对外籍职员的在华住房费准予扣除计算纳税的通知》〔(88)财税外字第21号〕的规定,外商投资企业和外商驻华机构租房或购买房屋免费供外籍职员居住,可以不计入其职员的工资、薪金所得缴纳个人所得税。外商投资企业和外商驻华机构将住房费定额发给外籍职员,应计入其职员的工资、薪金所得。

根据《国家税务总局关于外籍人员×××先生的工资、薪金含有假设房租,如何计征个人所得税问题的函》〔(89)国税外字第52号〕的规定,假设房租是指一些外国公司在向其他国家派驻工作人员时,考虑到不增加派驻人员的个人房租负担,由公司支付其所在派驻国的住房费用。但公司在支付该派驻人员工资时,为不使其因不需支付房租而获得利益,扣除掉该派驻人员在其本国按照一般住房水平应由个人负担的住房费用。根据我国个人所得税法及有关规定,外国公司为其驻华工作人员支付的住房费用如能提供有关证明文件,可不并入个人所得征收所得税。因此,假设房租作为个人应负担的住房费用,应作为个人所得一并征收所得税,而不宜再作扣除。

对外籍个人探亲费、语言训练、子女教育补贴情况,如表7-12所示。

(四)外籍个人八项津补贴优惠的清理与过渡

外籍人员减免税的津补贴项目主要有住房补贴、伙食费补贴、搬家费、洗衣费、探亲费、出差补贴、子女教育费、语言训练费等八项补贴。

《国务院批转发展改革委等部门关于深化收入分配制度改革若干意见的通知》(国发〔2013〕6号)提出,取消对外籍个人从外商投资企业取得的股息、红利所得免征个人所得税等税收优惠。外籍人员八项免税的津补贴也应在清理取消之列。这是因为:

表 7-12　　　　　　　　　　外籍个人探亲费、语言训练、子女教育补贴

	项目	具体界定及管理
外籍个人取得的探亲费、语言训练费、子女教育费等，经当地税务机关审核为合理的部分免税	探亲费	1. 由纳税人提供探亲的交通支出凭证(复印件)； 2. 由主管税务机关审核； 3. 对其实际用于本人探亲，且每年探亲的次数和支付的标准合理的部分给予免税； 4. 仅限于外籍个人在我国的受雇地与其家庭所在地(包括配偶或父母居住地)之间搭乘交通工具且每年不超过 2 次的费用
	语言训练费	1. 由纳税人提供在中国境内接受训练、教育的支出凭证和期限证明材料； 2. 由主管税务机关审核；
	子女教育费	对其在中国境内接受语言培训以及子女在中国境内接受教育取得的语言训练费和子女教育费补贴，且在合理数额内的部分免予纳税

一是外籍人员八项免税津补贴只适用于外籍人员，与国内人员相比存在内外不一、政策不平，外籍人员享受了超国民待遇，继续保留的必要性不大。

二是 2018 年《个人所得税法》增设子女教育、住房租金等专项附加扣除，对外籍人员的子女教育、住房租金已有所考虑。

三是外籍个人八项免税津补贴无统一标准，免税金额福利化，改变了原政策初衷。

四是从国际上看，绝大多数国家对非居民个人取得的生活津补贴没有普遍适用性的免税政策，其中，奥地利仅对符合一定条件的外籍个人可享受一定的特殊税前扣除：搬家费、在工作地附近居住每月不超过 2 200 欧元的住房费用，子女就读私立学校每月不超过 110 欧元的费用、每月不超过 306 欧元的回国探亲费用，总体看，都属于小额的、零星的。

五是近年来华外籍人员的结构和受教育层次发生较大变化，很多低端外籍人员来华就业务工，不宜再给予优惠。对外籍高端人才可借鉴国际做法，通过设立统一的高层次人才优惠政策予以支持。

因而，《财政部　税务总局关于个人所得税法修改后有关优惠政策衔接问题的通知》(财税〔2018〕164 号)第 7 条"关于外籍个人有关津补贴的政策"规定：2019 年 1 月 1 日至 2021 年 12 月 31 日，外籍个人符合居民个人条件的，可以选择享受个人所得税专项附加扣除，也可以选择按照《财政部　国家税务总局关于个人所得税若干政策问题的通知》(财税〔1994〕20 号)、《国家税务总局关于外籍个人取得有关补贴征免个人所得税执行问题的通知》(国税发〔1997〕54 号)和《财政部　国家税务总局关于外籍个人取得港澳地区住房等补贴征免个人所得税的通知》(财税〔2004〕29 号)规定，享受住房补贴、语言训练费、子女教育费等津补贴免税优惠政策，但不得同时享受。外籍个人一经选择，在一个纳税年度内不得变更。自 2022 年 1 月 1 日起，外籍个人不再享受住房补贴、语言训练费、子女教育费津补贴免税优惠政策，应按规定享受专项附加扣除。

根据《财政部　税务总局关于非居民个人和无住所居民个人有关个人所得税政策的公告》(财政部　税务总局公告 2019 年第 35 号)第 3 条的规定，无住所居民个人为外籍个人

的,2022年1月1日前计算工资、薪金收入额时,已经按规定减除住房补贴、子女教育费、语言训练费等八项津补贴的,不能同时享受专项附加扣除。

为减少直接取消外籍人员减免税津补贴政策的影响,对外籍个人津补贴减免税项目给予3年的过渡。这是因为,外籍人员在华工作一般定期轮换,每3~5年轮换一次。设置过渡期可以保证目前在华工作的外籍人员的税收利益不受影响,给新来华人员释放税收政策调整的信号,同时促使外资企业及时调整薪酬政策,实现税收政策的平稳过渡。

(五) 外国派出单位发给包干款项中的非工资收入优惠

根据《财政部关于外国来华工作人员缴纳个人所得税问题的通知》(财税字〔1980〕189号)第5条的规定,外国来华工作人员,由外国派出单位发给包干款项,其中包括个人工资、公用经费(邮电费、办公费、广告费、业务上往来必要的交际费)、生活津贴费(住房费、差旅费),凡对上述所得能够划分清楚的,可只就工资、薪金所得部分按照规定征收个人所得税。

(六) 留学生的生活津贴费、奖学金不征税

根据《财政部关于外国来华工作人员缴纳个人所得税问题的通知》(财税字〔1980〕189号)第4条的规定,外国来华留学生,领取的生活津贴费、奖学金,不属于工资、薪金范畴,不征个人所得税。

(七) 平潭工作的台湾居民税负差额补贴优惠

自2013年1月1日起至2020年12月31日止,根据《财政部 国家税务总局关于福建平潭综合实验区个人所得税优惠政策的通知》(财税〔2014〕24号)第2条的规定,福建省人民政府根据《国务院关于平潭综合实验区总体发展规划的批复》(国函〔2011〕142号)以及《平潭综合实验区总体发展规划》有关规定,按不超过内地与台湾地区个人所得税税负差额,给予在平潭综合实验区工作的台湾居民的补贴,免征个人所得税。

台湾居民,是指持有《台湾居民来往大陆通行证》的个人。平潭综合实验区是指国务院2011年11月批复的《平潭综合实验区总体发展规划》规划的平潭综合实验区范围。

(八) 粤港澳大湾区境外高端人才和紧缺人才补贴免税优惠

根据《财政部 税务总局关于粤港澳大湾区个人所得税优惠政策的通知》(财税〔2019〕31号)的规定,广东省、深圳市按内地与香港个人所得税税负差额,对在大湾区工作的境外(含港澳台,下同)高端人才和紧缺人才给予补贴,该补贴免征个人所得税。在大湾区工作的境外高端人才和紧缺人才的认定和补贴办法,按照广东省、深圳市的有关规定执行。

该通知适用范围包括广东省广州市、深圳市、珠海市、佛山市、惠州市、东莞市、中山市、江门市和肇庆市等大湾区珠三角9市。

根据《广东省财政厅 国家税务总局 广东省税务局关于贯彻落实粤港澳大湾区个人所得税优惠政策的通知》(粤财税〔2019〕2号)的规定,对在大湾区工作的境外高端人才和紧缺人才,其在珠三角9市缴纳的个人所得税已缴税额超过其按应纳税所得额的15%计算的税额部分,由珠三角9市人民政府给予财政补贴,该补贴免征个人所得税。

该通知所称的已缴税额,是指下列所得按照《个人所得税法》规定缴纳的个人所得税额:①工资、薪金所得;②劳务报酬所得;③稿酬所得;④特许权使用费所得;⑤经营所得;

⑥入选人才工程或人才项目获得的补贴性所得。

补贴根据个人所得项目,按照分项计算(综合所得进行综合计算)、合并补贴的方式进行,每年补贴一次。从两处以上取得上述所得的人才,补贴按照属地原则进行合理分担。

对在大湾区工作的境外高端人才和紧缺人才,按照自愿申报、科学客观的原则进行认定。申报人应当具备以下基本条件:

(1) 中国香港、澳门永久性居民,取得中国香港入境计划(优才、专业人士及企业家)的香港居民,中国台湾地区居民,外国国籍人士,或取得国外长期居留权的回国留学人员和海外华侨。

(2) 在珠三角9市工作,且在此依法纳税。

(3) 遵守法律法规、科研伦理和科研诚信。

同时,申报人应当符合下列条件之一:

(1) 国家、省、市重大人才工程入选者,取得广东省"人才优粤卡"、外国人工作许可证(A类)或外国高端人才确认函的人才,以及国家、省、市认定的其他境外高层次人才。

(2) 国家、省、市重大创新平台的科研团队成员,高等院校、科研机构、医院等相关机构中的科研技术团队成员,在广东省重点发展产业、重点领域就业创业的技术技能骨干和优秀管理人才,以及珠三角9市认定的其他具有特殊专长的紧缺急需人才。

高端人才和紧缺人才的具体认定标准和操作办法,由各市根据当地实际制定。

在2019年以前,《国务院发布关于支持深圳前海深港现代服务业合作区开发开放有关政策的批复》(国函〔2012〕58号)规定,对在前海工作、符合前海规划产业发展需要的境外高端人才和紧缺人才,取得的暂由深圳市人民政府按内地与境外个人所得税税负差额给予的补贴,免征个人所得税。根据《财政部 国家税务总局关于广东横琴新区个人所得税优惠政策的通知》(财税〔2014〕23号)第2条的规定,广东省人民政府根据《国务院关于横琴开发有关政策的批复》(国函〔2011〕85号)有关规定,分别按不超过内地与港、澳地区个人所得税税负差额,给予在横琴新区工作的香港、澳门居民的补贴,免征个人所得税。

六、外籍个人从外商投资企业取得股息红利优惠

《财政部 国家税务总局关于个人所得税若干政策问题的通知》(财税字〔1994〕20号)第2条第8项规定,外籍个人从外商投资企业取得的股息、红利所得,暂免征收个人所得税。

《国家税务总局关于外籍个人持有中国境内上市公司股票所取得的股息有关税收问题的函》(国税函发〔1994〕440号)明确规定,对持有B股或海外股(包括H股)的外籍个人,从发行该B股或海外股的中国境内企业所取得的股息(红利)所得,暂免征收个人所得税。

2013年2月3日,《国务院批转发展改革委等部门关于深化收入分配制度改革若干意见的通知》(国发〔2013〕6号)要求,取消对外籍个人从外商投资企业取得的股息、红利所得免征个人所得税等税收优惠。

根据《湖北省地方税务局关于对外籍个人从外商投资企业取得股息红利所得征收个人所得税问题的公告》(湖北省地方税务局公告2013年第1号,自2018年6月15日起废止)

的规定,取消对外籍个人从外商投资企业取得的股息、红利所得免征个人所得税税收优惠。对取得上述所得的外籍个人,按照"利息、股息、红利"所得项目征收个人所得税。外籍个人可以依据其所在国家(地区)与我国签署税收协定的相关规定,在办理相关手续后,按照税收协定中的"股息"条款享受优惠税率。

七、支持住房个人所得税优惠

(一) 个人转让自用 5 年以上家庭唯一生活用房免征优惠

根据《财政部 国家税务总局关于个人所得税若干政策问题的通知》(财税字〔1994〕20号)第 2 条第 6 项的规定,个人转让自用达 5 年以上,并且是唯一的家庭生活用房取得的所得,暂免征收个人所得税。

《国家税务总局关于个人转让房屋有关税收征管问题的通知》(国税发〔2007〕33 号)第 2 条规定,个人出售商业用房取得的所得,应按规定缴纳个人所得税,不得享受自用 5 年以上的家庭唯一生活用房免税的政策。该通知第 3 条规定,根据《财政部 国家税务总局 建设部关于个人住房所得征收个人所得税有关问题的通知》(财税字〔1999〕278 号)的规定,个人转让自用 5 年以上,并且是家庭唯一生活用房,取得的所得免征个人所得税。

"自用 5 年以上",是指个人购房至转让房屋的时间达 5 年以上。个人按照国家房改政策购买的公有住房,以其购房合同的生效时间、房款收据开具日期或房屋产权证上注明的时间,依照孰先原则确定;个人购买的其他住房,以其房屋产权证注明日期或契税完税凭证注明日期,按照孰先原则确定。个人转让房屋的日期,以销售发票上注明的时间为准。

"家庭唯一生活用房"是指在同一省、自治区、直辖市范围内纳税人(有配偶的为夫妻双方)仅拥有一套住房。

根据《国家税务总局关于明确个人所得税若干政策执行问题的通知》(国税发〔2009〕121 号)的规定,通过离婚析产的方式分割房屋产权是夫妻双方对共同共有财产的处置,个人因离婚办理房屋产权过户手续,不征收个人所得税。个人转让离婚析产房屋所取得的收入,符合家庭生活自用 5 年以上唯一住房的,可以申请免征个人所得税,其购置时间按照《国家税务总局关于房地产税收政策执行中几个具体问题的通知》(国税发〔2005〕172 号)执行。

《国家税务总局 财政部 建设部关于加强房地产税收管理的通知》(国税发〔2005〕89号)规定,个人购买住房以取得的房屋产权证或契税完税证明上注明的时间作为其购买房屋的时间。《国家税务总局关于房地产税收政策执行中几个具体问题的通知》(国税发〔2005〕172 号)进一步明确,"契税完税证明上注明的时间"是指契税完税证明上注明的填发日期。纳税人申报时,同时出具房屋产权证和契税完税证明且二者所注明的时间不一致的,按照"孰先"的原则确定购买房屋的时间。即房屋产权证上注明的时间早于契税完税证明上注明的时间的,以房屋产权证注明的时间为购买房屋的时间;契税完税证明上注明的时间早于房屋产权证上注明的时间的,以契税完税证明上注明的时间为购买房屋的时间。个人将通过受赠、继承、离婚财产分割等非购买形式取得的住房对外销售的行为,也适用国税发〔2005〕89 号文件的有关规定。其购房时间按发生受赠、继承、离婚财产分割行为前的购房时间确定,其购房价格按发生受赠、继承、离婚财产分割行为前的购房原价确定。个人需持其通过受赠、继承、离婚财产分割等非购买形式取得住房的合法、有效法律证明文书,到税务部门办理相关手续。

(二) 符合条件的房屋赠与免征优惠

1. 符合条件的房屋产权无偿赠与免税优惠

根据《财政部 税务总局关于个人取得有关收入适用个人所得税应税所得项目的公告》(财政部 税务总局公告2019年第74号)第2条的规定,房屋产权所有人将房屋产权无偿赠与他人的,受赠人因无偿受赠房屋取得的受赠收入,按照"偶然所得"项目计算缴纳个人所得税。按照《财政部 国家税务总局关于个人无偿受赠房屋有关个人所得税问题的通知》(财税〔2009〕78号)第1条规定,符合以下情形的,对当事双方不征收个人所得税:

(1)房屋产权所有人将房屋产权无偿赠与配偶、父母、子女、祖父母、外祖父母、孙子女、外孙子女、兄弟姐妹。

(2)房屋产权所有人将房屋产权无偿赠与对其承担直接抚养或者赡养义务的抚养人或者赡养人。

(3)房屋产权所有人死亡,依法取得房屋产权的法定继承人、遗嘱继承人或者受遗赠人。

前款所称受赠收入的应纳税所得额按照《财政部 国家税务总局关于个人无偿受赠房屋有关个人所得税问题的通知》(财税〔2009〕78号)第4条规定计算。

2. 无偿赠与或受赠不动产免税所需证明资料

1) 应报送的基本资料

根据《国家税务总局关于进一步简化和规范个人无偿赠与或受赠不动产免征营业税 个人所得税所需证明资料的公告》(国家税务总局公告2015年第75号)第1条的规定,纳税人在办理个人无偿赠与或受赠不动产免征个人所得税手续时,应报送《个人无偿赠与不动产登记表》、双方当事人的身份证明原件及复印件(继承或接受遗赠的,只须提供继承人或接受遗赠人的身份证明原件及复印件)、房屋所有权证原件及复印件。

2) 区分不同情形应报送的资料

根据《国家税务总局关于进一步简化和规范个人无偿赠与或受赠不动产免征营业税 个人所得税所需证明资料的公告》(国家税务总局公告2015年第75号)第1条的规定,属于以下四类情形之一的,还应分别提交相应证明资料:

(1)离婚分割财产的,应当提交:离婚协议或者人民法院判决书或者人民法院调解书的原件及复印件;离婚证原件及复印件。

(2)亲属之间无偿赠与的,应当提交:无偿赠与配偶的,提交结婚证原件及复印件;无偿赠与父母、子女、祖父母、外祖父母、孙子女、外孙子女、兄弟姐妹的,提交户口簿或者出生证明或者人民法院判决书或者人民法院调解书或者其他部门(有资质的机构)出具的能够证明双方亲属关系的证明资料原件及复印件。

(3)无偿赠与非亲属抚养或赡养关系人的,应当提交:人民法院判决书或者人民法院调解书或者乡镇政府或街道办事处出具的抚养(赡养)关系证明或者其他部门(有资质的机构)出具的能够证明双方抚养(赡养)关系的证明资料原件及复印件。

(4)继承或接受遗赠的,应当提交:房屋产权所有人死亡证明原件及复印件;经公证的能够证明有权继承或接受遗赠的证明资料原件及复印件。

税务机关应当认真核对上述资料,资料齐全并且填写正确的,在《个人无偿赠与不动产登记表》上签字盖章,留存《个人无偿赠与不动产登记表》复印件和有关证明资料复印件,原件退还纳税人,同时办理免税手续。

(三)拆迁补偿款免征优惠

根据《财政部 国家税务总局关于城镇房屋拆迁有关税收政策的通知》(财税〔2005〕45号)第1条的规定,对被拆迁人按照国家有关城镇房屋拆迁管理办法规定的标准取得的拆迁补偿款,免征个人所得税。

根据《财政部 国家税务总局关于棚户区改造有关税收政策的通知》(财税〔2013〕101号)第5条的规定,个人因房屋被征收而取得货币补偿并用于购买改造安置住房,或因房屋被征收而进行房屋产权调换并取得改造安置住房,按有关规定减免契税。个人取得的拆迁补偿款按有关规定免征个人所得税。

(四)城镇住房保障家庭取得的住房租赁补贴优惠

自2019年1月1日起至2020年12月31日止,根据《财政部 税务总局关于公共租赁住房税收优惠政策的公告》(财政部 税务总局公告2019年第61号)第6条的规定,对符合地方政府规定条件的城镇住房保障家庭从地方政府领取的住房租赁补贴,免征个人所得税。

个人捐赠住房作为公共租赁住房(以下简称公租房),符合税收法律法规规定的,对其公益性捐赠支出未超过其申报的应纳税所得额30%的部分,准予从其应纳税所得额中扣除。

(五)个人出租房屋减征优惠

自2001年1月1日起,根据《财政部 国家税务总局关于调整住房租赁市场税收政策的通知》(财税〔2000〕125号)第3条的规定,对个人出租房屋取得的所得暂减按10%的税率征收个人所得税。该通知第2条规定,对个人按市场价格出租的居民住房,房产税暂减按4%的税率征收。

自2008年3月1日起,根据《财政部 国家税务总局关于廉租住房经济适用住房和住房租赁有关税收政策的通知》(财税〔2008〕24号)第2条的规定,对个人出租住房取得的所得减按10%的税率征收个人所得税。对个人出租、承租住房签订的租赁合同,免征印花税。对个人出租住房,不区分用途,按4%的税率征收房产税,免征城镇土地使用税。对企事业单位、社会团体以及其他组织按市场价格向个人出租用于居住的住房,减按4%的税率征收房产税。

八、支持金融资本市场发展优惠

(一)上市公司股息红利差别化政策优惠

自2015年9月8日起,根据《财政部 国家税务总局 证监会关于上市公司股息红利差别化个人所得税政策有关问题的通知》(财税〔2015〕101号)的规定,上市公司派发股息红利,股权登记日在2015年9月8日之后的,股息红利所得按照该通知的规定执行。该通知实施之日个人投资者证券账户已持有的上市公司股票,其持股时间自取得之日起计算。个人从公开发行和转让市场取得的上市公司股票,持股期限超过1年的,股息红利所得暂免征收个人所得税。个人从公开发行和转让市场取得的上市公司股票,持股期限在1个月以内(含1个月)的,其股息红利所得全额计入应纳税所得额;持股期限在1个月以上至1年(含1年)的,暂减按50%计入应纳税所得额;上述所得统一适用20%的税率计征个人所得税。

上市公司派发股息红利时,对个人持股1年以内(含1年)的,上市公司暂不扣缴个人所得税;待个人转让股票时,证券登记结算公司根据其持股期限计算应纳税额,由证券公司等股份托管机构从个人资金账户中扣收并划付证券登记结算公司,证券登记结算公司应于次月5个工作日内划付上市公司,上市公司在收到税款当月的法定申报期内向主管税务机关申报缴纳。

上市公司股息红利差别化个人所得税政策其他有关操作事项,按照《财政部 国家税务总局 证监会关于实施上市公司股息红利差别化个人所得税政策有关问题的通知》(财税〔2012〕85号)的相关规定执行。

(二)新三板挂牌公司股息红利差别化政策优惠

《财政部 税务总局 证监会关于继续实施全国中小企业股份转让系统挂牌公司股息红利差别化个人所得税政策的公告》(财政部公告2019年第78号)就继续实施全国中小企业股份转让系统挂牌公司(以下简称挂牌公司)股息红利差别化个人所得税政策做出如下规定,自2019年7月1日起至2024年6月30日止执行,挂牌公司、两网公司、退市公司派发股息红利,股权登记日在2019年7月1日至2024年6月30日的,股息红利所得按照该公告的规定执行。该公告实施之日个人投资者证券账户已持有的挂牌公司、两网公司、退市公司股票,其持股时间自取得之日起计算。

1. 挂牌公司股息红利差别化政策

个人持有挂牌公司的股票,持股期限超过1年的,对股息红利所得暂免征收个人所得税。个人持有挂牌公司的股票,持股期限在1个月以内(含1个月)的,其股息红利所得全额计入应纳税所得额;持股期限在1个月以上至1年(含1年)的,其股息红利所得暂减按50%计入应纳税所得额;上述所得统一适用20%的税率计征个人所得税。挂牌公司是指股票在全国中小企业股份转让系统公开转让的非上市公众公司;持股期限是指个人取得挂牌公司股票之日至转让交割该股票之日前一日的持有时间。

对证券投资基金从挂牌公司取得的股息红利所得,按照该公告规定计征个人所得税。

对个人和证券投资基金从全国中小企业股份转让系统挂牌的原STAQ、NET系统挂牌公司(以下简称两网公司)以及全国中小企业股份转让系统挂牌的退市公司取得的股息红利所得,按照该公告规定计征个人所得税,但退市公司的限售股按照《财政部 国家税务总局 证监会关于实施上市公司股息红利差别化个人所得税政策有关问题的通知》(财税〔2012〕85号)第4条规定执行。

年(月)是指自然年(月),即持股一年是指从上一年某月某日至本年同月同日的前一日连续持股,持股一个月是指从上月某日至本月同日的前一日连续持股。

2. 征收管理

挂牌公司派发股息红利时,对截至股权登记日个人持股1年以内(含1年)且尚未转让的,挂牌公司暂不扣缴个人所得税;待个人转让股票时,证券登记结算公司根据其持股期限计算应纳税额,由证券公司等股票托管机构从个人资金账户中扣收并划付证券登记结算公司,证券登记结算公司应于次月5个工作日内划付挂牌公司,挂牌公司在收到税款当月的法定申报期内向主管税务机关申报缴纳,并应办理全员全额扣缴申报。个人应在资金账户留足资金,依法履行纳税义务。证券公司等股票托管机构应依法划扣税款,对个人资金账户暂无资金或资金不足的,证券公司等股票托管机构应当及时通知个人补足资金,并划扣税款。

个人转让股票时,按照先进先出的原则计算持股期限,即证券账户中先取得的股票视为先转让。应纳税所得额以个人投资者证券账户为单位计算,持股数量以每日日终结算后个人投资者证券账户的持有记录为准,证券账户取得或转让的股票数为每日日终结算后的净增(减)股票数。

3. 个人持有挂牌公司的股票界定

个人持有挂牌公司的股票包括:

(1) 在全国中小企业股份转让系统挂牌前取得的股票。

(2) 通过全国中小企业股份转让系统转让取得的股票。

(3) 因司法扣划取得的股票。

(4) 因依法继承或家庭财产分割取得的股票。

(5) 通过收购取得的股票。

(6) 权证行权取得的股票。

(7) 使用附认股权、可转换成股份条款的公司债券认购或者转换的股票。

(8) 取得发行的股票、配股、股票股利及公积金转增股本。

(9) 挂牌公司合并,个人持有的被合并公司股票转换的合并后公司股票。

(10) 挂牌公司分立,个人持有的被分立公司股票转换的分立后公司股票。

(11) 其他从全国中小企业股份转让系统取得的股票。

4. 转让股票的界定

转让股票包括下列情形:

(1) 通过全国中小企业股份转让系统转让股票。

(2) 持有的股票被司法扣划。

(3) 因依法继承、捐赠或家庭财产分割让渡股票所有权。

(4) 用股票接受要约收购。

(5) 行使现金选择权将股票转让给提供现金选择权的第三方。

(6) 用股票认购或申购交易型开放式指数基金(ETF)份额。

(7) 其他具有转让实质的情形。

自 2015 年 9 月 8 日起,根据《财政部 国家税务总局 证监会关于上市公司股息红利差别化个人所得税政策有关问题的通知》(财税〔2015〕101 号)规定,个人持有全国中小企业股份转让系统(简称全国股份转让系统)挂牌公司的股票,持股期限超过 1 年的,股息红利所得暂免征收个人所得税;持股期限在 1 个月以内(含 1 个月)的,其股息红利所得全额计入应纳税所得额;持股期限在 1 个月以上至 1 年(含 1 年)的,暂减按 50% 计入应纳税所得额。

自 2014 年 7 月 1 日起至 2015 年 9 月 7 日止,根据《财政部 国家税务总局 证监会关于实施全国中小企业股份转让系统挂牌公司股息红利差别化个人所得税政策有关问题的通知》(财税〔2014〕48 号,自 2019 年 1 月 1 日起被财政部公告 2019 年第 78 号废止)第一条的规定,个人持有全国中小企业股份转让系统(简称全国股份转让系统)挂牌公司的股票,持股期限在 1 个月以内(含 1 个月)的,其股息红利所得全额计入应纳税所得额;持股期限在 1 个月以上至 1 年(含 1 年)的,暂减按 50% 计入应纳税所得额;持股期限超过 1 年的,暂减按 25% 计入应纳税所得额。上述所得统一适用 20% 的税率计征个人所得税。

挂牌公司是指股票在全国股份转让系统挂牌公开转让的非上市公众公司;持股期限是指个人取得挂牌公司股票之日至转让交割该股票之日前一日的持有时间。

根据财税〔2014〕48 号文件规定,个人和证券投资基金从全国股份转让系统挂牌的原 STAQ、NET 系统挂牌公司(简称两网公司)取得的股息红利所得,按照该通知规定计征个人所得税;从全国股份转让系统挂牌的退市公司取得的股息红利所得,按照《财政部 国家税务总局 证监会关于实施上市公司股息红利差别化个人所得税政策有关问题的通知》(财税〔2012〕85 号)的有关规定计征个人所得税。

(三)投资创新企业境内发行存托凭证所得优惠

为支持实施创新驱动发展战略,《财政部 税务总局 证监会关于创新企业境内发行存托凭证试点阶段有关税收政策的公告》(财政部 税务总局 证监会公告 2019 年第 52 号)第 1 条就创新企业境内发行存托凭证(以下简称创新企业 CDR)试点阶段涉及的个人所得税收政策做出规定,自试点开始之日起,对个人投资者转让创新企业 CDR 取得的差价所得,3 年(36 个月,下同)内暂免征收个人所得税。

自试点开始之日起,对个人投资者持有创新企业 CDR 取得的股息红利所得,3 年内实施股息红利差别化个人所得税政策,具体参照《财政部 国家税务总局 证监会关于实施上市公司股息红利差别化个人所得税政策有关问题的通知》(财税〔2012〕85 号)、《财政部 国家税务总局 证监会关于上市公司股息红利差别化个人所得税政策有关问题的通知》(财税〔2015〕101 号)的相关规定执行,由创新企业在其境内的存托机构代扣代缴税款,并向存托机构所在地税务机关办理全员全额明细申报。对于个人投资者取得的股息红利在境外已缴纳的税款,可按照个人所得税法以及双边税收协定(安排)的相关规定予以抵免。

(四)转让上市公司股票所得免征优惠

根据《财政部 国家税务总局关于个人转让股票所得继续暂免征收个人所得税的通知》(财税字〔1998〕61 号)的规定,从 1997 年 1 月 1 日起,对个人转让从上市公司公开发行和转让市场取得的上市公司股票取得的所得继续暂免征收个人所得税。

《财政部 国家税务总局 证监会关于个人转让上市公司限售股所得征收个人所得税有关问题的通知》(财税〔2009〕167号)进一步规定,对个人在上海证券交易所、深圳证券交易所转让从上市公司公开发行和转让市场取得的上市公司股票所得,继续免征个人所得税。

(五) 个人通过沪港通、深港通取得的股票转让差价所得优惠

根据《财政部 国家税务总局 证监会关于沪港股票市场交易互联互通机制试点有关税收政策的通知》(财税〔2014〕81号)、《财政部 税务总局 证监会关于继续执行沪港股票市场交易互联互通机制有关个人所得税政策的通知》(财税〔2017〕78号)、《财政部 税务总局 证监会关于继续执行沪港、深港股票市场交易互联互通机制和内地与香港基金互认有关个人所得税政策的公告》(财政部公告2019年第93号)的规定,对内地个人投资者通过沪港股票市场交易互联互通机制(沪港通)投资香港联交所上市股票取得的转让差价所得,自2014年11月17日起至2022年12月31日止,暂免征收个人所得税。

根据《财政部 税务总局 证监会关于继续执行沪港、深港股票市场交易互联互通机制和内地与香港基金互认有关个人所得税政策的公告》(财政部公告2019年第93号)、《财政部 国家税务总局 证监会关于深港股票市场交易互联互通机制试点有关税收政策的通知》(财税〔2016〕127号)和《财政部 税务总局 证监会关于继续执行沪港、深港股票市场交易互联互通机制和内地与香港基金互认有关个人所得税政策的公告》(财政部公告2019年第93号)的规定。

对内地个人投资者通过深港通(深港股票市场交易互联互通机制试点的简称)投资香港联合交易所有限公司(以下简称香港联交所)上市股票取得的转让差价所得,自2016年12月5日起至2022年12月31日止,暂免征收个人所得税。

根据财税〔2016〕127号文件第1条第(3)项"内地个人投资者通过深港通投资香港联交所上市股票的股息红利所得税"的规定,对内地个人投资者通过深港通投资香港联交所上市H股取得的股息红利,H股公司应向中国证券登记结算有限责任公司(以下简称中国结算)提出申请,由中国结算向H股公司提供内地个人投资者名册,H股公司按照20%的税率代扣个人所得税。内地个人投资者通过深港通投资香港联交所上市的非H股取得的股息红利,由中国结算按照20%的税率代扣个人所得税。个人投资者在国外已缴纳的预提税,可持有效扣税凭证到中国结算的主管税务机关申请税收抵免。

对内地证券投资基金通过深港通投资香港联交所上市股票取得的股息红利所得,按照上述规定计征个人所得税。

根据财税〔2016〕127号文件第2条"关于香港市场投资者通过深港通投资深圳证券交易所(以下简称深交所)上市A股的所得税问题"的规定,对香港市场投资者(包括企业和个人)投资深交所上市A股取得的转让差价所得,暂免征收所得税。对香港市场投资者(包括企业和个人)投资深交所上市A股取得的股息红利所得,在香港中央结算有限公司(以下简称香港结算)不具备向中国结算提供投资者的身份及持股时间等明细数据的条件之前,暂

不执行按持股时间实行差别化征税政策,由上市公司按照10%的税率代扣所得税,并向其主管税务机关办理扣缴申报。对于香港投资者中属于其他国家税收居民且其所在国与中国签订的税收协定规定股息红利所得税率低于10%的,企业或个人可以自行或委托代扣代缴义务人,向上市公司主管税务机关提出享受税收协定待遇退还多缴税款的申请,主管税务机关查实后,对符合退税条件的,应按已征税款和根据税收协定税率计算的应纳税款的差额予以退税。

(六) 转让新三板挂牌公司非原始股优惠

为促进全国中小企业股份转让系统(以下简称新三板)长期稳定发展,《财政部 税务总局 证监会关于个人转让全国中小企业股份转让系统挂牌公司股票有关个人所得税政策的通知》(财税〔2018〕137号)就个人转让新三板挂牌公司股票有关个人所得税政策做出如下规定:

(1) 自2018年11月1日(含)起,对个人转让新三板挂牌公司非原始股取得的所得,暂免征收个人所得税。非原始股是指个人在新三板挂牌公司挂牌后取得的股票,以及由上述股票孳生的送、转股。2018年11月1日之前,个人转让新三板挂牌公司非原始股,尚未进行税收处理的,可比照上述规定免征个人所得税,已经进行相关税收处理的,不再进行税收调整。

(2) 对个人转让新三板挂牌公司原始股取得的所得,按照"财产转让所得",适用20%的比例税率征收个人所得税。原始股是指个人在新三板挂牌公司挂牌前取得的股票,以及在该公司挂牌前和挂牌后由上述股票孳生的送、转股。

(3) 2019年9月1日之前,个人转让新三板挂牌公司原始股的个人所得税,征收管理办法按照现行股权转让所得有关规定执行,以股票受让方为扣缴义务人,由被投资企业所在地税务机关负责征收管理。自2019年9月1日(含)起,个人转让新三板挂牌公司原始股的个人所得税,以股票托管的证券机构为扣缴义务人,由股票托管的证券机构所在地主管税务机关负责征收管理。具体征收管理办法参照《财政部 国家税务总局 证监会关于个人转让上市公司限售股所得征收个人所得税有关问题的通知》(财税〔2009〕167号)和《财政部 国家税务总局 证监会关于个人转让上市公司限售股所得征收个人所得税有关问题的补充通知》(财税〔2010〕70号)有关规定执行。

(七) 储蓄存款利息所得优惠

根据《财政部 国家税务总局关于储蓄存款利息所得有关个人所得税政策的通知》(财税〔2008〕132号)的规定,自2008年10月9日起,对储蓄存款利息所得暂免征收个人所得税。即储蓄存款在1999年10月31日前孳生的利息所得,不征收个人所得税;储蓄存款在1999年11月1日至2007年8月14日孳生的利息所得,按照20%的比例税率征收个人所得税;储蓄存款在2007年8月15日至2008年10月8日孳生的利息所得,按照5%的比例税率征收个人所得税;储蓄存款在2008年10月9日后(含10月9日)孳生的利息所得,暂免征收个人所得税。

根据《国家税务总局 中国人民银行 教育部关于印发〈教育储蓄存款利息所得免征个

人所得税实施办法〉的通知》（国税发〔2005〕148号）的规定，个人为其子女（或被监护人）接受非义务教育（指九年义务教育之外的全日制高中、大中专、大学本科、硕士和博士研究生）在储蓄机构开立教育储蓄专户，并享受利率优惠的存款，其所取得的利息免征个人所得税。开立教育储蓄的对象（即储户）为在校小学4年级（含4年级）以上学生；享受免征利息所得个人所得税优惠政策的对象必须是正在接受非义务教育的在校学生，其在就读全日制高中（中专）、大专和大学本科、硕士和博士研究生时，每个学习阶段可分别享受一次2万元教育储蓄的免税优惠。

（八）证券交易结算资金利息所得优惠

根据《财政部 国家税务总局关于证券市场个人投资者证券交易结算资金利息所得有关个人所得税政策的通知》（财税〔2008〕140号）的规定，自2008年10月9日起，对证券市场个人投资者取得的证券交易结算资金利息所得，暂免征收个人所得税，即证券市场个人投资者的证券交易结算资金在2008年10月9日后（含10月9日）孳生的利息所得，暂免征收个人所得税。

（九）"三险一金"存款利息所得优惠

《财政部 国家税务总局关于住房公积金、医疗保险金、基本养老保险金、失业保险基金个人账户存款利息所得免征个人所得税的通知》（财税字〔1999〕267号）规定，按照国家或省级地方政府规定的比例缴付的下列专项基金或资金存入银行个人账户所取得的利息收入免征个人所得税：①住房公积金；②医疗保险金；③基本养老保险金；④失业保险基金。

（十）行政和解金免税优惠

根据《财政部 国家税务总局关于行政和解金有关税收政策问题的通知》（财税〔2016〕100号）第3条的规定，对企业投资者从投保基金公司取得的行政和解金，应计入企业当期收入，依法征收企业所得税；对个人投资者从投保基金公司取得的行政和解金，暂免征收个人所得税。

（十一）铁路债券利息收入减半征收优惠

根据《财政部 国家税务总局关于铁路债券利息收入所得税政策问题的通知》（财税〔2016〕30号）的规定，对企业投资者持有2016—2018年发行的铁路债券取得的利息收入，减半征收企业所得税。对个人投资者持有2016—2018年发行的铁路债券取得的利息收入，减按50%计入应纳税所得额计算征收个人所得税。税款由兑付机构在向个人投资者兑付利息时代扣代缴。

根据《财政部 税务总局关于铁路债券利息收入所得税政策的公告》（财政部 税务总局公告2019年第57号）第2条的规定，对个人投资者持有2019—2023年发行的铁路债券取得的利息收入，减按50%计入应纳税所得额计算征收个人所得税。税款由兑付机构在向个人投资者兑付利息时代扣代缴。

铁路债券是指以中国铁路总公司为发行和偿还主体的债券，包括中国铁路建设债券、中期票据、短期融资券等债务融资工具。

(十二) 内地与香港基金互认优惠

根据《财政部 税务总局 证监会关于继续执行内地与香港基金互认有关个人所得税政策的通知》(财税〔2018〕154号)的规定,对内地个人投资者通过基金互认买卖香港基金份额取得的转让差价所得,自2018年12月18日起至2019年12月4日止,继续暂免征收个人所得税。

(十三) 股权分置改革非流通股股东向流通股股东支付对价免税

根据《财政部 国家税务总局关于股权分置试点改革有关税收政策问题的通知》(财税〔2005〕103号)第2条的规定,股权分置改革中非流通股股东通过对价方式向流通股股东支付的股份、现金等收入,暂免征收流通股股东应缴纳的企业所得税和个人所得税。

九、社会保险与公积金优惠

(一) 单位为个人按规定缴付的"三险一金"免征优惠

在2018年12月31日以前,根据2011年《个人所得税法实施条例》的规定,按照国家规定,单位为个人缴付和个人缴付的基本养老保险费、基本医疗保险费、失业保险费、住房公积金,从纳税义务人的应纳税所得额中扣除。

根据《财政部 国家税务总局关于基本养老保险费、基本医疗保险费、失业保险费、住房公积金有关个人所得税政策的通知》(财税〔2006〕10号)的规定,企事业单位按照国家或省(自治区、直辖市)人民政府规定的缴费比例或办法实际缴付的基本养老保险费、基本医疗保险费和失业保险费,免征个人所得税;个人按照国家或省(自治区、直辖市)人民政府规定的缴费比例或办法实际缴付的基本养老保险费、基本医疗保险费和失业保险费,允许在个人应纳税所得额中扣除。企事业单位和个人超过规定的比例和标准缴付的基本养老保险费、基本医疗保险费和失业保险费,应将超过部分并入个人当期的工资、薪金收入,计征个人所得税。

根据《住房公积金管理条例》《建设部 财政部 中国人民银行关于住房公积金管理若干具体问题的指导意见》(建金管〔2005〕5号)等规定精神,单位和个人分别在不超过职工本人上一年度月平均工资12%的幅度内,其实际缴存的住房公积金,允许在个人应纳税所得额中扣除。单位和职工个人缴存住房公积金的月平均工资不得超过职工工作地所在设区城市上一年度职工月平均工资的3倍,具体标准按照各地有关规定执行。单位和个人超过上述规定比例和标准缴付的住房公积金,应将超过部分并入个人当期的工资、薪金收入,计征个人所得税。

个人实际领(支)取原提存的基本养老保险金、基本医疗保险金、失业保险金和住房公积金时,免征个人所得税。

(二) 工伤保险待遇免征优惠

自2011年1月1日起,根据《财政部 国家税务总局关于工伤职工取得的工伤保险待遇有关个人所得税政策的通知》(财税〔2012〕40号)第1条的规定,对工伤职工及其近亲属按照《工伤保险条例》(国务院令第586号)规定取得的工伤保险待遇,免征个人所得税。

工伤保险待遇,包括工伤职工按照《工伤保险条例》规定取得的一次性伤残补助金、伤残津贴、一次性工伤医疗补助金、一次性伤残就业补助金、工伤医疗待遇、住院伙食补助费、外地就医交通食宿费用、工伤康复费用、辅助器具费用、生活护理费等,以及职工因工死亡,其近亲属按照《工伤保险条例》规定取得的丧葬补助金、供养亲属抚恤金和一次性工亡补助金等。

(三)生育津贴和生育医疗费免征优惠

根据《财政部 国家税务总局关于生育津贴和生育医疗费有关个人所得税政策的通知》(财税〔2008〕8号)第1条的规定,生育妇女按照县级以上人民政府根据国家有关规定制定的生育保险办法,取得的生育津贴、生育医疗费或其他属于生育保险性质的津贴、补贴,免征个人所得税。

十、从事四业所得暂免征收优惠

(一)个人或个体户从事四业所得暂免征收优惠

《财政部 国家税务总局关于农村税费改革试点地区有关个人所得税问题的通知》(财税〔2004〕30号,自2004年1月1日起执行)第1条规定,对个人或个体户从事种植业、养殖业、饲养业、捕捞业,其取得的"四业"所得暂不征收个人所得税。

(二)独资与合伙企业投资者取得四业所得暂不征收优惠

《财政部 国家税务总局关于个人独资企业和合伙企业投资者取得种植业 养殖业 饲养业 捕捞业所得有关个人所得税问题的批复》(财税〔2010〕96号)明确,对个人独资企业和合伙企业从事种植业、养殖业、饲养业和捕捞业(以下简称"四业"),其投资者取得的"四业"所得暂不征收个人所得税。

十一、支持体育事业发展优惠

(一)支持北京2022年冬奥会和冬残奥会优惠

根据《财政部 税务总局 海关总署关于北京2022年冬奥会和冬残奥会税收政策的通知》(财税〔2017〕60号)第3条的规定,个人捐赠北京2022年冬奥会、冬残奥会、测试赛的资金和物资支出可在计算个人应纳税所得额时予以全额扣除。

对受北京冬奥组委邀请的,在北京2022年冬奥会、冬残奥会、测试赛期间临时来华,从事奥运相关工作的外籍顾问以及裁判员等外籍技术官员取得的由北京冬奥组委、测试赛赛事组委会支付的劳务报酬免征增值税和个人所得税。

对于参赛运动员因北京2022年冬奥会、冬残奥会、测试赛比赛获得的奖金和其他奖赏收入,按现行税收法律法规的有关规定征免应缴纳的个人所得税。

根据《财政部 税务总局 海关总署关于北京2022年冬奥会和冬残奥会税收优惠政策的公告》(财政部公告2019年第92号)第8条的规定,对国际奥委会及其相关实体的外籍雇员、官员、教练员、训练员以及其他代表在2019年6月1日至2022年12月31日期间临时来华,从事与北京冬奥会相关的工作,取得由北京冬奥组委支付或认定的收入,免征增值税和个人所得税。该类人员的身份及收入由北京冬奥组委出具证明文件，北京冬奥组委定期将该类人员名单及免税收入相关信息报送税务部门。

（二）支持青奥会、亚青会、东亚会税收优惠

根据《财政部　海关总署　国家税务总局关于第二届夏季青年奥林匹克运动会等三项国际综合运动会税收政策的通知》（财税〔2013〕11号）第2条关于青奥会、亚青会和东亚会参与者的税收政策的规定，对参赛运动员因青奥会、亚青会和东亚会比赛获得的奖金和其他奖赏收入，按现行税收法律法规的有关规定征免应缴纳的个人所得税。

对企事业单位、社会团体和其他组织以及个人通过公益性社会团体或者县级以上人民政府及其部门捐赠青奥会、亚青会和东亚会的资金、物资支出，在计算企业和个人应纳税所得额时按现行税收法律法规的有关规定予以税前扣除。

（三）支持亚沙会税收优惠

根据《财政部　海关总署　国家税务总局关于第三届亚洲沙滩运动会税收政策的通知》（财税〔2011〕11号）第2条关于亚沙会参与者的税收政策的规定，对参赛运动员参加亚沙会比赛获得的奖金和其他奖赏收入，按现行税收法律法规的有关规定征免应缴纳的个人所得税。

对企事业单位、社会团体和其他组织以及个人通过公益性社会团体或者县级以上人民政府及其部门捐赠亚沙会的资金、物资支出，在计算企业和个人应纳税所得额时按现行税收法律法规的有关规定予以税前扣除。

（四）支持第七届世界军人运动会优惠

根据《财政部　税务总局　海关总署　关于第七届世界军人运动会税收政策的通知》（财税〔2018〕119号）第2条的规定，对参赛运动员因武汉军运会比赛获得的奖金和其他奖赏收入，按现行税收法律法规的有关规定征免应缴纳的个人所得税。对企事业单位、社会团体和其他组织以及个人通过公益性社会团体或者县级以上人民政府及其部门捐赠武汉军运会的资金、物资支出，在计算企业和个人应纳税所得额时按现行税收法律法规的有关规定予以税前扣除。

十二、远洋船员工资、薪金优惠

自2019年1月1日起至2023年12月31日止，根据《财政部　税务总局关于远洋船员个人所得税政策的公告》（财政部　税务总局公告2019年第97号）的规定，一个纳税年度内在船航行时间累计满183天的远洋船员，其取得的工资、薪金收入减按50%计入应纳税所得额，依法缴纳个人所得税。

这里所称远洋船员是指在海事管理部门依法登记注册的国际航行船舶船员和在渔业管理部门依法登记注册的远洋渔业船员。在船航行时间是指远洋船员在国际航行或作业船舶和远洋渔业船舶上的工作天数。一个纳税年度内的在船航行时间为一个纳税年度内在船航行时间的累计天数。

远洋船员可选择在当年预扣预缴税款或者次年个人所得税汇算清缴时享受上述优惠

政策。

海事管理部门、渔业管理部门同税务部门建立信息共享机制,定期交换远洋船员身份认定、在船航行时间等有关涉税信息。

十三、代扣代缴税款手续费优惠

根据《财政部 国家税务总局关于个人所得税若干政策问题的通知》(财税字〔1994〕20号)的规定,个人办理代扣代缴税款手续,按规定取得的扣缴手续费收入,暂免征收个人所得税。

根据《国家税务总局关于代扣代缴储蓄存款利息所得个人所得税手续费收入征免税问题的通知》(国税发〔2001〕31号)第2条的规定,储蓄机构内从事代扣代缴工作的办税人员取得的扣缴利息税手续费所得免征个人所得税。

需要说明的是,企业代扣代缴或代征税款从税务机关取得的手续费收入,在2016年4月30日之前应按规定申报缴纳营业税金及其附加;在2016年6月1日以后,代扣(代收)代缴个人所得税、车船税手续费按经纪代理服务征收增值税。上述收入还应并入企业收入总额申报缴纳企业所得税。

十四、支持新冠肺炎疫情防控优惠

为支持新型冠状病毒感染的肺炎疫情防控工作,自2020年1月1日起,根据《财政部 税务总局关于支持新型冠状病毒感染的肺炎疫情防控有关个人所得税政策的公告》(财政部 税务总局公告2020年第10号)的规定,对参加疫情防治工作的医务人员和防疫工作者按照政府规定标准取得的临时性工作补助和奖金,免征个人所得税。政府规定标准包括各级政府规定的补助和奖金标准。

对省级及省级以上人民政府规定的对参与疫情防控人员的临时性工作补助和奖金,比照执行。

单位发给个人用于预防新型冠状病毒感染的肺炎的药品、医疗用品和防护用品等实物(不包括现金),不计入工资、薪金收入,免征个人所得税。

第八章
综合所得应纳税额

> 赋敛厚,则下怨上矣。
> ——《管子·权修》

第一节 应纳税所得额

一、综合所得的应纳税所得额

根据 2018 年《个人所得税法》第 6 条第 1 款的规定,居民个人的综合所得,以每一纳税年度的收入额减除费用 60 000 元、专项扣除、专项附加扣除和依法确定的其他扣除后的余额,为应纳税所得额。

非居民个人取得工资、薪金所得,以每月收入额减除费用 5 000 元后的余额为应纳税所得额;非居民个人取得劳务报酬所得、稿酬所得、特许权使用费所得,以每次收入额为应纳税所得额。

二、收入额的确定

根据 2018 年《个人所得税法》的规定,对劳务报酬所得、稿酬所得、特许权使用费所得以收入减除 20% 的费用后的余额为收入额,其中稿酬所得的收入额减按 70% 计算。对工资、薪金所得以外的综合所得,在减除必要的费用后计算收入额,以体现量能课税、以净所得征税的原则。

第二节 税率与预扣率

一、综合所得的适用税率

居民个人取得综合所得的适用税率,以原工资、薪金所得税率(3%~45%的七级超额累进税率)为基础,将按月计算应纳税所得额调整为按年计算,并优化调整部分税率的级距。具体是:扩大 3%、10%、20% 三档低税率的级距,3% 税率的级距扩大一倍,原税率为 10% 的部分所得的税率降为 3%;大幅扩大 10% 税率的级距,原税率为 20% 的所得,以及原税率为 25% 的部分所得的税率降为 10%;原税率为 25% 的部分所得的税率降为 20%;相应压缩25%税率的级距,30%、35%、45%这三档较高税率的级距保持不变(见表8-1)。

表8-1 个人所得税税率表一
(综合所得适用)

级数	全年应纳税所得额	税率(%)
1	不超过36 000元的	3
2	超过36 000元至144 000元的部分	10
3	超过144 000元至300 000元的部分	20
4	超过300 000元至420 000元的部分	25
5	超过420 000元至660 000元的部分	30
6	超过660 000元至960 000元的部分	35
7	超过960 000元的部分	45

注:(1) 本表所称全年应纳税所得额是指依照《个人所得税法》第6条的规定,居民个人以每一纳税年度综合所得收入额减除费用60 000元、专项扣除、专项附加扣除和依法确定的其他扣除后的余额。

(2) 非居民个人取得工资、薪金,劳务报酬,稿酬与特许权使用费所得依照本表按月换算后计算应纳税额。

二、按月换算后的月度税率表

根据2018年《个人所得税法》的规定,非居民个人取得工资、薪金所得,以每月收入额减除费用5 000元后的余额为应纳税所得额;非居民个人取得劳务报酬所得、稿酬所得、特许权使用费所得,以每次收入额为应纳税所得额。非居民个人取得工资、薪金所得,劳务报酬所得,稿酬所得,特许权使用费所得,依照综合所得适用的税率表按月换算后的月度税率表(见表8-2)计算应纳税额。

表8-2 个人所得税税率表二
(非居民工资、薪金,劳务报酬,稿酬与特许权使用费所得适用)

级数	全月应纳税所得额	税率(%)
1	不超过3 000元的	3
2	超过3 000元至12 000元的部分	10
3	超过12 000元至25 000元的部分	20
4	超过25 000元至35 000元的部分	25
5	超过35 000元至55 000元的部分	30
6	超过55 000元至80 000元的部分	35
7	超过80 000元的部分	45

注:(1) 本表所称全月应纳税所得额是指依照税法规定,非居民个人取得工资、薪金所得,以每月收入额减除费用5 000元后的余额;非居民个人取得劳务报酬所得、稿酬所得、特许权使用费所得,以每次收入额为应纳税所得额。

(2) 本月适用于非居民个人取得工资、薪金,劳务报酬,稿酬与特许权使用费所得按月或按次计算应纳税额。

综合所得适用税率表的修改情况如表 8-3 所示。

表 8-3 综合所得适用税率表的修改情况

税改后综合所得月度税率表			税改前工资、薪金所得税率表		
级数	全月应纳税所得额	税率（%）	级数	全月应纳税所得额	税率（%）
1	不超过 3 000 元的	3	1	不超过 1 500 元的	3
2	超过 3 000 元至 12 000 元的部分	10	2	超过 1 500 元至 4 500 元的部分	10
3	超过 12 000 元至 25 000 元的部分	20	3	超过 4 500 元至 9 000 元的部分	20
4	超过 25 000 元至 35 000 元的部分	25	4	超过 9 000 元至 35 000 元的部分	25
5	超过 35 000 元至 55 000 元的部分	30	5	超过 35 000 元至 55 000 元的部分	30
6	超过 55 000 元至 80 000 元的部分	35	6	超过 55 000 元至 80 000 元的部分	35
7	超过 80 000 元的部分	45	7	超过 80 000 元的部分	45
注：全月应纳税所得额是指非居民个人取得工资、薪金所得，以每月收入额减除费用 5 000 元后的余额；非居民个人取得劳务报酬所得、稿酬所得、特许权使用费所得，以每次收入额为应纳税所得额			注：全月应纳税所得额是指依照规定，以每月收入额减除费用 3 500 元以及附加减除费用或 5 000 元后的余额		

2018 年个人所得税制改革，综合所得税率表设计主要考虑的因素有：

一是七级税率可以较好实现公平和效率的统一。由于我国居民收入水平差异较大（国家统计局数据显示，2016 年全国居民人均可支配收入前 20% 人群是后 20% 人群收入的 10 倍以上），过少的税率级次，会削弱累进税制对不同收入水平纳税人精准调节收入分配的能力。

二是七级税率是世界普遍采取的税率档次之一。大部分国家的税率级次多分布在三到七级，在有代表性的 48 个国家（地区）中，个人所得税累进税率级次在七级以下的占 68.8%，美国、日本均为 7 档税率。近年来，部分主要国家为精准调节收入分配，还出现了增加税率档次的现象，美国 2013 年税改将税率级次由 6 档调增至 7 档，2018 年税改仍维持 7 档税率不变。近年来各国个人所得税税率表级次调整情况如表 8-4 所示。

表 8-4 近年来各国个人所得税税率表级距调整情况

经济体	国家/地区	调整时间		级次	
		调整前	调整后	调整前	调整后
传统发达国家	英	2012—2013 年	2014 年至今	4	3
	法	2009—2014 年	2015 年至今	6	5
	美（未婚）	2013—2017 年	2017 年	7	7
	日	2007—2014 年	2015 年至今	6	7

(续表)

经济体	国家/地区	调整时间		级次	
		调整前	调整后	调整前	调整后
新兴工业化经济体	韩	2012—2013 年	2013 年至今	5	5
	新加坡	2007—2011 年	2012 年至今	6	8
	中国香港	2007—2009 年	2009 年至今	4	4
新兴发展中国家	印度（60 岁以下居民）	2011—2012 年	2013 年至今	4	4
	南非	2001—2007 年	2007 年至今	6	6

三是适当扩大低档税率级距，进一步降低中低收入者的税负。我国个人所得税纳税人群呈金字塔形分布，适用中低档税率人数最多，在纳税人收入分布密集区间实行更精细调节，适度扩大中低档税率（20%以下）级距，以部分解决该类纳税人因工资、薪金，劳务报酬，稿酬与特许权使用费纳入综合所得征税后导致税负上升问题。

三、速算扣除数的计算与适用

速算扣除数，是为简化计税程序而按全额累进税率计算超额累进税率应纳税额时所使用的扣除数额，是指在采用超额累进税率征税的情况下，根据超额累进税率表中划分的应纳税所得额级距和税率，先用全额累进方法计算出税额，再减去用超额累进方法计算的应征税额后的差额。当超额累进税率表中的级距和税率确定以后，各级速算扣除数也固定不变，成为计算应纳税额时的常数。其计算公式为：

$$速算扣除数＝全额累进税额－超额累进税额$$

【例 8-1】 2019 年张先生取得工资、薪金等综合所得（已扣除费用扣除标准和专项扣除等扣除项目）为 100 000 元。

要求：计算应纳税额及速算扣除数。

【解析】 若按全额累进税率计算，应纳税额为：100 000×10%＝10 000（元）；

若按超额累进税率计算，应纳税额为：

36 000×3%＋(100 000－36 000)×10%＝1 080＋6 400＝7 480（元）。

速算扣除数是指按全额累进税率计算的税额减去按超额累进税率计算的税额之后的差额，即速算扣除数＝全额累进税额－超额累进税额＝10 000－7 480＝2 520（元）。

综合所得税率表速算扣除数的计算如表 8-5 所示。

表 8-5　　　　　综合所得税率表与速算扣除数计算

级数	全年应纳税所得额	税率(%)	全额累进	超额累进	速算扣除数
1	不超过 36 000 元的	3	1 080	1 080	0
2	超过 36 000 元至 144 000 元的部分	10	14 400	11 880	2 520
3	超过 144 000 元至 300 000 元的部分	20	60 000	43 080	16 920

(续表)

级数	全年应纳税所得额	税率(%)	全额累进	超额累进	速算扣除数
4	超过 300 000 元至 420 000 元的部分	25	105 000	73 080	31 920
5	超过 420 000 元至 660 000 元的部分	30	198 000	145 080	52 920
6	超过 660 000 元至 960 000 元的部分	35	336 000	250 080	85 920
7	超过 960 000 元的部分	45	675 000	493 080	181 920

注：全年应纳税所得额超过 96 万元的，以 150 万元为例计算。

用同样的方法，可以计算出综合所得税率表按月换算后的月度税率表速算扣除数，如表 8-6 所示。

表 8-6　　　　　　　　　　月度税率表与速算扣除数计算

级数	全月应纳税所得额	税率(%)	全额累进	超额累进	速算扣除数
1	不超过 3 000 元的	3	90	90	0
2	超过 3 000 元至 12 000 元的部分	10	1 200	990	210
3	超过 12 000 元至 25 000 元的部分	20	5 000	3 590	1 410
4	超过 25 000 元至 35 000 元的部分	25	8 750	6 090	2 660
5	超过 35 000 元至 55 000 元的部分	30	16 500	12 090	4 410
6	超过 55 000 元至 80 000 元的部分	35	28 000	20 840	7 160
7	超过 80 000 元的部分	45	45 000	29 840	15 160

注：全月应纳税所得额超过 8 万元的，以 10 万元为例计算。

速算扣除数也可依据税法规定的级距和每一级距的税率，预先计算出来。只要级距和税率不变，速算扣除数也不变。其计算公式为：

速算扣除数＝前一级的最高所得额×(本级税率－前一级税率)＋前级速算扣除数

应纳税额＝应纳税所得额×适用税率－速算扣除数

如第一级速算扣除数为 0；

第二级速算扣除数为：0＋3 000×(10%－3%)＝210；

第三级速算扣除数为：210＋12 000×(20%－10%)＝1 410。详细情况如表 8-7 所示。

表 8-7　　　　　　　　　　月度税率表速算扣除数计算

级数	全月应纳税所得额	税率(%)	速算扣除数
1	不超过 3 000 元的	3	0
2	超过 3 000 元至 12 000 元的部分	10	210
3	超过 12 000 元至 25 000 元的部分	20	1 410
4	超过 25 000 元至 35 000 元的部分	25	2 660
5	超过 35 000 元至 55 000 元的部分	30	4 410
6	超过 55 000 元至 80 000 元的部分	35	7 160
7	超过 80 000 元的部分	45	15 160

用同样的方法,可计算出综合所得税率表的速算扣除数如表 8-8 所示。

表 8-8　　　　　　　　综合所得税率表速算扣除数的计算

级数	全年应纳税所得额	税率(%)	速算扣除数
1	不超过 36 000 元的	3	0
2	超过 36 000 元至 144 000 元的部分	10	2 520
3	超过 144 000 元至 300 000 元的部分	20	16 920
4	超过 300 000 元至 420 000 元的部分	25	31 920
5	超过 420 000 元至 660 000 元的部分	30	52 920
6	超过 660 000 元至 960 000 元的部分	35	85 920
7	超过 960 000 元的部分	45	181 920

四、关于税率的探讨

(一)关于最高边际税率调整的讨论

2018 年个人所得税改革,对是否调整综合所得边际税率存在不同的观点。

一种观点是建议适度下调综合所得 45% 的最高边际税率,回应特朗普下调最高边际税率,有利于吸引高端人才。主要理由包括:

一是有利于回应美国特朗普的税制改革。在 2017 年美国税制改革中,将最高档税率由 39.6% 降为 37%,对全球的中高端人才和投资者释放了减税信号,这或将引发主要经济体间新一轮的减税浪潮。下调最高边际税率,有利于消除美国特朗普税制改革对我国的负面影响,增强我国税制的国际竞争力。二是有利于吸引和留住国内外中高端人才。中高端人才普遍收入较高,在现行 45% 的最高税率下,部分中高端人才的积极性可能受挫。下调最高税率,释放减税降费的信号,激发国内外中高端人才创新积极性。三是缓解部分群体税负上升的压力。分类税制下,劳务报酬、稿酬、特许权使用费最高税率分别为 40%、20% 和 20%。2018 年改革将居民个人的这 3 个所得项目纳入综合所得征税后,若按 45% 的最高边际税率计税,则部分有多个综合所得项目的高收入者税负将增加。下调最高税率,可在一定程度上缓解其税负上升的压力,同时缩小劳动所得与非劳动所得的税负差。四是对减税规模整体影响不大。将 45% 最高边际税率下调至 40%,将增加减税约 130 亿元,对总体减税规模影响不大。

另一种观点是保持现有最高边际税率 45% 不变,其主要理由包括:

一是落实党的十九大调节过高收入的要求。党的十九大提出"扩大中等收入群体,增加低收入者收入,调节过高收入,取缔非法收入"。我国居民收入分配差距一直较大,不利于社会稳定,2016 年,我国基尼系数已达到 0.456,超过国际警戒线,2017 年进一步提高为 0.479。社会上对调节高收入分配的呼声越来越高,在此情形下,不宜降低最高边际税率。同时,此次改革虽然没有调整最高税率,但扩大了 3%、10%、20% 等中低档税率级距,中低收入者的减税效果突出,在超额累进税率的机制下,高收入者也享受了税率级距调整的优惠。二是此次改革虽然未降低 45% 的税率,但通过提高基本费用扣除标准、增加专项附加扣除、调整税率级距等多项政策"组合拳",实现了普遍降税,适用45%税率的人群也能减税,从中受益。在45%税率不变的情况下,进一步完善高层次人才优惠政策,吸引和促进人才发展。三是45%税率在国际上处于中等略高水平,是较为合适的。OECD成员国最高边际税率平均值42.54%,与45%较为接近。据2016年统计(详见表8-9),34个OECD成员国中,有19个国家高于45%,其中瑞典(57.1%)、葡萄牙(56.5%)、日本(55.95%)、丹麦(55.8%)、奥地利(55%)、比利时(53.7%)、荷兰(52%)、法国(50.2%)等11个国家高于50%。我国已经成为世界第二大经济体,税率略高于金砖国家,在周边国家中低于日本,税率水平与我国的大国地位基本适应。

表8-9　　　　　主要国家(经济体)个人所得税最高边际税率情况

序号	国家(地区)	最高边际税率(%)	序号	国家(地区)	最高边际税率(%)
OECD成员国平均最高边际税率42.5%					
1	瑞典	57.1	18	西班牙	45
2	葡萄牙	56.5	19	英国	45
3	日本	55.95	20	卢森堡	43.6
4	丹麦	55.8	21	智利	40
5	奥地利	55	22	瑞士	40
6	比利时	53.7	23	美国	37(2017年)
7	荷兰	52	24	挪威	38.7
8	芬兰	51.6	25	韩国	38
9	法国	50.2	26	墨西哥	35
10	以色列	50	27	土耳其	35
11	斯洛文尼亚	50	28	加拿大	33
12	意大利	48.8	29	新西兰	33
13	希腊	48	30	波兰	32
14	爱尔兰	48	31	斯洛伐克	25
15	德国	47.5	32	爱沙尼亚	20
16	澳大利亚	47	33	捷克	15
17	冰岛	46.3	34	匈牙利	15
除中国外金砖国家平均最高边际税率29.26%					
1	南非	41	3	巴西	27.5
2	印度	35.54	4	俄罗斯	13

(续表)

序号	国家(地区)	最高边际税率(%)	序号	国家(地区)	最高边际税率(%)
周边主要国家(地区)平均最高边际税率29.75%					
1	日本	55.95	8	印度尼西亚	30
2	中国台湾	45	9	马来西亚	28
3	韩国	38	10	新加坡	22
4	印度	35.54	11	巴基斯坦	20
5	泰国	35	12	中国香港	15
6	越南	35	13	俄罗斯	13
7	菲律宾	32	14	中国澳门	12

注：(1) 截止日期：2016年12月。
(2) 数据来源：全球经济指标数据网。

(二) 关于综合所得适用累进税率与比例税率的讨论

对综合所得适用累进税率，主要考虑因素是：党的十九大报告提出"坚持按劳分配原则""鼓励勤劳守法致富，扩大中等收入群体，增加低收入者收入，调节过高收入"，个人所得税在筹集国家财政收入的同时，发挥着调节收入分配作用，其立法宗旨是对高收入者多征税，对中等收入者少征税，低收入者不缴税。累进税率能够更好地体现量能负担、税收公平的原则。对工资、薪金，劳务报酬，稿酬与特许权使用费等劳动性所得纳入综合所得征税后，继续维持累进税率，进一步有效发挥税收对收入分配的"二次调节"作用。从国际上来看，绝大多数国家的劳动性所得都适用累进税率。

对资本性所得适用比例税率。从国际上来看，多数国家都对资本性所得按比例税率征收。我国对资本性所得继续适用比例税率的主要原因包括：一是考虑到资本的流动性较强，采取累进税率可能会影响投资和效率；二是便于税收管理，减少资本外流；三是虽然综合所得的最高税率为45%，但90%以上的纳税人适用25%以下的税率，将资本性所得的税率维持在20%不变，与综合所得的税负水平基本持平，也与世界各国资本性所得的税率较为接近，因此我国对资本所得适用20%的比例税率不变。

此外，长期以来，我国对劳动性所得一直实行超额累进税率，对资本性所得实行比例税率，2018年税制改革，对现行税法的原有税率结构保持基本稳定，有利于保障税制改革平稳运行。

五、综合所得的预扣率

(一) 工资、薪金的预扣率表

居民个人取得工资、薪金所得支付单位采用累计预扣法预扣预缴个人所得税适用的预扣率表如表8-10所示。

表 8-10 个人所得税预扣率表一

(居民个人工资、薪金所得预扣预缴适用)

级数	累计预扣预缴应纳税所得额	预扣率(%)	速算扣除数
1	不超过 36 000 元的	3	0
2	超过 36 000 元至 144 000 元的部分	10	2 520
3	超过 144 000 元至 300 000 元的部分	20	16 920
4	超过 300 000 元至 420 000 元的部分	25	31 920
5	超过 420 000 元至 660 000 元的部分	30	52 920
6	超过 660 000 元至 960 000 元的部分	35	85 920
7	超过 960 000 元的部分	45	181 920

(二)劳务报酬所得的预扣率表

居民个人取得劳务报酬所得,支付单位预扣预缴个人所得税时适用的预扣率如表 8-11 所示。

表 8-11 个人所得税预扣率表二

(居民个人劳务报酬所得预扣预缴适用)

级数	预扣预缴应纳税所得额	预扣率(%)	速算扣除数
1	不超过 20 000 元的	20	0
2	超过 20 000 元至 50 000 元的部分	30	2 000
3	超过 50 000 元的部分	40	7 000

(三)稿酬与特许权使用费所得的预扣率

居民个人取得稿酬与特许权使用费所得,支付单位预扣预缴个人所得税适用 20% 预扣率。

第三节 应纳税额的计算

一、综合所得应纳税额的计算

居民个人的综合所得,以每一纳税年度的收入额减除费用 60 000 元,以及专项扣除、专项附加扣除和依法确定的其他扣除后的余额,为应纳税所得额。适用综合所得税率表 3%~45% 七级超额累进税率,计算应纳的个人所得税额。用公式表示为:

应纳税额=应纳税所得额×适用税率-速算扣除数

【例 8-2】 居住在市区的居民个人李某(有一位弟弟,父母健在且都已 61 岁),有一位独生子女的女儿在读小学三年级,2019 年由李某扣除子女教育专项附加扣除。2019 年取得以下所得,不考虑"三险一金"。

(1) 2月,为某企业提供咨询服务,取得劳务报酬30 900元;
(2) 每月取得任职单位支付的工资、薪金11 800元;
(3) 3月,将专利许可B企业使用,取得特许权使用费15 000元,符合免征增值税优惠条件;
(4) 12月,因出版一本专著,取得出版社支付的稿酬80 000元。

要求:

1. 上述收入如发生在2018年,计算应纳的个人所得税。
2. 分析说明单位应如何预扣预缴个人所得税。
3. 计算年终汇算清缴应补退的个人所得税。

【解析】 1. 2018年个人所得税的计算。

(1) 劳务报酬所得应纳个人所得税的计算:

劳务报酬应纳增值税:30 900÷(1+3%)×3%=900(元);

应纳城市维护建设税:900×7%=63(元);

应纳教育费附加:900×3%=27(元);

应纳地方教育附加:900×2%=18(元);

应纳个人所得税:

[30 000×(1−20%)−(63+27+18)]×30%−2 000=5 167.6(元)。

(2) 工资应纳个人所得税的计算:

2018年1~9月工资、薪金所得应纳的个人所得税:

[(11 800−3 500)×20%−555]×9=1 105×9=9 945(元)。

10~12月工资应纳个人所得税:

[(11 800−5 000)×10%−210]×3=470×3=1 410(元);

2018年工资、薪金所得应纳个人所得税:

9 945+1 410=11 355(元)。

(3) 特许权使用费应纳个人所得税的计算:

15 000×(1−20%)×20%=2 400(元)。

(4) 稿酬所得应纳个人所得税的计算:

80 000×(1−20%)×20%×(1−30%)=8 960(元);

全年合计应纳个人所得税:

5 167.6+11 355+2 400+8 960=27 882.6(元)。

2. 支付单位应预扣预缴税款的计算。

(1) 工资、薪金应预扣预缴税款的计算

本期应预扣预缴税额=(累计预扣预缴应纳税所得额×预扣率−速算扣除数)−累计减免税额−累计已预扣预缴税额

累计预扣预缴应纳税所得额=累计收入额−累计费用扣除−累计专项扣除−

累计专项附加扣除－累计依法确定的其他扣除

2019年度李某可以享受赡养老人和子女教育专项附加扣除每月2 000元。

1月应预扣预缴税款为：

(11 800－5 000－2 000)×3%＝4 800×3%＝144(元)；

2月应预扣预缴税款为：

(11 800×2－5 000×2－2 000×2)×3%－144＝9 600×3%－144＝288－144＝144(元)；

3月应预扣预缴税款为：

(11 800×3－5 000×3－2 000×3)×3%－288＝14 400×3%－288＝432－288＝144(元)；

4月应预扣预缴税款为：

(11 800×4－5 000×4－2 000×4)×3%－432＝19 200×3%－432＝576－432＝144(元)；

5月应预扣预缴税款为：

(11 800×5－5 000×5－2 000×5)×3%－576＝24 000×3%－576＝720－576＝144(元)；

6月应预扣预缴税款为：

(11 800×6－5 000×6－2 000×6)×3%－720＝28 800×3%－720＝864－720＝144(元)；

7月应预扣预缴税款：

(11 800×7－5 000×7－2 000×7)×3%－864＝33 600×3%－864＝1 008－864＝144(元)；

8月应预扣预缴税款：

[(11 800×8－5 000×8－2 000×8)×10%－2 520]－1 008＝(38 400×10%－2 520)－1 008＝1 320－1 008＝312(元)；

9月应预扣预缴税款：

[(11 800×9－5 000×9－2 000×9)×10%－2 520]－1 320＝1 800－1 320＝480(元)；

10月应预扣预缴税款：

[(11 800×10－5 000×10－2 000×10)×10%－2 520]－1 800＝2 280－1 800＝480(元)；

11月应预扣预缴税款：

[(11 800×11－5 000×11－2 000×11)×10%－2 520]－2 280＝2 760－2 280＝480(元)；

12月应预扣预缴税款：

[(11 800×12－5 000×12－2 000×12)×10%－2 520]－2 760＝3 240－2 760＝480(元)；

工资、薪金所得本年支付单位共计预扣预缴个人所得税：
$144×7+312+480×4=1\,008+312+1\,920=3\,240(元)$。

(2) 2月劳务报酬30 900元应预扣预缴个人所得税计算：
劳务报酬应纳增值税：$30\,900/(1+3\%)×3\%=900(元)$；
应纳城市维护建设税：$900×7\%×50\%=31.5(元)$；
应纳教育费附加：$900×3\%×50\%=13.5(元)$；
应纳地方教育附加：$900×2\%×50\%=9(元)$；

根据《财政部 国家税务总局关于扩大有关政府性基金免征范围的通知》（财税〔2016〕12号）的规定，按月纳税的月销售额不超过10万元（按季度纳税的季度销售额不超过30万元）的缴纳义务人征教育费附加、地方教育附加。因而，有些地方对张某取得的租赁收入免征教育费附加、地方教育附加。由于这里的劳务报酬所得是按次纳税的，本题按照没有享受免征教育费附加、地方教育附加处理。

根据《个人所得税扣缴申报管理办法（试行）》（国家税务总局公告2018年第61号发布）第8条的规定，劳务报酬所得、稿酬所得、特许权使用费所得以每次收入减除费用后的余额为收入额，收入额扣除其他允许扣除的项目后的余额为预扣预缴应纳税所得额；稿酬所得的收入额减按70%计算。

劳务报酬所得、稿酬所得、特许权使用费所得预扣预缴扣代缴应纳税所得额＝本月（次）收入额－其他扣除

预扣预缴环节，劳务报酬所得、稿酬所得、特许权使用费所得每次收入不超过4 000元的，费用按800元计算；每次收入4 000元以上的，费用按20%计算。

劳务报酬所得应预扣预缴税额＝预扣预缴应纳税所得额×预扣率－速算扣除数
应预扣预缴个人所得税＝预扣预缴应纳税所得额×预扣率－速算扣除数
$=[30\,000×(1-20\%)-(31.5+13.5+9)]×30\%-2\,000$
$=23\,946×30\%-2\,000=5\,183.8(元)$。

(3) 3月特许权使用费15 000元应预扣预缴税款为：
特许权使用费所得应预扣预缴税额＝预扣预缴应纳税所得额×20%
$15\,000×(1-20\%)×20\%=2\,400(元)$。

(4) 12月稿酬8万元应预扣预缴税款为：
稿酬所得应预扣预缴税额＝预扣预缴应纳税所得额×20%
$80\,000×(1-20\%)×70\%×20\%=8\,960(元)$；

支付单位共计预扣预缴个人所得税：
$3\,240+5\,183.8+2\,400+8\,960=19\,783.8(元)$。

居民个人取得劳务报酬所得、稿酬所得、特许权使用费所得，按上述方法预扣预缴税款后，应当在年度终了后与工资、薪金所得合并计税，进行汇算清缴，多退少补。

3. 2019年汇算清缴应补退个人所得税的计算。

(1) 综合所得的收入额：

工资、薪金的收入额：11 800×12＝141 600(元)；

劳务报酬的收入额：30 000×(1－20%)＝24 000(元)；

特许权使用费收入额：15 000×(1－20%)＝12 000(元)；

稿酬的收入额：80 000×(1－20%)×70%＝44 800(元)；

2019 年综合所得的收入额：

141 600＋24 000＋12 000＋44 800＝222 400(元)。

(2) 综合所得应纳税所得额：

222 400－60 000－2 000×12－54＝138 346(元)。

(3) 综合所得应纳的个人所得税：

138 346×10%－2 520＝11 314.6(元)。

汇算清缴应退税款：

19 783.8－11 314.6＝8 469.2(元)。

二、非居民个人应纳税额的计算

非居民个人的工资、薪金所得，以每月收入额减除费用 5 000 元后的余额为应纳税所得额；劳务报酬所得、稿酬所得、特许权使用费所得，以每次收入额为应纳税所得额。稿酬所得的收入额减按 70% 计算。适用综合所得按月换算后的月度税率表，按月或按次、分项计算应纳的个人所得税额。

【例 8-3】 王某 2018 年和 2019 年都仅从 B 企业取得特许权使用费 15 000 元，并出版一本专著，取得稿酬 80 000 元。没有工资、薪金与劳务报酬所得。

要求：计算王某应缴的个人所得税。

【解析】 (1)2018 年应纳个人所得税。

特许权使用费应纳个人所得税的计算：

15 000×(1－20%)×20%＝2 400(元)；

稿酬所得应纳个人所得税的计算：

80 000×(1－20%)×20%×(1－30%)＝8 960(元)。

应纳个人所得税合计：2 400＋8 960＝11 360(元)。

(2) 假设王某为居民个人 2019 年应纳个人所得税的计算。

特许权使用费的收入额：15 000×(1－20%)＝12 000(元)；

稿酬所得收入额：80 000×(1－20%)×70%＝44 800(元)；

2019 年的综合所得应纳税所得额为：

12 000＋44 800－60 000＝－3 200(元)。

不用缴纳个人所得税。

与税改前相比少缴个人所得税 11 360 元。

(3) 假设王某为非居民个人，则 2019 年应纳个人所得税为。

特许权使用费应纳个人所得税：

$15\ 000 \times (1-20\%) \times 10\% - 210 = 990(元)$。

稿酬收入应纳个人所得税：

应纳税所得额：$80\ 000 \times (1-20\%) \times 70\% = 44\ 800(元)$；

应纳个人所得税：$44\ 800 \times 30\% - 4\ 410 = 9\ 030(元)$。

第四节　特殊事项的处理

一、不含税收入的换算

在实践中，有些雇主常为雇员负担全部或部分税款，在这种情况下，就不能以纳税人实际取得的收入直接乘以适用税率来计算应纳税额，否则，就会缩小税基，降低适用税率。正确的方法是将纳税人的不含税收入换算为应纳税所得额，然后再计算应纳税额。根据雇主负担税额的多少，分为雇主为雇员负担全部税款、定额负担部分税款、定率负担部分税款、负担超过原居住国的税款几种情况。

（一）雇主为雇员负担全部税款

根据《征收个人所得税若干问题的规定》(国税发〔1994〕89 号)14 条的规定，单位或个人为纳税义务人负担个人所得税税款，应将纳税义务人取得的不含税收入换算为应纳税所得额，计算征收个人所得税。计算公式如下：

应纳税所得额＝(不含税收入额－费用扣除标准－速算扣除数)÷(1－税率)

应纳税额＝应纳税所得额×适用税率－速算扣除数

"应纳税所得额"计算公式中的税率，是指不含税所得按不含税级距对应的税率；"应纳税额"计算公式中的税率，是指应纳税所得额按含税级距对应的税率。

在 2018 年 12 月 31 日以前，《国家税务总局关于雇主为其雇员负担个人所得税税款计征问题的通知》(国税发〔1996〕199 号)进一步明确：对于雇主全额为其雇员负担税款的，直接按上述《征收个人所得税若干问题的规定》(国税发〔1994〕89 号)规定的公式，将雇员取得的不含税收入换算成应纳税所得额后，计算企业应代为缴纳的个人所得税税款。

自 2019 年 1 月 1 日起，居民个人取得工资、薪金，劳务报酬，稿酬和特许权使用费四项综合所得，实行按年计算、按月或按次预扣预缴、年终汇算清缴。单位为居民个人负担预扣预缴个人所得税款容易计算，而很难计算出某笔所得汇算清缴时的税款。

【例 8-4】　境内某公司代其雇员李某(中国居民个人)缴纳个人所得税。2018 年 8 月，支付给李某的不含税工资为 6 000 元(不考虑"三险一金")。

要求：计算该公司应为李某代付的个人所得税。

【解析】　由于李某取得的工资收入为不含税收入，根据《征收个人所得税若干问题的规定》(国税发〔1994〕89 号)的规定，应换算为含税的应纳税所得额后，再计算应代扣代缴的个人所得税。

应纳税所得额＝(不含税收入额－费用扣除标准－速算扣除数)÷(1－税率)
　　　　　　＝(6 000－3 500－105)÷(1－10％)＝2 661.11(元)。

应纳税额＝2 661.11×10％－105＝161.11(元)。

(二) 雇主为雇员定额负担部分税款

根据《国家税务总局关于雇主为其雇员负担个人所得税税款计征问题的通知》(国税发〔1996〕199号)的规定,雇主为雇员定额负担部分税款的,应将雇员取得的工资、薪金所得换算成应纳税所得额后,计算单位应当代扣代缴个人所得税。计算公式为:

应纳税所得额＝雇员取得的工资＋雇主代雇员负担的税款－费用扣除标准

应纳税额＝应纳税所得额×适用税率－速算扣除数

【例 8-5】 某上市公司代其雇员李某(中国居民个人)定额负担个人所得税150元/月。2018年8月,支付给李某的工资为8 000元(不考虑"三险一金")。

要求:计算李某当月应纳的个人所得税。

【解析】 由于李某的工资收入应缴纳的部分税款由单位负担,根据税法规定,应换算为应纳税所得额后,再计算应缴纳的个人所得税。

应纳税所得额＝雇员取得的工资＋雇主代雇员负担的税款－费用扣除标准
　　　　　　＝8 000＋150－3 500＝4 650(元)。

应纳税额＝4 650×20％－555＝375(元)。

李某本人还应承担的个人所得税为:375－150＝225(元)。

(三) 雇主为雇员定率负担部分税款

雇主为雇员定率负担部分税款,是指雇主为雇员负担一定比例的工资应纳的税款或负担一定比例的实际应纳税款。当发生这种情况时,计算公式为:

应纳税所得额＝(未含雇主负担的税款的收入额－费用扣除标准－速算扣除数×负担比例)÷(1－税率×负担比例)

应纳税额＝应纳税所得额×适用税率－速算扣除数

即应将《征收个人所得税若干问题的规定》(国税发〔1994〕89号)规定的、雇主为雇员负担全额税款的、不含税收入额计算应纳税所得额的公式中"不含税收入额"替换为"未含雇主负担的税款的收入额",同时将速算扣除数和税率二项分别乘以上述负担比例,按此调整后的公式,以其未含雇主负担税款的收入额换算成应纳税所得额,并计算应纳税款。

【例 8-6】 某外商投资企业雇员汤姆为外国居民,雇主每月为其负担工资所得30％部分的税款,2018年8月汤姆取得工资收入12 000元(不考虑"三险一金")。

要求:计算汤姆当月应纳的个人所得税。

【解析】 汤姆的工资收入应缴纳的部分税款由该外商企业负担,根据税法规定,应换算为应纳税所得额后,再计算应缴纳的个人所得税。

应纳税所得额＝(未含雇主负担税款的收入额－费用扣除标准－速算扣除数×负担比例)÷(1－税率×负担比例)＝(12 000－4 800－555×30％)÷(1－20％×30％)＝7 482.45

(元)。

应纳税额=7 482.45×20%−555=941.49(元)。其中,雇主承担282.45元(941.49×30%),个人承担659.04元(941.49×70%)。

(四)雇主为雇员负担超过原居住国的税款

有些外商投资企业和外国企业在华的机构场所,为其受派到中国境内工作的雇员负担超过原居住国的税款。例如,雇员在华应纳税额中相当于按其在原居住国税法计算的应纳税额部分(以下简称原居住国税额),仍由雇员负担并由雇主在支付雇员工资时从工资中扣除,代为缴纳;若按中国税法计算的税款超过雇员原居住国税额,则超过部分由其雇主负担。对此类情况,根据《国家税务总局关于雇主为其雇员负担个人所得税税款计征问题的通知》(国税发〔1996〕199号)的规定,应按下列原则处理:

将雇员取得的不含税工资(即扣除了原居住国税额的工资),按公式"应纳税所得额=(不含税收入额−费用扣除标准−速算扣除数)÷(1−税率)"换算成应纳税所得额,计算征收个人所得税;如果计算出的应纳税所得额小于按该雇员的实际工资、薪金收入(即未扣除原居住国税额的工资)计算的应纳税所得额的,应按其雇员的实际工资、薪金收入计算征收个人所得税。

(五)雇主负担税款的简便算法——方程法

由于"不含税收入(或支付金额)+雇主负担的税额=含税收入""应纳税所得额(含税)=含税收入−费用扣除标准",因此,任何不含税收入均可换算成含税收入,通过列方程来计算。

【例8-7】 某外商投资企业雇员汤姆2018年度为我国的非居民个人,雇主每月为其负担工资所得30%部分的税款,2018年8月汤姆取得工资收入12 000元(不考虑专项扣除)。

要求:计算汤姆当月应纳的个人所得税。

【解析】 设当月应纳个人所得税为X元,则有:

(12 000+30%X−4 800)×20%−555=X,解方程得X=941.49(元)。

检验:应纳税所得额=12 000+941.49×30%−4 800=7 482.45(元),在4 500~9 000元范围,适用税率为20%,速算扣除数为555,证明计算正确。因此,汤姆当月应纳个人所得税941.49元,其中单位负担282.45元(941.49×30%),个人负担659.04元(941.49×70%)。

提示:运用方程法选择税率时,把"不含税收入(或支付金额)−费用扣除标准"视为含税所得查找相应级距;由于雇主应负担税额是未知数,因此,在选择含税所得适用税率(包括工资、薪金所得,经营所得和劳务报酬所得)时会出现错误,在运用方程法时需要检验。方法是:将计算出的雇主应负担的税款代入"应纳税所得额=不含税收入(或支付金额)+雇主应负担所得税−费用扣除标准",如果计算出的应纳税所得额在所对应的级距内,则说明正确;如果计算出的应纳税所得额不在所对应的级距内,则应选用下一级距税率计算。

【例8-8】 某上市公司代职工负担工资、薪金所得的个人所得税税款,2018年9月支付给职工李某不含税工资7 900元。

要求：计算该公司应为李某负担的个人所得税。

【解析】 设公司应负担李某个人所得税 X 元，则：

$(7\,900+X-3\,500)\times 10\%-105=X$，解方程得 $X=372.22$（元）。

检验：将其代入公式检验适用税率是否正确。

应纳税所得额 $=7\,900+372.22-3\,500=4\,772.22$（元），不在级距 1 500～4 500 元的范围，说明选用税率有误。应适用下一级距对应的税率和速算扣除数计算应纳税款。

$(7\,900+X-3\,500)\times 20\%-555=X$，解方程得 $X=406.25$（元）。

检验：将其代入公式检验适用税率是否正确，含税所得额为：$7\,900+406.25-3\,500=4\,806.25$（元），在级距 4 500～9 000 元的范围，证明适用税率正确，所以该上市公司应负担个人所得税为 406.25 元。

二、全年一次性奖金

全年一次性奖金是指行政机关、企事业单位等扣缴义务人根据其全年经济效益和对雇员全年工作业绩的综合考核情况，向雇员发放的一次性奖金，包括年终加薪、实行年薪制和绩效工资办法的单位根据考核情况兑现的年薪和绩效工资。

（一）全年一次性奖金的处理

根据《国家税务总局关于调整个人取得全年一次性奖金等计算征收个人所得税方法问题的通知》(国税发〔2005〕9 号) 第 2 条 [该条自 2019 年 1 月 1 日起被《财政部 税务总局关于个人所得税法修改后有关优惠政策衔接问题的通知》(财税〔2018〕164 号) 废止] 的规定，自 2005 年 1 月 1 日起至 2018 年 12 月 31 日止，纳税人取得全年一次性奖金，单独作为一个月工资、薪金所得计算纳税，并按以下计税办法，由扣缴义务人在发放时代扣代缴。

(1) 先将雇员当月内取得的全年一次性奖金，除以 12 个月，按其商数确定适用税率和速算扣除数。

如果在发放年终一次性奖金的当月，雇员当月工资、薪金所得低于税法规定的费用扣除额，应将全年一次性奖金减除"雇员当月工资、薪金所得与费用扣除额的差额"后的余额，按上述办法确定全年一次性奖金的适用税率和速算扣除数。

(2) 将雇员个人当月取得的全年一次性奖金，按上述办法确定的适用税率和速算扣除数计算征税，计算公式如下：

① 雇员当月工资、薪金所得高于（或等于）税法规定的费用扣除额的，计算公式为：

$$应纳税额=雇员当月取得全年一次性奖金\times 适用税率-速算扣除数$$

在此种情况下，当月工资与全年一次性奖金分开，分别计算纳税。

【例 8-9】 某中国公民 2018 年 8 月取得全年一次性奖金 24 000 元，当月工资 4 000 元，不考虑"三险一金"。

要求：计算该月收入应缴纳的个人所得税。

【解析】 当月工资应纳个人所得税：$(4\,000-3\,500)\times 3\%=15$（元）；

全年一次性奖金应纳个人所得税：

24 000÷12＝2 000(元)，适用税率为10％，速算扣除数为105，应纳税额＝24 000×10％－105＝2 295(元)。

当月应纳个人所得税合计为：15＋2 295＝2 310(元)。

② 雇员当月工资、薪金所得低于税法规定的费用扣除额的，计算公式为：

$$应纳税额 = \left(\begin{array}{c}雇员当月取得\\全年一次性奖金\end{array} - \begin{array}{c}雇员当月工资、薪金所得\\与费用扣除额的差额\end{array}\right) \times 适用税率 - 速算扣除数$$

【例8-10】 某中国公民2018年12月取得全年一次性奖金42 500元，当月工资4 500元，不考虑"三险一金"。

要求：计算该月收入应缴纳的个人所得税。

【解析】 一次性奖金应纳个人所得税：

[42 500－(5 000－4 500)]÷12＝3 500(元)，适用税率为10％，速算扣除数为210。

当月应纳税额＝[42 500－(5 000－4 500)]×10％－210＝3 990(元)。

2018年12月31日，现行税制实施前全年一次性奖金的计税方法如表8-12所示。

表8-12　　　　　　2018年12月31日以前全年一次性奖金的计税方法

计税方法	当月工薪	第一步：确定税率	第二步：计算税额
纳税人取得一次性奖金(包括年薪、绩效工资等)单独作为一个月的工资、薪金所得计算纳税	当月工资、薪金所得≥费用扣除标准	先将雇员当月内取得的全年一次性奖金，除以12个月，按其商数确定适用税率和速算扣除数	应纳税额＝当月全年一次性奖金×适用税率－速算扣除数
	当月工资、薪金所得＜费用扣除标准	应将全年一次性奖金减除"雇员当月工资、薪金所得与费用扣除额的差额"后的余额，再除以12个月，按其商数确定适用税率和速算扣除数	应纳税额＝(当月取得全年一次性奖金－当月工资、薪金所得与费用扣除额的差额)×适用税率－速算扣除数

(二)优惠计税方法的适用范围

全年一次性奖金优惠计税办法除适用于年终加薪外，还适用于：实行年薪制和绩效工资的单位，个人取得年终兑现的年薪和绩效工资。

在一个纳税年度内，对每一个纳税人，该计税办法只允许采用一次。

雇员取得除全年一次性奖金以外的其他各种名目奖金，如半年奖、季度奖、加班奖、先进奖、考勤奖等，一律与当月工资、薪金收入合并，按税法规定缴纳个人所得税。

在2018年12月31日以前，无住所个人取得除全年一次性奖金以外的其他各种名目的奖金，如半年奖、季度奖、加班奖、先进奖、考勤奖等，如果该个人当月在我国境内没有纳税义务，或者该个人由于出入境原因导致当月在我国工作时间不满一个月的，仍按照《国家税务总局关于在我国境内无住所的个人取得奖金征税问题的通知》[国税发〔1996〕183号，自2019年1月1日起被《财政部　税务总局关于非居民个人和无住所居民个人有关个人所得税政策的公告》(财政部 税务总局公告2019年第35号)废止]计算纳税。即对上述个人取得的奖金,可单独作为一个月的工资、薪金所得计算纳税。由于对每月的工资、薪金所得计税时已按月扣除了费用,因此,对上述奖金不再减除费用,全额作为应纳税所得额直接按适用税率计算应纳税款,并且不再按居住天数进行划分计算。上述个人应在取得奖金月份的次月15日内申报纳税。

自2019年1月1日起,根据《财政部 税务总局关于非居民个人和无住所居民个人有关个人所得税政策的公告》(财政部 税务总局公告2019年第35号)第3条第2项的规定,非居民个人一个月内取得数月奖金,单独按照规定计算当月收入额,不与当月其他工资、薪金合并,按6个月分摊计税,不减除费用,适用月度税率表计算应纳税额,在一个公历年度内,对每一个非居民个人,该计税办法只允许适用一次。计算公式如下:

当月数月奖金应纳税额＝[(数月奖金收入额÷6)×适用税率－速算扣除数]×6

全国一次性奖励优惠计税方法的适用范围如图8-1所示。

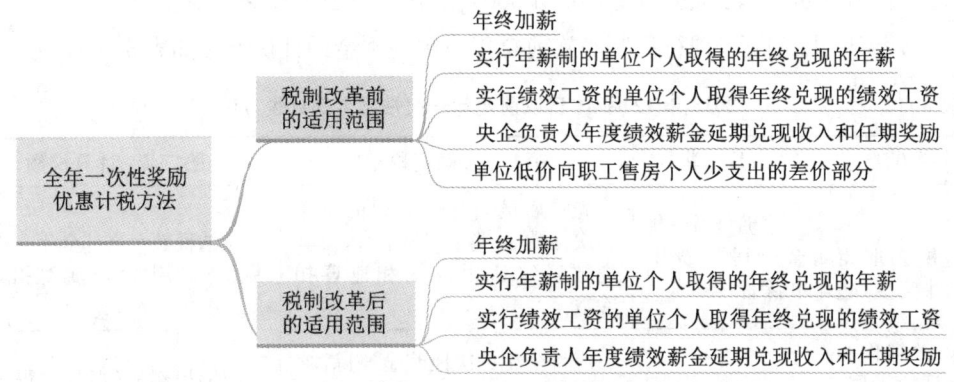

图8-1 全国一次性奖励优惠计税方法的适用范围

(三) 不含税全年一次性奖金的处理

1. 为雇员负担全额税款的处理

《国家税务总局关于纳税人取得不含税全年一次性奖金收入计征个人所得税问题的批复》(国税函〔2005〕715号)明确,根据《征收个人所得税若干问题的规定》(国税发〔1994〕89号)第14条的规定,不含税全年一次性奖金换算为含税奖金计征个人所得税的具体方法如下:

(1) 不含税全年一次性奖金换算为含税奖金计征个人所得税的具体方法为:

① 按照不含税的全年一次性奖金收入除以12的商数,查找不含税级距税率表,得到相应适用税率A和速算扣除数A。

② 含税的全年一次性奖金收入＝(不含税的全年一次性奖金收入－速算扣除数A)÷(1－适用税率A)。

③ 按含税的全年一次性奖金收入除以12的商数,重新查找含税级距对应的税率表,得到适用税率B和速算扣除数B;

④ 应纳税额＝含税的全年一次性奖金收入×适用税率B－速算扣除数B。

【例8-11】 张某为中国公民,2018年2月取得2017年不含税全年一次性奖金收入22 800元。

要求:计算张某取得的全年一次性奖金应缴纳个人所得税(注:2月工资4 000元)。

【解析】 ① 由于2月的工资超过费用扣除标准,可直接用不含税奖金除以12的商数来确定适用税率和速算扣除数。

每月的不含税奖金＝22 800÷12＝1 900(元),查找不含税税率表,可知适用税率和速算扣除数分别为10%和105。

② 含税的全年一次性奖金收入＝(22 800－105)÷(1－10%)＝25 216.67(元)。

③ 用含税的全年一次性奖金收入除以12的商来确定适用税率和速算扣除数。

每月的含税奖金＝25 216.67÷12＝2 101.39(元),适用税率和速算扣除数分别为10%和105。

④ 张某的不含税全年一次性奖金应缴纳的个人所得税为:

25 216.67×10%－105＝2 416.67(元)。

(2) 在2018年12月31日以前,如果纳税人取得不含税全年一次性奖金收入的当月工资、薪金所得,低于税法规定的费用扣除额,应先将不含税全年一次性奖金减去当月工资、薪金所得低于税法规定费用扣除额的差额部分后,再按照上述(1)处理。

【例8-12】 中国公民李某2018年9月从中国境内取得年终不含税奖金96 500元,当月工资、薪金收入3 000元(不考虑"三险一金")。

要求:计算李某2018年9月应申报缴纳的个人所得税。

【解析】 年终一次性奖金应纳个人所得税的计算:

[96 500－(3 500－3 000)]÷12＝8 000(元),适用税率25%,速算扣除数是1 005。

含税的全年一次性奖金收入＝[96 500－(3 500－3 000)－1 005]÷(1－25%)＝126 660(元);

126 660÷12＝10 555(元),适用税率25%,速算扣除数1 005。

应纳个人所得税＝126 660×25%－1 005＝30 660(元)。

2. 为雇员承担全年一次性奖金部分税款的处理

为公平税负,规范管理,《国家税务总局关于雇主为雇员承担全年一次性奖金部分税款有关个人所得税计算方法问题的公告》(国家税务总局公告2011年第28号)对雇员取得全年一次性奖金并由雇主负担部分税款有关个人所得税计算方法做出规定,自2011年5月1日起施行。

(1) 雇主为雇员负担全年一次性奖金部分个人所得税税款,属于雇员又额外增加了收入,应将雇主负担的这部分税款并入雇员的全年一次性奖金,换算为应纳税所得额后,按照规定方法计征个人所得税。

(2) 将不含税全年一次性奖金换算为应纳税所得额的计算方法如下。

① 雇主为雇员定额负担税款的计算公式为:

$$\text{应纳税所得额} = \text{雇员取得的全年一次性奖金} + \text{雇主为雇员定额负担的税款} - \text{当月工资、薪金低于费用扣除标准的差额}$$

② 雇主为雇员按一定比例负担税款的计算。

第一步,查找不含税全年一次性奖金的适用税率和速算扣除数。

未含雇主负担税款的全年一次性奖金收入除以 12,根据其商数找出不含税级距对应的适用税率 A 和速算扣除数 A。

这与《国家税务总局关于纳税人取得不含税全年一次性奖金收入计征个人所得税问题的批复》(国税函〔2005〕715 号)规定的雇主为雇员负担全部税款的计算公式略有不同。《国家税务总局关于雇主为雇员承担全年一次性奖金部分税款有关个人所得税计算方法问题的公告》(国家税务总局公告 2011 年第 28 号)规定的查找税率 A 的公式中没有考虑当月工资低于费用扣除标准的差额。

第二步,计算含税全年一次性奖金。

$$\text{应纳税所得额} = \frac{(\text{未含雇主负担税款的全年一次性奖金收入} - \text{当月工资、薪金低于费用扣除标准的差额} - \text{不含税级距的速算扣除数 A} \times \text{雇主负担比例})}{(1 - \text{不含税级距的适用税率 A} \times \text{雇主负担比例})}$$

(3) 对上述应纳税所得额,扣缴义务人应按照全年一次性资金优惠计税方法计算应扣缴税款。即将应纳税所得额除以 12,根据其商数找出对应的适用税率 B 和速算扣除数 B,据以计算税款。计算公式为:

$$\text{应纳税额} = \text{应纳税所得额} \times \text{适用税率 B} - \text{速算扣除数 B}$$

$$\text{实际缴纳税额} = \text{应纳税额} - \text{雇主为雇员负担的税额}$$

【例 8-13】 张某为中国公民,2018 年 9 月取得 2017 年度不含税全年一次性奖金收入 22 800 元。公司与张某约定其年终奖应纳的个人所得税由公司承担 50%。另外,张某当月还取得工资收入 3 000 元(已按规定缴纳了"三险一金")。

要求:计算张某取得的全年一次性奖金应缴纳的个人所得税。

【解析】 (1) 查找不含税全年一次性奖金的适用税率和速算扣除数。

每月的不含税奖金 = 22 800 ÷ 12 = 1 900(元),查找不含税税率表,可知适用税率 A 和速算扣除数 A 分别为 10% 和 105。

(2) 计算含税全年一次性奖金。

应纳税所得额 = (未含雇主负担税款的全年一次性奖金收入 − 当月工资、薪金低于费用扣除标准的差额 − 不含税级距的速算扣除数 A × 雇主负担比例) ÷ (1 − 不含税级距的适用税率 A × 雇主负担比例)

= [22 800 − (3 500 − 3 000) − 105 × 50%] ÷ (1 − 10% × 50%)

= 23 418.42(元)。

(3) 计算应扣缴的个人所得税。

应纳税所得额23 418.42元除以12得1 951.54元,根据其查找出对应的适用税率B和速算扣除数B分别为10%和105。

应纳税额＝应纳税所得额×适用税率B－速算扣除数B
　　　　＝23 418.42×10%－105＝2 236.84(元)。

张某个人实际应缴纳税额＝2 236.84×50%＝1 118.42(元)。

此外,《国家税务总局关于雇主为雇员承担全年一次性奖金部分税款有关个人所得税计算方法问题的公告》(国家税务总局公告2011年第28号)还规定,雇主为雇员负担的个人所得税款,应属于个人工资、薪金的一部分。凡单独作为企业管理费列支的,在计算企业所得税时不得税前扣除。这与《国家税务总局关于纳税人取得不含税全年一次性奖金收入计征个人所得税问题的批复》(国税函〔2005〕715号)的表述不同。该批复文件规定,企业所得税的纳税人、个人独资和合伙企业、个体工商户为个人支付的个人所得税款,不得在所得税税前扣除。

3. 税制改革后不含税全年一次性奖金的处理

由于国家财税主管部门没有发布现行税法实施后全年一次性奖金适用的不含税级距税率表,纳税人2019年1月1日以后取得的不含税全年一次性奖金,可以用方程法计算得出。

【例8-14】 张某为中国公民,公司与张某约定其年终奖单独计税应纳的个人所得税由公司承担。2019年12月,张某取得2019年度不含税全年一次性奖金收入48 000元。

要求:计算张某取得的全年一次性奖金应缴纳的个人所得税。

【解析】 设全年一次性奖金应纳个人所得税为X元,则有:
48 000÷12＝4 000(元),查找综合所得月度税率表,适用税率为10%,速算扣除数为210。则可列方式:

$(48\,000+X)\times 10\% - 210 = X$,解方程得$X＝5 100(元)$。

检验:含税全年一次性奖金收入为:48 000＋5 100＝53 100(元);

53 100÷12＝4 425(元),在3 000～12 000元范围,适用税率10%,速算扣除数为210,证明计算正确。因此,汤姆当月应纳个人所得税5 100元。

提示:运用方程法选择税率时,把"不含税收入(或支付金额)－费用扣除标准"视为含税所得查找相应级距;由于雇主应负担税额是未知数,因此,在选择含税所得适用税率时会出现错误,在运用方程法时需要检验。方法是:将计算出的雇主应负担的税款代入"含税收入额＝不含税收入(或支付金额)＋雇主应负担税额",如果除以12后计算出商数在所对应的级距内,说明正确;如果计算出的商数不在所对应的级距内,则应选用下一级距税率与速算扣除数计算。

(四)全年一次性奖金的纳税筹划

全年一次性奖金优惠计税方法在有效降低年终奖个人所得税的同时,由于超额累进税率税收临界点的存在,造成增加1元收入多缴2 000多元,甚至于十几万元个人所得税的不合理现象存在。为有效化解这种不合理税负增加,可以利用税收盲区进行税收筹划。

【例 8-15】 南京某公司财务部王某、李某 2018 年 12 月分别取得 2018 年全年一次性奖金 36 000 元和 36 001 元。二人当月工资均为 6 000 元。不考虑"三险一金",当年均没有使用过全年一次性奖金优惠计税方法。

要求:计算公司应代扣代缴王、李二人的个人所得税。

【解析】 王某应纳个人所得税的计算:

当月工资应纳个人所得税:(6 000－5 000)×3‰＝30(元);

全年一次性奖金王某应纳个人所得税的计算:

36 000÷12＝3 000(元),适用税率 3%,速算扣除数为 0。

应纳个人所得税:36 000×3%＝1 080(元);

李某全年一次性奖金应纳个人所得税的计算:

36 001÷12＝3 000.08(元),适用税率为 10%,速算扣除数为 210。

应纳个人所得税:36 001×10%－210＝3 390.1(元);

李某比王某全年一次性奖金收入增加 1 元,却要多缴个人所得税 2 310.1 元(3 390.1－1 080)。这时我们可以利用个人所得税税收盲区进行纳税筹划,以避免这种情况的发生。

假设月均收入 3 000 元的全年一次性奖金增加 X 元收入后,增加的收入刚好用于缴纳个人所得税,则可列出等式:

(3 000×12＋X)×10%－210＝3 000×12×3%＋X,解方程得 X＝2 566.67。

此时无效收入税收盲区为:36 000~38 566.67(36 000＋2 566.67)。

假设月均收入 12 000 元的全年一次性奖金增加 Y 元收入后,增加的收入刚好用于缴纳个人所得税,则可得到等式:

(12 000×12＋Y)×20%－1 410＝(12 000×12×10%－210)＋Y,解方程得:Y＝16 500。

此时无效收入的税收盲区为:144 000~160 500(144 000＋16 500)

根据上述方法,可以计算出各级距全年一次性奖金税收盲区(见表 8-13)。单位在发放年终奖时,可采取适当措施避免在税收盲区内发放年终奖,从而达到降低税负的目的。

表 8-13　　　　　　　　全年一次性奖金税收盲区

级数	级距	税率(%)	速算扣除数	年终奖盲区	无效收入额
1	不超过 3 000 元的	3	0		
2	超过 3 000 元至 12 000 元的部分	10	210	36 000~38 567	2 567
3	超过 12 000 元至 25 000 元的部分	20	1 410	144 000~160 500	16 500
4	超过 25 000 元至 35 000 元的部分	25	2 660	300 000~318 333	18 333
5	超过 35 000 元至 55 000 元的部分	30	4 410	420 000~447 500	27 500
6	超过 55 000 元至 80 000 元的部分	35	7 160	660 000~706 538	46 538
7	超过 80 000 元的部分	45	15 160	960 000~1 120 000	160 000

(五)税制改革后全年一次性奖金的处理

根据《财政部 税务总局关于个人所得税法修改后有关优惠政策衔接问题的通知》(财税〔2018〕164号)第1条的规定,居民个人取得全年一次性奖金,符合《国家税务总局关于调整个人取得全年一次性奖金等计算征收个人所得税方法问题的通知》(国税发〔2005〕9号)规定的,在2021年12月31日前,不并入当年综合所得,以全年一次性奖金收入除以12个月得到的数额,按照该通知所附按月换算后的综合所得税率表(以下简称月度税率表),确定适用税率和速算扣除数,单独计算纳税。计算公式为:

$$应纳税额 = 全年一次性奖金收入 \times 适用税率 - 速算扣除数$$

居民个人取得全年一次性奖金,也可以选择并入当年综合所得计算纳税。

自2022年1月1日起,居民个人取得全年一次性奖金,应并入当年综合所得计算缴纳个人所得税。

为避免部分纳税人因全年一次性奖金并入综合所得后适用税率提高,《财政部 税务总局关于个人所得税法修改后有关优惠政策衔接问题的通知》(财税〔2018〕164号)明确,税制改革后全年一次性奖金可不并入综合所得,单独计算个人所得税。而对部分中低收入者而言,如将全年一次性奖金并入当年工资、薪金所得,扣除基本费用扣除、专项扣除、专项附加扣除等后,可能根本无须缴税或者缴纳很少税款。在此情况下,如果将全年一次性奖金采取单独计税方式,反而会产生应纳税款或者增加税负。同时,如单独适用全年一次性奖金政策,可能在税率换档时出现税负突然增加的"临界点"现象。因此,财税〔2018〕164号文件规定,居民个人取得全年一次性奖金的,可以自行选择计税方式,由纳税人自行判断是否将全年一次性奖金并入综合所得计税。

2019年1月1日,税制改革后全年一次性奖金的个人所得税处理,如表8-14所示。

表8-14 税制改革后居民个人取得全年一次性奖金的处理

时间	处理方法	第一步:确定税率	第二步:计算税额
2019.1.1 — 2021.12.31	不并入当年综合所得	以全年一次性奖金收入除以12个月得到的数额,按照月度税率表,确定适用税率和速算扣除数,单独计算纳税	应纳税额=全年一次性奖金收入×适用税率-速算扣除数
	也可以选择并入当年综合所得计算纳税		
自2022年1月1日起	居民个人取得全年一次性奖金,应并入当年综合所得计算缴纳个人所得税		

全年一次性奖金单独计税优惠计税方法的优势是单独计税,不与当年综合所得合并计税,从而"分拆"收入降低适用税率。但对于低收入者而言,适用全年一次性奖金单独计税政策反而有可能增加其税负。例如,某人每月工资收入3 000元,年终有2万元的全年一次性奖金,全年收入低于6万元。如其适用全年一次性奖金单独计税政策,需要缴纳600元个人所得税,放弃享受全年一次性奖金单独计税政策(即将全年一次性奖金并入综合所得征

税),则全年无须纳税。因而,对于低收入者而言,放弃适用全年一次性奖金单独计税方法反而更加有利。

【例8-16】 北京某公司财务部王某、李某2019年12月分别取得2019年度年终奖36 000元和36 001元。

二人扣除"三险一金"专项扣除后的工资都为6 000元/月,当年也没有使用过全年一次性奖金优惠计税方法。

不考虑专项附加扣除以及其他扣除。当年没有劳务报酬、稿酬、特许权使用费所得。

要求:计算王某、李某应纳的个人所得税额。

【解析】 1. 王某应纳个人所得税的计算。

方法一:年终奖按一次性奖金优惠计税方法计税。

36 000÷12=3 000(元),适用税率为3%,速算扣除数为0。

年终奖应纳个人所得税:

36 000×3%=1 080(元);

综合所得应纳个人所得税:

(6 000×12−60 000)×3%=360(元);

共计应纳个人所得税:

1 080+360=1 440(元)。

方法二:年终奖并入综合所得计税。

综合所得应纳税所得额:

6 000×12+36 000−60 000=48 000(元);

应纳个人所得税:

48 000×10%−2 520=2 280(元)。

并入综合所得计税比奖金按一次性奖金优惠方法单独计税多缴个人所得税:

2 280−1 440=1 440(元)。

2. 李某应纳个人所得税的计算。

方法一:年终奖按一次性奖金优惠计税方法计税。

36 001÷12=3 000.08(元),适用税率为10%,速算扣除数为210。

应纳个人所得税:

36 001×10%−210=3 390.1(元);

综合所得应纳个人所得税:

(6 000×12−60 000)×3%=360(元);

共计应纳个人所得税:3 390.1+360=3 750.1(元)。

方法二:年终奖并入综合所得计税。

综合所得应纳税所得额:

6 000×12+36 001−60 000=48 001(元);

应纳个人所得税:

$48\,001\times10\%-2\,520=2\,280.1(元)$。

比奖金按全年一次性奖金优惠方法单独计税少缴税：

$3\,750.1-2\,280.1=1\,470(元)$。

方法三：全年一次性奖金发放 36 000 元，1 元计入当月工资，则：

年终奖按一次性奖金优惠计税方法计税：

$36\,000\div12=3\,000(元)$，适用税率为 3%，速算扣除数为 0。

年终奖应纳个人所得税：$36\,000\times3\%=1\,080(元)$；

综合所得应纳个人所得税：

$(6\,000\times11+6\,001-60\,000)\times3\%=360.03(元)$；

共计应纳个人所得税：$1\,080+360.03=1\,440.03(元)$。

【例 8-17】 2019 年 12 月，张三取得 2019 年度的年终奖 10 万元，李四取得年终奖 30 万元，2019 年每月工资扣除专项扣除、专项附加扣除等后的余额为 7 000 元，没有劳务报酬、稿酬和特许权使用费所得。

当年也没有使用过全年一次性奖金优惠计税方法。

要求：年终奖分别按全年一次性奖金优惠计税方法和并入综合所得计税，计算应纳的个人所得税。

【解析】 1. 张三应纳个人所得税的计算。

方法一：年终奖按一次性奖金优惠计税方法计税。

$100\,000\div12=8\,333.33(元)$，适用税率为 10%，速算扣除数为 210。

年终奖应纳个人所得税：$100\,000\times10\%-210=9\,790(元)$；

综合所得应纳个人所得税：$(7\,000\times12-60\,000)\times3\%-0=720(元)$；

应纳个人所得税合计：$9\,790+720=10\,510(元)$。

方法二：年终奖并入综合所得计税。

综合所得应纳税所得额：$7\,000\times12+100\,000-60\,000=124\,000(元)$；

应纳个人所得税：$124\,000\times10\%-2\,520=9\,880(元)$。

比奖金按全年一次性奖金优惠方法单独计税少缴个人所得税：

$10\,510-9\,880=630(元)$。

2. 李四应纳个人所得税的计算：

方法一：年终奖按一次性奖金优惠计税方法计税。

$300\,000\div12=25\,000(元)$，适用税率为 20%，速算扣除数为 1 410。

年终奖应纳个人所得税：$300\,000\times20\%-1\,410=58\,590(元)$；

综合所得应纳个人所得税：$(7\,000\times12-60\,000)\times3\%-0=720(元)$；

应纳个人所得税合计：$58\,590+720=59\,310(元)$。

方法二：年终奖并入综合所得计税。

综合所得应纳税所得额：$7\,000\times12+300\,000-60\,000=324\,000(元)$；

应纳个人所得税：$324\,000\times25\%-31\,920=49\,080(元)$。

比奖金按全年一次性奖金优惠方法单独计税少缴个人所得税：
59 310－49 080＝10 230(元)。

选择按全年一次性奖金优惠计税方法单独计税是否能够节税，主要看是否能形成税率差，即单独按全年一次性奖金优惠计税方法单独计税适用的税率与将奖金并入综合所得计税适用的税率之间是否形成税率差，如果有，则有节税空间，反之，则无。当然，也可以通过调整全年一次性奖金的发放金额来人为形成税率差节税。

在[例 8-17]中，张三奖金并入综合所得适用的税率为 10%，应纳税所得额为 124 000 元。这时，可以将奖金调整为两笔发放，奖金发放 36 000 元单独计税，另外的 64 000 元并入当月工资发放并入综合所得计税。应纳个人所得税的计算如下：

年终奖 36 000 元按全年一次性奖金优惠计税方法单凭计税，36 000÷12＝3 000(元)，适用税率为 3%，速算扣除数为 0。

年终奖单独计税应纳个人所得税：36 000×3%＝1 080(元)；

综合所得应纳个人所得税：(7 000×12＋64 000－60 000)×10%－2 520＝88 000×10%－2 520＝6 280(元)；

应纳个人所得税合计：6 280＋1 080＝7 360(元)。

少缴个人所得税 2 520 元。

自 2019 年 1 月 1 日起，个人取得全年一次性奖金适用优惠计税方法计算税款时，不再考虑当月正常工资收入是否低于 5 000 元。这是因为高收入者往往选择全年一次性奖金单独计税优惠计税方法，低收入者往往放弃享受全年一次性奖金单独计税政策，将全年一次性奖金直接并入综合所得征税。因而，理论上不再存在减除当月工资低于 5 000 元差额的问题。发放全年一次性奖金当月工资收入低于 5 000 元的，其低于 5 000 元的差额，计算全年一次性奖金的应纳税额时，不再从全年一次性奖金中减除。

综上所述，税制改革前奖金的个人所得税处理方法如图 8-2 所示。

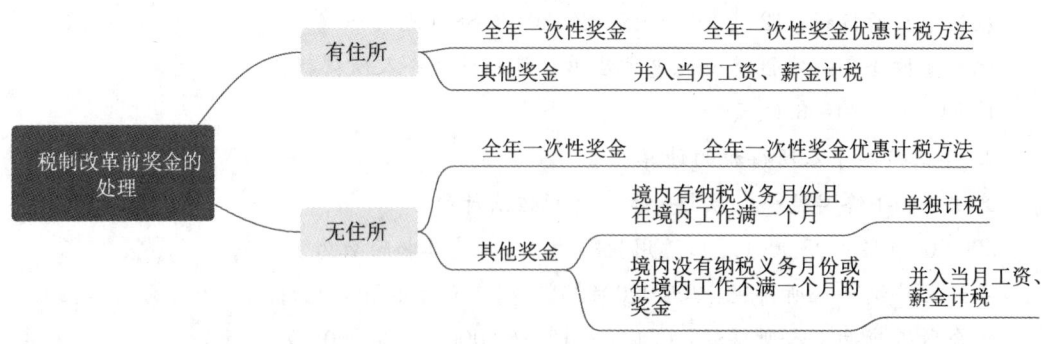

图 8-2 税制改革前奖金的个人所得税处理

税制改革后奖金的个人所得税处理方法如图 8-3 所示。

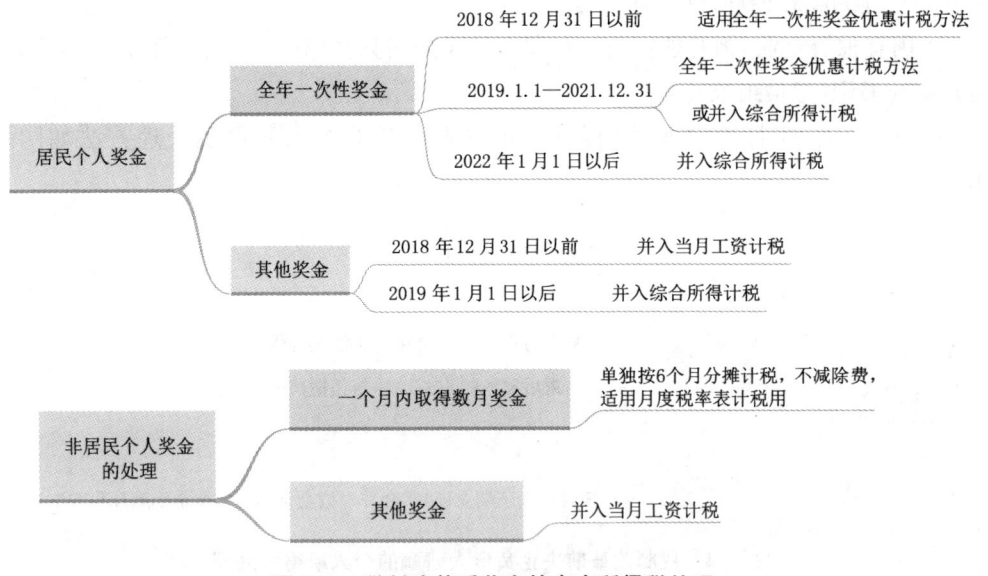

图 8-3 税制改革后奖金的个人所得税处理

三、央企负责人年度绩效薪金延期兑现收入和任期奖励

(一) 税制改革前的处理

为建立中央企业负责人薪酬激励与约束的机制,根据《中央企业负责人经营业绩考核暂行办法》《中央企业负责人薪酬管理暂行办法》规定,国务院国有资产监督管理委员会对中央企业负责人的薪酬发放采取按年度经营业绩和任期经营业绩考核的方式。具体办法是,中央企业负责人薪酬由基薪、绩效薪金和任期奖励构成,其中基薪和绩效薪金的60%在当年度发放,绩效薪金的40%和任期奖励于任期结束后发放。根据《国家税务总局关于中央企业负责人年度绩效薪金延期兑现收入和任期奖励征收个人所得税问题的通知》(国税发〔2007〕118号)第1条的规定,中央企业负责人任期结束后取得的绩效薪金40%部分和任期奖励,按照《国家税务总局关于调整个人取得全年一次性奖金等计算征收个人所得税方法问题的通知》(国税发〔2005〕9号)第2条[该条自2019年1月1日起被《财政部 税务总局关于个人所得税法修改后有关优惠政策衔接问题的通知》(财税〔2018〕164号)废止]规定的方法,合并计算缴纳个人所得税。

根据《中央企业负责人经营业绩考核暂行办法》等规定,国税发〔2007〕118号文件后附《国资委管理的中央企业名单》中的下列人员,适用国税发〔2007〕118号文件第1条规定,其他人员不得比照执行:

(1) 国有独资企业和未设董事会的国有独资公司的总经理(总裁)、副总经理(副总裁)、总会计师。

(2) 设董事会的国有独资公司(国资委确定的董事会试点企业除外)的董事长、副董事长、董事、总经理(总裁)、副总经理(副总裁)、总会计师。

(3) 国有控股公司国有股权代表出任的董事长、副董事长、董事、总经理(总裁),列入国资委党委管理的副总经理(副总裁)、总会计师。

(4) 国有独资企业、国有独资公司和国有控股公司党委(党组)书记、副书记、常委(党组成员)、纪委书记(纪检组长)。

2018年12月31日税制改革前,央企负责人薪酬的个人所得税处理方法如图8-4所示。

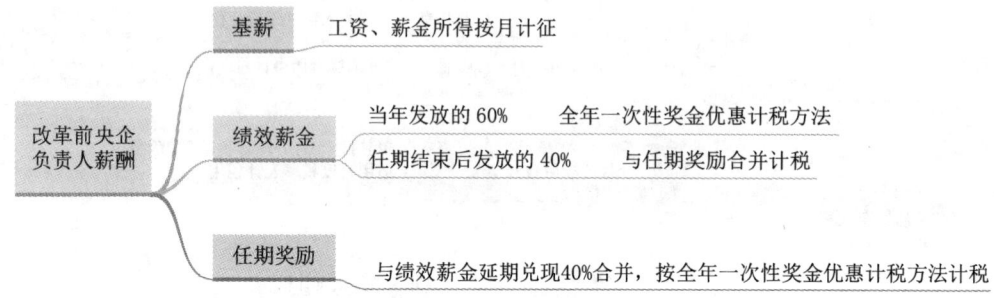

图8-4 税制改革前央企负责人薪酬的个人所得税处理

(二) 税制改革后的处理

根据《财政部 税务总局关于个人所得税法修改后有关优惠政策衔接问题的通知》(财税〔2018〕164号)第1条的规定,中央企业负责人取得年度绩效薪金延期兑现收入和任期奖励,符合《国家税务总局关于中央企业负责人年度绩效薪金延期兑现收入和任期奖励征收个人所得税问题的通知》(国税发〔2007〕118号)规定的,在2021年12月31日前,参照财税〔2018〕164号文件第1条第1项的下列规定执行;2022年1月1日之后的政策另行明确。即,自2019年1月1日起至2021年12月31日止,可不并入当年综合所得,以取得的年度绩效薪金延期兑现收入和任期奖励之和除以12个月得到的数额,按照按月换算后的综合所得税率表(以下简称月度税率表),确定适用税率和速算扣除数,单独计算纳税。计算公式为:

应纳税额 = 年度绩效薪金延期兑现收入和任期奖励 × 适用税率 − 速算扣除数

居民个人取得年度绩效薪金延期兑现收入和任期奖励,也可以选择并入当年综合所得计算纳税。

税制改革后央企负责人薪酬的个人所得税处理方法如图8-5所示。

图8-5 税制改革后央企负责人薪酬的个人所得税处理

四、单位低价向职工售房

(一)税制改革前的处理

根据《财政部 国家税务总局关于单位低价向职工售房有关个人所得税问题的通知》(财税〔2007〕13号)的规定,根据住房制度改革政策的有关规定,国家机关、企事业单位及其他组织(以下简称单位)在住房制度改革期间,按照所在地县级以上人民政府规定的房改成本价格向职工出售公有住房,职工因支付的房改成本价格低于房屋建造成本价格或市场价格而取得的差价收益,免征个人所得税。

除上述规定情形外,单位按低于购置或建造成本价格出售住房给职工,职工因此而少支出的差价部分,属于个人所得税应税所得,应按照"工资、薪金所得"项目缴纳个人所得税。差价部分,是指职工实际支付的购房价款低于该房屋的购置或建造成本价格的差额。

在2018年12月31日以前,根据《财政部 国家税务总局关于单位低价向职工售房有关个人所得税问题的通知》(财税〔2007〕13号)第3条的规定[该条款自2019年1月1日起被《财政部 税务总局关于个人所得税法修改后有关优惠政策衔接问题的通知》(财税〔2018〕164号)文件废止],对职工取得的上述应税所得,比照《国家税务总局关于调整个人取得全年一次性奖金等计算征收个人所得税方法问题的通知》(国税发〔2005〕9号)规定的全年一次性奖金的征税办法,计算征收个人所得税,即先将全部所得数额除以12,按其商数并根据规定的税率表确定适用的税率和速算扣除数,再根据全部所得数额、适用的税率和速算扣除数,按照税法规定计算征税。

需要说明的是,单位低价向职工售房职工取得的收入采用全年一次性奖金优惠计税方法的,不影响其他全年一次性奖金算法,也就是说,该纳税人本纳税年度内取得的一次性奖金还可用一次全年一次性奖金优惠计算方法。

【例8-18】 2018年8月,田某作为人才被引入某公司任技术总监,该公司将购置价800 000元的一套住房以500 000元价格出售给田某。田某取得该住房应缴纳个人所得税( )元。

A. 21 500   B. 37 500   C. 52 440   D. 73 995

【答案】 D

【解析】 根据《财政部 国家税务总局关于单位低价向职工售房有关个人所得税问题的通知》(财税〔2007〕13号)的规定,单位低价向职工售房按全年一次性奖金计税办法计算缴纳个人所得税。则田某应纳个人所得税为:

(800 000－500 000)÷12＝25 000(元),适用税率25%,速算扣除数1 005。

应纳个人所得税为:300 000×25%－1 005＝73 995(元)。

(二)税制改革后的处理

自2019年1月1日起,根据《财政部 税务总局关于个人所得税法修改后有关优惠政策衔接问题的通知》(财税〔2018〕164号)第6条的规定,单位按低于购置或建造成本价格出售住房给职工,职工因此而少支出的差价部分,符合《财政部 国家税务总局关于单位低价向职工售房有关个人所得税问题的通知》(财税〔2007〕13号)第2条规定的,不并入当年综合所得,以差价收入除以12个月得到的数额,按照月度税率表确定适用税率和速算扣除数,单独计算纳税。计算公式为:

$$应纳税额 = 职工实际支付的购房价款低于该房屋的购置或建造成本价格的差额 \times 适用税率 - 速算扣除数$$

需要说明的是,根据《财政部 税务总局关于个人所得税法修改后有关优惠政策衔接问题的通知》(财税〔2018〕164号)第6条的规定,单位低价向职工售房职工少支出的差价部分,单独计税,而不并入当年的综合所得计税,也不受职工当年是否已适用过全年一次性奖金优惠计税方法的影响。

单位向职工低价售房的个人所得税处理,如图8-6所示。

图8-6 单位向职工低价售房的个人所得税处理

【例8-19】 2019年,A房地产公司开发的商品房滞销,为缓解资金紧张局面,决定面向公司内部员工优惠销售商品房一批。对于有5年以上工龄的公司员工,以正常销售价格的60%作为内部优惠价格;对于5年以下工龄的公司员工,以正常销售价格的70%作为内部优惠价格,向公司员工销售其开发产品。假定该公司房产正常的销售价格为13 500元/平方米,平均建造成本为9 000元/平方米,单套面积100平方米。

要求:分析说明如何缴纳个人所得税。

【解析】 该企业只要以不低于建造成本的内部优惠促销价格出售商品房给职工,职工就不用缴纳个人所得税。比如,对于5年以下工龄的公司员工以正常销售价格的70%,即9 450元(13 500×70%)为内部优惠价格,高于建造成本(9 000元/平方米),职工就不用缴纳个人所得税。

对于有5年以上工龄的公司员工以正常销售价格的60%为内部优惠价格,即销售价格为8 100元(13 500×60%),低于建造成本(9 000元/平方米),需按照"工资、薪金所得"项目计算缴纳个人所得税。

以每套商品房100平方米计算,销售价款81万元(1.35×60%×100),成本90万元,职工实际支付的购房价款低于该房屋的购置或建造成本价格的差额为9万元。

计税基数9万元,不并入当年综合所得,以差价收入除以12个月得到的数额7 500元(90 000÷12),按照月度税率表确定适用税率为10%和速算扣除数210,单独计算纳税。

应纳税额=职工实际支付的购房价款低于该房屋的购置或建造成本价格的差额×适用税率-速算扣除数

应纳个人所得税为：90 000×10%－210＝8 790(元)。

五、解除劳动关系取得的一次性补偿收入

(一)税制改革前的处理

根据《财政部 国家税务总局关于个人与用人单位解除劳动关系取得的一次性补偿收入征免个人所得税问题的通知》(财税〔2001〕157号)的规定，个人因与用人单位解除劳动关系而取得的一次性补偿收入按以下规定处理：

(1) 企业依照国家有关法律规定宣告破产，企业职工从该破产企业取得的一次性安置费收入，免征个人所得税。

(2) 个人因与用人单位解除劳动关系而取得的一次性补偿收入(包括用人单位发放的经济补偿金、生活补助费和其他补助费用)，其收入在当地上年职工平均工资3倍数额以内的部分，免征个人所得税。超过3倍数额部分的一次性补偿收入，按照《国家税务总局关于个人因解除劳动合同取得经济补偿金征收个人所得税问题的通知》(国税发〔1999〕178号，该文件自2019年1月1日起被财税〔2018〕164号文件废止)规定，可视为一次取得数月的工资、薪金收入，允许在一定期限内平均。具体方法为：以超过3倍数额部分的一次性补偿收入，除以个人在本企业的工作年限数(超过12年的按12年计算)，以其商数作为个人的月工资、薪金收入，按照税法规定计算缴纳个人所得税。个人在本企业的工作年限数按实际工作年限数计算，超过12年的按12计算。

(3) 个人领取一次性补偿收入时按照国家和地方政府规定的比例实际缴纳的住房公积金、医疗保险费、基本养老保险费、失业保险费，可以在计征其一次性补偿收入的个人所得税时予以扣除。

个人在解除劳动合同后又再次任职、受雇的，对个人已缴纳个人所得税的一次性经济补偿收入，不再与再次任职、受雇的工资、薪金所得合并计算补缴个人所得税。

个人解除劳动合同取得的一次性经济补偿收入的个人所得税处理，如图8-7所示。

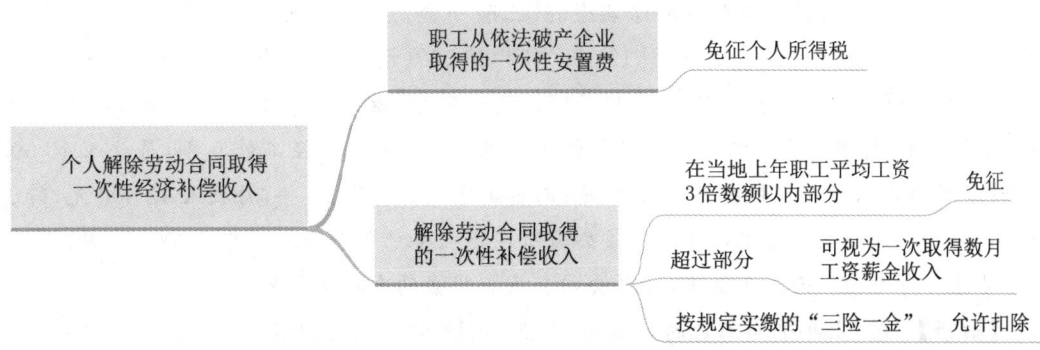

图8-7 个人解除劳动合同取得的一次性经济补偿收入的个人所得税处理

根据《国家税务总局关于中国海洋石油总公司系统深化用工薪酬制度改革有关个人所得税问题的通知》(国税函〔2003〕330号)的规定，对中国海洋石油总公司及其投资控股公司

系统(简称中油公司系统)员工终止用工合同取得的补偿收入计征个人所得税时,考虑到中油公司系统人员流动性较强,且解除用工合同后的生活地与劳务地经常不在同一地区的情况,为便于管理及操作,上述"当地上年职工平均工资"可用中油公司系统上年职工平均工资标准确定。

【例 8-20】 2018年8月,某银行人事制度改革,张某在银行工作已经20年,因符合政策与单位解除劳动关系,取得补偿收入18万元(当地上年职工年均工资为12 000元),按国家规定向相关机构缴存住房公积金、医疗保险费、基本养老保险费、失业保险费共计26 000元。李某在银行工作10年,因身体健康等原因也与单位解除劳动关系,取得补偿收入40 000元,实际按规定缴存"三险一金"4 800元。单位在发放上述补偿款时按如下方法代扣代缴个人所得税:

张某:$\{[(180\,000-12\,000\times3)\div20-3\,500]\times10\%-105\}\times20=5\,300(元)$;

李某:$(40\,000-12\,000\times3)\div10\times3\%\times10=120(元)$。

请分析说明是否正确。

【解析】 根据《财政部 国家税务总局关于个人与用人单位解除劳动关系取得的一次性补偿收入征免个人所得税问题的通知》(财税〔2001〕157号)等文件的规定,个人取得的一次性补偿收入,在当地上年职工平均工资3倍数额以内的部分,免征个人所得税。超过3倍数额的部分,可视为一次取得数月的工资、薪金收入,允许在一定期限内平均。即以超过3倍数额部分的一次性补偿收入,除以个人在本企业的工作年限数(超过12年的按12年计算),以其商数作为个人的月工资、薪金收入。个人领取一次性补偿收入时按照国家和地方政府规定的比例实际缴纳的住房公积金、医疗保险费、基本养老保险费、失业保险费,可以在计征其一次性补偿收入的个人所得税时予以扣除。

[例8-20]中,张某工作年限已超过12年,应按12年计算。同时应允许扣除实缴的"三险一金"。正确的计算为:

张某:$\{[(180\,000-26\,000-12\,000\times3)\div12-3\,500]\times20\%-555\}\times12=8\,540(元)$。

李某:由于一次性补偿收入扣除实缴的"三险一金"后[$40\,000-4\,800=35\,200(元)$],没有超过上年职工平均工资的3倍[$12\,000\times3=36\,000(元)$],免征个人所得税。

【例 8-21】 某公司2018年8月辞退甲、乙、丙三名正式员工:甲员工已经工作3年,月收入5 000元,辞退时公司给予一次性补偿15 000元;乙员工已经工作9年,月收入10 000元,辞退时公司给予一次性补偿90 000元;丙员工已经工作了15年,月收入12 000元,辞退时公司给予一次性补偿180 000元。该公司所在地上年社会平均工资为2 200元/月。

要求:对甲、乙、丙三名员工,计算公司应代扣代缴的个人所得税。

【解析】 (1)上年平均工资的3倍为:$2\,200\times12\times3=79\,200(元)$。

甲因与公司解除劳动合同获得的一次性补偿收入为15 000元,小于79 200元,因此,甲获得的一次性补偿收入免征个人所得税,公司不用代扣代缴。

(2)乙超过上年平均工资3倍以上部分为:$90\,000-79\,200=10\,800(元)$;折合月工资收入$10\,800\div9=1\,200(元)$。

由于乙的折合月工资收入小于费用扣除标准 3 500 元,因此,乙不用缴纳一次性补偿收入的个人所得税,公司不用代扣代缴。

(3) 丙超过上年平均工资 3 倍以上的部分为:180 000－79 200＝100 800(元);折合月工资收入为:100 800÷12＝8 400(元)。

公司应代扣代缴丙的个人所得税为:[(8 400－3 500)×20％－555]×12＝5 100(元)。

(二) 税制改革后的处理

自 2019 年 1 月 1 日起,根据《财政部 税务总局关于个人所得税法修改后有关优惠政策衔接问题的通知》(财税〔2018〕164 号)第 5 条的规定,个人与用人单位解除劳动关系取得一次性补偿收入(包括用人单位发放的经济补偿金、生活补助费和其他补助费),在当地上年职工平均工资 3 倍数额以内的部分,免征个人所得税;超过 3 倍数额的部分,不并入当年综合所得,单独适用综合所得税率表,计算纳税。

税制改革后,个人与用人单位解除劳动关系取得一次性补偿收入的个人所得税处理如图 8-8 所示。

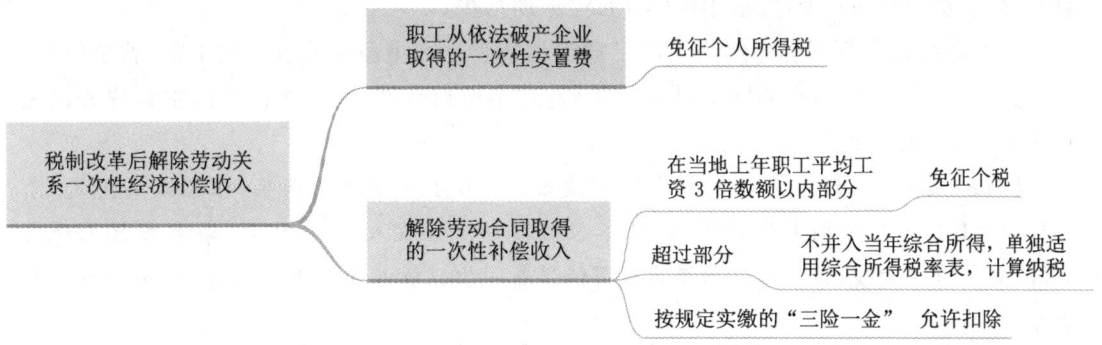

图 8-8 税制改革后个人与用人单位解除劳动关系取得一次性补偿收入的个人所得税处理如

【例 8-22】 2019 年 10 月,A 公司与甲、乙、丙 3 名员工解除劳动关系。甲员工已经在公司工作 3 年,月收入 5 000 元,公司给予补偿 15 000 元;乙员工已经工作 9 年,月收入 10 000 元,公司给予补偿 90 000 元;丙员工已经工作了 15 年月收入 12 000 元,公司给予补偿 180 000 元。

该公司所在地上年职工平均工资为 2 200 元/月。

要求:计算公司应代扣代缴的个人所得税。

【解析】 上年职工平均工资的 3 倍:2 200×12×3＝79 200(元)。

(1) 甲因获得的一次性补偿收入 15 000 元,小于 79 200 元,免征个人所得税。

(2) 乙的补偿款超过当地上年职工平均工资 3 倍数额以上的部分为:

90 000－79 200＝10 800(元);查找综合所得税率表,适用税率 3％。

应纳个人所得税:10 800×3％＝324(元)。

(3) 丙的补偿款超过当地上年职工平均工资 3 倍数额以上的部分为:

180 000－79 200＝100 800(元);

查找综合所得税率表,适用税率10%,速算扣除数2 520。

应纳个人所得税为:100 800×10%-2 520=7 560(元)。

六、内部退养取得的一次性收入

(一) 税制改革前的处理

在2018年12月31日以前,根据《国家税务总局关于个人所得税有关政策问题的通知》(国税发〔1999〕58号)的规定,企业减员增效和行政、事业单位、社会团体在机构改革过程中实行内部退养办法,实行内部退养的个人在其办理内部退养手续后至法定离退休年龄之间从原任职单位取得的工资、薪金,不属于离退休工资,应按工资、薪金所得项目计征个人所得税。

个人在办理内部退养手续后从原任职单位取得的一次性收入,应按办理内部退养手续后至法定离退休年龄之间的所属月份进行平均,并与领取当月的工资、薪金所得合并后减除当月费用扣除标准,以余额为基数确定适用税率,再将当月工资、薪金加上取得的一次性收入,减去费用扣除标准,按适用税率计征个人所得税。

个人在办理内部退养手续后至法定离退休年龄之间重新就业取得的工资、薪金所得,应与其从原任职单位取得的同一月份的工资、薪金所得合并,并依法自行向主管税务机关申报缴纳个人所得税。

【例8-23】 某市A公司实行人事制度改革,50岁的女职工李某,根据政策规定,于2018年11月办理了内部退养手续,从单位领取一次性收入60 000元,李某当月工资为5 800元。经查发现,该公司认为李某取得的退养一次性收入属于退休工资,未扣缴个人所得税。

要求:分析说明存在的个人所得税问题。

【解析】 根据《国家税务总局关于个人所得税有关政策问题的通知》(国税发〔1999〕58号)规定,李某虽然办理了内部退养手续,但其取得的一次性收入不属于离退休工资,应按"工资、薪金所得"项目计征个人所得税。在计税时,应按办理内部退养手续后至法定离退休年龄之间的所属月份进行平均,并与领取当月的工资、薪金所得合并后减除当月费用扣除标准,以余额为基数确定适用税率,再将当月工资、薪金加上取得的一次性收入,减去费用扣除标准,按适用税率计算应纳税额。

在本例中,李某距退休年龄还有:5×12=60(月),月均工资性收入为:60 000÷60=1 000(元);与当月工资合并后确定适用税率:月应纳税所得额=1 000+5 800-5 000=1 800(元),适用税率为3%;应代扣代缴个人所得税:(5 800+60 000-5 000)×3%=1 824(元)。

(二) 税制改革后的处理

自2019年1月1日起,根据《财政部 税务总局关于个人所得税法修改后有关优惠政策衔接问题的通知》(财税〔2018〕164号)第5条的规定,个人办理内部退养手续而取得的一次性补贴收入,按照《国家税务总局关于个人所得税有关政策问题的通知》(国税发〔1999〕

58号)规定计算纳税。

根据个人所得税扣缴客户端中的设置,税制改革后内部退养而取得的一次性补贴收入应按如下方法计算个人所得税。

应纳税所得额＝一次性补偿收入－免税收入－减除费用－
其他准予扣除的项目－准予扣除的捐赠额

适用税率1与速算扣除数:按本期工资收入与一次性补偿金月分摊收入合并后减除当月费用扣除标准5 000后的余额为基数确定月度税率1和速算扣除数。

应纳税额＝[(一次性补偿收入＋本期工资收入－免税收入－其他准予扣除的项目－
准予扣除的捐赠额－减除费用)×税率1－速算扣除数]－
(本期工资收入－减除费用)×税率2

注:税率2为模拟当月工资扣除减除费用标准后的余额为基数确定的月度税率。

【例8-24】 某市甲公司实行人事制度改革,50岁的女职工李某,根据政策规定,于2019年11月办理了内部退养手续,从单位领取一次性收入60 000元,李某当月工资为5 800元。经查发现,该公司认为李某取得的退养一次性收入属于退休工资,未扣缴个人所得税。

要求:分析说明存在的问题,并计算应纳的个人所得税。

【解析】 2019年1月1日以后,个人办理内部退养手续而取得的一次性补贴收入,按照《国家税务总局关于个人所得税有关政策问题的通知》(国税发〔1999〕58号)规定计算纳税。不过,根据个人所得税扣缴客户端中的设置,应按如下方法计算个人所得税。

本例中,假设2019年李某50岁,距退休年龄还有60月(5×12);

月均补偿收入:60 000÷60＝1 000(元);

与当月工资5 800元合并后确定适用税率:

月应纳税所得额＝1 000＋5 800－5 000＝1 800(元),适用税率3%;

应缴纳个人所得税:(5 800＋60 000－5 000)×3%－(5 800－5 000)×3%＝1 824－24＝1 800(元)。

七、提前退休人员的一次性收入

(一)税制改革前的处理

提前退休取得的补贴收入与内部退养取得的收入的税务处理不同。在2018年12月31日以前,根据《国家税务总局关于个人提前退休取得补贴收入个人所得税问题的公告》(国家税务总局公告2011年第6号)的规定,机关、企事业单位对未达到法定退休年龄、正式办理提前退休手续的个人,按照统一标准向提前退休工作人员支付一次性补贴,不属于免税的离退休工资收入,应按照"工资、薪金所得"项目征收个人所得税。自2011年1月1日起至2018年12月31日止,个人因办理提前退休手续而取得的一次性补贴收入,应按照办理提前退休手续至法定退休年龄之间所属月份平均分摊计算个人所得税。

计税公式为：

$$应纳税额 = \left\{\left[\left(\frac{一次性补贴收入}{办理提前退休手续至法定退休年龄的实际月份数}\right) - 费用扣除标准\right] \times 适用税率 - 速算扣除数\right\} \times 提前办理退休手续至法定退休年龄的实际月份数$$

【例 8-25】 某国有企业职工张某，于 2018 年 8 月因健康原因办理了提前退休手续（至法定退休年龄尚有 18 个月），取得单位按照统一标准支付的一次性补贴 72 000 元。当月张某仍按原工资标准从单位领取工资 4 500 元。则张某 2018 年 8 月应缴纳的个人所得税合计为（ ）元。

A. 30　　　　　　　B. 270　　　　　　　C. 300　　　　　　　D. 320

【答案】 C

【解析】 个人因办理提前退休手续而取得的一次性补贴收入，应按照办理提前退休手续至法定退休年龄之间所属月份平均分摊计算个人所得税。

张某取得的一次性补贴应纳税额 = [72 000 ÷ 18 - 3 500] × 3% × 18 = 270（元）；

张某当月取得的工资应纳税额 = (4 500 - 3 500) × 3% = 30（元）；

张某 2018 年 8 月应缴纳的个人所得税合计 = 270 + 30 = 300（元）。

（二）税制改革后的处理

自 2019 年 1 月 1 日起，根据《财政部 税务总局关于个人所得税法修改后有关优惠政策衔接问题的通知》（财税〔2018〕164 号）第 5 条的规定，个人办理提前退休手续而取得的一次性补贴收入，应按照办理提前退休手续至法定离退休年龄之间实际年度数平均分摊，确定适用税率和速算扣除数，单独适用综合所得税率表，计算纳税。计算公式：

$$应纳税额 = \left\{\left[\left(\frac{一次性补贴收入}{办理提前退休手续至法定退休年龄的实际年度数}\right) - 费用扣除标准\right] \times 适用税率 - 速算扣除数\right\} \times 办理提前退休手续至法定退休年龄的实际年度数$$

提前退休一次性补偿收入的个人所得税处理，如图 8-9 所示。

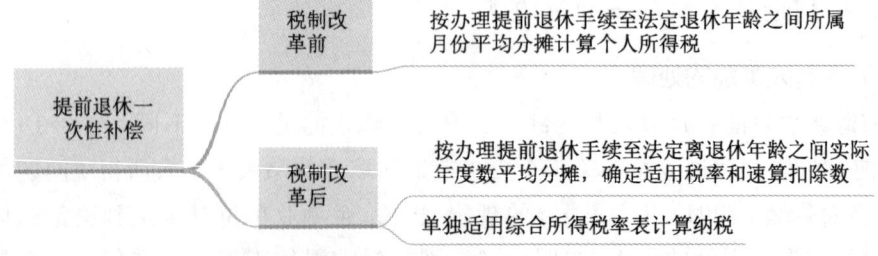

图 8-9 提前退休一次性补偿收入的个人所得税处理

【例 8-26】 某国有企业职工张某，于 2019 年 6 月因健康原因办理了提前退休手续（至法定退休年龄尚有 18 个月），取得单位按照统一标准支付的一次性补贴 108 000 元。当月张某仍按原工资标准从单位领取工资6 000元。

要求：计算张某应缴纳的个人所得税。

【解析】 在本案例中，提前退休一次性补偿发生在2019年，根据《财政部 税务总局关于个人所得税法修改后有关优惠政策衔接问题的通知》(财税〔2018〕164号)第5条的规定，应纳的个人所得税为：

应纳税额＝{[(一次性补贴收入÷办理提前退休手续至法定退休年龄的实际年度数)－费用扣除标准]×适用税率－速算扣除数}×办理提前退休手续至法定退休年龄的实际年度数

由于一次性补偿收入除以办理提前退休手续至法定退休年龄的实际年度数后减除费用扣除标准＝108 000÷2－60 000＝－6 000(元)，不用缴纳个人所得税。

八、保险营销员与证券经纪人佣金收入

（一）税制改革前的处理

1. 保险营销员的佣金收入按劳务报酬所得征税

根据《国家税务总局关于保险企业营销员(非雇员)取得的收入计征个人所得税问题的通知》[国税发〔1998〕13号，自2019年1月1日起被《财政部 税务总局关于个人所得税法修改后有关优惠政策衔接问题的通知》(财税〔2018〕164号)废止]的精神，保险企业营销员(非雇员，下同)取得的收入应按劳务报酬所得计征个人所得税。保险企业营销员以1个月内取得的收入为1次。保险企业是营销员个人所得税的代扣代缴义务人，应按月代扣税款并于次月15日内将所扣税款缴入国库。由于保险公司计算机管理手段比较先进，财务核算较为规范，各地对保险业营销员取得佣金收入一律不得采用核定征税方式计征个人所得税，必须实行查账征收。

根据《保监会关于明确保险营销员佣金构成的通知》(保监发〔2006〕48号)的规定，保险营销员的佣金由展业成本和劳务报酬构成。《国家税务总局关于保险营销员取得佣金收入征免个人所得税问题的通知》[国税函〔2006〕454号，自2019年1月1日起被《财政部 税务总局关于个人所得税法修改后有关优惠政策衔接问题的通知》(财税〔2018〕164号)废止]规定，对佣金中的展业成本，不征收个人所得税；对劳务报酬部分，扣除实际缴纳的税金及附加后，依照税法有关规定计算征收个人所得税。根据保险营销员展业的实际情况，自2006年6月1日至2018年12月31日，佣金中展业成本的比例为40%。

根据《国家税务总局关于个人保险代理人税收征管有关问题的公告》(国家税务总局公告2016年第45号)第2条的规定，个人保险代理人以其取得的佣金、奖励和劳务费等相关收入(以下简称佣金收入，不含增值税)减去地方税费附加及展业成本，按照规定计算个人所得税。在2018年12月31日以前，展业成本为佣金收入减去地方税费附加余额的40%。

2. 证券经纪人佣金收入的处理

按照《证券公司监督管理条例》(国务院令第522号)和《证券经纪人管理暂行规定》(原中国证券监督管理委员会公告2009年第2号)等规定，证券经纪人不是证券公司的正式员

工,证券经纪人与证券公司之间是委托代理关系。

从证券公司取得佣金收入的证券经纪人与从事其他劳务活动而取得收入的纳税人相比有所不同,其表现在:一是证券经纪人只能接受一家证券公司委托,不得兼做他职,其主要收入是佣金收入,且大多数证券经纪人月收入处于较低水平;二是证券经纪人收入水平与市场交易量、客户交易偏好等因素直接相关,证券经纪人收入在不同年份之间、不同月份之间有较大波动;三是证券经纪人与保险营销员一样,在展业过程中,为招揽客户及维护客户需要自行额外负担展业成本,但保险营销员的展业成本可在税前扣除,造成其实际承担的税负高于保险营销员。

因而,《国家税务总局关于证券经纪人佣金收入征收个人所得税问题的公告》[国家税务总局公告2012年第45号,自2019年1月1日起被《财政部 税务总局关于个人所得税法修改后有关优惠政策衔接问题的通知》(财税〔2018〕164号)废止]规定,证券经纪人从证券公司取得的佣金收入,应按照"劳务报酬所得"项目缴纳个人所得税。证券经纪人佣金收入由展业成本和劳务报酬构成,对展业成本部分不征收个人所得税。在2018年12月31日以前,证券经纪人展业成本的比例暂定为每次收入额的40%。证券经纪人以一个月内取得的佣金收入为一次收入,其每次收入先减去实际缴纳的地方税及附加,再减去规定的展业成本,余额按个人所得税法规定计算缴纳个人所得税。

(二)税制改革后的处理

1. 税制改革后保险营销员与证券经纪人佣金的处理

自2019年1月1日起,根据《财政部 税务总局关于个人所得税法修改后有关优惠政策衔接问题的通知》(财税〔2018〕164号)第3条的规定,保险营销员、证券经纪人取得的佣金收入,属于劳务报酬所得,以不含增值税的收入减除20%的费用后的余额为收入额,收入额减去展业成本以及附加税费后,并入当年综合所得,计算缴纳个人所得税。保险营销员、证券经纪人展业成本按照收入额的25%计算。

扣缴义务人向保险营销员、证券经纪人支付佣金收入时,应按照《个人所得税扣缴申报管理办法(试行)》(国家税务总局公告2018年第61号)规定的累计预扣法计算预扣税款。

保险营销员、证券经纪人取得的佣金收入,由展业成本和劳务报酬两部分构成。考虑到保险营销员、证券经纪人在开展业务时,承担一定的展业成本,对其佣金收入全额计税,不尽合理。在税制改革前,为支持保险、证券行业健康发展,适当减轻保险营销员、证券经纪人的税负,经商原保监会、证监会同意,将保险营销员、证券经纪人佣金收入的40%视为展业成本不予征税。在税制改革后,保险营销员、证券经纪人的佣金收入应当依法纳入综合所得,新增加每年6万元的减除费用、专项扣除、专项附加扣除、其他扣除等扣除项目,应纳税所得额的计算发生一定变化,为此,调整了保险营销员、证券经纪人的计税方法,保持税收政策连续稳定。

2. 预扣预扣

日常预扣预缴时,综合考虑新旧税制衔接,为最大限度减轻保险营销员、证券经纪人税收负担,依照税法规定,对其取得的佣金收入,按照累计预扣法计算预缴税款。具体计算时,以该纳税人截至当期在单位从业月份的累计收入减除累计减除费用、累计其他扣除后的余额,比照工资、薪金所得预扣率表计算当期应预扣预缴税额。专项扣除和专项附加扣除,在预扣预缴环节暂不扣除,待年度终了后汇算清缴申报时办理。主要考虑:一方面,根据《个人所得税法》及其实施条例的规定,个人取得的劳务报酬,应当在汇算清缴时办理专项附加扣除。另一方面,保险营销员、证券经纪人多为自己缴付"三险一金",支付佣金单位较难掌握这些情况并为其办理扣除。同时,部分保险营销员、证券经纪人还有任职受雇单位,由支付佣金单位办理可能出现重复扣除。

3. 汇算清缴

在年终综合所得汇算清缴时,保险营销员、证券经纪人取得的佣金收入,以不含增值税的收入减除20%的费用后的余额,再减去展业成本以及附加税费后,并入当年综合所得,计算个人所得税。其中,展业成本按照不含增值税的佣金收入减除20%费用后余额的25%计算。

(三) 代理人应纳税费的委托代征和代扣代缴

根据《国家税务总局关于个人保险代理人税收征管有关问题的公告》(国家税务总局公告2016年第45号)的规定,个人保险代理人,是指根据保险企业的委托,在保险企业授权范围内代为办理保险业务的自然人,不包括个体工商户。该公告第1条规定,个人保险代理人为保险企业提供保险代理服务应当缴纳的增值税和城市维护建设税、教育费附加、地方教育附加,税务机关可以根据《国家税务总局关于发布〈委托代征管理办法〉的公告》(国家税务总局公告2013年第24号)的有关规定,委托保险企业代征。

个人保险代理人为保险企业提供保险代理服务应当缴纳的个人所得税,由保险企业按照现行规定依法代扣代缴。

(四) 案例分析

【例8-27】 张三是甲人寿保险公司南京分公司的保险代理人(持有保险代理人资格证书),主管税务机关已委托该公司代征个人保险代理人相关税费。

已知,张三兄弟两人,父母健在,都已61岁;有一个女儿,正在读小学三年级,子女教育专项附加扣除由张三扣除;每月自行缴纳社会保险费1 500元。

2018年12月,取得代理佣金含增值税收入41 200元;

2019年张三没有工资、薪金,其他劳务报酬,稿酬,特许权使用费所得,从该保险公司取得的不含增值税的佣金收入如表8-15所示。

表8-15　　　　　　　　　　2019年佣金收入情况

单位:元

月份	1月	2月	3月	4月	5月	6月	小计
佣金收入	20 000	120 000	20 000	15 000	20 000	15 000	210 000
月份	7月	8月	9月	10月	11月	12月	小计
佣金收入	10 000	20 000	20 000	15 000	15 000	20 000	100 000

要求:计算张三应纳的相关税费。

【解析】 1. 2018年12月佣金收入的税务处理。

(1) 应代征张三的增值税：41 200÷(1+3%)×3%=1 200(元)。

(2) 应代征城市维护建设税：1 200×7%=84(元)。

(3) 免征教育费附加和地方教育附加。

根据《财政部 国家税务总局关于扩大有关政府性基金免征范围的通知》(财税〔2016〕12号)第1条的规定，按月纳税的月销售额不超过10万元(按季度纳税的季度销售额不超过30万元)的缴纳义务人，免征教育费附加、地方教育附加。

由于张三当月佣金的不含增值税收入为40 000元，因而可免征教育费附加和地方教育附加。

(4) 应代扣代缴张三的个人所得税为：

(40 000−84)×(1−40%)×(1−20%)×20%=3 831.94(元)。

2. 2019年佣金收入的税务处理。

(1) 预扣预缴。

根据《财政部 税务总局关于个人所得税法修改后有关优惠政策衔接问题的通知》(财税〔2018〕164号)第3条的规定，扣缴义务人向保险营销员、证券经纪人支付佣金收入时，应按照《个人所得税扣缴申报管理办法(试行)》(国家税务总局公告2018年第61号)规定的累计预扣法计算预扣税款。

以该纳税人截至当期在单位从业月份的累计收入减除累计减除费用、累计其他扣除后的余额，比照工资、薪金所得预扣率表计算当期应预扣预缴税额。专项扣除和专项附加扣除，在预扣预缴环节暂不扣除，待年度终了后汇算清缴申报时办理。

此外，根据《财政部 税务总局关于实施小微企业普惠性税收减免政策的通知》(财税〔2019〕13号)第1条的规定，对月销售额10万元以下(含本数)的增值税小规模纳税人，免征增值税。

1月应预扣预缴个人所得税：

1月佣金收入20 000元，免征增值税。

保险营销员佣金收入预扣预缴应纳税所得额
=累计收入额−累计减除费用−累计其他扣除
=20 000×(1−20%)×(1−25%)−5 000=7 000(元)；

应预扣预缴个人所得税=7 000×3%=210(元)。

2019年2月应预扣预缴个人所得税的计算：

应纳增值税：120 000×3%=3 600(元)；

应纳税费附加：3 600×(7%+3%+2%)×50%=216(元)。

累计预扣预缴应纳税所得额：

(20 000+120 000)×(1−20%)×(1−25%)−216−5 000×2=73 784(元)；

应预扣预缴个人所得税=73 784×10%−2 520−210=4 648.4(元)。

其他月份的预扣预缴如表8-16所示。

表 8-16 保险营销员佣金收入的预扣预缴

单位：元

月份	佣金收入	费用	展业成本	其他扣除 商业健康险	其他扣除 税延养老	其他扣除 税费附加	基本费用扣除	专项扣除	专项附加扣除	当期所得	累计预扣预缴应纳税所得额	适用税率	速算扣除数	累计应预扣预缴个税	当月应补扣个税
1	20 000	4 000	4 000	0	0	0	5 000			7 000	7 000	3%	0	210	4 648.4
2	120 000	24 000	24 000			216	5 000			66 784	73 784	10%	2 520	4 858.4	4 858.4
3	20 000	4 000	4 000			0	5 000			7 000	80 784	10%	2 520	5 558.4	700
4	15 000	3 000	3 000			0	5 000			4 000	84 784	10%	2 520	5 958.4	400
5	20 000	4 000	4 000			0	5 000			7 000	91 784	10%	2 520	6 658.4	700
6	15 000	3 000	3 000			0	5 000			4 000	95 784	10%	2 520	7 058.4	400
7	10 000	2 000	2 000			0	5 000			1 000	96 784	10%	2 520	7 158.4	100
8	20 000	4 000	4 000			0	5 000			7 000	103 784	10%	2 520	7 858.4	700
9	20 000	4 000	4 000			0	5 000			4 000	110 784	10%	2 520	8 558.4	700
10	15 000	3 000	3 000			0	5 000			4 000	114 784	10%	2 520	8 958.4	400
11	15 000	3 000	3 000			0	5 000			4 000	118 784	10%	2 520	9 358.4	400
12	20 000	4 000	4 000			0	5 000			7 000	125 784	10%	2 520	10 058.4	700
小计	310 000	62 000	62 000	0	0	216	60 000			125 784					10 058.4

(2) 年终汇算清缴。

根据《财政部 税务总局关于个人所得税法修改后有关优惠政策衔接问题的通知》(财税〔2018〕164号)第3条的规定,保险营销员、证券经纪人取得的佣金收入,属于劳务报酬所得,以不含增值税的收入减除20%的费用后的余额为收入额,收入额减去展业成本以及附加税费后,并入当年综合所得,计算缴纳个人所得税。保险营销员、证券经纪人展业成本按照收入额的25%计算。

全年佣金收入:31万元;

减除20%费用:31×20%=6.2(万元);

收入额:31-6.2=24.8(万元);

展业成本:24.8×25%=6.2(万元);

基本费用扣除:6万元,专项扣除:1.8万元;

专项附加扣除:0.2×12=2.4(万元);

附加税费:12×3%×(7%+3%+2%)×50%=0.0216(万元);

应纳税所得额:31-6.2-6.2-0.0216-6-1.8-2.4=8.3784(万元);

应纳税额:8.3784×10%-0.252=0.58584(万元);

应退个税:10 058.4-5 848.4=4 210(元)。

佣金收入的税务处理,如图8-10所示。

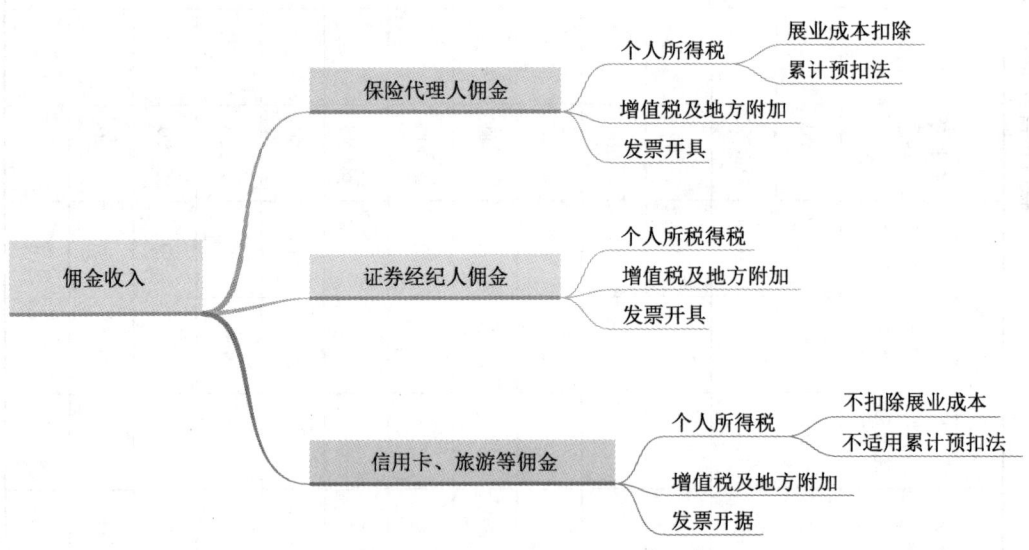

图8-10 佣金收入的税务处理

九、代开发票不附征个人所得税

根据《个人所得税法》及其实施条例的规定,个人所得税以所得人为纳税人,以支付所得的单位或者个人为扣缴义务人。居民个人取得劳务报酬、稿酬与特许权使用费等综合所得,按年计算个人所得税;有扣缴义务人的,由扣缴义务人按月或者按次预扣预缴税款;需要办理汇算清缴的,应当在取得所得的次年3月1日至6月30日内办理汇算清缴。因而,江苏省、海南省、厦门市等税务局都发布公告,规定对自然人纳税人取得劳务报酬所得、稿酬所得和特许权使用费所得申请代开发票的,在代开发票环节不再征收个人所得税。

（一）江苏省的具体规定

自2019年4月3日起,《国家税务总局 江苏省税务局关于自然人申请代开发票个人所得税有关问题的公告》(江苏省税务局公告2019年第1号)就江苏省范围内自然人申请代开发票个人所得税有关问题规定,自然人取得劳务报酬所得、稿酬所得和特许权使用费所得申请代开发票的,在代开发票环节不再征收个人所得税。代开发票单位(包括税务机关和接受税务机关委托代开发票的单位)在发票备注栏内统一注明"个人所得税由支付人依法扣缴"。扣缴义务人向自然人支付上述所得时,应依法扣缴个人所得税,并进行全员全额扣缴申报。自然人取得应税所得,扣缴义务人未扣缴税款的,应按有关规定办理自行申报。

（二）海南省的具体规定

自2019年4月1日起,《国家税务总局 海南省税务局关于取得综合所得的自然人申请代开发票个人所得税有关问题的公告》(国家税务总局 海南省税务局公告2019年第1号)就海南省辖区内自然人申请代开发票个人所得税有关问题规定,对自然人纳税人取得劳务报酬所得、稿酬所得和特许权使用费所得需要代开发票的,在代开发票环节不再征收个人所得税。其个人所得税由扣缴义务人依照《个人所得税扣缴申报管理办法（试行）》(国家税务总局2018年第61号公告公布)规定预扣预缴(或代扣代缴)和办理全员全额扣缴申报。代开发票单位在开具发票时,应在发票备注栏内统一注明"个人所得税由支付方依法预扣预缴(或代扣代缴)"。对自然人纳税人取得除劳务报酬所得、稿酬所得和特许权使用费所得外需要代开发票的,仍按现行法律法规执行。个人取得应税所得,扣缴义务人未扣缴税款的,由纳税人依照《国家税务总局关于个人所得税自行纳税申报有关问题的公告》(国家税务总局2018年第62号公告)规定办理纳税申报。扣缴义务人应扣未扣税款的,依照《税收征收管理法》及其实施细则的有关规定处理。

（三）云南省的具体规定

自2019年4月12日起,《国家税务总局 云南省税务局关于自然人申请代开发票个人所得税有关问题的公告》(国家税务总局 云南省税务局公告2019年第5号)就云南省辖区内自然人申请代开发票个人所得税有关问题规定,对自然人纳税人取得劳务报酬所得、稿酬所得和特许权使用费所得需要代开发票的,在代开发票环节不再征收个人所得税。代开发票单位在开具发票时,应在发票备注栏内统一注明"个人所得税由支付方依法预扣预缴(或代扣代缴)"。

自然人纳税人取得综合所得,个人所得税由扣缴义务人按照《国家税务总局关于发布〈个人所得税扣缴申报管理办法（试行）〉的公告》(国家税务总局公告2018年第61号)规定预扣预缴(或代扣代缴)和办理全员全额扣缴申报。

自然人纳税人取得综合所得,扣缴义务人未扣缴税款的,由自然人纳税人按照《国家税务总局关于个人所得税自行纳税申报有关问题的公告》(国家税务总局公告2018年第62

号)规定办理纳税申报。扣缴义务人应扣未扣税款的,依照《税收征收管理法》及其实施细则的有关规定处理。

自然人纳税人取得综合所得以外的其他所得项目需要代开发票的,仍按现行规定执行。

(四) 厦门市的具体规定

自2019年4月1日起,《国家税务总局 厦门市税务局关于自然人申请代开发票个人所得税有关问题的公告》(国家税务总局 厦门市税务局公告2019年第1号)就厦门市辖区内自然人申请代开发票个人所得税有关问题规定,对自然人纳税人取得劳务报酬所得、稿酬所得和特许权使用费所得需要代开发票的,在代开发票环节不再征收个人所得税。其个人所得税由扣缴义务人依照《个人所得税扣缴申报管理办法(试行)》(国家税务总局公告2018年第61号发布)规定预扣预缴(或代扣代缴)和办理全员全额扣缴申报。对自然人纳税人取得除劳务报酬所得、稿酬所得和特许权使用费所得外的个人所得,代开发票征收个人所得税的,仍按现行法律法规执行。

自然人取得应税所得,扣缴义务人未扣缴税款的,由纳税人依照《国家税务总局关于个人所得税自行纳税申报有关问题的公告》(国家税务总局公告2018年第62号)规定办理纳税申报扣缴义务人应扣未扣税款的,依照《税收征收管理法》及其实施细则的有关规定处理。

(五) 四川省的具体规定

从2019年9月1日起,《国家税务总局四川省税务局关于经营所得核定征收等个人所得税有关问题的公告》(国家税务总局四川省税务局公告2019年第8号)规定,自然人纳税人取得劳务报酬、稿酬和特许权使用费所得需要代开发票的,开具发票时税务机关不预征个人所得税。其个人所得税由扣缴义务人依照《个人所得税扣缴申报管理办法(试行)》(国家税务总局公告2018年第61号)的规定预扣预缴(或代扣代缴),并办理全员全额扣缴申报。税务机关应当在发票备注栏内注明"个人所得税由支付单位或个人依法扣缴"。

第九章

扣缴申报与自行申报

> 征税的艺术,是尽可能多地拔取鹅毛,而让鹅的叫声最小。
>
> ——柯贝尔

第一节 个人所得税征管

由支付收入的单位或个人代扣代缴或预扣预缴税款和由纳税人自行申报纳税是世界各国征收个人所得税的两种通行做法。我国个人所得税的征收也采用了这两种方法相结合的做法。

一、纳税人识别号

(一)纳税人识别号的概念

纳税人识别号,是税务机关根据税法规定的编码规则,编制并且赋予纳税人用来确认其身份的数字代码标识。由于自然人纳税人不办理税务登记,对其赋予全国唯一的纳税人识别号,相当于赋予了"税务登记证号",是自然人税收管理的基础、前提和重要"抓手"。

自然人纳税人识别号是自然人纳税人办理各类涉税事项的唯一代码标识,也是税务机关开展征管工作的基础。根据2018年《个人所得税法》第9条第2款的规定,纳税人有中国公民身份号码的,以中国公民身份号码为纳税人识别号;纳税人没有中国公民身份号码的,由税务机关赋予其纳税人识别号。

规定纳税人识别号的主要考虑:一是实施新税制后,自然人纳税人办理年度汇算清缴,必须有全国范围内统一的自然人纳税人识别号归集纳税人来自全国各地的全部收入、成本、费用等涉税信息,便于实现"一人式"信息管理。二是纳税人识别号与公民身份证号、社会保障号有机结合,对实现税收治理乃至国家治理有重要基础作用。三是从国际上看,实行综合税制或综合与分类相结合税制的国家,一般均以纳税人识别号为抓手,管理效果较好。如英国、美国、法国、德国、荷兰、日本、韩国、澳大利亚等大多数 OECD 国家,均以纳税人识别号制度为基础,进而对纳税人进行全面管理。

(二)纳税人识别号的提供

根据2018年《个人所得税法》第9条第2款的规定,扣缴义务人扣缴税款时,纳税人应当向扣缴义务人提供纳税人识别号。

根据《国家税务总局关于自然人纳税人识别号有关事项的公告》(国家税务总局公告2018年第59号)的规定,纳税人首次办理涉税事项时,应当向税务机关或者扣缴义务人出示有效身份证件,并报送相关基础信息。这里所称有效身份证件,是指:

(1) 纳税人为中国公民且持有有效《中华人民共和国居民身份证》(以下简称居民身份证)的,为居民身份证。

(2) 纳税人为华侨且没有居民身份证的,为有效的《中华人民共和国护照》和华侨身份证明。

(3) 纳税人为港澳居民的,为有效的《港澳居民来往内地通行证》或《中华人民共和国港澳居民居住证》。

(4) 纳税人为台湾居民的,为有效的《台湾居民来往大陆通行证》或《中华人民共和国台湾居民居住证》。

(5) 纳税人为持有有效《中华人民共和国外国人永久居留身份证》(以下简称永久居留证)的外籍个人的,为永久居留证和外国护照;未持有永久居留证但持有有效《中华人民共和国外国人工作许可证》的,为工作许可证和外国护照;其他外籍个人,为有效的外国护照。

根据《国家税务总局关于自然人纳税人识别号有关事项的公告》(国家税务总局公告2018年第59号)第4条的规定,税务机关应当在赋予自然人纳税人识别号后告知或者通过扣缴义务人告知纳税人其纳税人识别号,并为自然人纳税人查询本人纳税人识别号提供便利。

扣缴义务人应当按月或按次为纳税人向税务机关预扣预缴或代扣代缴税款,为保证纳税人的所有涉税信息在税务信息系统中准确、有效、统一的归集,纳税人必须将其纳税人识别号提供给扣缴义务人,以便税务机关按照纳税人识别号归集纳税人涉税信息。纳税人提供纳税人识别号后,其办理汇算清缴补退税时,能够准确抵扣其已预扣预缴的税款,准确享受专项附加扣除等政策。此外,税务机关借助纳税人识别号归集的个人所有涉税信息,精准实施后续管理,为纳税人提供办税便利。

(三) 纳税人识别号的用途

根据《国家税务总局关于自然人纳税人识别号有关事项的公告》(国家税务总局公告2018年第59号)第5条的规定,自然人纳税人办理纳税申报、税款缴纳、申请退税、开具完税凭证、纳税查询等涉税事项时应当向税务机关或扣缴义务人提供纳税人识别号。

二、纳税前置与协税护税

(一) 协税护税

根据2018年《个人所得税法》第15条第1款的规定,公安、人民银行、金融监督管理等相关部门应当协助税务机关确认纳税人的身份、金融账户信息。教育、卫生、医疗保障、民政、人力资源社会保障、住房城乡建设、公安、人民银行、金融监督管理等相关部门应当向税务机关提供纳税人子女教育、继续教育、大病医疗、住房贷款利息、住房租金、赡养老人等专项附加扣除信息。

（二）专项附加扣除信息的提供与核实

根据《个人所得税专项附加扣除暂行办法》第 26 条的规定，有关部门和单位有责任和义务向税务部门提供或者协助核实以下与专项附加扣除有关的信息：

（1）公安部门有关户籍人口基本信息、户成员关系信息、出入境证件信息、相关出国人员信息、户籍人口死亡标识等信息。

（2）卫生健康部门有关出生医学证明信息、独生子女信息。

（3）民政部门、外交部门、法院有关婚姻状况信息。

（4）教育部门有关学生学籍信息（包括学历继续教育学生学籍、考籍信息）、在相关部门备案的境外教育机构资质信息。

（5）人力资源社会保障等部门有关技工院校学生学籍信息、技能人员职业资格继续教育信息、专业技术人员职业资格继续教育信息。

（6）住房城乡建设部门有关房屋（含公租房）租赁信息、住房公积金管理机构有关住房公积金贷款还款支出信息。

（7）自然资源部门有关不动产登记信息。

（8）人民银行、金融监督管理部门有关住房商业贷款还款支出信息。

（9）医疗保障部门有关在医疗保障信息系统记录的个人负担的医药费用信息。

（10）国务院税务主管部门确定需要提供的其他涉税信息。

上述数据信息的格式、标准、共享方式，由国务院税务主管部门及各省、自治区、直辖市和计划单列市税务局商有关部门确定。

有关部门和单位拥有专项附加扣除涉税信息，但未按规定要求向税务部门提供的，拥有涉税信息的部门或者单位的主要负责人及相关人员承担相应责任。

根据《个人所得税专项附加扣除暂行办法》第 28 条的规定，税务机关核查专项附加扣除情况时，纳税人任职受雇单位所在地、经常居住地、户籍所在地的公安派出所、居民委员会或者村民委员会等有关单位和个人应当协助核查。

（三）财产转让纳税前置

根据 2018 年《个人所得税法》第 15 条第 2 款的规定，个人转让不动产的，税务机关应当根据不动产登记等相关信息核验应缴的个人所得税，登记机构办理转移登记时，应当查验与该不动产转让相关的个人所得税的完税凭证。个人转让股权办理变更登记的，市场主体登记机关应当查验与该股权交易相关的个人所得税的完税凭证。

（四）联合激励或者惩戒

根据 2018 年《个人所得税法》第 15 条第 3 款的规定，有关部门依法将纳税人、扣缴义务人遵守个人所得税法的情况纳入信用信息系统，并实施联合激励或者惩戒。

第二节 扣缴申报

代扣代缴是个人所得税的主要征收方式之一，它是加强源泉控制，堵塞税收漏洞的重要手段。受我国法治建设状况的制约,公民自觉纳税意识不强,良好的纳税习惯尚未普遍形成,加之我国个人所得税采用的又是综合与分类相结合的税制,因此,代扣代缴在我国个人所得税征管中显得尤为重要。为规范个人所得税扣缴申报行为,维护纳税人和扣缴义务人合法权益,国家税务总局制定了《个人所得税扣缴申报管理办法(试行)》(国家税务总局公告2018年第61号),自2019年1月1日起施行。

一、扣缴义务人

(一) 扣缴义务人的概念

《税收征收管理法》第4条规定,法律、行政法规规定负有代扣代缴、代收代缴税款义务的单位和个人为扣缴义务人。纳税人、扣缴义务人必须依照法律、行政法规的规定缴纳税款、代扣代缴、代收代缴税款。

代扣代缴义务人,是指有义务从持有的纳税人收入中扣除其应纳税款并代为缴纳的企业、单位或个人。对税法规定的扣缴义务人,应办理扣缴税款登记,明确其代扣代缴义务。代扣代缴义务人必须严格履行扣缴义务。对不履行扣缴义务的,应承担相应的法律责任。

与代扣代缴义务人相关的概念有代收代缴义务人和代征代缴义务人。

代收代缴义务人,是指有义务借助与纳税人的经济交往而向纳税人收取应纳税款并代为缴纳的单位,如《消费税暂行条例》及其实施细则规定,委托加工的应税消费品,除受托方为个人外,由受托方在向委托方交货时代收代缴税款。代收代缴义务人不同于代扣代缴义务人。代扣代缴义务人直接持有纳税人的收入,可以从中扣除纳税人的应纳税款;代收代缴义务人不直接持有纳税人的收入,只能在与纳税人的经济往来中收取纳税人的应纳税款并代为缴纳。

代征代缴义务人,是指因税法规定,受税务机关委托而代征税款的单位和个人。通过由代征代缴义务人代征税款,不仅便利了纳税人税款的缴纳,有效地保证了税款征收的实现,而且对于强化税收征管,有效杜绝和防止税款流失,有明显的作用。

(二) 个人所得税扣缴义务人

1. 扣缴义务人的界定

根据2018年《个人所得税法》第9条的规定,个人所得税以所得人为纳税人,以支付所得的单位或者个人为扣缴义务人。

根据《个人所得税扣缴申报管理办法(试行)》第2条的规定,扣缴义务人,是指向个人支付所得的单位或者个人。扣缴义务人应当依法办理全员全额扣缴申报。

根据《国家税务总局关于个人所得税偷税案件查处中有关问题的补充通知》(国税函发〔1996〕602号)的规定,扣缴义务人的认定,按照个人所得税法的规定,向个人支付所得的单位和个人为扣缴义务人。由于支付所得的单位和个人与取得所得的人之间有多重支付的现象,有时难以确定扣缴义务人。为保证全国执行的统一,该通知明确认定标准为:凡税务机关认定对所得的支付对象和支付数额有决定权的单位和个人,即为扣缴义务人。

2. 限售股所得的扣缴义务人

根据《财政部 国家税务总局 证监会关于个人转让上市公司限售股所得征收个人所得税有关问题的通知》(财税〔2009〕167号)的规定,限售股转让所得个人所得税,以限售股持有者为纳税义务人,以个人股东开户的证券机构为扣缴义务人。限售股个人所得税由证券机构所在地主管税务机关负责征收管理。

3. 转让新三板挂牌公司原始股的扣缴义务人

根据《财政部 税务总局 证监会关于个人转让全国中小企业股份转让系统挂牌公司股票有关个人所得税政策的通知》(财税〔2018〕137号)第3条的规定,2019年9月1日之前,个人转让新三板挂牌公司原始股的个人所得税,征收管理办法按照现行股权转让所得有关规定执行,以股票受让方为扣缴义务人,由被投资企业所在地税务机关负责征收管理。自2019年9月1日(含)起,个人转让新三板挂牌公司原始股的个人所得税,以股票托管的证券机构为扣缴义务人,由股票托管的证券机构所在地主管税务机关负责征收管理。具体征收管理办法参照《财政部 国家税务总局 证监会关于个人转让上市公司限售股所得征收个人所得税有关问题的通知》(财税〔2009〕167号)和《财政部 国家税务总局 证监会关于个人转让上市公司限售股所得征收个人所得税有关问题的补充通知》(财税〔2010〕70号)有关规定执行。

4. 行政事业单位扣缴义务人的确定

行政机关、事业单位改革工资发放方式后,随着支付工资所得单位的变化,其扣缴义务人也有所变化。根据《国家税务总局关于行政机关、事业单位工资发放方式改革后扣缴个人所得税问题的通知》(国税发〔2001〕19号)的规定,凡是有向个人支付工薪所得行为的财政部门(或机关事务管理、人事等部门)、行政机关、事业单位均为个人所得税的扣缴义务人。财政部门(或机关事务管理、人事等部门)向行政机关、事业单位工作人员发放工资时应依法代扣代缴个人所得税。行政机关、事业单位再向个人支付与任职、受雇有关的其他所得时,应将个人的这部分所得与财政部门(或机关事务管理、人事等部门)发放的工资合并计算应纳税所得额和应纳税额,并就应纳税额与财政部门(或机关事务管理、人事等部门)已扣缴税款的差额部分代扣代缴个人所得税。

5. 企业债券利息的扣缴义务人

根据《国家税务总局关于加强企业债券利息个人所得税代扣代缴工作的通知》(国税函〔2003〕612号)的规定,企业债券利息个人所得税统一由各兑付机构在向持有债券的个人兑付利息时负责代扣代缴,就地入库。各兑付机构应按照个人所得税法的有关规定做好代扣代缴个人所得税工作。

6. 驻华机构、驻华使领馆中方雇员的扣缴义务人

《国家税务总局关于国际组织驻华机构、外国政府驻华使领馆和驻华新闻机构雇员个人所得税征收方式的通知》(国税函〔2004〕808号)明确,对于在国际组织驻华机构和外国政府驻华使领馆中工作的中方雇员的个人所得税,应以直接支付所得的单位或者个人作为代扣代缴义务人,考虑到国际组织驻华机构和外国政府驻华使领馆的特殊性,各级税务机关可暂不要求国际组织驻华机构和外国政府驻华使领馆履行个人所得税代扣代缴义务。

鉴于北京外交人员服务局和各省级人民政府指定的外事服务单位等机构，通过一定途径能够掌握在国际组织驻华机构、外国政府驻华使领馆工作的中方雇员受雇情况，根据《税收征收管理法实施细则》第44条的规定，各主管税务机关可委托外交人员服务机构代征上述中方雇员的个人所得税。各主管税务机关要加强与外事服务单位联系，及时办理国际组织驻华机构和外国政府驻华使领馆中方雇员个人所得税委托代征手续。

北京、上海、广东、四川等有外国驻当地新闻媒体机构的省（市）税务局应定期向省级人民政府外事办公室索要《外国驻华新闻媒体名册》，了解、掌握外国驻当地新闻媒体机构以及外籍人员变动情况，并据此要求上述驻华新闻机构做好中外籍记者、雇员个人所得税扣缴工作。

7. 财产拍卖所得的扣缴义务人

个人财产拍卖所得应纳的个人所得税税款，由拍卖单位负责代扣代缴，并按规定向拍卖单位所在地主管税务机关办理纳税申报。

8. 委托境内雇主代为缴纳税款境外支付的境内所得

无住所个人在境内任职、受雇取得的工资、薪金所得，有的是由其境内雇主的境外关联方支付。在此情况下，尽管境内雇主不是工资、薪金的直接支付方，为便于纳税遵从，《财政部 国家税务总局关于非居民个人和无住所居民个人有关个人所得税政策的公告》（财政部 税务总局公告2019年第35号）第5条第2项规定，无住所个人在境内任职、受雇取得来源于境内的工资、薪金所得，凡境内雇主与境外单位或者个人存在关联关系，将本应由境内雇主支付的工资、薪金所得，部分或者全部由境外关联方支付的，无住所个人可以自行申报缴纳税款，也可以委托境内雇主代为缴纳税款。无住所个人未委托境内雇主代为缴纳税款的，境内雇主应当在相关所得支付当月终了后15天内向主管税务机关报告相关信息，包括境内雇主与境外关联方对无住所个人的工作安排、境外支付情况以及无住所个人的联系方式等信息。

（三）扣缴义务人应依法扣缴税款

根据2018年《个人所得税法实施条例》第24条的规定，扣缴义务人向个人支付应税款项时，应当依照个人所得税法规定预扣或者代扣税款，按时缴库，并专项记载备查。

这里所称支付，包括现金支付、汇拨支付、转账支付和以有价证券、实物以及其他形式的支付。

根据《个人所得税扣缴申报管理办法（试行）》第18条的规定，扣缴义务人依法履行代扣代缴义务，纳税人不得拒绝。纳税人拒绝的，扣缴义务人应当及时报告税务机关。

（四）非居民个人所得税的代扣代缴

根据2018年《个人所得税法》第11条的规定，非居民个人取得工资、薪金所得，劳务报酬所得，稿酬所得和特许权使用费所得，有扣缴义务人的，由扣缴义务人按月或者按次代扣代缴税款，不办理汇算清缴。

二、全员全额扣缴申报

(一) 全员全额扣缴申报的界定

扣缴义务人应当依法办理全员全额扣缴申报。根据2018年《个人所得税法实施条例》第26条的规定,全员全额扣缴申报,是指扣缴义务人在代扣税款的次月15日内,向主管税务机关报送其支付所得的所有个人的有关信息、支付所得数额、扣除事项和数额、扣缴税款的具体数额和总额以及其他相关涉税信息资料。

也就是说,扣缴义务人向个人支付应税所得时,无论其是否属于本单位人员、支付的应税所得是否达到纳税标准,扣缴义务人均应当在代扣税款的次月内,向主管税务机关报送其支付应税所得个人的基础信息、支付所得数额、扣除事项及数额、扣缴税款的具体数额和总额以及其他相关涉税信息资料。

(二) 全员全额扣缴申报的应税所得项目

根据《个人所得税扣缴申报管理办法(试行)》第4条的规定,实行个人所得税全员全额扣缴申报的应税所得包括:①工资、薪金所得;②劳务报酬所得;③稿酬所得;④特许权使用费所得;⑤利息、股息、红利所得;⑥财产租赁所得;⑦财产转让所得;⑧偶然所得。

根据上述规定,可知经营所得不用扣缴申报,而是由纳税人自行纳税申报。

(三) 个人所得税扣缴申报表及其填报

2019年修订后的扣缴申报类申报表共有3张,《个人所得税扣缴申报表》《单一投资基金核算的合伙制创业投资企业个人所得税扣缴申报表》《限售股转让所得扣缴个人所得税报告表》。

《个人所得税扣缴申报表》(如表9-1所示)适用于扣缴义务人向居民个人支付工资、薪金所得,劳务报酬所得,稿酬所得和特许权使用费所得的个人所得税全员全额预扣预缴申报;向非居民个人支付工资、薪金所得,劳务报酬所得,稿酬所得和特许权使用费所得的个人所得税全员全额扣缴申报;以及向纳税人(居民个人和非居民个人)支付利息、股息、红利所得,财产租赁所得,财产转让所得和偶然所得的个人所得税全员全额扣缴申报。

扣缴义务人应当在每月或者每次预扣、代扣税款的次月15日内,将已扣税款缴入国库,并向税务机关报送《个人所得税扣缴申报表》。

表头项目的填写方法为:

税款所属期:填写扣缴义务人预扣、代扣税款当月的第1日至最后1日。例如,2019年3月20日发放工资时代扣的税款,税款所属期填写"2019年3月1日至2019年3月31日"。

扣缴义务人名称:填写扣缴义务人的法定名称全称。

扣缴义务人纳税人识别号(统一社会信用代码):填写扣缴义务人的纳税人识别号或者统一社会信用代码。

个人所得税扣缴申报表

表9-1

税款所属期：　　年　月　日至　　年　月　日

扣缴义务人名称：

扣缴义务人纳税人识别号（统一社会信用代码）：□□□□□□□□□□□□□□□□□□

金额单位：人民币元（列至角分）

序号	姓名	身份证件类型	身份证件号码	纳税人识别号	是否为非居民个人	所得项目	收入额计算			减除费用	专项扣除				其他扣除					累计情况				累计专项附加扣除					减按计税比例	准予扣除的捐赠额	税款计算					备注
							收入	费用	免税收入		基本养老保险费	基本医疗保险费	失业保险费	住房公积金	年金	商业健康保险	税延养老保险	财产原值	允许扣除的税费	其他	累计收入额	累计减除费用	累计专项扣除	子女教育	赡养老人	住房贷款利息	住房租金	继续教育	累计其他扣除			应纳税所得额	税率/预扣率	速算扣除数	应纳税额	减免税额	已缴税额	应补/退税额	
1	2	3	4	5	6	7	8	9	10	11	12	13	14	15	16	17	18	19	20	21	22	23	24	25	26	27	28	29	30	31	32	33	34	35	36	37	38	39	40
合计																																							

谨声明：本表是根据国家税收法律法规及相关规定填报的，是真实的、可靠的、完整的。

经办人签字：

经办人身份证件号码：

代理机构签章：

代理机构统一社会信用代码：

受理人：

受理税务机关（章）：

受理日期：　年　月　日

扣缴义务人（签章）：

　　　　　　　　　年　月　日

国家税务总局监制

《个人所得税扣缴申报表》表内各栏填表说明

1. 第 2 列"姓名":填写纳税人姓名。
2. 第 3 列"身份证件类型":填写纳税人有效的身份证件名称。中国公民有中华人民共和国居民身份证的,填写居民身份证;没有居民身份证的,填写中华人民共和国护照、港澳居民来往内地通行证或者港澳居民居住证、台湾居民通行证或者台湾居民居住证、外国人永久居留身份证、外国人工作许可证或者护照等。
3. 第 4 列"身份证件号码":填写纳税人有效身份证件上载明的证件号码。
4. 第 5 列"纳税人识别号":填写中华人民共和国居民身份证上载明的"公民身份号码";没有中国公民身份号码的,填写税务机关赋予的纳税人识别号。
5. 第 6 列"是否为非居民个人":纳税人为居民个人的,填"否";为非居民个人的,填"是"。不填写默认为"否"。其中,纳税人为非居民个人的,当年在境内实际居住超过 90 天或者,当年在境内实际居住超过 90 天的,填"是,且不超过 183 天";是,且超过 183 天"。
6. 第 7 列"所得项目":填写纳税人取得的个人所得税法第 2 条规定的应税所得项目名称。同一纳税人取得多次所得或者多项所得的,应分行填写。
7. 第 8~21 列"本月(次)情况":填写扣缴义务人当月(次)支付给纳税人的所得、以及按规定各纳税人的所得项目可扣除的减除费用、专项扣除、其他扣除等。其中,工资、薪金所得项目扣缴个人所得税时扣除的专项附加扣除,按照纳税年度内纳税人在该任职受雇单位截至当月可享受的各专项附加扣除项目的扣除总额,填写至"累计情况"中第 25~29 列相应栏,本月情况中则无须填写。

(1) 第 8 列"收入额计算":包含"收入""免税收入"。
① 第 8 列"收入":填写当月(次)扣缴义务人支付给纳税人所得的总额。
② 第 9 列"费用":取得劳务报酬所得、稿酬所得、特许权使用费所得时按规定填写,取得其他各项所得时无须填写本列。居民个人取得上述所得,每次收入不超过 4 000 元的,费用填写"800"元;每次收入 4 000 元以上的,费用按收入的 20% 填写。非居民个人取得劳务报酬所得、稿酬所得、特许权使用费所得的收入额减按 70% 计算。其中,税法规定"稿酬所得的收入额减按 70% 计算",对稿酬所得,每次收入不超过 4 000 元的,每次收入 4 000 元以上的,按收入的 20% 填写。
③ 第 10 列"免税收入":填写纳税人各所得项目收入总额中,包含的税法规定的免税收入金额。如,2019 年纳税人取得工资、薪金所得按月申报时,填写 5 000 元。

(2) 第 11 列"减除费用":按税法规定的减除费用标准填写。
(3) 第 12~15 列"专项扣除":分别填写按规定允许扣除的基本养老保险费、基本医疗保险费、失业保险费、住房公积金(以下简称"三险一金")的金额。
(4) 第 16~21 列"其他扣除":分别填写按规定允许扣除的项目的金额。
8. 第 22~30 列"累计情况":本栏适用于居民个人取得工资、薪金所得,保险营销员、证券经纪人取得佣金收入等按规定采取累计预扣法预扣预缴税款时填报。

(1) 第22列"累计收入额"：填写本纳税年度截至当前月份，扣缴义务人支付给纳税人的工资、薪金所得，或者支付给保险营销员、证券经纪人的劳务报酬所得的累计收入额。

(2) 第23列"累计减除费用"：按照5 000元/月乘以纳税人当年在本单位的任职受雇或者从业的月份数计算。

(3) 第24列"累计专项扣除"：填写本年度截至当前月份，按规定允许扣除的"三险一金"的累计金额。

(4) 第25～29列"累计专项附加扣除"：分别填写本年度截至当前月份，纳税人按规定可享受的子女教育、继续教育扣除的累计金额。大病医疗扣除由纳税人在年度汇算清缴时办理，此处无须填报。

(5) 第30列"累计其他扣除"：填写本年度截至当前月份，按规定允许扣除的年金（包括企业年金、职业年金）、商业健康保险、税延养老保险及其他扣除项目的累计金额。

9. 第31列"减按计税比例"：填写按规定实行应纳税所得额减计税收优惠的减计比例。无减计规定的，可不填，系统默认为100%。如，某项税收政策实行减按60%计入应纳税所得额，则本列填60%。

(1) 铁路债券利息收入 国家税务总局关于铁路债券利息收入个人所得税政策问题的通知》（财税〔2016〕30号）的规定，对个人投资者持有2016—2023年发行的铁路债券取得的利息收入，减按50%计入应纳税所得额计算征收个人所得税。税款由兑付机构在向个人投资者兑付利息时代扣代缴。铁路债券是指以中国铁路总公司为发行和偿还主体的债券，包括中国铁路建设债券、中期票据、短期融资券等债务融资工具。

(2) 上市公司股息红利差别化个人所得税优惠 国家税务总局 证监会关于上市公司股息红利差别化个人所得税有关问题的通知》（财税〔2015〕101号）第1条的规定，个人从公开发行和转让市场取得的上市公司股票，持股期限超过1年的，股息红利所得暂免征收个人所得税。个人从公开发行和转让市场取得的上市公司股票，持股期限在1个月以内（含1个月）的，其股息红利所得全额计入应纳税所得额；持股期限在1个月以上至1年（含1年）的，暂减按50%计入个人应纳税所得额；上述所得统一适用20%的税率计征个人所得税。

(3) 挂牌公司股息红利差别化个人所得税优惠 根据《财政部 税务总局 证监会关于继续实施全国中小企业股份转让系统挂牌公司股息红利差别化个人所得税政策的公告》（财政部公告2019年第78号）第1条的规定，个人持有挂牌公司股票，持股期限超过1年的，对股息红利所得暂免征收个人所得税。个人持有挂牌公司股票，持股期限在1个月以内（含1个月）的，其股息红利所得全额计入应纳税所得额；持股期限在1个月以上至1年（含1年）的，其股息红利所得暂减按50%计入应纳税所得额；上述所得统一适用20%的税率计征个人所得税。

挂牌公司是指股票在全国中小企业股份转让系统公开转让的非上市公众公司；持股期限是指个人取得挂牌公司股票之日至转让交割该股票之日前一日

(4) 个人投资者持有创新企业 CDR 取得的股息红利所得差别化优惠的持有时间。

根据《财政部 税务总局 证监会关于创新企业境内发行存托凭证试点阶段有关税收政策的公告》(财政部 税务总局 证监会公告 2019 年第 52 号) 的规定，自试点开始之日起，对个人投资者持有创新企业 CDR 取得的股息红利所得，3 年内实施股息红利差别化个人所得税政策，具体参照《财政部 国家税务总局 证监会关于实施上市公司股息红利差别化个人所得税政策有关问题的通知》(财税[2012]85 号)、《财政部 国家税务总局 证监会关于上市公司股息红利差别化个人所得税政策有关问题的通知》(财税[2015]101 号) 的相关规定执行，由创新企业在其境内存托机构代扣代缴税款，并向存托机构所在地税务机关办理全员全额明细申报。对于个人投资者取得的股息红利在境外已缴纳的税款，可按照个人所得税法及双边税收协定(安排) 的相关规定予以抵免。

10. 第 32 列"准予扣除的捐赠额"：是指按照税法及相关规定，政策规定，可以在税前扣除的捐赠额。

11. 第 33~39 列"税款计算"：填写扣缴义务人当月扣缴个人所得税款的计算情况。

① 居民个人取得工资、薪金所得，填写累计收入额减除累计减除费用、累计专项扣除、累计专项附加扣除、累计其他扣除后的余额。

② 非居民个人取得工资、薪金所得，填写收入额减去减除费用后的余额。

③ 居民个人或者非居民个人取得劳务报酬所得、稿酬所得、特许权使用费所得，填写本月(次)收入额减去减除费用后的余额。

④ 居民个人或者非居民个人取得的佣金收入，填写累计收入额减除费用、其他扣除后的金额填写。

⑤ 居民个人或者非居民个人取得财产租赁所得，填写本月(次)收入额减去减除费用、其他扣除后的余额。

⑥ 居民个人或者非居民个人取得财产转让所得，填写本月(次)收入额减去减除财产原值、允许扣除的税费比例的金额填写。

其中，适用"减按计税比例"的所得项目，其应纳税所得额按上述方法计算后乘以减按计税比例从应纳税所得额中扣除。

(2) 第 34~35 列"税率/预扣率"、"速算扣除数"：填写各所得项目按规定适用的税率(或预扣率) 和速算扣除数。没有速算扣除数的，则不填。

(3) 第 36 列"应纳税额"：根据相关列次计算填报。居民个人工资、薪金所得，以及保险营销员、证券经纪人取得佣金收入，填写本年度累计应纳税额。其他所得项目，填写本月(次)应纳税额。第 36 列＝第 33 列×第 34 列－第 35 列。

(4) 第 37 列"减免税额"：填写符合税法规定可减免的税额，并附报《个人所得税减免税事项报告表》。居民个人工资、薪金所得，以及保险营销员、证券经纪人取得佣金收入，填写本年度累计减免税额；居民个人取得各项所得项目或非居民个人所得项目，填写本月(次)减免税额。

(5) 第 38 列"已缴税额"：填写本年或本月(次)纳税人同一所得项目，已由扣缴义务人实际扣缴的税款金额。

(6) 第 39 列"应补/退税额"：根据相关列次计算填报。第 39 列＝第 36 列－第 37 列－第 38 列。

以纸质方式报送本表的，应当一式两份，扣缴义务人、税务机关各存一份。

(四) 个人所得税申报表体系

为保障综合与分类相结合的个人所得税制顺利实施,《国家税务总局关于修订个人所得税申报表的公告》(国家税务总局公告 2019 年第 7 号)发布了修订后的个人所得税申报表,自 2019 年 1 月 1 日起施行。本次个人所得税申报表的修订,结合新税制政策规定,进一步简并简化申报内容、规范数据口径、引导和鼓励网络申报,确保新税制全面顺利实施和个人所得税重点政策有效落地。

为进一步完善申报内容、规范数据口径、引导鼓励网络申报,旨在确保个人所得税综合所得年度汇算清缴顺利实施和个人所得税重点政策有效落地。2019 年 12 月 31 日,国家税务总局发布了《关于修订部分个人所得税申报表的公告》(国家税务总局公告 2019 年第 46 号),自 2020 年 1 月 1 日起施行。其中,纳税人在办理 2019 年度个人所得税综合所得汇算清缴填写免税收入时,暂不附报《个人所得税减免税事项报告表》。为便于纳税人理解,省(区、市)税务局可以根据当地情况,补充、修改申报表提示、说明信息。此次修改的主要情况如下:

(1) 根据税法综合所得汇算清缴有关规定,对没有取得境外所得的居民个人,为便于其更好地理解并办理年度汇算清缴,根据不同情况,将原《个人所得税年度自行纳税申报表》细分为《个人所得税年度自行纳税申报表(A 表)》《个人所得税年度自行纳税申报表(简易版)》《个人所得税年度自行纳税申报表(问答版)》,以便各类纳税人结合自身实际选用申报表,降低填报难度。

(2) 根据税法及境外所得有关政策规定,制发《个人所得税年度自行纳税申报表(B 表)》《境外所得个人所得税抵免明细表》,以便取得境外所得的纳税人能够较为清晰地计算记录和填报抵免限额,并办理纳税申报。

(3) 根据税法及相关政策规定,调整完善了原《个人所得税经营所得纳税申报表(A 表)》《个人所得税减免税事项报告表》相关填报内容和说明,以便纳税人填报享受捐赠扣除和税收优惠。

(4) 根据税法以及"三代"手续费办理的有关要求,设计了《代扣代缴手续费申请表》,以便扣缴义务人能够较为便捷规范地申请个人所得税代扣代缴手续费。

2019 年 12 月 31 日个人所得税申报表修订后,个人所得税申报表简化至 16 张(不包括备案表等其他表单)。其中,基础信息类 2 张,扣缴申报类 3 张,自行申报类 7 张(包括经营纳税人自行申报表 3 张,其他各类所得个人纳税人自行申报表 4 张)。《限售股转让所得扣缴个人所得税报告表》和《限售股转让所得个人所得税清算申报表》仍沿用原有式样未做变动。

现行有效的个人所得税申报表相关内容如表 9-2 所示。

三、扣缴申报期限

根据 2018 年《个人所得税法》第 14 条的规定,扣缴义务人每月或者每次预扣、代扣的税款,应当在次月 15 日内缴入国库,并向税务机关报送扣缴个人所得税申报表。

表 9-2　　　　　　　　　　　　个人所得税申报表体系

序号	大类	申报表	适用范围	备注	政策依据
1	基础信息登记类	个人所得税基础信息表(A表)	适用于扣缴义务人办理全员全额扣缴申报时,填报支付所得的自然人纳税人的基础信息	修订	《国家税务总局关于修订个人所得税申报表的公告》(国家税务总局公告2019年第7号)
2		个人所得税基础信息表(B表)	适用于自然人直接向税务机关办理涉税事项时填报其个人基础信息	修订	
3	扣缴申报类	个人所得税扣缴申报表	适用于扣缴义务人向居民个人或非居民个人支付各类应税所得扣缴个人所得税申报	修订	
4		单一投资基金核算的合伙制创业投资企业个人所得税扣缴申报表	适用于选择按单一投资基金核算的创业投资企业按规定办理年度股权转让所得扣缴申报	新增	
5		限售股转让所得扣缴个人所得税报告表	适用于证券机构预扣预缴,或者直接代扣代缴限售股转让个人所得税的申报	保留	《国家税务总局关于做好限售股转让个人所得税征收管理工作的通知》(国税发〔2010〕8号)
6	自行申报类	个人所得税年度自行纳税申报表(A表)	适用于纳税年度内仅从中国境内取得"综合所得"的居民个人,按税法规定进行年度汇算	新增	《国家税务总局关于修订部分个人所得税申报表的公告》(国家税务总局公告2019年第46号)
7		个人所得税年度自行纳税申报表(简易版)	适用于纳税年度内仅从中国境内取得综合所得,且年综合所得收入额不超过6万元的居民个人,按税法规定进行年度汇算	新增	
8		个人所得税年度自行纳税申报表(问答版)	该表通过提问的方式引导居民个人完成纳税申报,适用于纳税年度内仅从中国境内取得综合所得的居民个人,按税法规定进行年度汇算	新增	
9		个人所得税年度自行纳税申报表(B表)	适用于纳税年度内取得境外所得的居民个人,按税法规定进行个人所得税年度自行申报	新增	
10		个人所得税自行纳税申报表(A表)	适用于纳税人向税务机关按月或按次办理自行纳税申报	修订	国家税务总局公告2019年第7号
11		限售股转让所得个人所得税清算申报表	适用于纳税人取得限售股转让所得已预扣预缴个人所得税款的清算申报	保留	国税发〔2010〕8号
12		境外所得个人所得税抵免明细表	适用于居民个人纳税年度内取得境外所得,并按税法规定进行年度自行纳税申报时,应填报该表,计算其本年抵免额		国家税务总局公告2019年第46号
13	经营所得自行纳税申报表	个人所得税经营所得纳税申报表(A表)	适用于个体工商户业主、个人独资企业投资者、合伙企业个人合伙人、承包承租经营者以及其他从事生产、经营活动的个人在中国境内取得经营所得,查账征收办理预缴纳税申报,或者按核定征收办理纳税申报	修订	国家税务总局公告2019年第46号
14		个人所得税经营所得纳税申报表(B表)	适用于查账征收的个体工商户业主、个人独资企业投资者、合伙企业个人合伙人、承包承租经营者个人以及其他从事生产、经营活动的个人在中国境内取得经营所得的汇算清缴申报	修订	国家税务总局公告2019年第7号
15		个人所得税经营所得纳税申报表(C表)	适用于个体工商户业主、个人独资企业投资者、合伙企业个人合伙人、承包承租经营者个人以及其他从事生产、经营活动的个人在中国境内两处及以上取得经营所得,办理个人所得税的年度汇总纳税申报	修订	
16	减免税类	个人所得税减免税事项报告表	适用于纳税人、扣缴义务人纳税申报时存在减免个人所得税情形的申报	修订	国家税务总局公告2019年第46号

(续表)

序号	大类	申报表	适用范围	备注	政策依据
17	备案类	合伙制创业投资企业单一投资基金核算方式备案表	适用于创业投资企业(含创投基金,下同)选择按单一投资基金核算,按规定向主管税务机关进行核算类型备案	新增	国家税务总局公告2019年第7号
18		个人所得税分期缴纳备案表(股权奖励)	本表适用于个人取得股权奖励,其扣缴义务人向主管税务机关办理分期缴纳个人所得税备案事宜	保留	
10		个人所得税分期缴纳备案表(转增股本)	本表适用于个人因转增股本取得所得,其扣缴义务人向主管税务机关办理分期缴纳个人所得税备案事宜	保留	
20		非货币性资产投资分期缴纳个人所得税备案表	适用于个人非货币性资产投资向主管税务机关办理分期缴纳个人所得税备案事宜	保留	
21		合伙创投企业个人所得税投资抵扣备案表		保留	
22		天使投资个人所得税投资抵扣备案表	适用于天使投资个人投资初创科技型企业,就符合投资抵扣税收优惠条件的投资,向主管税务机关办理投资情况备案。	保留	国家税务总局关于创业投资企业和天使投资个人税收政策有关问题的公告(国家税务总局公告2018年第43号)
23	其他类	合伙创投企业个人所得税投资抵扣情况表		保留	
24		天使投资个人所得税投资抵扣情况表		保留	
25		商业健康保险税前扣除情况明细表	适用于个人购买符合规定的商业健康保险支出税前扣除申报	保留	

根据《个人所得税扣缴申报管理办法(试行)》第3条的规定,扣缴义务人每月或者每次预扣、代扣的税款,应当在次月15日内缴入国库,并向税务机关报送《个人所得税扣缴申报表》。

四、居民个人综合所得的预扣预缴

(一)工资、薪金所得的累计预扣法

1. 累计预扣法

根据《个人所得税扣缴申报管理办法(试行)》第6条的规定,扣缴义务人向居民个人支付工资、薪金所得时,应当按照累计预扣法计算预扣税款,并按月办理扣缴申报。

累计预扣法,是指扣缴义务人在一个纳税年度内预扣预缴税款时,以纳税人在本单位截至当前月份工资、薪金所得累计收入减除累计免税收入、累计减除费用、累计专项扣除、累计专项附加扣除和累计依法确定的其他扣除后的余额为累计预扣预缴应纳税所得额,适用《个人所得税预扣率表一》,计算累计应预扣预缴税额,再减除累计减免税额和累计已预扣预缴税额,其余额为本期应预扣预缴税额。余额为负值时,暂不退税。纳税年度终了后余额仍为负值时,由纳税人通过办理综合所得年度汇算清缴,税款多退少补。

具体计算公式如下:

$$本期应预扣 \atop 预缴税额 = \left({累计预扣预缴 \atop 应纳税所得额} \times 预扣率 - {速算 \atop 扣除数} \right) - {累计减 \atop 免税额} - {累计已预扣 \atop 预缴税额}$$

$$累计预扣预缴 \atop 应纳税所得额 = {累计 \atop 收入} - {累计免 \atop 税收入} - {累计减 \atop 除费用} - {累计专 \atop 项扣除} - {累计专项 \atop 附加扣除} - {累计依法确定 \atop 的其他扣除}$$

其中：累计减除费用，按照5 000元/月乘以纳税人当年截至本月在本单位的任职受雇月份数计算。

2. 工资、薪金的预扣率(见表9-3)

表9-3　　　　　　　　　个人所得税预扣率表一
（居民个人工资、薪金所得预扣预缴适用）

级数	累计预扣预缴应纳税所得额	预扣率(%)	速算扣除数
1	不超过36 000元的	3	0
2	超过36 000元至144 000元的部分	10	2 520
3	超过144 000元至300 000元的部分	20	16 920
4	超过300 000元至420 000元的部分	25	31 920
5	超过420 000元至660 000元的部分	30	52 920
6	超过660 000元至960 000元的部分	35	85 920
7	超过960 000元的部分	45	181 920

3. 专项附加扣除项目的扣除

根据《个人所得税扣缴申报管理办法（试行）》第7条的规定，居民个人向扣缴义务人提供有关信息并依法要求办理专项附加扣除的，扣缴义务人应当按照规定在工资、薪金所得按月预扣预缴税款时予以扣除，不得拒绝。

【例9-1】　张三2015年起入职甲公司，有一个女儿正在就读小学三年级。2019年每月应发工资均为10 000元，个人按照规定缴付的"三险一金"等专项扣除每月合计为1 500元，没有减免收入及减免税额等优惠。2019年1月6日，向单位提供专项附加扣缴信息表，申请在单位发放工资、薪金所得时由其按扣除标准的100%享受子女教育专项附加扣除项目。

要求：计算甲公司2019年度应预扣预缴的工资、薪金所得的个人所得税。

【解析】　应当按照以下方法计算预扣预缴税额：

1月应预扣预缴的工资、薪金所得的个人所得税为：

(10 000－5 000－1 500－1 000)×3%＝75(元)；

2月应预扣预缴的工资、薪金所得的个人所得税为：

(10 000×2－5 000×2－1 500×2－1 000×2)×3%－75＝150－75＝75(元)；

3月应预扣预缴的工资、薪金所得的个人所得税为：

(10 000×3－5 000×3－1 500×3－1 000×3)×3%－150＝255－150＝75(元)；

进一步计算可知，该纳税人全年累计预扣预缴应纳税所得额为30 000元，一直适用3%的预扣率，因此各月应预扣预缴的税款相同。

【例9-2】 李四2016年入职乙公司,2019年每月应发工资均为30 000元,每月按规定缴付"三险一金"等专项扣除为4 500元。按照规定享受子女教育、赡养老人两项专项附加扣除共计2 000元,没有减免收入及减免税额等优惠。

要求:计算乙公司各月应预扣预缴税额

【解析】 1月应预扣预缴的工资、薪金所得的个人所得税为:

(30 000−5 000−4 500−2 000)×3%=555(元);

2月应预扣预缴的工资、薪金所得的个人所得税为:

(30 000×2−5 000×2−4 500×2−2 000×2)×10%−2 520−555
=1 180−555=625(元);

3月应预扣预缴的工资、薪金所得的个人所得税为:

(30 000×3−5 000×3−4 500×3−2 000×3)×10%−2 520−1 180
=3 030−1 180=1 850(元);

4月应预扣预缴的工资、薪金所得的个人所得税为:

(30 000×4−5 000×4−4 500×4−2 000×4)×10%−2 520−3 030
=4 880−3 030=1 850(元);

5月应预扣预缴的工资、薪金所得的个人所得税为:

(30 000×5−5 000×5−4 500×5−2 000×5)×10%−2 520−4 880
=6 730−4 880=1 850(元);

6月应预扣预缴的工资、薪金所得的个人所得税为:

(30 000×6−5 000×6−4 500×6−2 000×6)×10%−2 520−6 730
=8 580−6 730=1 850(元);

7月应预扣预缴的工资、薪金所得的个人所得税为:

(30 000×7−5 000×7−4 500×7−2 000×7)×10%−2 520−8 580
=10 430−8 580=1 850(元);

8月应预扣预缴的工资、薪金所得的个人所得税为:

(30 000×8−5 000×8−4 500×8−2 000×8)×20%−16 920−10 430
=12 680−10 430=2 250(元);

9月应预扣预缴的工资、薪金所得的个人所得税为:

(30 000×9−5 000×9−4 500×9−2 000×9)×20%−16 920−12 680
=16 380−12 680=3 700(元);

10月应预扣预缴的工资、薪金所得的个人所得税为:

(30 000×10−5 000×10−4 500×0−2 000×10)×20%−16 920−16 380
=20 080−16 380=3 700(元);

11月应预扣预缴的工资、薪金所得的个人所得税为:

(30 000×11−5 000×11−4 500×11−2 000×11)×20%−16 920−20 080
=23 780−20 080=3 700(元);

12月应预扣预缴的工资、薪金所得的个人所得税为:

(30 000×12－5 000×12－4 500×12－2 000×12)×20%－16 920－23 780
=27 480－23 780=3 700(元)。

工资、薪金所得的预扣预缴信息如表9-4所示。

表9-4 工资、薪金所得的预扣预缴

单位:元

月份	工资、薪金收入	基本费用扣除	专项扣除	专项附加扣除	其他扣除	当期所得	累计预扣预缴应纳税所得额	适用税率	速算扣除数	累计应预扣预缴个税	当月应补扣个税
1	30 000	5 000	4 500	2 000	0	18 500	18 500	3%	0	555	555
2	30 000	5 000	4 500	2 000		18 500	37 000	10%	2 520	1 180	625
3	30 000	5 000	4 500	2 000		18 500	55 500	10%	2 520	3 030	1 850
4	30 000	5 000	4 500	2 000		18 500	74 000	10%	2 520	4 880	1 850
5	30 000	5 000	4 500	2 000		18 500	92 500	10%	2 520	6 730	1 850
6	30 000	5 000	4 500	2 000		18 500	111 000	10%	2 520	8 580	1 850
7	30 000	5 000	4 500	2 000		18 500	129 500	10%	2 520	10 430	1 850
8	30 000	5 000	4 500	2 000		18 500	148 000	20%	16 920	12 680	2 250
9	30 000	5 000	4 500	2 000		18 500	166 500	20%	16 920	16 380	3 700
10	30 000	5 000	4 500	2 000		18 500	185 000	20%	16 920	20 080	3 700
11	30 000	5 000	4 500	2 000		18 500	203 500	20%	16 920	23 780	3 700
12	30 000	5 000	4 500	2 000		18 500	222 000	20%	16 920	27 480	3 700
小计	360 000	60 000	54 000	24 000	0	222 000					27 480

(二)劳务报酬、稿酬与特许权使用费所得的预扣预缴

根据《个人所得税扣缴申报管理办法(试行)》第8条的规定,扣缴义务人向居民个人支付劳务报酬所得、稿酬所得、特许权使用费所得时,应当按照以下方法按次或者按月预扣预缴税款:

劳务报酬所得、稿酬所得、特许权使用费所得以收入减除费用后的余额为收入额;其中,稿酬所得的收入额减按70%计算。

预扣预缴税款时,劳务报酬所得、稿酬所得、特许权使用费所得每次收入不超过4 000元的,减除费用按800元计算;每次收入4 000元以上的,减除费用按收入的20%计算。

劳务报酬所得、稿酬所得、特许权使用费所得,以每次收入额为预扣预缴应纳税所得额,计算应预扣预缴税额。劳务报酬所得适用《个人所得税预扣率表二》(见表9-5),稿酬所得、特许权使用费所得适用20%的比例预扣率。

表 9-5　　　　　　　　　　个人所得税预扣率表二

(居民个人劳务报酬所得预扣预缴适用)

级数	预扣预缴应纳税所得额	预扣率(%)	速算扣除数
1	不超过 20 000 元的	20	0
2	超过 20 000 元至 50 000 元的部分	30	2 000
3	超过 50 000 元的部分	40	7 000

居民个人办理年度综合所得汇算清缴时,应当依法计算劳务报酬所得、稿酬所得、特许权使用费所得的收入额,并入年度综合所得计算应纳税款,税款多退少补。

(三) 佣金的预扣预缴

自 2019 年 1 月 1 日起,根据《财政部　税务总局关于个人所得税法修改后有关优惠政策衔接问题的通知》(财税〔2018〕164 号)第 3 条的规定,保险营销员、证券经纪人取得的佣金收入,属于劳务报酬所得,以不含增值税的收入减除 20% 的费用后的余额为收入额,收入额减去展业成本以及附加税费后,并入当年综合所得,计算缴纳个人所得税。保险营销员、证券经纪人展业成本按照收入额的 25% 计算。

扣缴义务人向保险营销员、证券经纪人支付佣金收入时,应按照《个人所得税扣缴申报管理办法(试行)》(国家税务总局公告 2018 年第 61 号)规定的累计预扣法计算预扣税款。

日常预扣预缴时,综合考虑新旧税制衔接,为最大限度减轻保险营销员、证券经纪人税收负担,依照税法规定,对其取得的佣金收入,按照累计预扣法计算预缴税款。具体计算时,以该纳税人截至当期在单位从业月份的累计收入减除累计减除费用、累计其他扣除后的余额,比照工资、薪金所得预扣率表计算当期应预扣预缴税额。专项扣除和专项附加扣除,在预扣预缴环节暂不扣除,待年度终了后汇算清缴申报时办理。主要考虑是,一方面,依据《个人所得税法》及其实施条例规定,个人取得的劳务报酬,应当在汇算清缴时办理专项附加扣除;另一方面,保险营销员、证券经纪人多为自己缴付"三险一金",支付佣金单位较难掌握这些情况并为其办理扣除;同时,部分保险营销员、证券经纪人还有任职受雇单位,由支付佣金单位办理可能出现重复扣除。

五、非居民个人劳动所得的代扣代缴

(一) 代扣代缴税款方法

根据《个人所得税扣缴申报管理办法(试行)》第 9 条的规定,扣缴义务人向非居民个人支付工资、薪金所得,劳务报酬所得,稿酬所得和特许权使用费所得时,应当按照以下方法按月或者按次代扣代缴税款:

非居民个人的工资、薪金所得,以每月收入额减除费用 5 000 元后的余额为应纳税所得额;劳务报酬所得、稿酬所得、特许权使用费所得,以每次收入额为应纳税所得额,适用《个人所得税税率表三》计算应纳税额。劳务报酬所得、稿酬所得、特许权使用费所得以收入减除 20% 的费用后的余额为收入额;其中,稿酬所得的收入额减按 70% 计算。

非居民个人在一个纳税年度内税款扣缴方法保持不变,达到居民个人条件时,应当告知扣缴义务人基础信息变化情况,年度终了后按照居民个人有关规定办理汇算清缴。

(二)非居民个人劳动所得适用的税率

非居民个人取得工资、薪金所得,劳务报酬所得,稿酬所得,特许权使用费所得,由扣缴义务人按照综合所得税率表按月换算后的月度税率表(见表9-6)计算应代扣代缴的个人所得税。

表 9-6　　　　　　　　　　个人所得税税率表三

(非居民个人工资、薪金所得,劳务报酬所得,稿酬所得,特许权使用费所得适用)

级数	应纳税所得额	税率(%)	速算扣除数
1	不超过 3 000 元的	3	0
2	超过 3 000 元至 12 000 元的部分	10	210
3	超过 12 000 元至 25 000 元的部分	20	1 410
4	超过 25 000 元至 35 000 元的部分	25	2 660
5	超过 35 000 元至 55 000 元的部分	30	4 410
6	超过 55 000 元至 80 000 元的部分	35	7 160
7	超过 80 000 元的部分	45	15 160

六、分类所得的代扣代缴

(一)按次或者按月代扣代缴税款

根据《个人所得税扣缴申报管理办法(试行)》第 10 条的规定,扣缴义务人支付利息、股息、红利所得,财产租赁所得,财产转让所得或者偶然所得时,应当依法按次或者按月代扣代缴税款。

(二)每次的界定

根据《个人所得税法实施条例》第 14 条的规定,个人所得税法所称每次,分别按照下列方法确定:

(1)劳务报酬所得、稿酬所得、特许权使用费所得,属于一次性收入的,以取得该项收入为一次;属于同一项目连续性收入的,以一个月内取得的收入为一次。

(2)财产租赁所得,以一个月内取得的收入为一次。

(3)利息、股息、红利所得,以支付利息、股息、红利时取得的收入为一次。

(4)偶然所得,以每次取得该项收入为一次。

七、扣缴手续费

(一)扣缴个人所得税手续费

根据 2018 年《个人所得税法》第 17 条的规定,对扣缴义务人按照所扣缴的税款,付给 2%的手续费。根据 2018 年《个人所得税法实施条例》第 33 条的规定,税务机关按照规定付给扣缴义务人手续费,应当填开退还书;扣缴义务人凭退还书,按照国库管理有关规定办理退库手续。

根据《个人所得税扣缴申报管理办法(试行)》第17条的规定,对扣缴义务人按照规定扣缴的税款,按年付给2%的手续费。不包括税务机关、司法机关等查补或者责令补扣的税款。扣缴义务人领取的扣缴手续费可用于提升办税能力、奖励办税人员。

《财政部 税务总局 人民银行关于进一步加强代扣代收代征税款手续费管理的通知》(财行〔2019〕11号)第3条中规定：①法律、行政法规规定的代扣代缴税款,税务机关按不超过代扣税款的2%支付手续费,且支付给单个扣缴义务人年度最高限额70万元,超过限额部分不予支付。对于法律、行政法规明确规定手续费比例的,按规定比例执行。②法律、行政法规规定的代收代缴车辆车船税,税务机关按不超过代收税款的3%支付手续费。③法律、行政法规规定的代收代缴委托加工消费税,税务机关按不超过代收税款的2%支付手续费。委托受托双方存在关联关系的,不得支付代收手续费。关联关系依据《企业所得税法》及其实施条例有关规定确定。④法律、行政法规规定的代收代缴其他税款,税务机关按不超过代收税款的2%支付手续费。⑤税务机关委托交通运输部门海事管理机构代征船舶车船税,税务机关按不超过代征税款的5%支付手续费。⑥税务机关委托代征人代征车辆购置税,税务机关按每辆车支付15元手续费。⑦税务机关委托证券交易所或证券登记结算机构代征证券交易印花税,税务机关按不超过代征税款的0.03%支付代征手续费,且支付给单个代征人年度最高限额1000万元,超过限额部分不予支付。委托有关单位代售印花税票按不超过代售金额5%支付手续费。⑧税务机关委托邮政部门代征税款,税务机关按不超过代征税款的3%支付手续费。⑨税务机关委托代征人代征农贸市场、专业市场等税收以及委托代征人代征其他零星分散、异地缴纳的税收,税务机关按不超过代征税款的5%支付手续费。对于法律、行政法规明确规定手续费比例的,按规定比例执行。

该通知第4条中规定,"三代"税款手续费按年据实清算。代扣、代收扣缴义务人和代征人应于每年3月30日前,向税务机关提交上一年度"三代"税款手续费申请相关资料,因"三代"单位或个人自身原因,未及时提交申请的,视为自动放弃上一年度"三代"税款手续费。代扣、代收扣缴义务人和代征人在年度内扣缴义务终止或代征关系终止的,应在终止后3个月内向税务机关提交手续费申请资料,由税务机关办理手续费清算。税务机关对单位和个人未按照法律、行政法规或者委托代征协议规定履行代扣、代收、代征义务的,不得支付"三代"税款手续费。

(二)扣缴手续费的处理

《国家税务总局关于代扣代缴储蓄存款利息所得个人所得税手续费收入征免税问题的通知》(国税发〔2001〕31号)规定,根据《国务院对储蓄存款利息所得征收个人所得税的实施办法》的规定,储蓄机构代扣代缴利息税,可按所扣税款的2%取得手续费。对储蓄机构取得的手续费收入,应分别按照有关规定征收营业税("营改增"后为增值税)和企业所得税。储蓄机构内从事代扣代缴工作的办税人员取得的扣缴利息税手续费所得免征个人所得税。

也就是说,纳税人在进行企业所得税处理时,企业取得的扣缴手续费收入应计入收入总额缴纳企业所得税;在2016年4月30日以前,根据营业税政策规定,扣缴手续费收入应依法申报缴纳营业税金及附加;在2016年5月1日"营改增"以后,应按经纪代理服务缴纳增值税。

(三)代扣代缴手续费申请表及其填报

《代扣代缴手续费申请表》(见表9-7)适用于申请个人所得税扣缴手续费的办理。扣缴义务人退付账户与原缴税账户不一致的,须另行提交资料,并经税务机关确认。该表一式四联,扣缴义务人一联、税务机关三联。

表 9-7　　　　　　　　　　代扣代缴手续费申请表

金额单位:人民币元(列至角分)

扣缴义务人名称		统一社会信用代码 (纳税人识别号)		
联系人姓名		联系电话		
原完税情况	品目名称	税款所属时期	税票号码	实缴金额
	合计(小写)			
申请手续费金额(小写)				
声明	此表是根据国家税收法律法规及相关规定填写的,本人(单位)对填报内容(附带资料)的真实性、可靠性、完整性负责。 　　　　　　　　　　　　　　　扣缴义务人签章:			
授权声明	如果您已委托代理人申请,请填写下列资料: 　　为代理个人所得税扣缴手续费申请相关事宜,现授权 _____(地址) _____为代理申请人,任何与本申请有关的往来文件,都可寄于此人。 授权人签章:	税务机关填写	受理人: 受理税务机关(章) 受理日期:	

《代扣代缴手续费申请表》填表说明

(1) 扣缴义务人名称：填写扣缴义务人法定名称的全称。

(2) 统一社会信用代码(纳税人识别号)：填写扣缴义务人的统一社会信用代码或者纳税人识别号。

(3) 联系人名称：填写联系人姓名。

(4) 联系电话：填写联系人固定电话号码或手机号码。

(5) 品目名称：填写扣缴个人所得税的各项应税所得名称。如：工资、薪金所得。

(6) 原完税情况：填写退个人所得税代扣代缴手续费相关信息。分品目名称、税款所属时期、税票号码、实缴金额等项目，填写申请办理的已入库信息，上述信息应与完税费(缴款)凭证或完税电子信息一致。

(7) 申请手续费金额：填写申请年度计算的手续费金额。填写金额按照申请年度代扣代缴(含预扣预缴)个人所得税实际入库税额的2%计算。

八、信息提供与处理

(一) 基础信息的提供与报送

根据《个人所得税扣缴申报管理办法(试行)》第5条的规定，扣缴义务人首次向纳税人支付所得时，应当按照纳税人提供的纳税人识别号等基础信息，填写《个人所得税基础信息表(A表)》，并于次月扣缴申报时向税务机关报送。扣缴义务人对纳税人向其报告的相关基础信息变化情况，应当于次月扣缴申报时向税务机关报送。

基于现行个人所得税以代扣代缴与自行申报相结合的征收方式，个人基础信息的获取主要依托扣缴义务人。《个人所得税基础信息表(A表)》作为目前主要的个人基础信息采集来源渠道之一，既要采集自然人纳税人的必要涉税信息，还要兼顾扣缴义务人的申报工作量。因此，采集的信息数量较少。

《个人所得税基础信息表(A表)》(见表9-8)由扣缴义务人填报。适用于扣缴义务人办理全员全额扣缴申报时，填报其支付所得的纳税人的基础信息。扣缴义务人首次向纳税人支付所得，或者纳税人相关基础信息发生变化的，应当填写该表，并于次月扣缴申报时向税务机关报送。

本表带"＊"项目分为必填和条件必填，其余项目为选填。表头项目：

扣缴义务人名称：填写扣缴义务人的法定名称全称。

扣缴义务人纳税人识别号(统一社会信用代码)：填写扣缴义务人的纳税人识别号或者统一社会信用代码。

(二) 享受税收协定待遇信息、资料的提供

根据《个人所得税扣缴申报管理办法(试行)》第12条的规定，纳税人需要享受税收协定待遇的，应当在取得应税所得时主动向扣缴义务人提出，并提交相关信息、资料，扣缴义务人代扣代缴税款时按照享受税收协定待遇有关办法办理。

(三) 个人所得和已扣缴税款等信息的反馈

根据2018年《个人所得税法》第10条第2款的规定，扣缴义务人应当按照国家规定办理全员全额扣缴申报，并向纳税人提供其个人所得和已扣缴税款等信息。

表9-8

个人所得税基础信息表（A表）
（适用于扣缴义务人填报）

扣缴义务人名称：
扣缴义务人纳税人识别号（统一社会信用代码）：□□□□□□□□□□□□□□□□□□

序号	纳税人识别号	纳税人基本信息（带*必填）						任职受雇从业信息				联系方式				银行账户		投资信息		其他信息		华侨、港澳台、外籍个人信息（带*必填）				备注
		*纳税人姓名	*身份证件类型	*身份证件号码	*出生日期	*国籍/地区	类型	职务	学历	任职受雇从业日期	离职日期	手机号码	户籍所在地	经常居住地	联系地址	电子邮箱	开户银行	银行账号	投资额（元）	投资比例	是否残疾孤老烈属	残疾/烈属证号	*出生地	*性别	*首次入境时间	*预计离境时间	*涉税事由	
		2	3	4	5	6	7	8	9	10	11	12	13	14	15	16	17	18	19	20	21	22	23	24	25	26	27	28	29
1																													

谨声明：本表是根据国家税收法律法规及相关规定填报的，是真实的、可靠的、完整的。

经办人签字：
经办人身份证件号码：
代理机构签章：
代理机构统一社会信用代码：

扣缴义务人（签章）：
年　月　日

受理人：
受理税务机关（章）：
受理日期：　年　月　日

国家税务总局监制

《个人所得税基础信息表（A表）》填表说明

1. 第2~8列"纳税人基本信息。
（1）第2列"纳税人姓名"：填写纳税人姓名。
（2）第3列"纳税人识别号"：有中国公民身份号码的，填写中华人民共和国居民身份证上载明的"公民身份号码"；没有中国公民身份号码的，填写税务机关联子的纳税人识别号。

(2) 第3列"纳税人姓名"：填写纳税人姓名。外籍个人英文姓名按照"先姓（surname）后名（given name）"的顺序填写，确实无法区分姓和名的，按照证件上的姓名顺序填写。

(3) 第4列"身份证件类型"：根据纳税人实际情况填写。

① 有中国公民身份证的，应当填写《中华人民共和国居民身份证》（简称"居民身份证"）。

② 华侨应当填写《中华人民共和国护照》（简称"中国护照"）。

③ 港澳居民可选择填写《港澳居民来往内地通行证》（简称"港澳居民通行证"）或者《中华人民共和国港澳居民居住证》（简称"港澳居民居住证"）；台湾居民可选择填写《台湾居民来往大陆通行证》（简称"台湾居民通行证"）或者《中华人民共和国台湾居民居住证》（简称"台湾居民居住证"）。

④ 外籍人员可选择填写《中华人民共和国外国人永久居留身份证》（简称"外国人永久居留身份证"）或者"外国护照"。

⑤ 其他符合规定的情形填写"其他证件"。

身份证件类型选择"港澳居民来往内地通行证"或"港澳居民居住证"的，应当同时填写"港澳居民通行证"；身份证件类型选择"台湾居民来往大陆通行证"或"台湾居民居住证"的，应当同时填写"台湾居民通行证"；身份证件类型选择"外国人永久居留身份证"或"外国人工作许可证"（简称"外国人工作许可证"）的，应当同时填写"外国人工作许可证"。

(4) 第5～6列"身份证件号码"/"出生日期"：填写纳税人身份证件上的信息。

(5) 第7列"国籍/地区"：填写纳税人所属的国籍或者地区。

2. 第8～12列"任职受雇从业信息"：

(1) 第8列"类型"：根据实际情况填写"雇员""保险营销员""证券经纪人"或者"其他"。

(2) 第9～12列"职务""学历""任职受雇从业日期""离职日期"：其中，当第8列"类型"选择"雇员""保险营销员"或者"证券经纪人"时，填写纳税人与扣缴义务人建立或者解除相应劳动或者劳务关系的日期。

3. 第13～17列"联系方式"：

(1) 第13列"手机号码"：填写纳税人境内有效手机号码。

(2) 第14～16列"户籍所在地""经常居住地""联系地址"：填写纳税人境内有效户籍所在地、经常居住地或者联系地址，按以下格式填写（具体到门牌号）：___省（区、市）___市___区（县）___街道（乡、镇）。

(3) 第17列"电子邮箱"：填写有效的电子邮箱。

4. 第18～19列"银行账户"：填写个人境内有效银行账户信息，开户银行需填写到银行本行。

5. 第20～21列"投资信息"：纳税人为扣缴单位的股东、投资者的情况的，填写本栏。

6. 第22～23列"其他信息"：如纳税人有"残疾、孤老、烈属"情况的，港澳台华侨、外籍个人的填写本栏。

7. 第24～28列"出生地""首次入境时间""预计离境时间"：填写华侨、港澳台居民、外籍个人为华侨、港澳台居民、外籍个人的出生地，具体到国家或者地区。纳税人为华侨、港澳台居民、外籍个人首次入境和预计离境的时间，具体到年月日。预计离境期间发生变化的，应及时进行变更。

(3) 第28列"涉税事由"：填写华侨、港澳台居民、外籍个人在境内涉税的具体事由，包括"任职受雇""提供临时劳务""转让财产""从事投资和经营活动""其他"。如有多项事由的，应同时填写。

以纸质方式报送本表的，应当一式两份，扣缴义务人、税务机关各留存一份。

根据《个人所得税扣缴申报管理办法(试行)》第13条的规定,支付工资、薪金所得的扣缴义务人应当于年度终了后2个月内,向纳税人提供其个人所得和已扣缴税款等信息。纳税人年度中间需要提供上述信息的,扣缴义务人应当提供。纳税人取得除工资、薪金所得以外的其他所得,扣缴义务人应当在扣缴税款后,及时向纳税人提供其个人所得和已扣缴税款等信息。

根据《个人所得税专项附加扣除操作办法(试行)》第25条的规定,除纳税人另有要求外,扣缴义务人应当于年度终了后2个月内,向纳税人提供已办理的专项附加扣除项目及金额等信息。

(四) 涉税信息与实际不符的处理

根据《个人所得税扣缴申报管理办法(试行)》第14条的规定,扣缴义务人应当按照纳税人提供的信息计算税款、办理扣缴申报,不得擅自更改纳税人提供的信息。

扣缴义务人发现纳税人提供的信息与实际情况不符的,可以要求纳税人修改。纳税人拒绝修改的,扣缴义务人应当报告税务机关,税务机关应当及时处理。

纳税人发现扣缴义务人提供或者扣缴申报的个人信息、支付所得、扣缴税款等信息与实际情况不符的,有权要求扣缴义务人修改。扣缴义务人拒绝修改的,纳税人应当报告税务机关,税务机关应当及时处理。

(五) 留存备查资料与信息保密

根据《个人所得税扣缴申报管理办法(试行)》第15条的规定,扣缴义务人对纳税人提供的《个人所得税专项附加扣除信息表》,应当按照规定妥善保存备查。该办法第16条还规定,扣缴义务人应当依法对纳税人报送的专项附加扣除等相关涉税信息和资料保密。

第三节 自 行 申 报

一、自行申报情形

(一) 需办理自行纳税申报的情形

根据2018年《个人所得税法》第10条的规定,有下列情形之一的,纳税人应当依法办理纳税申报:

(1) 取得综合所得需要办理汇算清缴。
(2) 取得应税所得没有扣缴义务人。
(3) 取得应税所得,扣缴义务人未扣缴税款。
(4) 取得境外所得。
(5) 因移居境外注销中国户籍。
(6) 非居民个人在中国境内从两处以上取得工资、薪金所得。
(7) 国务院规定的其他情形。

根据《个人所得税法实施条例》第25条的规定,取得综合所得需要办理汇算清缴的情形包括：

(1) 从两处以上取得综合所得，且综合所得年收入额减除专项扣除的余额超过6万元。

(2) 取得劳务报酬所得、稿酬所得、特许权使用费所得中一项或者多项所得，且综合所得年收入额减除专项扣除的余额超过6万元。

(3) 纳税年度内预缴税额低于应纳税额。

(4) 纳税人申请退税。

纳税人申请退税，应当提供其在中国境内开设的银行账户，并在汇算清缴地就地办理税款退库。

根据2018年《个人所得税法》第12条的规定，纳税人取得经营所得，按年计算个人所得税，由纳税人在月度或者季度终了后15日内向税务机关报送纳税申报表，并预缴税款；在取得所得的次年3月31日前办理汇算清缴。

(二) 纳税申报方式

纳税人可以采用远程办税端、邮寄等方式申报，也可以直接到主管税务机关申报。

(三) 基础信息表的报送

纳税人办理自行纳税申报时，应当一并报送税务机关要求报送的其他有关资料。首次申报或者个人基础信息发生变化的，还应报送《个人所得税基础信息表(B表)》。纳税人在办理纳税申报时需要享受税收协定待遇的，按照享受税收协定待遇有关办法办理。

《个人所得税基础信息表(B表)》(见表9-9)作为自行纳税申报纳税人自主申报的信息，将作为《个人所得税基础信息表(A表)》的有效补充，不仅为计税提供依据，也为下一步税收管理(如联系纳税人等)提供了方便。

该表适用于自然人纳税人基础信息的填报。自然人纳税人初次向税务机关办理相关涉税事宜时填报本表；初次申报后，以后仅需在信息发生变化时填报。

本表带"＊"的项目为必填或者条件必填，其余项目为选填。表头项目，纳税人识别号：有中国公民身份号码的，填写中华人民共和国居民身份证上载明的"公民身份号码"；没有中国公民身份号码的，填写税务机关赋予的纳税人识别号。

表9-9　　　　　　　　　个人所得税基础信息表(B表)
(适用于自然人填报)

纳税人识别号：□□□□□□□□□□□□□□□□□□

基本信息(带＊必填)					
基本信息	＊纳税人姓名	中文名		英文名	
	＊身份证件	证件类型一		证件号码	
		证件类型二		证件号码	
	＊国籍/地区			＊出生日期	年　月　日

(续表)

基本信息(带 * 必填)							
联系方式	户籍所在地	省(区、市)　　　市　　　区(县)　　　街道(乡、镇)＿＿＿					
	经常居住地	省(区、市)　　　市　　　区(县)　　　街道(乡、镇)＿＿＿					
	联系地址	省(区、市)　　　市　　　区(县)　　　街道(乡、镇)＿＿＿					
	*手机号码				电子邮箱		
其他信息	开户银行				银行账号		
	学历	□研究生　　□大学本科　　□大学本科以下					
	特殊情形	□残疾　残疾证号＿＿＿　　□烈属　烈属证号＿＿＿　　□孤老					
任职、受雇、从业信息							
任职受雇从业单位一	名称				国家/地区		
	纳税人识别号(统一社会信用代码)				任职受雇从业日期	年　月	离职日期	年　月
	类型	□雇员　　□保险营销员　□证券经纪人　□其他			职务	□高层　□其他	
任职受雇从业单位二	名称				国家/地区		
	纳税人识别号(统一社会信用代码)				任职受雇从业日期	年　月	离职日期	年　月
	类型	□雇员　　□保险营销员　□证券经纪人　□其他			职务	□高层　□其他	
该栏仅由投资者纳税人填写							
被投资单位一	名称				国家/地区		
	纳税人识别号(统一社会信用代码)				投资额(元)		投资比例	
被投资单位二	名称				国家/地区		
	纳税人识别号(统一社会信用代码)				投资额(元)		投资比例	
该栏仅由华侨、港澳台、外籍个人填写(带*必填)							
	*出生地				*首次入境时间	年　月　日	
	*性别				*预计离境时间	年　月　日	
	*涉税事由	□任职受雇　□提供临时劳务　□转让财产　□从事投资和经营活动　□其他					

(续表)

谨声明：本表是根据国家税收法律法规及相关规定填报的，是真实的、可靠的、完整的。 纳税人（签字）： 年 月 日	
经办人签字： 经办人身份证件号码： 代理机构签章： 代理机构统一社会信用代码：	受理人： 受理税务机关（章）： 受理日期： 年 月 日

国家税务总局监制

《个人所得税基础信息表(B表)》表内各栏填表说明

1. 基本信息：

（1）纳税人姓名：填写纳税人姓名。外籍个人英文姓名按照"先姓（surname）后名（given name）"的顺序填写，确实无法区分姓和名的，按照证件上的姓名顺序填写。

（2）身份证件：填写纳税人有效的身份证件类型及号码。

"证件类型一"按以下原则填写：

① 有中国公民身份号码的，应当填写《中华人民共和国居民身份证》（简称"居民身份证"）。

② 华侨应当填写《中华人民共和国护照》（简称"中国护照"）。

③ 港澳居民可选择填写《港澳居民来往内地通行证》（简称"港澳居民通行证"）或者《中华人民共和国港澳居民居住证》（简称"港澳居民居住证"）；台湾居民可选择填写《台湾居民来往大陆通行证》（简称"台湾居民通行证"）或者《中华人民共和国台湾居民居住证》（简称"台湾居民居住证"）。

④ 外籍个人可选择填写《中华人民共和国外国人永久居留身份证》（简称"外国人永久居留证"）、《中华人民共和国外国人工作许可证》（简称"外国人工作许可证"）或者"外国护照"。

⑤ 其他符合规定的情形填写"其他证件"。

"证件类型二"按以下原则填写：证件类型一选择"港澳居民居住证"的，证件类型二应当填写"港澳居民通行证"；证件类型一选择"台湾居民居住证"的，证件类型二应当填写"台湾居民通行证"；证件类型一选择"外国人永久居留证"或者"外国人工作许可证"的，证件类型二应当填写"外国护照"。证件类型一已选择"居民身份证""中国护照""港澳居民通行证""台湾居民通行证"或"外国护照"，证件类型二可不填。

（3）国籍/地区：填写纳税人所属的国籍或地区。

（4）出生日期：根据纳税人身份证件上的信息填写。

（5）户籍所在地、经常居住地、联系地址：填写境内地址信息，至少填写一项。有居民身份证的，"户籍所在地""经常居住地"必须填写其中之一。

（6）手机号码、电子邮箱：填写境内有效手机号码，港澳台、外籍个人可以选择境内有效手机号码或电子邮箱中的一项填写。

（7）开户银行、银行账号：填写有效的个人银行账户信息，开户银行填写到银行总行。

（8）特殊情形：纳税人为残疾、烈属、孤老的，填写本栏。残疾、烈属人员还需填写残疾/烈属证件号码。

2. 任职、受雇、从业信息：填写纳税人任职受雇从业的有关信息。其中，中国境内无住所个人有境外派遣单位的，应在本栏除填写境内任职受雇从业单位、境内受聘签约单位情况外，还应一并填写境外派遣单位相关信息。填写境外派遣单位时，其纳税人识别号（社会统一信用代码）可不填。

3. 投资者纳税人填写栏：由自然人股东、投资者填写。没有，则不填。

（1）名称：填写被投资单位名称全称。

（2）纳税人识别号（统一社会信用代码）：填写被投资单位纳税人识别号或者统一社会信用代码。

（3）投资额：填写自然人股东、投资者在被投资单位投资的投资额（股本）。

（4）投资比例：填写自然人股东、投资者的投资额占被投资单位投资（股本）的比例。

4. 华侨、港澳台、外籍个人信息：华侨、港澳台居民、外籍个人填写本栏。

(1) 出生地：填写华侨、港澳台居民、外籍个人的出生地，具体到国家或者地区。

(2) 首次入境时间、预计离境时间：填写华侨、港澳台居民、外籍个人首次入境和预计离境的时间，具体到年月日。预计离境时间发生变化的，应及时进行变更。

(3) 涉税事由：填写华侨、港澳台居民、外籍个人在境内涉税的具体事由，在相应事由处划"√"。如有多项事由的，同时勾选。

以纸质方式报送本表的，应当一式两份，纳税人、税务机关各留存一份。

二、综合所得汇缴申报

(一) 综合所得汇算清缴纳税申报情形

根据《国家税务总局关于个人所得税自行纳税申报有关问题的公告》(国家税务总局公告 2018 年第 62 号)第 1 条的规定，取得综合所得且符合下列情形之一的纳税人，应当依法办理汇算清缴：

(1) 从两处以上取得综合所得，且综合所得年收入额减除专项扣除后的余额超过 6 万元。

(2) 取得劳务报酬所得、稿酬所得、特许权使用费所得中一项或者多项所得，且综合所得年收入额减除专项扣除的余额超过 6 万元。

(3) 纳税年度内预缴税额低于应纳税额。

(4) 纳税人申请退税。

(二) 豁免汇算清缴申报的情形

根据《财政部 税务总局关于个人所得税综合所得汇算清缴涉及有关政策问题的公告》(财政部 税务总局公告 2019 年第 94 号)第 1 条的规定，2019 年 1 月 1 日至 2020 年 12 月 31 日居民个人取得的综合所得，年度综合所得收入不超过 12 万元且需要汇算清缴补税的，或者年度汇算清缴补税金额不超过 400 元的，居民个人可免于办理个人所得税综合所得汇算清缴。居民个人取得综合所得时存在扣缴义务人未依法预扣预缴税款的情形除外。

(三) 纳税申报时间

根据 2018 年《个人所得税法》第 11 条的规定，居民个人取得综合所得，按年计算个人所得税；有扣缴义务人的，由扣缴义务人按月或者按次预扣预缴税款；需要办理汇算清缴的，应当在取得所得的次年 3 月 1 日至 6 月 30 日内办理汇算清缴。预扣预缴办法由国务院税务主管部门制定。

(四) 纳税申报地点

根据《国家税务总局关于个人所得税自行纳税申报有关问题的公告》(国家税务总局公告 2018 年第 62 号)第 1 条的规定，需要办理综合所得汇算清缴的居民个人，应当在取得所得的次年 3 月 1 日至 6 月 30 日内，向任职、受雇单位所在地主管税务机关办理纳税申报，并报送《个人所得税年度自行纳税申报表》。纳税人有两处以上任职、受雇单位的，选择向其中一处任职、受雇单位所在地主管税务机关办理纳税申报；纳税人没有任职、受雇单位的，向户籍所在地或经常居住地主管税务机关办理纳税申报。

（五）纳税资料的留存备查与报送

纳税人办理综合所得汇算清缴，应当准备与收入、专项扣除、专项附加扣除、依法确定的其他扣除、捐赠、享受税收优惠等相关的资料，并按规定留存备查或报送。

（六）预扣预缴与汇算清缴案例

【例 9-3】 居住在市区的中国居民个人李某，为一家中外合资企业的职员，2018年取得以下所得，不考虑"三险一金"专项扣除、专项附加扣除和依法确定的其他扣除。不考虑个人所得税以外的其他税费。

(1) 2月，为某企业提供技术服务，取得劳务报酬30 000元；
(2) 每月取得合资企业支付的工资、薪金9 800元；
(3) 3月，将专利许可B企业使用，取得特许权使用费15 000元；
(4) 12月，因出版一本专著，取得中国财经出版社支付稿酬8万元。

要求：

1. 计算李某应纳的个人所得税。
2. 如果上述收入发生在2019年则支付单位应如何预扣预缴，年终个人应如何办理汇算清缴。
3. 填报综合所得汇算清缴申报表。

【解析】 1. 2018年收入应纳个人所得税计算。

(1) 劳务报酬所得应纳个人所得税：

$30\,000 \times (1-20\%) \times 30\% - 2\,000 = 5\,200$（元）。

(2) 2018年1~9月工资、薪金所得应缴纳的个人所得税：

$= [(9\,800 - 3\,500) \times 20\% - 555] \times 9 = 705 \times 9 = 6\,345$（元）。

10~12月工资应纳个人所得税：

$[(9\,800 - 5\,000) \times 10\% - 210] \times 3 = 270 \times 3 = 810$（元）；

2018年工资、薪金所得应纳个人所得税：$6\,345 + 810 = 7\,155$（元）。

(3) 2018年特许权使用费应纳的个人所得税：

$15\,000 \times (1-20\%) \times 20\% = 2\,400$（元）。

(4) 2018年12月稿酬所得应纳的个人所得税：

$80\,000 \times (1-20\%) \times 20\% \times (1-30\%) = 8\,960$（元）；

2018年全年合计应纳个人所得税：$7\,155 + 5\,200 + 2\,400 + 8\,960 = 23\,715$（元）。

2. 若上述业务发生在2019年，则支付单位应预扣预缴税款计算如下：

(1) 工资、薪金应预扣预缴税款的计算。

根据《个人所得税扣缴申报管理办法（试行）》第6条的规定，扣缴义务人向居民个人支付工资、薪金所得时，应当按照累计预扣法计算预扣税款，并按月办理扣缴申报。累计预扣法，是指扣缴义务人在一个纳税年度内预扣预缴税款时，以纳税人在本单位截至当前月份工资、薪金所得累计收入减除累计免税收入、累计减除费用、累计专项扣除、累计专项附加扣除和累计依法确定的其他扣除后的余额为累计预扣预缴应纳税所得额，适用《个人所得税预扣率表一》,计算累计应预扣预缴税额,再减除累计减免税额和累计已预扣预缴税额,其余额为本期应预扣预缴税额。余额为负值时,暂不退税。纳税年度终了后余额仍为负值时,由纳税人通过办理综合所得年度汇算清缴,税款多退少补。

具体计算公式如下:

本期应预扣预缴税额＝(累计预扣预缴应纳税所得额×预扣率－速算扣除数)－累计减免税额－累计已预扣预缴税额

累计预扣预缴应纳税所得额＝累计收入－累计免税收入－累计减除费用－累计专项扣除－累计专项附加扣除－累计依法确定的其他扣除

其中:累计减除费用,按照5 000元/月乘以纳税人当年截至本月在本单位的任职受雇月份数计算。

1月应预扣预缴税款为:

$(9\ 800-5\ 000)\times 3\% = 4\ 800\times 3\% = 144(元)$;

2月应预扣预缴税款为:

$(9\ 800\times 2-5\ 000\times 2)\times 3\% - 144 = 9\ 600\times 3\% - 144 = 288 - 144 = 144(元)$;

3月应预扣预缴税款为:

$(9\ 800\times 3-5\ 000\times 3)\times 3\% - 288 = 14\ 400\times 3\% - 288$

$= 432 - 288 = 144(元)$;

4月应预扣预缴税款为:

$(9\ 800\times 4-5\ 000\times 4)\times 3\% - 432$

$= 19\ 200\times 3\% - 432 = 576 - 432 = 144(元)$;

5月应预扣预缴税款为:

$(9\ 800\times 5-5\ 000\times 5)\times 3\% - 576$

$= 24\ 000\times 3\% - 576 = 720 - 576 = 144(元)$;

6月应预扣预缴税款为:

$(9\ 800\times 6-5\ 000\times 6)\times 3\% - 720$

$= 28\ 800\times 3\% - 720 = 864 - 720 = 144(元)$;

7月应预扣预缴税款:

$(9\ 800\times 7-5\ 000\times 7)\times 3\% - 864$

$= 1\ 008 - 864 = 144(元)$;

8月应预扣预缴税款:

$[(9\ 800\times 8-5\ 000\times 8)\times 10\% - 2\ 520] - 1\ 008$

$= 1\ 320 - 1\ 008 = 312(元)$;

9月应预扣预缴税款:

$[(9\ 800\times 9-5\ 000\times 9)\times 10\% - 2\ 520] - 1\ 320$

$= 1\ 800 - 1\ 320 = 480(元)$;

10月应预扣预缴税款:

$[(9\,800\times10-5\,000\times10)\times10\%-2\,520]-1\,800$
$=2\,280-1\,800=480(元)；$

11月应预扣预缴税款：

$[(9\,800\times11-5\,000\times11)\times10\%-2\,520]-2\,280=2\,760-2\,280=480(元)；$

12月应预扣预缴税款：

$[(9\,800\times12-5\,000\times12)\times10\%-2\,520]-2\,760=3\,240-2\,760=480(元)。$

工资、薪金所得本年共计预扣预缴个人所得税：

$144\times7+312+480\times4=1\,008+312+1\,920=3\,240(元)。$

(2) 2月劳务报酬30 000元应预扣预缴个人所得税为：

劳务报酬所得、稿酬所得、特许权使用费所得以每次收入减除费用后的余额为收入额，收入额扣除其他允许扣除的项目后的余额为预扣预缴应纳税所得额；稿酬所得的收入额减按70%计算。

预扣预缴环节，劳务报酬所得、稿酬所得、特许权使用费所得每次收入不超过4 000元的，费用按800元计算；每次收入4 000元以上的，费用按20%计算。

劳务报酬所得应预扣预缴税额＝预扣预缴应纳税所得额×预扣率－速算扣除数

稿酬所得应预扣预缴税额＝预扣预缴应纳税所得额×20%

特许权使用费所得应预扣预缴税额＝预扣预缴应纳税所得额×20%

居民个人取得劳务报酬所得、稿酬所得、特许权使用费所得，按前款方法预扣预缴税款后，应当在年度终了后与工资、薪金所得合并计税，进行汇算清缴，多退少补。

$30\,000\times(1-20\%)\times30\%-2\,000=5\,200(元)；$

(3) 3月特许权使用费15 000元应预扣预缴税款为：

$15\,000\times(1-20\%)\times20\%=2\,400(元)；$

(4) 12月稿酬80 000元应预扣预缴税款为：

$80\,000\times(1-20\%)\times70\%\times20\%=8\,960(元)；$

支付单位共计预扣预缴个人所得税：

$3\,240+5\,200+2\,400+8\,960=19\,800(元)。$

3. (1)2019年综合所得汇算清缴应补退个人所得税的计算：

① 综合所得的收入额：

工资、薪金所得的收入额：$9\,800\times12=117\,600(元)；$

劳务报酬所得的收入额：$30\,000\times(1-20\%)=24\,000(元)；$

特许权使用费所得的收入额：$15\,000\times(1-20\%)=12\,000(元)；$

稿酬所得的收入额：$80\,000\times(1-20\%)\times70\%=44\,800(元)。$

② 2019年综合所得的收入额：

$117\,600+24\,000+12\,000+44\,800=198\,400(元)。$

③ 综合所得应纳税所得额：

$198\,400-60\,000=138\,400(元)。$

④ 综合所得应纳的个人所得税：
138 400×10％－2 520＝11 320（元）。
⑤ 汇算清缴应退税款：19 800－11 320＝8 480（元）。
(2) 汇算清缴纳税申报表的填报。
收入合计：
工资、薪金所得的收入：9 800×12＝117 600（元），填入《个人所得税年度自行纳税申报表》第 2 行；
劳务报酬所得的收入：30 000 元，填入《个人所得税年度自行纳税申报表》第 3 行；
稿酬所得的收入：80 000 元，填入《个人所得税年度自行纳税申报表》第 4 行；
特许权使用费的收入：15 000 元，填入《个人所得税年度自行纳税申报表》第 5 行；
综合所得收入合计：117 600＋30 000＋15 000＋80 000＝242 600（元），填入《个人所得税年度自行纳税申报表》第 1 行。
费用合计：（30 000＋80 000＋15 000）×20％＝25 000（元），填入《个人所得税年度自行纳税申报表》第 6 行。
免税收入：80 000×(1－20％)×30％＝19 200（元），填入《个人所得税年度自行纳税申报表》第 7 行。
减除费用 60 000 元，填入《个人所得税年度自行纳税申报表》第 8 行。
没有专项扣除、专项附加扣除、依法确定的其他扣除和准予扣除的捐赠额。
应纳税所得额为：242 600－25 000－19 200－60 000＝138 400（元），填入《个人所得税年度自行纳税申报表》第 28 行。
适用税率为 10％，速算扣除数为 2 520，分别填报《个人所得税年度自行纳税申报表》第 29 行和第 30 行。
应纳税额：138 400×10％－2 520＝11 320（元），填入《个人所得税年度自行纳税申报表》第 31 行。
已预扣预缴税额 19 800 元，填入《个人所得税年度自行纳税申报表》第 33 行。
应退个人所得税：11 320－19 800＝8 480（元），填入《个人所得税年度自行纳税申报表》第 34 行。
具体填报信息如表 9-10 所示。

表 9-10　　　　　　　　个人所得税年度自行纳税申报表

税款所属期：　　年　月　日至　　年　月　日
纳税人姓名：
纳税人识别号：□□□□□□□□□□□□□□□□□□　　　金额单位：人民币元（列至角分）

项目	行次	金额
一、收入合计（1＝2＋3＋4＋5）	1	242 600
（一）工资、薪金所得	2	117 600

(续表)

项目	行次	金额
（二）劳务报酬所得	3	30 000
（三）稿酬所得	4	80 000
（四）特许权使用费所得	5	15 000
二、费用合计	6	25 000
三、免税收入合计	7	19 200
四、减除费用	8	60 000
五、专项扣除合计(9＝10＋11＋12＋13)	9	
（一）基本养老保险费	10	
（二）基本医疗保险费	11	
（三）失业保险费	12	
（四）住房公积金	13	
六、专项附加扣除合计(14＝15＋16＋17＋18＋19＋20)	14	
（一）子女教育	15	
（二）继续教育	16	
（三）大病医疗	17	
（四）住房贷款利息	18	
（五）住房租金	19	
（六）赡养老人	20	
七、其他扣除合计(21＝22＋23＋24＋25＋26)	21	
（一）年金	22	
（二）商业健康保险	23	
（三）税延养老保险	24	
（四）允许扣除的税费	25	
（五）其他	26	
八、准予扣除的捐赠额	27	
九、应纳税所得额(28＝1－6－7－8－9－14－21－27)	28	138 400
十、税率(％)	29	
十一、速算扣除数	30	
十二、应纳税额(31＝28×29－30)	31	11 320
十三、减免税额	32	0

(续表)

项目	行次	金额
十四、已缴税额	33	19 800
十五、应补/退税额(34＝31－32－33)	34	－8 480
无住所个人附报信息		
在华停留天数　　　　　　　　　　　　已在华停留年数		
谨声明：本表是根据国家税收法律法规及相关规定填报的，是真实的、可靠的、完整的。 　　　　　　　　　　　　　　　　　　　纳税人签字：　　　　　　　年　月　日		
经办人签字： 经办人身份证件号码： 代理机构签章： 代理机构统一社会信用代码：	受理人： 受理税务机关(章)： 受理日期：　　　　　年　月　日	

国家税务总局监制

三、取得经营所得的纳税申报

根据《国家税务总局关于个人所得税自行纳税申报有关问题的公告》(国家税务总局公告 2018 年第 62 号)第 2 条的规定，个体工商户业主、个人独资企业投资者、合伙企业个人合伙人、承包承租经营者个人以及其他从事生产、经营活动的个人取得经营所得，包括以下情形：

(1) 个体工商户从事生产、经营活动取得的所得，个人独资企业投资人、合伙企业的个人合伙人来源于境内注册的个人独资企业、合伙企业生产、经营的所得。

(2) 个人依法从事办学、医疗、咨询以及其他有偿服务活动取得的所得。

(3) 个人对企业、事业单位承包经营、承租经营以及转包、转租取得的所得。

(4) 个人从事其他生产、经营活动取得的所得。

(一) 申报时间

根据 2018 年《个人所得税法》第 12 条的规定，纳税人取得经营所得，按年计算个人所得税，由纳税人在月度或者季度终了后 15 日内向税务机关报送纳税申报表，并预缴税款；在取得所得的次年 3 月 31 日前办理汇算清缴。

(二) 申报地点

根据《国家税务总局关于个人所得税自行纳税申报有关问题的公告》(国家税务总局公告 2018 年第 62 号)第 2 条的规定，纳税人取得经营所得，按年计算个人所得税，由纳税人在月度或季度终了后 15 日内，向经营管理所在地主管税务机关办理预缴纳税申报，并报送《个人所得税经营所得纳税申报表(A 表)》。在取得所得的次年 3 月 31 日前，向经营管理所在地主管税务机关办理汇算清缴，并报送《个人所得税经营所得纳税申报表(B 表)》；从两处以上取得经营所得的，选择向其中一处经营管理所在地主管税务机关办理年度汇总申报，并报送《个人所得税经营所得纳税申报表(C表)》。

四、取得应税所得没有扣缴义务人的纳税申报

根据2018年《个人所得税法》第13条的规定,纳税人取得应税所得没有扣缴义务人的,应当在取得所得的次月15日内向税务机关报送纳税申报表,并缴纳税款。

五、扣缴义务人未扣缴税款的纳税申报

根据《国家税务总局关于个人所得税自行纳税申报有关问题的公告》(国家税务总局公告2018年第62号)第3条的规定,纳税人取得应税所得,扣缴义务人未扣缴税款的,应当区别以下情形办理纳税申报:

(1) 居民个人取得综合所得的,按照综合所得汇算清缴纳税申报规定办理。

(2) 非居民个人取得工资、薪金所得,劳务报酬所得,稿酬所得,特许权使用费所得的,应当在取得所得的次年6月30日前,向扣缴义务人所在地主管税务机关办理纳税申报,并报送《个人所得税自行纳税申报表(A表)》。有两个以上扣缴义务人均未扣缴税款的,选择向其中一处扣缴义务人所在地主管税务机关办理纳税申报。

非居民个人在次年6月30日前离境(临时离境除外)的,应当在离境前办理纳税申报。

(3) 纳税人取得利息、股息、红利所得,财产租赁所得,财产转让所得和偶然所得的,应当在取得所得的次年6月30日前,按相关规定向主管税务机关办理纳税申报,并报送《个人所得税自行纳税申报表(A表)》。

税务机关通知限期缴纳的,纳税人应当按照期限缴纳税款。

六、取得境外所得的纳税申报

(一) 申报时间

根据2018年《个人所得税法》第13条的规定,居民个人从中国境外取得所得的,应当在取得所得的次年3月1日至6月30日内申报纳税。

(二) 申报地点

根据《国家税务总局关于个人所得税自行纳税申报有关问题的公告》(国家税务总局公告2018年第62号)第4条的规定,居民个人从中国境外取得所得的,应当在取得所得的次年3月1日至6月30日内,向中国境内任职、受雇单位所在地主管税务机关办理纳税申报;在中国境内没有任职、受雇单位的,向户籍所在地或中国境内经常居住地主管税务机关办理纳税申报;户籍所在地与中国境内经常居住地不一致的,选择其中一地主管税务机关办理纳税申报;在中国境内没有户籍的,向中国境内经常居住地主管税务机关办理纳税申报。

七、因移居境外注销中国户籍的纳税申报

(一) 注销中国户籍纳税申报内容

根据《国家税务总局关于个人所得税自行纳税申报有关问题的公告》(国家税务总局公

告 2018 年第 62 号)第 5 条的规定,纳税人因移居境外注销中国户籍的,应当在申请注销中国户籍前,向户籍所在地主管税务机关办理纳税申报,进行税款清算。申报内容包括:

(1) 纳税人在注销户籍年度取得综合所得的,应当在注销户籍前,办理当年综合所得的汇算清缴,并报送《个人所得税年度自行纳税申报表》。尚未办理上一年度综合所得汇算清缴的,应当在办理注销户籍纳税申报时一并办理。

(2) 纳税人在注销户籍年度取得经营所得的,应当在注销户籍前,办理当年经营所得的汇算清缴,并报送《个人所得税经营所得纳税申报表(B 表)》。从两处以上取得经营所得的,还应当一并报送《个人所得税经营所得纳税申报表(C 表)》。尚未办理上一年度经营所得汇算清缴的,应当在办理注销户籍纳税申报时一并办理。

(3) 纳税人在注销户籍当年取得利息、股息、红利所得,财产租赁所得,财产转让所得和偶然所得的,应当在注销户籍前,申报当年上述所得的完税情况,并报送《个人所得税自行纳税申报表(A 表)》。

(4) 纳税人有未缴或者少缴税款的,应当在注销户籍前,结清欠缴或未缴的税款。纳税人存在分期缴税且未缴纳完毕的,应当在注销户籍前,结清尚未缴纳的税款。

(5) 纳税人办理注销户籍纳税申报时,需要办理专项附加扣除、依法确定的其他扣除的,应当向税务机关报送《个人所得税专项附加扣除信息表》《商业健康保险税前扣除情况明细表》《个人税收递延型商业养老保险税前扣除情况明细表》等。

(二) 申报时间

根据 2018 年《个人所得税法》第 13 条的规定,纳税人因移居境外注销中国户籍的,应当在注销中国户籍前办理税款清算。

八、非居民个人从两处以上取得工资、薪金所得的纳税申报

根据 2018 年《个人所得税法》第 13 条的规定,非居民个人在中国境内从两处以上取得工资、薪金所得的,应当在取得所得的次月 15 日内申报纳税。也就是说,非居民个人在中国境内从两处以上取得工资、薪金所得的,应当在取得所得的次月 15 日内,向其中一处任职、受雇单位所在地主管税务机关办理纳税申报,并报送《个人所得税自行纳税申报表(A 表)》。

九、税务总局规定自行申报的其他情形

根据《国家税务总局关于个人股权转让过程中取得违约金收入征收个人所得税问题的批复》(国税函〔2006〕866 号)的规定,股权成功转让后,转让方个人因受让方个人未按规定期限支付价款而取得的违约金收入,属于因财产转让而产生的收入。转让方个人取得的该违约金应并入财产转让收入,按照"财产转让所得"项目计算缴纳个人所得税,税款由取得所得的转让方个人向主管税务机关自行申报缴纳。

根据《国家税务总局关于个人非货币性资产投资有关个人所得税征管问题的公告》(国家税务总局公告 2015 年第 20 号)第 2 条的规定,非货币性资产投资个人所得税由纳税人向

主管税务机关自行申报缴纳。

根据《国家税务总局关于个人取得房屋拍卖收入征收个人所得税问题的批复》(国税函〔2007〕1145号)的规定,为方便纳税人依法履行纳税义务和税务机关加强税收征管,纳税人应比照《国家税务总局关于个人住房转让所得征收个人所得税有关问题的通知》(国税发〔2006〕108号)第4条的有关规定,在房屋拍卖后缴纳营业税("营改增"后为增值税)、契税、土地增值税等税收的同时,一并申报缴纳个人所得税。

第十章
综合所得汇算清缴

> 世界上只有两件事是不可避免的,那就是税收和死亡。
> ——本杰明·富兰克林

第一节 综合所得汇算清缴概述

根据2018年《个人所得税法》第11条的规定,居民个人取得综合所得,按年计算个人所得税;有扣缴义务人的,由扣缴义务人按月或者按次预扣预缴税款;需要办理汇算清缴的,应当在取得所得的次年3月1日至6月30日内办理汇算清缴。预扣预缴办法由国务院税务主管部门制定。

为贯彻党中央、国务院个人所得税改革决策部署,切实维护纳税人合法权益,确保纳税人顺利完成新税制实施后首次个人所得税综合所得汇算清缴,国家税务总局制定发布了《国家税务总局关于办理2019年度个人所得税综合所得汇算清缴事项的公告》(国家税务总局公告2019年第44号)。

一、综合所得汇算清缴内容

(一)综合所得汇算清缴的概念

综合税制,通俗讲就是"合并全年收入,按年计算税款",与我国原先一直实行的分类税制相比,个人所得税的计算方法发生了改变,即将纳税人取得的工资、薪金,劳务报酬,稿酬,特许权使用费四项所得合并为"综合所得",以"年"为一个周期计算应该缴纳的个人所得税。平时取得这四项所得时,先由支付方(即扣缴义务人)依税法规定按月或者按次预扣预缴税款。年度终了,纳税人需要将上述四项所得的全年收入和可以扣除的费用进行汇总,收入额减去费用、扣除后,适用3%~45%的综合所得年度税率表,计算全年应纳个人所得税,再减去年度内可以享受的税收优惠和已经预缴的税款,向税务机关办理年度纳税申报并结清应退或应补税款,这个过程就是汇算清缴。简言之,就是在平时已预缴税款的基础上"查遗补漏,汇总收支,按年算账,多退少补",这也是国际通行做法。

(二)年度综合所得汇算清缴内容

依据《个人所得税法》及其实施条例的规定,纳税年度终了后,居民个人需要汇总汇缴年度(如2019年1月1日至12月31日)取得的工资、薪金,劳务报酬,稿酬,特许权使用费四项"综合所得"的收入额,减除费用60 000元以及专项扣除、专项附加扣除、依法确定的其他扣除和符合条件的公益慈善事业捐赠后,适用综合所得个人所得税税率并减去速算扣除数,计算本年度最终应纳税额,再减去汇缴年度可以享受的税收优惠和已预缴税额,得出本年度应退或应补税额,向税务机关申报并办理退税或补税。具体计算公式如下:

$$\text{综合所得汇算清缴应退或应补税额} = \left[\left(\text{综合所得收入额} - 60\,000\text{元} - \text{"三险一金"等专项扣除} - \text{子女教育等专项附加扣除} - \text{依法确定的其他扣除} - \text{捐赠}\right) \times \text{适用税率} - \text{速算扣除数}\right] - \text{减免税额} - \text{年度已预缴税额}$$

依据《个人所得税法》及其实施条例的规定,年度(如2019年度)综合所得汇算清缴仅计算并结清本年度(如2019年度)综合所得的应退或应补税款,不涉及以前或往后年度,也不涉及财产租赁等分类所得,以及居民个人按规定选择不并入综合所得计算纳税的全年一次性奖金等所得。

年度综合所得汇算清缴之所以称为"年度",是指仅限于计算并结清纳税年度的应退或者应补税款,不涉及以前年度,也不涉及以后年度。因此,2020年3月1日至6月30日,居民个人办理2019年度综合所得汇算清缴时仅需要汇总2019年度取得的综合所得。年度综合所得汇算清缴的范围和内容,仅指2018年个人所得税改革纳入综合所得范围的工资、薪金,劳务报酬,稿酬,特许权使用费四项所得;经营所得、利息股息红利所得、财产租赁所得、财产转让所得和偶然所得,均不纳入综合所得计税。同时,按照《财政部 税务总局关于个人所得税法修改后有关优惠政策衔接问题的通知》(财税〔2018〕164号)的规定,纳税人取得的可以不并入综合所得计算纳税的收入,也不在年度综合所得汇算清缴范围内,如选择单独计税的全年一次性奖金,解除劳动关系、提前退休、内部退养取得的一次性补偿收入,等等。需要说明的是,纳税人若在2019年(或2020年、2021年)取得全年一次性奖金时是单独计算纳税的,年度综合所得汇算清缴时也可选择并入综合所得计算纳税。

(三) 年度综合所得汇算清缴的原因

年度综合所得汇算清缴可以更加精准、全面落实各项税前扣除和税收优惠政策,更好保障纳税人的权益。比如,有的纳税人由于工作繁忙,可享受的税前扣除项目在平时没来得及申报享受;专项附加扣除中的大病医疗支出,只有年度结束,才能确切地知道支出金额是多少,这些扣除都可以通过年度综合所得汇算清缴来补充享受。年度综合所得汇算清缴期间可以享受的税前扣除项目,既有平时可以扣除但纳税人未来得及申报扣除或没有足额扣除的,也有在年度综合所得汇算清缴期间办理的扣除,提醒纳税人"查遗补漏",充分享受改革红利。

通过年度综合所得汇算清缴,准确计算纳税人综合所得全年应该缴纳的个人所得税,如果预缴税额大于全年应纳税额,就要退还给纳税人。税法规定,纳税人平时取得综合所得时,仍需要依照一定的规则,先按月或按次计算并预扣预缴税款,这几乎是世界上所有开征个人所得税国家的普遍做法。但在实践中的情形十分复杂,无论采取怎样的预扣预缴方法,都不可能使所有的纳税人平时已预缴税额与年度应纳税额完全一致,此时两者之间就会产生"差额"。比如,年度中间,纳税人取得综合所得的收入波动过大或时断时续,在收入较高或有收入的月份按规定预缴了税款,但全年综合所得的收入额总计还不到 60 000 元,减去全年基本减除费用 60 000 元后,按年计算则无须缴纳个人所得税。这时,平时已预缴税款就需要通过年度综合所得汇算清缴退还纳税人。

二、需办理综合所得汇算清缴的纳税人

(一)需要办理年度综合所得汇算清缴的纳税人

符合下列情形之一的,居民个人需要办理年度综合所得汇算清缴。

第一,年度已预缴税额大于年度应纳税额且申请退税的。

依法申请退税是纳税人的权利。从充分保障纳税人权益的角度出发,只要纳税人因为平时扣除不足或未申报扣除等原因导致多预缴了税款,无论收入高低,无论退税额多少,纳税人都可以申请退税。在实践中,有一些比较典型的将产生或者可能产生退税的情形,主要包括:

(1) 年度综合所得收入额不超过 60 000 元但已预缴个人所得税。

例如,居民个人田某 2019 年 1 月领取工资 10 000 元、个人缴付"三险一金" 2 000 元,假设没有专项附加扣除,预缴个人所得税 90 元;2019 年其他月份每月工资 4 000 元,无须预缴个人所得税。因田某 2019 年年收入额不足 60 000 元无须缴税,因此预缴的 90 元税款可以申请退还。

(2) 年度中间劳务报酬、稿酬、特许权使用费适用的预扣率高于综合所得年适用税率。

(3) 预缴税款时,未申报扣除或未足额扣除减除费用、专项扣除、专项附加扣除、依法确定的其他扣除或公益捐赠。主要包括:

① 有符合享受条件的专项附加扣除,但预缴税款时没有申报扣除。

例如,2019 年居民个人张某每月工资 10 000 元、个人缴付"三险一金" 2 000 元,有两个上小学的孩子,按规定可以每月享受 2 000 元(全年 24 000 元)的子女教育专项附加扣除。但因其在预缴环节未填报专项附加扣除信息表,使得计算个人所得税时未减除子女教育专项附加扣除,全年预缴个人所得税 1 080 元。其在年度综合所得汇算清缴时填报了相关信息后可补充扣除 24 000 元,扣除后全年应纳个人所得税 360 元,按规定其可以申请退税 720 元。

② 因年中就业、退职或者部分月份没有收入等原因,减除费用 60 000 元、"三险一金"等专项扣除、子女教育等专项附加扣除、企业(职业)年金以及商业健康保险、税收递延型商业养老保险等扣除不充分。

例如,居民个人李某于 2019 年 8 月底退休,退休前每月工资 10 000 元、个人缴付"三险一金" 2 000 元,退休后领取基本养老金。假设没有专项附加扣除,1~8 月预缴个人所得税 720 元;后 4 个月基本养老金按规定免征个人所得税。全年看,该纳税人仅扣除了 40 000 元减除费用(8×5 000 元/月),未充分扣除 60 000 元减除费用。年度综合所得汇算清缴足额扣除后,该纳税人可申请退税 600 元。

③ 没有任职受雇单位,仅取得劳务报酬、稿酬、特许权使用费所得,需要通过年度综合所得汇算清缴办理各种税前扣除。

④ 未申报享受或未足额享受综合所得税收优惠等情形,如残疾人减征个人所得税优惠等。

⑤ 纳税人取得劳务报酬、稿酬、特许权使用费所得,年度中间适用的预扣率高于全年综合所得年适用税率。

例如,居民个人王某2019年度每月固定一处取得劳务报酬10 000元,适用20%预扣率后预缴个人所得税1 600元,全年19 200元;全年劳务报酬120 000元,减除60 000元费用(不考虑其他扣除)后,适用3%的综合所得税率,全年应纳税款1 080元。因此,可申请18 120元退税。

⑥ 预缴税款时,未申报享受或者未足额享受综合所得税收优惠。

⑦ 有符合条件的公益慈善事业捐赠支出,但预缴税款时未办理扣除的,等等。

第二,2019年度或2020年度综合所得收入超过120 000元且需要补税金额超过400元的。包括取得两处及以上综合所得,合并后适用税率提高导致已预缴税额小于年度应纳税额等情形。

依法补税是纳税人的义务。从有利于纳税人的角度出发,国务院对2019年度和2020年度综合所得汇算清缴补税做出了例外性规定,即只有综合所得年收入超过120 000元且年度综合所得汇算清缴补税金额在400元以上的居民个人,才需要办理年度综合所得汇算清缴并补税。导致年度综合所得汇算清缴时需要或可能需要补税的常见情形主要有:

(1) 在两个以上单位任职受雇并领取工资、薪金,预缴税款时重复扣除了基本减除费用(5 000元/月)。

(2) 除工资、薪金外,纳税人还有劳务报酬、稿酬、特许权使用费所得,各项综合所得的收入加总后,导致适用综合所得年税率高于预扣率等。

第三,取得综合所得扣缴义务人未扣缴税款的居民个人。

根据《个人所得税法》第10条的规定,取得应税所得,扣缴义务人未扣缴税款的,纳税人应当依法办理纳税申报。

(二) 无须办理年度综合所得汇算清缴的纳税人

经国务院批准,依据《财政部 税务总局关于个人所得税综合所得汇算清缴涉及有关政策问题的公告》(财政部 税务总局公告2019年第94号)有关规定,居民个人在2019年度已依法预缴个人所得税且符合下列情形之一的,无须办理年度综合所得汇算清缴:

第一,居民个人年度综合所得汇算清缴需补税但年度综合所得收入不超过120 000元的。

第二,居民个人年度综合所得汇算清缴需补税金额不超过400元的。

一般来讲,只要纳税人平时已预缴税额与年度应纳税额不一致,都需要办理年度综合所得汇算清缴。为切实减轻纳税人负担,持续释放改革红利,国务院专门明确对部分需补税的中低收入纳税人免除年度综合所得汇算清缴义务,《财政部 税务总局关于个人所得税综合所得汇算清缴涉及有关政策问题的公告》(财政部 税务总局公告2019年第94号),细化明确了免予办理年度综合所得汇算清缴的情形。一类是对部分本来应当办理年度综合所得汇算清缴且需要补税的纳税人,免除其办理的义务。包括:居民个人只要综合所得年收入不超过 120 000 元,无论补税金额多少,均无须办理年度综合所得汇算清缴;只要补税金额不超过 400 元,无论综合所得年收入的高低,均无须办理年度综合所得汇算清缴。需要说明的是,居民个人取得综合所得时存在扣缴义务人未依法预扣预缴税款的情形,不包括在免予办理情形范围内,需要按规定办理综合所得汇算清缴。

第三,居民个人已预缴税额与年度应纳税额一致。

如果纳税人平时已预缴税额与年度应纳税额完全一致,既不需要退税也不需要补税,也就无须办理年度综合所得汇算清缴。

第四,居民个人已预缴税额大于年度应纳税额,但不申请年度综合所得汇算清缴退税的。

如果纳税人不太清楚记得自己全年收入到底有多少,或者不知晓怎样才能算出自己应该补税还是退税,具体补多少或者退多少,确定不了是否符合免予办理的条件,可以采取以下途径解决:

(1) 纳税人可以向扣缴单位提出要求,按照税法规定,单位有责任将已发放的收入和已预缴税额等情况告诉纳税人。

(2) 纳税人可以登录网上税务局(包括手机个人所得税 APP),查询本人 2019 年度的收入和纳税申报明细记录。

(3) 办理年度综合所得汇算清缴时,税务机关会通过网上税务局,根据一定规则为纳税人提供申报表预填服务,如果纳税人对预填信息没有异议,系统就会自动计算出应补或应退税款,纳税人就可以知道自己是否符合豁免政策要求了。

三、汇算清缴可享受的税前扣除

下列未申报扣除或未足额扣除的税前扣除项目,居民个人可在年度综合所得汇算清缴期间办理扣除或补充扣除:

(1) 居民个人及其配偶、未成年子女在汇算清缴年度(如 2019 年度)发生的,符合条件的大病医疗支出。

(2) 居民个人在汇算清缴年度(如 2019 年度)未申报享受或未足额享受的子女教育、继续教育、住房贷款利息或住房租金、赡养老人专项附加扣除,以及减除费用、专项扣除、依法确定的其他扣除。

(3) 居民个人在汇算清缴年度(如 2019 年度)发生的符合条件的捐赠支出。

四、汇算清缴时间与办理方式

(一) 办理时间

根据《个人所得税法》第 11 条的规定,居民个人取得综合所得,按年计算个人所得税;有扣缴义务人的,由扣缴义务人按月或者按次预扣预缴税款;需要办理汇算清缴的,应当在取得所得的次年3月1日至6月30日内办理汇算清缴。

例如,居民个人办理2019年度综合所得汇算清缴的时间为2020年3月1日至6月30日。在中国境内无住所的居民个人在2020年3月1日前离境的,可以在离境前办理年度综合所得汇算清缴。

(二) 办理方式

居民个人可自主选择下列办理方式。

第一,自行办理年度综合所得汇算清缴。

纳税人可以自行办理年度综合所得汇算清缴,即自己办。

第二,通过取得工资、薪金或连续性取得劳务报酬所得的扣缴义务人代为办理。

考虑到多数纳税人主要从一个单位领取收入,单位对纳税人的涉税信息掌握的比较全面、准确,为更好地帮助纳税人办理年度综合所得汇算清缴,《国家税务总局关于办理2019年度个人所得税综合所得汇算清缴事项的公告》(国家税务总局公告2019年第44号)第6条规定,居民个人向取得工资、薪金或连续性取得劳务报酬所得(仅指保险营销员或证券经纪人佣金)的扣缴义务人扣缴义务人提出代办要求的,扣缴义务人应当代为办理,或者培训、辅导居民个人通过网上税务局(包括手机个人所得税APP)完成年度综合所得汇算清缴申报和退(补)税。由扣缴义务人代为办理的,居民个人应在2020年4月30日前与扣缴义务人进行书面确认,补充提供其2019年度在本单位以外取得的综合所得收入、相关扣除、享受税收优惠等信息资料,并对所提交信息的真实性、准确性、完整性负责。

税务机关会为扣缴单位提供申报软件,方便扣缴义务人为本单位职工集中办理年度综合所得汇算清缴。

第三,委托涉税专业服务机构或其他单位及个人(以下简称受托人)办理,受托人需与居民个人签订授权书。

扣缴义务人或受托人为居民个人办理年度综合所得汇算清缴后,应当及时将办理情况告知居民个人。居民个人发现申报信息存在错误的,可以要求扣缴义务人或受托人办理更正申报,也可自行办理更正申报。

(三) 办理渠道

为便利居民个人,税务机关为居民个人提供高效、快捷的网络办税渠道。居民个人可优先通过网上税务局(包括手机个人所得税APP)办理年度综合所得汇算清缴,税务机关将按规定为居民个人提供申报表预填服务;不方便通过上述方式办理的,也可以通过邮寄方式或到办税服务厅办理。

选择邮寄申报的,各省(区、市)将指定专门受理邮寄申报的税务机关并向社会公告。纳税人如选择邮寄申报的,需根据自己实际情况,将申报表寄送至相应地址:有任职受雇单位的,需将申报表寄送至任职受雇单位所在省(区、市)税务局公告指定的税务机关;没有任职受雇单位的,寄送至户籍或者经常居住地所在省(区、市)税务局公告指定的税务机关。

同时，为避免因信息填报有误或寄送地址不清而带来不必要的麻烦，纳税人应清晰、真实、准确填写本人的相关信息，尤其是姓名、纳税人识别号、有效联系方式等关键信息。为提高辩识度，寄送的申报表，建议使用电脑填报并打印、签字。

五、申报信息及资料留存

居民个人办理年度综合所得汇算清缴时，除向税务机关报送《个人所得税年度自行纳税申报表》外，如需修改本人相关基础信息，新增享受扣除或者税收优惠的，还应按规定一并填报相关信息。填报的信息，纳税人需仔细核对，确保真实、准确、完整。为减轻纳税人负担，居民个人办理年度综合所得汇算清缴，一般只需报送《个人所得税年度自行纳税申报表》。如果修改本人相关基础信息、新增享受扣除或者税收优惠，才需一并报送修改或新增的相关信息。

居民个人以及代办年度综合所得汇算清缴的扣缴义务人，需将《个人所得税年度自行纳税申报表》以及与居民个人综合所得收入、扣除、已缴税额或税收优惠等相关资料，自年度综合所得汇算清缴期结束之日起留存5年(如2019年度综合所得汇算清缴的相关资料，自年度综合所得汇算清缴期结束之日2020年6月30日起留存5年，即至2025年6月30日)。

六、接受汇算清缴申报的税务机关

按照方便就近原则，居民个人自行办理或受托人为居民个人代为办理年度综合所得汇算清缴的，向居民个人任职受雇单位所在地的主管税务机关申报；有两处及以上任职受雇单位的，可自主选择向其中一处单位所在地的主管税务机关申报。居民个人没有任职受雇单位的，向其户籍所在地或者经常居住地的主管税务机关申报。居民个人已在中国境内申领居住证的，以居住证登载的居住地住址为经常居住地；没有申领居住证的，以当前实际居住地址为经常居住地。主要考虑是，上述判断标准清晰确定，且能在没有网络的情况下，最大限度上为纳税人提供就近办税的便利。而采用居住证的确定原则，还便于同纳税人享受基本公共服务等事项相衔接，有利于包括税务机关在内的政府各部门共同为纳税人提供便捷、高效的政务服务。

扣缴义务人在年度综合所得汇算清缴期内为居民个人办理年度综合所得汇算清缴的，向扣缴义务人的主管税务机关申报。

这里的税务机关，是指接受纳税人提交的年度综合所得汇算清缴申报并负责处理年度综合所得汇算清缴相关事宜的税务机关，如对纳税人提交的申报表进行必要的审核，给纳税人办理退税等，并非等同于年度综合所得汇算清缴"物理上的办理地点"。比如，纳税人若通过网络远程办理年度综合所得汇算清缴，则可以不受物理空间的限制，在办公室、家里、旅途中都可以办理，但要在信息系统的提示帮助下，按照规定，在办税软件中正确选择税务机关并向其提交年度综合所得汇算清缴申报，以便税务机关更好提供服务并处理后续相关事宜。当然，在网络办理不方便的情况下，纳税人也可以前往规定的税务机关办理，此时,规定的税务机关就是纳税人办理年度综合所得汇算清缴的"实际地点"。

七、汇算清缴的退税与补税

(一)汇算清缴退税

居民个人申请年度综合所得汇算清缴退税,应当提供其在中国境内开设的符合条件的银行账户。税务机关按规定审核后,按照国库管理有关规定,在按规定确定的接受年度综合所得汇算清缴申报的税务机关所在地(即汇算清缴地)就地办理税款退库。居民个人未提供本人有效银行账户,或者提供的信息资料有误的,税务机关将通知居民个人更正,居民个人按要求更正后依法办理退税。

为方便居民个人获取退税,居民个人年度综合所得收入额不超过6万元且已预缴个人所得税的,税务机关在网上税务局(包括手机个人所得税 APP)提供便捷退税功能,居民个人可以在次年的3月1日至5月31日,通过简易申报表办理年度综合所得汇算清缴退税。

如果年度综合所得汇算清缴后有应退税额,纳税人可以申请退税。只要纳税人在申报表的相应栏次勾选"申请退税",即完成了申请提交。税务机关按规定履行必要的审核程序后即可为纳税人办理退税,退税款直达个人银行账户。特别需要注意的是,为避免税款不能及时、准确退付,纳税人一定要准确填写身份信息资料和在中国境内开设的符合条件的银行账户。

其中,对2019年度综合所得年收入额不足6万元,但因月度间工资、薪金收入不均衡,或者取得劳务报酬、稿酬、特许权使用费所得,偶发性被预扣预缴了个人所得税的纳税人,税务机关将推送服务提示、预填简易申报表,纳税人只需确认已预缴税额、填写本人银行账户信息,即可通过网络实现快捷申请退税。同时,为让纳税人方便获取退税,建议这部分纳税人在3月1日至5月31日,通过简易方式办理退税。

(二)汇算清缴补税

居民个人办理年度综合所得汇算清缴补税的,可以通过网上银行、办税服务厅 POS 机刷卡、银行柜台、非银行支付机构(即第三方支付)等方式缴纳。

第二节 综合所得汇算清缴纳税申报表

一、个人所得税年度自行纳税申报表(A 表)及其填报

《个人所得税年度自行纳税申报表(A 表)》(仅取得境内综合所得年度汇算适用)适用于居民个人纳税年度内仅从中国境内取得综合所得,按照规定进行个人所得税综合所得汇算清缴。居民个人纳税年度内取得境外所得的,不适用该表。

居民个人取得综合所得需要办理汇算清缴的,应当在取得所得的次年3月1日至6月30日内,向主管税务机关办理个人所得税综合所得汇算清缴申报,并报送该表,如表10-1所示。

表 10-1　　　　　　　　**个人所得税年度自行纳税申报表(A表)**
(仅取得境内综合所得年度汇算适用)

税款所属期：　　年　月　日至　　年　月　日
纳税人姓名：
纳税人识别号：□□□□□□□□□□□□□□□□□-□□　　金额单位：人民币元(列至角分)

基本情况					
手机号码		电子邮箱		邮政编码	□□□□□□
联系地址	_____省(区、市)_____市_____区(县)_____街道(乡、镇)_____				
纳税地点(单选)					
1. 有任职受雇单位的,需选本项并填写"任职受雇单位信息":			□任职受雇单位所在地		
任职受雇单位信息	名　称				
	纳税人识别号	□□□□□□□□□□□□□□□□□			
2. 没有任职受雇单位的,可以从本栏次选择一地:			□户籍所在地	□经常居住地	
户籍所在地/经常居住地	_____省(区、市)_____市_____区(县)_____街道(乡、镇)_____				
申报类型(单选)					
□首次申报　　　　□更正申报					
综合所得个人所得税计算					

项　　目	行次	金额
一、收入合计(第1行=第2行+第3行+第4行+第5行)	1	
(一)工资、薪金	2	
(二)劳务报酬	3	
(三)稿酬	4	
(四)特许权使用费	5	
二、费用合计[第6行=(第3行+第4行+第5行)×20%]	6	
三、免税收入合计(第7行=第8行+第9行)	7	
(一)稿酬所得免税部分[第8行=第4行×(1-20%)×30%]	8	
(二)其他免税收入(附报《个人所得税减免税事项报告表》)	9	
四、减除费用	10	
五、专项扣除合计(第11行=第12行+第13行+第14行+第15行)	11	

(续表)

项 目	行 次	金 额
（一）基本养老保险费	12	
（二）基本医疗保险费	13	
（三）失业保险费	14	
（四）住房公积金	15	
六、专项附加扣除合计（附报《个人所得税专项附加扣除信息表》）（第16行＝第17行＋第18行＋第19行＋第20行＋第21行＋第22行）	16	
（一）子女教育	17	
（二）继续教育	18	
（三）大病医疗	19	
（四）住房贷款利息	20	
（五）住房租金	21	
（六）赡养老人	22	
七、其他扣除合计(第23行＝第24行＋第25行＋第26行＋第27行＋第28行)	23	
（一）年金	24	
（二）商业健康保险（附报《商业健康保险税前扣除情况明细表》）	25	
（三）税延养老保险（附报《个人税收递延型商业养老保险税前扣除情况明细表》）	26	
（四）允许扣除的税费	27	
（五）其他	28	
八、准予扣除的捐赠额（附报《个人所得税公益慈善事业捐赠扣除明细表》）	29	
九、应纳税所得额（第30行＝第1行－第6行－第7行－第10行－第11行－第16行－第23行－第29行）	30	
十、税率(％)	31	
十一、速算扣除数	32	
十二、应纳税额(第33行＝第30行×第31行－第32行)	33	
全年一次性奖金个人所得税计算（无住所居民个人预判为非居民个人取得的数月奖金，选择按全年一次性奖金计税的填写本部分）		
一、全年一次性奖金收入	34	
二、准予扣除的捐赠额（附报《个人所得税公益慈善事业捐赠扣除明细表》）	35	
三、税率(％)	36	
四、速算扣除数	37	
五、应纳税额[第38行＝(第34行－第35行)×第36行－第37行]	38	

(续表)

项　　目	行　次	金　额
税 额 调 整		
一、综合所得收入调整额（需在"备注"栏说明调整具体原因、计算方式等）	39	
二、应纳税额调整额	40	
应补/退个人所得税计算		
一、应纳税额合计（第41行＝第33行＋第38行＋第40行）	41	
二、减免税额（附报《个人所得税减免税事项报告表》）	42	
三、已缴税额	43	
四、应补/退税额（第44行＝第41行－第42行－第43行）	44	

无住所个人附报信息			
纳税年度内在中国境内居住天数		已在中国境内居住年数	

退税申请 （应补/退税额小于0的填写本部分）	
□申请退税（需填写"开户银行名称""开户银行省份""银行账号"）　□放弃退税	
开户银行名称	开户银行省份
银行账号	

备　　注
谨声明：本表是根据国家税收法律法规及相关规定填报的，本人对填报内容（附带资料）的真实性、可靠性、完整性负责。 　　　　　　　　　　　　　　　　　纳税人签字：　　　　　年　月　日

经办人签字： 经办人身份证件类型： 经办人身份证件号码： 代理机构签章： 代理机构统一社会信用代码：	受理人： 受理税务机关（章）： 受理日期：　　　年　月　日

国家税务总局监制

《个人所得税年度自行纳税申报表》(A表)填表说明

（一）表头项目

1. 税款所属期：填写居民个人取得综合所得当年的第1日至最后1日。如：2019年1月1日至2019年12月31日。

2. 纳税人姓名：填写居民个人姓名。

3. 纳税人识别号:有中国公民身份号码的,填写中华人民共和国居民身份证上载明的"公民身份号码";没有中国公民身份号码的,填写税务机关赋予的纳税人识别号。

(二) 基本情况

1. 手机号码:填写居民个人中国境内的有效手机号码。
2. 电子邮箱:填写居民个人有效电子邮箱地址。
3. 联系地址:填写居民个人能够接收信件的有效地址。
4. 邮政编码:填写居民个人"联系地址"对应的邮政编码。

(三) 纳税地点

居民个人根据任职受雇情况,在选项1和选项2之间选择其一,并填写相应信息。若居民个人逾期办理汇算清缴申报被指定主管税务机关的,无须填写本部分。

1. 任职受雇单位信息:勾选"任职受雇单位所在地"并填写相关信息。

(1) 名称:填写任职受雇单位的法定名称全称。

(2) 纳税人识别号:填写任职受雇单位的纳税人识别号或者统一社会信用代码。

2. 户籍所在地/经常居住地:勾选"户籍所在地"的,填写居民户口簿中登记的住址。勾选"经常居住地"的,填写居民个人申领居住证上登载的居住地址;没有申领居住证的,填写居民个人实际居住地;实际居住地不在中国境内的,填写支付或者实际负担综合所得的境内单位或个人所在地。

(四) 申报类型

未曾办理过年度汇算清缴申报,勾选"首次申报";已办理过年度汇算清缴申报,但有误需要更正的,勾选"更正申报"。

(五) 综合所得个人所得税计算

1. 第1行"收入合计":填写居民个人取得的综合所得收入合计金额。

第1行=第2行+第3行+第4行+第5行。

第2~5行"工资、薪金""劳务报酬""稿酬""特许权使用费":填写居民个人取得的需要并入综合所得计税的"工资、薪金""劳务报酬""稿酬""特许权使用费"所得收入金额。

2. 第6行"费用合计":根据相关行次计算填报。

第6行=(第3行+第4行+第5行)×20%。

3. 第7行"免税收入合计":填写居民个人取得的符合税法规定的免税收入合计金额。

第7行=第8行+第9行。

第8行"稿酬所得免税部分":根据相关行次计算填报。

第8行=第4行×(1−20%)×30%。

第9行"其他免税收入":填写居民个人取得的除第8行以外的符合税法规定的免税收入合计,并按规定附报《个人所得税减免税事项报告表》。

4. 第10行"减除费用":填写税法规定的减除费用60 000。

5. 第11行"专项扣除合计":根据相关行次计算填报。

第11行=第12行+第13行+第14行+第15行。

第12~15行"基本养老保险费""基本医疗保险费""失业保险费""住房公积金":填写居民个人按规定可以在税前扣除的基本养老保险费、基本医疗保险费、失业保险费、住房公积金金额。

6. 第16行"专项附加扣除合计":根据相关行次计算填报,并按规定附报《个人所得税专项附加扣除信息表》。

第16行=第17行+第18行+第19行+第20行+第21行+第22行。

第17~22行"子女教育""继续教育""大病医疗""住房贷款利息""住房租金""赡养老人":填写居民个人按规定可以在税前扣除的子女教育、继续教育、大病医疗、住房贷款利息、住房租金、赡养老人等专项附加扣除的金额。

7. 第23行"其他扣除合计":根据相关行次计算填报。

第23行=第24行+第25行+第26行+第27行+第28行。

第 24~28 行"年金""商业健康保险""税延养老保险""允许扣除的税费""其他":填写居民个人按规定可在税前扣除的年金、商业健康保险、税延养老保险、允许扣除的税费和其他扣除项目的金额。其中,填写商业健康保险的,应当按规定附报《商业健康保险税前扣除情况明细表》;填写税延养老保险的,应当按规定附报《个人税收递延型商业养老保险税前扣除情况明细表》。

8. 第 29 行"准予扣除的捐赠额":填写居民个人按规定准予在税前扣除的公益慈善事业捐赠金额,并按规定附报《个人所得税公益慈善事业捐赠扣除明细表》。

9. 第 30 行"应纳税所得额":根据相关行次计算填报。

第 30 行=第 1 行-第 6 行-第 7 行-第 10 行-第 11 行-第 16 行-第 23 行-第 29 行。

10. 第 31、32 行"税率""速算扣除数":填写按规定适用的税率和速算扣除数。

11. 第 33 行"应纳税额":按照相关行次计算填报。

第 33 行=第 30 行×第 31 行-第 32 行。

(六)全年一次性奖金个人所得税计算

无住所居民个人预缴时因预判为非居民个人而按取得数月奖金计算缴税的,汇缴时可以根据自身情况,将一笔数月奖金按照全年一次性奖金单独计算。

1. 第 34 行"全年一次性奖金收入":填写无住所的居民个人纳税年度内预判为非居民个人时取得的一笔数月奖金收入金额。

2. 第 35 行"准予扣除的捐赠额":填写无住所的居民个人按规定准予在税前扣除的公益慈善事业捐赠金额,并按规定附报《个人所得税公益慈善事业捐赠扣除明细表》。

3. 第 36、37 行"税率""速算扣除数":填写按照全年一次性奖金政策规定适用的税率和速算扣除数。

4. 第 38 行"应纳税额":按照相关行次计算填报。

第 38 行=(第 34 行-第 35 行)×第 36 行-第 37 行。

(七)税额调整

1. 第 39 行"综合所得收入调整额":填写居民个人按照税法规定可以办理的除第 39 行之前所填报内容之外的其他可以进行调整的综合所得收入的调整金额,并在"备注"栏说明调整的具体原因、计算方式等信息。

2. 第 40 行"应纳税额调整额":填写居民个人按照税法规定调整综合所得收入后所应调整的应纳税额。

(八)应补/退个人所得税计算

1. 第 41 行"应纳税额合计":根据相关行次计算填报。

第 41 行=第 33 行+第 38 行+第 40 行。

2. 第 42 行"减免税额":填写符合税法规定的可以减免的税额,并按规定附报《个人所得税减免税事项报告表》。

3. 第 43 行"已缴税额":填写居民个人取得在本表中已填报的收入对应的已经缴纳或者被扣缴的个人所得税。

4. 第 44 行"应补/退税额":根据相关行次计算填报。

第 44 行=第 41 行-第 42 行-第 43 行。

(九)无住所个人附报信息

本部分由无住所居民个人填写。不是,则不填。

1. 纳税年度内在中国境内居住天数:填写纳税年度内,无住所居民个人在中国境内居住的天数。

2. 已在中国境内居住年数:填写无住所居民个人已在中国境内连续居住的年份数。其中,年份数自 2019 年(含)开始计算且不包含本纳税年度。

(十)退税申请

本部分由应补/退税额小于 0 且勾选"申请退税"的居民个人填写。

1. "开户银行名称":填写居民个人在中国境内开立银行账户的银行名称。

2. "开户银行省份":填写居民个人在中国境内开立的银行账户的开户银行所在省、自治区、直辖市或者计划单列市。

3."银行账号":填写居民个人在中国境内开立的银行账户的银行账号。

(十一)备注

填写居民个人认为需要特别说明的或者按照有关规定需要说明的事项。

(十二)其他事项说明

以纸质方式报送本表的,建议通过计算机填写打印,一式两份,纳税人、税务机关各留存一份。

二、个人所得税年度自行纳税申报表(简易版)及其填报

个人所得税年度自行纳税申报表(简易版)如表10-2所示。

表10-2 　　　　　　个人所得税年度自行纳税申报表(简易版)
(纳税年度:20____)

一、填表须知

填写本表前,请仔细阅读以下内容:
1. 如果您年综合所得收入额不超过6万元且在纳税年度内未取得境外所得的,可以填写本表;
2. 您可以在纳税年度的次年3月1日至5月31日使用本表办理汇算清缴申报,并在该期限内申请退税;
3. 建议您下载并登录个人所得税APP,或者直接登录税务机关官方网站在线办理汇算清缴申报,体验更加便捷的申报方式;
4. 如果您对于申报填写的内容有疑问,您可以参考相关办税指引,咨询您的扣缴单位、专业人士,或者拨打12366纳税服务热线。
5. 以纸质方式报送本表的,建议通过计算机填写打印,一式两份,纳税人、税务机关各留存一份。

二、个人基本情况

1. 姓名	
2. 公民身份号码/纳税人识别号	□□□□□□□□□□□□□□□□□-□□(无校验码不填后两位)
说明:有中国公民身份号码的,填写中华人民共和国居民身份证上载明的"公民身份号码";没有中国公民身份号码的,填写税务机关赋予的纳税人识别号。	
3. 手机号码	□□□□□□□□□□□
提示:中国境内有效手机号码,请准确填写,以方便与您联系。	
4. 电子邮箱	
5. 联系地址	____省(区、市)____市____区(县)____街道(乡、镇)____
提示:能够接收信件的有效通讯地址。	
6. 邮政编码	□□□□□□

三、纳税地点(单选)

1. 有任职受雇单位的,需选本项并填写"任职受雇单位信息":	□ 任职受雇单位所在地	
任职受雇单位信息	名　　称	
	纳税人识别号	□□□□□□□□□□□□□□□□□□

(续表)

2. 没有任职受雇单位的,可以从本栏次选择一地:	□户籍所在地 □经常居住地
户籍所在地/经常居住地	_____省(区、市)_____市_____区(县)_____街道(乡、镇)_____

四、申报类型

请您选择本次申报类型,未曾办理过年度汇算申报,勾选"首次申报";已办理过年度汇算申报,但有误需要更正的,勾选"更正申报":

□首次申报　　　　□更正申报

五、纳税情况

已缴税额	□□,□□□.□□(元)

纳税年度内取得综合所得时,扣缴义务人预扣预缴以及个人自行申报缴纳的个人所得税。

六、退税申请

1. 是否申请退税?	□申请退税【选择此项的,填写个人账户信息】　　　　□放弃退税
2. 个人账户信息	开户银行名称:_____　开户银行省份:_____ 银行账号:_____

说明:开户银行名称填写居民个人在中国境内开立银行账户的银行名称。

七、备注

如果您有需要特别说明或者税务机关要求说明的事项,请在本栏填写:

八、承诺及申报受理

谨声明:
1. 本人纳税年度内取得的综合所得收入额合计不超过6万元。
2. 本表是根据国家税收法律法规及相关规定填报的,本人对填报内容(附带资料)的真实性、可靠性、完整性负责。

　　　　　　　　　　　　　　　　　　　　纳税人签名:　　　年　月　日

经办人签字: 经办人身份证件类型: 经办人身份证件号码: 代理机构签章: 代理机构统一社会信用代码:	受理人: 受理税务机关(章): 受理日期:　　年　月　日

国家税务总局监制

三、个人所得税年度自行纳税申报表(问答版)及其填报

个人所得税年度自行纳税申报表(问答版)如表10-3所示。

表 10-3　　　　　个人所得税年度自行纳税申报表(问答版)
（纳税年度：20＿＿＿＿）

一、填表须知

填写本表前，请仔细阅读以下内容：
1. 如果您需要办理个人所得税综合所得汇算清缴，并且未在纳税年度内取得境外所得的，可以填写本表；
2. 您需要在纳税年度的次年 3 月 1 日至 6 月 30 日办理汇算清缴申报，并在该期限内补缴税款或者申请退税；
3. 建议您下载并登录个人所得税 APP，或者直接登录税务机关官方网站在线办理汇算清缴申报，体验更加便捷的申报方式；
4. 如果您对于申报填写的内容有疑问，您可以参考相关办税指引，咨询您的扣缴单位、专业人士，或者拨打 12366 纳税服务热线。
5. 以纸质方式报送本表的，建议通过计算机填写打印，一式两份，纳税人、税务机关各留存一份。

二、基本情况

1. 姓名	
2. 公民身份号码/纳税人识别号	□□□□□□□□□□□□□□□□□－□□（无校验码不填后两位）
说明：有中国公民身份号码的，填写中华人民共和国居民身份证上载明的"公民身份号码"；没有中国公民身份号码的，填写税务机关赋予的纳税人识别号。	
3. 手机号码	□□□□□□□□□□□
提示：中国境内有效手机号码，请准确填写，以方便与您联系。	
4. 电子邮箱	
5. 联系地址	＿＿＿＿省（区、市）＿＿＿＿市＿＿＿＿区（县）＿＿＿＿街道（乡、镇）
提示：能够接收信件的有效通讯地址。	
6. 邮政编码	□□□□□□

三、纳税地点

7. 您是否有任职受雇单位，并取得工资、薪金？（单选）
　　□有任职受雇单位（需要回答问题 8）　　　　□没有任职受雇单位（需要回答问题 9）

8. 如果您有任职受雇单位，您可以选择一处任职受雇单位所在地办理汇算清缴，请提供该任职受雇单位的具体情况：
　　任职受雇单位名称（全称）：＿＿＿＿＿＿＿＿＿＿＿＿＿＿＿＿＿＿＿＿
　　任职受雇单位纳税人识别号：□□□□□□□□□□□□□□□□□□

9. 如果您没有任职受雇单位，您可以选择在以下地点办理汇算清缴：（单选）
　　□户籍所在地　　　　　□经常居住地
　　具体地址：＿＿＿＿省（区、市）＿＿＿＿市＿＿＿＿区（县）＿＿＿＿街道（乡、镇）＿＿＿＿
说明：1. 户籍所在地是指居民户口簿中登记的地址。
　　　2. 经常居住地是指居民个人申领居住证上登载的居住地址；若没有申领居住证，指居民个人当前实际居住的地址；若居民个人不在中国境内的，指支付或者实际负担综合所得的境内单位或个人所在地。

四、申报类型

10. 未曾办理过年度汇算申报,勾选"首次申报";已办理过年度汇算申报,但有误需要更正的,勾选"更正申报":
☐首次申报　　　　　☐更正申报

五、收入-A(工资、薪金)

11. 您在纳税年度内取得的工资、薪金收入有多少?
(A1)工资、薪金收入(包括并入综合所得计算的全年一次性奖金):☐☐,☐☐☐,☐☐☐,☐☐☐.☐☐(元)　　　　　☐无此类收入

说明:
(1) 工资、薪金是指,个人因任职或者受雇,取得的工资、薪金收入。包括工资、薪金、奖金、年终加薪、劳动分红、津贴、补贴以及与任职或者受雇有关的其他收入。全年一次性奖金是指,行政机关、企事业单位等扣缴义务人根据其全年经济效益和对雇员全年工作业绩的综合考核情况,向雇员发放的一次性奖金。包括年终加薪、实行年薪制和绩效工资办法的单位根据考核情况兑现的年薪和绩效工资。
(2) 全年一次性奖金可以单独计税,也可以并入综合所得计税。具体方法请查阅财税〔2018〕164号文件规定。选择何种方式计税对您更为有利,可以咨询专业人士。
(3) 工资、薪金收入不包括单独计税的全年一次性奖金。

六、收入-A(劳务报酬)

12. 您在纳税年度内取得的劳务报酬收入有多少?(A2)劳务报酬收入:☐☐,☐☐☐,☐☐☐,☐☐☐.☐☐(元)　　　　　☐无此类收入

说明:劳务报酬收入是指,个人从事设计、装潢、安装、制图、化验、测试、医疗、法律、会计、咨询、讲学、翻译、审稿、书画、雕刻、影视、录音、录像、演出、表演、广告、展览、技术服务、介绍服务、经纪服务、代办服务以及其他劳务取得的收入。

七、收入-A(稿酬)

13. 您在纳税年度内取得的稿酬收入有多少?
(A3)稿酬收入:☐☐,☐☐☐,☐☐☐,☐☐☐.☐☐(元)　　　　　☐无此类收入

说明:稿酬收入是指,个人作品以图书、报刊等形式出版、发表而取得的收入。

八、收入-A(特许权使用费)

14. 您在纳税年度内取得的特许权使用费收入有多少?
(A4)特许权使用费收入:☐☐,☐☐☐,☐☐☐,☐☐☐.☐☐(元)　　　　　☐无此类收入

说明:特许权使用费收入是指,个人提供专利权、商标权、著作权、非专利技术以及其他特许权的使用权取得的收入。

九、免税收入-B

15. 您在纳税年度内取得的综合所得收入中,免税收入有多少?(需附报《个人所得税减免税事项报告表》)
(B1)免税收入:☐☐,☐☐☐,☐☐☐,☐☐☐.☐☐(元)　　　　　☐无此类收入

提示:免税收入是指按照税法规定免征个人所得税的收入。其中,税法规定"稿酬所得的收入额减按70%计算",对稿酬所得的收入额减计30%的部分无须填入本项,将在后续计算中扣减该部分。

(续表)

十、专项扣除-C

16. 您在纳税年度内个人负担的,按规定可以在税前扣除的基本养老保险费、基本医疗保险费、失业保险费、住房公积金是多少?
  (C1)基本养老保险费:□□□,□□□.□□(元) □无此类扣除
  (C2)基本医疗保险费:□□□,□□□.□□(元) □无此类扣除
  (C3)失业保险费: □□□,□□□.□□(元) □无此类扣除
  (C4)住房公积金: □□□,□□□.□□(元) □无此类扣除
说明:个人实际负担的三险一金可以扣除。

十一、专项附加扣除-D

17. 您在纳税年度内可以扣除的子女教育支出是多少?(需附报《个人所得税专项附加扣除信息表》)
  (D1)子女教育:□□□,□□□.□□(元) □无此类扣除
说明:
子女教育支出可扣除金额(D1)=每一子女可扣除金额合计;
每一子女可扣除金额=纳税年度内符合条件的扣除月份数×1 000元×扣除比例。
纳税年度内符合条件的扣除月份数包括子女年满3周岁当月起至受教育前一月、实际受教育月份以及寒暑假休假月份等。
扣除比例:由夫妻双方协商确定,每一子女可以在本人或配偶处按照100%扣除,也可由双方分别按照50%扣除。

18. 您在纳税年度内可以扣除的继续教育支出是多少?(需附报《个人所得税专项附加扣除信息表》)
  (D2)继续教育:□□□,□□□.□□(元) □无此类扣除
说明:
继续教育支出可扣除金额(D2)=学历(学位)继续教育可扣除金额+职业资格继续教育可扣除金额;
学历(学位)继续教育可扣除金额=纳税年度内符合条件的扣除月份数×400元;
纳税年度内符合条件的扣除月份数包括受教育月份、寒暑假休假月份等,但同一学历(学位)教育扣除期限不能超过48个月。
纳税年度内,个人取得符合条件的技能人员、专业技术人员相关职业资格证书的,职业资格继续教育可扣除金额=3 600元。

19. 您在纳税年度内可以扣除的大病医疗支出是多少?(需附报《个人所得税专项附加扣除信息表》)
  (D3)大病医疗:□,□□□,□□□.□□(元) □无此类扣除
说明:
大病医疗支出可扣除金额(D3)=选择由您扣除的每一家庭成员的大病医疗可扣除金额合计;
某一家庭成员的大病医疗可扣除金额(不超过80 000元)=纳税年度内医保目录范围内的自付部分-15 000元;
家庭成员包括个人本人、配偶、未成年子女。

20. 您在纳税年度内可以扣除的住房贷款利息支出是多少?(需附报《个人所得税专项附加扣除信息表》)
  (D4)住房贷款利息:□□,□□□.□□(元) □无此类扣除
说明:
住房贷款利息支出可扣除金额(D4)=符合条件的扣除月份数×扣除定额。
符合条件的扣除月份数为纳税年度内实际贷款月份数。
扣除定额:正常情况下,由夫妻双方协商确定,由其中1人扣除1 000元/月;婚前各自购房,均符合扣除条件的,婚后可选择由其中1人扣除1 000元/月,也可以选择各自扣除500元/月。

(续表)

21. 您在纳税年度内可以扣除的住房租金支出是多少？（需附报《个人所得税专项附加扣除信息表》）
    (D5)住房租金：□□,□□□.□□（元）　　　　　　　　　　　　　　□无此类扣除

说明：
住房租金支出可扣除金额(D5)＝纳税年度内租房月份的月扣除定额之和
月扣除定额：直辖市、省会（首府）城市、计划单列市以及国务院确定的其他城市，扣除标准为1 500元/月；市辖区户籍人口超过100万的城市，扣除标准为1 100元/月；市辖区户籍人口不超过100万的城市，扣除标准为800元/月。

22. 您在纳税年度内可以扣除的赡养老人支出是多少？（需附报《个人所得税专项附加扣除信息表》）
    (D6)赡养老人：□□,□□□.□□（元）　　　　　　　　　　　　　　□无此类扣除

说明：
赡养老人支出可扣除金额(D6)＝纳税年度内符合条件的月份数×月扣除定额
符合条件的月份数：纳税年度内满60岁的老人，自满60岁当月起至12月份计算；纳税年度前满60岁的老人，按照12个月计算。
月扣除定额：独生子女，月扣除定额2 000元/月；非独生子女，月扣除定额由被赡养人指定分摊，也可由赡养人均摊或约定分摊，但每月不超过1 000元/月。

十二、其他扣除-E

23. 您在纳税年度内可以扣除的企业年金、职业年金是多少？
    (E1)年金：□□□,□□□.□□（元）　　　　　　　　　　　　　　□无此类扣除

24. 您在纳税年度内可以扣除的商业健康保险是多少？（需附报《商业健康保险税前扣除情况明细表》）
    (E2)商业健康保险：□,□□□.□□（元）　　　　　　　　　　　　□无此类扣除

25. 您在纳税年度内可以扣除的税收递延型商业养老保险是多少？（需附报《个人税收递延型商业养老保险税前扣除情况明细表》）
    (E3)税延养老保险：□□,□□□.□□（元）　　　　　　　　　　　□无此类扣除

26. 您在纳税年度内可以扣除的税费是多少？
    (E4)允许扣除的税费：□□,□□□,□□□.□□（元）　　　　　　　□无此类扣除
说明：允许扣除的税费是指，个人取得劳务报酬、稿酬、特许权使用费收入时，发生的合理税费支出。

27. 您在纳税年度内发生的除上述扣除以外的其他扣除是多少？
    (E5)其他扣除：□□,□□□,□□□,□□□.□□（元）　　　　　　□无此类扣除
提示：其他扣除（其他）包括保险营销员、证券经纪人佣金收入的展业成本。

十三、捐赠-F

28. 您在纳税年度内可以扣除的捐赠支出是多少？（需附报《个人所得税公益慈善事业捐赠扣除明细表》）
    (F1)准予扣除的捐赠额：□□,□□□,□□□,□□□.□□（元）　　□无此类扣除

(续表)

十四、全年一次性奖金-G

29. 您在纳税年度内取得的一笔要转换为全年一次性奖金的数月奖金是多少？
(G1)全年一次性奖金：□□,□□□,□□□,□□□.□□(元) □无此类情况
(G2)全年一次性奖金应纳个人所得税＝G1×适用税率－速算扣除数＝□□,□□□,□□□,□□□.□□(元)

说明：仅适用于无住所居民个人预缴时因预判为非居民个人而按取得数月奖金计算缴税，汇缴时可以根据自身情况，将一笔数月奖金按照全年一次性奖金单独计算。

十五、税额计算-H(使用纸质申报的居民个人需要自行计算填写本项)

30. 综合所得应纳个人所得税计算
(H1)综合所得应纳个人所得税＝[(A1＋A2×80%＋A3×80%×70%＋A4×80%)－B1－(C1＋C2＋C3＋C4)－(D1＋D2＋D3＋D4＋D5＋D6)－(E1＋E2＋E3＋E4＋E5)－F1]×适用税率－速算扣除数＝□□,□□□,□□□,□□□.□□(元)

说明：适用税率和速算扣除数如下

级数	全年应纳税所得额	税率(%)	速算扣除数
1	不超过36 000元的	3	0
2	超过36 000元至144 000元的	10	2 520
3	超过144 000元至300 000元的	20	16 920
4	超过300 000元至420 000元的	25	31 920
5	超过420 000元至660 000元的	30	52 920
6	超过660 000元至960 000元的	35	85 920
7	超过960 000元的	45	181 920

十六、减免税额-J

31. 您可以享受的减免税类型有哪些？
□残疾 □孤老 □烈属 □其他(需附报《个人所得税减免税事项报告表》) □无此类情况

32. 您可以享受的减免税金额是多少？
(J1)减免税额：□□,□□□,□□□,□□□.□□(元) □无此类情况

十七、已缴税额-K

33. 您在纳税年度内取得本表填报的各项收入时，已经缴纳的个人所得税是多少？
(K1)已纳税额：□□,□□□,□□□,□□□.□□(元) □无此类情况

十八、应补/退税额-L(使用纸质申报的居民个人需要自行计算填写本项)

34. 您本次汇算清缴应补/退的个人所得税税额是：
(L1)应补/退税额＝G2＋H1－J1－K1＝□□,□□□,□□□,□□□.□□(元)

(续表)

十九、无住所个人附报信息(有住所个人无须填写本项)

35. 您在纳税年度内,在中国境内的居住天数是多少? 纳税年度内在中国境内居住天数:_____天。
36. 您在中国境内的居住年数是多少? 中国境内居住年数:_____年。 说明:境内居住年数自 2019 年(含)以后年度开始计算。境内居住天数和年数的具体计算方法参见财政部、税务总局公告 2019 年第 34 号。

二十、退税申请(应补/退税额小于 0 的填写本项)

37. 您是否申请退税? □申请退税　　　　□放弃退税
38. 如果您申请退税,请提供您的有效银行账户。 开户银行名称:_____　开户银行省份:_____ 银行账号:_____ 说明:开户银行名称填写居民个人在中国境内开立银行账户的银行名称。

二十一、备注

如果您有需要特别说明或者税务机关要求说明的事项,请在本栏填写:

二十二、申报受理

谨声明:本表是根据国家税收法律法规及相关规定填报的,本人对填报内容(附带资料)的真实性、可靠性、完整性负责。 个人签名:_____　　　　　　　　　　　　　　　_____年___月___日	
经办人签字: 经办人身份证件类型: 经办人身份证件号码: 代理机构签章: 代理机构统一社会信用代码:	受理人: 受理税务机关(章): 受理日期:　　年　　月　　日

国家税务总局监制

四、个人所得税年度自行纳税申报表(B 表)及其填报

《个人所得税年度自行纳税申报表(B 表)》(见表 10-4)适用于居民个人纳税年度内取得境外所得,按照税法规定办理取得境外所得个人所得税自行申报。申报该表时应当一并附报《境外所得个人所得税抵免明细表》。

居民个人取得境外所得需要办理自行申报的,应当在取得所得的次年 3 月 1 日至 6 月 30 日内,向主管税务机关办理纳税申报,并报送该表。

表 10-4 个人所得税年度自行纳税申报表(B表)
(居民个人取得境外所得适用)

税款所属期:　　年　月　日至　　年　月　日
纳税人姓名:
纳税人识别号:□□□□□□□□□□□□□□□□□－□□　　金额单位:人民币元(列至角分)

基本情况					
手机号码		电子邮箱		邮政编码	□□□□□□
联系地址	＿＿＿省(区、市)＿＿＿市＿＿＿区(县)＿＿＿街道(乡、镇)＿＿＿				
纳税地点(单选)					
1. 有任职受雇单位的,需选本项并填写"任职受雇单位信息":			□任职受雇单位所在地		
任职受雇单位信息	名　称				
	纳税人识别号				
2. 没有任职受雇单位的,可以从本栏次选择一地:			□户籍所在地　□经常居住地		
户籍所在地/经常居住地	＿＿＿省(区、市)＿＿＿市＿＿＿区(县)＿＿＿街道(乡、镇)				
申报类型(单选)					
□首次申报　　　□更正申报					
综合所得个人所得税计算					

项　目	行次	金额
一、境内收入合计(第1行＝第2行＋第3行＋第4行＋第5行)	1	
(一)工资、薪金	2	
(二)劳务报酬	3	
(三)稿酬	4	
(四)特许权使用费	5	
二、境外收入合计(附报《境外所得个人所得税抵免明细表》)(第6行＝第7行＋第8行＋第9行＋第10行)	6	
(一)工资、薪金	7	
(二)劳务报酬	8	
(三)稿酬	9	
(四)特许权使用费	10	
三、费用合计[第11行＝(第3行＋第4行＋第5行＋第8行＋第9行＋第10行)×20%]	11	
四、免税收入合计(第12行＝第13行＋第14行)	12	
(一)稿酬所得免税部分[第13行＝(第4行＋第9行)×(1－20%)×30%]	13	

(续表)

项 目	行次	金额
(二)其他免税收入(附报《个人所得税减免税事项报告表》)	14	
五、减除费用	15	
六、专项扣除合计(第16行＝第17行＋第18行＋第19行＋第20行)	16	
(一)基本养老保险费	17	
(二)基本医疗保险费	18	
(三)失业保险费	19	
(四)住房公积金	20	
七、专项附加扣除合计(附报《个人所得税专项附加扣除信息表》)(第21行＝第22行＋第23行＋第24行＋第25行＋第26行＋第27行)	21	
(一)子女教育	22	
(二)继续教育	23	
(三)大病医疗	24	
(四)住房贷款利息	25	
(五)住房租金	26	
(六)赡养老人	27	
八、其他扣除合计(第28行＝第29行＋第30行＋第31行＋第32行＋第33行)	28	
(一)年金	29	
(二)商业健康保险(附报《商业健康保险税前扣除情况明细表》)	30	
(三)税延养老保险(附报《个人税收递延型商业养老保险税前扣除情况明细表》)	31	
(四)允许扣除的税费	32	
(五)其他	33	
九、准予扣除的捐赠额(附报《个人所得税公益慈善事业捐赠扣除明细表》)	34	
十、应纳税所得额 (第35行＝第1行＋第6行－第11行－第12行－第15行－第16行－第21行－第28行－第34行)	35	
十一、税率(%)	36	
十二、速算扣除数	37	
十三、应纳税额(第38行＝第35行×第36行－第37行)	38	
除综合所得外其他境外所得个人所得税计算 (无相应所得不填本部分,有相应所得另需附报《境外所得个人所得税抵免明细表》)		

(续表)

项　目		行次	金　额
一、经营所得	（一）经营所得应纳税所得额（第39行＝第40行＋第41行）	39	
	其中：境内经营所得应纳税所得额	40	
	境外经营所得应纳税所得额	41	
	（二）税率(%)	42	
	（三）速算扣除数	43	
	（四）应纳税额（第44行＝第39行×第42行－第43行）	44	
二、利息、股息、红利所得	（一）境外利息、股息、红利所得应纳税所得额	45	
	（二）税率(%)	46	
	（三）应纳税额（第47行＝第45行×第46行）	47	
三、财产租赁所得	（一）境外财产租赁所得应纳税所得额	48	
	（二）税率(%)	49	
	（三）应纳税额（第50行＝第48行×第49行）	50	
四、财产转让所得	（一）境外财产转让所得应纳税所得额	51	
	（二）税率(%)	52	
	（三）应纳税额（第53行＝第51行×第52行）	53	
五、偶然所得	（一）境外偶然所得应纳税所得额	54	
	（二）税率(%)	55	
	（三）应纳税额（第56行＝第54行×第55行）	56	
六、其他所得	（一）其他境内、境外所得应纳税所得额合计（需在"备注"栏说明具体项目）	57	
	（二）应纳税额	58	
股权激励个人所得税计算 （无境外股权激励所得不填本部分，有相应所得另需附报《境外所得个人所得税抵免明细表》）			
一、境内、境外单独计税的股权激励收入合计		59	
二、税率(%)		60	
三、速算扣除数		61	
四、应纳税额（第62行＝第59行×第60行－第61行）		62	
全年一次性奖金个人所得税计算 （无住所个人预判为非居民个人取得的数月奖金，选择按全年一次性奖金计税的填写本部分）			
一、全年一次性奖金收入		63	
二、准予扣除的捐赠额（附报《个人所得税公益慈善事业捐赠扣除明细表》）		64	
三、税率(%)		65	
四、速算扣除数		66	

(续表)

项　　　　目	行　次	金　额
五、应纳税额[第67行＝(第63行－第64行)×第65行－第66行]	67	
税　额　调　整		
一、综合所得收入调整额(需在"备注"栏说明调整具体原因、计算方法等)	68	
二、应纳税额调整额	69	
应补/退个人所得税计算		
一、应纳税额合计 (第70行＝第38行＋第44行＋第47行＋第50行＋第53行＋第56行＋第58行＋第62行＋第67行＋第69行)	70	
二、减免税额(附报《个人所得税减免税事项报告表》)	71	
三、已缴税额(境内)	72	
其中:境外所得境内支付部分已缴税额	73	
境外所得境外支付部分预缴税额	74	
四、境外所得已纳所得税抵免额(附报《境外所得个人所得税抵免明细表》)	75	
五、应补/退税额(第76行＝第70行－第71行－第72行－第75行)	76	
无住所个人附报信息		

纳税年度内在中国境内居住天数		已在中国境内居住年数	

退税申请
(应补/退税额小于0的填写本部分)

□ 申请退税(需填写"开户银行名称""开户银行省份""银行账号") □放弃退税

开户银行名称		开户银行省份	
银行账号			

备　　注

谨声明:本表是根据国家税收法律法规及相关规定填报的,本人对填报内容(附带资料)的真实性、可靠性、完整性负责。

纳税人签字:　　　年　月　日

经办人签字: 经办人身份证件类型: 经办人身份证件号码: 代理机构签章: 代理机构统一社会信用代码:	受理人: 受理税务机关(章): 受理日期:　　年　月　日

国家税务总局监制

《个人所得税年度自行纳税申报表》(B表)填表说明

(一)表头项目

1. 税款所属期:填写居民个人取得所得当年的第1日至最后1日。如:2019年1月1日至2019年12月31日。

2. 纳税人姓名:填写居民个人姓名。

3. 纳税人识别号:有中国公民身份号码的,填写中华人民共和国居民身份证上载明的"公民身份号码";没有中国公民身份号码的,填写税务机关赋予的纳税人识别号。

(二)基本情况

1. 手机号码:填写居民个人中国境内的有效手机号码。

2. 电子邮箱:填写居民个人有效电子邮箱地址。

3. 联系地址:填写居民个人能够接收信件的有效地址。

4. 邮政编码:填写居民个人"联系地址"所对应的邮政编码。

(三)纳税地点

居民个人根据任职受雇情况,在选项1和选项2之间选择其一,并填写相应信息。若居民个人逾期办理汇算清缴申报被指定主管税务机关的,无须填写本部分。

1. 任职受雇单位信息:勾选"任职受雇单位所在地"并填写相关信息。

(1)名称:填写任职受雇单位的法定名称全称。

(2)纳税人识别号:填写任职受雇单位的纳税人识别号或者统一社会信用代码。

2. 户籍所在地/经常居住地:勾选"户籍所在地"的,填写居民户口簿中登记的住址。勾选"经常居住地"的,填写居民个人申领居住证上登载的居住地址;没有申领居住证的,填写居民个人实际居住地;实际居住地不在中国境内的,填写支付或者实际负担综合所得的境内单位或个人所在地。

(四)申报类型

未曾办理过年度汇算清缴申报,勾选"首次申报";已办理过年度汇算清缴申报,但有误需要更正的,勾选"更正申报"。

(五)综合所得个人所得税计算

1. 第1行"境内收入合计":填写居民个人取得的境内综合所得收入合计金额。

第1行=第2行+第3行+第4行+第5行。

第2~5行"工资、薪金""劳务报酬""稿酬""特许权使用费":填写居民个人取得的需要并入境内综合所得计税的"工资、薪金""劳务报酬""稿酬""特许权使用费"所得收入金额。

2. 第6行"境外收入合计":填写居民个人取得的境外综合所得收入合计金额,并按规定附报《境外所得个人所得税抵免明细表》。

第6行=第7行+第8行+第9行+第10行。

第7~10行"工资、薪金""劳务报酬""稿酬""特许权使用费":填写居民个人取得的需要并入境外综合所得计税的"工资、薪金""劳务报酬""稿酬""特许权使用费"所得收入金额。

3. 第11行"费用合计":根据相关行次计算填报。

第11行=(第3行+第4行+第5行+第8行+第9行+第10行)×20%

4. 第12行"免税收入合计":填写居民个人取得的符合税法规定的免税收入合计金额。第12行=第13行+第14行。

第13行"稿酬所得免税部分":根据相关行次计算填报。

第13行=(第4行+第9行)×(1-20%)×30%。

第14行"其他免税收入":填写居民个人取得的除第13行以外的符合税法规定的免税收入合计,并按规定附报《个人所得税减免税事项报告表》。

5. 第15行"减除费用":填写税法规定的减除费用。

6. 第16行"专项扣除合计":根据相关行次计算填报。

第16行=第17行+第18行+第19行+第20行。

第17~20行"基本养老保险费""基本医疗保险费""失业保险费""住房公积金":填写居民个人按规定可以在税前扣除的基本养老保险费、基本医疗保险费、失业保险费、住房公积金金额。

7. 第21行"专项附加扣除合计":根据相关行次计算填报,并按规定附报《个人所得税专项附加扣除信息表》。

第 21 行＝第 22 行＋第 23 行＋第 24 行＋第 25 行＋第 26 行＋第 27 行。

第 22～27 行"子女教育""继续教育""大病医疗""住房贷款利息""住房租金""赡养老人"：填写居民个人按规定可以在税前扣除的子女教育、继续教育、大病医疗、住房贷款利息、住房租金、赡养老人等专项附加扣除的金额。

8. 第 28 行"其他扣除合计"：根据相关行次计算填报。

第 28 行＝第 29 行＋第 30 行＋第 31 行＋第 32 行＋第 33 行。

第 29～33 行"年金""商业健康保险""税延养老保险""允许扣除的税费""其他"：填写居民个人按规定可在税前扣除的年金、商业健康保险、税延养老保险、允许扣除的税费和其他扣除项目的金额。其中，填写商业健康保险的，应当按规定附报《商业健康保险税前扣除情况明细表》；填写税延养老保险的，应当按规定附报《个人税收递延型商业养老保险税前扣除情况明细表》。

9. 第 34 行"准予扣除的捐赠额"：填写居民个人按规定准予在税前扣除的公益慈善事业捐赠金额，并按规定附报《个人所得税公益慈善事业捐赠扣除明细表》。

10. 第 35 行"应纳税所得额"：根据相应行次计算填报。

第 35 行＝第 1 行＋第 6 行－第 11 行－第 12 行－第 15 行－第 16 行－第 21 行－第 28 行－第 34 行。

11. 第 36、37 行"税率""速算扣除数"：填写按规定适用的税率和速算扣除数。

12. 第 38 行"应纳税额"：按照相关行次计算填报。

第 38 行＝第 35 行×第 36 行－第 37 行。

（六）除综合所得外其他境外所得个人所得税计算

居民个人取得除综合所得外其他境外所得的，填写本部分，并按规定附报《境外所得个人所得税抵免明细表》。

1. 经营所得。

第 39 行"经营所得应纳税所得额"：根据相应行次计算填报。

第 39 行＝第 40 行＋第 41 行。

第 40 行"境内经营所得应纳税所得额"：填写居民个人取得的境内经营所得应纳税所得额合计金额。

第 41 行"境外经营所得应纳税所得额"：填写居民个人取得的境外经营所得应纳税所得额合计金额。

第 42、43 行"税率""速算扣除数"：填写按规定适用的税率和速算扣除数。

第 44 行"应纳税额"：按照相关行次计算填报。

第 44 行＝第 39 行×第 42 行－第 43 行。

2. 利息、股息、红利所得应。

第 45 行"境外利息、股息、红利所得应纳税所得额"：填写居民个人取得的境外利息、股息、红利所得应纳税所得额合计金额。

第 46 行"税率"：填写按规定适用的税率。

第 47 行"应纳税额"：按照相关行次计算填报。

第 47 行＝第 45 行×第 46 行。

3. 财产租赁所得。

第 48 行"境外财产租赁所得应纳税所得额"：填写居民个人取得的境外财产租赁所得应纳税所得额合计金额。

第 49 行"税率"：填写按规定适用的税率。

第 50 行"应纳税额"：按照相关行次计算填报。

第 50 行＝第 48 行×第 49 行。

4. 财产转让所得。

第 51 行"境外财产转让所得应纳税所得额"：填写居民个人取得的境外财产转让所得应纳税所得额合计金额。

第 52 行"税率"：填写按规定适用的税率。

第 53 行"应纳税额"：按照相关行次计算填报。

第 53 行＝第 51 行×第 52 行。

5. 偶然所得。

第 54 行"境外偶然所得应纳税所得额":填写居民个人取得的境外偶然所得应纳税所得额合计金额。

第 55 行"税率":填写按规定适用的税率。

第 56 行"应纳税额":按照相关行次计算填报。

第 56 行＝第 54 行×第 55 行。

6. 其他境内、境外所得。

第 57 行"其他境内、境外所得应纳税所得额":填写居民个人取得的其他境内、境外所得应纳税所得额合计金额,并在"备注"栏说明具体项目、计算方法等信息。

第 58 行"应纳税额":根据适用的税率计算填报。

(七) 股权激励个人所得税计算

居民个人取得境外股权激励,填写本部分,并按规定附报《境外所得个人所得税抵免明细表》。

1. 第 59 行"境内、境外单独计税的股权激励收入合计":填写居民个人取得的境内、境外单独计税的股权激励收入合计金额。

2. 第 60、61 行"税率""速算扣除数":根据单独计税的股权激励政策规定适用的税率和速算扣除数。

3. 第 62 行"应纳税额":按照相关行次计算填报。

第 62 行＝第 59 行×第 60 行－第 61 行。

(八) 全年一次性奖金个人所得税计算

无住所居民个人预缴时因预判为非居民个人而按取得数月奖金计算缴税的,汇缴时可以根据自身情况,将一笔数月奖金按照全年一次性奖金单独计算。

1. 第 63 行"全年一次性奖金收入":填写无住所的居民个人纳税年度内预判为非居民个人时取得的一笔数月奖金收入金额。

2. 第 64 行"准予扣除的捐赠额":填写无住所的居民个人按规定准予在税前扣除的公益慈善事业捐赠金额,并按规定附报《个人所得税公益慈善事业捐赠扣除明细表》。

3. 第 65、66 行"税率""速算扣除数":填写按照全年一次性奖金政策规定适用的税率和速算扣除数。

4. 第 67 行"应纳税额":按照相关行次计算填报。

第 67 行＝(第 63 行－第 64 行)×第 65 行－第 66 行。

(九) 税额调整

1. 第 68 行"综合所得收入调整额":填写居民个人按照税法规定可以办理的除第 68 行之前所填报内容之外的其他可以进行调整的综合所得收入的调整金额,并在"备注"栏说明调整的具体原因、计算方式等信息。

2. 第 69 行"应纳税额调整额":填写居民个人按照税法规定调整综合所得收入后所应调整的应纳税额。

(十) 应补/退个人所得税计算

1. 第 70 行"应纳税额合计":根据相关行次计算填报。

第 70 行＝第 38 行＋第 44 行＋第 47 行＋第 50 行＋第 53 行＋第 56 行＋第 58 行＋第 62 行＋第 67 行＋第 69 行。

2. 第 71 行"减免税额":填写符合税法规定的可以减免的税额,并按规定附报《个人所得税减免税事项报告表》。

3. 第 72 行"已缴税额(境内)":填写居民个人取得在本表中已填报的收入对应的在境内已经缴纳或者被扣缴的个人所得税。

4. 第 75 行"境外所得已纳所得税抵免额":根据《境外所得个人所得税抵免明细表》计算填写居民个人符合税法规定的个人所得税本年抵免额。

5. 第 76 行"应补/退税额":根据相关行次计算填报。

第 76 行＝第 70 行－第 71 行－第 72 行－第 75 行。

(十一) 无住所个人附报信息

本部分由无住所个人填写。不是,则不填。

1. 纳税年度内在中国境内居住天数:填写本纳税年度内,无住所居民个人在中国境内居住的天数。
2. 已在中国境内居住年数:填写无住所个人已在中国境内连续居住的年份数。其中,年份数自 2019 年(含)开始计算且不包含本纳税年度。

(十二)退税申请

本部分由应补/退税额小于 0 且勾选"申请退税"的居民个人填写。
1. "开户银行名称":填写居民个人在中国境内开立银行账户的银行名称。
2. "开户银行省份":填写居民个人在中国境内开立的银行账户的开户银行所在省、自治区、直辖市或者计划单列市。
3. "银行账号":填写居民个人在中国境内开立的银行账户的银行账号。

(十三)备注

填写居民个人认为需要特别说明的或者按照有关规定需要说明的事项。

(十四)其他事项说明

以纸质方式报送本表的,建议通过计算机填写打印,一式两份,纳税人、税务机关各留存一份。

五、境外所得个人所得税抵免明细表及其填报

《境外所得个人所得税抵免明细表》(见表 10-5)适用于居民个人纳税年度内取得境外所得,并按税法规定进行年度自行纳税申报时,应填报该表,计算其本年抵免额。该表随《个人所得税年度自行纳税申报表(B表)》一并报送。

表 10-5　　　　　　　　　境外所得个人所得税抵免明细表

税款所属期: 年 月 日至 年 月 日
纳税人姓名:
纳税人识别号:□□□□□□□□□□□□□□□□□-□□　　　金额单位:人民币元(列至角分)

			本期境外所得抵免限额计算				
	列次		A	B	C	D	E
项 目		行次	金 额				
			境内	境 外			合计
国家(地区)		1					
一、综合所得	(一)收入	2					
	其中:工资、薪金	3					
	劳务报酬	4					
	稿酬	5					
	特许权使用费	6					
	(二)费用	7					
	(三)收入额	8					
	(四)应纳税额	9	—	—	—	—	
	(五)减免税额	10	—	—	—	—	
	(六)抵免限额	11	—				

(续表)

项目	列次	行次	A	B	C	D	E
			金　额				
二、经营所得	（一）收入总额	12	—				
	（二）成本费用	13	—				
	（三）应纳税所得额	14					
	（四）应纳税额	15		—	—	—	—
	（五）减免税额	16		—	—	—	—
	（六）抵免限额	17					
三、利息、股息、红利所得	（一）应纳税所得额	18					
	（二）应纳税额	19					
	（三）减免税额	20					
	（四）抵免限额	21					
四、财产租赁所得	（一）应纳税所得额	22					
	（二）应纳税额	23					
	（三）减免税额	24					
	（四）抵免限额	25	—				
五、财产转让所得	（一）收入	26	—				
	（二）财产原值	27	—				
	（三）合理税费	28	—				
	（四）应纳税所得额	29					
	（五）应纳税额	30					
	（六）减免税额	31	—				
	（七）抵免限额	32					
六、偶然所得	（一）应纳税所得额	33	—				
	（二）应纳税额	34	—				
	（三）减免税额	35					
	（四）抵免限额	36					
七、股权激励	（一）应纳税所得额	37					
	（二）应纳税额	38		—	—	—	—
	（三）减免税额	39		—	—	—	—
	（四）抵免限额	40					
八、其他境内、境外所得	（一）应纳税所得额	41					
	（二）应纳税额	42					
	（三）减免税额	43					
	（四）抵免限额	44	—				

(续表)

列次		A	B	C	D	E
项　　目	行次	金　　额				
九、本年可抵免限额合计 （第45行＝第11行＋第17行＋第21行 ＋第25行＋第32行＋第36行＋第40行 ＋第44行）	45	—				
本期实际可抵免额计算						
一、以前年度结转抵免额 （第46行＝第47行＋第48行＋第49行 ＋第50行＋第51行）	46	—				
其中：前5年	47	—				
前4年	48	—				
前3年	49	—				
前2年	50	—				
前1年	51	—				
二、本年境外已纳税额	52					
其中：享受税收饶让抵免税额（视同境外已纳）	53					
三、本年抵免额（境外所得已纳所得税抵免额）	54					
四、可结转以后年度抵免额 （第55行＝第56行＋第57行＋第58行 ＋第59行＋第60行）	55	—				—
其中：前4年	56	—				—
前3年	57	—				—
前2年	58	—				—
前1年	59	—				—
本年	60	—				—
备注						

谨声明：本表是根据国家税收法律法规及相关规定填报的，本人对填报内容(附带资料)的真实性、可靠性、完整性负责。

　　　　　　　　　　　　　　　纳税人签字：　　　年　　月　　日

经办人签字：	受理人：
经办人身份证件类型：	
经办人身份证件号码：	受理税务机关(章)：
代理机构签章：	
代理机构统一社会信用代码：	受理日期：　　年　　月　　日

国家税务总局监制

《境外所得个人所得税抵免明细表》填表说明

（一）表头项目

1. 税款所属期：填写居民个人取得境外所得当年的第 1 日至最后 1 日。如 2019 年 1 月 1 日至 2019 年 12 月 31 日。

2. 纳税人姓名：填写居民个人姓名。

3. 纳税人识别号：有中国公民身份号码的，填写中华人民共和国居民身份证上载明的"公民身份号码"；没有中国公民身份号码的，填写税务机关赋予的纳税人识别号。

（二）第 A、B、C、D、E 列次

1. 第 A 列"境内"：填写个人取得境内所得相关内容。

2. 第 B～D 列"境外"：填写个人取得境外所得相关内容。

3. 第 E 列"合计"：按照相关列次计算填报。

第 E 列＝第 A 列＋第 B 列＋第 C 列＋第 D 列

（三）本期境外所得抵免限额计算

1. 第 1 行"国家（地区）"：按"境外"列分别填写居民个人取得的境外收入来源国家（地区）名称。

2. 综合所得。

第 2 行"收入"：按列分别填写居民个人取得的综合所得收入合计金额。

第 3～6 行"工资、薪金""劳务报酬""稿酬""特许权使用费"：按列分别填写居民个人取得的需要并入综合所得计税的"工资、薪金""劳务报酬""稿酬""特许权使用费"所得收入金额。

第 7 行"费用"：根据相关行次计算填报。

第 7 行＝（第 4 行＋第 5 行＋第 6 行）×20％。

第 8 行"收入额"：根据相关行次计算填报。

第 8 行＝第 2 行－第 7 行－第 5 行×80％×30％－其他免税收入。

第 9 行"应纳税额"：按我国法律法规计算应纳税额，并填报本行"合计"列。

第 10 行"减免税额"：填写符合税法规定的可以减免的税额，并按规定附报《个人所得税减免税事项报告表》。

第 11 行"抵免限额"：根据相应行次按列分别计算填报。

第 11 行"境外"列＝（第 9 行"合计"列－第 10 行"合计"列）×第 8 行"境外"列÷第 8 行"合计"列。

第 11 行"合计列"＝∑第 11 行"境外"列。

3. 经营所得。

第 12、13、14 行"收入总额""成本费用""应纳税所得额"：按列分别填写居民个人取得的经营所得收入、成本费用及应纳税所得额合计金额。

第 15 行"应纳税额"：根据相关行次计算填报"合计"列。

第 15 行＝第 14 行×适用税率－速算扣除数。

第 16 行"减免税额"：填写符合税法规定的可以减免的税额，并按规定附报《个人所得税减免税事项报告表》。

第 17 行"抵免限额"：根据相应行次按列分别计算填报。

第 17 行"境外"列＝（第 15 行"合计"列－第 16 行"合计"列）×第 14 行"境外"列÷第 14 行"合计"列。

第 17 行"合计列"＝∑第 17 行"境外"列。

4. 财产转让所得。

第 26 行"收入"：按列分别填写居民个人取得的财产转让所得收入合计金额。

第 27 行"财产原值"：按列分别填写居民个人取得的财产转让所得对应的财产原值合计金额。

第 28 行"合理税费"：按列分别填写居民个人取得财产转让所得对应的合理税费合计金额。

第 29 行"应纳税所得额"：按列分别填写居民个人取得的财产转让所得应纳税所得额合计金额。第 29 行＝第 26 行－第 27 行－第 28 行。

第 30 行"应纳税额"：根据相应行按列分别计算填报。第 30 行＝第 29 行×适用税率。

第 31 行"减免税额"：填写符合税法规定的可以减免的税额，并按规定附报《个人所得税减免税事项报告表》。

第 32 行"抵免限额"：根据相应行次按列分别计算填报。第 32 行＝第 30 行－第 31 行。

5. 其他所得项目。

（1）第 18、22、33、41 行"应纳税所得额"：按列分别填写居民个人取得的利息、股息、红利所得，财产租赁所得，偶然所得，其他境内、境外所得应纳税所得额合计金额。

（2）第 19、23、34、42 行"应纳税额"：按列分别计算填报。

第 19 行＝第 18 行×适用税率；

第 23 行＝第 22 行×适用税率；

第 34 行＝第 33 行×适用税率；

第 42 行＝第 41 行×适用税率。

（3）第 20、24、35、43 行"减免税额"：填写符合税法规定的可以减免的税额，并附报《个人所得税减免税事项报告表》。

（4）第 21、25、36、44 行"抵免限额"：根据相应行次按列分别计算填报。

第 21 行＝第 19 行－第 20 行；

第 25 行＝第 23 行－第 24 行；

第 36 行＝第 34 行－第 35 行；

第 44 行＝第 42 行－第 43 行。

6. 股权激励。

第 37 行"应纳税所得额"：按列分别填写居民个人取得的股权激励应纳税所得额合计金额。

第 38 行"应纳税额"：按我国法律法规计算应纳税额填报本行"合计"列。第 38 行＝第 37 行×适用税率－速算扣除数

第 39 行"减免税额"：填写符合税法规定的可以减免的税额，并附报《个人所得税减免税事项报告表》。

第 40 行"抵免限额"：根据相应行次按列分别计算填报。

第 40 行"境外"列＝（第 38 行"合计"列－第 39 行"合计"列）×第 37 行"境外"列÷第 37 行"合计"列。

7. 第 45 行"本年可抵免限额合计"：根据相应行次按列分别计算填报。

第 45 行＝第 11 行＋第 17 行＋第 21 行＋第 25 行＋第 32 行＋第 36 行＋第 40 行＋第 44 行。

（四）本期实际可抵免额计算

1. 第 46 行"以前年度结转抵免额"：根据相应行次按列分别计算填报。

第 46 行＝第 47 列＋第 48 列＋第 49 列＋第 50 列＋第 51 列。

2. 第 52 行"本年境外已纳税额"：按列分别填写居民个人在境外已经缴纳或者被扣缴的税款合计金额，包括第 53 行"享受税收饶让抵免税额"。

3. 第 53 行"享受税收饶让抵免税额"：按列分别填写居民个人享受税收饶让政策而视同境外已缴纳而实际未缴纳的税款合计金额。

4. 第 54 行"本年抵免额"：按"境外"列分别计算填写可抵免税额。

第 54 行"合计"列＝Σ第 54 行"境外"列。

5. 第 55 行"可结转以后年度抵免额"：根据相应行次按列分别计算填报。

第 55 行＝第 56 列＋第 57 列＋第 58 列＋第 59 列＋第 60 列。

（五）备注

填写居民个人认为需要特别说明的或者税务机关要求说明的事项。

（六）其他事项说明

以纸质方式报送本表的，建议通过计算机填写打印，一式两份，纳税人、税务机关各留存一份。

第三节 汇算清缴纳税申报案例解析

一、仅取得境内所得汇算清缴与纳税申报案例

【例10-1】张××先生（公民身份号码为:3201021978××××××××）家住南京××区××路××号，有一位独生子女的女儿在南京中学读初二，其本人也是独生子女。2019年8月，张先生的父亲刚过61岁生日，其母亲2019年12月刚过60岁生日。2018年3月，张先生用"住房公积金＋商业银行贷款"的组合贷在南京××区购置首套房，还款期限为20年，从2018年4月起等本息还贷15 000元/月。按规定可享受子女教育和住房贷款利息专项附加扣除，选择由张先生扣除。张先生按规定通过个人所得税APP向扣缴单位填报专项附加扣除信息表，选择在预扣预缴工资、薪金所得个人所得税时扣除专项附加扣除。

张先生是南京某大学副教授，2019年从单位取得的工资收入、个人按规定缴纳的社会保险费和住房公积金、被扣缴的个人所得税等，假设社保费为按规定交的养老保险费如表10-6所示。

表10-6　　　　2019年工资收入与扣缴个人所得税情况表　　　　单位:元

月份	类型	收入	社保费	公积金	专项附加扣除	扣缴个人所得税
1	工资	21 000	3 200	2 580	4 000	336.60
2	工资	21 000	3 200	2 580	4 000	336.60
2	年终奖	158 000				30 190.00
3	工资	21 000	3 200	2 580	4 000	336.60
4	工资	21 000	3 200	2 580	4 000	958.20
5	工资	21 000	3 200	2 580	4 000	1 122.00
6	工资	21 000	3 200	2 580	4 000	1 122.00
7	工资	21 000	3 200	2 580	4 000	1 122.00
8	工资	21 000	3 200	2 580	4 000	1 122.00
9	工资	21 000	3 200	2 580	4 000	1 122.00
10	工资	21 000	3 200	2 580	4 000	1 122.00
11	工资	21 000	3 200	2 580	4 000	1 122.00
12	工资	21 000	3 200	2 580	4 000	1 122.00
小计		410 000	38 400	30 960	48 000	41 134.00

2019年，张先生利用业务时间，受邀为有关单位或学校讲授财经课程，取得支付的课酬、被预扣预缴的个人所得税等情况如表10-7所示。

表 10-7　　　　　课酬收入与被扣缴的个人所得税情况表　　　　　单位:元

月份	所得项目	收入	扣缴税款	支付单位
1	课酬	21 428.57	3 428.57	南京×教育公司
3	课酬	11 904.76	1 904.76	重庆×财税学校
4	课酬	19 047.62	3 047.62	天津×财税学校
5	课酬	18 667.00	2 986.72	北京×财税公司
6	课酬	19 047.62	3 047.62	广州×财税公司
7	课酬	21 428.57	3 428.57	上海×有限公司
8	课酬	15 000.00	2 400.00	安徽×有限公司
11	课酬	19 047.62	3 047.62	杭州×咨询公司
12	课酬	36 842.11	6 842.11	深圳湾区×教育公司
合计		182 413.87	30 133.59	

2019年5月,张先生的专著在某出版社出版发行,2019年11月取得出版社支付的稿酬44 300元,出版社按照规定预扣预缴个人所得税4 849.6元。

要求:

1. 计算年终汇算清缴应补退的个人所得税。
2. 填报综合所得个人所得税汇算清缴纳税申报表。

【解析】

1. 年终奖选择全年一次性奖金优惠计税方法单独计税。

汇算清缴应补退税款的计算:

(1)综合所得收入:

工资、薪金收入:21 000×12=252 000(元);

劳务报酬收入:182 413.87元;

稿酬收入:44 300元;

综合所得收入合计:252 000+182 413.87+44 300=478 713.87(元)。

(2)费用合计:(182 413.87+44 300)×20%=45 342.77(元)。

(3)稿酬所得免税部分:44 300×(1−20%)×30%=10 632(元)。

综合所得收入额为:478 713.87−45 342.77−10 632=422 739.1(元)。

(4)基本减除费用:60 000元。

(5)专项扣除:3 200×12+2 580×12=69 360(元)。

(6)专项附加扣除:

可享受子女教育专项附加扣除1 000元/月,住房贷款利息专项附加扣除1 000元/月,赡养老人专项附加扣除2 000元/月。

全年共计:(1 000+1 000+2 000)×12=48 000(元)。

(7)其他扣除:

(8) 综合所得应纳税所得额：

422 739.1－60 000－69 360－48 000＝245 379.1(元)，

(9) 综合所得应纳的个人所得税：

245 379.1×20％－16 920＝32 155.82(元)。

(10) 已被预扣预缴个人所得税：

(41 134.00－30 190)＋30 133.59＋4 849.6＝45 927.19(元)。

(11) 汇算清缴应退税款：

32 155.82－45 927.19＝－13 771.37(元)。

综合所得汇算清缴纳税申报：

李某应于2020年3月1日至2020年6月30日，办理综合所得汇算清缴纳税申报，并填报《个人所得税年度自行纳税申报表(A表)》，如表10-8所示。

表10-8　　　　　　个人所得税年度自行纳税申报表(A表)
(仅取得境内综合所得年度汇算适用)

税款所属期：2019年1月1日至2019年12月31日
纳税人姓名：张××
纳税人识别号：3201021978×××××××× 　　　　　　金额单位：人民币元(列至角分)

基本情况					
手机号码		电子邮箱		邮政编码	□□□□□□
联系地址	江苏 省(区、市) 南京 市 ×× 区(县) 街道(乡、镇) ××号				
纳税地点(单选)					
1. 有任职受雇单位的，需选本项并填写"任职受雇单位信息"：			√任职受雇单位所在地		
任职受雇单位信息	名　称	南京某大学			
	纳税人识别号	□□□□□□□□□□□□□□□□□□			
2. 没有任职受雇单位的，可以从本栏次选择一地：			□户籍所在地		□经常居住地
户籍所在地/经常居住地	省(区、市) 市 区(县) 街道(乡、镇)				
申报类型(单选)					
√首次申报　　　□更正申报					
综合所得个人所得税计算					

项　目	行　次	金　额
一、收入合计(第1行＝第2行＋第3行＋第4行＋第5行)	1	478 713.87
(一) 工资、薪金	2	252 000.00
(二) 劳务报酬	3	182 413.87
(三) 稿酬	4	44 300.00
(四) 特许权使用费	5	0

(续表)

项 目	行 次	金 额
二、费用合计[第6行＝(第3行＋第4行＋第5行)×20%]	6	45 342.77
三、免税收入合计(第7行＝第8行＋第9行)	7	10 632.00
(一)稿酬所得免税部分[第8行＝第4行×(1－20%)×30%]	8	10 632.00
(二)其他免税收入(附报《个人所得税减免税事项报告表》)	9	0
四、减除费用	10	60 000
五、专项扣除合计(第11行＝第12行＋第13行＋第14行＋第15行)	11	69 360
(一)基本养老保险费	12	38 400
(二)基本医疗保险费	13	
(三)失业保险费	14	
(四)住房公积金	15	30 960
六、专项附加扣除合计(附报《个人所得税专项附加扣除信息表》) (第16行＝第17行＋第18行＋第19行＋第20行＋第21行＋第22行)	16	48 000
(一)子女教育	17	12 000
(二)继续教育	18	
(三)大病医疗	19	
(四)住房贷款利息	20	12 000
(五)住房租金	21	
(六)赡养老人	22	24 000
七、其他扣除合计(第23行＝第24行＋第25行＋第26行＋第27行＋第28行)	23	
(一)年金	24	
(二)商业健康保险(附报《商业健康保险税前扣除情况明细表》)	25	
(三)税延养老保险(附报《个人税收递延型商业养老保险税前扣除情况明细表》)	26	
(四)允许扣除的税费	27	
(五)其他	28	
八、准予扣除的捐赠额(附报《个人所得税公益慈善事业捐赠扣除明细表》)	29	0
九、应纳税所得额 (第30行＝第1行－第6行－第7行－第10行－第11行－第16行－第23行－第29行)	30	245 379.10
十、税率(%)	31	20
十一、速算扣除数	32	16 920.00
十二、应纳税额(第33行＝第30行×第31行－第32行)	33	32 155.82
全年一次性奖金个人所得税计算 (无住所居民个人预判为非居民个人取得的数月奖金,选择按全年一次性奖金计税的填写本部分)		

(续表)

项　　　目	行　次	金　额
一、全年一次性奖金收入	34	
二、准予扣除的捐赠额（附报《个人所得税公益慈善事业捐赠扣除明细表》）	35	
三、税率(%)	36	
四、速算扣除数	37	
五、应纳税额[第38行＝(第34行－第35行)×第36行－第37行]	38	
税　额　调　整		
一、综合所得收入调整额（需在"备注"栏说明调整具体原因、计算方式等）	39	
二、应纳税额调整额	40	
应补/退个人所得税计算		
一、应纳税额合计(第41行＝第33行＋第38行＋第40行)	41	32 155.82
二、减免税额（附报《个人所得税减免税事项报告表》）	42	0
三、已缴税额	43	45 927.19
四、应补/退税额(第44行＝第41行－第42行－第43行)	44	－13 771.37

无住所个人附报信息			
纳税年度内在中国境内居住天数		已在中国境内居住年数	

退税申请 （应补/退税额小于0的填写本部分）	
√ 申请退税（需填写"开户银行名称""开户银行省份""银行账号"） □ 放弃退税	
开户银行名称	中国建设银行南京建邺支行　　开户银行省份　江苏省
银行账号	

备　　　注
谨声明：本表是根据国家税收法律法规及相关规定填报的，本人对填报内容（附带资料）的真实性、可靠性、完整性负责。 　　　　　　　　　　　　　　　　纳税人签字：张×× 2020年4月20日

| 经办人签字：
经办人身份证件类型：
经办人身份证件号码：
代理机构签章：
代理机构统一社会信用代码： | 受理人：

受理税务机关（章）：

受理日期：　　年　　月　　日 |

2. 年终奖并入综合所得计税。

汇算清缴应补退税款的计算：

(1) 综合所得收入：

工资、薪金收入：21 000×12+158 000=410 000(元)；

劳务报酬收入：182 413.87元；

稿酬收入：44 300元；

综合所得收入合计：410 000+182 413.87+44 300=636 713.87(元)。

(2) 费用合计：(182 413.87+44 300)×20%=45 342.77(元)。

(3) 稿酬所得免税部分：44 300×(1-20%)×30%=10 632(元)。

综合所得收入额为：636 713.87-45 342.77-10 632=580 739.1(元)。

(4) 基本减除费用：60 000元。

(5) 专项扣除：3 200×12+2 580×12=69 360(元)。

(6) 专项附加扣除：

可享受子女教育专项附加扣除1 000元/月，住房贷款利息专项附加扣除1 000元/月，赡养老人专项附加扣除2 000元/月。

全年共计：(1 000+1 000+2 000)×12=48 000(元)。

(7) 其他扣除：

(8) 综合所得应纳税所得额：

580 739.1-60 000-69 360-48 000=403 379.10(元)。

(9) 综合所得应纳的个人所得税：

403 379.10×25%-31 920=68 924.78(元)。

(10) 已被预扣预缴个人所得税：

41 134.00+30 133.59+4 849.6=76 117.19(元)。

(11) 汇算清缴应退税款：

68 924.78-76 117.19=-7 192.41(元)。

年终奖选择全年一次性奖金优惠计税方法单独计税，比并入综合所得计税少缴个人所得税：13 771.37-7 192.41=6 578.96(元)。选择年终奖不并入综合所得单独计税税负更低。

如张先生选择将年终奖并入综合所得计税综合所得汇算清缴纳税申报如下：

李某应于2020年3月1日至2020年6月30日，办理综合所得汇算清缴纳税申报，并填报《个人所得税年度自行纳税申报表(A表)》，如表10-9所示。

表 10-9　　　　　　　　**个人所得税年度自行纳税申报表(A 表)**

(仅取得境内综合所得年度汇算适用)

税款所属期:2019 年 1 月 1 日至 2019 年 12 月 31 日

纳税人姓名:张××

纳税人识别号:3201021978×××××××××　　　　　　　金额单位:人民币元(列至角分)

基本情况					
手机号码		电子邮箱		邮政编码	□□□□□□
联系地址	江苏 省(区、市) 南京 市 建邺 区(县) ____街道(乡、镇) 江东路 265 号				
纳税地点(单选)					
1. 有任职受雇单位的,需选本项并填写"任职受雇单位信息":			√任职受雇单位所在地		
任职受雇单位信息	名称	南京某大学			
	纳税人识别号	□□□□□□□□□□□□□□□□□□			
2. 没有任职受雇单位的,可以从本栏次选择一地:			□户籍所在地		□经常居住地
户籍所在地/经常居住地	____省(区、市)____市____区(县)____街道(乡、镇)____				
申报类型(单选)					
√首次申报　　　　　　　□更正申报					
综合所得个人所得税计算					

项　目	行次	金额
一、收入合计(第1行=第2行+第3行+第4行+第5行)	1	636 713.87
(一)工资、薪金	2	410 000.00
(二)劳务报酬	3	182 413.87
(三)稿酬	4	44 300.00
(四)特许权使用费	5	0
二、费用合计[第6行=(第3行+第4行+第5行)×20%]	6	45 342.77
三、免税收入合计(第7行=第8行+第9行)	7	10 632.00
(一)稿酬所得免税部分[第8行=第4行×(1-20%)×30%]	8	10 632.00
(二)其他免税收入(附报《个人所得税减免税事项报告表》)	9	0
四、减除费用	10	60 000
五、专项扣除合计(第11行=第12行+第13行+第14行+第15行)	11	69 360
(一)基本养老保险费	12	38 400
(二)基本医疗保险费	13	
(三)失业保险费	14	
(四)住房公积金	15	30 960

(续表)

项　　目	行次	金额
六、专项附加扣除合计(附报《个人所得税专项附加扣除信息表》) (第16行＝第17行＋第18行＋第19行＋第20行＋第21行＋第22行)	16	48 000
(一)子女教育	17	12 000
(二)继续教育	18	
(三)大病医疗	19	
(四)住房贷款利息	20	12 000
(五)住房租金	21	
(六)赡养老人	22	24 000
七、其他扣除合计(第23行＝第24行＋第25行＋第26行＋第27行＋第28行)	23	
(一)年金	24	
(二)商业健康保险(附报《商业健康保险税前扣除情况明细表》)	25	
(三)税延养老保险(附报《个人税收递延型商业养老保险税前扣除情况明细表》)	26	
(四)允许扣除的税费	27	
(五)其他	28	
八、准予扣除的捐赠额(附报《个人所得税公益慈善事业捐赠扣除明细表》)	29	0
九、应纳税所得额 (第30行＝第1行－第6行－第7行－第10行－第11行－第16行－第23行－第29行)	30	403 379.1
十、税率(%)	31	25
十一、速算扣除数	32	31 920
十二、应纳税额(第33行＝第30行×第31行－第32行)	33	68 924.78
全年一次性奖金个人所得税计算 (无住所居民个人预判为非居民个人取得的数月奖金,选择按全年一次性奖金计税的填写本部分)		
一、全年一次性奖金收入	34	
二、准予扣除的捐赠额(附报《个人所得税公益慈善事业捐赠扣除明细表》)	35	
三、税率(%)	36	
四、速算扣除数	37	
五、应纳税额[第38行＝(第34行－第35行)×第36行－第37行]	38	
税　额　调　整		
一、综合所得收入调整额(需在"备注"栏说明调整具体原因、计算方式等)	39	
二、应纳税额调整额	40	
应补/退个人所得税计算		
一、应纳税额合计(第41行＝第33行＋第38行＋第40行)	41	68 924.78

(续表)

项　目	行　次	金　额
二、减免税额（附报《个人所得税减免税事项报告表》）	42	0
三、已缴税额	43	76 117.19
四、应补/退税额（第44行＝第41行－第42行－第43行）	44	－7 192.41

无住所个人附报信息			
纳税年度内在中国境内居住天数		已在中国境内居住年数	

退税申请
（应补/退税额小于0的填写本部分）

√ 申请退税（需填写"开户银行名称""开户银行省份""银行账号"）			□ 放弃退税
开户银行名称	中国建设银行南京建邺支行	开户银行省份	江苏省
银行账号			

备　注

谨声明：本表是根据国家税收法律法规及相关规定填报的，本人对填报内容（附带资料）的真实性、可靠性、完整性负责。

纳税人签字：张×× 　2020年4月20日

经办人签字： 经办人身份证件类型： 经办人身份证件号码： 代理机构签章： 代理机构统一社会信用代码：	受理人： 受理税务机关（章）： 受理日期：　　年　　月　　日

二、综合所得汇算清缴简易申报案例解析

【例10-2】 吴××女士（公民身份号码为：3201021986××××××××）家住兰州市××区××镇，有一位独生子女的女儿在××小学就读，其本人也是独生子女。2019年8月，吴女士的父亲刚过61岁生日，其母亲2019年12月刚过60岁生日。按规定可享受子女教育和赡养老人专项附加扣除，选择由吴女士扣除。吴女士按规定通过个人所得税APP向扣缴单位填报专项附加扣除信息，选择在预扣预缴工资、薪金所得个人所得税时扣除专项附加扣除。

吴女士是××公司的职员，2019年从单位取得的工资收入、个人按规定缴纳的社会保险费和住房公积金、被扣缴的个人所得税等如表10-10所示。

表 10-10　工资收入与扣缴的个人所得税情况表

单位:元

月份	收入	养老保险	医疗保险	失业保费	公积金	专项附加扣除	个人所得税
1	4 500	360	90	22.5	540	3 000	0
2	4 500	360	90	22.5	540	3 000	0
3	4 500	360	90	22.5	540	3 000	0
4	4 500	360	90	22.5	540	3 000	0
5	4 500	360	90	22.5	540	3 000	0
6	4 500	360	90	22.5	540	3 000	0
7	4 500	360	90	22.5	540	3 000	0
8	4 500	360	90	22.5	540	3 000	0
9	4 500	360	90	22.5	540	3 000	0
10	4 500	360	90	22.5	540	3 000	0
11	4 500	360	90	22.5	540	3 000	0
12	4 500	360	90	22.5	540	3 000	0
小计	54 000	4 320	1 080	270	6 480	36 000	0

2019年10月,吴女士利用业务时间为红古实业公司提供技术服务,取得劳务报酬6 000元,被预扣预缴个人所得税960元。

要求:计算综合所得汇算清缴应补(退)的个人所得税,并填报纳税申报表。

【解析】

吴女士2019年取得工资、薪金收入额54 000元,劳务报酬收入额:6 000×(1−20%)=4 800(元),全年综合所得收入额合计:54 000+4 800=58 800(元),小于减除费用60 000元,当年综合所得应纳税额为0。

根据《国家税务总局关于办理2019年度个人所得税综合所得汇算清缴事项的公告》(国家税务总局公告2019年第44号)第10条的规定,为方便纳税人获取退税,纳税人2019年度综合所得收入额不超过6万元且已预缴个人所得税的,税务机关在网上税务局(包括手机个人所得税APP)提供便捷退税功能,纳税人可以在2020年3月1日至5月31日期间,通过简易申报表办理年度汇算退税。

因而,吴女士可于2020年3月1日至5月31日期间,通过简易申报表办理年度汇算退税960元,如表10-11所示。

表 10-11　　　　　个人所得税年度自行纳税申报表(简易版)

(纳税年度:2019)

一、填表须知

填写本表前,请仔细阅读以下内容:
1. 如果您年综合所得收入额不超过 6 万元且在纳税年度内未取得境外所得的,可以填写本表;
2. 您可以在纳税年度的次年 3 月 1 日至 5 月 31 日使用本表办理汇算清缴申报,并在该期限内申请退税;
3. 建议您下载并登录个人所得税 APP,或者直接登录税务机关官方网站在线办理汇算清缴申报,体验更加便捷的申报方式;
4. 如果您对于申报填写的内容有疑问,您可以参考相关办税指引,咨询您的扣缴单位、专业人士,或者拨打 12366 纳税服务热线。
5. 以纸质方式报送本表的,建议通过计算机填写打印,一式两份,纳税人、税务机关各留存一份。

二、个人基本情况

1. 姓名	吴××
2. 公民身份号码/纳税人识别号	3201021986××××××××

说明:有中国公民身份号码的,填写中华人民共和国居民身份证上载明的"公民身份号码";没有中国公民身份号码的,填写税务机关赋予的纳税人识别号。

3. 手机号码	□□□□□□□□□□□

提示:中国境内有效手机号码,请准确填写,以方便与您联系。

4. 电子邮箱	
5. 联系地址	<u>甘肃省</u>(区、市)<u>××</u>市<u>××</u>区(县)<u>××</u>镇 街道(乡、镇)<u>　　</u>

提示:能够接收信件的有效通讯地址。

6. 邮政编码	□□□□□□

三、纳税地点(单选)

1. 有任职受雇单位的,需选本项并填写"任职受雇单位信息":	√ 任职受雇单位所在地	
任职受雇单位信息	名　　称	××公司
	纳税人识别号	□□□□□□□□□□□□□□□□□□
2. 没有任职受雇单位的,可以从本栏次选择一地:	□ 户籍所在地	□ 经常居住地
户籍所在地/经常居住地	<u>　　</u>省(区、市)<u>　　</u>市<u>　　</u>区(县)<u>　　</u>街道(乡、镇)<u>　　</u>	

四、申报类型

请您选择本次申报类型,未曾办理过年度汇算申报,勾选"首次申报";已办理过年度汇算申报,但有误需要更正的,勾选"更正申报":
√ 首次申报　　　□ 更正申报

(续表)

五、纳税情况

已缴税额	960.00(元)
纳税年度内取得综合所得时,扣缴义务人预扣预缴以及个人自行申报缴纳的个人所得税。	

六、退税申请

1. 是否申请退税?	√申请退税【选择此项的,填写个人账户信息】　　　□放弃退税
2. 个人账户信息	开户银行名称：__中国建设银行兰州分行__　开户银行省份：__甘肃省__ 银行账号：__62170013700××××××××__
说明:开户银行名称填写居民个人在中国境内开立银行账户的银行名称。	

七、备注

如果您有需要特别说明或者税务机关要求说明的事项,请在本栏填写：

八、承诺及申报受理

谨声明: 1. 本人纳税年度内取得的综合所得收入额合计不超过6万元。 2. 本表是根据国家税收法律法规及相关规定填报的,本人对填报内容(附带资料)的真实性、可靠性、完整性负责。 　　　　　　　　　　　　　　　　　　　　　　纳税人签名：吴×× 2020 年 4 月 20 日

经办人签字： 经办人身份证件类型： 经办人身份证件号码： 代理机构签章： 代理机构统一社会信用代码：	受理人： 受理税务机关(章)： 受理日期：　　　年　　月　　日

国家税务总局监制

三、保险营销员汇算清缴与纳税申报案例

【例 10-3】 张某是甲人寿保险公司南京分公司的资深保险代理人(持有保险代理人资格证书),主管税务机关已委托该公司代征个人保险代理人相关税费。

已知,张某兄弟两人,父母健在,2019 年都已 61 岁;有一个独生子女的女儿,正在读小学三年级,子女教育专项附加扣除由张某扣除;每月自行缴纳养老保险费 800 元、医疗保险费 200 元、失业保险费 50 元。2019 年相关收入如下：

(1) 2019 年张某从该保险公司取得的不含增值税的佣金收入如表 10-12 所示。

表 10-12　　　　　　　　　　佣金收入情况表

单位:元

月份	1月	2月	3月	4月	5月	6月	小计
佣金收入	3 800	120 000	20 000	31 200	20 000	15 000	210 000
月份	7月	8月	9月	10月	11月	12月	
佣金收入	10 000	20 000	20 000	15 000	15 000	20 000	100 000

(2) 利用业务时间,为乙保险代理公司培训业务人员,2019年3月、6月和10月,分别取得乙保险代理公司支付的酬金 30 900 元、41 200 元和 51 500 元。

(3) 2019 年 8 月,将持有丙保险经纪公司的股权以 1 800 000 元转让给了丁保险代理公司,该股权原始投资成本为 600 000 元。

(4) 其专著在某出版社出版发行,2019 年 10 月取得出版社支付的稿酬 125 000 元,从中先后拿出 20 000 元和 10 000 元通过国家机关捐赠给了农村义务教育和贫困地区。

要求:

1. 计算支付单位应代扣代缴或预扣预缴的个人所得税;
2. 计算综合所得汇算清缴应补(退)的个人所得税;
3. 填报个人所得税综合所得汇算清缴年度纳税申报表。

【解析】

(一) 支付单位代扣代缴或预扣预缴个人所得税的计算

1. 佣金收入应预扣预缴个人所得税。

以该纳税人截至当期在单位从业月份的累计收入减除累计减除费用、累计其他扣除后的余额,比照工资、薪金所得预扣率表计算当期应预扣预缴税额。

专项扣除和专项附加扣除,在预扣预缴环节暂不扣除,待年度终了后汇算清缴申报时办理。

保险营销员、证券经纪人佣金收入预扣预缴应纳税所得额 = 累计收入额 − 累计减除费用 − 累计其他扣除

根据《财政部　税务总局关于实施小微企业普惠性税收减免政策的通知》(财税〔2019〕13号)第 1 条的规定,对月销售额 10 万元以下(含本数)的增值税小规模纳税人,免征增值税。

(1) 2019 年 1 月应预扣预缴个人所得税。

根据《财政部　税务总局关于个人所得税法修改后有关优惠政策衔接问题的通知》(财税〔2018〕164号)第 3 条的规定,扣缴义务人向保险营销员、证券经纪人支付佣金收入时,应按照《个人所得税扣缴申报管理办法(试行)》(国家税务总局公告 2018 年第 61 号)规定的累计预扣法计算预扣税款。

1 月佣金收入 3 800 元,免征增值税。

保险营销员佣金收入
预扣预缴应纳税所得额 ＝累计收入额－累计减除费用－累计其他扣除

$$= 3\,800 \times (1-20\%) \times (1-25\%) - 5\,000 = -2\,720(元);$$

应预扣预缴个人所得税0。

(2) 2019年2月应预扣预缴个人所得税的计算：

应纳增值税：$120\,000 \times 3\% = 3\,600(元)$；

根据《财政部 税务总局关于实施小微企业普惠性税收减免政策的通知》（财税〔2019〕13号）的规定，由省、自治区、直辖市人民政府根据本地区实际情况，以及宏观调控需要确定，对增值税小规模纳税人可以在50%的税额幅度内减征资源税、城市维护建设税、房产税、城镇土地使用税、印花税（不含证券交易印花税）、耕地占用税和教育费附加、地方教育附加。增值税小规模纳税人已依法享受资源税、城市维护建设税、房产税、城镇土地使用税、印花税、耕地占用税、教育费附加、地方教育附加其他优惠政策的，可叠加享受本通知第3条规定的优惠政策。

根据《江苏省财政厅 国家税务总局江苏省税务局关于贯彻实施小微企业普惠性税收减免政策的通知》（苏财税〔2019〕15号）的规定，对增值税小规模纳税人，按照税额的50%减征资源税、城市维护建设税、房产税、城镇土地使用税、印花税、耕地占用税和教育费附加、地方教育附加。增值税小规模纳税人已按规定享受资源税、城市维护建设税、房产税、城镇土地使用税、印花税、耕地占用税、教育费附加、地方教育附加其他优惠政策的，可叠加享受本通知第1条规定的优惠政策。

应纳地方税费附加：$3\,600 \times (7\% + 3\% + 2\%) \times 50\% = 216(元)$。

累计预扣预缴应纳税所得额：

$(3\,800 + 120\,000) \times (1-20\%) \times (1-25\%) - 5\,000 \times 2 - 216 = 64\,064(元)$；

应预扣预缴个人所得税 $= 64\,064 \times 10\% - 2\,520 = 3\,886.4(元)$；

(3) 2019年3月，应预扣预缴个人所得税的计算：

20 000元佣金免征增值税；

不缴城建税、教育附加、地方教育附加。

累计预扣预缴应纳税所得额：

$(3\,800 + 120\,000 + 20\,000) \times (1-20\%) \times (1-25\%) - 5\,000 \times 3 - 216 = 71\,064(元)$；

应预扣预缴个人所得税 $= 71\,064 \times 10\% - 2\,520 - 3\,886.4 = 700(元)$。

(4) 全年佣金收入应预扣预缴个人所得税的计算：

累计预扣预缴应纳税所得额：

$310\,000 \times (1-20\%) \times (1-25\%) - 5\,000 \times 12 - 216 = 125\,784(元)$；

应预扣预缴个人所得税：

$125\,784 \times 10\% - 2\,520 = 10\,058.4(元)$。

保险营销员佣金收入的预扣预缴情况如表10-13所示。

表 10-13 保险营销员佣金收入的预扣预缴

单位:元

月份	佣金收入	费用	展业成本	地方税费	基本费用扣除	累计预扣预缴应纳税所得额	预扣率	速算扣除数	累计应预扣预缴个税	当月应补扣个税
1	3 800	760	760	0	5 000	−2 720	3%	0	0	0
2	120 000	24 000	24 000	216	5 000	64 064	10%	2 520	3 886.4	3 886.4
3	20 000	4 000	4 000	0	5 000	71 064	10%	2 520	4 586.4	700
4	31 200	6 240	6 240	0	5 000	84 784	10%	2 520	5 958.4	1 372
5	20 000	4 000	4 000	0	5 000	91 784	10%	2 520	6 658.4	700
6	15 000	3 000	3 000	0	5 000	95 784	10%	2 520	7 058.4	400
7	10 000	2 000	2 000	0	5 000	96 784	10%	2 520	7 158.4	100
8	20 000	4 000	4 000	0	5 000	103 784	10%	2 520	7 858.4	700
9	20 000	4 000	4 000	0	5 000	110 784	10%	2 520	8 558.4	700
10	15 000	3 000	3 000	0	5 000	114 784	10%	2 520	8 958.4	400
11	15 000	3 000	3 000	0	5 000	118 784	10%	2 520	9 358.4	400
12	20 000	4 000	4 000	0	5 000	125 784	10%	2 520	10 058.4	700
小计	310 000	62 000	62 000	216	60 000					10 058.4

2. 乙保险代理公司支付课酬应预扣预缴个人所得税。
(1) 2019年3月,酬金30 900元应纳税费的计算:
应纳增值税:30 900÷(1+3%)×3%=900(元);
应纳城市维护建设税:900×7%×50%=31.5(元);
课酬应按劳务报酬所得项目预扣预缴个人所得税。
[30 000×(1－20%)－31.5]×30%－2 000=5 190.55(元)。
(2) 2019年6月,酬金41 200元应纳税费的计算
应纳增值税:41 200÷(1+3%)×3%=1 200(元);
应纳城市维护建设税:1 200×7%×50%=42(元);
课酬应按劳务报酬所得项目预扣预缴个人所得税:
[41 200÷(1+3%)×(1－20%)－42]×30%－2 000=7 587.4(元)。
(3) 2019年10月,酬金51 500元应纳税费的计算
应纳增值税:51 500÷(1+3%)×3%=1 500(元);
应纳城市维护建设税:1 500×7%×50%=52.5(元);
课酬应按劳务报酬所得项目预扣预缴个人所得税:
[51 500÷(1+3%)×(1－20%)－52.5]×30%－2 000=9 984.25(元)。

3. 股权转让应纳个人所得税的计算。
丁保险代理公司应按财产转让所得项目代扣代缴个人所得税:
(1 800 000－600 000)×20%=240 000(元)。

4. 稿酬125 000元应预扣预缴个人所得税的计算。
根据《财政部 税务总局关于公益慈善事业捐赠个人所得税政策的公告》(财政部 税务总局公告2019年第99号)第4条的规定,居民个人取得劳务报酬所得、稿酬所得、特许权使用费所得的,预扣预缴时不扣除公益捐赠支出,统一在汇算清缴时扣除。

因而,出版社应预扣预缴稿酬所得的个人所得税为:
125 000×(1－20%)×70%×20%=14 000(元)。

(二) 综合所得汇算清缴应补(退)个人所得税的计算

根据《国家税务总局关于办理2019年度个人所得税综合所得汇算清缴事项的公告》(国家税务总局公告2019年第44号)第1条的规定,2019年度终了后,居民个人需要汇总2019年1月1日至12月31日取得的工资、薪金,劳务报酬,稿酬,特许权使用费等四项所得的收入额,减除费用6万元以及专项扣除、专项附加扣除、依法确定的其他扣除和符合条件的公益慈善事业捐赠后,适用综合所得个人所得税税率并减去速算扣除数,计算本年度最终应纳税额,再减去2019年度已预缴税额,得出本年度应退或应补税额,向税务机关申报并办理退税或补税。具体计算公式如下:

2019年度汇算应退或应补税额 = [(综合所得收入额 － 60 000元 － "三险一金"等专项扣除 － 子女教育等专项附加扣除 － 依法确定的其他扣除 － 捐赠) × 适用税率 － 速算扣除数] － 2019年已预缴税额

依据税法规定,2019年度汇算清缴仅计算并结清本年度综合所得的应退或应补税款,不涉及以前或往后年度,也不涉及财产租赁等分类所得,以及纳税人按规定选择不并入综合所得计算纳税的全年一次性奖金等所得。

因而,张某综合所得的汇算清缴仅包括保险公司支付的佣金收入、保险代理公司支付的课酬和出版社支付的稿酬,不包括股权转让所得。

根据《财政部 税务总局关于个人所得税法修改后有关优惠政策衔接问题的通知》(财税〔2018〕164号)第3条的规定,保险营销员、证券经纪人取得的佣金收入,属于劳务报酬所得,以不含增值税的收入减除20%的费用后的余额为收入额,收入额减去展业成本以及附加税费后,并入当年综合所得,计算缴纳个人所得税。保险营销员、证券经纪人展业成本按照收入额的25%计算。

1. 收入合计:

(1) 劳务报酬:310 000＋(30 900＋41 200＋51 500)÷(1＋3%)＝430 000(元);

(2) 稿酬:125 000元。

2. 费用合计:

(430 000＋125 000)×20%＝111 000(元)。

3. 免税收入:

125 000×(1－20%)×30%＝30 000(元);

综合所得收入额为:(430 000＋125 000)－111 000－30 000＝414 000(元)。

4. 综合所得扣除项目:

(1) 基本减除费用:60 000元。

(2) 专项扣除:(800＋200＋50)×12＝12 600(元)。

(3) 专项附加扣除:2 000×12＝24 000(万元)。

(4) 展业成本:310 000×(1－20%)×25%＝62 000(元)。

(5) 允许扣除的税费:31.5＋42＋52.5＝126(元)。

5. 未扣除捐赠额之前的应纳税所得额:

414 000－60 000－12 600－24 000－62 000－126＝255 274(元);

公益捐赠扣除限额:255 274×30%＝76 582.2(元);

向农村义务教育的公益捐赠可以据实扣除。向贫困地区的公益捐赠金额10 000元没有超过扣除限额,可以全额扣除。

6. 应纳税所得额为:

255 274－20 000－10 000＝225 274(元)。

7. 应纳综合所得的人所得税:

225 274×20%－16 920＝28 134.8(万元)。

8. 支付单位已预扣预缴综合所得个人所得税:

10 058.4＋5 190.55＋7 587.4＋9 984.25＋14 000＝46 820.60(元);

应退个人所得税:28 134.8－46 820.60＝18 685.80(元)。

纳税申报表填报如表10-14所示。

表10-14　　　　个人所得税年度自行纳税申报表(A表)

(仅取得境内综合所得年度汇算适用)

税款所属期:2019年1月1日至2019年12月31日　　　　金额单位:人民币元(列至角分)

纳税人姓名:张某　　纳税人识别号:□□□□□□□□□□□□□□□-□□

基本情况			
手机号码		电子邮箱	邮政编码 □□□□□□
联系地址	江苏省(区、市)南京市＿＿＿＿区(县)＿＿＿＿街道(乡、镇)＿＿＿＿		
纳税地点(单选)			
1. 有任职受雇单位的,需选本项并填写"任职受雇单位信息":		√任职受雇单位所在地	
任职受雇单位信息	名　称			
	纳税人识别号	□□□□□□□□□□□□□□□	
2. 没有任职受雇单位的,可以从本栏次选择一地:		□户籍所在地	□经常居住地
户籍所在地/经常居住地	＿＿省(区、市)＿＿市＿＿区(县)＿＿街道(乡、镇)＿＿		
申报类型(单选)			
√首次申报　　　　□更正申报			
综合所得个人所得税计算			

项　目	行次	金　额
一、收入合计(第1行＝第2行＋第3行＋第4行＋第5行)	1	555 000.00
(一)工资、薪金	2	
(二)劳务报酬	3	430 000.00
(三)稿酬	4	125 000.00
(四)特许权使用费	5	
二、费用合计[第6行＝(第3行＋第4行＋第5行)×20％]	6	111 000.00
三、免税收入合计(第7行＝第8行＋第9行)	7	30 000.00
(一)稿酬所得免税部分[第8行＝第4行×(1－20％)×30％]	8	30 000.00
(二)其他免税收入(附报《个人所得税减免税事项报告表》)	9	0
四、减除费用	10	60 000.00
五、专项扣除合计(第11行＝第12行＋第13行＋第14行＋第15行)	11	12 600.00
(一)基本养老保险费	12	9 600.00
(二)基本医疗保险费	13	2 400.00
(三)失业保险费	14	600.00

(续表)

项　　目	行　次	金　额
（四）住房公积金	15	
六、专项附加扣除合计（附报《个人所得税专项附加扣除信息表》） （第16行＝第17行＋第18行＋第19行＋第20行＋第21行＋第22行）	16	24 000.00
（一）子女教育	17	12 000.00
（二）继续教育	18	
（三）大病医疗	19	
（四）住房贷款利息	20	
（五）住房租金	21	
（六）赡养老人	22	12 000.00
七、其他扣除合计(第23行＝第24行＋第25行＋第26行＋第27行＋第28行)	23	62 126.00
（一）年金	24	
（二）商业健康保险（附报《商业健康保险税前扣除情况明细表》）	25	
（三）税延养老保险（附报《个人税收递延型商业养老保险税前扣除情况明细表》）	26	
（四）允许扣除的税费	27	126.00
（五）其他	28	62 000.00
八、准予扣除的捐赠额（附报《个人所得税公益慈善事业捐赠扣除明细表》）	29	30 000.00
九、应纳税所得额 （第30行＝第1行－第6行－第7行－第10行－第11行－第16行－第23行－第29行）	30	225 274.00
十、税率(%)	31	20
十一、速算扣除数	32	16 920
十二、应纳税额(第33行＝第30行×第31行－第32行)	33	28 134.80
全年一次性奖金个人所得税计算 （无住所居民个人预判为非居民个人取得的数月奖金,选择按全年一次性奖金计税的填写本部分）		
一、全年一次性奖金收入	34	
二、准予扣除的捐赠额（附报《个人所得税公益慈善事业捐赠扣除明细表》）	35	
三、税率(%)	36	
四、速算扣除数	37	
五、应纳税额[第38行＝(第34行－第35行)×第36行－第37行]	38	
税　额　调　整		
一、综合所得收入调整额（需在"备注"栏说明调整具体原因、计算方式等）	39	
二、应纳税额调整额	40	

(续表)

项　　　　目	行次	金额
应补/退个人所得税计算		
一、应纳税额合计(第41行＝第33行＋第38行＋第40行)	41	28 134.80
二、减免税额(附报《个人所得税减免税事项报告表》)	42	0
三、已缴税额	43	46 820.60
四、应补/退税额(第44行＝第41行－第42行－第43行)	44	－18 685.80
无住所个人附报信息		
纳税年度内在中国境内居住天数　　　　　　　已在中国境内居住年数		
退税申请 (应补/退税额小于0的填写本部分)		
√申请退税(需填写"开户银行名称""开户银行省份""银行账号")　　□放弃退税		
开户银行名称　中国建设银行南京浦口支行　　开户银行省份　江苏省		
银行账号　　62170013700××××××××		
备　　　　注		
谨声明:本表是根据国家税收法律法规及相关规定填报的,本人对填报内容(附带资料)的真实性、可靠性、完整性负责。 　　　　　　　　　　　　　　　纳税人签字:张某　2020年5月18日		
经办人签字: 经办人身份证件类型: 经办人身份证件号码: 代理机构签章: 代理机构统一社会信用代码:	受理人: 受理税务机关(章): 受理日期:　　年　　月　　日	

国家税务总局监制

四、无住所居民个人汇算清缴与纳税申报案例

【例10-4】 詹妮小姐是B国人,在B国某企业集团任技术部经理,2018年1月1日被集团公司派遣到北京子公司负责项目研发,任项目经理。2018年1月1日,詹妮小姐到达中国。根据集团公司工作安排预计在中国境内工作约为17个月。

在中国境内工作期间,北京子公司每月支付其20 000元工资,B国某企业集团正常支付工资30 000元(折合人民币,下同)。

2019年1月,取得北京子公司支付年终奖120 000元。

2019年2月,利用业余时间为天津的甲企业提供咨询服务,取得劳务报酬30 900元人

民币(含增值税)。

2019年3月,将其发明的一项专利许可深圳的丙企业使用,取得特许权使用费15 000元。符合免征增值税条件。

2019年4月,因出版一本专著,取得中国某出版社支付的稿酬80 000元。

后由于项目进展缓慢,直到2019年7月15日,研发项目结束后才回国。

假设,2019年年初由于预计在中国境内居住时间约5个月,选择按非居民个人相关规定计算缴纳2019年个人所得税。不考虑专项扣除、专项附加扣除和其他扣除,不考虑外籍个人八项津补贴优惠。不考虑税收协定享受。

要求:

1. 计算支付单位应代扣代缴的个人所得税。
2. 计算离境前汇算清缴应补(退)的个人所得税。
3. 填报综合所得汇算清缴纳税申报表。

【解析】

1. 支付单位应代扣代缴个人所得税的计算。

根据《财政部 税务总局关于非居民个人和无住所居民个人有关个人所得税政策的公告》(财政部 税务总局公告2019年第35号)第5条第1项的规定,无住所个人在一个纳税年度内首次申报时,应当根据合同约定等情况预计一个纳税年度内境内居住天数以及在税收协定规定的期间内境内停留天数,按照预计情况计算缴纳税款。

(1) 1月应纳个人所得税。

境内应计税工资、薪金收入额＝30 000＋20 000＝50 000(元);

应纳个人所得税＝(50 000－5 000)×30%－4 410＝9 090(元)。

(2) 2月取得的年终奖应纳个人所得税的计算。

根据《财政部 税务总局关于非居民个人和无住所居民个人有关个人所得税政策的公告》(财政部 税务总局公告2019年第35号)第3条第2项的规定,非居民个人一个月内取得数月奖金,单独按照规定计算当月收入额,不与当月其他工资、薪金合并,按6个月分摊计税,不减除费用,适用月度税率表计算应纳税额,在一个公历年度内,对每一个非居民个人,该计税办法只允许适用一次。计算公式如下:

当月数月奖金应纳税额＝[(数月奖金收入额÷6)×适用税率－速算扣除数]×6

因而,2019年1月,取得北京子公司支付年终奖120 000元,可按数月奖金优惠计税方法扣缴个人所得税。

120 000÷6＝20 000(元),查找综合所得月度税率表,适用税率为20%,速算扣除数为1 410,应纳个人所得税为:

(120 000÷6×20%－1 410)×6＝15 540(元)。

(3) 2月应纳工资、薪金所得个人所得税。

$= (50\,000 - 5\,000) \times 30\% - 4\,410 = 9\,090$(元)。

(4) 劳务报酬所得应纳个人所得税。

劳务报酬应纳增值税：$30\,900 \div (1 + 3\%) \times 3\% = 900$(元)；

根据《财政部 税务总局关于实施小微企业普惠性税收减免政策的通知》(财税〔2019〕13号)的规定，由省、自治区、直辖市人民政府根据本地区实际情况，以及宏观调控需要确定，对增值税小规模纳税人可以在50%的税额幅度内减征资源税、城市维护建设税、房产税、城镇土地使用税、印花税(不含证券交易印花税)、耕地占用税和教育费附加、地方教育附加。增值税小规模纳税人已依法享受资源税、城市维护建设税、房产税、城镇土地使用税、印花税、耕地占用税、教育费附加、地方教育附加其他优惠政策的，可叠加享受本通知第3条规定的优惠政策。

因而，应纳城市维护建设税：$900 \times 7\% \times 50\% = 31.5$(元)。

《财政部 国家税务总局关于扩大有关政府性基金免征范围的通知》(财税〔2016〕12号)将免征教育费附加、地方教育附加的范围，由按月纳税的月销售额不超过3万元(按季度纳税的季度销售额不超过9万元)的缴纳义务人，扩大到按月纳税的月销售额不超过10万元(按季度纳税的季度销售额不超过30万元)的缴纳义务人。

因而，对詹妮小姐取得的劳务报酬收入免征教育费附加、地方教育附加。

应纳个人所得税：

$[30\,000 \times (1 - 20\%) - 31.5] \times 20\% - 1\,410 = 3\,383.7$(元)。

(5) 3月应纳个人所得税的计算：

工资、薪金应纳税额：

$(50\,000 - 5\,000) \times 30\% - 4\,410 = 9\,090$(元)。

(6) 特许权使用费15 000元应纳的个人所得税：

$15\,000 \times (1 - 20\%) \times 10\% - 210 = 990$(元)。

(7) 4月应纳个人所得税的计算：

工资、薪金应纳税额：

$(50\,000 - 5\,000) \times 30\% - 4\,410 = 9\,090$(元)。

(8) 取得稿酬所得80 000元，应纳个人所得税：

$80\,000 \times (1 - 20\%) \times 70\% \times 30\% - 4\,410 = 9\,030$(元)。

(9) 5~6月应纳工资、薪金所得个人所得税均为：

$(50\,000 - 5\,000) \times 30\% - 4\,410 = 9\,090$(元)。

(10) 7月工资、薪金应纳个人所得税的计算：

2019年7月15日，离境当天不计入中国境内居住天数，按半天计算工作天数。即7月在中国境内居住14天，当月境内工作天数为14.5天，当月境外工作：$31 - 14.5 = 16.5$(天)。

7月境内应计税收入额：

$(30\ 000+20\ 000)\times[1-(16.5\div31)\times(30\ 000\div50\ 000)]=34\ 032.26(元)$；

应纳个人所得税：

$(34\ 032.26-5\ 000)\times25\%-2\ 660=4\ 598.07(元)$；

支付单位累计代扣代缴个人所得税：

$9\ 090\times6+4\ 598.07+3\ 383.7+990+9\ 030+15\ 540=88\ 081.77(元)$；

2. 离境前综合所得的汇算清缴。

(1) 境内居住时间与工作时间及纳税人身份判定。

判定居民个人身份时，2019年7月15日离境当天，不计入中国境内居住天数，按半天计算工作天数。即7月在中国境内居住14天，当月境内工作天数为14.5天。

2019年在境内居住：$31+28+31+30+31+30+14=195(天)$

一个纳税年度内境内居住累计超过183天，为居民个人。

应按规定办理综合所得汇算清缴。

(2) 年终奖应纳个人所得税的计算。

非居民个人达到居民个人条件办理汇算清缴的，其取得的数月奖金所得可以作为全年一次性资金，按照有关规定单独计算个人所得税，也可以选择并入综合所得办理汇算清缴。

因而，2019年1月取得数月奖金，年终汇算清缴时，可按全年一次性奖金优惠计税方法单独税。假设詹妮小姐选择按全年一次性奖金优惠计税方法计税。

$120\ 000\div12=10\ 000(元)$，查找综合所得月度税率表，适用税率为10%，速算扣除数为210，应纳个人所得税为：

$120\ 000\times10\%-210=11\ 790(元)$。

(3) 综合所得汇算清缴应补(退)个人所得税计算。

① 综合所得收入额：

工资、薪金的收入额：$50\ 000\times6+34\ 032.26=334\ 032.26(元)$；

劳务报酬的收入额：$30\ 000\times(1-20\%)=24\ 000(元)$；

特许权使用费收入额：$15\ 000\times(1-20\%)=12\ 000(元)$；

稿酬的收入额：$80\ 000\times(1-20\%)\times70\%=44\ 800(元)$；

综合所得的收入额：$334\ 032.26+24\ 000+12\ 000+44\ 800=414\ 832.26(元)$。

② 应纳税所得额的计算：$414\ 832.26-60\ 000-31.5=354\ 800.76(元)$。

③ 综合所得应纳个人所得税：

$354\ 800.76\times25\%-31\ 920=56\ 780.19(元)$。

④ 汇算清缴应补(退)税款的计算：

$(56\ 780.19+11\ 790)-88\ 081.77=-19\ 511.58(元)$。

3. 综合所得汇算清缴纳税申报。

詹妮小姐可于离境前办理综合所得个人所得税汇算清缴纳税申报，并按规定申请退税。纳税申报表填报如表10-15所示。

表 10-15　　　　个人所得税年度自行纳税申报表(A表)

（仅取得境内综合所得年度汇算适用）

税款所属期：2019年1月1日至2019年12月31日
纳税人姓名：詹妮
纳税人识别号：□□□□□□□□□□□□□□□□□-□□　　　金额单位：人民币元(列至角分)

基本情况					
手机号码		电子邮箱		邮政编码	□□□□□□
联系地址	_____省(区、市)_____市_____区(县)_____街道(乡、镇)_____				
纳税地点(单选)					
1. 有任职受雇单位的,需选本项并填写"任职受雇单位信息":			√任职受雇单位所在地		
任职受雇单位信息	名　称				
	纳税人识别号	□□□□□□□□□□□□□□□□□			
2. 没有任职受雇单位的,可以从本栏次选择一地：			□户籍所在地		□经常居住地
户籍所在地/经常居住地	_____省(区、市)_____市_____区(县)_____街道(乡、镇)_____				
申报类型(单选)					
	√首次申报		□更正申报		
综合所得个人所得税计算					
项　目				行　次	金　额
一、收入合计(第1行＝第2行＋第3行＋第4行＋第5行)				1	459 032.26
（一）工资、薪金				2	334 032.26
（二）劳务报酬				3	30 000.00
（三）稿酬				4	80 000.00
（四）特许权使用费				5	15 000.00
二、费用合计[第6行＝(第3行＋第4行＋第5行)×20％]				6	25 000.00
三、免税收入合计(第7行＝第8行＋第9行)				7	19 200.00
（一）稿酬所得免税部分[第8行＝第4行×(1－20％)×30％]				8	19 200.00
（二）其他免税收入(附报《个人所得税减免税事项报告表》)				9	0
四、减除费用				10	60 000.00
五、专项扣除合计(第11行＝第12行＋第13行＋第14行＋第15行)				11	0
（一）基本养老保险费				12	
（二）基本医疗保险费				13	
（三）失业保险费				14	

(续表)

项　　目	行次	金　额
（四）住房公积金	15	
六、专项附加扣除合计（附报《个人所得税专项附加扣除信息表》） （第16行＝第17行＋第18行＋第19行＋第20行＋第21行＋第22行）	16	0
（一）子女教育	17	
（二）继续教育	18	
（三）大病医疗	19	
（四）住房贷款利息	20	
（五）住房租金	21	
（六）赡养老人	22	
七、其他扣除合计（第23行＝第24行＋第25行＋第26行＋第27行＋第28行）	23	31.50
（一）年金	24	
（二）商业健康保险（附报《商业健康保险税前扣除情况明细表》）	25	
（三）税延养老保险（附报《个人税收递延型商业养老保险税前扣除情况明细表》）	26	
（四）允许扣除的税费	27	31.50
（五）其他	28	
八、准予扣除的捐赠额（附报《个人所得税公益慈善事业捐赠扣除明细表》）	29	
九、应纳税所得额 （第30行＝第1行－第6行－第7行－第10行－第11行－第16行－第23行－第29行）	30	354 800.76
十、税率（%）	31	25
十一、速算扣除数	32	31 920
十二、应纳税额（第33行＝第30行×第31行－第32行）	33	56 780.19
全年一次性奖金个人所得税计算 （无住所居民个人预判为非居民个人取得的数月奖金，选择按全年一次性奖金计税的填写本部分）		
一、全年一次性奖金收入	34	120 000.00
二、准予扣除的捐赠额（附报《个人所得税公益慈善事业捐赠扣除明细表》）	35	
三、税率（%）	36	10
四、速算扣除数	37	210
五、应纳税额［第38行＝（第34行－第35行）×第36行－第37行］	38	11 790.00
税　额　调　整		
一、综合所得收入调整额（需在"备注"栏说明调整具体原因、计算方式等）	39	
二、应纳税额调整额	40	

(续表)

项　　目	行　次	金　额
应补/退个人所得税计算		
一、应纳税额合计（第41行＝第33行＋第38行＋第40行）	41	68 570.19
二、减免税额（附报《个人所得税减免税事项报告表》）	42	0
三、已缴税额	43	88 081.77
四、应补/退税额（第44行＝第41行－第42行－第43行）	44	－19 511.58
无住所个人附报信息		
纳税年度内在中国境内居住天数　　195	已在中国境内居住年数	0
退税申请 （应补/退税额小于0的填写本部分）		
√申请退税（需填写"开户银行名称""开户银行省份""银行账号"）　　□放弃退税		
开户银行名称　　　　　　　　　　开户银行省份		
银行账号		
备　　注		
谨声明：本表是根据国家税收法律法规及相关规定填报的，本人对填报内容（附带资料）的真实性、可靠性、完整性负责。 　　　　　　　　　　　　　　　　纳税人签字：詹妮　2020年5月18日		
经办人签字： 经办人身份证件类型： 经办人身份证件号码： 代理机构签章： 代理机构统一社会信用代码：	受理人： 受理税务机关（章）： 受理日期：　　年　　月　　日	

国家税务总局监制

第十一章
无住所个人所得税

> 税收上的任何特权都是不公平的。
> ——伏尔泰

第一节 无住所个人所得税概述

由于在中国境内无住所的个人中既有居民个人,又有非居民个人,而且其居住时间长短不同,纳税义务大小也不一样。加之适用于无住所个人的个人所得税政策既包括我国税收法律法规,又包括我国政府与外国政府或我国香港、澳门特别行政区签订的税收协定或安排等。因此,对在中国境内无住所个人应纳个人所得税的计算,是个人所得税中的一个难点。

一、税收管辖权

税收管辖权,是一个主权国家在税收管理方面所行使的在一定范围内的征税权力,属于国家主权在税收领域中的体现,即一国政府对一定的人或对象征税的权力。税收管辖权中最重要的基本理论是居住国原则和来源国原则,由此引出居民税收管辖权和来源地税收管辖权。

(一)居民税收管辖权与居民身份的确定

居民税收管辖权,是指一国政府对于本国税法上的居民纳税人来自境内及境外的全部财产和收入实行征税的权力。居民税收管辖权的行使,是以纳税人与征税国之间存在税收居所的法律事实为前提的,居民纳税人承担无限纳税义务。"居民"的认定包括自然人居民和法人居民的认定,对此各国有不同的规定。

1. 自然人居民身份的认定

自然人居民身份的认定标准主要有以下几种。

(1)住所标准。某一自然人在一国拥有住所,即认为其为该国的居民纳税人。这也是我国个人所得税法采用的标准之一,即在中国境内有住所的个人为居民个人。各国在判断何为住所时会有一些不同的规定。例如,法国规定,住所指在法国国内有利害关系的中心地点和5年以上的经常居所,即为在法国国内有住所的个人,也是法国税法规定的居民。又如,我国《个人所得税法实施条例》第2条规定,在中国境内有住所,是指因户籍、家庭、经济利益关系而在中国境内习惯性居住。

(2) 居所标准。居所通常指非永久的居住场所。依该标准,一个人在一国拥有居所便是该国的居民纳税人。英国即采用这一标准。居所只需要客观要件,只要住了即可构成居所,其住的可能并不是他的房子,也不需要其有久居的意思。因而,构成居所更容易。

(3) 居住时间标准。该标准以自然人在征税国境内停留或居留的时间来划分是否为纳税居民,采取此标准的国家在居留时间长短上规定不一,有的是一年,有的是半年。在2019年以前,我国采用了一年的标准。自2019年起现行《个人所得税法》实施后采用183天的标准。

(4) 国籍标准。该标准以自然人的国籍来确定纳税居民的身份。只要具有该国国籍,无论是否在该国居住,均为该国的纳税居民,美国、墨西哥等少数国家采取此标准。

实际上,许多国家是同时采取几个标准,如我国就同时采用住所和居住时间的标准。

2. 法人居民身份的认定

对于法人居民身份的认定各国有不同的标准,具体如下。

(1) 法人登记注册地标准,即依法人在何国(地区)注册成立来判断法人纳税居民的身份。

(2) 实际控制与管理中心所在地标准,即法人的实际控制与管理中心所在地设在哪个国家(地区),该法人即为哪个国家的纳税居民,董事会或股东大会所在地往往是判断实际管理中心所在地的标志。

(3) 总机构所在地标准,即法人的总机构设在哪个国家,该法人即为哪个国家的纳税居民,总机构通常指负责管理和控制企业日常营业活动的中心机构。

一些国家在确定居民时采取两个以上的标准。根据我国《企业所得税法》第2条的规定,我国实际上采用了法人注册地和实际管理机构所在地两个标准。

3. 居民税收管辖权冲突的协调

由于各国在确定居民身份上采取了不同的标准,因此,当纳税人进行跨国境的经济活动时,就可能出现两个以上的国家同时认定其为本国纳税居民的情况。该问题的协调主要是通过双边协定。目前,各国双边税收协定协调居民税收管辖权冲突的内容主要以《经济合作与发展组织关于避免所得和财产双重征税的协定范本》(简称《经合组织范本》或《OECD范本》)和《联合国关于发达国家与发展中国家间避免双重征税的协定范本》(简称《联合国范本》)为基础,这两个范本确定了相同的解决居民税收管辖权冲突的规则。在自然人居民身份方面的协调方法包括:

(1) 当某一自然人在某一国有永久性住所,应认为是该国居民;如在两国同时有永久性住所,或在两国均无永久性住所,应认为是与其人身关系和经济联系更密切国家的居民。

(2) 如其重要利益中心所在国无法确定,应认为其为有习惯居处所在国的居民。

(3) 如在两国都有居处或都无居处,则应认为其是国民所在国的居民。

(4) 如其同时是两国国民,或均不是两国国民,则应由缔约国双方主管当局协商解决。

在法人居民身份方面的协调方法包括:

（1）由缔约国协商确定某一具体法人的居民身份。

（2）在税收协定中预先确定一种解决冲突时应依据的标准。

两个范本均以实际管理机构所在国为法人的居住国。我国与一些国家签订的税收协定则以总机构所在国作为解决法人居民身份冲突的标准。

（二）来源地税收管辖权与所得来源地的确定

来源地税收管辖权，是指一国政府针对非居民纳税人就其来源于该国境内的所得征税的权力。依来源国税收管辖权，纳税人承担的是有限的纳税义务。征税国对纳税人主张来源地税收管辖权的基础是认定纳税人有来源于该征税国境内的所得，各项所得或收益一般可划分为营业所得、劳务所得、投资所得和财产所得四类。

1. 营业所得

营业所得又称营业利润或经营所得，即纳税人在某个固定场所从事经营活动取得的纯收益。目前，各国对非居民营业所得的征税普遍使用常设机构原则。常设机构原则，是指仅对非居民纳税人通过在境内常设机构而获取的工商营业利润实行征税的原则。常设机构包括：管理场所、分支机构、办事处、工厂、车间、作业场所、矿场、油井、采石场等。而陈列、展销、商品库存、为采购货物等而保有的场所，其他具有准备性、辅助性的固定场所则不构成常设机构。在常设机构利润范围上，一般采用实际联系原则和引力原则。前者指通过常设机构取得的营业利润，及与常设机构有关联的其他所得（如股息、利息、特许权使用费等），可归入常设机构的利润范围。后者指未通过常设机构的所得，只要产生这些所得的营业活动本身属于常设机构的营业范围，即可将其纳入常设机构的利润项下。例外情况是，对于国际海运和航空运输业，一般由企业的实际管理机构所在国征税。

2. 劳务所得

非居民个人劳务所得包括个人独立劳务所得和非个人独立劳务所得。

个人独立劳务所得，指个人独立从事独立性的专业活动所取得的所得。如医生、律师、会计师、工程师等从事独立活动取得的所得。确定独立劳务所得来源地的方式一般采用"固定基地原则"和"183天规则"。固定基地原则，是指个人从事专业性活动的场所，如诊所、事务所等。183天规则，是指在境内停留的时间，即应以提供劳务的非居民个人某一会计年度在境内连续或累计停留183天或在境内设有从事独立活动的固定基地为征税的前提条件。对独立的个人劳务所得，应仅由居住国行使征税权。但如取得独立劳务所得的个人在来源国设有固定基地或连续或累计停留超过183天者，则应由来源国征税。

非个人独立劳务所得，即非居民受雇于他人的所得，一般由收入来源国一方从源征税。

3. 投资所得

投资所得包括股息、利息、特许权使用费等。对于此类投资所得，各国一般采用从源预提的方式征税，即征收预提税。我国《企业所得税法》规定的预提税税率为20%，同时根据我国《企业所得税法实施条例》第91条规定减按10%的税率征收。为避免重复征税，各国一般会通过双边协定的方式解决有关投资所得的征税权划分问题,我国与他国的双边协定依双方税收权益分享的原则,实施限制税率制,一般规定的预提税税率不超过10%。

4. 财产所得

非居民的财产所得是指非居民转让财产的所得。对于不动产的转让所得,一般由财产所在国征税。对于转让从事国际运输的船舶和飞机的所得,一般由转让者的居住国单独征税。对于动产的转让所得,各国主张的标准不同,例如,对转让公司股份财产所得,有些国家以转让人居住地为其所得来源地,有些国家以被转让股份的公司所在地为来源地,有些国家则主张转让行为发生地为其所得来源地。因此,动产转让所得由双边税收协定具体划分。

二、居民个人与非居民个人

我国《个人所得税法》参照国际通常做法,依据住所和居住时间两个标准,将个人所得税纳税义务人划分为居民个人和非居民个人,行使不同的税收管辖权。

(一) 居民个人与非居民个人的划分

根据2018年《个人所得税法》第1条的规定,在中国境内有住所,或者无住所而一个纳税年度内在中国境内居住累计满183天的个人,为居民个人。居民个人从中国境内和境外取得的所得,依照该法规定缴纳个人所得税。

在中国境内无住所又不居住,或者无住所而一个纳税年度内在中国境内居住累计不满183天的个人,为非居民个人。非居民个人从中国境内取得的所得,依照该法规定缴纳个人所得税。

纳税年度,自公历1月1日起至12月31日止。

根据2018年《个人所得税法实施条例》第2条的规定,从中国境内和境外取得的所得,分别是指来源于中国境内的所得和来源于中国境外的所得。

2011年《个人所得税法》第1条也规定了两类纳税人:一是在中国境内有住所,或者无住所而在境内居住满1年的个人,从中国境内和境外取得的所得,缴纳个人所得税;二是在中国境内无住所又不居住,或者无住所而在境内居住不满1年的个人,从中国境内取得的所得,缴纳个人所得税。从国际惯例看,一般将个人所得税纳税人分为居民个人和非居民个人两类,两类纳税人在纳税义务和征税方式上均有所不同。2011年《个人所得税法》规定的两类纳税人实质上是居民个人和非居民个人,但没有明确做出概念上的分类。为适应个人所得税改革对两类纳税人在征税方式等方面的不同要求,便于税法和有关税收协定的贯彻执行,借鉴国际惯例,2018年《个人所得税法》明确引入了居民个人和非居民个人的概念,并将在中国境内居住时间这一判定居民个人和非居民个人的标准,由是否满1年调整为是否满183天,以更好地行使税收管辖权,维护国家税收权益。

居民个人与非居民个人的划分与判定标准的对比如表11-1所示。

表 11-1　　居民个人与非居民个人的划分与判定规定对比

2018 年《个人所得税法》	2011《个人所得税法》	修改情况
第 1 条　在中国境内有住所,或者无住所而一个纳税年度内在中国境内居住累计满 183 天的个人,为居民个人。居民个人从中国境内和境外取得的所得,依照本法规定缴纳个人所得税。 在中国境内无住所又不居住,或者无住所而一个纳税年度内在中国境内居住累计不满 183 天的个人,为非居民个人。非居民个人从中国境内取得的所得,依照本法规定缴纳个人所得税	第 1 条在中国境内有住所,或者无住所而在境内居住满 1 年的个人,从中国境内和境外取得的所得,依照本法规定缴纳个人所得税。 在中国境内无住所又不居住或者无住所而在境内居住不满 1 年的个人,从中国境内取得的所得,依照本法规定缴纳个人所得税	1. 增加居民个人与非居民个人的概念; 2. 将无住所个人判定为居民个人的居住时间标准,由满 1 年改为满 183 天

税收居民身份的判定是一个国家行使税收管辖权的前提条件,是现代所得税制的基础。在我国与其他国家、地区签订的税收协定、安排,以及在实际税收征管中,税务机关一直约定俗成地按照居民纳税人、非居民纳税人划分纳税义务,但 2011 年《个人所得税法》中没有明确提出居民个人、非居民个人的概念。而是采用"无住所个人""外籍个人"等多种表述划分纳税人身份,存在概念内涵交叉、外延不清、不利于纳税人理解和税务机关征管等问题。明确概念划分,有利于适应我国对外开放新格局。随着我国经济实力和综合国力的不断增强,我国与世界各国的经贸往来、技术交流、人才流动不断增多,尤其是随着"一带一路"倡议的全面推进,引入"居民个人"与"非居民个人"的概念,有利于与国际接轨、维护国家税收权益,也与企业所得税法划分居民企业、非居民企业的做法相衔接。

(二) 居民个人及其纳税义务

1. 居民个人

自 2019 年 1 月 1 日起,根据 2018 年《个人所得税法》第 1 条第 1 款的规定,在中国境内有住所,或者无住所而一个纳税年度内在中国境内居住累计满 183 天的个人,为居民个人。居民个人从中国境内和境外取得的所得,依照该法规定缴纳个人所得税。

根据 2018 年《个人所得税法实施条例》第 2 条的规定,在中国境内有住所,是指因户籍、家庭、经济利益关系而在中国境内习惯性居住。

在 2018 年 12 月 31 日以前,根据 2011 年《个人所得税法》第 1 条第 1 款的规定,居民纳税义务人,是指在中国境内有住所,或者无住所而在中国境内居住满 1 年的个人。根据 2011 年《个人所得税法实施条例》第 3 条的规定,在境内居住满 1 年,是指在一个纳税年度(公历 1 月 1 日起至 12 月 31 日止)中,在中国境内居住满 365 日。临时离境的,不扣减日数。临时离境,是指在一个纳税年度中,一次不超过 30 日或者多次累计不超过 90 日的离境。根据 2011 年《个人所得税法实施条例》第 2 条的规定,在中国境内有住所的个人,是指因户籍、家庭、经济利益关系,而在中国境内习惯性居住的个人。因而,在界定某一纳税人居民身份时,必须准确理解和掌握住所、户籍、经济利益关系以及习惯性居住等关键概念。

1) 住所

住所是一个法律概念,而非我们通常所说的住房。住所与居所不同,住所是自然人以久住的意思而经常居住的中心生活场所;居所是自然人经常居住的场所。构成住所必须有久住的意思和经常居住的事实两个条件。自然人的住所只能有一个,根据我国《民法总则》第25条的规定,自然人以户籍登记或者其他有效身份登记记载的居所为住所;经常居所与住所不一致的,经常居所视为住所。自然人的住所与户籍登记地是不同的。自然人的住所可以与户籍登记地一致,也可以不一致。在不一致时,非户籍登记地的经常居住地,就是住所。根据意思自治原则,住所的设定与变更应尊重当事人的意思。通常情况下,虽然以自然人的户籍登记地的居所为设定的住所,但在自然人离开住所时,应以连续居住1年以上的经常居住地为住所。当自然人无经常居住地,且其户籍已从原地迁出到迁入新地之前,仍应以原户籍所在地为住所。被监护人的住所由监护人设定,一般以监护人的住所为其住所。

2) 户籍

户籍是对自然人按户进行登记并予以出证的法定文件。户籍记载的自然人的姓名、出生日期、婚姻状况、亲属关系等,皆有法律上的证明力。其中住址一项,在无相反证明时,该住址即为住所。

3) 习惯性居住

税法上所称"住所"是一个特定概念,不等同于实物意义上的住房。按照《个人所得税法实施条例》第2条的规定,住所是指因户籍、家庭、经济利益关系而在境内习惯性居住。习惯性居住,是判定纳税义务人是居民个人或非居民个人的一个法律意义上的标准,不是指实际居住或在某一个特定时期内的居住地。它是判定纳税义务人属于居民还是非居民的一个重要依据。如因学习、工作、探亲、旅游等而在中国境外居住的,在其原因消除之后,必须回到中国境内居住的个人,则中国即为该纳税人习惯性居住地。对于境外个人仅因学习、工作、探亲、旅游等原因而在中国境内居住,待上述原因消除后该境外个人仍然回到境外居住的,其习惯性居住地不在境内,即使该境外个人在境内购买住房,也不会被认定为境内有住所的个人。

2. 居民个人的分类

个人所得税的居民个人包括以下两类:

(1) 在中国境内定居的中国公民和外国侨民,但不包括虽具有中国国籍,却并没有在中国大陆定居,而是侨居海外的华侨和居住在中国香港、澳门、台湾的同胞。

(2) 从公历1月1日起至12月31日止,在中国境内居住累计满183天的外国人、海外侨胞和中国香港、澳门、台湾同胞。

需要说明的是,目前我国税法中关于"中国境内"的概念,是指中国大陆地区,不包括中国香港、澳门和台湾地区。

【例11-1】 根据个人所得税法相关规定,在中国境内无住所但取得所得的下列外籍人员中,属于居民个人的是(   )。

A. M国甲,2019年在华居住7个月

B. N国乙,2019年1月10日入境中国,2019年10月10日离境

C. X国丙,2019年2月1日入境中国,2020年1月2日离境,其间临时离境28天

D. Y国丁,2018年3月1日入境中国,2019年3月1日离境,其间临时离境10天

【答案】 ABC

【解析】 自2019年1月1日起,根据《个人所得税法》第1条的规定,在中国境内有住所,或者无住所而1个纳税年度内在中国境内居住累计满183天的个人,属于居民个人。选项A中的M国甲,2019年在华居住7个月,即在中国境内居住超过183天,属于居民个人;选项B中的N国乙,2019年在中国境内居住天数为:21+28+31+30+31+30+31+31+30+9=272(天),超过183天,属于居民个人;选项C中的X国丙,2019年在中国境内居住超过183天,属于居民个人。

选项D中的Y国丁,2018年在中国境内居住时间不满1年,不符合居住满1年的条件,根据2011年《个人所得税法》的相关规定,不属于居民个人。2019年在中国境内居住仅59天,没有超过183天,为中国的非居民个人。

(三)非居民个人及其纳税义务

自2019年1月1日起,根据2018年《个人所得税法》第1条第2款的规定,在中国境内无住所又不居住,或者无住所而一个纳税年度内在中国境内居住累计不满183天的个人,为非居民个人。非居民个人从中国境内取得的所得,依照《个人所得税法》的相关规定缴纳个人所得税。

在2018年12月31日以前,根据2011年《个人所得税法》第1条第2款的规定,非居民纳税义务人是指在中国境内无住所又不居住或者无住所而在境内居住不满1年的个人(不符合居民纳税人判定标准或条件)。也就是说,在2019年12月31日以前,非居民个人,是指习惯性居住地不在中国境内,而且不在中国境内居住,或者在一个纳税年度内,在中国境内居住不满1年的个人。

【例11-2】 某外国人2017年2月12日来华工作,2018年2月15日回国,2018年3月2日返回中国,2018年11月15日至2018年11月30日,因工作需要去了日本,2018年12月1日返回中国,后于2019年11月20日离华回国,则该纳税人(   )。

A. 2017年度为我国居民纳税人,2018年度为我国非居民纳税人

B. 2018年度为我国居民纳税人,2019年度为我国居民个人

C. 2018年度和2019年度均为我国非居民纳税人

D. 2017年度和2018年度均为我国居民纳税人

【答案】 B

【解析】 2018年12月31日以前,在确定纳税人在中国境内居住是否满1年时,必须注意两个问题:首先,满1年必须是在一个纳税年度内在中国境内居住满365日。我国个人所得税的纳税年度为公历纪年,即为公历1月1日至12月31日。其次,对纳税人在一个纳税年度内的临时离境必须准确把握,一方面对其临时离境的天数不得扣减;另一方面要将

临时离境严格界定为在一个纳税年度内只离境一次时,离境日数不超过30日;或者多次离境时,离境日数累计不超过90日。自2019年1月1日起,修订后《个人所得税法》取消了临时离境的规定。

在本案例中,该外国人2017年在中国境内居住不满1年,为非居民纳税人;2018年在中国境内居民满1年,为居民纳税人;2019年在中国境内居住满183天,为居民个人。

综上所述,自2019年1月1日起纳税义务人及其纳税义务,如图11-1所示。

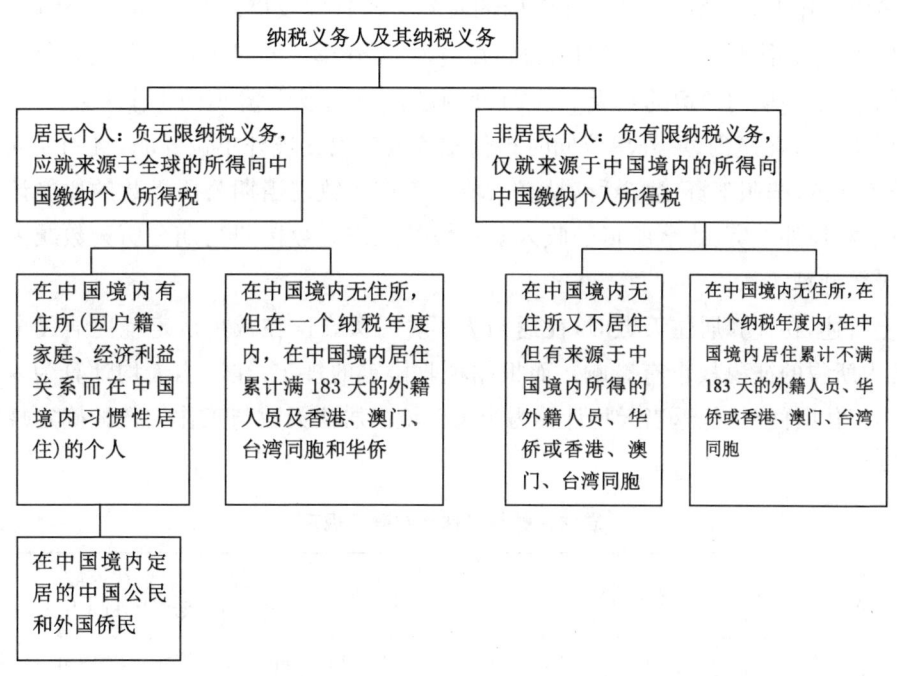

图11-1 纳税义务人及其纳税义务

三、居住时间与工作时间

(一)居住天数

在中国境内无住所的个人(以下简称无住所个人)居住时间的判定标准问题,《财政部 税务总局关于在中国境内无住所的个人居住时间判定标准的公告》(财政部 税务总局公告2019年第34号,自2019年1月1日起施行)第2条规定,无住所个人一个纳税年度内在中国境内累计居住天数,按照个人在中国境内累计停留的天数计算。在中国境内停留的当天满24小时的,计入中国境内居住天数,在中国境内停留的当天不足24小时的,不计入中国境内居住天数。

【例11-3】 李先生为我国香港居民(非高管人员),自2018年10月来到深圳某公司工作,每周一早上来深圳上班,周五晚上回香港。一直工作到2020年10月。

要求:分析说明2019年李先生的纳税人身份与纳税义务。

【解析】 2019年李先生周一和周五当天停留都不足24小时,因此不计入境内居住天数,再加上周六、周日2天也不计入,这样,每周可计入的天数仅为3天,按全年52周计算,李先生全年在境内居住天数为156天,未超过183天,不构成居民个人,李先生取得的全部境外所得,就可免缴中国大陆的个人所得税。

(二) 工作天数

根据《财政部 税务总局关于非居民个人和无住所居民个人有关个人所得税政策的公告》(财政部 税务总局公告2019年第35号)第1条第1项的规定,中国境内工作期间按照个人在境内工作天数计算,包括其在境内的实际工作日以及境内工作期间在境内、境外享受的公休假、个人休假、接受培训的天数。在境内、境外单位同时担任职务或者仅在境外单位任职的个人,在境内停留的当天不足24小时的,按照半天计算境内工作天数。

无住所个人在境内、境外单位同时担任职务或者仅在境外单位任职,且当期同时在境内、境外工作的,按照工资、薪金所属境内、境外工作天数占当期公历天数的比例计算确定来源于境内、境外工资、薪金所得的收入额。境外工作天数按照当期公历天数减去当期境内工作天数计算。

综上所述,在计算居住天数时,往返当天不算一天。这在减少认定境内居民个人的同时,对境内所得的征税权也有影响。而根据税收协定的规定,往返当天均计算为一天。在计算境内工作时间时,往返当天均计算为半天。境内居住天数与工作天数的确定规定如表11-2所示。

表11-2　　　　　　　　居住天数与工作天数确定规定

项目	确定方法		入境、离境、往返或多次往返境内外的当日	
	2019年1月1日起	2018年12月31日以前	2019年1月1日起	2018年12月31日以前
居住天数	以在境内累计停留的天数计算	以实际在华逗留天数计算	不计入境内居住天数	按一天计算在华实际逗留天数
工作天数	以个人在境内工作天数计算,包括在境内的实际工作日以及境内工作期间在境内、境外享受的公休假、个人休假、接受培训的天数	以境内工作期间计算	按半天计算为在华实际工作天数	按半天计算为在华实际工作天数

第二节　所得来源地的判定

判定所得来源地,是确定该项所得是否应该征收个人所得税的重要依据。对于非居民个人,由于通常只就其来源于中国境内的所得征税,因此判定所得来源地,显得更为重要。

一、来源于中国境内所得的判定原则

(一) 税制改革前来源于境内所得的判定

在 2018 年 12 月 31 日以前,根据 2011 年《个人所得税法实施条例》第 5 条的规定,下列所得,无论支付地点是否在中国境内,均为来源于中国境内的所得:

(1) 因任职、受雇、履约等而在中国境内提供劳务取得的所得。

(2) 财产出租给承租人在中国境内使用而取得的所得。

(3) 转让中国境内的建筑物、土地使用权等财产或者在中国境内转让其他财产取得的所得。

(4) 许可各种特许权在中国境内使用而取得的所得。

(5) 从中国境内的公司、企业以及其他经济组织或者个人取得的利息、股息、红利所得。

(二) 税制改革后来源于境内所得的判定

自 2019 年 1 月 1 日起,根据 2018 年《个人所得税法实施条例》第 3 条的规定,除国务院财政、税务主管部门另有规定外,下列所得,无论支付地点是否在中国境内,均为来源于中国境内的所得:

(1) 因任职、受雇、履约等在中国境内提供劳务取得的所得。

(2) 将财产出租给承租人在中国境内使用而取得的所得。

(3) 许可各种特许权在中国境内使用而取得的所得。

(4) 转让中国境内的不动产等财产或者在中国境内转让其他财产取得的所得。

(5) 从中国境内企业、事业单位、其他组织以及居民个人取得的利息、股息、红利所得。

根据《财政部 税务总局关于非居民个人和无住所居民个人有关个人所得税政策的公告》(财政部 税务总局公告 2019 年第 35 号)的规定,由境内企业、事业单位、其他组织支付或者负担的稿酬所得,为来源于境内的所得。对于担任境内居民企业的董事、监事及高层管理职务的个人(以下统称高管人员),无论是否在境内履行职务,取得由境内居民企业支付或者负担的董事费、监事费、工资、薪金或者其他类似报酬(以下统称高管人员报酬,包含数月奖金和股权激励),属于来源于境内的所得。高层管理职务包括企业正、副(总)经理、各职能总师、总监及其他类似公司管理层的职务。

2011 年、2018 年《个人所得税法实施条例》有关所得来源地的判定如表 11-3 所示。

表 11-3 个人所得税来源于中国境内所得的判定规定对比

项目	2018 年《个人所得税法实施条例》	2011 年《个人所得税法实施条例》	备注
条款	第 3 条 除国务院财政、税务主管部门另有规定外,下列所得,不论支付地点是否在中国境内,均为来源于中国境内的所得	第 5 条 下列所得,不论支付地点是否在中国境内,均为来源于中国境内的所得	现行税法授权财政部、税务总局可以作出例外规定

(续表)

项目	2018年《个人所得税法实施条例》	2011年《个人所得税法实施条例》	备注
工资与劳务报酬所得	因任职、受雇、履约等在中国境内提供劳务取得的所得	因任职、受雇、履约等而在中国境内提供劳务取得的所得	劳务发生地原则
特许权使用费	许可各种特许权在中国境内使用而取得的所得	许可各种特许权在中国境内使用而取得的所得	使用地原则
财产租赁所得	将财产出租给承租人在中国境内使用而取得的所得	财产出租给承租人在中国境内使用而取得的所得	使用地原则
财产转让所得	转让中国境内的不动产等财产或者在中国境内转让其他财产取得的所得	转让中国境内的建筑物、土地使用权等财产或者在中国境内转让其他财产取得的所得	不动产所在地、转让机构或行为所在地
利息股息红利	从中国境内企业、事业单位、其他组织以及居民个人取得的利息、股息、红利所得	从中国境内的公司、企业以及其他经济组织或者个人取得的利息、股息、红利所得	支付机构所在地
稿酬所得	财政部 税务总局公告2019年第35号规定,由境内企业、事业单位、其他组织支付或者负担的稿酬所得,为来源于境内的所得		

【例11-4】 2019年8月,注册在中国上海的A公司,向境外个人Smise支付佣金收入30万元人民币。

请分析:A公司是否要扣缴个人所得税。

【解析】

根据2018年《个人所得税法》第1条的规定,在中国境内有住所,或者无住所而一个纳税年度内在中国境内居住累计满183天的个人,为居民个人。居民个人从中国境内和境外取得的所得,依照该法规定缴纳个人所得税。

在中国境内无住所又不居住,或者无住所而一个纳税年度内在中国境内居住累计不满183天的个人,为非居民个人。非居民个人从中国境内取得的所得,依照该法规定缴纳个人所得税。

注册在中国上海的A公司,向境外个人支付代理佣金收入,根据2018年《个人所得税法》的相关规定,如果个人的该项佣金收入需要在中国缴纳个人所得税,则境内支付单位需要代扣代缴个人所得税,否则不用代扣代缴个人所得税。佣金收入是否需要缴纳中国个人所得税的判定,如表11-4所示。

表 11-4　　　　　　　　　　　　个人所得税的判定

支付人	取得所得人的类型		劳务发生地	是否扣缴
中国境内单位	居民个人	在中国境内有住所的个人	在中国境内、境外提供劳务取得的所得	扣缴个人所得税
		无住所而一个纳税年度内在中国境内居住累计满183天的个人		
	非居民个人	在中国境内无住所又不居住,或者无住所而一个纳税年度内在中国境内居住不满183天的个人	在中国境内提供劳务取得的所得	
			在中国境外提供劳务取得的所得	不征收个人所得税

二、工资、薪金所得来源地的判定

(一) 税制改革前工资、薪金所得来源地的判定

在2018年12月31日以前,根据《国家税务总局关于在中国境内无住所的个人取得工资、薪金所得纳税义务问题的通知》[国税发〔1994〕148号,自2019年1月1日起被《财政部 国家税务总局关于非居民个人和无住所居民个人有关个人所得税政策的公告》(财政部 税务总局公告2019年第35号)废止]第1条的规定,属于来源于中国境内的工资、薪金所得应为个人实际在中国境内工作期间取得的工资、薪金,即个人实际在中国境内工作期间取得的工资、薪金,无论是由中国境内还是境外企业或个人雇主支付的,均属来源于中国境内的所得;个人实际在中国境外工作期间取得的工资、薪金,无论是由中国境内还是境外企业或个人雇主支付的,均属于来源于中国境外的所得。

(二) 税制改革后工资、薪金所得来源地的判定

根据《个人所得税法实施条例》第3条第1项的规定,除国务院财政、税务主管部门另有规定外,因任职、受雇、履约等在中国境内提供劳务取得的所得,无论支付地点是否在中国境内,均为来源于中国境内的所得。

自2019年1月1日起,根据《财政部 税务总局关于非居民个人和无住所居民个人有关个人所得税政策的公告》(财政部 税务总局公告2019年第35号)第1条1项的规定,个人取得归属于中国境内(以下简称境内)工作期间的工资、薪金所得为来源于境内的工资、薪金所得。境内工作期间按照个人在境内工作天数计算,包括其在境内的实际工作日以及境内工作期间在境内、境外享受的公休假、个人休假、接受培训的天数。在境内、境外单位同时担任职务或者仅在境外单位任职的个人,在境内停留的当天不足24小时的,按照半天计算境内工作天数。

无住所个人在境内、境外单位同时担任职务或者仅在境外单位任职,且当期同时在境内、境外工作的,按照工资、薪金所属境内、境外工作天数占当期公历天数的比例计算确定来源于境内、境外工资、薪金所得的收入额。境外工作天数按照当期公历天数减去当期境内工作天数计算。

根据《财政部关于外国来华工作人员缴纳个人所得税问题的通知》(财税字〔1980〕189号)第3项的规定,外国来华工作人员,在我国服务而取得的工资、薪金,不论是我方支付、外国支付、我方和外国共同支付,均属于来源于中国的所得,除该通知第1项(援助国派往我国专为该国无偿援助我国的建设项目服务的工作人员,取得的工资、生活津贴,无论是我方支付或外国支付,均可免征个人所得税)规定给予免税优惠外,其他均应按规定征收个人所得税。但对在中国境内连续居住不超过90天的,可只就我方支付的工资、薪金部分计算纳税,对外国支付的工资、薪金部分免予征税。

工资、薪金所得来源地的判定说明如表11-5所示。

表11-5　　　　　　　　　　工资、薪金所得来源地的判定

所得按来源地分类	判定原则	按支付地分类
来源于中国境内的工资、薪金所得	个人实际在中国境内工作期间取得的工资、薪金	由中国境内单位或个人雇主支付的
		由中国境外单位或个人雇主支付的
来源于中国境外的工资、薪金所得	个人实际在中国境外工作期间取得的工资、薪金	由中国境内单位或个人雇主支付的
		由中国境外单位或个人雇主支付的

根据《个人所得税法实施条例》第3条第1项的规定,因任职、受雇、履约等在境内提供劳务取得的所得属于来源于境内的所得。无住所个人流动性强,可能在境内、境外同时担任职务,分别取得收入,为明确境内、境外工资、薪金所得划分问题,《财政部　税务总局关于非居民个人和无住所居民个人有关个人所得税政策的公告》(财政部　税务总局公告2019年第35号)第1条第1项规定,个人取得归属于境内工作期间的工资、薪金所得为来源于境内的工资、薪金所得。境内工作期间按照个人在境内工作天数计算,境外工作天数按照当期公历天数减去当期境内工作天数计算。无住所个人在境内、境外单位同时担任职务或者仅在境外单位任职,且当期同时在境内、境外工作的,按照工资、薪金所属境内、境外工作天数占当期公历天数的比例,计算确定来源于境内、境外工资、薪金所得的收入额。需要说明的是,境内工作天数与在境内实际居住的天数并不是同一个概念。境内工作天数包括其在境内的实际工作日以及境内工作期间在境内、境外享受的公休假、个人休假、接受培训的天数。无住所个人未在境外单位任职的,无论其是否在境外停留,都不计算境外工作天数。

三、数月奖金或股权激励所得来源地的判定

数月奖金,是指一次取得归属于数月的奖金、年终加薪、分红等工资、薪金所得,不包括每月固定发放的奖金及一次性发放的数月工资。股权激励包括股票期权、股权期权、限制性股票、股票增值权、股权奖励以及其他因认购股票等有价证券而从雇主取得的折扣或者补贴。

根据《财政部 税务总局关于非居民个人和无住所居民个人有关个人所得税政策的公告》(财政部 税务总局公告 2019 年第 35 号)第 1 条第 2 项的规定,无住所个人取得的数月奖金或者股权激励所得按照该公告第 1 条第 1 项(即个人取得归属于中国境内工作期间的工资、薪金所得为来源于境内的工资、薪金所得)规定确定所得来源地的,无住所个人在境内履职或者执行职务时收到的数月奖金或者股权激励所得,归属于境外工作期间的部分,为来源于境外的工资、薪金所得;无住所个人停止在境内履约或者执行职务离境后收到的数月奖金或者股权激励所得,对属于境内工作期间的部分,为来源于境内的工资、薪金所得。具体计算方法为:数月奖金或者股权激励乘以数月奖金或者股权激励所属工作期间境内工作天数与所属工作期间公历天数之比。用公式表示为:

$$\text{来源于境内的工资、薪金所得} = \text{数月奖金或者股权激励} \times \frac{\text{数月奖金或者股权激励所属工作期间境内工作天数}}{\text{所属工作期间公历天数}}$$

无住所个人一个月内取得的境内外数月奖金或者股权激励包含归属于不同期间的多笔所得的,应当先分别按照规定计算不同归属期间来源于境内的所得,然后再加总计算当月来源于境内的数月奖金或者股权激励收入额。

数月奖金和股权激励属于工资、薪金、所得,无住所个人取得数月奖金、股权激励,均应按照工资、薪金所得来源地判定规则划分境内和境外所得。针对数月奖金和股权激励的特殊情形,在工资、薪金所得来源地判定规则基础上,可以细分为如下三种情况:

(1) 无住所个人在境内履职或者执行职务时,收到的数月奖金或者股权激励所得,如果是归属于境外工作期间的所得,仍为来源于境外的工资、薪金所得。

(2) 无住所个人停止在境内履约或执行职务离境后,收到归属于其在境内工作期间的数月奖金或股权激励所得,仍为来源于境内的所得。

(3) 无住所个人一个月内从境内、境外单位取得多笔数月奖金或者股权激励所得,且数月奖金或者股权激励分别归属于不同期间的,应当按照每笔数月奖金或者股权激励的归属期间,分别计算每笔数月奖金或者股权激励的境内收入额后,然后再加总计算当月境内数月奖金或股权激励收入额。

高管人员取得的数月奖金、股权激励,按照高管人员工资、薪金所得的规则,划分境内、境外所得。

四、高管人员报酬所得来源地的判定

根据《财政部 税务总局关于非居民个人和无住所居民个人有关个人所得税政策的公告》(财政部 税务总局公告 2019 年第 35 号)第 1 条第 3 项的规定,对于担任境内居民企业的董事、监事及高层管理职务的个人(以下统称高管人员),无论是否在境内履行职务,取得由境内居民企业支付或者负担的董事费,监事费,工资、薪金或者其他类似报酬,属于来源于境内的所得。

高层管理职务包括企业正、副（总）经理、各职能总师、总监及其他类似公司管理层的职务。

根据 2018 年《个人所得税法实施条例》第 3 条第 1 项的规定，因任职、受雇、履约等在境内提供劳务取得的所得属于来源于境内所得。但对担任董事、监事、高层管理职务的无住所个人，其境内所得判定的规则与一般无住所雇员不同。高管人员参与公司决策和监督管理，工作地点流动性较大，不宜简单按照工作地点划分境内和境外所得。对此，《财政部 税务总局关于非居民个人和无住所居民个人有关个人所得税政策的公告》（财政部 税务总局公告 2019 年第 35 号）第 1 条第 3 项规定，高管人员取得由境内居民企业支付或负担的报酬，无论其是否在境内履行职务，均属于来源于境内的所得，应在境内缴税。对高管人员取得不是由境内居民企业支付或者负担的报酬，仍需按照任职、受雇、履约地点划分境内、境外所得。

五、企业所得税所得来源地的判定

与个人所得税所得来源地判定规则不同，《企业所得税法》所称来源于中国境内、境外的所得，按照以下原则确定：

（1）销售货物所得，按照交易活动发生地确定。

（2）提供劳务所得，按照劳务发生地确定。

（3）转让财产所得，不动产转让所得按照不动产所在地确定，动产转让所得按照转让动产的企业或者机构、场所所在地确定，权益性投资资产转让所得按照被投资企业所在地确定。

（4）股息红利等权益性投资所得，按照分配所得的企业所在地确定。

（5）利息所得、租金所得、特许权使用费所得，按照负担或者支付所得的企业或者机构、场所所在地确定，或者按照负担、支付所得的个人的住所地确定。

（6）其他所得，由国务院财政、税务主管部门确定。

企业所得税与个人所得税有关所得来源地的确定原则存在一定差异，如表 11-6 所示。

表 11-6　　　　　　　　　　所得来源地的确定

项目	个人所得税来源于境内的所得	企业所得税所得来源地的确定
提供劳务	因任职、受雇、履约等而在中国境内提供劳务取得的所得	提供劳务所得，按照劳务发生地确定所得来源地
特许权使用费	许可各种特许权在中国境内使用而取得的所得	特许权使用费所得，按照负担或者支付所得的企业或者机构、场所所在地确定，或者按照负担、支付所得的个人的住所地确定
财产租赁	将财产出租给承租人在中国境内使用而取得的所得	租金所得按照负担或者支付所得的企业或者机构、场所所在地确定，或者按照负担、支付所得的个人的住所地确定

(续表)

项目		个人所得税来源于境内的所得	企业所得税所得来源地的确定
财产转让	转让中国境内的不动产等财产取得的所得		不动产转让所得按照不动产所在地确定
			权益性投资资产转让所得按照被投资企业所在地确定
	在中国境内转让其他财产取得的所得		动产转让所得按照转让动产的企业或者机构、场所所在地确定
			销售货物所得,按照交易活动发生地确定。
利息、股息、红利	从中国境内企业、事业单位、其他组织以及居民个人取得的利息、股息、红利所得		股息红利等权益性投资所得,按照分配所得的企业所在地确定
			利息所得,按照负担或者支付所得的企业或者机构、场所所在地确定,或者按照负担、支付所得的个人的住所地确定

六、境内销售货物、劳务或发生应税行为

所得税法中所得来源地的确定原则,与增值税中所称的在中国境内销售货物、加工修理修配劳务或者销售服务、无形资产、不动产(简称应税行为)不是同一个概念。

(一)境内销售货物或者提供劳务

根据《增值税暂行条例实施细则》(财政部 国家税务总局令第50号)第8条的规定,在中华人民共和国境内(以下简称境内)销售货物或者提供加工、修理修配劳务,是指:

(1)销售货物的起运地或者所在地在境内。

(2)提供的应税劳务发生在境内。

(二)境内销售服务、无形资产或者不动产

根据《营业税改征增值税试点实施办法》(财税〔2016〕36号附件1)第12条的规定,在境内销售服务、无形资产或者不动产,是指:

(1)服务(租赁不动产除外)或者无形资产(自然资源使用权除外)的销售方或者购买方在境内。

(2)所销售或者租赁的不动产在境内。

(3)所销售自然资源使用权的自然资源在境内。

(4)财政部和国家税务总局规定的其他情形。

(三)不属于在境内销售服务或者无形资产的情形

根据《营业税改征增值税试点实施办法》第13条的规定,下列情形不属于在境内销售服务或者无形资产:

(1)境外单位或者个人向境内单位或者个人销售完全在境外发生的服务。

(2)境外单位或者个人向境内单位或者个人销售完全在境外使用的无形资产。

(3)境外单位或者个人向境内单位或者个人出租完全在境外使用的有形动产。

(4) 财政部和国家税务总局规定的其他情形。

根据《国家税务总局关于营改增试点若干征管问题的公告》(国家税务总局公告2016年第53号)第1条的规定,境外单位或者个人发生的下列行为不属于在境内销售服务或者无形资产:

(1) 为出境的函件、包裹在境外提供的邮政服务、收派服务。

(2) 向境内单位或者个人提供的工程施工地点在境外的建筑服务、工程监理服务。

(3) 向境内单位或者个人提供的工程、矿产资源在境外的工程勘察勘探服务。

(4) 向境内单位或者个人提供的会议展览地点在境外的会议展览服务。

个人所得税中来源于境内的所得与增值税中在境内销售货物、加工修理修配劳务或者销售服务、无形资产、不动产的确定原则不同,具体如表11-7所示。

表11-7 所得来源地与境内销售货物、劳务或服务

类型	个人所得税来源于境内的所得	增值税在境内销售货物、劳务或服务
提供劳务	因任职、受雇、履约等而在中国境内提供劳务取得的所得	在境内销售服务,是指服务(租赁不动产除外)的销售方或者购买方在境内
		在境内提供加工、修理修配劳务,是指提供的应税劳务发生在境内
财产租赁	将财产出租给承租人在中国境内使用而取得的所得	所销售或者租赁的不动产在境内,动产出租的出租方或承租方在境内
财产转让	转让中国境内的不动产、土地使用权等资产取得的所得	所销售自然资源使用权的自然资源在境内。
	在中国境内转让其他财产取得的所得	无形资产(自然资源使用权除外)的销售方或者购买方在境内
		在境内销售货物,是指销售货物的起运地或者所在地在境内
特许权使用费	许可各种特许权在中国境内使用而取得的所得	无形资产(自然资源使用权除外)的销售方或者购买方在境内
利息、股息、红利	从中国境内企事业单位、其他经济组织或者个人取得的利息、股息、红利所得	在境内提供贷款服务是指贷款服务的销售方或者购买方在境内

第三节 无住所个人优惠

一、居住不超过90日境内所得境外雇主支付部分免税

自2019年1月1日起,根据2018年《个人所得税法实施条例》第5条的规定,在中国境

内无住所的个人,在一个纳税年度内在中国境内居住累计不超过90天的,其来源于中国境内的所得,由境外雇主支付并且不由该雇主在中国境内的机构、场所负担的部分,免予缴纳个人所得税。

在2018年12月31日以前,根据2011年《个人所得税法实施条例》第7条的规定,在中国境内无住所,但是在一个纳税年度中在中国境内连续或者累计居住不超过90日的个人,其来源于中国境内的所得,由境外雇主支付并且不由该雇主在中国境内的机构、场所负担的部分,免予缴纳个人所得税。

需要说明的是,这里免征的是境内所得境外支付部分的工资、薪金所得的个人所得税,而对其他各项所得应按规定征收个人所得税。

根据《国家税务总局关于在中国境内无住所的个人取得工资、薪金所得纳税义务问题的通知》(国税发〔1994〕148号)的规定,在中国境内无住所而在一个纳税年度中在中国境内连续或累计工作不超过90日或在税收协定规定的期间在中国境内连续或累计居住不超过183日的个人,由中国境外雇主支付并且不是由该雇主的中国境内机构负担的工资、薪金,免予申报缴纳个人所得税。

根据,《财政部关于外国来华工作人员缴纳个人所得税问题的通知》(财税字〔1980〕189号)第3条的规定,外国来华工作人员,在我国服务而取得的工资、薪金,无论是我方支付、外国支付、我方和外国共同支付,均属于来源于中国的所得,除按规定给予免税优惠外,其他均应按规定征收个人所得税。但对在中国境内连续居住不超过90天的,可只就我方支付的工资、薪金部分计算纳税,对外国支付的工资、薪金部分免予征税。

无住所个人一个纳税年度内在中国境内居住累计不超过90天的个人,其纳税义务情况如表11-8所示。

表11-8　　　　　　　境内居住累计不超过90天的非居民个人纳税义务

所得项目	境内所得		境外所得	
	境内支付	境外支付	境内支付	境外支付
工资、薪金所得	√	免税	×	×
其他所得	√	√	×	×

注:√代表征税,×代表不征税。

二、居住累计满183天的年度连续不满6年境外所得境外支付免税

自2019年1月1日起,根据2018年《个人所得税法实施条例》第4条的规定,在中国境内无住所的个人,在中国境内居住累计满183天的年度连续不满6年的,经向主管税务机关备案,其来源于中国境外且由境外单位或者个人支付的所得,免予缴纳个人所得税;在中国境内居住累计满183天的任一年度中有一次离境超过30天的,其在中国境内居住累计满183天的年度的连续年限重新起算。

需要说明的是,这里"在中国境内无住所的个人,在中国境内居住累计满183天的年度

连续不满 6 年的,经向主管税务机关备案,其来源于中国境外且由境外单位或者个人支付的所得"包括 2018 年《个人所得税法》第 2 条规定的 9 项所得,而不局限于工资、薪金所得。

根据《财政部　税务总局关于在中国境内无住所的个人居住时间判定标准的公告》(财政部　税务总局公告 2019 年第 34 号)第 1 条的规定,无住所个人一个纳税年度在中国境内累计居住满 183 天的,如果此前 6 年在中国境内每年累计居住天数都满 183 天而且没有任何一年单次离境超过 30 天,该纳税年度来源于中国境内、境外所得应当缴纳个人所得税;如果此前 6 年的任一年在中国境内累计居住天数不满 183 天或者单次离境超过 30 天,该纳税年度来源于中国境外且由境外单位或者个人支付的所得,免予缴纳个人所得税。

这里所称此前 6 年,是指该纳税年度的前 1~6 年的连续 6 个年度,此前 6 年的起始年度自 2019 年(含)以后年度开始计算。

2018 年《个人所得税法》将居民个人的时间判定标准由境内居住满 1 年调整为满 183 天,为了吸引外资和鼓励外籍人员来华工作,促进对外交流,2018 年《个人所得税法实施条例》继续保留了原条例对境外支付的境外所得免征税优惠制度安排,并进一步放宽了免税条件:一是将免税条件由构成居民纳税人不满 5 年,放宽到连续不满 6 年;二是在任一年度中,只要有一次离境超过 30 天的,就重新计算连续居住年限;三是将管理方式由主管税务机关批准改为备案,简化流程,方便纳税人。根据《财政部　税务总局关于在中国境内无住所的个人居住时间判定标准的公告》(财政部　税务总局公告 2019 年第 34 号)的规定,在境内停留的当天不足 24 小时的,不计入境内居住天数;连续居住"满 6 年"的年限从 2019 年 1 月 1 日起计算,2019 年之前的年限不再纳入计算范围。这样一来,在境内工作的境外人士(包括中国港澳台居民)的境外所得免税条件比原来就更为宽松了。也就是说,在境内居住累计满 183 天的年度连续"满 6 年"的起点,是自 2019 年(含)以后年度开始计算,2018 年(含)之前已经居住的年度一律"清零",不计算在内。按此规定,2024 年(含)之前,所有无住所个人在境内居住年限都不满 6 年,其取得境外支付的境外所得都能享受免税优惠。此外,自 2019 年起任一年度如果有单次离境超过 30 天的情形,此前连续年限"清零",重新计算。

【例 11-5】张先生为中国香港居民,2013 年 1 月 1 日来深圳工作,2026 年 8 月 30 日回到香港工作,在此期间,除 2025 年 2 月 1 日至 3 月 15 日临时回香港处理公务外,其余时间一直停留在深圳。

要求:分析说明张先生的相关纳税义务。

【解析】　张先生在境内居住累计满 183 天的年度,如果从 2013 年开始计算,2019 年实际上已经满 6 年,但是由于 2018 年之前的年限一律"清零",自 2019 年开始计算,因此,2019—2024 年,张先生在境内居住累计满 183 天的年度连续不满 6 年,其取得的境外支付的境外所得,就可免缴个人所得税。

2025 年,张先生在境内居住满 183 天,且从 2019 年开始计算,他在境内居住累计满 183 天的年度已经连续满 6 年(2019—2024 年),且没有单次离境超过 30 天的情形,2025 年,张先生应就在境内和境外取得的所得缴纳个人所得税。

2026年,由于张先生2025年有单次离境超过30天的情形(2025年2月1日至3月15日),其在内地居住累计满183天的连续年限清零,重新起算,2026年当年张先生取得的境外支付的境外所得,可以免缴个人所得税。

综上所述,无住所个人纳税义务情况如表11-9、表11-10所示。

表11-9　　　　　　　无住所个人(非高管)工资、薪金所得纳税义务

境内居住时间	此前6年	纳税人类型	境内所得		境外所得	
			境内支付或由境内负担	境外支付且不由境内负担	境内支付	境外支付
累计不超过90天		非居民个人	√	免税	×	×
一个纳税年度内累计超过90天不足183天	×	非居民个人	√	√	×	×
2024年前累计满183天		居民个人	√	√	√	免税
2025年起累计满183天	此前6年中任一年在境内累计居住天数不满183天或单次离境超过30天	居民个人	√	√	√	免税
2025年起累计满183天	此前6年在境内每年累计居住天数都满183天且没有任何一年单次离境超过30天	居民个人	√	√	√	√

注:√代表征税,×代表不征税。

表11-10　　　　　　　无住所高管人员工资、薪金所得纳税义务

境内居住时间	此前6年	纳税人类型	境内所得		境外所得	
			境内支付或由境内负担	境外支付且不由境内负担	境内支付	境外支付
纳税年度内累计不超过90天		非居民个人	√	免税	√	×
一个纳税年度内累计超过90天不足183天	×	非居民个人	√	√	√	×
2024年前累计满183天		居民个人	√	√	√	免税

(续表)

境内居住时间	此前 6 年	纳税人类型	境内所得		境外所得	
			境内支付或由境内负担	境外支付且不由境内负担	境内支付	境外支付
2025 年起累计满 183 天	此前 6 年中任一年在境内累计居住天数不满 183 天或单次离境超过 30 天	居民个人	√	√	√	免税
2025 年起累计满 183 天	此前 6 年在境内每年累计居住天数都满 183 天且没有任何一年单次离境超过 30 天	居民个人	√	√	√	√

【例 11-6】假设法国公民约翰先生 2025 年在中国境内居住满 183 天,其在英国、印度每年均有大量的投资收益,约翰先生 2019 年 1 月 1 日来华工作,到 2025 年 9 月 30 日结束任职回国。在此期间,约翰先生每年在境内居住时间均超过 183 天,且无单次离境超过 30 天。

要求:分析说明约翰先生在中国的纳税义务。

【解析】 约翰先生 2019 年 1 月 1 日来华工作,到 2025 年 9 月 30 日结束任职回国,2019—2024 年为在中国境内居住累计满 183 天的年度连续满 6 年。2025 年,约翰先生在中国境内居住超过 183 天,为居民个人,应当就其包括英国、印度的投资收益在内的全球所得,在中国申报缴纳个人所得税。

在该案例中,约翰先生只要在 2024 年有一次离境超过 30 天,2025 年,约翰先生从英国、印度取得的投资收益,就可以免予缴纳中国的个人所得税。

在上述案例中,约翰先生 2019—2024 年在境内居住时间满 183 天的年度已满 6 年,如果约翰先生不想就其英国、印度的投资收益在境内缴税,唯一有效的方法是 2024 年在境内居住时间少于 183 天,不构成居民个人。如果约翰先生 2024 年在境内居住时间已经超过 183 天,即使再增加单次离境 30 天,也不能改变对其英国、印度的投资收益在境内缴税的义务。

但是,2024 年增加一次离境 30 天,可以打破"连续 6 年"的连续计算。

在 2018 年 12 月 31 日以前,根据 2011 年《个人所得税法实施条例》第 6 条的规定,在中国境内无住所,但是居住 1 年以上 5 年以下的个人,其来源于中国境外的所得,经主管税务机关批准,可以只就由中国境内公司、企业以及其他经济组织或者个人支付的部分缴纳个人所得税;居住超过 5 年的个人,从第 6 年起,应当就其来源于中国境外的全部所得缴纳个人所得税。

第四节　工资、薪金所得收入额计算

无住所个人取得工资、薪金所得,按照《财政部　税务总局关于非居民个人和无住所居民个人有关个人所得税政策的公告》(财政部　税务总局公告 2019 年第 35 号)第 2 条"关于无住所个人工资、薪金所得收入额计算"的相关规定,分为非居民个人、无住所居民个人和无住所高管人员三种情形(如图 11-2 所示),计算在境内应纳税的工资、薪金所得的收入额(以下简称工资、薪金收入额)。

无住所个人在境内、境外单位同时担任职务,或者仅在境外单位任职,且当期同时在境内、境外工作的,按照工资、薪金所属境内、境外工作天数占当期公历天数的比例计算确定来源于境内、境外工资、薪金所得的收入额。

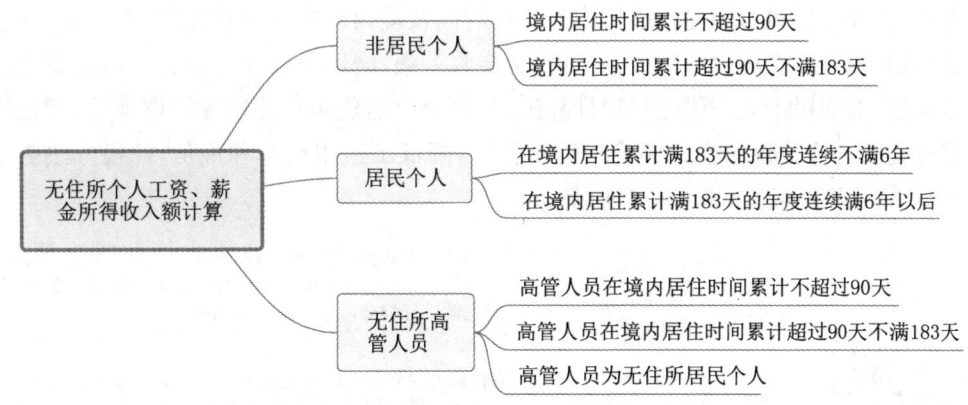

图 11-2　非居民个人、无住所居民个人和无住所高管人员相关规定

一、工资、薪金所得境内应税收入额的确定

根据所得来源地判定规则,无住所个人取得的工资、薪金所得,可分为来源于境内工资、薪金所得和来源于境外工资、薪金所得;在此基础上,根据支付地不同,境内工资、薪金所得可进一步分为境内雇主支付或负担(以下简称境内支付)和境外雇主支付(以下简称境外支付)所得;境外工资、薪金所得也可分为境内支付和境外支付的所得。综上所述,无住所个人的工资、薪金所得可以划分为境内支付的境内所得、境外支付的境内所得、境内支付的境外所得、境外支付的境外所得四个部分(如图 11-3 所示)。

无住所个人根据其在境内居住时间的长短,确定工资、薪金所得纳税义务范围。例如,一个纳税年度内境内居住不超过 90 天的无住所个人取得的工资、薪金所得,仅就境内支付的境内所得计算应纳税额;一个纳税年度内境内居住超过 90 天不满 183 天的无住所个人取得的工资、薪金所得,应就全部境内所得(包括境内支付和境外支付)计算应纳税额。

2018 年个人所得税法修改前,无住所个人取得工资、薪金所得,采取"先税后分"方法计算应纳税额,即先按纳税人从境内和境外取得的全部工资、薪金所得计算应纳税额,再根据

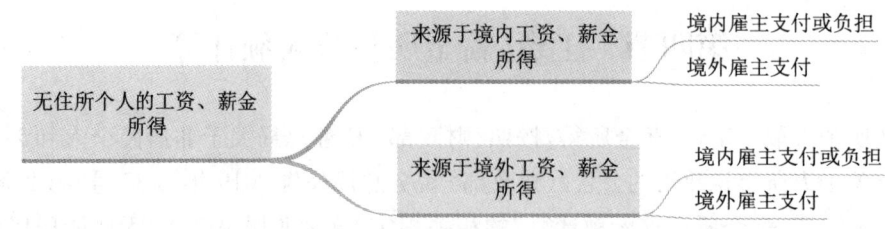

图 11-3　无住所个人的工资、薪金所得情况

境内外工作时间及境内外收入支付比例,对税额进行划分,计算确定应纳税额。

个人所得税法修改后,无住所居民个人的工资、薪金所得应并入综合所得计税,不再单独计算税额,难以继续采取"先税后分"的方法,《财政部　税务总局关于非居民个人和无住所居民个人有关个人所得税政策的公告》(财政部　税务总局公告 2019 年第 35 号)将计税方法调整为"先分后税",即先根据境内外工作时间及境内外收入支付比例,对工资、薪金收入额进行划分,计算在境内应计税的工资、薪金收入额,居民个人并入综合所得计算综合所得应纳税额,非居民个人按税法规定计算工资、薪金应纳税额。计税方法调整后,无住所个人仅就其在境内应计税的收入额确定适用税率,降低了适用税率和税负,计税方法更加合理。计算方法调整情况如图 11-4 所示。

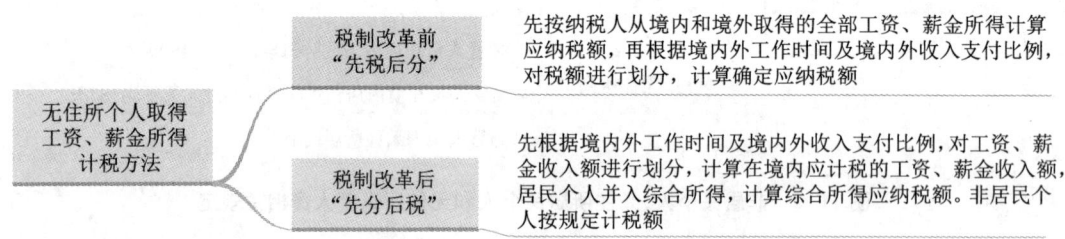

图 11-4　税制改革前后无住所居民个人的工资、薪金所得计税方法

无住所个人(非高管人员)境内应计税的工资、薪金收入额的计算规定,根据在境内居住时间的长短,具体可分为以下四种情况(如图 11-5 所示):

(1) 无住所个人一个纳税年度内在境内累计居住不超过 90 天的,其取得由境内支付的境内工作期间工资、薪金收入额为在境内应计税的工资、薪金收入额。

(2) 无住所个人一个纳税年度内在境内居住时间累计超过 90 天不满 183 天的,其取得全部境内所得(包括境内支付和境外支付)为在境内应计税的工资、薪金收入额。

(3) 无住所个人在境内居住累计满 183 天的年度连续不满 6 年的,符合《个人所得税法实施条例》第 4 条规定优惠条件的,境外支付的境外所得不计入在境内应计税的工资、薪金收入额,免予缴税;全部境内所得(包括境内支付和境外支付)和境内支付的境外所得为在境内应计税的工资、薪金收入额。

(4) 无住所个人在境内居住累计满 183 天的年度连续满 6 年后,不符合《个人所得税法实施条例》第 4 条规定优惠条件的,其从境内、境外取得的全部工资、薪金所得均计入在境内应计税的工资、薪金收入额。

无住所个人（非高管人员）境内应计税的工资、薪金收入额的计算
- 一个纳税年度内在境内累计居住不超过90天的，其取得由境内支付的境内工作期间工资、薪金收入额为在境内应计税的工资、薪金收入额
- 一个纳税年度内在境内居住时间累计超过90天不满183天的，其取得全部境内所得为在境内应计税的工资、薪金收入额
- 在境内居住累计满183天的年度连续不满6年的，符合《个人所得税法实施条例》第4条规定优惠条件的，全部境内所得和境外支付的境外所得为在境内应计税的工资、薪金收入额
- 在境内居住累计满183天的年度连续满6年后，不符合《个人所得税法实施条例》第4条规定优惠条件的，其从境内、境外取得的全部工资、薪金所得均计入在境内应计税的工资、薪金收入额

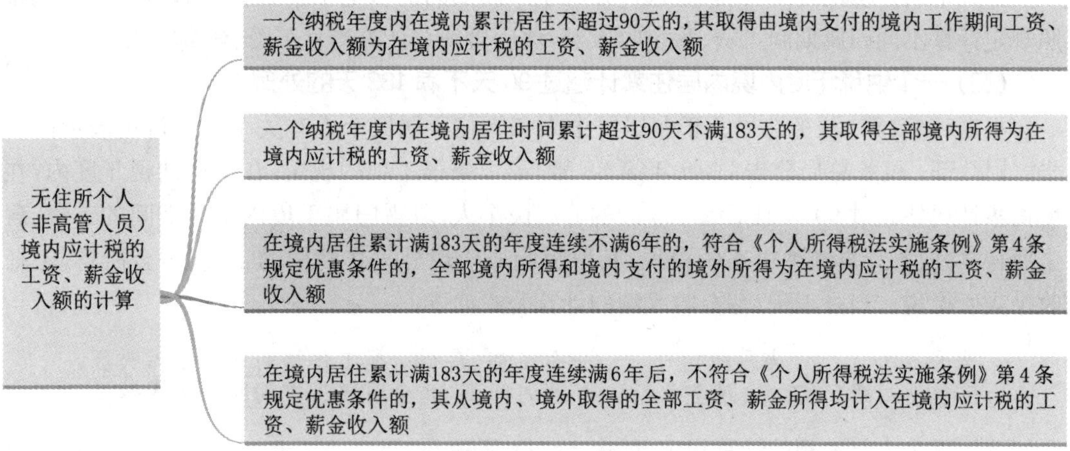

图 11-5　无住所个人（非高管人员）境内应计税的工资、薪金计算规定

对于无住所个人一个月内取得多笔对应不同归属期间的工资、薪金所得的，应当按照每笔工资、薪金所得的归属期间，分别计算每笔工资、薪金在境内应计税的收入额，再加总计算为当月工资、薪金收入额。

税收协定另有规定的，可以按照税收协定的规定办理。

二、非居民个人工资、薪金收入额的计算

非居民个人取得工资、薪金所得，除《财政部　税务总局关于非居民个人和无住所居民个人有关个人所得税政策的公告》（财政部　税务总局公告2019年第35号）第2条第3项规定的高管人员工资、薪金收入额的计算以外，当月工资、薪金收入额分别按照以下两种情形计算。

（一）一个纳税年度内境内居住累计不超过90天的处理

根据《财政部　税务总局关于非居民个人和无住所居民个人有关个人所得税政策的公告》（财政部　税务总局公告2019年第35号）第2条第1项的规定，在一个纳税年度内，在境内累计居住不超过90天的非居民个人，仅就归属于境内工作期间并由境内雇主支付或者负担的工资、薪金所得计算缴纳个人所得税。当月工资、薪金收入额的计算公式如下：

$$当月工资、薪金收入额 = 当月境内外工资、薪金总额 \times \frac{当月境内支付工资、薪金数额}{当月境内外工资、薪金总额} \times \frac{当月工资、薪金所属工作期间境内工作天数}{当月工资、薪金所属工作期间公历天数}$$

境内雇主包括雇佣员工的境内单位和个人以及境外单位或者个人在境内的机构、场所。凡境内雇主采取核定征收所得税或者无营业收入未征收所得税的，无住所个人为其工作取得工资、薪金所得，无论是否在该境内雇主会计账簿中记载，均视为由该境内雇主支付或者负担。工资、薪金所属工作期间的公历天数，是指无住所个人取得工资、薪金所属工作

期间按公历计算的天数。

公式中当月境内外工资、薪金包含归属于不同期间的多笔工资、薪金的,应当先分别按照规定计算不同归属期间工资、薪金收入额,然后再加总计算当月工资、薪金收入额。

(二) 一个纳税年度内境内居住累计超过90天不满183天的处理

根据《财政部 税务总局关于非居民个人和无住所居民个人有关个人所得税政策的公告》(财政部 税务总局公告2019年第35号)第2条第1项的规定,在一个纳税年度内,在境内累计居住超过90天但不满183天的非居民个人,取得归属于境内工作期间的工资、薪金所得,均应当计算缴纳个人所得税;其取得归属于境外工作期间的工资、薪金所得,不征收个人所得税。当月工资、薪金收入额的计算公式如下:

$$\text{当月工资、薪金收入额} = \text{当月境内外工资、薪金总额} \times \frac{\text{当月工资、薪金所属工作期间境内工作天数}}{\text{当月工资、薪金所属工作期间公历天数}}$$

非居民个人收入额的计算规定,如表11-11所示。

表11-11 非居民个人收入额计算规定

境内居住时间	所得项目	境内所得		境外所得		当月工资、薪金收入额的计算公式
		境内支付或负担	境外支付	境内支付	境外支付	
一个纳税年度内累计不超过90天	工资、薪金所得	√	免征	×	×	当月境内外工资、薪金总额×(当月境内支付工资、薪金数额/当月境内外工资、薪金总额)×(工资、薪金所属工作期间境内工作天数/当月工资、薪金所属工作期间公历天数)
	其他所得	√	√	×	×	
一个纳税年度内累计居住超过90天但不满183天	九项所得	√	√	×	×	当月境内外工资、薪金总额×(当月工资、薪金所属工作期间境内工作天数/当月工资、薪金所属工作期间公历天数)

注:√代表征税,×代表不征税。

三、居民个人工资、薪金收入额的计算

在一个纳税年度内,在境内累计居住满183天的无住所居民个人取得工资、薪金所得,当月工资、薪金收入额按照以下方法计算。

(一) 境内居住累计满183天的年度连续不满6年的处理

根据《财政部 税务总局关于非居民个人和无住所居民个人有关个人所得税政策的公

告》(财政部 税务总局公告 2019 年第 35 号)第 2 条第 2 项的规定,在境内居住累计满 183 天的年度连续不满 6 年的无住所居民个人,符合《个人所得税法实施条例》第 4 条优惠条件的,其取得的全部工资、薪金所得,除归属于境外工作期间且由境外单位或者个人支付的工资、薪金所得部分外,均应计算缴纳个人所得税。工资、薪金所得收入额的计算公式如下:

$$当月工资、薪金收入额 = 当月境内外工资、薪金总额 \times \left[1 - \frac{当月境外支付工资、薪金数额}{当月境内外工资、薪金总额} \times \frac{当月工资、薪金所属工作期间境外工作天数}{当月工资、薪金所属工作期间公历天数}\right]$$

在中国境内居住累计满 183 天的年度连续不满 6 年的无住所居民个人,如不符合《个人所得税法实施条例》第 4 条优惠条件的,其取得的境内境外全部工资、薪金所得,均应计算缴纳个人所得税。

2018 年《个人所得税法实施条例》第 4 条规定,在中国境内无住所的个人,在中国境内居住累计满 183 天的年度连续不满 6 年的,经向主管税务机关备案,其来源于中国境外且由境外单位或者个人支付的所得,免予缴纳个人所得税;在中国境内居住累计满 183 天的任一年度中有一次离境超过 30 天的,其在中国境内居住累计满 183 天的年度的连续年限重新起算。

(二)境内居住累计满 183 天的年度连续满 6 年后的处理

根据《财政部 税务总局关于非居民个人和无住所居民个人有关个人所得税政策的公告》(财政部 税务总局公告 2019 年第 35 号)第 2 条第 2 项的规定,无住所居民个人在境内居住累计满 183 天的年度连续满 6 年后,或不符合《个人所得税法实施条例》第 4 条优惠条件的无住所居民个人,其从境内、境外取得的全部工资、薪金所得均应计算缴纳个人所得税。

无住所居民个人收入额的计算规定如 11-12 所示。

表 11-12 无住所居民个人收入额计算

境内居民时间	是否符合《个人所得税法实施条例》第 4 条的优惠条件	境内所得		境外所得	
		境内支付	境外支付	境内支付	境外支付
累计满 183 天的年度累计不满 6 年	符合	√	√	√	免征
	不符合	√	√	√	√
累计满 183 天的年度连续满 6 年后又满 183 天的年度		√	√	√	√

注:√代表征税,×代表不征税。

四、无住所高管人员收入额的计算

高管人员取得境内支付或负担的工资、薪金所得,无论其是否在境内履行职务,均属于来源于境内的所得。高管人员为居民个人的,其工资、薪金在境内应计税的收入额的计算方法与其他无住所居民个人一致；高管人员为非居民个人的，取得由境内居民企业支付或负担的工资、薪金所得，其在境内应计税的工资、薪金收入额的计算方法，与其他非居民个人不同，具体分为如下两种情况：

(1) 高管人员一个纳税年度在境内累计居住时间不超过90天的，将境内支付全部所得都计入境内应计税的工资、薪金收入额。

(2) 高管人员一个纳税年度在境内累计居住超过90天不满183天的，就其境内支付的全部境内境外所得以及境外支付的境内所得计入境内应计税的工资、薪金收入额。

税收协定另有规定的，可以按照税收协定的规定办理。

（一）非居民个人为高管人员收入额的计算

根据《财政部 税务总局关于非居民个人和无住所居民个人有关个人所得税政策的公告》(财政部 税务总局公告2019年第35号)第2条第3项的规定，非居民个人为高管人员的，按照以下规定处理。

1. 高管人员在境内居住时间累计不超过90天的

在一个纳税年度内，在境内累计居住不超过90天的高管人员，其取得由境内雇主支付或者负担的工资、薪金所得应当计算缴纳个人所得税；不是由境内雇主支付或者负担的工资、薪金所得，不缴纳个人所得税。当月工资、薪金收入额为当月境内支付或者负担的工资、薪金收入额。

2. 高管人员在境内居住时间累计超过90天不满183天的

在一个纳税年度内，在境内居住累计超过90天但不满183天的高管人员，其取得的工资、薪金所得，除归属于境外工作期间且不是由境内雇主支付或者负担的部分外，应当计算缴纳个人所得税。当月工资、薪金收入额按照下列公式计算：

$$当月工资、薪金收入额 = 当月境内外工资、薪金总额 \times \left[1 - \frac{当月境外支付工资、薪金数额}{当月境内外工资、薪金总额} \times \frac{当月工资、薪金所属工作期间境外工作天数}{当月工资、薪金所属工作期间公历天数}\right]$$

（二）无住所居民个人为高管人员收入额的计算

无住所居民个人为高管人员的，工资、薪金收入额按照下列规定计算纳税。

1. 高管人员在境内居住累计满183天的年度连续不满6年的

在境内居住累计满183天的年度连续不满6年的无住所居民个人高管人员，符合《个人所得税法实施条例》第4条优惠条件的，其取得的全部工资、薪金所得，除归属于境外工作期间且由境外单位或者个人支付的工资、薪金所得部分外，均应计算缴纳个人所得税。工资、薪金所得收入额的计算公式如下：

$$当月工资、薪金收入额 = 当月境内外工资、薪金总额 \times \left[1 - \frac{当月境外支付工资、薪金数额}{当月境内外工资、薪金总额} \times \frac{当月工资、薪金所属工作期间境外工作天数}{当月工资、薪金所属工作期间公历天数}\right]$$

2. 高管人员在境内居住累计满 183 天的年度连续满 6 年后

在境内居住累计满 183 天的年度连续满 6 年后,或不符合《个人所得税法实施条例》第 4 条优惠条件的无住所居民个人高管人员,其从境内、境外取得的全部工资、薪金所得均应计算缴纳个人所得税。

无住所个人为高管人员的其工资、薪金所得的纳税义务如表 11-13 所示。

表 11-13　　　　　　　无住所高管人员工资、薪金所得纳税义务

境内居住时间	此前 6 年	纳税人类型	境内所得		境外所得	
			境内支付或负担	境外支付且不由境内负担	境内支付	境外支付
一个纳税年度内累计不超过 90 天		非居民个人	√	免税	√	×
一个纳税年度内累计超过 90 天不足 183 天年度	—		√	√	√	×
2024 年前累计满 183 天的年度		居民个人	√	√	√	免税
2025 年起累计满 183 天的年度	此前 6 年中任一年在境内累计居住天数不满 183 天或单次离境超过 30 天	居民个人	√	√	√	免税
2025 年起累计满 183 天的年度	此前 6 年在境内每年累计居住天数都满 183 天且没有任何一年单次离境超过 30 天	居民个人	√	√	√	√

注:√表示征税,×表示不征税。

第五节　无住所个人税款计算

一、非居民个人税款的计算

非居民个人税款的计算分为非居民个人当月工资、薪金所得,一个月内取得数月奖金,一个月内取得股权激励所得,以及来源于境内的劳务报酬、稿酬和特许权使用费所得等类型分别进行。无住所个人税款的计算如图 11-6 所示。

(一) 当月工资、薪金所得税款计算

非居民个人当月取得工资、薪金所得,以按照规定计算的当月收入额,减去税法规定的减除费用后的余额,为应纳税所得额,适用按月换算后的综合所得税率表(见表 11-14,以下简称月度税率表)计算应纳税额。

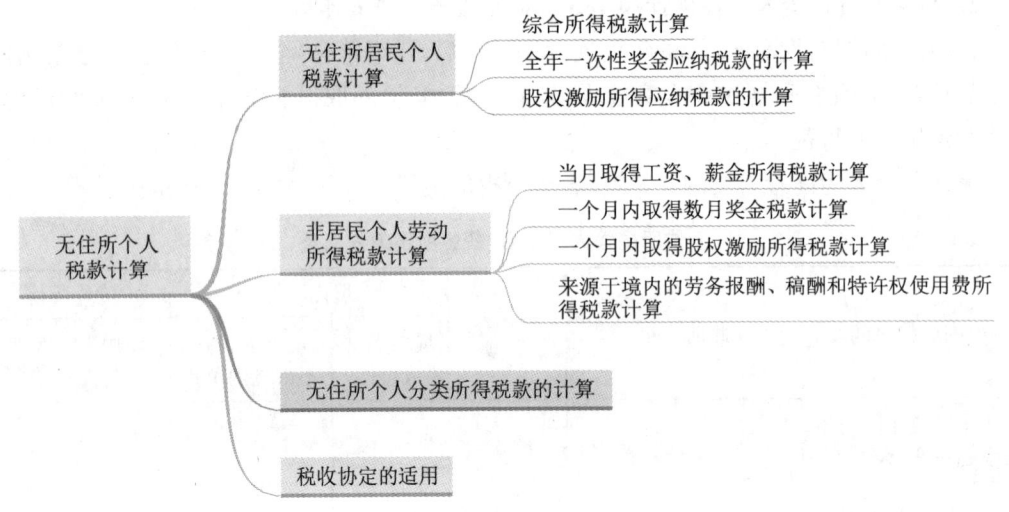

图 11-6 无住所个人税款计算

表 11-14　　　　　　　　按月换算后的综合所得税率表

级数	全月应纳税所得额	税率	速算扣除数
1	不超过 3 000 元的	3%	0
2	超过 3 000 元至 12 000 元的部分	10%	210
3	超过 12 000 元至 25 000 元的部分	20%	1 410
4	超过 25 000 元至 35 000 元的部分	25%	2 660
5	超过 35 000 元至 55 000 元的部分	30%	4 410
6	超过 55 000 元至 80 000 元的部分	35%	7 160
7	超过 80 000 元的部分	45%	15 160

（二）非居民个人数月奖金税款的计算

根据《财政部　税务总局关于非居民个人和无住所居民个人有关个人所得税政策的公告》（财政部　税务总局公告 2019 年第 35 号）第 3 条第 2 项的规定，非居民个人一个月内取得数月奖金，单独按照规定计算当月收入额，不与当月其他工资、薪金合并，按 6 个月分摊计税，不减除费用，适用月度税率表计算应纳税额，在一个公历年度内，对每一个非居民个人，该计税办法只允许适用一次。计算公式如下：

当月数月奖金应纳税额 ＝［（数月奖金收入额÷6）×适用税率－速算扣除数］×6

【例 11-7】　约翰先生在中国境内无住所，2019 年在境内外同时任职，当年在中国境内居住 88 天。

2019 年 12 月约翰先生同时取得 2019 年第四季度奖金和全年奖金。约翰先生取得季度奖金 20 万元，对应境内工作时间为 46 天；取得全年奖金 50 万元，对应境内工作时间 73

天。两笔奖金分别由境内、外公司各支付一半。

2019年12月约翰先生都在境内工作,取得境内支付的工资、薪金折合30 000元人民币,取得境外支付的工资、薪金20 000元人民币。

要求:(1)计算约翰先生12月取得的工资、薪金所得应纳的个人所得税。

(2)计算约翰先生取得的数月奖金的收入额与应纳个人所得税额。

【解析】(1)2019年约翰先生在中国境内居住88天,根据《财政部 税务总局关于非居民个人和无住所居民个人有关个人所得税政策的公告》(财政部 税务总局公告2019年第35号)第2条第1项的规定,在一个纳税年度内,在境内累计居住不超过90天的非居民个人,仅就归属于境内工作期间并由境内雇主支付或者负担的工资、薪金所得计算缴纳个人所得税。当月工资、薪金收入额的计算公式如下:

$$当月工资、薪金收入额 = 当月境内外工资、薪金总额 \times \frac{当月境内支付工资、薪金数额}{当月境内外工资、薪金总额} \times \frac{当月工资、薪金所属工作期间境内工作天数}{当月工资、薪金所属工作期间公历天数}$$

因而,工资、薪金境内应税收入额

$=(30\,000+20\,000)\times(30\,000\div50\,000)\times(31\div31)=30\,000(元);$

应纳个人所得税为:$(30\,000-5\,000)\times20\%-1\,410=3\,590(元)$。

(2)约翰先生当月取得数月奖金的收入额为:

$20\times46\div92\times1\div2+50\times73\div365\times1\div2=10(万元)$。

当月数月奖金应纳税额=[(数月奖金收入额÷6)×适用税率-速算扣除数]×6

$=(100\,000\div6\times20\%-1\,410)\times6=11\,540(元)$。

依照《个人所得税法》的规定,非居民个人取得工资、薪金所得,按月计算缴纳个人所得税。其取得数月奖金或股权激励,如果也按月征税,可能存在税负畸高的问题,从公平合理的角度出发,应允许数月奖金和股权激励在一定期间内分摊计算纳税。考虑到非居民个人在一个年度内境内累计停留时间不超过183天,即最长约为6个月,因此,《财政部 税务总局关于非居民个人和无住所居民个人有关个人所得税政策的公告》(财政部 税务总局公告2019年第35号)规定,非居民个人取得数月奖金或股权激励,允许在6个月内分摊计算税额。这种方法既降低了税负,也简便易行。非居民个人取得数月奖金的,应按照规定计算境内应计税的工资、薪金收入额,不与当月其他工资、薪金收入合并,按6个月分摊,不减除费用,适用月度税率表计算应纳税额。分摊计税方法,每个非居民个人每一纳税年度只能使用一次。

(三)非居民个人股权激励所得税款计算

根据《财政部 税务总局关于非居民个人和无住所居民个人有关个人所得税政策的公告》(财政部 税务总局公告2019年第35号)第3条第2项的规定,非居民个人一个月内取得股权激励所得,单独按照该公告第2条规定计算当月收入额,不与当月其他工资、薪金合并,按6个月分摊计税(一个公历年度内的股权激励所得应合并计算),不减除费用,适用月

度税率表计算应纳税额,计算公式如下:

$$当月股权激励所得应纳税额 = \left[\left(\frac{本公历年度内股权激励所得合计额}{6}\right) \times 适用税率 - 速算扣除数\right] \times 6 - 本公历年度内股权激励所得已纳税额$$

也就是说,非居民个人取得股权激励的,应按照规定计算境内应计税的工资、薪金收入额,不与当月其他工资、薪金收入合并,按6个月分摊,不减除费用,适用月度税率表计算应纳税额。非居民个人在一个纳税年度内取得多笔股权激励所得的,应当合并计算纳税。

无住所居民个人取得全年一次性奖金或股权激励所得的,按照《财政部 税务总局关于个人所得税法修改后有关优惠政策衔接问题的通知》(财税〔2018〕164号)的有关规定执行。

【例11-8】 B先生为中国境内无住所个人,2020年在境内居住天数不满90天,2020年1月,B先生取得境内支付的股权激励所得40万元,其中归属于境内工作期间的所得为12万元;2020年5月,取得境内支付的股权激励所得70万元,其中归属于境内工作期间的所得为18万元。

要求:计算B先生在境内股权激励所得应纳税额。(不考虑税收协定因素)

【解析】 2020年1月,B先生应纳税额=[(120 000÷6)×20%－1 410]×6=15 540(元);

2020年5月,B先生应纳税额={[(120 000+180 000)÷6]×30%－4 410}×6－15 540=48 000(元)。

(四)劳务报酬、稿酬与特许权使用费所得税款计算

非居民个人取得来源于境内的劳务报酬所得、稿酬所得、特许权使用费所得,以税法规定的每次收入额为应纳税所得额,适用月度税率表计算应纳税额。

(五)非居民个人税款计算案例分析

【例11-9】 詹妮小姐是B国人,在B国某企业集团任技术部经理,2018年11月8日被集团公司派遣到北京子公司负责项目研发,任项目经理。2018年11月8日,詹妮小姐到达中国。根据集团公司工作安排预计在中国境内工作期间约为10个月。

在中国境内工作期间,北京子公司每月支付其工资20 000元(人民币,下同),B国某企业集团正常支付工资30 000元。

2019年2月,利用业余时间为天津的甲企业提供咨询服务,取得含增值税劳务报酬30 900元。

2019年3月,将其发明的一项专利许可深圳的丙企业使用,取得特许权使用费15 000元。符合免征增值税条件。

2019年5月,因出版一本专著,取得中国某出版社支付稿酬8万元。

假设,2019年由于预计在中国境内居住时间约8个月,选择按居民个人相关规定计算缴纳2019年个人所得税。不考虑专项扣除、专项附加扣除和其他扣除,不考虑外籍个人八项津补贴优惠。不考虑税收协定享受。

后因项目进展顺利,2019年6月15日提前离境回国。由于预计本年度不再入境,詹妮小姐选择离境前办理税款清算。

要求:计算詹妮小姐应纳的个人所得税。

【解析】

1. 2018年应纳个人所得税的计算。

2018年11月8日,詹妮小姐到达中国,当年在中国境内居住天数为:23+31=54(天),没有超过90天,对境内所得境内支付部分负有纳税义务。11月境内工作天数为22.5天。

2018年11月应纳个人所得税的计算:

境内外工资、薪金应纳税所得额:(30 000+20 000-5 000)=45 000(元);

境内外所得应纳税总额=当月境内外工资、薪金应纳税所得额×适用税率-速算扣除数=45 000×30%-4 410=9 090(元)。

应纳中国所得税额=当月境内外工资按中国税法计算的应纳税总额×(当月境内工作天数÷当月天数)×(当月境内支付工资÷当月境内外支付工资总额)

=9 090×(22.5÷30)×(20 000÷50 000)=2 727(元);

2018年12月应纳个人所得税的计算:

境内外工资、薪金应纳税所得额=(30 000+20 000-5 000)=45 000(元);

应纳税额=当月境内外工资、薪金应纳税总额×(当月境内工作天数÷当月天数)
　　　　×(当月境内支付工资÷当月境内外支付工资总额)
　　　=(45 000×30%-4 410)×(31÷31)×(20 000÷50 000)
　　　=9 090×(31÷31)×(20 000÷50 000)=3 636(元)。

2. 2019年支付单位应预扣预缴税款计算

1月应预扣预缴工资、薪金所得个人所得税:

(50 000-5 000)×10%-2 520=1 980(元);

2月应预扣预缴工资、薪金所得个人所得税:

=(50 000×2-5 000×2)×10%-2 520-1 980

=6 480-1 980=4 500(元);

2月取得劳务报酬30 900元,支付单位应预扣预缴个人所得税:

应纳增值税=30 900÷(1+3%)×3%=900(元);

应纳城市维护建设税=900×7%×50%=31.5(元);

假设可以适用月销售额不超过10万元的免征教育费附加和地方教育附加优惠。则应预扣预缴个人所得税:

[30 000×(1-20%)-31.5]×30%-2 000=5 190.55(元)。

3月应预扣预缴工资、薪金所得个人所得税

=(50 000×3-5 000×3)×10%-2 520-6 480

=10 980-6 480=4 500(元);

3月取得特许权使用费15 000元,应预扣预缴个人所得税:

$15\ 000×(1-20\%)×20\%=2\ 400(元)$。

4月应预扣预缴工资、薪金所得个人所得税：

$=(50\ 000×4-5\ 000×4)×20\%-16\ 920-10\ 980$

$=19\ 080-10\ 980=8\ 100(元)$；

5月应预扣预缴工资、薪金所得个人所得税

$=(50\ 000×5-5\ 000×5)×20\%-16\ 920-19\ 080$

$=28\ 080-19\ 080=9\ 000(元)$；

5月取得稿酬所得80 000元，出版社应预扣预缴个人所得税：

$80\ 000×(1-20\%)×70\%×20\%=8\ 960(元)$。

6月份应纳个人所得税的计算：

6月15日离境，当月境内工作天数为14.5天，境内应计税工资、薪金收入额为：$50\ 000×(14.5÷30)=24\ 166.67(元)$；

应预扣预缴工资、薪金所得个人所得税：

$=(50\ 000×5+24\ 166.67-5\ 000×6)×20\%-16\ 920-28\ 080$

$=244\ 166.67×20\%-16\ 920-28\ 080=31\ 913.33-28\ 080=3\ 833.33(元)$；

支付单位共计预扣预缴个人所得税：

$1\ 980+(4\ 500+5\ 190.55)+(4\ 500+2\ 400)+8\ 100+(9\ 000+8\ 960)+3\ 833.33$

$=48\ 463.88(元)$。

3. 提前离境回国税款清算：

(1) 境内居住时间与工作时间及纳税人身份判定。

判定居民个人身份时，2019年6月15日离境当天，不计入中国境内居住天数，按半天计数工作天数。即6月在中国境内居住14天，当月境内工作天数为14.5天。

2019年共计在境内居住：$31+28+31+30+31+14=165(天)$；

没有累计住满183天，为非居民个人。

根据《财政部 税务总局关于非居民个人和无住所居民个人有关个人所得税政策的公告》(财政部 税务总局公告2019年第35号)第5条第1项的规定，无住所个人预先判定为居民个人，因缩短居住天数不能达到居民个人条件的，在不能达到居民个人条件之日起至年度终了15天内，应当向主管税务机关报告，按照非居民个人重新计算应纳税额，申报补缴税款，不加收税收滞纳金。需要退税的，按照规定办理。

(2) 应纳税款的计算。

1月应纳个人所得税的计算：

境内应计税工资、薪金收入额$=30\ 000+20\ 000=50\ 000(元)$；

应纳个人所得税$=(50\ 000-5\ 000)×30\%-4\ 410=9\ 090(元)$；

2月应纳工资、薪金所得个人所得税

$=(50\ 000-5\ 000)×30\%-4\ 410=9\ 090(元)$；

劳务报酬所得应纳个人所得税：

$[30\,000×(1-20\%)-31.5]×20\%-1\,410=3\,383.7(元)$。

3月应纳个人所得税的计算：

工资、薪金应纳税额$=(50\,000-5\,000)×30\%-4\,410=9\,090(元)$；

特许权使用费15 000元应纳的个人所得税：

$15\,000×(1-20\%)×10\%-210=990(元)$。

4月应纳工资、薪金所得个人所得税：

$(50\,000-5\,000)×30\%-4\,410=9\,090(元)$；

5月应纳个人所得税的计算：

工资、薪金所得应纳税额$=(50\,000-5\,000)×30\%-4\,410=9\,090(元)$；

取得稿酬所得80 000元，应纳个人所得税：

$80\,000×(1-20\%)×70\%×30\%-4\,410=9\,030(元)$。

6月应纳个人所得税的计算：

境内应计税工资、薪金收入额$=50\,000×(14.5÷30)=24\,166.67(元)$；

应纳工资、薪金所得个人所得税$=(24\,166.67-5\,000)×20\%-1\,410=2\,423.33(元)$。

2019年应纳个人所得税为：

$=9\,090+(9\,090+3\,383.7)+(9\,090+990)+9\,090+(9\,090+9\,030)+2\,423.33$

$=61\,277.03(元)$；

应补缴个人所得税：$61\,277.03-48\,463.88=12\,813.15(元)$。

二、无住所居民个人税款的计算

(一) 综合所得应纳税款的计算

无住所居民个人取得综合所得，年度终了后，应按年计算个人所得税；有扣缴义务人的，由扣缴义务人按月或者按次预扣预缴税款；需要办理汇算清缴的，按照规定办理汇算清缴，年度综合所得应纳税额计算公式如下：

$$\begin{aligned}\text{年度综合所得应纳税额}=&(\text{年度工资、薪金收入额}+\text{年度劳务报酬收入额}+\text{年度稿酬收入额}+\text{年度特许权使用费收入额}-\text{减除费用}\\&-\text{专项扣除}-\text{专项附加扣除}-\text{依法确定的其他扣除})×\text{适用税率}-\text{速算扣除数}\end{aligned}$$

无住所居民个人为外籍个人的，2022年1月1日前计算工资、薪金收入额时，已经按规定减除住房补贴、子女教育费、语言训练费等八项津补贴的，不能同时享受专项附加扣除。

年度工资、薪金，劳务报酬，稿酬，特许权使用费收入额分别按年度内每月工资、薪金以及每次劳务报酬、稿酬、特许权使用费收入额合计数额计算。

综上所述，无住所居民个人取得综合所得，年度终了后，应将年度工资、薪金收入额，劳务报酬收入额，稿酬收入额，特许权使用费收入额汇总，计算缴纳个人所得税。需要办理汇算清缴的，依法办理汇算清缴。无住所居民个人在计算综合所得收入额时，可以享受专项附加扣除。其中，无住所居民个人为外籍个人的，2022年1月1日前计算工资、薪金收入额时,可以选择享受住房补贴、子女教育费、语言训练费等八项津补贴优惠政策,也可以选择享受专项附加扣除政策,但两者不可同时享受。

无住所居民个人综合所得应纳税款计算案例分析

【例11-10】 詹妮小姐是B国人,在B国某企业集团任技术部经理,2018年11月8日被集团公司派遣到北京子公司负责项目研发,任项目经理。2018年11月8日,詹妮小姐到达中国。根据集团公司工作安排预计在中国境内工作约为10个月。

在中国境内工作期间,北京子公司每月支付其工资20 000元(人民币,下同),B国某企业集团正常支付工资30 000元。

2019年2月,利用业余时间为天津的甲企业提供咨询服务,取得劳务报酬30 900元(含增值税)。

2019年3月,将其发明的一项专利许可深圳的丙企业使用,取得特许权使用费15 000元。符合免征增值税条件。

2019年5月,因出版一本专著,取得中国某出版社支付的稿酬8万元。

2019年7月15日,研发项目结束后回国。

假设,2019年由于预计在中国境内居住时间约8个月,选择按居民个人相关规定计算缴纳2019年个人所得税。不考虑专项扣除、专项附加扣除和其他扣除,不考虑外籍个人8项津补贴优惠。不考虑税收协定享受。

要求:

1. 计算支付单位应代扣代缴詹妮小姐2019年的个人所得税。
2. 计算詹妮小姐应缴纳2019年的个人所得税。

【解析】 (一)2019年综合所得预扣预缴

根据《财政部 税务总局关于非居民个人和无住所居民个人有关个人所得税政策的公告》(财政部 税务总局公告2019年第35号)第5条第1项的规定,无住所个人在一个纳税年度内首次申报时,应当根据合同约定等情况预计一个纳税年度内境内居住天数以及在税收协定规定的期间内境内停留天数,按照预计情况计算缴纳税款。

由于2019年詹妮小姐预计在中国境内居住约8个月,可选择按居民个人相关规定计算缴纳2019年的个人所得税。扣缴义务人可按累计预扣法预扣预缴工资、薪金所得的个人所得税。

1. 境内应计税工资、薪金收入额的计算:

1~6月为:30 000+20 000=50 000(元);

7月为:(30 000+20 000)×[1-(16.5÷31)×(30 000÷50 000)]=34 032.258(元);

2. 支付单位应预扣预缴个人所得税的计算:

1月应预扣预缴工资、薪金所得个人所得税:

(50 000-5 000)×10%-2 520=1 980(元);

2月应预扣预缴工资、薪金所得个人所得税:

=(50 000×2-5 000×2)×10%-2 520-1 980

=6 480－1 980＝4 500(元)。

2月取得劳务报酬30 900元,支付单位应预扣预缴个人所得税:

应纳增值税＝30 900÷(1＋3％)×3％＝900(元);

应纳城市维护建设税＝900×7％×50％＝31.5(元);

假设可以适用月销售额不超过10万元免征教育费附加和地方教育附加优惠。则应预扣预缴个人所得税为:

[30 000×(1－20％)－31.5]×30％－2 000＝5 190.55(元)。

3月应预扣预缴工资、薪金所得个人所得税

＝(50 000×3－5 000×3)×10％－2 520－6 480

＝10 980－6 480＝4 500(元);

3月取得特许权使用费15 000元,应预扣预缴个人所得税:

15 000×(1－20％)×20％＝2 400(元)。

4月应预扣预缴工资、薪金所得个人所得税:

＝(50 000×4－5 000×4)×20％－16 920－10 980

＝19 080－10 980＝8 100(元);

5月应预扣预缴工资、薪金所得个人所得税

＝(50 000×5－5 000×5)×20％－16 920－19 080

＝28 080－19 080＝9 000(元);

5月取得稿酬所得80 000元,出版社应预扣预缴个人所得税:

80 000×(1－20％)×70％×20％＝8 960(元)。

6月应预扣预缴工资、薪金所得个人所得税

＝(50 000×6－5 000×6)×20％－16 920－28 080

＝270 000×20％－16 920－28 080＝37 080－28 080＝9 000(元);

7月应预扣预缴工资、薪金所得个人所得税

＝(50 000×6＋34 032.258－5 000×7)×20％－16 920－37 080

＝299 032.258×20％－16 920－37 080

＝5 806.45(元)。

支付单位共计预扣预缴个人所得税:

1 980＋(4 500＋5 190.55)＋(4 500＋2 400)＋8 100＋(9 000＋8 960)＋9 000＋5 806.45＝59 437(元)。

(二)离境前综合所得的汇算清缴

1. 综合所得收入额的计算:

工资、薪金的收入额:50 000×6＋34 032.258＝334 032.26(元);

劳务报酬的收入额:30 000×(1－20％)＝24 000(元);

特许权使用费收入额:15 000×(1－20％)＝12 000(元);

稿酬的收入额:80 000×(1－20％)×70％＝44 800(元);

综合所得的收入额：
334 032.26＋24 000＋12 000＋44 800＝414 832.26(元)。

2. 应纳税所得额的计算：
414 832.26－60 000－31.5＝354 800.76（元）。

3. 综合所得应纳个人所得税的计算：
354 800.76×25％－31 920＝56 780.19(元)。

4. 汇算清缴应补(退)税款的计算：
＝56 780.19－59 437＝－2 656.81（元）。

(二) 全年一次性奖金应纳税款的计算

无住所居民个人取得全年一次性奖金，根据《财政部 税务总局关于个人所得税法修改后有关优惠政策衔接问题的通知》(财税〔2018〕164号)第1条的规定，符合《国家税务总局关于调整个人取得全年一次性奖金等计算征收个人所得税方法问题的通知》(国税发〔2005〕9号)规定的，在2021年12月31日前，不并入当年综合所得，以全年一次性奖金收入除以12个月得到的数额，按照按月换算后的综合所得税率表，确定适用税率和速算扣除数，单独计算纳税。计算公式为：

$$应纳税额＝全年一次性奖金收入×适用税率－速算扣除数$$

无住所居民个人取得全年一次性奖金，也可以选择并入当年综合所得计算纳税。

自2022年1月1日起，居民个人取得全年一次性奖金，应并入当年综合所得计算缴纳个人所得税。

【例11-11】 美国居民大卫2019年4月1日来华任甲网络公司的技术部经理，当年一直在境内任职。

2019年12月，大卫取得2019年度的年终奖30万元人民币，2019年每月取得甲网络公司支付的工资40 000元人民币。当年没有劳务报酬、稿酬和特许权使用费所得。

当年也没有使用过全年一次性奖金优惠计税方法。

要求：计算大卫2019年应纳的个人所得税。

【解析】

(1) 年终奖按一次性奖金优惠计税方法计税：

300 000÷12＝25 000，适用税率为20％，速算扣除数为1 410。

年终奖应纳个人所得税：300 000×20％－1 410＝58 590(元)；

综合所得应纳个人所得税：(40 000×9－60 000)×20％－16 920＝43 080(元)；

当年共计应纳个人所得税：58 590＋43 080＝101 679(元)。

(2) 年终奖并入综合所得计税：

综合所得应纳税所得额：40 000×9＋300 000－60 000＝600 000(元)

应纳个人所得税：600 000×30％－52 920＝127 080(元)。

奖金按一次性奖金优惠方法计算比计入综合所得计税少缴个人所得税：127 080－

101 679＝25 410(元)。

(三) 股权激励所得应纳税款的计算

根据《财政部 税务总局关于个人所得税法修改后有关优惠政策衔接问题的通知》(财税〔2018〕164号)第2条关于上市公司股权激励的政策的规定,无住所居民个人取得股票期权、股票增值权、限制性股票、股权奖励等股权激励(以下简称股权激励),符合《财政部 国家税务总局关于个人股票期权所得征收个人所得税问题的通知》(财税〔2005〕35号)、《财政部 国家税务总局关于股票增值权所得和限制性股票所得征收个人所得税有关问题的通知》(财税〔2009〕5号)、《财政部 国家税务总局关于将国家自主创新示范区有关税收试点政策推广到全国范围实施的通知》(财税〔2015〕116号)第4条、《财政部 国家税务总局关于完善股权激励和技术入股有关所得税政策的通知》(财税〔2016〕101号)第4条第1项规定的相关条件的,在2021年12月31日前,不并入当年综合所得,全额单独适用综合所得税率表,计算纳税。计算公式为:

$$应纳税额 = 股权激励所得 \times 适用税率 - 速算扣除数$$

居民个人一个纳税年度内取得两次以上(含两次)股权激励的,应合并按财税〔2018〕164号文件第2条第1项规定计算纳税。

2022年1月1日之后的股权激励政策另行明确。

第六节 无住所个人税收协定的适用

按照我国政府签订的避免双重征税协定、内地与香港、澳门特别行政区签订的避免双重征税安排(本节以下简称税收协定)居民条款规定为缔约对方税收居民的个人(以下简称对方税收居民个人),可以按照税收协定及财政部、税务总局有关规定享受税收协定待遇,也可以选择不享受税收协定待遇计算纳税。除税收协定及财政部、税务总局另有规定外,无住所个人适用税收协定的,按《财政部 税务总局关于非居民个人和无住所居民个人有关个人所得税政策的公告》(财政部 税务总局公告2019年第35号)第4条的以下规定执行。

一、无住所个人税收协定待遇的享受

无住所个人按照税收协定(包括内地与香港、澳门特别行政区签订的税收安排)居民条款为缔约对方税收居民(以下简称对方税收居民)的,即使其按照税法规定为中国税收居民,也可以按照税收协定的规定,选择享受税收协定条款的优惠待遇。主要优惠待遇包括以下五个方面。

(一) 境外受雇所得协定待遇

根据税收协定中受雇所得条款,对方税收居民个人在境外从事受雇活动取得的受雇所得,可不缴纳个人所得税,仅将境内所得计入境内计税的工资、薪金收入额,计算缴纳个人

所得税。

(二) 境内受雇所得协定待遇

根据税收协定中受雇所得条款,对方税收居民个人在税收协定规定的期间内境内停留天数不超过183天的,从事受雇活动取得受雇所得,只将境内支付的境内所得计入境内计税的工资、薪金收入额,计算缴纳个人所得税。

(三) 独立个人劳务或者营业利润协定待遇

根据税收协定中独立个人劳务或者营业利润条款,对方税收居民取得独立个人劳务所得或者营业利润,符合税收协定规定条件的,可不缴纳个人所得税。

(四) 董事费条款规定

对方税收居民为高管人员,取得的董事费、监事费、工资、薪金及其他类似报酬,应优先适用税收协定董事费条款相关规定。如果对方税收居民不适用董事费条款的,应按照税收协定中受雇所得(非独立个人劳务)、独立个人劳务或营业利润条款的规定处理。

(五) 特许权使用费或者技术服务费协定待遇

根据税收协定中特许权使用费条款或者技术服务费条款,对方税收居民取得特许权使用费或技术服务费,应按不超过税收协定规定的计税所得额和征税比例计算纳税。

按照国内税法判定为居民个人的,可以在预扣预缴和汇算清缴时按规定享受协定待遇,按照国内税法判定为非居民个人的,可以在取得所得时享受协定待遇。

二、无住所个人适用受雇所得条款

(一) 无住所个人享受境外受雇所得协定待遇

境外受雇所得协定待遇,是指按照税收协定受雇所得条款规定,对方税收居民个人在境外从事受雇活动取得的受雇所得,可不缴纳个人所得税。

根据《财政部 国家税务总局关于非居民个人和无住所居民个人有关个人所得税政策的公告》(财政部 税务总局公告2019年第35号)第4条第1项的规定,无住所个人为对方税收居民个人,其取得的工资、薪金所得可享受境外受雇所得协定待遇的,可不缴纳个人所得税。工资、薪金收入额计算适用下列公式:

$$当月工资、薪金收入额 = 当月境内外工资、薪金总额 \times \frac{当月工资、薪金所属工作期间境内工作天数}{当月工资、薪金所属工作期间公历天数}$$

无住所居民个人为对方税收居民个人的,可在预扣预缴和汇算清缴时按上述规定享受协定待遇;非居民个人为对方税收居民个人的,可在取得所得时按上述规定享受协定待遇。

(二) 无住所个人享受境内受雇所得协定待遇

境内受雇所得协定待遇,是指按照税收协定受雇所得条款规定,在税收协定规定的期间内境内停留天数不超过183天的对方税收居民个人,在境内从事受雇活动取得受雇所得,不是由境内居民雇主支付或者代其支付的,也不是由雇主在境内常设机构负担的,可不缴纳个人所得税。

根据《财政部 国家税务总局关于非居民个人和无住所居民个人有关个人所得税政策

的公告》(财政部 税务总局公告2019年第35号)第4条第1项的规定,无住所个人为对方税收居民个人,其取得的工资、薪金所得可享受境内受雇所得协定待遇的,可不缴纳个人所得税。工资、薪金收入额计算适用下列公式。

$$当月工资、薪金收入额 = 当月境内外工资、薪金总额 \times \frac{当月境内支付工资、薪金数额}{当月境内外工资、薪金总额} \times \frac{当月工资、薪金所属工作期间境内工作天数}{当月工资、薪金所属工作期间公历天数}$$

无住所居民个人为对方税收居民个人的,可在预扣预缴和汇算清缴时按上述规定享受协定待遇;非居民个人为对方税收居民个人的,可在取得所得时按上述规定享受协定待遇。

三、适用独立个人劳务或者营业利润条款

根据《财政部 国家税务总局关于非居民个人和无住所居民个人有关个人所得税政策的公告》(财政部 税务总局公告2019年第35号)第4条第2项的规定,独立个人劳务或者营业利润协定待遇,是指按照税收协定独立个人劳务或者营业利润条款规定,对方税收居民个人取得的独立个人劳务所得或者营业利润符合税收协定规定条件的,可不缴纳个人所得税。

无住所居民个人为对方税收居民个人,其取得的劳务报酬所得、稿酬所得可享受独立个人劳务或者营业利润协定待遇的,在预扣预缴和汇算清缴时,可不缴纳个人所得税。

非居民个人为对方税收居民个人,其取得的劳务报酬所得、稿酬所得可享受独立个人劳务或者营业利润协定待遇的,在取得所得时可不缴纳个人所得税。

四、无住所个人适用董事费条款

根据《财政部 国家税务总局关于非居民个人和无住所居民个人有关个人所得税政策的公告》(财政部 税务总局公告2019年第35号)第4条第3项的规定,对方税收居民个人为高管人员,该个人适用的税收协定未纳入董事费条款,或者虽然纳入董事费条款但该个人不适用董事费条款,且该个人取得的高管人员报酬可享受税收协定受雇所得、独立个人劳务或者营业利润条款规定待遇的,该个人取得的高管人员报酬可不适用该公告第2条第3项规定,分别按照该公告第4条第1项(无住所个人适用受雇所得条款的规定)、第2项(无住所个人适用独立个人劳务或者营业利润条款的规定)执行。

对方税收居民个人为高管人员,该个人取得的高管人员报酬按照税收协定董事费条款规定可以在境内征收个人所得税的,应按照有关工资、薪金所得或者劳务报酬所得规定缴纳个人所得税。

五、适用特许权使用费或者技术服务费条款

根据《财政部 国家税务总局关于非居民个人和无住所居民个人有关个人所得税政策的公告》(财政部 税务总局公告2019年第35号)第4条第4项的规定,特许权使用费或者

技术服务费协定待遇,是指按照税收协定特许权使用费或者技术服务费条款规定,对方税收居民个人取得符合规定的特许权使用费或者技术服务费,可按照税收协定规定的计税所得额和征税比例计算纳税。

无住所居民个人为对方税收居民个人,其取得的特许权使用费所得、稿酬所得或者劳务报酬所得可享受特许权使用费或者技术服务费协定待遇的,可不纳入综合所得,在取得当月按照税收协定规定的计税所得额和征税比例计算应纳税额,并预扣预缴税款。年度汇算清缴时,该个人取得的已享受特许权使用费或者技术服务费协定待遇的所得不纳入年度综合所得,单独按照税收协定规定的计税所得额和征税比例计算年度应纳税额及补退税额。

非居民个人为对方税收居民个人,其取得的特许权使用费所得、稿酬所得或者劳务报酬所得可享受特许权使用费或者技术服务费协定待遇的,可按照税收协定规定的计税所得额和征税比例计算应纳税额。

第七节 无住所个人所得税征收管理

一、非居民个人的计税方法

(一)非居民个人按月或按次分项计算纳税

根据2018年《个人所得税法》第2条的规定,下列各项个人所得,应当缴纳个人所得税:①工资、薪金所得;②劳务报酬所得;③稿酬所得;④特许权使用费所得;⑤经营所得;⑥利息、股息、红利所得;⑦财产租赁所得;⑧财产转让所得;⑨偶然所得。

居民个人取得上述第①~④项所得(以下简称综合所得),按纳税年度合并计算个人所得税;非居民个人取得上述第①~④项所得,按月或者按次分项计算个人所得税。纳税人取得上述第⑤~⑨项所得,依照规定分别计算个人所得税。

无住所个人个人所得税计税方法如表11-5所示。

表11-15　　　　　　　　无住所个人个人所得税计税方法

所得项目	一个纳税年度内境内累计居住时间	
	不足183天	超过183天
工资、薪金所得	按月或者按次分项计算个人所得税	按纳税年度合并计算个人所得税
劳务报酬所得		
稿酬所得		
特许权使用费所得		

(续表)

所得项目	一个纳税年度内境内累计居住时间	
	不足183天	超过183天
经营所得	依法分别计算个人所得税	依法分别计算个人所得税
利息、股息、红利所得		
财产租赁所得		
财产转让所得		
偶然所得		

(二) 非居民个人的税款扣缴方法

根据《个人所得税扣缴申报管理办法(试行)》(国家税务总局公告2018年第61号)第9条的规定,扣缴义务人向非居民个人支付工资、薪金所得,劳务报酬所得,稿酬所得和特许权使用费所得时,应当按照以下方法按月或者按次代扣代缴税款:

非居民个人的工资、薪金所得,以每月收入额减除费用5 000元后的余额为应纳税所得额;劳务报酬所得、稿酬所得、特许权使用费所得,以每次收入额为应纳税所得额,按适用税率计算应纳税额。劳务报酬所得、稿酬所得、特许权使用费所得以收入减除20%的费用后的余额为收入额;其中,稿酬所得的收入额减按70%计算。

非居民个人在一个纳税年度内税款扣缴方法保持不变,达到居民个人条件时,应当告知扣缴义务人基础信息变化情况,年度终了后按照居民个人有关规定办理汇算清缴。

(三) 无住所个人预计境内居住时间与税款缴纳

根据《财政部 税务总局关于非居民个人和无住所居民个人有关个人所得税政策的公告》(财政部 税务总局公告2019年第35号)第5条第1项的规定,无住所个人在一个纳税年度内首次申报时,应当根据合同约定等情况预计一个纳税年度内境内居住天数以及在税收协定规定的期间内境内停留天数,按照预计情况计算缴纳税款。实际情况与预计情况不符的,分别按照以下规定处理:

(1) 无住所个人预先判定为非居民个人,因延长居住天数达到居民个人条件的,一个纳税年度内税款扣缴方法保持不变,年度终了后按照居民个人有关规定办理汇算清缴,但该个人在当年离境且预计年度内不再入境的,可以选择在离境之前办理汇算清缴。

(2) 无住所个人预先判定为居民个人,因缩短居住天数不能达到居民个人条件的,在不能达到居民个人条件之日起至年度终了15天内,应当向主管税务机关报告,按照非居民个人重新计算应纳税额,申报补缴税款,不加收税收滞纳金。需要退税的,按照规定办理。

(3) 无住所个人预计一个纳税年度境内居住天数累计不超过90天,但实际累计居住天数超过90天的,或者对方税收居民个人预计在税收协定规定的期间内境内停留天数不超过183天,但实际停留天数超过183天的,待达到90天或者183天的月度终了后15天内,应当向主管税务机关报告,就以前月份工资、薪金所得重新计算应纳税款,并补缴税款,不加收税收滞纳金。

年度首次申报时,无住所个人在境内的实际居住天数不满183天,暂时无法确定其为居民个人还是非居民个人。为降低纳税人的税收遵从成本,《财政部 税务总局关于非居民个人和无住所居民个人有关个人所得税政策的公告》(财政部 税务总局公告2019年第35号)赋予无住所个人预先选择税收居民身份的权利。具体是,无住所个人在一个纳税年度内首次申报时,应当根据合同约定等情况自行判定是居民个人或非居民个人,并按照有关规定进行申报。当预计情况与实际情况不符时,无住所个人再按照规定进行调整。

(四) 案例分析

【例11-12】 史密斯先生是甲国人,在甲国A企业集团任审计部经理,被A集团公司派遣到北京子公司负责中国区项目审计,任审计经理。2018年11月18日,史密斯先生到达中国。根据集团公司工作安排预计在中国境内工作约7个月。

在中国境内工作期间,北京子公司每月支付其工资30 000元(人民币,下同),甲国A企业集团每月支付其工资20 000元。

2019年3月,利用业余时间为上海市区的乙企业提供审计咨询服务,取得劳务报酬收入40 000元。

2019年4月,将其发明的一项专利许可深圳的丙企业使用,取得该企业支付的特许权使用费25 000元。

2019年5月,在中国境内出版一本专著,取得中国境内某出版社支付的稿酬45 000元。

因审计项目工作量大,史密斯先生至2019年8月15日才回国。

史密斯先生根据其工作时间安排预先判定自己为非居民个人并告知境内向其支付所得的单位。史密斯先生在回国离境前办理了相关税款清算。

不考虑专项扣除、专项附加扣除、其他扣除和个人所得税以外的其他税费,不考虑享受税收协定。

根据上述资料,分析并计算回答下列问题:

1. 史密斯先生2019年度是个人所得税居民个人还是非居民个人?为什么?
2. 北京子公司应代扣代缴史密斯先生2019年的个人所得税是多少?
3. 乙企业和丙企业应代扣代缴史密斯先生的个人所得税分别是多少?
4. 境内某出版社应代扣代缴史密斯先生的个人所得税是多少?
5. 史密斯先生离境前办理税款清算应补(退)的个人所得税是多少?

【解析】

1. 2019年度纳税人身份的判定:

2019年8月15日离境当天,不计入中国境内居住天数,按半天计算工作天数。即8月在中国境内居住14天,当月境内工作天数为14.5天。

2019年共计在境内居住:31+28+31+30+31+30+31+14=226(天),超过183天,为居民个人。

2. 北京子公司应代扣代缴个人所得税的计算:

1~7月应代扣代缴个人所得税:

境内应计税工资、薪金收入额：30 000＋20 000－50 000（元）；

应纳个人所得税：(50 000－5 000)×30％－4 410＝9 090（元）；

8月应代扣代缴个人所得税的计算：

50 000×[1－(16.5÷31)×(20 000÷50 000)]＝39 354.84（元）；

(39 354.84－5 000)×25％－2 660＝5 928.71（元）。

3. 乙企业应代扣代缴个人所得税计算：

40 000×(1－20％)×25％－2 660＝5 340（元）。

4. 丙企业应代扣代缴的个人所得税：

25 000×(1－20％)×20％－1 410＝2 590（元）。

5. 取得稿酬所得应代扣代缴个人所得税：

45 000×(1－20％)×70％×25％－2 660＝3 640（元）。

2019年支付单位共计代扣代缴个人所得税为：

＝9 090×7＋5 928.71＋5 340＋2 590＋3 640＝81 128.71（元）。

6. 综合所得汇算清缴应纳个人所得税的计算：

收入额：(50 000×7＋39 354.84)＋40 000×(1－20％)＋25 000×(1－20％)＋45 000×(1－20％)×70％＝389 354.84＋32 000＋20 000＋25 200＝466 554.84（元）。

综合所得应纳税所得额：

466 554.84－60 000＝406 554.84（元）。

应纳综合所得个人所得税：406 554.84×25％－31 920＝69 718.71（元）。

汇算清缴应退个人所得税：81 128.71－69 718.71＝11 410（元）。

二、代扣代缴与自行申报

非居民个人取得来源于中国境内的工资、薪金所得，劳务报酬所得，稿酬所得和特许权使用费所得，由扣缴义务人按月或者按次扣缴税款，不办理汇算清缴。非居民个人取得经营所得以外的其他分类所得的，以所得人为纳税义务人，以支付所得的单位或者个人为扣缴义务人。

无住所居民个人取得的综合所得，按年计算个人所得税。有扣缴义务人的，由扣缴义务人按月或按次预扣预缴税款，年综合汇算清缴，税款多退少补。

三、境内雇主报告境外关联方支付工资、薪金所得

无住所个人在境内任职、受雇取得的工资、薪金所得，有的是由其境内雇主的境外关联方支付。在此情况下，尽管境内雇主不是工资、薪金的直接支付方，为便于纳税遵从，《财政部　税务总局关于非居民个人和无住所居民个人有关个人所得税政策的公告》（财政部　税务总局公告2019年第35号）第5条第2项规定，无住所个人在境内任职、受雇取得来源于境内的工资、薪金所得，凡境内雇主与境外单位或者个人存在关联关系，将本应由境内雇主支付的工资、薪金所得，部分或者全部由境外关联方支付的，无住所个人可以自行申报缴纳

税款,也可以委托境内雇主代为缴纳税款。无住所个人未委托境内雇主代为缴纳税款的,境内雇主应当在相关所得支付当月终了后15天内向主管税务机关报告相关信息,包括境内雇主与境外关联方对无住所个人的工作安排、境外支付情况以及无住所个人的联系方式等信息。

四、境内受雇境外支付工资、薪金所得的纳税申报

无住所个人在境内任职、受雇取得来源于境内的工资、薪金所得,其本应由境内雇主支付,但部分或者全部由境内雇主的境外关联单位或者个人支付的,无住所个人可以选择在一个纳税年度内自行申报缴纳税款,也可以委托境内雇主代为申报纳税。

无住所个人选择委托境内雇主代为缴纳税款的,境内雇主应当比照《个人所得税扣缴申报管理办法(试行)》(国家税务总局公告2018年第61号)第6条(累计预扣法)和第9条(非居民代扣代缴)有关规定计算应纳税款,填写《个人所得税扣缴申报表》,并于相关所得支付当月终了后15日内向主管税务机关办理纳税申报。无住所个人选择自行申报缴纳税款的,应当比照《个人所得税扣缴申报管理办法(试行)》第9条有关规定计算应纳税款,填写《个人所得税自行纳税申报表(A表)》,并于取得相关所得当月终了后15日内向其境内雇主的主管税务机关办理自行纳税申报。

(一)委托境内雇主代为申报缴纳税款的处理

无住所个人选择委托境内雇主代为申报缴纳税款的,其境内雇主可以按照《财政部 税务总局关于非居民个人和无住所居民个人有关个人所得税政策的公告》(财政部 税务总局公告2019年第35号)有关规定,对无住所居民个人或非居民个人,分别比照《个人所得税扣缴申报管理办法(试行)》第6条(累计预扣法)或第9条(非居民个人个人所得税代扣代缴)有关规定,计算应申报缴纳的个人所得税。也就是说,对于无住所的居民个人,可以适用累计预扣法计算应预扣的个人所得税;对于无住所的非居民个人,则按月计算应扣缴的个人所得税,不适用累计预扣法。纳税申报时,由境内雇主在次月15日内向税务机关报送《个人所得税扣缴申报表》。

(二)无住所个人自行纳税申报的处理

无住所个人选择自行纳税申报的,按照《财政部 税务总局关于非居民个人和无住所居民个人有关个人所得税政策的公告》(财政部 税务总局公告2019年第35号)有关规定,比照《个人所得税扣缴申报管理办法(试行)》第9条有关代扣代缴非居民个人所得税的相关规定,计算应申报缴纳的个人所得税。也就是说,对于无住所个人,无论是居民个人还是非居民个人,只要选择自行申报缴税,在纳税年度内,均比照非居民个人计税方法,按月计算应缴纳的个人所得税。纳税申报时,无住所个人需要在取得所得的次月15日内,向境内任职受雇地主管税务机关办理自行纳税申报,报送《个人所得税自行纳税申报表(A表)》。对无住所居民个人,年度终了后可按税法规定办理综合所得汇算清缴。

五、个人工资、薪金及实际在境内工作期间的证据

根据《国家税务总局关于在中国境内无住所的个人计算缴纳个人所得税若干具体问题

的通知》(国税函发〔1995〕125号)第5条的规定,凡属依据税法等规定,应就境外雇主支付的工资、薪金申报纳税的个人,应就视为由中国境内企业、机构支付或负担的工资、薪金申报纳税的个人,应如实申报上述工资、薪金数额及在中国境内的工作期间,并提供支付工资证明及必要的公证证明和居住时间的有效凭证。

居住时间的有效凭证,包括护照、中国港澳同胞还乡证、中国台湾同胞"往来大陆通行证"以及主管税务机关认为有必要提供的其他证明凭据。

六、非居民个人享受协定待遇管理

为执行税收协定和国际运输协定税收条款,规范非居民纳税人享受协定待遇管理,国家税务总局制定《非居民纳税人享受协定待遇管理办法》。自2020年1月1日起,在中国境内发生纳税义务的非居民纳税人需要享受协定待遇的适用该办法。非居民纳税人需要享受内地与中国香港、中国澳门特别行政区签署的避免双重征税安排待遇的,按照该公告执行。

(一) 自行判断、申报享受、相关资料留存备查

非居民纳税人享受协定待遇,采取"自行判断、申报享受、相关资料留存备查"的方式办理。非居民纳税人自行判断符合享受协定待遇条件的,可在纳税申报时,或通过扣缴义务人在扣缴申报时,自行享受协定待遇,同时按照该办法的规定归集和留存相关资料备查,并接受税务机关后续管理。

这里所称居民纳税人,是指按照税收协定居民条款规定应为缔约对方税收居民的纳税人。所称协定包括税收协定和国际运输协定。国际运输协定包括中华人民共和国政府签署的航空协定、海运协定、道路运输协定、汽车运输协定、互免国际运输收入税收协议或换函以及其他关于国际运输的协定。所称协定待遇,是指按照协定可以减轻或者免除按照国内税收法律规定应当履行的企业所得税、个人所得税纳税义务。扣缴义务人,是指按国内税收法律规定,对非居民纳税人来源于中国境内的所得负有扣缴税款义务的单位或个人,包括法定扣缴义务人和企业所得税法规定的指定扣缴义务人。主管税务机关,是指按国内税收法律规定,对非居民纳税人在中国的纳税义务负有征管职责的税务机关。

(二) 协定适用和纳税申报

非居民个人自行申报的,自行判断符合享受协定待遇条件且需要享受协定待遇,应在申报时报送《非居民纳税人享受协定待遇信息报告表》,并按照规定归集和留存相关资料备查。

在源泉扣缴和指定扣缴情况下,非居民纳税人自行判断符合享受协定待遇条件且需要享受协定待遇的,应当如实填写《非居民纳税人享受协定待遇信息报告表》,主动提交给扣缴义务人,并按照规定归集和留存相关资料备查。

扣缴义务人收到《非居民纳税人享受协定待遇信息报告表》后,确认非居民纳税人填报信息完整的,依国内税收法律规定和协定规定扣缴,并如实将《非居民纳税人享受协定待遇信息报告表》作为扣缴申报的附表报送主管税务机关。

非居民纳税人未主动提交《非居民纳税人享受协定待遇信息报告表》给扣缴义务人或

填报信息不完整的,扣缴义务人依国内税收法律规定扣缴。

(三) 留存备查资料

根据《非居民纳税人享受协定待遇管理办法》第7条的规定,留存备查资料包括:

(1) 由协定缔约对方税务主管当局开具的证明非居民纳税人取得所得的当年度或上一年度税收居民身份的税收居民身份证明;享受税收协定国际运输条款或国际运输协定待遇的,可用能够证明符合协定规定身份的证明代替税收居民身份证明。

(2) 与取得相关所得有关的合同、协议、董事会或股东会决议、支付凭证等权属证明资料。

(3) 享受股息、利息、特许权使用费条款协定待遇的,应留存证明"受益所有人"身份的相关资料。

(4) 非居民纳税人认为能够证明其符合享受协定待遇条件的其他资料。

非居民纳税人对《非居民纳税人享受协定待遇信息报告表》填报信息和留存备查资料的真实性、准确性、合法性承担法律责任。非居民纳税人享受协定待遇留存备查资料应按照税收征管法及其实施细则规定的期限保存。

(四) 少缴、未缴或多缴税款的处理

非居民纳税人发现不应享受而享受了协定待遇,并少缴或未缴税款的,应当主动向主管税务机关申报补税。

非居民纳税人可享受但未享受协定待遇而多缴税款的,可在税收征管法规定期限内自行或通过扣缴义务人向主管税务机关要求退还多缴税款,同时提交《非居民纳税人享受协定待遇管理办法》第7条规定的资料。

主管税务机关应当自接到非居民纳税人或扣缴义务人退还多缴税款申请之日起30日内查实,对符合享受协定待遇条件的多缴税款办理退还手续。查实时间不包括非居民纳税人或扣缴义务人补充提供资料、个案请示、相互协商、情报交换的时间。税务机关因上述原因延长查实时间的,应书面通知退税申请人相关决定及理由。

(五) 税务机关后续管理

各级税务机关应当对非居民纳税人享受协定待遇开展后续管理,准确执行协定,防范协定滥用和逃避税风险。

主管税务机关在后续管理时,可要求非居民纳税人限期提供留存备查资料。主管税务机关在后续管理或税款退还查实工作过程中,发现依据《非居民纳税人享受协定待遇管理办法》第7条规定的资料不足以证明非居民纳税人符合享受协定待遇条件,或非居民纳税人存在逃避税嫌疑的,可要求非居民纳税人或扣缴义务人限期提供相关资料并配合调查。规定的资料原件为外文文本的,按照主管税务机关要求提供时,应当附送中文译本,并对中文译本的准确性和完整性负责。非居民纳税人、扣缴义务人可以向主管税务机关提供资料复印件,但是应当在复印件上标注原件存放处,加盖报告责任人印章或签章。主管税务机关要求报验原件的,应报验原件。

非居民纳税人、扣缴义务人应配合主管税务机关进行非居民纳税人享受协定待遇的后

续管理与调查。非居民纳税人、扣缴义务人均未按照税务机关要求提供相关资料,或逃避、拒绝、阻挠税务机关进行后续调查,主管税务机关无法查实其是否符合享受协定待遇条件的,应视为不符合享受协定待遇条件。

非居民纳税人不符合享受协定待遇条件而享受了协定待遇且未缴或少缴税款的,除因扣缴义务人未按《非居民纳税人享受协定待遇管理办法》第6条规定扣缴申报外,视为非居民纳税人未按照规定申报缴纳税款,主管税务机关依法追缴税款并追究非居民纳税人延迟纳税责任。在扣缴情况下,税款延迟缴纳期限自扣缴申报享受协定待遇之日起计算。

扣缴义务人未按规定扣缴申报,或者未按规定提供相关资料,发生不符合享受协定待遇条件的非居民纳税人享受协定待遇且未缴或少缴税款情形的,主管税务机关依据有关规定追究扣缴义务人责任,并责令非居民纳税人限期缴纳税款。

主管税务机关在后续管理或税款退还查实工作过程中,发现不能准确判定非居民纳税人是否可以享受协定待遇的,应当向上级税务机关报告;需要启动相互协商或情报交换程序的,按有关规定启动相应程序。

主管税务机关在后续管理过程中,发现需要适用税收协定主要目的测试条款或国内税收法律规定中的一般反避税规则的,适用一般反避税相关规定。

主管税务机关应当对非居民纳税人不当享受协定待遇情况建立信用档案,并采取相应后续管理措施。

七、中国税收居民身份证明及其开具

根据《国家税务总局关于开具〈中国税收居民身份证明〉有关事项的公告》(国家税务总局公告2016年第40号)的规定,企业或者个人(以下统称申请人)为享受中国政府对外签署的税收协定(含与香港、澳门和台湾签署的税收安排或者协议)、航空协定税收条款、海运协定税收条款、汽车运输协定税收条款、互免国际运输收入税收协议或者换函待遇,可以向税务机关申请开具《中国税收居民身份证明》。申请人可以就其构成中国税收居民的任一公历年度申请开具《中国税收居民身份证明》。申请人提交资料齐全的,主管税务机关应当按规定当场受理;资料不齐全的,主管税务机关不予受理,并一次性告知申请人应补正内容。主管税务机关根据规定,结合纳税人登记注册、在中国境内住所及居住时间等情况对居民身份进行判定。主管税务机关在受理申请之日起10个工作日内,由负责人签发《中国税收居民身份证明》并加盖公章或者将不予开具的理由书面告知申请人。主管税务机关无法准确判断居民身份的,应当及时报告上级税务机关。需要报告上级税务机关的,主管税务机关应当在受理申请之日起20个工作日内办结。

主管税务机关对开具的《中国税收居民身份证明》进行统一编号,编号格式为:税务机构代码(前7位)+年份(4位)+顺序号(5位)。"年份"为开具《中国税收居民身份证明》的公历年度,"顺序号"为本年度主管税务机关开具的自然顺序号。

根据《国家税务总局关于调整〈中国税收居民身份证明〉有关事项的公告》(国家税务总局公告2019年第17号)的规定,申请人应向主管其所得税的县税务局(以下简称主管税务

机关)申请开具《中国税收居民身份证明》(见图11-7)。中国居民企业的境内、境外分支机构应由其中国总机构向总机构主管税务机关申请。合伙企业应当以其中国居民合伙人作为申请人,向中国居民合伙人主管税务机关申请。

申请人申请开具《税收居民证明》应向主管税务机关提交以下资料:

(1)《中国税收居民身份证明》申请表。

(2)与拟享受税收协定待遇收入有关的合同、协议、董事会或者股东会决议、相关支付凭证等证明资料。

(3)申请人为个人且在中国境内有住所的,提供因户籍、家庭、经济利益关系而在中国境内习惯性居住的证明材料,包括申请人身份信息、住所情况说明等资料。

(4)申请人为个人且在中国境内无住所,而一个纳税年度内在中国境内居住累计满183天的,提供在中国境内实际居住时间的证明材料,包括出入境信息等资料。

(5)境内、境外分支机构通过其总机构提出申请时,还需提供总分机构的登记注册情况。

(6)合伙企业的中国居民合伙人作为申请人提出申请时,还需提供合伙企业登记注册情况。

上述填报或提供的资料应提交中文文本,相关资料原件为外文文本的,应当同时提供中文译本。申请人向主管税务机关提交上述资料的复印件时,应在复印件上加盖申请人印章或签字,主管税务机关核验原件后留存复印件。

中国税收居民身份证明格式,如图11-7所示。

中国税收居民身份证明

(Certificate of Chinese Fiscal Resident)

日期(Date):

编号(Catalogue Number):

纳税人名称(Taxpayer's Name):

纳税年度(Tax Year):

缔约国(地区)Contracting state (jurisdiction):

为享受税收协定待遇的目的,经中国税务主管当局国家税务总局授权,兹证明上述纳税人是中国税收居民。(For the purpose of enjoying Double Taxation Agreement benefits, and authorized by the State Taxation Administration (STA), the Competent Authority of the People's Republic of China, this is to certify that the above-named taxpayer is a Chinese fiscal resident.)

签字(signature):

国家税务总局_____税务局

Director of _____, State Taxation Administration

图11-7 中国税收居民身份证明格式

第十二章
经营所得预缴与汇算清缴

> 作为公民,你有义务纳税,同时你也必须了解你作为纳税人的权利。
> ——唐纳德.C.亚历山大

第一节 经营所得概述

2018年《个人所得税法》调整和简并了部分所得项目,将个体工商户生产经营所得调整为经营所得,取消对企事业单位承包承租经营所得项目,将其中属于工薪性质、经营性质的所得,分别并入工资、薪金所得,经营所得征税。

一、征税范围

(一)经营所得的征税范围

根据2018年《个人所得税法实施条例》第6条第1款第5项的规定,经营所得,是指:
(1)个体工商户从事生产、经营活动取得的所得,个人独资企业投资人、合伙企业的个人合伙人来源于境内注册的个人独资企业、合伙企业生产、经营的所得。
(2)个人依法从事办学、医疗、咨询以及其他有偿服务活动取得的所得。
(3)个人对企业、事业单位承包经营、承租经营以及转包、转租取得的所得。
(4)个人从事其他生产、经营活动取得的所得。

该规定与2011年《个人所得税法实施条例》经营所得的规定有所不同,其修订前后对比如表12-1所示。

表12-1 《个人所得税法实施条例》"经营所得"修订前后对比

2018年《个人所得税法实施条例》	2011年《个人所得税法实施条例》等	修改情况
第6条第5项规定,经营所得,是指: (1)个体工商户从事生产、经营活动取得的所得,个人独资企业投资人、合伙企业的个人合伙人来源于境内注册的个人独资企业、合伙企业生产、经营的所得;	第8条第2项规定,个体工商户的生产、经营所得,是指: (1)个体工商户从事工业、手工业、建筑业、交通运输业、商业、饮食业、服务业、修理业以及其他行业生产、经营取得的所得; (2)个人经政府有关部门批准,取得执照,从事办学、医疗、咨询以及其他有偿服务活动取得的所得;	承包、承租经营人按月或者按次取得的工资、薪金性质的所得,不再作为经营所得征税

(续表)

2018年《个人所得税法实施条例》	2011年《个人所得税法实施条例》等	修改情况
（2）个人依法从事办学、医疗、咨询以及其他有偿服务活动取得的所得； （3）个人对企业、事业单位承包经营、承租经营以及转包、转租取得的所得； （4）个人从事其他生产、经营活动取得的所得	3. 其他个人从事个体工商业生产、经营取得的所得； 4. 上述个体工商户和个人取得的与生产、经营有关的各项应纳税所得。 第3项规定，对企事业单位的承包经营、承租经营所得，是指个人承包经营、承租经营以及转包、转租取得的所得，包括个人按月或者按次取得的工资、薪金性质的所得。 《国务院关于个人独资企业和合伙企业征收所得税问题的通知》（国发〔2000〕16号）：个人独资企业和合伙企业投资者的生产经营所得，比照个体工商户的生产、经营所得征收个人所得税	

经营所得与企业所得税的法人经营活动类似，经营所得与其他各项所得相比，有以下特点：一是机构的稳定性；二是经营的持续性；三是不是单一个人活动，这是与劳务报酬所得的一个区别。

（二）税制改革前的个体工商户生产经营所得

在2018年12月31日以前，根据2011年《个人所得税法实施条例》第8条的规定，个体工商户的生产、经营所得是指：①个体工商户从事工业、手工业、建筑业、交通运输业、商业、饮食业、服务业、修理业以及其他行业生产、经营取得的所得；②个人经政府有关部门批准，取得执照，从事办学、医疗、咨询以及其他有偿服务活动取得的所得；③其他个人从事个体工商业生产、经营取得的所得；④上述个体工商户和个人取得的与生产、经营有关的各项应纳税所得。

1. 个人独资和合伙企业投资者所得

《国务院关于个人独资企业和合伙企业征收所得税问题的通知》（国发〔2000〕16号）规定，从2000年1月1日起，对个人独资企业和合伙企业停征企业所得税，只对其投资者的经营所得征收个人所得税。

2. 彩票代销业务所得

根据《国家税务总局关于个人所得税若干政策问题的批复》（国税函〔2002〕629号）的规定，个人因从事彩票代销业务而取得的所得，按照"个体工商户的生产、经营所得"项目计征个人所得税。

3. 种植业、养殖业、饲养业、捕捞业所得

根据《财政部 国家税务总局关于农村税费改革试点地区个人取得农业特产所得征免个人所得税问题》（财税〔2003〕157号）的规定，对个体户或个人取得的农业特产所得，不再征收个人所得税。

根据《财政部 国家税务总局关于农村税费改革试点地区有关个人所得税问题的通知》

(财税〔2004〕30号)的规定,对个人或个体户从事种植业、养殖业、饲养业、捕捞业,其取得的"四业"所得暂不征收个人所得税。

根据《财政部 国家税务总局关于个人独资企业和合伙企业投资者取得种植业、养殖业、饲养业、捕捞业所得有关个人所得税问题的批复》(财税〔2010〕96号)的规定,对个人独资企业和合伙企业从事种植业、养殖业、饲养业和捕捞业,其投资者取得的"四业"所得暂不征收个人所得税。

4. 出租车驾驶员从事出租车运营取得的收入

根据《机动出租车驾驶员个人所得税征收管理暂行办法》(国税发〔1995〕50号)第6条的规定,出租车驾驶员从事出租车运营取得的收入,适用的个人所得税项目为:出租汽车经营单位对出租车驾驶员采取单车承包或承租方式运营,出租车驾驶员从事客货运营取得的收入,按"工资、薪金所得"项目征税。从事个体出租车运营的出租车驾驶员取得的收入,按"个体工商户的生产、经营所得"项目缴纳个人所得税。出租车属个人所有,但挂靠出租汽车经营单位或企事业单位,驾驶员向挂靠单位缴纳管理费的,或出租汽车经营单位将出租车所有权转移给驾驶员的,出租车驾驶员从事客货运营取得的收入,比照"个体工商户的生产、经营所得"项目征税。

5. 个人举办各类学习班所得

《国家税务总局关于个人举办各类学习班取得的收入征收个人所得税问题的批复》(国税函发〔1996〕658号)规定:①个人经政府有关部门批准并取得执照举办学习班、培训班的,其取得的办班收入属于"个体工商户的生产、经营所得"应税项目,应按个人所得税法规定计征个人所得税;②个人无须经政府有关部门批准并取得执照举办学习班、培训班的,其取得的办班收入属于"劳务报酬所得"应税项目,应按税法规定计征个人所得税。其中,办班者每次收入按以下方法确定:一次收取学费的,以一期取得的收入为一次;分次收取学费的,以每月取得的收入为一次。

此外,自1997年10月1日《社会力量办学条例》(国务院令226号)施行以来,由于该条例规定有"社会力量举办教育机构不得以营利为目的,教育机构的积累只能用于增加教育投入和改善办学条件,不得用于分配和校外投资"等内容,引起个人办学者、税务机关就是否缴纳个人所得税问题产生争议。对此问题,《国家税务总局关于社会力量办学征收个人所得税问题的批复》(国税函〔1998〕738号)明确:对于个人经政府有关部门批准,取得执照,从事办学取得的所得,应按"个体工商户的生产、经营所得"应税项目计征个人所得税。对于个人办学者取得的办学所得用于个人消费的部分,应依法计征个人所得税。

6. 个人从事医疗服务所得

根据《国家税务总局关于个人从事医疗服务活动征收个人所得税问题的通知》(国税发〔1997〕178号)的规定,个人经政府有关部门批准,取得执照,以门诊部、诊所、卫生所(室)、卫生院、医院等医疗机构形式从事疾病诊断、治疗及售药等服务活动,应当以该医疗机构取得的所得,作为个人的应纳税所得,按照"个体工商户的生产、经营所得"应税项目缴纳个人所得税。个人未经政府有关部门批准,自行连续从事医疗服务活动,不管是否有经营场所,其取得与医疗服务活动相关的所得,按照"个体工商户的生产、经营所得"应税项目缴纳个人所得税。

对于由集体、合伙或个人出资的乡村卫生室(站),由医生承包经营,经营成果归医生个人所有,承包人取得的所得,比照"对企事业单位的承包经营、承租经营所得"应税项目缴纳个人所得税。乡村卫生室(站)的其他医务人员取得的所得,按照"工资、薪金所得"应税项目缴纳个人所得税。

受医疗机构临时聘请坐堂门诊及售药,由该医疗机构支付报酬,或收入与该医疗机构按比例分成的人员,其取得的所得,按照"劳务报酬所得"应税项目缴纳个人所得税,以一个月内取得的所得为一次,税款由该医疗机构代扣代缴。

《财政部 国家税务总局关于医疗卫生机构有关税收政策的通知》(财税〔2000〕42号)规定的对非营利的医疗机构按照国家规定的价格取得的医疗服务收入免征各项税收,仅指机构自身的各项税收,不包括个人从医疗机构取得所得应纳的个人所得税。按照个人所得税法的规定,个人取得应税所得,应依法缴纳个人所得税。对个人从医疗机构取得的所得,按照《财政部 国家税务总局关于医疗机构有关个人所得税政策问题的通知》(财税〔2003〕109号)的规定执行:

个人因在医疗机构(包括营利性医疗机构和非营利性医疗机构)任职而取得的所得,应按照"工资、薪金所得"应税项目计征个人所得税;

医生或其他个人承包、承租经营医疗机构,经营成果归承包人所有的,承包人取得的所得,应按照"对企事业单位的承包经营、承租经营所得"应税项目计征个人所得税;

个人投资或个人合伙投资开设医院(诊所)而取得的收入,按照"个体工商户的生产、经营所得"应税项目计征个人所得税;

对残疾人、转业军人、随军家属和下岗职工等投资开设医院(诊所)而取得的收入,仍按现行相关政策执行。

7. 个人提供农用机械服务所得

《国家税务总局关于农场职工个人提供农用机械服务取得所得征收个人所得税问题的批复》(国税函〔1998〕85号)明确,农场职工为他人有偿提供农用机械服务取得的所得,应按2011年《个人所得税法》第2条列举的"个体工商户的生产、经营所得"应税项目,计算缴纳个人所得税。

8. 个人或合伙吸储放贷所得

个人或者几个人合伙对外吸收存款、放出贷款,从中获取贷款利息的差额利润,这是违反国家金融管理规定的行为,应由有关部门依法取缔。在这种行为被有关部门取缔之前,为了防止其蔓延和调节个人收入,《国家税务总局关于个人或合伙吸储放贷取得的收入征收个人所得税问题的批复》(国税函〔2000〕516号)规定,对个人或个人搭伙取得的吸存放贷收入,应按照"个体工商户的生产、经营所得"应税项目征收个人所得税;对个人将资金提供给上述人员放贷而取得的利息收入,应作为集资利息收入,按照"利息、股息、红利所得"应税项目征收个人所得税,税款由利息支付者代扣代缴。

9. 以企业资金为个人支付消费性支出及购买财产

根据《财政部 国家税务总局关于规范个人投资者个人所得税征收管理的通知》(财税〔2003〕158号)的规定,个人独资企业、合伙企业的个人投资者以企业资金为本人、家庭成员及其相关人员支付与企业生产经营无关的消费性支出及购买汽车、住房等财产性支出,视为企业对个人投资者的利润分配,并入投资者个人的生产经营所得,依照"个体工商户的生产、经营所得"项目计征个人所得税。除个人独资企业、合伙企业以外的其他企业的个人投资者,以企业资金为本人、家庭成员及其相关人员支付与企业生产经营无关的消费性支出及购买汽车、住房等财产性支出,视为企业对个人投资者的红利分配,依照"利息、股息、红利所得"项目计征个人所得税。

根据《国家税务总局关于企业为股东个人购买汽车征收个人所得税的批复》(国税函〔2005〕364号)的规定,企业购买车辆并将车辆所有权办到股东个人名下,其实质为企业对股东进行了红利性质的实物分配,应按照"利息、股息、红利所得"项目征收个人所得税。考虑到该股东个人名下的车辆同时也为企业经营使用的实际情况,允许合理减除部分所得,减除的具体数额由主管税务机关根据车辆的实际使用情况合理确定。

根据《财政部 国家税务总局关于企业为个人购买房屋或其他财产征收个人所得税问题的批复》(财税〔2008〕83号)的规定,符合以下情形的房屋或其他财产,无论所有权人是否将财产无偿或有偿交付企业使用,其实质均为企业对个人进行了实物性质的分配,应依法计征个人所得税:

(1)企业出资购买房屋及其他财产,将所有权登记为投资者个人、投资者家庭成员或企业其他人员的。

(2)企业投资者个人、投资者家庭成员或企业其他人员向企业借款用于购买房屋及其他财产,将所有权登记为投资者、投资者家庭成员或企业其他人员,且借款年度终了后未归还借款的。

(3)对个人独资企业、合伙企业的个人投资者或其家庭成员取得的上述所得,视为企业对个人投资者的利润分配,按照"个体工商户的生产、经营所得"项目计征个人所得税;对除个人独资企业、合伙企业以外其他企业的个人投资者或其家庭成员取得的上述所得,视为企业对个人投资者的红利分配,按照"利息、股息、红利所得"项目计征个人所得税;对企业其他人员取得的上述所得,按照"工资、薪金所得"项目计征个人所得税。

(三)税改前的对企业事业单位承包、承租经营所得

根据2011年《个人所得税法》及其实施条例的规定,对企事业单位的承包经营、承租经营所得,是指个人承包经营、承租经营以及转包、转租取得的所得,包括个人按月或者按次取得的工资、薪金性质的所得。

自2019年1月1日起,2018年《个人所得税法》调整和简并部分所得项目,将个体工商户生产经营所得调整为经营所得,取消对企事业单位承包承租经营所得项目,将其中属于工薪性质、经营性质的所得,分别并入工资、薪金所得,经营所得征税。

(四)对外投资分回利息、股息、红利的处理

根据《国家税务总局关于〈关于个人独资企业和合伙企业投资者征收个人所得税的规定〉

执行口径的通知》(国税函〔2001〕84号)的规定,个人独资企业和合伙企业对外投资分回的利息或者股息、红利,不并入企业的收入,而应单独作为投资者个人取得的利息、股息、红利所得,按"利息、股息、红利所得"应税项目计算缴纳个人所得税。以合伙企业名义对外投资分回利息或者股息、红利的,应按《关于个人独资企业和合伙企业投资者征收个人所得税的规定》第5条规定(现为《财政部国家税务总局关于合伙企业合伙人所得税问题的通知》财税〔2008〕159号)的精神确定各个投资者的利息、股息、红利所得,分别按"利息、股息、红利所得"应税项目计算缴纳个人所得税。需要强调的是,这是针对利息、股息、红利所得而言的。

此外,《国家税务总局关于切实加强高收入者个人所得税征管的通知》(国税发〔2011〕50号)规定,对个人独资企业和合伙企业从事股权(票)、期货、基金、债券、外汇、贵重金属、资源开采权及其他投资品交易取得的所得,应全部纳入生产经营所得,依法征收个人所得税。这是针对转让财产所得的处理方法。

二、纳税义务人

(一) 个体工商户及其纳税人

根据《个体工商户条例》(国务院令第596号)的规定,有经营能力的公民,依照规定经市场监督管理部门登记,从事工商业经营的,为个体工商户。香港特别行政区、澳门特别行政区永久性居民中的中国公民,台湾地区居民可以按照国家有关规定,申请登记为个体工商户。个体工商户可以个人经营,也可以家庭经营。个体工商户的合法权益受法律保护,任何单位和个人不得侵害。

申请登记为个体工商户,应当向经营场所所在地登记机关申请注册登记。申请人应当提交登记申请书、身份证明和经营场所证明。个体工商户登记事项包括经营者姓名和住所、组成形式、经营范围、经营场所。个体工商户使用名称的,名称作为登记事项。个体工商户税务登记内容发生变化的,应当依法办理变更或者注销税务登记。个体工商户登记事项变更,未办理变更登记的,由登记机关责令改正,处1 500元以下的罚款;情节严重的,吊销营业执照。个体工商户可以凭营业执照及税务登记证明,依法在银行或者其他金融机构开立账户,申请贷款。

根据《个体工商户个人所得税计税办法》(国家税务总局令第35号,根据2018年6月15日《国家税务总局关于修改部分税务部门规章的决定》修正)第3条的规定,个体工商户包括:

(1) 依法取得个体工商户营业执照,从事生产经营的个体工商户。

(2) 经政府有关部门批准,从事办学、医疗、咨询等有偿服务活动的个人。

(3) 其他从事个体生产、经营的个人。

《个体工商户个人所得税计税办法》第4条规定,个体工商户以业主为个人所得税纳税义务人。

(二) 个人独资、合伙企业及其纳税人

1. 个人独资企业和合伙企业

《关于个人独资企业和合伙企业投资者征收个人所得税的规定》(财税〔2000〕91号)第2

条规定,个人独资企业和合伙企业是指:

(1) 依照《个人独资企业法》和《合伙企业法》登记成立的个人独资企业、合伙企业。

(2) 依照《私营企业暂行条例》登记成立的独资、合伙性质的私营企业。

(3) 依照《律师法》登记成立的合伙制律师事务所。

(4) 经政府有关部门依照法律、法规批准成立的负无限责任和无限连带责任的其他个人独资、个人合伙性质的机构或组织。

个人独资企业,是指由一个自然人投资,全部资产为投资人所有的营利性经济组织。

合伙企业有普通合伙、特殊的普通合伙以及有限合伙三种形式。根据2006年8月27日修订的《合伙企业法》的规定,合伙企业是指由自然人、法人和其他组织设立的组织体,包括普通合伙企业和有限合伙企业两种类型。普通合伙企业的所有合伙人对合伙企业的债务都承担无限连带责任;有限合伙企业则包括普通合伙人与有限合伙人,前者对合伙企业债务承担无限连带责任,后者则只以其认缴的出资额为限对合伙企业债务承担责任。

《合伙企业法》明确了法人和其他组织享有合伙人资格,法人和其他组织与自然人一样可以成为合伙企业合伙人。

《合伙企业法》第33条还规定了合伙企业的利润分配、亏损分担,按照合伙协议的约定办理;合伙协议未约定或者约定不明确的,由合伙人协商决定;协商不成的,由合伙人按照实缴出资比例分配、分担;无法确定出资比例的,由合伙人平均分配、分担。合伙协议不得约定将全部利润分配给部分合伙人或者由部分合伙人承担全部亏损。

2. 纳税义务人

根据《关于个人独资企业和合伙企业投资者征收个人所得税的规定》(财税〔2000〕91号)第3条的规定,个人独资企业以投资者为纳税义务人,合伙企业以每一个合伙人为纳税义务人。

根据《财政部 国家税务总局关于合伙企业合伙人所得税问题的通知》(财税〔2008〕159号)的规定,合伙企业以每一个合伙人为纳税义务人。合伙企业合伙人是自然人的,缴纳个人所得税;合伙人是法人和其他组织的,缴纳企业所得税。

【例12-1】 2019年8月某商贸公司和张某、李某成立合伙企业。根据企业所得税法和个人所得税法相关规定,下列关于该合伙企业所得税征收管理的说法中错误的是(　　)。

A. 商贸公司需要就合伙所得缴纳企业所得税

B. 商贸公司可使用合伙企业的亏损抵减其盈利

C. 张某、李某需要就合伙所得缴纳个人所得税

D. 合伙企业生产经营所得采取先分后税的原则

【答案】 B

【解析】 合伙企业的合伙人是法人和其他组织的,合伙人在计算缴纳企业所得税时,不得用合伙企业亏损抵减其盈利。

三、应纳税所得额

《个体工商户个人所得税计税办法》第2条规定,实行查账征收的个体工商户应当按照

该办法的规定,计算并申报缴纳个人所得税。根据《关于个人独资企业和合伙企业投资者征收个人所得税的规定》的规定,凡实行查账征税办法的,个人独资和合伙企业个人投资者生产经营所得比照《个体工商户个人所得税计税办法》的规定确定。但《关于个人独资企业和合伙企业投资者征收个人所得税的规定》(财税〔2000〕91号)等另有规定的项目和标准除外。

(一) 应纳税所得额的确定原则

1. 权责发生制

《个体工商户个人所得税计税办法》第5条规定,个体工商户应纳税所得额的计算,以权责发生制为原则,属于当期的收入和费用,无论款项是否收付,均作为当期的收入和费用;不属于当期的收入和费用,即使款项已经在当期收付,均不作为当期收入和费用。该办法和财政部、国家税务总局另有规定的除外。

个体工商户的应纳税所得额应当按照权责发生制原则确定,这与企业所得税的规定基本一致。《企业所得税法实施条例》第9条规定,企业应纳税所得额的计算,以权责发生制为原则,属于当期的收入和费用,无论款项是否收付,均作为当期的收入和费用;不属于当期的收入和费用,即使款项已经在当期收付,均不作为当期的收入和费用。该条例和国务院财政、税务主管部门另有规定的除外。

2. 税法优先

《个体工商户个人所得税计税办法》第6条规定,在计算应纳税所得额时,个体工商户会计处理办法与计税办法和财政部、国家税务总局相关规定不一致的,应当依照该办法和财政部、国家税务总局的相关规定计算。

借鉴企业所得税相关立法经验,《个体工商户个人所得税计税办法》在制度设计上确立了税法优先原则,个体工商户在计算应纳税所得额时,其会计处理与该计税办法相关规定不一致的,应当依照该计税办法的规定执行。

3. 区分收益性支出和资本性支出

《个体工商户个人所得税计税办法》第14条规定,个体工商户发生的支出应当区分收益性支出和资本性支出。收益性支出在发生当期直接扣除;资本性支出应当分期扣除或者计入有关资产成本,不得在发生当期直接扣除。

这里所称支出,是指与取得收入直接相关的支出。

4. 不得重复扣除

除税收法律法规另有规定外,个体工商户实际发生的成本、费用、税金、损失和其他支出,不得重复扣除。

(二) 经营所得应纳税所得额

根据2018年《个人所得税法》第6条第1款第3项的规定,经营所得,以每一纳税年度的收入总额减除成本、费用以及损失后的余额,为应纳税所得额。

从事生产、经营活动,未提供完整、准确的纳税资料,不能正确计算应纳税所得额的,由主管税务机关核定应纳税所得额或者应纳税额。

在 2018 年 12 月 31 日以前,根据 2011 年《个人所得税法》的规定,个体工商户的生产、经营所得,以每一纳税年度的收入总额,减除成本、费用以及损失后的余额,为应纳税所得额。

根据《个体工商户个人所得税计税办法》第 7 条的规定,个体工商户的生产、经营所得,以每一纳税年度的收入总额,减除成本、费用、税金、损失、其他支出以及允许弥补的以前年度亏损后的余额,为应纳税所得额。

这是采取会计核算办法归集或计算得出的应纳税所得额,据此计算应纳个人所得税额。其计算公式为:

$$应纳税所得额 = 收入总额 - 成本 - 费用 - 税金 - 损失 - 其他支出 \\ - 允许弥补的以前年度亏损$$

个体工商户生产经营所得与企业所得税应纳税所得额计算公式不同,企业所得税应纳税所得额的计算公式为:

$$应纳税所得额 = 收入总额 - 不征税收入 - 免税收入 - 各项扣除 \\ - 允许弥补的以前年度亏损$$

合伙企业生产经营所得和其他所得[包括合伙企业分配给所有合伙人的所得和企业当年留存的所得(利润)]采取"先分后税"的原则。具体应纳税所得额的计算按照《关于个人独资企业和合伙企业投资者征收个人所得税的规定》(财税〔2000〕91 号)以及《财政部 国家税务总局关于调整个体工商户、个人独资企业和合伙企业个人所得税税前扣除标准有关问题的通知》(财税〔2008〕65 号)、《财政部 国家税务总局关于调整个体工商户业主、个人独资企业和合伙企业自然人投资者个人所得税费用扣除标准的通知》(财税〔2011〕62 号)和《财政部 税务总局关于 2018 年第四季度个人所得税减除费用和税率适用问题的通知》(财税〔2018〕98 号)等有关规定执行。

(三)收入总额

1. 个体工商户的收入总额

根据《个体工商户个人所得税计税办法》第 8 条的规定,个体工商户从事生产经营以及与生产经营有关的活动(以下简称生产经营)取得的货币形式和非货币形式的各项收入,为收入总额,包括销售货物收入、提供劳务收入、转让财产收入、利息收入、租金收入、接受捐赠收入、其他收入。

其他收入包括个体工商户资产溢余收入、逾期一年以上的未退包装物押金收入、确实无法偿付的应付款项、已作坏账损失处理后又收回的应收款项、债务重组收入、补贴收入、违约金收入、汇兑收益等。

2. 个人独资或合伙企业的收入总额

根据《关于个人独资企业和合伙企业投资者征收个人所得税的规定》(财税〔2000〕91 号)的规定,收入总额,是指企业从事生产经营以及与生产经营有关的活动所取得的各项收入,包括商品(产品)销售收入、营运收入、劳务服务收入、工程价款收入、财产出租或转让收入、利息收入、其他业务收入和营业外收入。

(四) 成本、费用与损失

根据 2018 年《个人所得税法实施条例》第 15 条的规定,成本、费用,是指生产、经营活动中发生的各项直接支出和分配计入成本的间接费用以及销售费用、管理费用、财务费用;损失,是指生产、经营活动中发生的固定资产和存货的盘亏、毁损、报废损失、转让财产损失、坏账损失,自然灾害等不可抗力因素造成的损失以及其他损失。

(五) 经营所得的费用扣除

根据 2018 年《个人所得税法实施条例》第 14 条第 2 款的规定,取得经营所得的个人,没有综合所得的,计算其每一纳税年度的应纳税所得额时,应当减除费用 6 万元、专项扣除、专项附加扣除以及依法确定的其他扣除。专项附加扣除在办理汇算清缴时减除。

1. 商业健康保险支出

根据《财政部 国家税务总局 保监会关于将商业健康保险个人所得税试点政策推广到全国范围实施的通知》(财税〔2017〕39 号)第 1 条的规定,对个人购买符合规定的商业健康保险产品的支出,允许在当年(月)计算应纳税所得额时予以税前扣除,扣除限额为 2 400 元/年(200 元/月)。单位统一为员工购买符合规定的商业健康保险产品的支出,应分别计入员工个人工资、薪金,视同个人购买,按上述限额予以扣除。2 400 元/年(200 元/月)的限额扣除为个人所得税法规定的减除费用标准之外的扣除。

适用商业健康保险税收优惠政策的纳税人,是指取得工资、薪金所得,连续性劳务报酬所得的个人,以及取得经营所得(2018 年 12 月 31 日以前为个体工商户生产经营所得、对企事业单位的承包承租经营所得)的个体工商户业主、个人独资企业投资者、合伙企业个人合伙人和承包承租经营者。根据《国家税务总局关于推广实施商业健康保险个人所得税政策有关征管问题的公告》(国家税务总局公告 2017 年第 17 号)第 1 条的规定,取得工资、薪金所得、连续性劳务报酬所得的个人,以及取得个体工商户的生产经营所得、对企事业单位的承包承租经营所得的个体工商户业主、个人独资企业投资者、合伙企业个人合伙人和承包承租经营者,对其购买符合规定的商业健康保险产品支出,可按照规定标准(2 400 元/年,200 元/月)在个人所得税税前扣除。

自 2019 年 1 月 1 日起新税法实施后,取得综合所得的个人,以及通过个体工商户、个人独资企业、合伙企业取得经营所得的个人,发生符合规定的商业健康保险支出的在限额 2 400 元/年内据实扣除。

2. 税收递延型商业养老保险支出

根据《财政部 税务总局 人力资源社会保障部 中国银行保险监督管理委员会 证监会关于开展个人税收递延型商业养老保险试点的通知》(财税〔2018〕22 号)第 1 条中的规定,取得个体工商户生产经营所得、对企事业单位的承包承租经营所得(自 2019 年 1 月 1 日起为经营所得)的个体工商户业主、个人独资企业投资者、合伙企业自然人合伙人和承包承租经营者,其缴纳的保费准予在申报扣除当年计算应纳税所得额时予以限额内据实扣除,扣除限额按照不超过当年应税收入的 6% 和 12 000 元孰低办法确定。

取得经营所得的个体工商户业主、个人独资企业投资者、合伙企业自然人合伙人和承包承租经营者,其购买的符合规定的养老保险产品支出,在年度申报时,凭税延养老扣除凭证,在规定的扣除限额内据实扣除,并填报至《个人所得税经营所得纳税申报表(B表)》的"依法确定的其他扣除"中,同时填报《个人税收递延型商业养老保险税前扣除情况明细表》。

计算扣除限额时,个体工商户业主、个人独资企业投资者和承包承租经营者应税收入按照个体工商户、个人独资企业、承包承租的收入总额确定;合伙企业自然人合伙人应税收入按合伙企业收入总额乘以合伙人分配比例确定。

实行核定征收的,应当向主管税务机关报送《个人税收递延型商业养老保险税前扣除情况明细表》和税延养老扣除凭证,主管税务机关按程序相应调减其应纳税所得额或应纳税额。纳税人缴费金额发生变化、未续保或退保的,应当及时告知主管税务机关,重新核定应纳税所得额或应纳税额。

【例12-2】 好再来饭店是一家从事餐饮服务的个人独资企业,其投资者为中国公民张某。2019年全年实现收入总额100万元,成本60万元,期间费用及税金等37.35万元,其中支付投资者本人的工资7万元,没有其他纳税调整事项。当年已预缴个人所得税5 000元。

张某当年没有其他经营所得。

张某当年还从A公司取得工资收入12 000元/月。按规定每月缴付"三险一金"2 000元,没有专项附加扣除和依法确定的其他扣除项目。要求:

1. 计算张某所得应缴纳的个人所得税。
2. 如果2019年没有综合所得,计算张某应纳的个人所得税。

【解析】 1. 计算张某所得应缴纳的个人所得税。

(1) 综合所得应纳个人所得税的计算。

应纳税所得额:

$12\ 000 \times 12 - 60\ 000 - 2\ 000 \times 12 = 60\ 000$(元)。

适用税率10%,速算扣除数为2 520,应纳综合所得个人所得税为:

$60\ 000 \times 10\% - 2\ 520 = 3\ 480$(元)。

(2) 经营所得应纳税额的计算。

首先,计算独资企业层面的所得:

$100 - 60 - 37.35 + 7 = 9.65$(万元)。

其次,计算投资者层面的经营所得:

根据2018年《个人所得税法实施条例》第15条第2款的规定,取得经营所得的个人,没有综合所得的,计算其每一纳税年度的应纳税所得额时,应当减除费用6万元、专项扣除、专项附加扣除以及依法确定的其他扣除。专项附加扣除在办理汇算清缴时减除。

因张某2019年有综合所得,已从综合所得中扣除减除费用6万元、专项扣除,没有专项附加扣除以及依法确定的其他扣除。因而,张某全年经营所得的应纳税所得额为

96 500 元。

最后，计算投资者年终汇算清缴时全年应纳的经营所得个人所得税。

96 500×20%－10 500＝8 800(元)；

汇算清缴应补个人所得税：8 800－5 000＝3 800(元)。

2. 如果 2019 年没有综合所得，张某应纳的个人所得税计算。

首先，计算独资企业层面的所得：

100－60－37.35＋7＝9.65(万元)。

其次，计算投资者层面的经营所得：

根据 2018 年《个人所得税法实施条例》第 15 条第 2 款的规定，取得经营所得的个人，没有综合所得的，计算其每一纳税年度的应纳税所得额时，应当减除费用 6 万元、专项扣除、专项附加扣除以及依法确定的其他扣除。专项附加扣除在办理汇算清缴时减除。

因张某 2019 年没有综合所得，计算其每 2019 年度经营所得的应纳税所得额时，可扣除减除费用 6 万元、专项扣除，没有专项附加扣除以及依法确定的其他扣除。因而，张某全年经营所得应纳税所得额为：

96 500－60 000－2 000×12＝12 500(元)。

最后，计算投资者年终汇算清缴时应纳的个人所得税。

12 500×5%＝625(元)；

汇算清缴应退个人所得税：5 000－625＝4 375(元)。

四、税率

(一) 经营所得的适用税率

经营所得的适用税率如表 12-2 所示。

表 12-2　　　　　　　　　个人所得税税率表
（经营所得适用）

级数	全年应纳税所得额	税率(%)	速算扣除数
1	不超过 30 000 元的	5	0
2	超过 30 000 元至 90 000 元的部分	10	1 500
3	超过 90 000 元至 300 000 元的部分	20	10 500
4	超过 300 000 元至 500 000 元的部分	30	40 500
5	超过 500 000 元的部分	35	65 500

注：本表所称全年应纳税所得额是指依照规定，以每一纳税年度的收入总额，减除成本、费用以及损失后的余额。

与 2018 年税制改革前个体工商户生产经营所得适用的税率相比，变化情况如表 12-3 所示。

表 12-3　　经营所得适用税率表修订情况

经营所得适用税率表			个体工商户的生产、经营所得和对企事业单位的承包经营、承租经营所得适用的税率表		
级数	全年应纳税所得额	税率（％）	级数	全年应纳税所得额	税率（％）
1	不超过 30 000 元的	5	1	不超过 15 000 元的	5
2	超过 30 000 元至 90 000 元的部分	10	2	超过 15 000 元至 30 000 元的部分	10
3	超过 90 000 元至 300 000 元的部分	20	3	超过 30 000 元至 60 000 元的部分	20
4	超过 300 000 元至 500 000 元的部分	30	4	超过 60 000 元至 100 000 元的部分	30
5	超过 500 000 元的部分	35	5	超过 100 000 元的部分	35

2018 年个人所得税改革，经营所得税率继续维持 5 级不变，适当扩大各档次税率级距。主要考虑因素包括：一是个体工商户与小型微利企业税负不平衡。按照修改前生产经营所得税率表计算，年应纳税所得额在 12.2 万元以下从事生产经营的纳税人，其税负为 10％以下；年应纳税所得额在 12.2 万～21.1 万元的税负为 10％～20％；年应纳税所得额在 21.1 万～63.6 万元的税负为 20％～30％。在 2018 年 12 月 31 日以前，按照小型微利企业税收优惠政策，年应纳税所得额不超过 100 万元的实际税负率为 10％，一般企业税负为 25％。可见，从事个体生产经营的纳税人实际税负远高于小型微利企业。二是个体工商户与税改后取得工资、薪金所得纳税人综合税负不平衡。按照新七级综合所得税率，年应纳税所得额 27 万元以下纳税人税负为 10％以下，年应纳税所得额 27 万～69 万元的纳税人税负为 10％～20％，年应纳税所得额 69 万元以上的纳税人税负超过 20％。

综合所得税率结构调整后，经营所得纳税人与综合所得纳税人税负差距加大。同时，近年来小型微利企业所得税负也在持续下降。因此，需对现行生产经营所得税率表进行调整，以适当平衡经营所得税负与综合所得税负、经营所得税负与投资法人企业综合所得税负（企业所得税＋个人所得税），并为今后将经营所得纳入综合征税范围做好准备。

（二）不同组织形式税负分析与规划

2018 年个人所得税改革后，将经营所得税率表最高税率的对应级距，由原 10 万元提高到 50 万元后，其实际税负水平与 2019 年以前小型微利企业税负基本持平，与美国穿透型企业的税负也基本相近，表明此次个人所得税改革经营所得纳税级距调整是适当的。小型微利企业、个体工商户、美国穿透型企业的税负比较情况如图 12-1 所示。

这是因为：一是自 2018 年 1 月 1 日起至 2018 年 12 月 31 日止，小型微利企业减半征税标准由 50 万元提高到 100 万元后，应纳税所得额小于 100 万元的，其实际综合所得税税负为 28％（企业所得税减半优惠 10％＋税后利润分红个人所得税 18％，即税后利润 90％×个人所得税利息股息红利所得税率 20％＝18％）。二是个人所得税经营所得税率表的纳税级距调整后，最高税率 35％对应的级距上限由原 10 万元提高到 50 万元，在累进税率下，50 万

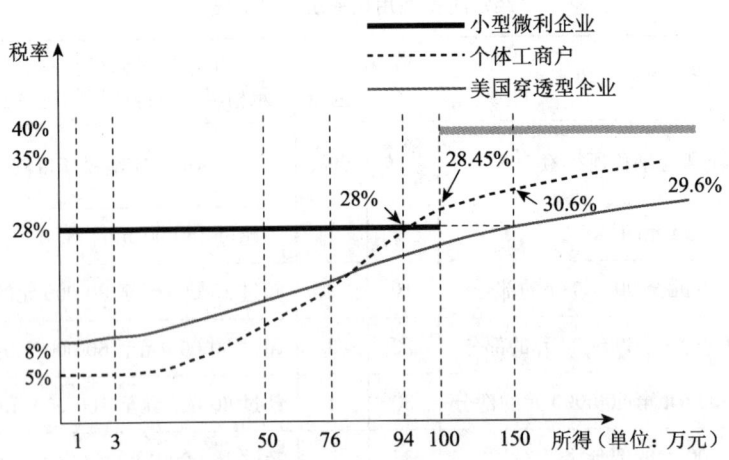

图 12-1　小型微利企业、个体工商户、美国穿透型企业的税负比较

元及以下的各段纳税级距分别适用 5%～30% 的税率,因此,其实际税负低于 30% 的名义税率。当应纳税所得额为 50 万元时,其实际税负为 21.9%,当应纳税所得额为 94 万元时,其实际税负为 28%,应纳税所得额为 100 万元时,其实际税负为 28.45%,与 2018 年前调整后的小型微利企业税负基本一致。三是美国特朗普税改后,最高税率由 39.6% 降至 37%,穿透型企业适用个人所得税综合所得的税率表,再减按 80% 征税,最高税负不超过 29.6%。当美国穿透型企业应纳税所得额为 50 万美元时,其享受优惠后的实际税负为 24.75%,比我国经营所得应纳税所得额 50 万元的税负高 2.85 个百分点;应纳税所得额为 100 万美元时,其享受优惠后的实际税负为 27.18%,比我国经营所得应纳税所得额 100 万元的税负低 1.27 个百分点。

自 2019 年 1 月 1 日起,根据《财政部　税务总局关于实施小微企业普惠性税收减免政策的通知》(财税〔2019〕13 号)第 2 条的规定,对小型微利企业年应纳税所得额不超过 100 万元的部分,减按 25% 计入应纳税所得额,按 20% 的税率缴纳企业所得税;对年应纳税所得额超过 100 万元但不超过 300 万元的部分,减按 50% 计入应纳税所得额,按 20% 的税率缴纳企业所得税。上述小型微利企业是指从事国家非限制和禁止行业,且同时符合年度应纳税所得额不超过 300 万元、从业人数不超过 300 人、资产总额不超过 5 000 万元等 3 个条件的企业。

此时,小型微利企业的综合所得税税负与经营所得的税负比较如图 12-2 所示。

五、应纳税额

(一)经营所得应纳税额

经营所得,以每一纳税年度的收入总额减除成本、费用以及损失后的余额,为应纳税所得额。适用 5%～35% 的五级超额累进税率,计算缴纳个人所得税。用公式表示为:

$$全年应纳税额 = 全年应纳税所得额 \times 适用税率 - 速算扣除数$$

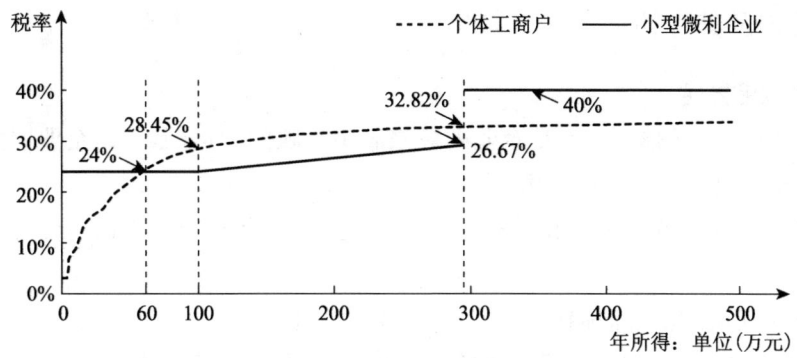

图 12-2　小型微利企业的综合所得税税负与经营所得的税负比较

（二）个体工商户应纳税额

在 2018 年 12 月 31 日以前，根据 2011 年《个人所得税法》第 9 条第 3 款的规定，个体工商户的生产、经营所得应纳的税款，按年计算、分月预缴，由纳税义务人在次月 15 日内预缴，年度终了后 3 个月内汇算清缴，多退少补。因此，实际工作中，需要分别计算按月预缴税额和年终汇算清缴税额。计算公式为：

本月(季)应预缴税额 = 至本月(季)累计应纳税所得额 × 适用税率 − 速算扣除数
　　　　　　　　　　− 至上月(季)累计已预缴税额

全年应纳税额 = 全年应纳税所得额 × 适用税率 − 速算扣除数

汇算清缴应补(退)税额 = 全年应纳税额 − 全年累计已预缴税额

（三）经营期不足一年应纳税额的计算

在 2018 年 12 月 31 日以前，从保持与个人独资企业和合伙企业年度中间开业、合并、注销等情形纳税期限的确定原则一致，同时减轻纳税人负担的角度出发，《国家税务总局关于个体工商户、个人独资企业和合伙企业个人所得税问题的公告》(国家税务总局公告 2014 年第 25 号)明确规定，个体工商户、个人独资企业和合伙企业因在纳税年度中间开业、合并、注销及其他原因，导致该纳税年度的实际经营期不足 1 年的，对个体工商户业主、个人独资企业投资者和合伙企业自然人合伙人的生产经营所得计算个人所得税时，以其实际经营期为 1 个纳税年度。投资者本人的费用扣除标准，应按照其实际经营月份数，以每月 3 500 元（自 2018 年 10 月 1 日至 2018 年 12 月 31 日起为 5 000 元/月）的减除标准确定。计算公式如下：

应纳税所得额 = 该年度收入总额 − 成本、费用及损失 − 当年投资者本人的费用扣除额

当年投资者本人的费用扣除额 = 月减除费用 × 当年实际经营月份数

应纳税额 = 应纳税所得额 × 税率 − 速算扣除数

六、亏损及其弥补

(一) 亏损的界定

税法所指的亏损的概念,不是企业财务报表中反映的亏损额,而是企业财务报表中的亏损额经按税法规定调整后的金额。

根据《个体工商户个人所得税计税办法》的规定,亏损是指个体工商户计算的应纳税所得额小于零的数额。

(二) 个体工商户的亏损弥补

《个体工商户个人所得税计税办法》第17条规定,个体工商户纳税年度发生的亏损,准予向以后年度结转,用以后年度的生产经营所得弥补,但结转年限最长不得超过5年。

而根据《财政部 税务总局关于延长高新技术企业和科技型中小企业亏损结转年限的通知》(财税〔2018〕76号)的规定,自2018年1月1日起,当年具备高新技术企业或科技型中小企业资格(以下统称资格)的企业,其具备资格年度之前5个年度发生的尚未弥补完的亏损,准予结转以后年度弥补,最长结转年限由5年延长至10年。

(三) 个人独资和合伙企业亏损的弥补

《关于个人独资企业和合伙企业投资者征收个人所得税的规定》第14条规定,企业的年度亏损,允许用本企业下一年度的生产、经营所得弥补,下一年度所得不足弥补的,允许逐年延续弥补,但最长不得超过5年。

投资者兴办两个或两个以上企业的。企业的年度经营亏损不能跨企业弥补。

此外,根据《财政部 国家税务总局关于合伙企业合伙人所得税问题的通知》(财税〔2008〕159号)的规定,合伙企业的合伙人是法人和其他组织的,合伙人在计算其缴纳企业所得税时,不得用合伙企业的亏损抵减其盈利。

《国家税务总局关于〈个人独资企业和合伙企业投资者征收个人所得税的规定〉执行口径的通知》(国税函〔2001〕84号)规定,实行查账征税方式的个人独资企业和合伙企业改为核定征税方式后,在查账征税方式下认定的年度经营亏损未弥补完的部分,不得再继续弥补。

七、资产的税务处理

(一) 资产税务处理原则

《个体工商户个人所得税计税办法》第39条规定,个体工商户资产的税务处理,参照企业所得税相关法律、法规和政策规定执行。

(二) 存货的税务处理

个体工商户在生产经营过程中为销售或者耗用而储备的物资为存货,包括各种原材料、辅助材料、燃料、低值易耗品、包装物、在产品、外购商品、自制半成品、产成品等。

《个体工商户个人所得税计税办法》第18条规定,个体工商户使用或者销售存货,按照规定计算的存货成本,准予在计算应纳税所得额时扣除。

(三) 资产净值的扣除

《个体工商户个人所得税计税办法》第 19 条规定,个体工商户转让资产,该项资产的净值,准予在计算应纳税所得额时扣除。

【例 12-3】 张某为熟食加工个体户,2018 年取得生产经营收入 20 万元,生产经营成本、费用、税金等共计 18 万元(含购买一辆非经营用小汽车支出 8 万元);另取得个人文物拍卖收入 30 万元,不能提供原值凭证,该文物经文物部门认定为海外回流文物。下列关于张某 2018 年个人所得税纳税事项的表述中,正确的是(   )。

A. 小汽车支出可以在税前扣除
B. 生产经营所得应纳个人所得税的计税依据为 5.35 万元
C. 文物拍卖所得按文物拍卖收入额的 3% 缴纳个人所得税
D. 文物拍卖所得应并入生产经营所得一并缴纳个人所得税

【答案】 B

【解析】 根据《个体工商户个人所得税计税办法》第 15 条的规定,个体工商户与取得生产经营收入无关的其他支出不得扣除。因而非经营用小汽车支出 8 万元,不得税前扣除。选项 A 错误。

生产经营所得应纳个人所得税的计税依据为:
20-(18-8)-0.35×9-0.5×3=5.35(万元),因而,应选 B。

《国家税务总局关于加强和规范个人取得拍卖收入征收个人所得税有关问题的通知》(国税发〔2007〕38 号)第 4 条规定,纳税人如不能提供合法、完整、准确的财产原值凭证,不能正确计算财产原值的,按转让收入额的 3% 征收率计算缴纳个人所得税;拍卖品为经文物部门认定是海外回流文物的,按转让收入额的 2% 征收率计算缴纳个人所得税。因而,选项 C 错误。

根据《财政部 国家税务总局关于个人所得税若干政策问题的通知》(财税字〔1994〕20 号)的规定,个体工商户和从事生产、经营的个人,取得与生产、经营活动无关的各项应税所得,应按规定分别计算征收个人所得税。因而,文物拍卖所得不并入生产经营所得,而应按"财产转让所得"项目计算缴纳个人所得税。

八、2018 年第四季度个人所得税的计算

对于个体工商户业主、个人独资企业和合伙企业自然人投资者、企事业单位承包承租经营者的生产经营所得 2018 年第四季度计税方法,《财政部 税务总局关于 2018 年第四季度个人所得税减除费用和税率适用问题的通知》(财税〔2018〕98 号)第 2 条予以明确。

(一) 减除费用标准

对个体工商户业主、个人独资企业和合伙企业自然人投资者、企事业单位承包承租经营者 2018 年第四季度取得的生产经营所得,减除费用按照 5 000 元/月执行,前三季度减除费用按照 3 500 元/月执行。

(二) 应纳税额计算

对个体工商户业主、个人独资企业和合伙企业自然人投资者、企事业单位承包承租经

营者 2018 年取得的生产经营所得,用全年应纳税所得额分别计算应纳前三季度税额和应纳第四季度税额,其中应纳前三季度税额按照税法修改前规定的税率和前三季度实际经营月份的权重计算,应纳第四季度税额按照税法修改后规定的税率第四季度实际经营月份的权重计算。具体计算方法:

1. 月(季)度预缴税款的计算

本期应缴税额 = 累计应纳税额 − 累计已缴税额

累计应纳税额 = 应纳 10 月 1 日以前税额 + 应纳 10 月 1 日以后税额

应纳 10 月 1 日以前税额 =(累计应纳税所得额 × 税法修改前规定的税率 − 税法修改前规定的速算扣除数)× 10 月 1 日以前实际经营月份数 ÷ 累计实际经营月份数

应纳 10 月 1 日以后税额 =(累计应纳税所得额 × 税法修改后规定的税率 − 税法修改后规定的速算扣除数)× 10 月 1 日以后实际经营月份数 ÷ 累计实际经营月份数

2. 年度汇算清缴税款的计算

汇缴应补退税额 = 全年应纳税额 − 累计已缴税额

全年应纳税额 = 应纳前三季度税额 + 应纳第四季度税额

应纳前三季度税额 =(全年应纳税所得额 × 税法修改前规定的税率 − 税法修改前规定的速算扣除数)× 前三季度实际经营月份数 ÷ 全年实际经营月份数

应纳第四季度税额 =(全年应纳税所得额 × 税法修改后规定的税率 − 税法修改后规定的速算扣除数)× 第四季度实际经营月份数 ÷ 全年实际经营月份数

(三)案例分析

【例 12-4】 好再来饭店是一家从事餐饮服务的个人独资企业,其投资者为中国公民张某。2018 年全年实现收入总额 100 万元,成本 60 万元,期间费用及税金等 37.35 万元,其中支付投资者本人的工资 7 万元,没有其他纳税调整事项。当年已预缴个人所得税 5 000 元。

张某当年没有其他经营业务所得。

要求:计算张某通过该独资企业取得所得应缴纳的个人所得税。

【解析】 按照《个人所得税法》的规定,生产经营所得是指一个完整纳税年度产生的实际所得,实行按年计算应纳税额、按月或按季预缴、年终汇算清缴。由于 2018 年《个人所得税法》自 2019 年 1 月 1 日起施行,为使个体工商户、个人独资企业和合伙企业投资者能够切实享受2018年后3个月的减税优惠,需要在汇算清缴时对其2018年度的应纳税额实行分段计算。

因此,在根据税法相关规定计算2018年度的应纳税所得额时,涉及个体工商户业主、投资者个人的费用扣除标准应区分前9个月和后3个月,分别按照修改前后税法的规定计算。并在此基础上分段计算应纳税额,即将全年应纳税所得额分别按修改前后税率表对应的税率算出两个全年应纳税额,再分别乘以修改前、后税率表在全年适用的时间比例,相加后得出全年的应纳税额。

在本案例中,全年应纳税额计算如下:

第一,计算独资企业层面的所得:

$100-60-37.35+7=9.65$(万元)。

第二,计算投资者层面的经营所得:

张某全年应纳税所得额:

$96\ 500-3\ 500\times9-5\ 000\times3=50\ 000$(元)。

第三,计算投资者年终汇算清缴时全年应纳的个人所得税:

(1) 计算应纳前三季度税额为:

$(50\ 000\times20\%-3\ 750)\times9\div12=4\ 687.5$(元)。

(2) 计算应纳第四季度税额为:

$(50\ 000\times10\%-1\ 500)\times3\div12=875$(元)。

(3) 计算全年应纳税额为:

$4\ 687.5+875=5\ 562.5$(元)。

第四,计算汇算清缴应补(退)的税款:

应补缴的个人所得税:

$5\ 562.5-5\ 000=562.5$(元)。

九、境外已缴税款抵免

2018年《个人所得税法》第7条规定,居民个人从中国境外取得的所得,可以从其应纳税额中抵免已在境外缴纳的个人所得税税额,但抵免额不得超过该纳税人境外所得依照本法规定计算的应纳税额。

《关于个人独资企业和合伙企业投资者征收个人所得税的规定》第15条规定,投资者来源于中国境外的生产经营所得,已在境外缴纳所得税的,可以按照个人所得税法的有关规定计算扣除已在境外缴纳的所得税。

十、残疾人兴办或参与兴办企业优惠享受

《国家税务总局关于〈关于个人独资企业和合伙企业投资者征收个人所得税的规定〉执行口径的通知》(国税函〔2001〕84号)规定,残疾人员投资兴办或参与投资兴办个人独资企业和合伙企业的,残疾人员取得的生产经营所得,符合各省、自治区、直辖市人民政府规定

的减征个人所得税条件的,可按各省、自治区、直辖市人民政府规定减征的范围和幅度,减征个人所得税。

十一、清算所得的个人所得税处理

(一) 个人独资企业的解散与清算

1. 应解散的情形

根据《个人独资企业法》第 26 条的规定,个人独资企业有下列情形之一时,应当解散:①投资人决定解散;②投资人死亡或者被宣告死亡,无继承人或者继承人决定放弃继承;③被依法吊销营业执照;④法律、行政法规规定的其他情形。

2. 解散清算

个人独资企业解散,由投资人自行清算或者由债权人申请人民法院指定清算人进行清算。投资人自行清算的,应当在清算前 15 日内书面通知债权人,无法通知的,应当予以公告。债权人应当在接到通知之日起 30 日内,未接到通知的应当在公告之日起 60 日内,向投资人申报其债权。

3. 财产清偿

个人独资企业解散后,原投资人对个人独资企业存续期间的债务仍应承担偿还责任,但债权人在 5 年内未向债务人提出偿债请求的,该责任消灭。

根据《个人独资企业法》第 29 条的规定,个人独资企业解散的,财产应当按照下列顺序清偿:①所欠职工工资和社会保险费用;②所欠税款;③其他债务。

清算期间,个人独资企业不得开展与清算目的无关的经营活动。在按规定清偿债务前,投资人不得转移、隐匿财产。

个人独资企业财产不足以清偿债务的,投资人应当以其个人的其他财产予以清偿。

个人独资企业清算结束后,投资人或者人民法院指定的清算人应当编制清算报告,并于 15 日内到登记机关办理注销登记。

(二) 合伙企业的解散与清算

1. 应解散的情形

根据《合伙企业法》第 85 条的规定,合伙企业有下列情形之一的,应当解散:

(1) 合伙期限届满,合伙人决定不再经营。

(2) 合伙协议约定的解散事由出现。

(3) 全体合伙人决定解散。

(4) 合伙人已不具备法定人数满 30 天。

(5) 合伙协议约定的合伙目的已经实现或者无法实现。

(6) 依法被吊销营业执照、责令关闭或者被撤销。

(7) 法律、行政法规规定的其他原因。

2. 解散清算

合伙企业解散的,应当进行清算。解散而未清算的合伙企业,在清算范围内视为存续。

合伙企业解散,应当由清算人进行清算。清算人由全体合伙人担任;经全体合伙人过半数同意,可以自合伙企业解散事由出现后 15 日内指定一个或者数个合伙人,或者委托第三人,担任清算人。自合伙企业解散事由出现之日起 15 日内未确定清算人的,合伙人或者其他利害关系人可以申请人民法院指定清算人。

清算人在清算期间执行下列事务:
(1) 清理合伙企业财产,分别编制资产负债表和财产清单。
(2) 处理与清算有关的合伙企业未了结事务。
(3) 清缴所欠税款。
(4) 清理债权、债务。
(5) 处理合伙企业清偿债务后的剩余财产。
(6) 代表合伙企业参加诉讼或者仲裁活动。

清算人自被确定之日起 10 日内将合伙企业解散事项通知债权人,并于 60 日内在报纸上公告。债权人应当自接到通知书之日起 30 日内,未接到通知书的自公告之日起 45 日内,向清算人申报债权。债权人申报债权,应当说明债权的有关事项,并提供证明材料。清算人应当对债权进行登记。清算期间,合伙企业存续,但不得开展与清算无关的经营活动。

3. 财产清偿

在清算过程中,合伙企业财产应当按如下顺序清偿债务:
(1) 支付清算费用。
(2) 偿付合伙企业所欠的职工工资、社会保险费用、法定补偿金。
(3) 缴纳合伙企业所欠税款。
(4) 偿付合伙企业的债务。

清偿完毕后,如果有剩余财产,依照《合伙企业法》第 33 条第 1 款的规定(即合伙企业的利润分配、亏损分担,按照合伙协议的约定办理;合伙协议未约定或者约定不明确的,由合伙人协商决定;协商不成的,由合伙人按照实缴出资比例分配、分担;无法确定出资比例的,由合伙人平均分配、分担)在合伙人之间进行分配。

合伙企业清算时,其全部财产不足清偿债务的,由全体合伙人承担无限连带清偿责任。

清算结束,清算人应当编制清算报告,经全体合伙人签名、盖章后,在 15 日内向企业登记机关报送清算报告,申请办理合伙企业注销登记。

合伙企业注销后,原普通合伙人对合伙企业存续期间的债务仍应承担无限连带责任。

《合伙企业法》第 92 条规定,合伙企业不能清偿到期债务的,债权人可以依法向人民法院提出破产清算申请,也可以要求普通合伙人清偿。合伙企业依法被宣告破产的,普通合伙人对合伙企业债务仍应承担无限连带责任。

《企业破产法》第 135 条规定:"其他法律规定企业法人以外的组织的清算,属于破产清算的,参照适用本法规定的程序。"合伙企业的破产清算属于该条规定的范围。

(三) 清算的个人所得税处理

根据《关于个人独资企业和合伙企业投资者征收个人所得税的规定》第 16 条的规定,企业进行清算时,投资者应当在注销工商登记之前,向主管税务机关结清有关税务事宜。企业的清算所得应当视为年度生产经营所得,由投资者依法缴纳个人所得税。

清算所得,是指企业清算时的全部资产或者财产的公允价值扣除各项清算费用、损失、负债、以前年度留存的利润后,超过实缴资本的部分。

第二节 税前扣除

一、经营所得的扣除项目

根据《个人所得税法》第6条第1款第3项的规定,经营所得,以每一纳税年度的收入总额减除成本、费用以及损失后的余额,为应纳税所得额。

(一) 成本费用

根据《个人所得税法实施条例》第15条中的规定,《个人所得税法》第6条第1款第3项所称成本、费用,是指生产、经营活动中发生的各项直接支出和分配计入成本的间接费用以及销售费用、管理费用、财务费用。

(二) 损失

根据《个人所得税法实施条例》第15条中的规定,《个人所得税法》第6条第1款第3项所称损失,是指生产、经营活动中发生的固定资产和存货的盘亏、毁损、报废损失,转让财产损失,坏账损失,自然灾害等不可抗力因素造成的损失以及其他损失。

(三) 个体工商户的税前扣除项目

计算个体工商户经营所得时,允许扣除的项目有成本、费用、税金、损失和其他支出。

1. 成本

成本,是指个体工商户在生产经营活动中发生的销售成本、销货成本、业务支出以及其他耗费。

2. 费用

费用,是指个体工商户在生产经营活动中发生的销售费用、管理费用和财务费用,已经计入成本的有关费用除外。

3. 税金

税金,是指个体工商户在生产经营活动中发生的除个人所得税和允许抵扣的增值税以外的各项税金及其附加。

《个体工商户个人所得税计税办法》第30条规定,个体工商户代其从业人员或者他人负担的税款,不得税前扣除。

4. 损失

损失,是指个体工商户在生产经营活动中发生的固定资产和存货的盘亏、毁损、报废损失,转让财产损失,坏账损失,自然灾害等不可抗力因素造成的损失以及其他损失。

个体工商户发生的损失,减除责任人赔偿和保险赔款后的余额,参照财政部、国家税务总局有关企业资产损失税前扣除的规定扣除。

个体工商户已经作为损失处理的资产,在以后纳税年度又全部收回或者部分收回时,应当计入收回当期的收入。

5. 其他支出

其他支出,是指除成本、费用、税金、损失外,个体工商户在生产经营活动中发生的与生产经营活动有关的、合理的支出。

二、不得税前扣除的项目

根据《个体工商户个人所得税计税办法》第15条的规定,个体工商户的下列支出不得扣除:

(1) 个人所得税税款。
(2) 税收滞纳金。
(3) 罚金、罚款和被没收财物的损失。
(4) 不符合扣除规定的捐赠支出。
(5) 赞助支出。
(6) 用于个人和家庭的支出。
(7) 与取得生产经营收入无关的其他支出。
(8) 国家税务总局规定不准扣除的支出。

根据《个体工商户个人所得税计税办法》第30条的规定,个体工商户代其从业人员或者他人负担的税款,不得税前扣除。该法第21条规定,个体工商户业主的工资、薪金支出不得税前扣除。

这与企业所得税法的规定不完全相同。根据《企业所得税法》及其实施条例的规定,在计算应纳税所得额时下列支出不得扣除:

(1) 向投资者支付的股息、红利等权益性投资收益款项。
(2) 企业所得税税款。
(3) 税收滞纳金。
(4) 罚金、罚款和被没收财物的损失。
(5) 公益性捐赠支出超过年度会计利润总额12%的部分以及非公益性捐赠支出。
(6) 赞助支出。
(7) 未经核定的准备金支出。
(8) 与取得收入无关的其他支出。
(9) 除企业依照国家有关规定为特殊工种职工支付的人身安全保险费和国务院财政、税务主管部门规定可以扣除的其他商业保险费外,企业为投资者或者职工支付的商业保险费。
(10) 企业依照法律、行政法规有关规定提取的用于环境保护、生态恢复等方面的专项资金,提取后改变用途的。
(11) 企业对外投资期间持有的投资资产成本。

(12) 企业之间支付的管理费、企业内营业机构之间支付的租金和特许权使用费,以及非银行企业内营业机构之间支付的利息。

(13) 企业的不征税收入用于支出所形成的费用。

(14) 烟草企业的烟草广告费和业务宣传费支出。

(15) 企业与其关联方分摊成本时违反税法规定自行分摊的成本。

(16) 企业从其关联方接受的债权性投资与权益性投资的比例超过规定标准而发生的利息支出。

(17) 企业按特别纳税调整规定针对补缴税款向税务机关支付的利息。

(18) 国务院财政、税务主管部门规定不得扣除的其他项目。

三、按规定标准扣除的项目

(一) 工资、薪金支出的扣除

根据《财政部 国家税务总局关于调整个体工商户、个人独资企业和合伙企业个人所得税税前扣除标准有关问题的通知》(财税〔2008〕65号)的规定,个体工商户、个人独资企业和合伙企业向其从业人员实际支付的合理的工资、薪金支出,允许在税前据实扣除。这与企业所得税法的规定相同。根据《企业所得税法》的规定,企业发生的合理的工资、薪金支出,准予在计算应纳税所得额时扣除。

根据《个体工商户个人所得税计税办法》第21条的规定,个体工商户实际支付给从业人员的、合理的工资、薪金支出,准予扣除。

个体工商户业主的费用扣除标准,依照相关法律、法规和政策规定执行。个体工商户业主的工资、薪金支出不得税前扣除。

(二) 三项经费的扣除

自2008年1月1日起,根据《财政部 国家税务总局关于调整个体工商户、个人独资企业和合伙企业个人所得税税前扣除标准有关问题的通知》(财税〔2008〕65号)的规定,个体工商户、个人独资企业和合伙企业拨缴的工会经费、发生的职工福利费、职工教育经费支出分别在工资、薪金总额2%、14%、2.5%的标准内据实扣除。需要注意的是,这里的工资、薪金总额不含个体工商户业主和个人独资企业及合伙企业投资者的费用扣除额。

《个体工商户个人所得税计税办法》第27条规定:"个体工商户向当地工会组织拨缴的工会经费、实际发生的职工福利费支出、职工教育经费支出分别在工资薪金总额的2%、14%、2.5%的标准内据实扣除。

工资薪金总额是指允许在当期税前扣除的工资薪金支出数额。

职工教育经费的实际发生数额超出规定比例当期不能扣除的数额,准予在以后纳税年度结转扣除。

个体工商户业主本人向当地工会组织缴纳的工会经费、实际发生的职工福利费支出、职工教育经费支出,以当地(地级市)上年度社会平均工资的3倍为计算基数,在该条第一款规定比例内据实扣除。"

自 2018 年 1 月 1 日起执行的《财政部 税务总局关于企业职工教育经费税前扣除政策的通知》(财税〔2018〕51 号)规定,企业发生的职工教育经费支出,不超过工资、薪金总额8%的部分,准予在计算企业所得税应纳税所得额时扣除;超过部分,准予在以后纳税年度结转扣除。

(三)利息支出的扣除

《个体工商户个人所得税计税办法》第 24 条规定,个体工商户在生产经营活动中发生的合理的不需要资本化的借款费用,准予扣除。

个体工商户为购置、建造固定资产、无形资产和经过 12 个月以上的建造才能达到预定可销售状态的存货发生借款的,在有关资产购置、建造期间发生的合理的借款费用,应当作为资本性支出计入有关资产的成本,并依照规定扣除。

根据《个体工商户个人所得税计税办法》第 25 条的规定,个体工商户在生产经营活动中发生的下列利息支出,准予扣除:

(1) 向金融企业借款的利息支出。

(2) 向非金融企业和个人借款的利息支出,不超过按照金融企业同期同类贷款利率计算的数额的部分。

关于金融企业同期同类贷款利率的确定,《国家税务总局关于企业所得税若干问题的公告》(国家税务总局公告 2011 年第 34 号)明确,非金融企业向非金融企业借款的利息支出,不超过按照金融企业同期、同类贷款利率计算的数额的部分,准予税前扣除。鉴于目前我国对金融企业利率要求的具体情况,企业在按照合同要求首次支付利息并进行税前扣除时,应提供"金融企业的同期、同类贷款利率情况说明",以证明其利息支出的合理性。

"金融企业的同期、同类贷款利率情况说明"中,应包括在签订该借款合同当时,本省任何一家金融企业提供同期同类贷款利率情况。该金融企业应为经政府有关部门批准成立的可以从事贷款业务的企业,包括银行、财务公司、信托公司等金融机构。"同期、同类贷款利率"是指在贷款期限、贷款金额、贷款担保以及企业信誉等条件基本相同下,金融企业提供贷款的利率。既可以是金融企业公布的同期、同类平均利率,也可以是金融企业对某些企业提供的实际贷款利率。

(四)业务招待费的扣除

自 2008 年 1 月 1 日起,根据《财政部 国家税务总局关于调整个体工商户、个人独资企业和合伙企业个人所得税税前扣除标准有关问题的通知》(财税〔2008〕65 号)的规定,个体工商户、个人独资企业和合伙企业每一纳税年度发生的与其生产经营业务直接相关的业务招待费支出,按照发生额的 60%扣除,但最高不得超过当年销售(营业)收入的 5‰。这与《企业所得税法》中有关业务招待费的处理相一致。

根据《个体工商户个人所得税计税办法》第 28 条的规定,个体工商户发生的与生产经营活动有关的业务招待费,按照实际发生额的 60%扣除,但最高不得超过当年销售(营业)收入的 5‰。

业主自申请营业执照之日起至开始生产经营之日止所发生的业务招待费,按照实际发生额的 60%计入个体工商户的开办费。

(五) 广告费和业务宣传费的扣除

根据《财政部 国家税务总局关于调整个体工商户、个人独资企业和合伙企业个人所得税税前扣除标准有关问题的通知》(财税〔2008〕65号)的规定,个体工商户、个人独资企业和合伙企业每一纳税年度发生的广告费和业务宣传费用不超过当年销售(营业)收入15%的部分,可据实扣除;超过部分,准予在以后纳税年度结转扣除。

根据《个体工商户个人所得税计税办法》第29条的规定,个体工商户每一纳税年度发生的与其生产经营活动直接相关的广告费和业务宣传费不超过当年销售(营业)收入15%的部分,可以据实扣除;超过部分,准予在以后纳税年度结转扣除。

(六) 教育和公益事业捐赠

公益性捐赠,是指企业通过公益性社会团体或者县级以上人民政府及其部门,用于《公益事业捐赠法》规定的公益事业的捐赠。县级以上人民政府及其部门和国家机关均指县级(含县级,下同)以上人民政府及其组成部门和直属机构。

根据《个体工商户个人所得税计税办法》第36条的规定,个体工商户通过公益性社会团体或者县级以上人民政府及其部门,用于《公益事业捐赠法》规定的公益事业的捐赠,捐赠额不超过其应纳税所得额30%的部分可以据实扣除。

财政部、国家税务总局规定可以全额在税前扣除的捐赠支出项目,按有关规定执行。

个体工商户直接对受益人的捐赠不得扣除。

公益性社会团体的认定,按照财政部、国家税务总局、民政部有关规定执行。

根据《企业所得税法》第九条的规定,企业发生的公益性捐赠支出,在年度利润总额12%以内的部分,准予在计算应纳税所得额时扣除;超过年度利润总额12%的部分,准予结转以后3年内在计算应纳税所得额时扣除。

年度利润总额,是指企业按照国家统一会计制度的规定计算的年度会计利润,这里年度会计利润是大于零的数额,没有利润不能扣除。对企业发生的会计差错应按国家统一会计制度进行更正,按调整后的大于零的年度会计利润计算扣除限额。

(七) 保险费和住房公积金的扣除

1. "五险一金"的扣除

《个体工商户个人所得税计税办法》第22条第1款规定,个体工商户按照国务院有关主管部门或者省级人民政府规定的范围和标准为其业主和从业人员缴纳的基本养老保险费、基本医疗保险费、失业保险费、生育保险费、工伤保险费和住房公积金,准予扣除。

2. 补充保险的扣除

为支持个体工商户业主和从业人员建立补充养老保险和补充医疗保险,允许其对不超过规定标准的部分进行税前扣除。

《个体工商户个人所得税计税办法》第22条中规定,个体工商户为从业人员缴纳的补充养老保险费、补充医疗保险费,分别在不超过从业人员工资总额5%标准内的部分据实扣除;超过部分,不得扣除。个体工商户业主本人缴纳的补充养老保险费、补充医疗保险费,以当地(地级市)上年度社会平均工资的3倍为计算基数,分别在不超过该计算基数5%标准内的部分据实扣除;超过部分,不得扣除。

3. 商业保险的扣除

根据《个体工商户个人所得税计税办法》第23条的规定,除个体工商户依照国家有关规定为特殊工种从业人员支付的人身安全保险费和财政部、国家税务总局规定可以扣除的其他商业保险费外,个体工商户业主本人或者为从业人员支付的商业保险费,不得扣除。

4. 财产保险的扣除

根据《个体工商户个人所得税计税办法》第33条的规定,个体工商户参加财产保险,按照规定缴纳的保险费,准予扣除。

(八) 折旧费用和无形资产摊销

《关于个人独资企业和合伙企业投资者征收个人所得税的规定》中指出,企业生产经营和投资者及其家庭生活共用的固定资产,难以划分的,由主管税务机关根据企业的生产经营类型、规模等具体情况,核定准予在税前扣除的折旧费用的数额或比例。

(九) 汇兑损失的扣除

根据《个体工商户个人所得税计税办法》第26条的规定,个体工商户在货币交易中,以及纳税年度终了时将人民币以外的货币性资产、负债按照期末即期人民币汇率中间价折算为人民币时产生的汇兑损失,除已经计入有关资产成本的部分外,准予扣除。

(十) 开办费的扣除

根据《个体工商户个人所得税计税办法》第35条的规定,个体工商户自申请营业执照之日起至开始生产经营之日止所发生符合规定的费用,除为取得固定资产、无形资产的支出,以及应计入资产价值的汇兑损益、利息支出外,作为开办费,个体工商户可以选择在开始生产经营的当年一次性扣除,也可自生产经营月份起在不短于3年期限内摊销扣除,但一经选定,不得改变。

开始生产经营之日为个体工商户取得第一笔销售(营业)收入的日期。

在《企业所得税法》及其实施条例中,开(筹)办费未明确列作长期待摊费用。根据《国家税务总局关于企业所得税若干税务事项衔接问题的通知》(国税函〔2009〕98号)的规定,企业可以在开始经营之日的当年一次性扣除,也可以按照企业所得税法有关长期待摊费用的处理规定处理,但一经选定,不得改变。由此可见,《企业所得税法》中企业开办费既可以一次性扣除也可以分期摊销。

(十一) 劳动保护支出的扣除

根据《个体工商户个人所得税计税办法》第34条的规定,个体工商户发生的合理的劳动保护支出,准予扣除。

(十二) 赞助支出的扣除

根据《个体工商户个人所得税计税办法》第37条的规定,赞助支出,是指个体工商户发生的与生产经营活动无关的各种非广告性质支出。

(十三) 研发支出的扣除

为加大对个体工商户研发投入的支持力度,《个体工商户个人所得税计税办法》第38条规定,个体工商户研究开发新产品、新技术、新工艺所发生的开发费用,以及研究开发新产品、新技术而购置单台价值在 10 万元以下的测试仪器和试验性装置的购置费准予直接扣除;单台价值在 10 万元以上(含 10 万元)的测试仪器和试验性装置,按固定资产管理,不得在当期直接扣除。

(十四) 规费的扣除

根据《个体工商户个人所得税计税办法》第 31 条的规定,个体工商户按照规定缴纳的摊位费、行政性收费、协会会费等,按实际发生数额扣除。

(十五) 固定资产租赁费

根据《个体工商户个人所得税计税办法》第 32 条的规定,个体工商户根据生产经营活动的需要租入固定资产支付的租赁费,按照以下方法扣除:

(1) 以经营租赁方式租入固定资产发生的租赁费支出,按照租赁期限均匀扣除。

(2) 以融资租赁方式租入固定资产发生的租赁费支出,按照规定构成融资租入固定资产价值的部分应当提取折旧费用,分期扣除。

(十六) 混用费用的扣除

《个体工商户个人所得税计税办法》第 16 条规定,个体工商户生产经营活动中,应当分别核算生产经营费用和个人、家庭费用。对于生产经营与个人、家庭生活混用难以分清的费用,其 40% 视为与生产经营有关费用,准予扣除。

这是基于个体工商户生产经营活动与家庭财产、费用支出经常混用的实际情况,《个体工商户个人所得税计税办法》对个体工商户生产经营与家庭生活混用不能分清的费用,允许按照 40% 的比例视为与生产经营有关费用进行税前扣除。这种处理方式既便于个体工商户享受扣除规定,也可避免因个别地方不允许混用费用扣除导致纳税人税负增加。其与个人独资企业和合伙企业的处理不同。

根据《关于个人独资企业和合伙企业投资者征收个人所得税的规定》(财税〔2000〕91号)的规定,个人独资企业和合伙企业投资者及其家庭发生的生活费用不允许在税前扣除。投资者及其家庭发生的生活费用与企业生产经营费用混合在一起,并且难以划分的,全部视为投资者个人及其家庭发生的生活费用,不允许在税前扣除。

【例 12-5】 下列有关个体工商户计算缴纳个人所得税的表述中,正确的有(　　)。

A. 向其从业人员实际支付的合理的工资、薪金支出,允许税前据实扣除

B. 每一纳税年度发生的与其生产经营业务直接相关的业务招待费支出,按照发生额的 50% 扣除

C. 每一纳税年度发生的广告费和业务宣传费不超过当年销售(营业)收入 15% 的部分,可据实扣除,超过部分,准予在以后纳税年度结转扣除

D. 研究开发新产品、新技术、新工艺发生的开发费用,以及研究开发新产品、新技术而购置单台价值在 10 万元以下的测试仪器和实验性装置的购置费,准予扣除

E. 其所得通过中国境内的社会团体向教育和其他社会公益事业的捐赠,捐赠额不超过其利润总额 12% 的部分允许税前扣除

【答案】 ACD

【解析】 选项B,2008年1月1日起个体工商户业务招待费处理与企业所得税相同,根据《财政部 国家税务总局关于调整个体工商户、个人独资企业和合伙企业个人所得税税前扣除标准有关问题的通知》(财税〔2008〕65号)的规定,个体工商户、个人独资企业和合伙企业每一纳税年度发生的与其生产经营业务直接相关的业务招待费支出,按照发生额的60%扣除,但最高不得超过当年销售(营业)收入的5‰。选项E,根据《个体工商户个人所得税计税办法》第36条的规定,个体户将其所得通过中国境内的社会团体、国家机关向教育和其他社会公益事业以及遭受严重自然灾害地区、贫困地区的捐赠,捐赠额不超过其应纳税所得额30%的部分可以据实扣除。纳税人直接给受益人的捐赠不得扣除。

(十七) 准备金的扣除

根据《关于个人独资企业和合伙企业投资者征收个人所得税的规定》的规定,企业计提的各种准备金不得扣除。

对此,《企业所得税法》也有类似的规定。例如,《企业所得税法》第10条规定,在计算应纳税所得额时,未经核定的准备金支出不得扣除。未经核定的准备金支出,是指不符合国务院财政、税务主管部门规定的各项资产减值准备、风险准备等准备金支出。即除财政部和国家税务总局核准计提的准备金可以税前扣除外,其他行业、企业计提的各项资产减值准备、风险准备等准备金均不得税前扣除。

【例12-6】 下列表述中,符合个人独资企业和合伙企业纳税规定的是( )。

A. 个人独资企业的投资者以全部生产经营所得和对外投资分回的利润作为企业的应纳税所得额
B. 个人以独资企业和合伙企业的形式开办两个或两个以上的企业,应分别按每个企业的应纳税所得额计算缴纳各自的所得税
C. 个人独资企业的投资者以企业资金为本人、家庭成员支付与企业生产经营无关的消费性支出,依照"利息、股息、红利所得"项目征收个人所得税
D. 实行查账征税方式的个人独资企业和合伙企业改为核定征收以后,在原征税方式下形成的年度经营亏损未弥补完的部分,不得在核定征收年度继续弥补

【答案】 D

【解析】 个人独资企业投资者以企业的全部生产经营所得为应纳税所得额,对外投资分回的利润按照"利息、股息、红利所得"项目征收;个人以独资企业和合伙企业的形式开办两个或两个以上的企业,应该汇总合并计算应纳所得税税额;个人独资企业的投资者以企业资金为本人、家庭成员支付与企业生产经营无关的消费性支出,应该并入生产经营所得,按"经营所得"项目缴纳个人所得税。

四、投资者的费用扣除

自2019年1月1日起,根据《个人所得税法实施条例》第15条第2款的规定,取得经营所得的个人,没有综合所得的,计算其每一纳税年度的应纳税所得额时,应当减除费用6万

元、专项扣除、专项附加扣除以及依法确定的其他扣除。专项附加扣除在办理汇算清缴时减除。

根据《财政部 税务总局关于2018年第四季度个人所得税减除费用和税率适用问题的通知》(财税〔2018〕98号)第2条的规定,对个体工商户业主、个人独资企业和合伙企业自然人投资者、企事业单位承包承租经营者2018年第四季度取得的生产经营所得,减除费用按照5 000元/月执行,前三季度减除费用按照3 500元/月执行。

根据《关于个人独资企业和合伙企业投资者征收个人所得税的规定》第13条还规定,投资者兴办两个或两个以上企业的,根据规定准予扣除的个人费用,由投资者选择在其中一个企业的生产经营所得中扣除。

个体工商户业主、投资者费用扣除标准修改情况如表12-4所示。

表12-4　　　　　　　　　　　投资者的费用扣除标准

序号	时间	标准	依据
1	2018年10月1日至2018年12月31日	5 000元/月	《财政部 税务总局关于2018年第四季度个人所得税减除费用和税率适用问题的通知》(财税〔2018〕98号)
2	2011年9月1日至2018年9月30日	42 000元/年(3 500元/月)	《财政部 国家税务总局关于调整个体工商户业主、个人独资企业和合伙企业自然人投资者个人所得税费用扣除标准的通知》(财税〔2011〕62号)
3	2008年3月1日至2011年8月31日	24 000元/年(2 000元/月)	《财政部 国家税务总局关于调整个体工商户、个人独资企业和合伙企业个人所得税税前扣除标准有关问题的通知》(财税〔2008〕65号)
4	2006年1月1日至2008年2月29日	19 200元/年(1 600元/月)	《财政部 国家税务总局关于调整个体工商户业主、个人独资企业和合伙企业投资者个人所得税费用扣除标准的通知》(财税〔2006〕44号)

五、经营所得案例分析

【例12-7】 2016年6月,王某购买了首套房,办理了为期25年的住房公积金首套房贷款,正在还款中。王某尚未结婚,2019年8月,父母刚年满55岁。王某个人每月按国家规定的标准缴纳社会保险费和住房公积金2 200元。其2019年收入均来源于甲个体经营和对乙合伙企业的投资,无其他所得。

1. 甲个体经营情况:

2016年6月,王某领取甲个体工商户营业执照,从事手机的零售业务和电信业务代理等。为经营所得个人所得税查账征收纳税人。2019年全年计算的利润总额为451 000元。利润总额中已经扣除如下支出。

支付工资751 500元,其中王某个人的工资215 000元。支付职工社会保险费和住房公积金共计85 400元,其中王某个人的社会保险费和住房公积金26 520元,社会保险费和住房公积金的缴纳比例和基数符合国家规定。

管理费用中列支和家庭混用的水电等支出12 000元、市场物业管理费5 000元、王某陪同父母出国旅游费用32 700元,其他支出中列支了税收滞纳金3 212元。

2. 对乙合伙企业的投资及合伙企业的经营情况:

2016年4月,王某投资于乙合伙企业,投资比例为25%,投资合同约定按投资比例分配经营所得。王某投资后乙合伙企业有三个自然人合伙人。合伙人经营所得个人所得税查账征收。2018年乙合伙企业符合税法规定的亏损额为153 500元。2019年会计核算的利润总额为－22 500元。利润中已经扣除如下支出:

支付职工工资185 960元,3个合伙人在本合伙企业领取工资共计45万元。购买3辆登记在3个合伙人个人名下的小汽车共列支了36.6万元。

要求:根据以上资料,计算李某2019年经营所得应缴纳的个人所得税。

【解析】

1. 2019年来源于甲个体户的经营所得:

(1) 利润总额:451 000元。

(2) 纳税调整情况:

① 业主王某个人工资不得税前扣除,调增应纳税所得额:215 000元。

② 和家庭混用的水电等支出按40%扣税,调增应纳税所得额:
12 000×60%＝7 200(元)。

③ 陪同父母出国旅游属于用于个人和家庭的支出或与取得生产经营收入无关的其他支出,不得税前扣除,需要调增应纳税所得额:32 700元。

④ 税收滞纳金不得税前扣除,需要调增应纳税所得额:3 212元。

(3) 纳税调整后所得:451 000＋215 000＋7 200＋32 700＋3 212＝709 112(元)。

2. 2019年来源于乙合伙企业的经营所得:

(1) 2018年度结转的待弥补亏损额:153 500元。

(2) 2019年度经营所得计算:

会计利润:－22 500元;

3个合伙人在合伙企业领取的工资需调增应纳税所得额:450 000元;

购买的登记在合伙人名下的小汽车支出366 000元。

纳税调整后所得:－22 500＋450 000＋366 000＝793 500(元)。

(3) 弥补以前年度亏损后的所得:

793 500－153 500＝640 000(元)。

(4) 王某应分得的所得:640 000×25%＝160 000(元)。

3. 王某2019年经营所得应纳个人所得税计算:

可以扣除的专项扣除:2 200×12＝26 400(元);

可以扣除专项附加扣除:

住房贷款利息专项附加扣除:1 000×12＝12 000(元);

2019年度的经营所得应纳税所得额:

709 112＋160 000－60 000－26 400－12 000＝770 712(元)。

应纳经营所得个人所得税：
770 712×35％－65 500＝204 249.2(元)。

第三节 自然人合伙人的个人所得税

为公平税负,支持和鼓励个人投资兴办企业,促进国民经济持续、快速、健康发展,《国务院关于个人独资企业和合伙企业征收所得税问题的通知》(国发〔2000〕16号)规定,自2000年1月1日起,对个人独资企业和合伙企业停征企业所得税,其投资者的生产经营所得,比照个体工商户的生产、经营所得征收个人所得税。具体税收政策和征税办法由国家财税主管部门另行制定。为了认真贯彻落实该通知精神,切实做好个人独资企业和合伙企业投资者的个人所得税征管工作,财政部、国家税务总局制定印发了《关于个人独资企业和合伙企业投资者征收个人所得税的规定》(财税〔2000〕91号),对个人独资企业和合伙企业投资者的生产经营所得征收个人所得税做出规定。

一、应税项目的确定

(一) 合伙人转让合伙份额

根据《个人所得税法实施条例》第6条的规定,财产转让所得是指个人转让有价证券、股权、合伙企业中的财产份额、不动产、机器设备、车船以及其他财产取得的所得。因而,个人合伙人转让其在合伙企业中的合伙份额,应按财产转让所得项目缴纳个人所得税。

(二) 合伙企业转让财产所得

根据《国家税务总局关于切实加强高收入者个人所得税征管的通知》(国税发〔2011〕50号)的规定,对个人独资企业和合伙企业从事股权(票)、期货、基金、债券、外汇、贵重金属、资源开采权及其他投资品交易取得的所得,应全部纳入生产经营所得,依法征收个人所得税。

按照现行个人所得税法相关规定,合伙企业的合伙人为其纳税人,合伙企业转让股权所得,应按照"先分后税"原则,根据合伙企业的全部生产经营所得和合伙协议约定的分配比例确定合伙企业各合伙人的应纳税所得额,其自然人合伙人的分配所得,应按照"经营所得"项目缴纳个人所得税。

(三) 股息红利所得

《国家税务总局关于〈关于个人独资企业和合伙企业投资者征收个人所得税的规定〉执行口径的通知》(国税函〔2001〕84号)第2条中"关于个人独资企业和合伙企业对外投资分回利息、股息、红利的征税问题"的规定,个人独资企业和合伙企业对外投资分回的利息或者股息、红利,不并入企业的收入,而应单独作为投资者个人取得的利息、股息、红利所得,按"利息、股息、红利所得"应税项目计算缴纳个人所得税。以合伙企业名义对外投资分回利息或者股息、红利的,应按《关于个人独资企业和合伙企业投资者征收个人所得税的规定》第5条精神确定各个投资者的利息、股息、红利所得,分别按"利息、股息、红利所得"应税项目计算缴纳个人所得税。

(四) 有限合伙人投资收益的处理

在国家税收法律、法规以及财政部、国家税务总局层面,截至本书出版时,没有区分有限合伙人和普通合伙人进行个人所得税处理。而有些地方性规定,例如,《天津市地方税务局关于合伙企业合伙人分别缴纳所得税有关问题的补充通知》(津地税所〔2008〕1号)规定,对有限合伙企业中不参与执行业务的自然人有限合伙人,其从有限合伙企业取得的股权投资收益,按"利息、股息、红利所得"项目,适用20%的比例税率,在有限合伙企业注册地税务机关缴纳个人所得税。

二、合伙人应纳税所得额的确定

(一) 合伙企业的利润分配与亏损分担

根据《合伙企业法》第33条的规定,合伙企业的利润分配、亏损分担,按照合伙协议的约定办理;合伙协议未约定或者约定不明确的,由合伙人协商决定;协商不成的,由合伙人按照实缴出资比例分配、分担;无法确定出资比例的,由合伙人平均分配、分担。合伙协议不得约定将全部利润分配给部分合伙人或者由部分合伙人承担全部亏损。

(二) 合伙人应纳税所得的确定

《关于个人独资企业和合伙企业投资者征收个人所得税的规定》第4条规定,个人独资企业和合伙企业(以下简称企业)每一纳税年度的收入总额减除成本、费用以及损失后的余额,作为投资者个人的生产经营所得,比照个人所得税法的"个体工商户的生产、经营所得"(自2019年1月1日起为"经营所得")应税项目,适用5%~35%的五级超额累进税率,计算征收个人所得税。

根据《财政部 国家税务总局关于合伙企业合伙人所得税问题的通知》(财税〔2008〕159号)的规定,自2008年1月1日起,合伙企业的合伙人按照下列原则确定应纳税所得额:

(1) 合伙企业的合伙人以合伙企业的生产经营所得和其他所得,按照合伙协议约定的分配比例确定应纳税所得额。

(2) 合伙协议未约定或者约定不明确的,以全部生产经营所得和其他所得,按照合伙人协商决定的分配比例确定应纳税所得额。

(3) 协商不成的,以全部生产经营所得和其他所得,按照合伙人实缴出资比例确定应纳税所得额。

(4) 无法确定出资比例的,以全部生产经营所得和其他所得,按照合伙人数量平均计算每个合伙人的应纳税所得额。合伙协议不得约定将全部利润分配给部分合伙人。

根据《关于个人独资企业和合伙企业投资者征收个人所得税的规定》(财税〔2000〕91号)第5条的规定,个人独资企业的投资者以全部生产经营所得为应纳税所得额。生产经营所得,包括企业分配给投资者个人的所得和企业当年留存的所得(利润)。

三、合伙创投企业个人合伙人投资抵扣应纳税所得额

(一) 合伙创投企业个人合伙人投资抵扣优惠

根据《财政部 税务总局关于创业投资企业和天使投资个人有关税收政策的通知》(财

税〔2018〕55号,该通知规定的天使投资个人所得税政策自2018年7月1日起执行,其他各项政策自2018年1月1日起执行。执行日期前2年内发生的投资,在执行日期后投资满2年,且符合通知规定的其他条件的,可以适用该通知规定的税收政策)第1条第2项的规定,有限合伙制创业投资企业(以下简称合伙创投企业)采取股权投资方式直接投资于初创科技型企业满2年的,该合伙创投企业的个人合伙人可以按照对初创科技型企业投资额的70%抵扣个人合伙人从合伙创投企业分得的经营所得;当年不足抵扣的,可以在以后纳税年度结转抵扣。

合伙创投企业和被投资初创科技型企业应按规定办理优惠手续。

(二) 享受优惠的投资与投资额的界定

享受规定的投资抵扣税收优惠政策的投资,仅限于通过向被投资初创科技型企业直接支付现金方式取得的股权投资,不包括受让其他股东的存量股权。

投资额,按照创业投资企业对初创科技型企业的实缴投资额确定。合伙创投企业的合伙人对初创科技型企业的投资额,按照合伙创投企业对初创科技型企业的实缴投资额和合伙协议约定的合伙人占合伙创投企业的出资比例计算确定。合伙人从合伙创投企业分得的所得,按照《财政部 国家税务总局关于合伙企业合伙人所得税问题的通知》(财税〔2008〕159号)规定计算。

根据《国家税务总局关于创业投资企业和天使投资个人税收政策有关问题的公告》(国家税务总局公告2018年第43号)的规定,出资比例,按投资满2年当年年末各合伙人对合伙创投企业的实缴出资额占所有合伙人全部实缴出资额的比例计算。

根据《国家税务总局关于创业投资企业和天使投资个人税收政策有关问题的公告》(国家税务总局公告2018年第43号)第1条第1项的规定,满2年是指有限合伙制创业投资企业投资于种子期、初创期科技型企业(以下简称初创科技型企业)的实缴投资满2年,投资时间从初创科技型企业接受投资并完成工商变更登记的日期算起。

(三) 享受优惠的创业投资企业应符合的条件

根据《财政部 税务总局关于创业投资企业和天使投资个人有关税收政策的通知》(财税〔2018〕55号)第2条第2项的规定,享受规定税收优惠政策的创业投资企业,应同时符合以下条件:

(1) 在中国境内(不含港、澳、台地区)注册成立、实行查账征收的合伙创投企业,且不属于被投资初创科技型企业的发起人。

(2) 符合《创业投资企业管理暂行办法》(国家发展改革委等10部门令第39号)规定或者《私募投资基金监督管理暂行办法》(证监会令第105号)关于创业投资基金的特别规定,按照上述规定完成备案且规范运作。

(3) 投资后2年内,创业投资企业及其关联方持有被投资初创科技型企业的股权比例合计应低于50%。

四、创投企业单一投资基金核算优惠

单一投资基金核算,是指单一投资基金(包括不以基金名义设立的创投企业)在一个纳税年度内从不同创业投资项目取得的股权转让所得和股息红利所得按下述方法分别核算纳税。

(一) 股权转让所得

1. 单个投资项目的股权转让所得

按年度股权转让收入扣除对应股权原值和转让环节合理费用后的余额计算,股权原值和转让环节合理费用的确定方法,参照股权转让所得个人所得税有关政策规定执行。

2. 单一投资基金的股权转让所得

按一个纳税年度内不同投资项目的所得和损失相互抵减后的余额计算,余额大于或等于零的,即确认为该基金的年度股权转让所得;余额小于零的,该基金年度股权转让所得按零计算且不能跨年结转。

3. 个人合伙人应纳税额的计算

个人合伙人按照其应从基金年度股权转让所得中分得的份额计算其应纳税额,并由创投企业在次年 3 月 31 日前代扣代缴个人所得税。

4. 个人合伙人的投资抵扣

如符合《财政部 税务总局关于创业投资企业和天使投资个人有关税收政策的通知》(财税〔2018〕55 号)规定条件的,创投企业个人合伙人可以按照被转让项目对应投资额的 70% 抵扣其应从基金年度股权转让所得中分得的份额后再计算其应纳税额,当期不足抵扣的,不得向以后年度结转。

(二) 股息红利所得

单一投资基金的股息红利所得,以其来源于所投资项目分配的股息、红利收入以及其他固定收益类证券等收入的全额计算。

个人合伙人按照其应从基金股息红利所得中分得的份额计算其应纳税额,并由创投企业按次代扣代缴个人所得税。

(三) 成本费用的扣除

除前述可以扣除的成本、费用之外,单一投资基金发生的包括投资基金管理人的管理费和业绩报酬在内的其他支出,不得在核算时扣除。

(四) 单一投资基金核算方法的适用范围

单一投资基金核算方法仅适用于计算创投企业个人合伙人的应纳税额。

创投企业年度所得整体核算,是指将创投企业以每一纳税年度的收入总额减除成本、费用以及损失后,计算应分配给个人合伙人的所得。如符合《财政部 税务总局关于创业投资企业和天使投资个人有关税收政策的通知》(财税〔2018〕55 号)规定条件的,创投企业个人合伙人可以按照被转让项目对应投资额的 70% 抵扣其可以从创投企业应分得的经营所得后再计算其应纳税额。

年度核算亏损的,准予按有关规定向以后年度结转。按照"经营所得"项目计税的个人合伙人,没有综合所得的,可依法减除基本减除费用、专项扣除、专项附加扣除以及国务院确定的其他扣除。从多处取得经营所得的,应汇总计算个人所得税,只减除一次上述费用和扣除。

(五) 案例分析

【例 12-8】 李四是中国公民,生有一个儿子和一个女儿,大儿子在杭州某重点高中高二年级读书;小女儿在杭州某重点中学读初二。李四本人是独生子女,2018 年 10 月其父亲刚过 60 岁生日,其母亲 2019 年 2 月刚满 58 岁。李四 2019 年的收入全部来源于其创办的甲个人独资企业和乙合伙创投企业。2019 年李四按规定缴纳了符合规定的"三险一金"40 000 元。

1. 甲个人独资企业及其经营情况:

2017 年 12 月,李四在杭州某区创办了甲个人独资企业,当月取得个人独资企业营业执照,甲个人独资企业查账征收所得税,2018 年实现所得 52 180 元,已按规定缴纳所得税。2019 年的经营情况如下:

(1) 营业收入 1 000 万元。

(2) 营业成本 600 万元。

(3) 税金及附加 80 万元。

(4) 销售费用 100 万元,其中符合规定的广告费 30 万元、业务宣传费 10 万元。发生财务费用 30 万元。

(5) 管理费用 100 万元,其中,业务招待费 10 万元;2019 年 2 月购入一辆用于生产经营的小汽车价值 48 万元,一次性在管理费用中列支(折旧年限按最低折旧年限计算,不考虑净残值)。

(6) 营业外支出 5 万元,为向贫困山区学校的直接捐赠。

(7) 计入成本费用的工资总额 20 万元,为 5 名从业人员的工资;实际发生工会经费 1 万元、职工福利费 2.5 万元和职工教育经费 1 万元。

2. 乙创投企业及其经营情况:

2017 年 1 月,李四与王五共同出资 5 000 万元设立了乙合伙制创业投资企业(以下简称乙创投企业),双方出资比例 5∶5。乙合伙创投企业符合创业投资企业(基金)的有关规定,并按照规定完成备案且规范运作。双方约定由王五负责该合伙企业运营,合伙协议约定李四与王五的分配比例为 4∶6。

2017 年 4 月,乙创投企业以人民币 1 000 万元投资入股 D 初创科技型企业。2017 年 11 月,乙创投企业又以人民币 600 万元入股 E 初创科技型企业。2019 年乙合伙创投企业经营情况如下:

(1) 2019 年 6 月,乙创投企业将所持 D 企业的全部股权以 3 000 万元转让给 G 公司,转让时发生的审计费、评估费以及印花税等税费合计 80 万元。

(2) 2019 年 9 月,乙创投企业将所持 E 企业的全部股权以 500 万元转让给 H 企业,转让时发生的审计费、评估费以及印花税等税费合计 12 万元。

(3) 2019 年度发生管理费和业绩报酬等其他支出 200 万元。

(4) 2019 年 3 月 1 日,到主管税务机关办理了单一投资基金核算方式备案。

要求:根据上述材料计算李四 2019 年应缴纳的个人所得税。

【解析】 1. 来源于甲个人独资企业的所得:

(1) 2019年会计利润：

1 000－600－80－100－100－30－5＝85(万元)。

(2) 纳税调整情况：

广告和业务宣传费的纳税调整：扣除限额：1 000×15％＝150(万元)，实际发生额：30＋10＝40(万元)，允许据实扣除；

业务招待费的纳税调整：发生额的60％：10×60％＝6(万元)，销售营业收入的0.5％：1 000×0.5％＝5(万元)，调增应纳税所得额：10－5＝5(万元)。

小汽车支出的纳税调整：允许扣除的小汽车的折旧费：(48÷4)×10/12＝10(万元)，调增应纳税所得额：48－10＝38(万元)。

工会经费的纳税调整：扣除限额为：20×2％＝0.4(万元)，发生额1万元，调增应纳税所得额：1－0.4＝0.6(万元)。

职工福利费扣除限额：20×14％＝2.8(万元)，发生额2.5万元，允许据实扣除。

职工教育经费纳税调整：扣除限额：20×2.5％＝0.5(万元)，发生额1万元，需要调增应纳税所得额0.5万元。

为向贫困山区学校的直接捐赠不得扣除，需要调增应纳税所得额5万元。

(3) 纳税调整后所得：

85＋(5＋38＋0.6＋0.5)＋5＝134.1(万元)。

(4) 经营所得应纳税所得额：

134.1－6－4－12×0.4＝119.3(万元)。

(5) 应纳个人所得税：

119.3×35％－6.55＝35.205(万元)。

2. 来源于乙创投企业的所得：

转让D企业股权所得：3 000－1 000－80＝1 920(万元)；

转让E企业股权所得：500－600－12＝－112(万元)；

可分配股权转让所得：1 920－112＝1 808(万元)；

李四应分得的所得：1 808×40％＝723.2(万元)；

允许抵扣的投资额：1 000×50％×70％＝350(万元)；

李四投资抵扣后的来源于乙创投企业的应纳税所得额：

723.2－350＝373.2(万元)。

应纳个人所得税：373.2×20％＝74.64(万元)。

(六) 单一投资基金核算的合伙制创业投资企业个人所得税扣缴申报表

《单一投资基金核算的合伙制创业投资企业个人所得税扣缴申报表》(见表12-5)适用于选择按单一投资基金核算的合伙制创业投资企业(含创投基金，以下统称创投企业)按规定办理年度股权转让所得扣缴申报时，向主管税务机关报送。

申报期限为：创投企业取得所得的次年3月31日前报送。

表头项目各栏填写方法为：

税款所属期：填写创投企业申报股权转让所得的所属期间，应填写具体的起止年月日。

表12-5 单一投资基金核算的合伙制创业投资企业个人所得税扣缴申报表

税款所属期：　年　月　日至　年　月　日

扣缴义务人名称：

扣缴义务人纳税人识别号（统一社会信用代码）：□□□□□□□□□□□□□□□□□□ [JY,2]金额单位：人民币元（列至角分）

税务机关备案编号

创投企业投资项目所得情况

序号	被投资企业名称	被投资企业纳税人识别号（统一社会信用代码）	投资股权份数	转让股权份数	转让后股权份数	股权转让时间	股权转让收入	股权原值	合理费用	股权转让所得额
1	2	3	4	5	6	7	8	9	10	11

纳税年度内股权转让所得额合计

创投企业个人合伙人所得分配情况

序号	个人合伙人姓名	身份证件类型	身份证件号码	个人合伙人纳税人识别号	分配比例（%）	创投企业股权转让所得额	分配所得额	其中：投资初创科技型企业情况			
								创投企业符合条件的投资额	个人出资比例	当年按个人投资额70%计算的实际抵扣额	应纳税所得额	税率	应纳税额	减免税额	已缴税额	应补/退税额
12	13	14	15	16	17	18	19	20	21	22	23	24	25	26	27	28
												—				

合计

谨声明：本表是根据国家税收法律法规及相关规定填报的，是真实的、可靠的、完整的。

经办人签字：
经办人身份证件号码：
代理机构签章：
代理机构统一社会信用代码：

受理人：
受理税务机关：
受理日期：　年　月　日

创投企业（基金）印章：
　年　月　日

国家税务总局监制

《单一投资基金核算的合伙制创业投资企业个人所得税扣缴申报表》表内各栏填表说明

1. 创投企业投资项目所得情况

(1) 第 2 列"被投资企业名称":填写被投资企业的法定名称。

(2) 第 3 列"被投资企业纳税人识别号(统一社会信用代码)":填写被投资企业的纳税人识别号或者统一社会信用代码。

(3) 第 4 列"投资股权份数":填写创投企业在发生股权转让前持有被投资企业的股权份数。

(4) 第 5 列"转让股权份数":填写创投企业纳税年度内转让被投资企业股权的份数,一年内发生多次转让的,应分行填写。

(5) 第 6 列"转让后股权份数":填写创投企业发生股权转让后持有被投资企业的股权份数。

(6) 第 7 列"股权转让时间":填写创投企业转让被投资企业股权的具体时间,一年内发生多次转让的,应分行填写。

(7) 第 8 列"股权转让收入":填写创投企业发生股权转让收入额,一年内发生多次转让的,应分行填写。

(8) 第 9 列"股权原值":填写创投企业转让股权的原值,一年内发生多次转让的,应分行填写。

(9) 第 10 列"合理费用":填写转让股权过程中发生的按规定可以扣除的合理税费。

(10) 第 11 列"股权转让所得":按相关列次计算填报。第 11 列=第 8 列-第 9 列-第 10 列。

(11) "纳税年度内股权转让所得额合计":填写纳税年度内股权转让所得的合计金额,即所得与损失相互抵减后的余额。如余额为负数的,填写 0。

2. 创投企业个人合伙人所得分配情况

(1) 第 13 列"个人合伙人姓名":填写个人合伙人姓名。

(2) 第 14 列"身份证件类型":填写纳税人有效的身份证件名称。中国公民有中华人民共和国居民身份证的,填写居民身份证;没有居民身份证的,填写中华人民共和国护照、中国港澳居民来往内地通行证或港澳居民居住证、中国台湾居民通行证或台湾居民居住证、外国人永久居留身份证、外国人工作许可证或护照等。

(3) 第 15 列"身份证件号码":填写纳税人有效身份证件上载明的证件号码。

(4) 第 16 列"个人合伙人纳税人识别号":有中国公民身份号码的,填写中华人民共和国居民身份证上载明的"公民身份号码";没有中国公民身份号码的,填写税务机关赋予的纳税人识别号。

(5) 第 17 列"分配比例(%)":分配比例按照合伙协议约定的比例填写;合伙协议未约定或不明确的,按合伙人协商决定的比例填写;协商不成的,按合伙人实缴出资比例填写;无法确定出资比例的,按合伙人平均分配。

(6) 第 18 列"创投企业股权转让所得额":填写创投企业纳税年度内取得的股权转让所得总额,即本表"创投企业投资项目所得情况"中"纳税年度内股权转让所得额合计"的金额。

(7) 第 19 列"分配所得额":填写个人合伙人按比例分得的股权转让所得额。第 19 列=第 18 列×第 17 列。

(8) 第 20 列"创投企业符合条件的投资额":填写合伙创投企业对种子期、初创期科技型企业符合投资抵扣条件的投资额。

(9) 第 21 列"个人出资比例":填写个人合伙人对创投企业的出资比例。

(10) 第 22 列"当年按个人投资额 70% 计算的实际抵扣额":根据相关列次计算填报。第 22 列=第 20 列×第 21 列×70%。

(11) 第 23 列"应纳税所得额":填写个人合伙人纳税年度内取得股权转让所得的应纳税所得额。第 23 列=第 19 列-第 22 列。

(12) 第 24 列"税率":填写所得项目按规定适用的税率。

(13) 第 25 列"应纳税额":根据相关列次计算填报。第 25 列=第 23 列×第 24 列。

(14) 第 26 列"减免税额":填写符合税法规定的可以减免的税额,并附报《个人所得税减免税事项报告表》。

(15) 第27列"已缴税额":填写纳税人当期已实际缴纳或者被扣缴的个人所得税税款。

(16) 第28列"应补/退税额":根据相关列次计算填报。第28列=第25列-第26列-第27列。

以纸质方式报送本表的,应当一式两份,扣缴义务人、税务机关各留存一份。

扣缴义务人名称:填写扣缴义务人(即创投企业)的法定名称全称。

扣缴义务人纳税人识别号(统一社会信用代码):填写扣缴义务人(即创投企业)的纳税人识别号或者统一社会信用代码。

税务机关备案编号:填写创投企业在主管税务机关进行核算方式备案的编号。

第四节 特殊行业个人所得税处理

一、律师事务所从业人员个人所得税

为了规范和加强律师事务所从业人员个人所得税的征收管理,国家税务总局下发了《关于律师事务所从业人员取得收入征收个人所得税有关业务问题的通知》(国税发〔2000〕149号),自2000年1月1日起执行。随着律师行业的发展和收入分配形式的变化以及税务部门的征收方式逐步由核定征收改为查账征收,又出现了一些新的情况和问题。为此,2012年12月7日,《国家税务总局关于律师事务所从业人员有关个人所得税问题的公告》(国家税务总局公告2012年第53号)对律师事务所从业人员有关个人所得税问题进行了进一步规范,自2013年1月1日起执行。

(一) 出资律师所得的税务处理

1. 应纳税所得额的确定

根据《关于律师事务所从业人员取得收入征收个人所得税有关业务问题的通知》(国税发〔2000〕149号)的规定,自2000年1月1日起,律师个人出资兴办的独资和合伙性质的律师事务所的年度经营所得,停止征收企业所得税,作为出资律师的个人经营所得,按照有关规定,比照"个体工商户的生产、经营所得"(自2019年1月1日起为"经营所得")应税项目征收个人所得税。在计算其经营所得时,出资律师本人的工资、薪金不得扣除。合伙制律师事务所应将年度经营所得全额作为基数,按规定比例计算各合伙人应分配的所得,据以征收个人所得税。

2. 合伙律师的费用扣除

鉴于律师在办案过程和参加一些公益事业等活动中发生的一些费用难以取得票据和费用难以足额弥补等实际情况,同时考虑到律师之间收入的差距,《国家税务总局关于律师事务所从业人员有关个人所得税问题的公告》(国家税务总局公告2012年第53号)规定,自2013年1月1日起至2015年12月31日止,对实行查账征收的律师事务所,合伙人律师在计算应纳税所得额时,应凭合法有效凭据按照个人所得税法和有关规定扣除费用;对确实不能提供合法有效凭据而实际发生与业务有关的费用,经当事人签名确认后,可再按下列

标准扣除费用:个人年营业收入不超过50万元的部分,按8%扣除;个人年营业收入超过50万~100万元的部分,按6%扣除;个人年营业收入超过100万元的部分,按5%扣除。不执行查账征收的,不适用上述规定。

3. 业务培训费用的扣除

由于全国律师协会对律师每年参加业务培训有强制要求,有行业特殊性,又与律师的本职工作直接相关,因而,《国家税务总局关于律师事务所从业人员有关个人所得税问题的公告》(国家税务总局公告2012年第53号)还规定,自2013年1月1日起,律师个人承担的按照律师协会规定参加的业务培训费用,可据实扣除。该规定的适用对象是所有律师。律师自行参加的培训以及与律师业务无关的培训产生的费用则不适用该规定。

律师事务所和律师个人发生的其他费用和列支标准,按照《个体工商户个人所得税计税办法》等文件的规定执行。

(二)雇员律师所得的税务处理

1. 应税项目的确定

根据《关于律师事务所从业人员取得收入征收个人所得税有关业务问题的通知》(国税发〔2000〕149号)的规定,律师事务所支付给雇员(包括律师及行政辅助人员,但不包括独资和合伙性质的律师事务所的投资者,下同)的所得,按"工资、薪金所得"应税项目征收个人所得税。

2. 分成收入的处理

作为律师事务所雇员的律师与律师事务所按规定的比例对收入分成,律师事务所不负担律师办理案件支出的费用(如交通费、资料费、通讯费及聘请人员等费用),律师当月的分成收入按规定扣除办理案件支出的费用后,余额与律师事务所发给的工资合并,按"工资、薪金所得"应税项目计征个人所得税。

3. 办案费用的扣除标准

根据《关于律师事务所从业人员取得收入征收个人所得税有关业务问题的通知》(国税发〔2000〕149号)第5条第2款的规定,律师从其分成收入中扣除办理案件支出费用的标准,由各省级税务局根据当地律师办理案件费用支出的一般情况、律师与律师事务所之间的收入分成比例及其他相关参考因素,在律师当月分成收入的30%比例内确定。此外,《国家税务总局关于强化律师事务所等中介机构投资者个人所得税查账征收的通知》(国税发〔2002〕123号)进一步规定,对作为律师事务所雇员的律师,其办案费用或其他个人费用在律师事务所报销的,在计算其收入时不得再扣除国税发〔2000〕149号文件规定的其收入30%以内的办理案件支出费用。《国家税务总局关于律师事务所从业人员有关个人所得税问题的公告》(国家税务总局公告2012年第53号)明确,自2013年1月1日起至2015年12月31日止,国税发〔2000〕149号文件第5条第2款规定的作为律师事务所雇员的律师从其分成收入中扣除办理案件支出费用的标准,由在律师当月分成收入的30%比例内确定,调整为在35%比例内确定。实行上述收入分成办法的律师办案费用不得在律师事务所重复列支。需要说明的是,该规定的适用对象是实行收入分成办法的雇员律师,而不包括出资律师。

4. 兼职律师的处理

兼职律师,是指取得律师资格和律师执业证书,不脱离本职工作从事律师职业的人员。其从律师事务所取得工资、薪金性质的所得,律师事务所在代扣代缴其个人所得税时,不再减除个人所得税法规定的费用扣除标准,以收入全额(取得分成收入的为扣除办理案件支出费用后的余额)直接确定适用税率,计算扣缴个人所得税。在2018年12月31日以前,兼职律师应于次月15日内自行向主管税务机关申报两处或两处以上取得的工资、薪金所得,合并计算缴纳个人所得税。这里的"兼职律师从律师事务所取得的工资、薪金性质的所得",是指该兼职律师受单位派遣,在雇佣单位取得的工资、薪金所得。

这里需要说明两点:一是上述兼职律师从律师事务所取得的工资、薪金性质的所得,不是按劳务报酬所得项目计算纳税;二是与中方派到外资企业工作的人员费用由雇佣单位扣除不同,律师事务所代扣代缴兼职律师个人所得税时,不扣除费用,而应由派遣单位扣除费用。

5. 其他人员的处理

律师以个人名义再聘请其他人员为其工作而支付的报酬,应由该律师按"劳务报酬所得"应税项目负责代扣代缴个人所得税。为了便于操作,税款可由其任职的律师事务所代为缴入国库。

6. 从当事人处取得法律顾问费的处理

在2012年12月31日以前,根据《关于律师事务所从业人员取得收入征收个人所得税有关业务问题的通知》(国税发〔2000〕149号)第8条的规定,律师从接受法律事务服务的当事人处取得的法律顾问费或其他酬金,均按"劳务报酬所得"应税项目征收个人所得税,税款由支付报酬的单位或个人代扣代缴。《国家税务总局关于律师事务所从业人员有关个人所得税问题的公告》(国家税务总局2012年第53号)废止了国税发〔2000〕149号文件第8条的规定。该公告规定,从2013年1月1日起,律师从接受法律事务服务的当事人处取得法律顾问费或其他酬金等收入,应并入其从律师事务所取得的其他收入,按照规定计算缴纳个人所得税。

(三)非雇员律师所得的税务处理

对律师事务所的非雇员律师,从律师事务所取得的收入,应由律师事务所按照"劳务报酬所得"应税项目代扣代缴个人所得税。

【例12-9】 下列关于特殊行业的个人所得税的表述中,正确的有(   )。

A. 纳税人在广告设计、制作、发布过程中提供名义、形象而取得的所得,按"劳务报酬所得"项目计征个人所得税

B. 演员参加非任职单位组织的演出取得的报酬,按"劳务报酬所得"项目计征个人所得税

C. 兼职律师从事务所取得的工资,不扣除个人所得税法中规定的费用扣除标准,以分成收入扣除办案费用后的余额确定税率计算个人所得税

D. 律师从接受法律服务的当事人处取得的法律顾问费,按"劳务报酬所得"项目计征

个人所得税

E. 个人从事医疗服务，享受免征个人所得税的优惠

【答案】 ABC

【解析】 选项D，在2012年12月31日以前，根据《关于律师事务所从业人员取得收入征收个人所得税有关业务问题的通知》(国税发〔2000〕149号)第8条的规定，律师从接受法律事务服务的当事人处取得的法律顾问费或其他酬金，按"劳务报酬所得"应税项目征收个人所得税。从2013年1月1日起，《国家税务总局关于律师事务所从业人员有关个人所得税问题的公告》(国家税务总局公告2012年第53号)规定：律师从接受法律事务服务的当事人处取得法律顾问费或其他酬金等收入，应并入其从律师事务所取得的其他收入，按照规定计算缴纳个人所得税。

根据国税发〔2000〕149号文件的规定，兼职律师从律师事务所取得工资、薪金性质的所得，律师事务所在代扣代缴其个人所得税时，不再减除个人所得税法规定的费用扣除标准，以收入全额（取得分成收入的为扣除办理案件支出费用后的余额）直接确定适用税率，计算扣缴个人所得税。

选项E，没有这样的规定。

【例12-10】 某税务师事务所在受托对正直律师事务所进行纳税审核中，发现如下问题：

该律师事务所由甲、乙两名律师合伙出资兴办，另聘请赵、钱、孙、李4名律师为从业人员，其中，李律师为某高校法学教授，在该所做兼职律师，其余3名为该所的专职律师。

2018年，该事务所与律师约定，专职律师工资4 000元/月，兼职律师工资3 500元/月，对律师办案取得的收入和事务所按4∶6分成，事务所不再负担其办理案件过程中发生的费用。该省规定的律师办案费用按当月分成收入的30%扣除。

8月，赵律师取得分成收入22 000元，其中3 000元交通费、资料费等办案费用以发票在事务所报销；钱律师取得分成收入15 000元；李律师取得分成收入18 000元。该所会计在发放上述款项时，按如下方法计算代扣代缴了个人所得税：

赵律师：(4 000−3 500)×3%+[(22 000−3 000)×(1−30%)−3 500]×25%−1 005＝1 460(元)；

钱律师：(4 000−3 500)×3%+[15 000×(1−30%)−3 500]×20%−555＝860(元)；

李律师：(3 500−3 500)×3%+[18 000×(1−30%)−3 500]×25%−1 005＝1 270(元)。

请分析说明上述计算是否正确。

【解析】 根据《国家税务总局关于强化律师事务所等中介机构投资者个人所得税查账征收的通知》(国税发〔2002〕123号)的规定，雇员律师与律师事务所按比例对收入分成，事务所不负担律师办理案件支出的费用，律师当月的分成收入扣除省级税务机关规定的办理案件支出费用后，余额与当月工资合并，按"工资、薪金所得"应税项目计征个人所得税。

在本例中，赵律师与钱律师作为事务所的雇员，取得的分成收入扣除30%费用，余额应

与当月的工资合并后减除费用扣除标准,得到当月的应纳税所得额,计算个人所得税。因而,单位将当月工资和分成收入,作为两次收入扣除两次费用,是错误的。并且,根据国税发〔2002〕123号文件的规定,雇员律师,其办案费用或其他个人费用在律师事务所报销的,在计算其收入时不得再扣除《关于律师事务所从业人员取得收入征收个人所得税有关业务问题的通知》(国税发〔2000〕149号)规定的其收入30%以内的办理案件支出费用。因而,单位在计算赵律师应纳个人所得税时,多扣除了收入30%的固定比例的办案费支出。正确的计算为:

赵律师:(4 000+22 000-3 000-3 500)×25%-1 005=3 870(元);

钱律师:[4 000+15 000×(1-30%)-3 500]×25%-1 005=1 745(元)。

国税发〔2002〕123号文件规定,兼职律师从事务所取得工资、薪金性质的所得,事务所在代扣代缴其个人所得税时,不再减除税法规定的费用扣除标准,以收入全额(取得分成收入的为扣除办理案件支出费用后的余额)直接确定适用税率,计算扣缴个人所得税。在本例中,在代扣代缴李律师个人所得税时,会计扣除税法规定费用扣除标准是错误的。正确的计算为:

[3 500+18 000×(1-30%)]×25%-1 005=3 020(元)。

另外,兼职的李律师还应于次月15日内自行向主管税务机关申报两处或两处以上取得的工资、薪金所得,合并计算缴纳个人所得税。

【例12-11】 律师张某2019年1月取得收入情况如下:

(1)从任职的律师事务所取得应税工资7 000元,通信和交通补贴1 000元,办理业务分成收入23 000元,在分成收入案件办理过程中,张某以个人名义聘请了一位兼职律师刘某协助,支付刘某报酬5 000元。

(2)张某1月为一家公司做法律咨询,取得该公司一次性劳务报酬30 000元,直接捐给一家养老院10 000元。

(3)张某每周在当地报纸上回复读者的咨询信件,1月取得报社支付稿酬4 000元。

(注:分成收入扣除办案费用比例为30%。)

根据上述资料,回答下列问题:

(1)1月张某的工资、薪金所得应缴纳的个人所得税。

(2)刘某协助张某完成案件取得的报酬应缴纳的个人所得税。

(3)1月张某法律咨询劳务报酬所得应缴纳的个人所得税。

(4)1月张某取得报社的稿酬所得应缴纳的个人所得税。

【解析】 (1)根据《国家税务总局关于律师事务所从业人员有关个人所得税问题的公告》(国家税务总局公告2012年第53号)的规定,律师从接受法律事务服务的当事人处取得法律顾问费或其他酬金等收入,应并入其从律师事务所取得的其他收入,按照规定计算缴纳个人所得税。即张某做法律咨询取得的报酬30 000元,应并入当月工资计算缴纳个人所得税:

[7 000+1 000+23 000×(1-30%)+30 000-5 000]×10%-2 520=2 390(元)。

(2) 应预扣预缴刘某劳务报酬所得应纳个人所得税为：5 000×(1－20%)×20%＝800（元）。

(3) 张某法律咨询劳务报酬所得，向受赠人的直接捐赠不得在税前扣除。

根据国家税务总局公告2012年第53号的规定，律师从接受法律事务服务的当事人处取得法律顾问费或其他酬金等收入，应并入其从律师事务所取得的其他收入，按照规定计算缴纳个人所得税。

(4) 应预扣预缴张某稿酬所得个人所得税为：(4 000－800)×70%×20%＝448(元)。

二、建安工程作业人员个人所得税

为了加强对建筑安装业个人所得税的征收管理，国家税务总局印发了《建筑安装业个人所得税征收管理暂行办法》(国税发〔1996〕127号文件印发，根据2016年5月29日《国家税务总局关于公布全文废止和部分条款废止的税务部门规章目录的决定》和2018年6月15日《国家税务总局关于修改部分税务部门规章的决定》修正)，对建筑安装业个人所得税处理做出如下规定。

(一) 建筑安装业的界定

《建筑安装业个人所得税征收管理暂行办法》所称建筑安装业，包括建筑、安装、修缮、装饰及其他工程作业。从事建筑安装业的工程承包人、个体户及其他个人为个人所得税的纳税义务人。其从事建筑安装业取得的所得，应依法缴纳个人所得税。

(二) 应税项目的确定

《建筑安装业个人所得税征收管理暂行办法》第3条规定，承包建筑安装业各项工程作业的承包人取得的所得，应区别不同情况计征个人所得税：经营成果归承包人个人所有的所得，或按照承包合同(协议)规定，将一部分经营成果留归承包人个人的所得，按对企事业单位的承包经营、承租经营所得项目征税(自2019年1月1日起按"经营所得"项目征税)；以其他分配方式取得的所得，按工资、薪金所得项目征税。

从事建筑安装业的个体工商户和未领取营业执照承揽建筑安装业工程作业的建筑安装队和个人，以及建筑安装企业实行个人承包后工商登记改变为个体经济性质的，其从事建筑安装业取得的收入，应依照个体工商户的生产、经营所得项目计征个人所得税(自2019年1月1日起应按经营所得项目计征个人所得税)。

从事建筑安装业工程作业的其他人员取得的所得，分别按照工资、薪金所得项目和劳务报酬所得项目计征个人所得税。

(三) 税务登记与纳税保证金

从事建筑安装业的单位和个人，应依法办理税务登记。在异地从事建筑安装业的单位和个人，必须自工程开工之日前3日内，持营业执照、城建部门批准开工的文件和工程承包合同(协议)、开户银行账号以及主管税务机关要求提供的其他资料向主管税务机关办理有关登记手续和跨区域涉税事项报验。

对未领取营业执照承揽建筑安装业工程作业的单位和个人，主管税务机关可以根据其工程规模,责令其缴纳一定数额的纳税保证金。在规定的期限内结清税款后,退还纳税保证金;逾期未结清税款的,以纳税保证金抵缴应纳税款和滞纳金。

(四) 代扣代缴与自行申报

建筑安装业的个人所得税,由扣缴义务人代扣代缴和纳税人自行申报缴纳。承揽建筑安装业工程作业的单位和个人是个人所得税的代扣代缴义务人,应在向个人支付收入时依法代扣代缴其应纳的个人所得税。

没有扣缴义务人的和扣缴义务人未按规定代扣代缴税款的,纳税人应自行向主管税务机关申报纳税。

《建筑安装业个人所得税征收管理暂行办法》第11条规定,本办法第3条第1款、第2款涉及的纳税人和扣缴义务人应按每月工程完工量预缴、预扣个人所得税,按年结算。一项工程跨年度作业的,应按各年所得预缴、预扣和结算个人所得税。难以划分各年所得的,可以按月预缴、预扣税款,并在工程完工后按各年度工程完工量分摊所得并结算税款。

(五) 纳税地点

自2015年9月1日起,为规范和加强建筑安装业跨省(自治区、直辖市和计划单列市,下同)异地工程作业人员个人所得税征收管理,《国家税务总局关于建筑安装业跨省异地工程作业人员个人所得税征收管理问题的公告》(国家税务总局公告2015年第52号)规定:

(1) 总承包企业、分承包企业派驻跨省异地工程项目的管理人员、技术人员和其他工作人员在异地工作期间的工资、薪金所得个人所得税,由总承包企业、分承包企业依法代扣代缴并向工程作业所在地税务机关申报缴纳。

总承包企业和分承包企业通过劳务派遣公司聘用劳务人员跨省异地工作期间的工资、薪金所得个人所得税,由劳务派遣公司依法代扣代缴并向工程作业所在地税务机关申报缴纳。

(2) 跨省异地施工单位应就其所支付的工程作业人员工资、薪金所得,向工程作业所在地税务机关办理全员全额扣缴明细申报。凡实行全员全额扣缴明细申报的,工程作业所在地税务机关不得核定征收个人所得税。

(3) 总承包企业、分承包企业和劳务派遣公司机构所在地税务机关需要掌握异地工程作业人员工资、薪金所得个人所得税缴纳情况的,工程作业所在地税务机关应及时提供。总承包企业、分承包企业和劳务派遣公司机构所在地税务机关不得对异地工程作业人员已纳税工资、薪金所得重复征税。两地税务机关应加强沟通协调,切实维护纳税人权益。

(4) 建筑安装业省内异地施工作业人员个人所得税征收管理参照该公告执行。

1996年《建筑安装业个人所得税征收管理暂行办法》第11条(自2015年9月1日起,该条被国家税务总局公告2015年第52号废止)规定,在异地从事建筑安装业工程作业的单位,应在工程作业所在地扣缴个人所得税。但所得在单位所在地分配,并能向主管税务机关提供完整、准确的会计账簿和核算凭证的,经主管税务机关核准后,可回单位所在地扣缴个人所得税。

（六）管理与检查

《建筑安装业个人所得税征收管理暂行办法》第14条规定，建筑安装业单位所在地税务机关和工程作业所在地税务机关双方可以协商有关个人所得税代扣代缴和征收的具体操作办法，都有权对建筑安装业单位和个人依法进行税收检查，并有权依法处理其违反税收规定的行为。但一方已经处理的，另一方不得重复处理。

（七）核定征收

从事建筑安装业的单位和个人应设置会计账簿，健全财务制度，准确、完整地进行会计核算。对未设立会计账簿，或者不能准确、完整地进行会计核算的单位和个人，主管税务机关可根据其工程规模、工程承包合同（协议）价款和工程完工进度等情况，核定其应纳税所得额或应纳税额，据以征税。具体核定办法由县以上（含县级）税务机关制定。主管税务机关，是指建筑安装业工程作业所在地税务局（分局、所）。

从事建筑安装业工程作业的单位和个人应按照主管税务机关的规定，购领、填开和保管建筑安装业专用发票或许可使用的其他发票。

天津市与江苏省的相关具体规定如下。

1. 天津市具体规定

根据《关于加强外地进津建筑安装企业个人所得税征收管理的公告》（天津市地方税务局公告2012年第4号）的规定，外地进津建筑安装企业从业人员的个人所得税应当在天津市缴纳。

外地进津建筑安装企业在天津市设立分支机构，按规定办理税务登记，设置账簿，财务制度健全，能够准确完整地进行会计核算，并按月报送从业人员收入情况，同时提供《中华人民共和国企业所得税汇总纳税分支机构所得税分配表》的，应当按月向主管税务局按照全员全额明细扣缴申报个人所得税。

对不符合上述规定条件的外地进津建筑安装企业，对其从业人员采用按项目实际经营收入的0.15%计算个人所得税，由所在单位负责代扣代缴。

2. 江苏省具体规定

自2015年9月1日起，根据《江苏省地方税务局关于调整建筑安装业个人所得税核定征收比例的公告》（苏地税规〔2015〕5号）的规定，江苏省建筑安装业个人所得税采取按照工程价款的一定比例核定征收税款办法的，核定征收的比例为工程价款的4‰。

三、出租车驾驶员个人所得税

为了加强对机动出租车驾驶员（包括大、中、小客货运机动出租车驾驶员，下同）个人所得税的征收管理，1995年3月14日国家税务总局印发了《机动出租车驾驶员个人所得税征收管理暂行办法》（国税发〔1995〕50号文件印发，根据2018年6月15日国家税务总局令第44号《国家税务总局关于修改部分税务部门规章的决定》修正），自1995年4月1日起执行。

（一）纳税人与扣缴义务人

各种机动出租车驾驶员为个人所得税的纳税义务人，其从事出租车运营取得的收入，应依法缴纳个人所得税。

税务机关可以委托出租汽车经营单位、交通管理部门和运输服务站或者其他有关部门(单位)代收代缴出租车驾驶员应纳的个人所得税。被委托的单位为扣缴义务人,应按期代收代缴出租车驾驶员应纳的个人所得税。

扣缴义务人每月所扣的税款、自行申报纳税人每月应纳的税款,应当在次月15日内缴入国库,并向主管税务机关报送扣缴个人所得税报告表或纳税申报表以及税务机关要求报送的其他资料。

对扣缴义务人按照所扣缴或代收代缴的税款,付给2%的手续费。

(二) 纳税地点与税务登记

没有扣缴义务人或扣缴义务人未按规定扣缴税款的,出租车驾驶员应自行向单位所在地或准运证发放地的主管税务机关申报纳税。

出租车驾驶员办理了个体出租车营业执照的,应在领取营业执照后30日内到当地主管税务机关办理税务登记。

(三) 应税项目的确定

出租车驾驶员从事出租车运营取得的收入,适用的个人所得税项目为:

(1) 出租汽车经营单位对出租车驾驶员采取单车承包或承租方式运营,出租车驾驶员从事客货运营取得的收入,按工资、薪金所得项目征税。

(2) 从事个体出租车运营的出租车驾驶员取得的收入,按个体工商户的生产、经营所得项目缴纳个人所得税(自2019年1月1日起按经营所得项目缴纳个人所得税)。

(3) 出租车属个人所有,但挂靠出租汽车经营单位或企事业单位,驾驶员向挂靠单位缴纳管理费的,或出租汽车经营单位将出租车所有权转移给驾驶员的,出租车驾驶员从事客货运营取得的收入,比照个体工商户的生产、经营所得项目征税(自2019年1月1日起按经营所得项目征税)。

(四) 核定征收

县级以上(含县级)税务机关可以根据出租车的不同经营方式、不同车型、收费标准、缴纳的承包承租费等情况,核定出租车驾驶员的营业额并确定征收率或征收额,按月征收出租车驾驶员应纳的个人所得税。

出租车驾驶员能够提供有效停运证明的,税务机关应根据其停运期长短,相应核减其停运期间应缴纳的个人所得税。

自2011年11月1日起,根据《天津市地方税务局关于客运出租汽车税收问题的公告》(天津市地方税务局公告2011年第18号)的规定,客运出租汽车纳税人(以下简称纳税人),是指依法从事客运出租汽车经营的个体工商户和挂靠企业的个人。纳税人按照单车核定税额的方法缴纳税款。单车单人运营,排气量在1.6升及以下的,每月税额为80元;排气量1.6升以上的,每月税额为90元。单车双人运营,排气量在1.6升及以下的,每月税额为112元;排气量1.6升以上的,每月税额为126元。这里所称的单车,是指核定载客人数在9人及9人以下的客运出租汽车。纳税人按申报纳税。对经市客运交通管理办公室和主管税务机关核准停业的纳税人,免征其实际停业月份的税款。

四、演出市场个人所得税

为加强演出市场个人所得税的征收管理,1995年11月18日国家税务总局印发了《演出市场个人所得税征收管理暂行办法》(国税发〔1995〕171号文件印发,根据2016年5月29日《国家税务总局关于公布全文废止和部分条款废止的税务部门规章目录的决定》和2018年6月15日《国家税务总局关于修改部分税务部门规章的决定》修正)。

(一)纳税人与扣缴义务人

凡参加演出(包括舞台演出、录音、录像、拍摄影视等,下同)而取得报酬的演职员,是个人所得税的纳税义务人;所取得的所得,为个人所得税的应纳税项目。

向演职员支付报酬的单位或个人,是个人所得税的扣缴义务人。扣缴义务人必须在支付演职员报酬的同时,按税收法律、行政法规及税务机关依照法律、行政法规做出的规定扣缴或预扣个人所得税。

预扣办法由各省、自治区、直辖市税务局根据有利控管的原则自行确定。

参与录音、录像、拍摄影视和在歌厅、舞厅、卡拉OK厅、夜总会、娱乐城等娱乐场所演出的演职员取得的报酬,由向演职员支付报酬的单位或业主扣缴个人所得税。

扣缴义务人扣缴的税款,应在次月15日内缴入国库,同时向主管税务机关报送扣缴个人所得税申报表以及税务机关要求报送的其他资料。

(二)涉税信息报送

演出经纪机构领取《演出经营许可证》《临时营业演出许可证》或变更以上证件内容的,必须在领证后或变更登记后的30日内到机构所在地主管税务机关办理税务登记或变更税务登记。文化行政部门向演出经纪机构或个人发放《演出经营许可证》和《临时营业演出许可证》时,应将演出经纪机构的名称、住所、法人代表等情况抄送当地主管税务机关备案。

演出活动主办单位应在每次演出前两日内,将文化行政部门的演出活动批准件和演出合同、演出计划(时间、地点、场次)、报酬分配方案等有关材料报送演出所在地主管税务机关。演出合同和演出计划的内容如有变化,应按规定程序重新向文化行政部门申报审批并向主管税务机关报送新的有关材料。

(三)应税项目的确定

在2018年12月31日以前,演职员参加非任职单位组织的演出取得的报酬为劳务报酬所得,按次缴纳个人所得税。演职员参加任职单位组织的演出取得的报酬为工资、薪金所得,按月缴纳个人所得税。自2019年1月1日起,对居民个人取得的上述所得,按年计算个人所得税。上述报酬包括现金、实物和有价证券。

根据《国家税务总局关于剧本使用费征收个人所得税问题的通知》(国税发〔2002〕52号)的规定,对于剧本作者从电影、电视剧的制作单位取得的剧本使用费,不再区分剧本的使用方是否为其任职单位,统一按特许权使用费所得项目计征个人所得税。

(四) 组台(团)演出的处理

参加组台(团)演出的演职员取得的报酬,由主办单位或承办单位通过银行转账支付给演职员所在单位或发放演职员演出许可证的文化行政部门或其授权单位的,经演出所在地主管税务机关确认后,由演职员所在单位或者发放演职员许可证的文化行政部门或其授权单位,按实际支付给演职员个人的报酬代扣个人所得税,并在原单位所在地缴入金库。

组台(团)演出,不按上述方式支付演职员报酬,或者虽按上述方式支付但未经演出所在地主管税务机关确认的,由向演职员支付报酬的演出经纪机构或者主办、承办单位扣缴个人所得税,税款在演出所在地缴纳。申报的演职员报酬明显偏低又无正当理由的,主管税务机关可以在查账核实的基础上,依据演出报酬总额、演职员分工、演员演出通常收费额等情况核定演职员的应纳税所得,扣缴义务人据此扣缴税款。

(五) 税收保全措施

税务机关有根据认为从事演出的纳税义务人有逃避纳税义务行为的,可以在规定的纳税期之前,责令其限期缴纳应纳税款;在限期内发现纳税义务人有明显的转移、隐匿演出收入迹象的,税务机关可以责成纳税义务人提供纳税担保。如果纳税义务人不能提供纳税担保,经县以上(含县级)税务局(分局)局长批准,税务机关可以采取税收保全措施。

(六) 不含税收入的换算

在 2018 年 12 月 31 日以前,演职员取得的报酬为不含税收入的,扣缴义务人支付的税款应按以下公式计算:

$$应纳税所得额 = \frac{不含税收入 - 费用减除标准 - 速算扣除数}{1 - 税率}$$

$$应纳税额 = 应纳税所得额 \times 适用税率 - 速算扣除数$$

(七) 征收方式

为了强化征收管理,主管税务机关可以根据当地实际情况,自行确定对在歌厅、舞厅、卡拉 OK 厅、夜总会、娱乐城等娱乐场所演出的演职员的个人所得税征收管理方式。

组台(团)演出,应当建立健全财务会计制度,正确反映演出收支和向演职员支付报酬情况,并接受主管税务机关的监督检查。没有建立财务会计制度,或者未提供完整、准确的纳税资料的,主管税务机关可以核定其应纳税所得额,据以征税。

第五节 经营所得的核定征收

一、经营所得的核定征收

根据《个人所得税法实施条例》第 15 条第 3 款的规定,从事生产、经营活动,未提供完整、准确的纳税资料,不能正确计算应纳税所得额的,由主管税务机关核定应纳税所得额或者应纳税额。

二、个人独资与合伙企业的核定征收

(一) 核定征收个人所得税的条件

根据《税收征收管理法》第35条的规定,纳税人有下列情形之一的,税务机关有权核定其应纳税额:

(1) 依照法律、行政法规的规定可以不设置账簿的。

(2) 依照法律、行政法规的规定应当设置但未设置账簿的。

(3) 擅自销毁账簿或者拒不提供纳税资料的。

(4) 虽设置账簿,但账目混乱或者成本资料、收入凭证、费用凭证残缺不全,难以查账的。

(5) 发生纳税义务,未按照规定的期限办理纳税申报,经税务机关责令限期申报,逾期仍不申报的。

(6) 纳税人申报的计税依据明显偏低,又无正当理由的。

税务机关核定应纳税额的具体程序和方法由国务院税务主管部门规定。

根据《关于个人独资企业和合伙企业投资者征收个人所得税的规定》(财税〔2000〕91号)第7条的规定,有下列情形之一的,主管税务机关应采取核定征收方式征收个人所得税:

(1) 企业依照国家有关规定应当设置但未设置账簿的。

(2) 企业虽设置账簿,但账目混乱或者成本资料、收入凭证、费用凭证残缺不全,难以查账的。

(3) 纳税人发生纳税义务,未按照规定的期限办理纳税申报,经税务机关责令限期申报,逾期仍不申报的。

这里所说核定征收方式,包括定额征收、核定应税所得率征收以及其他合理的征收方式。

(二) 应纳所得税额与应税所得率的确定

1. 应纳所得税额的计算

根据《关于个人独资企业和合伙企业投资者征收个人所得税的规定》第9条的规定,实行核定应税所得率征收方式的,应纳所得税额的计算公式如下:

$$应纳所得税额 = 应纳税所得额 \times 适用税率$$

$$应纳税所得额 = 收入总额 \times 应税所得率$$

或

$$应纳税所得额 = 成本费用支出额 \div (1 - 应税所得率) \times 应税所得率$$

2. 应税所得率的确定

应税所得率应按表规定的标准执行(见表12-6)。

表 12-6　　　　　　　　　　　应税所得率表

行业	应税所得率(%)
工业、交通运输业、商业	5～20
建筑业、房地产开发业	7～20
饮食服务业	7～25
娱乐业	20～40
其他行业	10～30

企业经营多业的,无论其经营项目是否单独核算,均应根据其主营项目确定其适用的应税所得率。这里的主营项目,是指在企业所有经营项目中,营业收入占全部收入比重最大的项目。少数企业各项目间营业收入十分接近,难以确定主营项目的,可由主管税务机关在收入较大的项目中确定一项为主营项目。

根据《关于个人独资企业和合伙企业投资者征收个人所得税的规定》第 10 条的规定,实行核定征税的投资者,不能享受个人所得税的优惠政策。

(三) 不适用核定征收的行业

《国家税务总局关于切实加强高收入者个人所得税征管的通知》(国税发〔2011〕50 号)规定,重点加强规模较大的个人独资、合伙企业和个体工商户的生产经营所得的查账征收管理;难以实行查账征收的,依法严格实行核定征收。对律师事务所、会计师事务所、税务师事务所、资产评估和房地产估价等鉴证类中介机构,不得实行核定征收个人所得税。

根据《国家税务总局关于强化律师事务所等中介机构投资者个人所得税查账征收的通知》(国税发〔2002〕123 号)第 1 条的规定,任何地区均不得对律师事务所实行全行业核定征税办法。

三、个体工商户的定期定额征收

(一) 定期定额征收适用范围

个体工商户税收定期定额征收,是指税务机关依照法律、行政法规及本办法的规定,对个体工商户在一定经营地点、一定经营时期、一定经营范围内的应纳税经营额(包括经营数量)或所得额(以下简称定额)进行核定,并以此为计税依据,确定其应纳税额的一种征收方式。

国家税务总局制定发布了《个体工商户税收定期定额征收管理办法》(国家税务总局令第 16 号公布,根据 2018 年 6 月 15 日《国家税务总局关于修改部分税务部门规章的决定》修正),适用于经主管税务机关认定和县以上税务机关(含县级,下同)批准的生产、经营规模小,达不到《个体工商户建账管理暂行办法》规定设置账簿标准的个体工商户(以下简称定期定额户)的税收征收管理。个人独资企业的税款征收管理比照该办法执行

根据《个体工商户税收定期定额征收管理办法》第 5 条的规定,定额执行期的具体期限由省税务机关确定,但最长不得超过一年。定额执行期是指税务机关核定后执行的第一个

纳税期至最后一个纳税期。

根据《个体工商户建账管理暂行办法》(国家税务总局令第17号公布,根据2018年6月15日《国家税务总局关于修改部分税务部门规章的决定》修正)的规定,符合下列情形之一的个体工商户,应当设置复式账:

(1) 注册资金在20万元以上的。

(2) 销售增值税应税劳务的纳税人或营业税纳税人月销售(营业)额在4万元以上;从事货物生产的增值税纳税人月销售额在6万元以上;从事货物批发或零售的增值税纳税人月销售额在8万元以上的。

(3) 省税务机关确定应设置复式账的其他情形。

符合下列情形之一的个体工商户,应当设置简易账,并积极创造条件设置复式账:

(1) 注册资金在10万元以上20万元以下的。

(2) 销售增值税应税劳务的纳税人或营业税纳税人月销售(营业)额在1.5万～4万元;从事货物生产的增值税纳税人月销售额在3万～6万元;从事货物批发或零售的增值税纳税人月销售额在4万～8万元的。

(3) 省税务机关确定应当设置简易账的其他情形。

上述所称纳税人月销售额或月营业额,是指个体工商户上一个纳税年度月平均销售额或营业额;新办的个体工商户为业户预估的当年度经营期月平均销售额或营业额。

达不到上述建账标准的个体工商户,经县以上税务机关批准,可按照税收征管法的规定,建立收支凭证粘贴簿、进货销货登记簿或者使用税控装置。达到建账标准的个体工商户,应当根据自身生产、经营情况和本办法规定的设置账簿条件,对照选择设置复式账或简易账,并报主管税务机关备案。账簿方式一经确定,在一个纳税年度内不得进行变更。

(二) 定额的核定方法

根据《个体工商户税收定期定额征收管理办法》第6条的规定,税务机关应当根据定期定额户的经营规模、经营区域、经营内容、行业特点、管理水平等因素核定定额,可以采用下列一种或两种以上的方法核定:

(1) 按照耗用的原材料、燃料、动力等推算或者测算核定。

(2) 按照成本加合理的费用和利润的方法核定。

(3) 按照盘点库存情况推算或者测算核定。

(4) 按照发票和相关凭据核定。

(5) 按照银行经营账户资金往来情况测算核定。

(6) 参照同类行业或类似行业中同规模、同区域纳税人的生产、经营情况核定。

(7) 按照其他合理方法核定。

税务机关应当运用现代信息技术手段核定定额,增强核定工作的规范性和合理性。

根据《个体工商户税收定期定额征收管理办法》第18条的规定,定期定额户的经营额、所得额连续纳税期超过或低于税务机关核定的定额,应当提请税务机关重新核定定额,税务机关应当根据该办法规定的核定方法和程序重新核定定额。具体期限由省税务机关确定。

根据《个体工商户税收定期定额征收管理办法》第19条的规定，经税务机关检查发现定期定额户在以前定额执行期发生的经营额、所得额超过定额，或者当期发生的经营额、所得额超过定额一定幅度而未向税务机关进行纳税申报及结清应纳税款的，税务机关应当追缴税款、加收滞纳金，并按照法律、行政法规规定予以处理。其经营额、所得额连续纳税期超过定额，税务机关应当按照本办法第18条的规定重新核定其定额。

（三）纳税申报

定期定额户应当建立收支凭证粘贴簿、进销货登记簿，完整保存有关纳税资料，并接受税务机关的检查。

根据《个体工商户税收定期定额征收管理办法》第9~12条的规定，依照法律、行政法规的规定，定期定额户负有纳税申报义务。实行简易申报的定期定额户，应当在税务机关规定的期限内按照法律、行政法规规定缴清应纳税款，当期（指纳税期，下同）可以不办理申报手续。

采用数据电文申报、邮寄申报、简易申报等方式的，经税务机关认可后方可执行。经确定的纳税申报方式在定额执行期内不予更改。

定期定额户可以委托经税务机关认定的银行或其他金融机构办理税款划缴。

凡委托银行或其他金融机构办理税款划缴的定期定额户，应当向税务机关书面报告开户银行及账号。其账户内存款应当足以按期缴纳当期税款。其存款余额低于当期应纳税款，致使当期税款不能按期入库的，税务机关按逾期缴纳税款处理；对实行简易申报的，按逾期办理纳税申报和逾期缴纳税款处理。

定期定额户发生下列情形，应当向税务机关办理相关纳税事宜：

（1）定额与发票开具金额或税控收款机记录数据比对后，超过定额的经营额、所得额所应缴纳的税款。

（2）在税务机关核定定额的经营地点以外从事经营活动所应缴纳的税款。

根据《个体工商户税收定期定额征收管理办法》第17条的规定，定期定额户在定额执行期结束后，应当以该期每月实际发生的经营额、所得额向税务机关申报，申报额超过定额的，按申报额缴纳税款；申报额低于定额的，按定额缴纳税款。具体申报期限由省税务机关确定。

定期定额户当期发生的经营额、所得额超过定额一定幅度的，应当在法律、行政法规规定的申报期限内向税务机关进行申报并缴清税款。具体幅度由省税务机关确定。

（四）简并征期

根据《个体工商户税收定期定额征收管理办法》第15条的规定，定期定额户经营地点偏远、缴纳税款数额较小，或者税务机关征收税款有困难的，税务机关可以按照法律、行政法规的规定简并征期。但简并征期最长不得超过一个定额执行期。

简并征期的税款征收时间为最后一个纳税期。

第六节 征收管理

一、征收管理

(一)征收管理的一般规定

自2019年1月1日起,个体工商户业主、个人独资企业投资者、合伙企业个人合伙人、承包承租经营者个人以及其他从事生产、经营活动的个人取得经营所得,以每一纳税年度的收入总额减除成本、费用以及损失后的余额为应纳税所得额,计算缴纳个人所得税。

除各省、自治区、直辖市税务局和计划单列市税务局另行规定的情形外,从事生产、经营活动的个人取得经营所得的,应当在季度终了之日起15日内,向个体工商户、个人独资企业、合伙企业、承包承租企业或者从事生产经营机构的登记注册地主管税务机关办理预缴申报,报送《个人所得税经营所得纳税申报表(A表)》。纳税人没有进行登记注册的,向实际经营所在地主管税务机关办理预缴申报。

从事生产、经营活动的个人取得经营所得,并且实行查账征收的,应当在取得所得的次年3月31日前向个体工商户、个人独资企业、合伙企业、承包承租企业或者从事生产经营机构的登记注册地主管税务机关办理汇算清缴申报,报送《个人所得税经营所得纳税申报表(B表)》。纳税人没有进行登记注册的,向实际经营所在地主管税务机关办理汇算清缴申报。

从事生产、经营活动的个人从两处以上取得经营所得的,应当在分别办理年度汇算清缴后,于取得所得的次年3月31日前,选择其中一处个体工商户、个人独资企业、合伙企业、承包承租企业或者从事生产经营机构的登记注册地主管税务机关办理纳税申报,报送《个人所得税经营所得纳税申报表(C表)》。纳税人没有进行登记注册的,向实际经营所在地主管税务机关办理纳税申报。

(二)设有多个经营机构的申报

《个体工商户个人所得税计税办法》第40条规定,个体工商户有两处或两处以上经营机构的,选择并固定向其中一处经营机构所在地主管税务机关申报缴纳个人所得税。

(三)个人兴办多个企业的处理

《关于个人独资企业和合伙企业投资者征收个人所得税的规定》第12条规定,投资者兴办两个或两个以上个人独资企业和合伙企业的(包括参与兴办,下同),年度终了时,应汇总从所有企业取得的应纳税所得额,据此确定适用税率并计算缴纳应纳税款。

投资者兴办两个或两个以上企业的,根据税法规定准予扣除的个人费用,由投资者选择在其中一个企业的生产经营所得中扣除。

《国家税务总局关于〈关于个人独资企业和合伙企业投资者征收个人所得税的规定〉执行口径的通知》(国税函〔2001〕84号)进一步明确,投资者兴办两个或两个以上企业,并且企业性质全部是独资的,年度终了后汇算清缴时,应纳税款的计算按以下方法进行:汇总其投资兴办的所有企业的经营所得作为应纳税所得额,以此确定适用税率,计算出全年经营所得的应纳税额,再根据每个企业的经营所得占所有企业经营所得的比例,分别计算出每个企业的应纳税额和应补缴税额。计算公式如下:

$$应纳税所得额 = \sum 各个企业的经营所得$$

$$应纳税额 = 应纳税所得额 \times 税率 - 速算扣除数$$

$$本企业应纳税额 = 应纳税额 \times 本企业的经营所得 \div \sum 各个企业的经营所得$$

$$本企业应补缴的税额 = 本企业应纳税额 - 本企业预缴的税额$$

(四)注销前结清税款

《个体工商户个人所得税计税办法》第41条规定,个体工商户终止生产经营的,应当在注销工商登记或者向政府有关部门办理注销前向主管税务机关结清有关纳税事宜。

(五)申报期限

个人独资企业和合伙企业个人投资者应纳的个人所得税税款,按年计算,分月或者分季预缴,由投资者在每月或者每季度终了后15日内预缴,年度终了后3个月内汇算清缴,多退少补。企业在年度中间合并、分立、终止时,投资者应当在停止生产经营之日起60日内,向主管税务机关办理当期个人所得税汇算清缴。企业在纳税年度的中间开业,或者由于合并、关闭等原因,使该纳税年度的实际经营期不足12个月的,应当以其实际经营期为一个纳税年度。

(六)纳税地点

根据《国家税务总局关于个人所得税自行纳税申报有关问题的公告》(国家税务总局公告2018年第62号)第2条的规定,纳税人取得经营所得,按年计算个人所得税,由纳税人在月度或季度终了后15日内,向经营管理所在地主管税务机关办理预缴纳税申报,并报送《个人所得税经营所得纳税申报表(A表)》。在取得所得的次年3月31日前,向经营管理所在地主管税务机关办理汇算清缴,并报送《个人所得税经营所得纳税申报表(B表)》;从两处以上取得经营所得的,选择向其中一处经营管理所在地主管税务机关办理年度汇总申报,并报送《个人所得税经营所得纳税申报表(C表)》。

二、经营所得纳税申报表及其填报

(一)个人所得税生产经营所得纳税申报表(A表)

《个人所得税经营所得纳税申报表(A表)》(见表12-7)适用于查账征收和核定征收的个体工商户业主、个人独资企业投资人、合伙企业个人合伙人、承包承租经营者个人以及其他从事生产、经营活动的个人在中国境内取得经营所得,办理个人所得税预缴纳税申报时,向税务机关报送。合伙企业有两个或者两个以上个人合伙人的,应分别填报本表。

纳税人取得经营所得,应当在月度或者季度终了后15日内,向税务机关办理预缴纳税申报。

表 12-7　　　　　　　　　个人所得税经营所得纳税申报表(A表)

税款所属期：　　　　年　　月　　日至　　　年　　月　　日
纳税人姓名：
纳税人识别号：□□□□□□□□□□□□□□□□□□　　　金额单位：人民币元(列至角分)

被投资单位信息		
名　称		
纳税人识别号(统一社会信用代码)	□□□□□□□□□□□□□□□□□□	
征收方式(单选)		
□查账征收(据实预缴)　　□查账征收(按上年应纳税所得额预缴)　　□核定应税所得率征收 □核定应纳税所得额征收　　□税务机关认可的其他方式＿＿＿＿＿＿＿＿＿＿＿＿		
个人所得税计算		
项　目	行次	金额/比例
一、收入总额	1	
二、成本费用	2	
三、利润总额(第3行＝第1行－第2行)	3	
四、弥补以前年度亏损	4	
五、应税所得率(%)	5	
六、合伙企业个人合伙人分配比例(%)	6	
七、允许扣除的个人费用及其他扣除(第7行＝第8行＋第9行＋第14行)	7	
（一）投资者减除费用	8	
（二）专项扣除(第9行＝第10行＋第11行＋第12行＋第13行)	9	
1. 基本养老保险费	10	
2. 基本医疗保险费	11	
3. 失业保险费	12	
4. 住房公积金	13	
（三）依法确定的其他扣除(第14行＝第15行＋第16行＋第17行)	14	
1.	15	
2.	16	
3.	17	
八、准予扣除的捐赠额(附报《个人所得税公益慈善事业捐赠扣除明细表》)	18	
九、应纳税所得额	19	
十、税率(%)	20	
十一、速算扣除数	21	
十二、应纳税额(第22行＝第19行×第20行－第21行)	22	
十三、减免税额(附报《个人所得税减免税事项报告表》)	23	

(续表)

项 目	行次	金额/比例
十四、已缴税额	24	
十五、应补/退税额(第25行＝第22行－第23行－第24行)	25	

备　　注
谨声明:本表是根据国家税收法律法规及相关规定填报的,本人对填报内容(附带资料)的真实性、可靠性、完整性负责。 　　　　　　　　　　　　　　　　纳税人签字:　　　　　　年　　月　　日

| 经办人签字:
经办人身份证件类型:
经办人身份证件号码:
代理机构签章:
代理机构统一社会信用代码: | 受理人:

受理税务机关(章):

受理日期:　　　　年　　月　　日 |

国家税务总局监制

《个人所得税经营所得纳税申报表(A表)》填表说明

1. 表头项目

(1) 税款所属期:填写纳税人取得经营所得应纳个人所得税款的所属期间,应填写具体的起止年月日。

(2) 纳税人姓名:填写自然人纳税人姓名。

(3) 纳税人识别号:有中国公民身份号码的,填写中华人民共和国居民身份证上载明的"公民身份号码";没有中国公民身份号码的,填写税务机关赋予的纳税人识别号。

2. 被投资单位信息

(1) 名称:填写被投资单位法定名称的全称。

(2) 纳税人识别号(统一社会信用代码):填写被投资单位的纳税人识别号或者统一社会信用代码。

3. 征收方式

根据税务机关核定的征收方式,在对应框内打"√"。采用税务机关认可的其他方式的,应在下划线填写具体征收方式。

4. 个人所得税计算

(1) 第1行"收入总额":填写本年度开始经营月份起截至本期从事经营以及与经营有关的活动取得的货币形式和非货币形式的各项收入总额。包括:销售货物收入、提供劳务收入、转让财产收入、利息收入、租金收入、接受捐赠收入、其他收入。

(2) 第2行"成本费用":填写本年度开始经营月份起截至本期实际发生的成本、费用、税金、损失及其他支出的总额。

(3) 第3行"利润总额":填写本年度开始经营月份起截至本期的利润总额。

(4) 第 4 行"弥补以前年度亏损":填写可在税前弥补的以前年度尚未弥补的亏损额。

(5) 第 5 行"应税所得率":按核定应税所得率方式纳税的纳税人,填写税务机关确定的核定征收应税所得率。按其他方式纳税的纳税人不填本行。

(6) 第 6 行"合伙企业个人合伙人分配比例":纳税人为合伙企业个人合伙人的,填写本行;其他则不填。分配比例按照合伙协议约定的比例填写;合伙协议未约定或不明确的,按合伙人协商决定的比例填写;协商不成的,按合伙人实缴出资比例填写;无法确定出资比例的,按合伙人平均分配。

(7) 第 7~17 行"允许扣除的个人费用及其他扣除":

① 第 8 行"投资者减除费用":填写根据本年实际经营月份数计算的可在税前扣除的投资者本人每月 5 000 元减除费用的合计金额。

② 第 9~13 行"专项扣除":填写按规定允许扣除的基本养老保险费、基本医疗保险费、失业保险费、住房公积金的金额。

③ 第 14~17 行"依法确定的其他扣除":填写商业健康保险、税延养老保险以及其他按规定允许扣除项目的金额。

(8) 第 18 行"准予扣除的捐赠额":填写按照税法及相关法规、政策规定,可以在税前扣除的捐赠额,并按规定附报《个人所得税公益慈善事业捐赠扣除明细表》。

(9) 第 19 行"应纳税所得额":根据相关行次计算填报。

① 查账征收(据实预缴):第 19 行=(第 3 行-第 4 行)×第 6 行-第 7 行-第 18 行。

② 查账征收(按上年应纳税所得额预缴):第 19 行=上年度的应纳税所得额÷12×月份数。

③ 核定应税所得率征收(能准确核算收入总额的):第 19 行=第 1 行×第 5 行×第 6 行。

④ 核定应税所得率征收(能准确核算成本费用的):第 19 行=第 2 行÷(1-第 5 行)×第 5 行×第 6 行。

⑤ 核定应纳税所得额征收:直接填写应纳税所得额。

⑥ 税务机关认可的其他方式:直接填写应纳税所得额。

(10) 第 20~21 行"税率"和"速算扣除数":填写按规定适用的税率和速算扣除数。

(11) 第 22 行"应纳税额":根据相关行次计算填报。第 22 行=第 19 行×第 20 行-第 21 行。

(12) 第 23 行"减免税额":填写符合税法规定可以减免的税额,并附报《个人所得税减免税事项报告表》。

(13) 第 24 行"已缴税额":填写本年度在月(季)度申报中累计已预缴的经营所得个人所得税的金额。

(14) 第 25 行"应补/退税额":根据相关行次计算填报。第 25 行=第 22 行-第 23 行-第 24 行。

5. 备注

填写个人认为需要特别说明的或者税务机关要求说明的事项。

以纸质方式报送本表的,建议通过计算机填写打印,一式两份,纳税人、税务机关各留存一份。

(二) 个人所得税生产经营所得纳税申报表(B 表)

《个人所得税经营所得纳税申报表(B 表)》(见表 12-8)适用于个体工商户业主、个人独资企业投资人、合伙企业个人合伙人、承包承租经营者个人以及其他从事生产、经营活动的个人在中国境内取得经营所得,且实行查账征收的,在办理个人所得税汇算清缴纳税申报时,向税务机关报送。

合伙企业有两个或者两个以上个人合伙人的,应分别填报该表。

1. 报送期限

纳税人在取得经营所得的次年 3 月 31 日前,向税务机关办理汇算清缴。

表12-8　　　　　　个人所得税经营所得纳税申报表(B表)

税款所属期：　　年　月　日至　　年　月　日
纳税人姓名：
纳税人识别号：□□□□□□□□□□□□□□□□□□　　　金额单位：人民币元(列至角分)

被投资单位信息	名称		纳税人识别号 (统一社会信用代码)			
项　　目					行　次	金额/比例
一、收入总额					1	
其中：国债利息收入					2	
二、成本费用(3＝4＋5＋6＋7＋8＋9＋10)					3	
(一)营业成本					4	
(二)营业费用					5	
(三)管理费用					6	
(四)财务费用					7	
(五)税金					8	
(六)损失					9	
(七)其他支出					10	
三、利润总额(11＝1－2－3)					11	
四、纳税调整增加额(12＝13＋27)					12	
(一)超过规定标准的扣除项目金额(13＝14＋15＋16＋17＋18＋19＋20＋21＋22＋23＋24＋25＋26)					13	
1. 职工福利费					14	
2. 职工教育经费					15	
3. 工会经费					16	
4. 利息支出					17	
5. 业务招待费					18	
6. 广告费和业务宣传费					19	
7. 教育和公益事业捐赠					20	
8. 住房公积金					21	
9. 社会保险费					22	
10. 折旧费用					23	
11. 无形资产摊销					24	
12. 资产损失					25	
13. 其他					26	
(二)不允许扣除的项目金额(27＝28＋29＋30＋31＋32＋33＋34＋35＋36)					27	

(续表)

项 目	行 次	金额/比例
1. 个人所得税税款	28	
2. 税收滞纳金	29	
3. 罚金、罚款和被没收财物的损失	30	
4. 不符合扣除规定的捐赠支出	31	
5. 赞助支出	32	
6. 用于个人和家庭的支出	33	
7. 与取得生产经营收入无关的其他支出	34	
8. 投资者工资、薪金支出	35	
9. 其他不允许扣除的支出	36	
五、纳税调整减少额	37	
六、纳税调整后所得(38＝11+12－37)	38	
七、弥补以前年度亏损	39	
八、合伙企业个人合伙人分配比例(%)	40	
九、允许扣除的个人费用及其他扣除(41＝42+43+48+55)	41	
(一)投资者减除费用	42	
(二)专项扣除(43＝44+45+46+47)	43	
1. 基本养老保险费	44	
2. 基本医疗保险费	45	
3. 失业保险费	46	
4. 住房公积金	47	
(三)专项附加扣除(48＝49+50+51+52+53+54)	48	
1. 子女教育	49	
2. 继续教育	50	
3. 大病医疗	51	
4. 住房贷款利息	52	
5. 住房租金	53	
6. 赡养老人	54	
(四)依法确定的其他扣除(55＝56+57+58+59)	55	
1. 商业健康保险	56	
2. 税延养老保险	57	
3.	58	
4.	59	

(续表)

项 目	行次	金额/比例
十、投资抵扣	60	
十一、准予扣除的个人捐赠支出	61	
十二、应纳税所得额(62＝38－39－41－60－61)或[62＝(38－39)×40－41－60－61]	62	
十三、税率(%)	63	
十四、速算扣除数	64	
十五、应纳税额(65＝62×63－64)	65	
十六、减免税额(附报《个人所得税减免税事项报告表》)	66	
十七、已缴税额	67	
十八、应补/退税额(68＝65－66－67)	68	

谨声明：本表是根据国家税收法律法规及相关规定填报的，是真实的、可靠的、完整的。

纳税人签字：　　　　　　　　年　月　日

经办人： 经办人身份证件号码： 代理机构签章： 代理机构统一社会信用代码：	受理人： 受理税务机关(章)： 受理日期：　　　年　月　日

国家税务总局监制

《个人所得税经营所得纳税申报表(B表)》表内各行说明

1. 第1行"收入总额"：填写本年度从事生产经营以及与生产经营有关的活动取得的货币形式和非货币形式的各项收入总金额。包括：销售货物收入、提供劳务收入、转让财产收入、利息收入、租金收入、接受捐赠收入、其他收入。

2. 第2行"国债利息收入"：填写本年度已计入收入的因购买国债而取得的应予免税的利息金额。

3. 第3～10行"成本费用"：填写本年度实际发生的成本、费用、税金、损失及其他支出的总额。

(1) 第4行"营业成本"：填写在生产经营活动中发生的销售成本、销货成本、业务支出以及其他耗费的金额。

(2) 第5行"营业费用"：填写在销售商品和材料、提供劳务的过程中发生的各种费用。

(3) 第6行"管理费用"：填写为组织和管理企业生产经营发生的管理费用。

(4) 第7行"财务费用"：填写为筹集生产经营所需资金等发生的筹资费用。

(5) 第8行"税金"：填写在生产经营活动中发生的除个人所得税和允许抵扣的增值税以外的各项税金及其附加。

(6) 第9行"损失"：填写生产经营活动中发生的固定资产和存货的盘亏、毁损、报废损失，转让财产损失，坏账损失，自然灾害等不可抗力因素造成的损失以及其他损失。

(7) 第10行"其他支出"：填写除成本、费用、税金、损失外，生产经营活动中发生的与之有关的、合理的支出。

4. 第11行"利润总额"：根据相关行次计算填报。第11行＝第1行－第2行－第3行。

5. 第12行"纳税调整增加额"：根据相关行次计算填报。第12行＝第13行＋第27行。

6. 第13行"超过规定标准的扣除项目金额":填写扣除的成本、费用和损失中,超过税法规定的扣除标准应予调增的应纳税所得额。

7. 第27行"不允许扣除的项目金额":填写按规定不允许扣除但被投资单位已将其扣除的各项成本、费用和损失,应予调增应纳税所得额的部分。

8. 第37行"纳税调整减少额":填写在计算利润总额时已计入收入或未列入成本费用,但在计算应纳税所得额时应予扣除的项目金额。

9. 第38行"纳税调整后所得":根据相关行次计算填报。第38行＝第11行＋第12行－第37行。

10. 第39行"弥补以前年度亏损":填写本年度可在税前弥补的以前年度亏损额。

11. 第40行"合伙企业个人合伙人分配比例":纳税人为合伙企业个人合伙人的,填写本栏;其他则不填。分配比例按照合伙协议约定的比例填写;合伙协议未约定或不明确的,按合伙人协商决定的比例填写;协商不成的,按合伙人实缴出资比例填写;无法确定出资比例的,按合伙人平均分配。

12. 第41行"允许扣除的个人费用及其他扣除":填写按税法规定可以税前扣除的各项费用、支出,包括:

(1) 第42行"投资者减除费用":填写按税法规定的减除费用金额。

(2) 第43～47行"专项扣除":分别填写本年度按规定允许扣除的基本养老保险费、基本医疗保险费、失业保险费、住房公积金的合计金额。

(3) 第48～54行"专项附加扣除":分别填写本年度纳税人按规定可享受的子女教育、继续教育、大病医疗、住房贷款利息、住房租金、赡养老人等专项附加扣除的合计金额。

(4) 第55～59行"依法确定的其他扣除":分别填写按规定允许扣除的商业健康保险、税延养老保险,以及国务院规定其他可以扣除项目的合计金额。

13. 第60行"投资抵扣":填写按照税法规定可以税前抵扣的投资金额。

14. 第61行"准予扣除的个人捐赠支出":填写本年度按照税法及相关法规、政策规定,可以在税前扣除的个人捐赠合计额。

15. 第62行"应纳税所得额":根据相关行次计算填报。

(1) 纳税人为非合伙企业个人合伙人的:第62行＝第38行－第39行－第41行－第60行－第61行。

(2) 纳税人为合伙企业个人合伙人的:第62行＝(第38行－第39行)×第40行－第41行－第60行－第61行。

16. 第63～64行"税率""速算扣除数":填写按规定适用的税率和速算扣除数。

17. 第65行"应纳税额":根据相关行次计算填报。第65行＝第62行×第63行－第64行。

18. 第66行"减免税额":填写符合税法规定可以减免的税额,并附报《个人所得税减免税事项报告表》。

19. 第67行"已缴税额":填写本年度累计已预缴的经营所得个人所得税金额。

20. 第68行"应补/退税额":根据相关行次计算填报。第68行＝第65行－第66行－第67行。

以纸质方式报送本表的,应当一式两份,纳税人、税务机关各留存一份。

2. 表头项目各栏的填写

税款所属期:填写纳税人取得经营所得应纳个人所得税款的所属期间,应填写具体的起止年月日。

纳税人姓名:填写自然人纳税人姓名。

纳税人识别号:有中国公民身份号码的,填写中华人民共和国居民身份证上载明的"公民身份号码";没有中国公民身份号码的,填写税务机关赋予的纳税人识别号。

3. 被投资单位信息

名称：填写被投资单位法定名称的全称。

纳税人识别号（统一社会信用代码）：填写被投资单位的纳税人识别号或统一社会信用代码。

（三）个人所得税生产经营所得纳税申报表（C表）

《个人所得税经营所得纳税申报表（C表）》（见表12-9）适用于个体工商户业主、个人独资企业投资人、合伙企业个人合伙人、承包承租经营者个人以及其他从事生产、经营活动的个人在中国境内两处以上取得经营所得，办理合并计算个人所得税的年度汇总纳税申报时，向税务机关报送。

1. 报送期限

纳税人从两处以上取得经营所得，应当于取得所得的次年3月31日前办理年度汇总纳税申报。

2. 表头项目各栏的填写

税款所属期：填写纳税人取得经营所得应纳个人所得税款的所属期间，应填写具体的起止年月日。

纳税人姓名：填写自然人纳税人姓名。

纳税人识别号：有中国公民身份号码的，填写中华人民共和国居民身份证上载明的"公民身份号码"；没有中国公民身份号码的，填写税务机关赋予的纳税人识别号。

3. 被投资单位信息

名称：填写被投资单位法定名称的全称。

纳税人识别号（统一社会信用代码）：填写被投资单位的纳税人识别号或者统一社会信用代码。

投资者应纳税所得额：填写投资者从其各投资单位取得的年度应纳税所得额。

表12-9　　　　　　　　个人所得税经营所得纳税申报表（C表）

税款所属期：　年　月　日至　年　月　日

纳税人姓名：

纳税人识别号：□□□□□□□□□□□□□□□□□□　　金额单位：人民币元（列至角分）

被投资单位信息	单位名称		纳税人识别号（统一社会信用代码）	投资者应纳税所得额
	汇总地			
	非汇总地	1		
		2		
		3		
		4		
		5		

(续表)

项　　目	行次	金额/比例
一、投资者应纳税所得额合计	1	
二、应调整的个人费用及其他扣除(2＝3＋4＋5＋6)	2	
（一）投资者减除费用	3	
（二）专项扣除	4	
（三）专项附加扣除	5	
（四）依法确定的其他扣除	6	
三、应调整的其他项目	7	
四、调整后应纳税所得额(8＝1＋2＋7)	8	
五、税率(%)	9	
六、速算扣除数	10	
七、应纳税额(11＝8×9－10)	11	
八、减免税额(附报《个人所得税减免税事项报告表》)	12	
九、已缴税额	13	
十、应补/退税额(14＝11－12－13)	14	

谨声明:本表是根据国家税收法律法规及相关规定填报的,是真实的、可靠的、完整的。

　　　　　　　　　　　　　　　　　　　　　　　　纳税人签字：　　　　年　月　日

经办人： 经办人身份证件号码： 代理机构签章： 代理机构统一社会信用代码：	受理人： 受理税务机关(章)： 受理日期：　　　　年　月　日

国家税务总局监制

《个人所得税经营所得纳税申报表(C表)》表内各行填表说明

1. 第1行"投资者应纳税所得额合计":填写投资者从其各投资单位取得的年度应纳税所得额的合计金额。

2. 第2～6行"应调整的个人费用及其他扣除":填写按规定需调整增加或者减少应纳税所得额的项目金额。调整减少应纳税所得额的,用负数表示。

(1) 第3行"投资者减除费用":填写需调整增加或者减少应纳税所得额的投资者减除费用的金额。

(2) 第4行"专项扣除":填写需调整增加或者减少应纳税所得额的"三险一金"(基本养老保险费、基本医疗保险费、失业保险费、住房公积金)的合计金额。

(3) 第5行"专项附加扣除":填写需调整增加或者减少应纳税所得额的专项附加扣除(子女教育、继续教育、大病医疗、住房贷款利息、住房租金、赡养老人)的合计金额。

(4) 第6行"依法确定的其他扣除":填写需调整增加或者减少应纳税所得额的商业健康保险、税延养老保险以及国务院规定其他可以扣除项目的合计金额。

3. 第7行"应调整的其他项目":填写按规定应予调整的其他项目的合计金额。调整减少应纳税所得额的,用负数表示。

4. 第8行"调整后应纳税所得额":根据相关行次计算填报。第8行=第1行+第2行+第7行。
5. 第9~10行"税率""速算扣除数":填写按规定适用的税率和速算扣除数。
6. 第11行"应纳税额":根据相关行次计算填报。第11行=第8行×第9行-第10行。
7. 第12行"减免税额":填写符合税法规定可以减免的税额,并附报《个人所得税减免税事项报告表》。
8. 第13行"已缴税额":填写纳税人本年度累计已缴纳的经营所得个人所得税的金额。
9. 第14行"应补/退税额":按相关行次计算填报。第14行=第11行-第12行-第13行。

以纸质方式报送本表的,应当一式两份,纳税人、税务机关各留存一份。

第十三章

居民个人境外所得个人所得税

> 我就我的收入纳税,这是我生命中最重要的事,让我感到无上光荣。
> ——马克·吐温

第一节 境外所得个人所得税处理

一、来源于境外所得的判定

《财政部 税务总局关于境外所得有关个人所得税政策的公告》(财政部 税务总局公告 2020 年第 3 号,该公告适用于 2019 年度及以后年度税收处理事宜。以前年度尚未抵免完毕的税额,可按该公告第 6 条规定处理)第 1 条的规定,下列所得,为来源于中国境外的所得:

(1) 因任职、受雇、履约等在中国境外提供劳务取得的所得。

(2) 中国境外企业以及其他组织支付且负担的稿酬所得。

(3) 许可各种特许权在中国境外使用而取得的所得。

(4) 在中国境外从事生产、经营活动而取得的与生产、经营活动相关的所得。

(5) 从中国境外企业、其他组织以及非居民个人取得的利息、股息、红利所得。

(6) 将财产出租给承租人在中国境外使用而取得的所得。

(7) 转让中国境外的不动产、转让对中国境外企业以及其他组织投资形成的股票、股权以及其他权益性资产(以下称权益性资产)或者在中国境外转让其他财产取得的所得。但转让对中国境外企业以及其他组织投资形成的权益性资产,该权益性资产被转让前3年(连续 36 个公历月份)内的任一时间,被投资企业或其他组织的资产公允价值 50% 以上直接或间接来自位于中国境内的不动产的,取得的所得为来源于中国境内的所得。

(8) 中国境外企业、其他组织以及非居民个人支付且负担的偶然所得。

(9) 财政部、税务总局另有规定的,按照相关规定执行。

境内、境外所得的划分如表 13-1 所示。

表 13-1　　　　　　　　　　境内、境外所得的划分

所得项目	境内所得	境外所得	判定原则
工薪与劳务报酬	因任职、受雇、履约等在中国境内提供劳务取得的所得	因任职、受雇、履约等在中国境外提供劳务取得的所得	劳务发生地规则
稿酬所得	由境内企业、事业单位、其他组织支付或者负担的稿酬所得	中国境外企业以及其他组织支付且负担的稿酬所得	支付或负担规则
特许权使用费	许可各种特许权在中国境内使用而取得的所得	许可各种特许权在中国境外使用而取得的所得	使用地规则
经营所得		在中国境外从事生产、经营活动而取得的与生产、经营活动相关的所得	经营地规则
利息股息红利所得	从中国境内企业、事业单位、其他组织以及居民个人取得的利息、股息、红利所得	从中国境外企业、其他组织以及非居民个人取得的利息、股息、红利所得	取得的规则
财产租赁所得	将财产出租给承租人在中国境内使用而取得的所得	将财产出租给承租人在中国境外使用而取得的所得	使用地规则
财产转让所得	转让中国境内的不动产等财产或者在中国境内转让其他财产取得的所得	转让中国境外的不动产、转让对中国境外企业以及其他组织投资形成的股票、股权以及其他权益性资产(以下称权益性资产)或者在中国境外转让其他财产取得的所得。但转让对中国境外企业以及其他组织投资形成的权益性资产，该权益性资产被转让前3年(连续36个公历月份)内的任一时间，被投资企业或其他组织的资产公允价值50%以上直接或间接来自位于中国境内的不动产的,取得的所得为来源于中国境内的所得	不动产坐落地、动产转让地、权益性资产被投资企业所得在地规则
偶然所得		中国境外企业、其他组织以及非居民个人支付且负担的偶然所得	支付地规则

而根据《境外所得个人所得税征收管理暂行办法》(国税发〔1998〕126号文件印发)第四条的规定，下列所得不论支付地点是否在中国境外，均为来源于中国境外的所得：

(1) 因任职、受雇、履约等而在中国境外提供劳务取得的所得。

(2) 将财产出租给承租人在中国境外使用而取得的所得。

(3) 转让中国境外的建筑物、土地使用权等财产或者在中国境外转让其他财产取得的

所得。

(4) 许可各种特许权在中国境外使用而取得的所得。

(5) 从中国境外的公司、企业以及其他经济组织或者个人取得的利息、股息、红利所得。

二、境外所得的计税方法

(一) 居民个人境内、境外所得的计税方法

根据《个人所得税法实施条例》第 20 条的规定,居民个人从中国境内和境外取得的综合所得、经营所得,应当分别合并计算应纳税额;从中国境内和境外取得的其他所得,应当分别单独计算应纳税额。

根据《财政部 税务总局关于境外所得有关个人所得税政策的公告》(财政部 税务总局公告 2020 年第 3 号)第 2 条的规定,居民个人应当依照《个人所得税法》及其实施条例规定,按照以下方法计算当期境内和境外所得应纳税额:

(1) 居民个人来源于中国境外的综合所得,应当与境内综合所得合并计算应纳税额。

(2) 居民个人来源于中国境外的经营所得,应当与境内经营所得合并计算应纳税额。居民个人来源于境外的经营所得,按照《个人所得税法》及其实施条例的有关规定计算的亏损,不得抵减其境内或他国(地区)的应纳税所得额,但可以用来源于同一国家(地区)以后年度的经营所得按中国税法规定弥补。

(3) 居民个人来源于中国境外的利息、股息、红利所得,财产租赁所得,财产转让所得和偶然所得(以下称其他分类所得),不与境内所得合并,应当分别单独计算应纳税额。

与 2011 年版《个人所得税法实施条例》相关规定相比,新税法改变了计税方法,将居民个人取得的综合所得或经营所得,合并境内和境外所得计算应纳税额。修改情况如表 13-2 所示。

表 13-2　　　　　　　　　　境内外所得的计税方法

2018 年新《个人所得税法实施条例》	2011 年《个人所得税法实施条例》	差异
第 20 条　居民个人从中国境内和境外取得的综合所得、经营所得,应当分别合并计算应纳税额;从中国境内和境外取得的其他所得,应当分别单独计算应纳税额	第 31 条　在中国境内有住所,或者无住所而在境内居住满一年的个人,从中国境内和境外取得的所得,应当分别计算应纳税额	居民个人综合所得或经营所得由境内境外分别计税改为合并计税

(二) 两个以上个人共同取得同一项所得先分后税

根据《个人所得税法实施条例》第 18 条的规定,两个以上的个人共同取得同一项目收入的,应当对每个人取得的收入分别按照个人所得税法的规定计算纳税。

这与 2011 年版《个人所得税法实施条例》表述略有不同,差异如表 13-3 所示。

表 13-3　　　　　两个以上的个人共同取得同一项收入的计税方法比较

2018 年新《个人所得税法实施条例》	2011 年版《个人所得税法实施条例》	差异
第 18 条　两个以上的个人共同取得同一项目收入的,应当对每个人取得的收入分别按照个人所得税法的规定计算纳税	第 23 条　两个或者两个以上的个人共同取得同一项目收入的,应当对每个人取得的收入分别按照税法规定减除费用后计算纳税	

三、纳税期限与纳税地点

(一)境外所得纳税申报期限

根据《个人所得税法》第 10 条第 1 款的规定,取得境外所得的纳税人应当依法办理纳税申报。

根据《个人所得税法》第 13 条第 3 款和《财政部　税务总局关于境外所得有关个人所得税政策的公告》(财政部　税务总局公告 2020 年第 3 号)第 7 条的规定,居民个人从中国境外取得所得的,应当在取得所得的次年 3 月 1 日至 6 月 30 日内申报纳税。

(二)纳税年度的确定

根据《财政部　税务总局关于境外所得有关个人所得税政策的公告》(财政部　税务总局公告 2020 年第 3 号)第 9 条的规定,居民个人取得境外所得的境外纳税年度与公历年度不一致的,取得境外所得的境外纳税年度最后一日所在的公历年度,为境外所得对应的我国纳税年度。

(三)境外所得纳税申报地点

根据《国家税务总局关于个人所得税自行纳税申报有关问题的公告》(国家税务总局公告 2018 年第 62 号)第 4 条的规定,居民个人从中国境外取得所得的,应当在取得所得的次年 3 月 1 日至 6 月 30 日内,向中国境内任职、受雇单位所在地主管税务机关办理纳税申报;在中国境内没有任职、受雇单位的,向户籍所在地或中国境内经常居住地主管税务机关办理纳税申报;户籍所在地与中国境内经常居住地不一致的,选择其中一地主管税务机关办理纳税申报;在中国境内没有户籍的,向中国境内经常居住地主管税务机关办理纳税申报。

根据《财政部　税务总局关于境外所得有关个人所得税政策的公告》(财政部　税务总局公告 2020 年第 3 号)第 8 条的规定,居民个人取得境外所得,应当向中国境内任职、受雇单位所在地主管税务机关办理纳税申报;在中国境内没有任职、受雇单位的,向户籍所在地或中国境内经常居住地主管税务机关办理纳税申报;户籍所在地与中国境内经常居住地不一致的,选择其中一地主管税务机关办理纳税申报;在中国境内没有户籍的,向中国境内经常居住地主管税务机关办理纳税申报。

四、"走出去"个人的预扣预缴与信息报告

根据《财政部　税务总局关于境外所得有关个人所得税政策的公告》(财政部　税务总局公告 2020 年第 3 号)第 11 条的规定,居民个人被境内企业、单位、其他组织(以下称派出

单位)派往境外工作,取得的工资、薪金所得或者劳务报酬所得,由派出单位或者其他境内单位支付或负担的,派出单位或者其他境内单位应按照《个人所得税法》及其实施条例规定预扣预缴税款。

居民个人被派出单位派往境外工作,取得的工资、薪金所得或者劳务报酬所得,由境外单位支付或负担的,如果境外单位为境外任职、受雇的中方机构(以下称中方机构)的,可以由境外任职、受雇的中方机构预扣税款,并委托派出单位向主管税务机关申报纳税。中方机构未预扣税款的或者境外单位不是中方机构的,派出单位应当于次年2月28日前向其主管税务机关报送外派人员情况,包括:外派人员的姓名、身份证件类型及身份证件号码、职务、派往国家和地区、境外工作单位名称和地址、派遣期限、境内外收入及缴税情况等。

中方机构包括中国境内企业、事业单位、其他经济组织以及国家机关所属的境外分支机构、子公司、使(领)馆、代表处等。

第二节 境外所得抵免

一、缓解和消除国际间重复征税的方法

税收抵免是国际间消除重复征税、减轻纳税人税收负担的一种重要途径。采用适当的税收抵免办法,对于促进国际间资本、技术和人才的交流和全球经济的发展都将产生积极的作用。

目前世界各国缓解和消除国际间所得税重复征税的主要方法通常有免税法、扣除法、减免法和抵免法。

(一)免税法

免税法又称豁免法,是指一国政府单方面放弃对本国纳税人国外所得的征税权,以消除国际重复征税的方法。该种方法对纳税人来源于境外的所得完全免税,能较彻底地消除国际间的重复征税,可以鼓励向海外投资和向国内汇款,借以改善国际收支状况。但这也意味着纳税人所在国放弃了征税权,不利于保护纳税人所在国的税收利益。因而,目前世界各国已很少采用这种方法。

(二)扣除法

扣除法是指居住国对居民纳税人征收所得税时,允许该居民将其在境外已缴的税款作为费用从应税所得中扣除,扣除后的余额按相应的税率纳税。这种方法虽然能保证纳税人所在国税收利益,但消除重复征税的力度相对较小。由于该办法只能部分消除两国间的重复征税,纳税人为此而承担的税负依然很重。

(三)减免法

减免法又称低税法或减税法,是指一国对本国居民的国外所得在标准税率的基础上减免一定比例,按较低的税率征税;对其国内所得则按正常的标准税率征税。一国对本国居民来源于国外的所得征课的税率越低,越有利于缓解国际双重征税。该方法只是居住国对

已缴纳外国税款的国外所得按较低的税率征税，而不是完全对其免税，所以与扣除法一样，只能减轻而不能免除国际间双重征税。

(四) 抵免法

抵免法，是指一国政府在优先承认其他国家的地域税收管辖权的前提下，在对本国纳税人来源于国外的所得征税时，以本国纳税人在国外缴纳税款冲抵本国税收的方法。该方法，一方面能较为彻底地消除国际重复征税，使投资者向国外投资与向国内投资的税收负担相等，有利于促进国际投资和各国对外经济关系的发展；另一方面既避免了对同一笔所得的双重征税，又在一定程度上防止国际逃税和避税，保证了对一笔所得必征一次税。此外，抵免法可以保持资本输出中性和税收公平。因此，它是一种相对较优的方法，目前，世界各国普遍采用此种方法来免除国际重复征税。

按计算方式不同，抵免法可以分为全额抵免与限额抵免。全额抵免是指居住国政府对跨国纳税人在国外直接缴纳的所得税税款予以全部抵免。

限额抵免也称普通抵免，是指居住国政府对跨国纳税人在国外直接缴纳的和符合规定的间接负担的所得税税款给予抵免，但可抵免的数额不得超过外国所得按本国税法计算的应纳税额。限额抵免规定了一个抵免限额，当应抵税额等于或小于抵免限额时，一般可获全部抵免，超过限额部分，不能抵免。

我国在参考国际惯例的基础上，出于维护本国税收利益考虑，企业所得税就采用了限额抵免。另外，为公平税负，对应抵税额超过抵免限额的部分，可以在以后5个纳税年度内，用每年抵免限额抵免当年应抵税额后的余额进行抵补。

我国个人所得税在选择避免重复征税的方法时，认真权衡各种方法的利弊，为保留我国对居民个人境外所得的征税权，同时，又尽可能使所得来源国（地区）与我国共同对该项所得征税的重复部分予以完全消除。另外，由于全额抵免法有可能侵蚀到纳税人居住国的税基，所以，我国个人所得税法采用了限额抵免。

二、抵免限额的计算

根据《个人所得税法》第7条的规定，居民个人从中国境外取得的所得，可以从其应纳税额中抵免已在境外缴纳的个人所得税税额，但抵免额不得超过该纳税人境外所得依照该法规定计算的应纳税额。

与2011年版《个人所得税法》的相关规定相比，修改情况如表13-4所示。

表13-4　　　　　　　　境外所得抵免差异分析

2018年新《个人所得税法》	2011年版《个人所得税法》	差异
第7条　居民个人从中国境外取得的所得，可以从其应纳税额中抵免已在境外缴纳的个人所得税税额，但抵免额不得超过该纳税人境外所得依照本法规定计算的应纳税额	第7条　纳税义务人从中国境外取得的所得，准予其在应纳税额中扣除已在境外缴纳的个人所得税税额。但扣除额不得超过该纳税义务人境外所得依照本法规定计算的应纳税额	将"纳税义务人"修改为"居民个人"，将"准予"修改为"可以"抵免

根据《个人所得税法实施条例》第 21 条第 2 款的规定,纳税人境外所得依照规定计算的应纳税额,是居民个人抵免已在境外缴纳的综合所得、经营所得以及其他所得的所得税税额的限额(以下简称抵免限额)。除国务院财政、税务主管部门另有规定外,来源于中国境外一个国家(地区)的综合所得抵免限额、经营所得抵免限额以及其他所得抵免限额之和,为来源于该国家(地区)所得的抵免限额。

根据《财政部 税务总局关于境外所得有关个人所得税政策的公告》(财政部 税务总局公告 2020 年第 3 号)第 3 条的规定,居民个人在一个纳税年度内来源于中国境外的所得,依照所得来源国家(地区)税收法律规定在中国境外已缴纳的所得税税额允许在抵免限额内从其该纳税年度应纳税额中抵免。居民个人来源于一国(地区)的综合所得、经营所得以及其他分类所得项目的应纳税额为其抵免限额,按照下列公式计算:

(一)综合所得的抵免限额

$$\text{来源于一国(地区)综合所得的抵免限额} = \text{中国境内和境外综合所得依照规定计算的综合所得应纳税额} \times \text{来源于该国(地区)的综合所得收入额} \div \text{中国境内和境外综合所得收入额合计}$$

(二)经营所得的抵免限额

$$\text{来源于一国(地区)经营所得的抵免限额} = \text{中国境内和境外经营所得依照规定计算的经营所得应纳税额} \times \text{来源于该国(地区)的经营所得应纳税所得额} \div \text{中国境内和境外经营所得应纳税所得额合计}$$

(三)其他分类所得的抵免限额

$$\text{来源于一国(地区)其他分类所得的抵免限额} = \text{该国(地区)的其他分类所得依照规定计算的应纳税额}$$

(四)来源于一国(地区)所得的抵免限额

$$\text{来源于一国(地区)所得的抵免限额} = \text{来源于该国(地区)综合所得抵免限额} + \text{来源于该国(地区)经营所得抵免限额} + \text{来源于该国(地区)其他分类所得抵免限额}$$

正确计算抵免限额,是确保境外纳税合理抵免的重要一环。由于 2018 年新《个人所得税法》采用的是综合与分类相结合的个人所得税制,在计算纳税人境外所得已纳税款的抵免限额时,必须区分不同国家(地区)和不同应税所得项目分别计算。因而,《个人所得税法实施条例》第 20 条规定,居民个人从中国境内和境外取得的综合所得、经营所得,应当分别合并计算应纳税额;从中国境内和境外取得的其他所得,应当分别单独计算应纳税额。

在计算抵免限额时,对纳税义务人从中国境外取得的所得,应区别不同国家或者地区和不同应税项目,依照规定的费用减除标准和适用税率分别计算。此外,考虑到世界上有些国家和地区的个人所得税采用的是综合税制,他们在计算个人所得税税额时,通常是将各项所得综合起来,一并计算,很难将纳税人在某国缴纳的个人所得税税额分解到各个单项应税所得上。针对这种情况,税法规定,来源于中国境外一个国家(地区)的综合所得抵免限额、经营所得抵免限额以及其他所得抵免限额之和,为来源于该国家(地区)所得的抵免限额。这就是说,在实际扣除境外税额时,实行分国不分项的综合扣除方法。

由此可见,新税法仍然维持"分国不分项"的抵免规则。计算抵免限额时,按照"分国分项"方法计算;实际抵免时,按照"分国不分项"抵免。

三、可抵免的境外所得税税额

(一)可抵免的境外已纳税额

根据《个人所得税法实施条例》第 21 条第 1 款的规定,《个人所得税法》第 7 条所称已在境外缴纳的个人所得税税额,是指居民个人来源于中国境外的所得,依照该所得来源国家(地区)的法律应当缴纳并且实际已经缴纳的所得税税额。

这与 2011 年版《个人所得税法实施条例》第 32 条的规定基本一致,修改情况如表 13-5 所示。

表 13-5　　　　　　　　　可抵免境外已纳税额差异分析

2018 年新《个人所得税法实施条例》	2011 年版《个人所得税法实施条例》	差异
第 21 条　个人所得税法第 7 条所称已在境外缴纳的个人所得税税额,是指居民个人来源于中国境外的所得,依照该所得来源国家(地区)的法律应当缴纳并且实际已经缴纳的所得税税额	第 32 条　已在境外缴纳的个人所得税税额,是指纳税义务人从中国境外取得的所得,依照该所得来源国家或者地区的法律应当缴纳并且实际已经缴纳的税额	1. 将"纳税义务人从中国境外取得的所得"修改为"居民个人来源于中国境外的所得"。 2. 将"税额"修改为"所得税税额"

根据《财政部　税务总局关于境外所得有关个人所得税政策的公告》(财政部　税务总局公告 2020 年第 3 号)第 4 条的规定,可抵免的境外所得税税额,是指居民个人取得境外所得,依照该所得来源国(地区)税收法律应当缴纳且实际已经缴纳的所得税性质的税额。可抵免的境外所得税额不包括以下情形:

(1)按照境外所得税法律属于错缴或错征的境外所得税税额。

(2)按照我国政府签订的避免双重征税协定以及内地与香港、澳门签订的避免双重征税安排(以下统称税收协定)规定不应征收的境外所得税税额。

(3)因少缴或迟缴境外所得税而追加的利息、滞纳金或罚款。

(4)境外所得税纳税人或者其利害关系人从境外征税主体得到实际返还或补偿的境外所得税税款。

(5)按照我国《个人所得税法》及其实施条例规定,已经免税的境外所得负担的境外所得税税款。

(二)税收饶让处理

根据《财政部　税务总局关于境外所得有关个人所得税政策的公告》(财政部　税务总局公告 2020 年第 3 号)第 5 条的规定,居民个人从与我国签订税收协定的国家(地区)取得的所得,按照该国(地区)税收法律享受免税或减税待遇,且该免税或减税的数额按照税收协定饶让条款规定应视同已缴税额在中国的应纳税额中抵免的,该免税或减税数额可作为居民个人实际缴纳的境外所得税税额按规定申报税收抵免。

四、抵免与结转抵免

根据《个人所得税法实施条例》第 21 条第 3 款的规定,居民个人在中国境外一个国家(地区)实际已经缴纳的个人所得税税额,低于依照规定计算出的来源于该国家(地区)所得的抵免限额的,应当在中国缴纳差额部分的税款;超过来源于该国家(地区)所得的抵免限额的,其超过部分不得在本纳税年度的应纳税额中抵免,但是可以在以后纳税年度来源于该国家(地区)所得的抵免限额的余额中补扣。补扣期限最长不得超过 5 年。

根据《财政部 税务总局关于境外所得有关个人所得税政策的公告》(财政部 税务总局公告 2020 年第 3 号)第 6 条的规定,居民个人一个纳税年度内来源于一国(地区)的所得实际已经缴纳的所得税税额,低于依照该公告第 3 条规定计算出的来源于该国(地区)该纳税年度所得的抵免限额的,应以实际缴纳税额作为抵免额进行抵免;超过来源于该国(地区)该纳税年度所得的抵免限额的,应在限额内进行抵免,超过部分可以在以后 5 个纳税年度内结转抵免。

2019 年度以前年度尚未抵免完毕的税额,根据《财政部 税务总局关于境外所得有关个人所得税政策的公告》(财政部 税务总局公告 2020 年第 3 号)第 14 条的规定,可按该公告第 6 条规定处理。即超过来源于该国(地区)该纳税年度所得的抵免限额的,应在限额内进行抵免,超过部分可以在(包括 2019 年及以后年度)以后 5 个纳税年度内结转抵免。

五、抵免凭证与追补抵免

根据《个人所得税法实施条例》第 22 条的规定,居民个人申请抵免已在境外缴纳的个人所得税税额,应当提供境外税务机关出具的税款所属年度的有关纳税凭证。

根据《财政部 税务总局关于境外所得有关个人所得税政策的公告》(财政部 税务总局公告 2020 年第 3 号)第 10 条的规定,居民个人申报境外所得税收抵免时,除另有规定外,应当提供境外征税主体出具的税款所属年度的完税证明、税收缴款书或者纳税记录等纳税凭证,未提供符合要求的纳税凭证,不予抵免。

居民个人已申报境外所得、未进行税收抵免,在以后纳税年度取得纳税凭证并申报境外所得税收抵免的,可以追溯至该境外所得所属纳税年度进行抵免,但追溯年度不得超过 5 年。自取得该项境外所得的 5 个年度内,境外征税主体出具的税款所属纳税年度纳税凭证载明的实际缴纳税额发生变化的,按实际缴纳税额重新计算并办理补退税,不加收税收滞纳金,不退还利息。

纳税人确实无法提供纳税凭证的,可同时凭境外所得纳税申报表(或者境外征税主体确认的缴税通知书)以及对应的银行缴款凭证办理境外所得抵免事宜。

根据《财政部 税务总局关于境外所得有关个人所得税政策的公告》(财政部 税务总

局公告2020年第3号)第13条的规定,纳税人和扣缴义务人未按该公告规定申报缴纳、扣缴境外所得个人所得税以及报送资料的,按照《税收征收管理法》和《个人所得税法》及其实施条例等有关规定处理,并按规定纳入个人纳税信用管理。

六、境外所得抵免案例分析

【例·计算】 在中国境内有住所的居民个人张某2019年1月至12月在A国取得工资、薪金收入115 200元(人民币),从中国境内甲公司取得工资、薪金收入8 000元/月;8月从A国取得特许权使用费收入7 000元。

10月,又在B国取得利息收入1 000元。

该纳税人已分别按A国和B国税法规定,缴纳了个人所得税2 280元和280元,并已提供完税凭证原件。

不考虑专项扣除、专项附加扣除和依法确定的其他扣除,

要求:

(1) 计算境内甲公司应预扣预缴的个人所得税。

(2) 计算张某2019年应在中国缴纳的个人所得税。

(3) 填报年终后张某的综合所得汇算清缴纳税申报表。

(4) 假设上述所得发生在2018年,计算张某应缴纳的个人所得税。

【解析】

1. 甲公司应预扣预缴的个人所得税为:

$(8\ 000 \times 12 - 60\ 000) \times 3\% = 1\ 080$(元)。

2. 2019年应纳个人所得税的计算。

(1) 境内外综合所得应纳个人所得税的计算。

2019年综合所得的收入额为:

$115\ 200 + 8\ 000 \times 12 + 7\ 000 \times (1 - 20\%) = 216\ 800$(元);

2019年综合所得的应纳税所得额为:

$216\ 800 - 60\ 000 = 156\ 800$(元),适用税率20%、速算扣除数为16 920,应纳个人所得税为:

$156\ 800 \times 20\% - 16\ 920 = 14\ 440$(元);

来源于A国所得的抵免限额为:

$14\ 440 \times [115\ 200 + 7\ 000 \times (1 - 20\%)] \div 216\ 800 = 8\ 045.90$(元)。

张某在A国缴纳的个人所得税2 280元,低于抵免限额,因此,可全额抵扣。

(2) 张某在B国所得缴纳税款的抵免:

张某在B国取得的利息所得按照我国税法规定计算应纳税额,即抵免限额为:$1\ 000 \times 20\% = 200$(元);

该纳税人在B国实际缴纳的税款超出了抵免限额,因此,只能在限额内抵扣200元,不用补缴税款。

(3) 在 A、B 两国所得缴纳税款抵免结果。

根据上述计算结果,该纳税人 2019 年度应在中国缴纳个人所得税:

14 440－2 280－1 080＝11 080(元);

B 国缴纳税款未抵免完的 80 元,可在以后 5 年内纳税人从 B 国取得的所得抵免限额有余额时补扣。

3. 年终综合所得汇算清缴《个人所得税年度自行纳税申报表(B 表)》的填报如表 13-6 所示。

表 13-6　　　　　　　个人所得税年度自行纳税申报表(B 表)

(居民个人取得境外所得适用)

税款所属期:2019 年 1 月 12 日至 2019 年 12 月 31 日

纳税人姓名:张××

纳税人识别号:□□□□□□□□□□□□□□□□□－□□　　金额单位:人民币元(列至角分)

基本情况				
手机号码		电子邮箱		邮政编码　□□□□□□
联系地址	＿＿＿省(区、市)＿＿＿市＿＿＿区(县)＿＿＿街道(乡、镇)＿＿＿			
纳税地点(单选)				
1. 有任职受雇单位的,需选本项并填写"任职受雇单位信息":			□任职受雇单位所在地	
任职受雇单位信息	名称			
	纳税人识别号			
2. 没有任职受雇单位的,可以从本栏次选择一地:			□户籍所在地　　□经常居住地	
户籍所在地/经常居住地	＿＿＿省(区、市)＿＿＿市＿＿＿区(县)＿＿＿街道(乡、镇)＿＿＿			
申报类型(单选)				
√首次申报　　　□更正申报				
综合所得个人所得税计算				
项　目			行次	金额
一、境内收入合计(第 1 行＝第 2 行＋第 3 行＋第 4 行＋第 5 行)			1	96 000.00
(一)工资、薪金			2	96 000.00
(二)劳务报酬			3	
(三)稿酬			4	
(四)特许权使用费			5	
二、境外收入合计(附报《境外所得个人所得税抵免明细表》) (第 6 行＝第 7 行＋第 8 行＋第 9 行＋第 10 行)			6	122 200.00
(一)工资、薪金			7	115 200.00
(二)劳务报酬			8	

(续表)

项　　目	行次	金额
（三）稿酬	9	
（四）特许权使用费	10	7 000.00
三、费用合计[第11行＝(第3行＋第4行＋第5行＋第8行＋第9行＋第10行)×20％]	11	1 400.00
四、免税收入合计(第12行＝第13行＋第14行)	12	
（一）稿酬所得免税部分[第13行＝(第4行＋第9行)×(1－20％)×30％]	13	
（二）其他免税收入(附报《个人所得税减免税事项报告表》)	14	
五、减除费用	15	60 000.00
六、专项扣除合计(第16行＝第17行＋第18行＋第19行＋第20行)	16	
（一）基本养老保险费	17	
（二）基本医疗保险费	18	
（三）失业保险费	19	
（四）住房公积金	20	
七、专项附加扣除合计(附报《个人所得税专项附加扣除信息表》)(第21行＝第22行＋第23行＋第24行＋第25行＋第26行＋第27行)	21	
（一）子女教育	22	
（二）继续教育	23	
（三）大病医疗	24	
（四）住房贷款利息	25	
（五）住房租金	26	
（六）赡养老人	27	
八、其他扣除合计(第28行＝第29行＋第30行＋第31行＋第32行＋第33行)	28	
（一）年金	29	
（二）商业健康保险(附报《商业健康保险税前扣除情况明细表》)	30	
（三）税延养老保险(附报《个人税收递延型商业养老保险税前扣除情况明细表》)	31	
（四）允许扣除的税费	32	
（五）其他	33	
九、准予扣除的捐赠额(附报《个人所得税公益慈善事业捐赠扣除明细表》)	34	
十、应纳税所得额(第35行＝第1行＋第6行－第11行－第12行－第15行－第16行－第21行－第28行－第34行)	35	156 800.00
十一、税率(％)	36	20
十二、速算扣除数	37	16 920

(续表)

项　　目	行次	金额
十三、应纳税额(第38行＝第35行×第36行－第37行)	38	14 440.00
除综合所得外其他境外所得个人所得税计算 (无相应所得不填本部分,有相应所得另需附报《境外所得个人所得税抵免明细表》)		
一、经营所得 — (一)经营所得应纳税所得额(第39行＝第40行＋第41行)	39	
一、经营所得 — 其中:境内经营所得应纳税所得额	40	
一、经营所得 — 境外经营所得应纳税所得额	41	
一、经营所得 — (二)税率(％)	42	
一、经营所得 — (三)速算扣除数	43	
一、经营所得 — (四)应纳税额(第44行＝第39行×第42行－第43行)	44	
二、利息、股息、红利所得 — (一)境外利息、股息、红利所得应纳税所得额	45	1 000
二、利息、股息、红利所得 — (二)税率(％)	46	20％
二、利息、股息、红利所得 — (三)应纳税额(第47行＝第45行×第46行)	47	200
三、财产租赁所得 — (一)境外财产租赁所得应纳税所得额	48	
三、财产租赁所得 — (二)税率(％)	49	
三、财产租赁所得 — (三)应纳税额(第50行＝第48行×第49行)	50	
四、财产转让所得 — (一)境外财产转让所得应纳税所得额	51	
四、财产转让所得 — (二)税率(％)	52	
四、财产转让所得 — (三)应纳税额(第53行＝第51行×第52行)	53	
五、偶然所得 — (一)境外偶然所得应纳税所得额	54	
五、偶然所得 — (二)税率(％)	55	
五、偶然所得 — (三)应纳税额(第56行＝第54行×第55行)	56	
六、其他所得 — (一)其他境内、境外所得应纳税所得额合计(需在"备注"栏说明具体项目)	57	
六、其他所得 — (二)应纳税额	58	
股权激励个人所得税计算 (无境外股权激励所得不填本部分,有相应所得另需附报《境外所得个人所得税抵免明细表》)		
一、境内、境外单独计税的股权激励收入合计	59	
二、税率(％)	60	
三、速算扣除数	61	
四、应纳税额(第62行＝第59行×第60行－第61行)	62	
全年一次性奖金个人所得税计算 (无住所个人预判为非居民个人取得的数月奖金,选择按全年一次性奖金计税的填写本部分)		
一、全年一次性奖金收入	63	

(续表)

项　　目	行次	金额
二、准予扣除的捐赠额（附报《个人所得税公益慈善事业捐赠扣除明细表》）	64	
三、税率(%)	65	
四、速算扣除数	66	
五、应纳税额[第67行＝(第63行－第64行)×第65行－第66行]	67	
税　额　调　整		
一、综合所得收入调整额(需在"备注"栏说明调整具体原因、计算方法等)	68	
二、应纳税额调整额	69	
应补/退个人所得税计算		
一、应纳税额合计 （第70行＝第38行＋第44行＋第47行＋第50行＋第53行＋第56行＋第58行＋第62行＋第67行＋第69行）	70	14 640.00
二、减免税额(附报《个人所得税减免税事项报告表》)	71	0
三、已缴税额(境内)	72	1 080.00
其中:境外所得境内支付部分已缴税额	73	
境外所得境外支付部分预缴税额	74	
四、境外所得已纳所得税抵免额(附报《境外所得个人所得税抵免明细表》)	75	2 480.00
五、应补/退税额(第76行＝第70行－第71行－第72行－第75行)	76	11 080.00
无住所个人附报信息		

纳税年度内在中国境内居住天数		已在中国境内居住年数	

退税申请
（应补/退税额小于0的填写本部分）

√ 申请退税（需填写"开户银行名称""开户银行省份""银行账号"）			□放弃退税
开户银行名称		开户银行省份	
银行账号			

备　　注

谨声明:本表是根据国家税收法律法规及相关规定填报的,本人对填报内容(附带资料)的真实性、可靠性、完整性负责。

　　　　　　　　　　　　　　　　　　纳税人签字:张××　2020年5月8日

经办人签字: 经办人身份证件类型: 经办人身份证件号码: 代理机构签章: 代理机构统一社会信用代码:	受理人: 受理税务机关(章): 受理日期:　　年　　月　　日

国家税务总局监制

同时,填报《境外所得个人所得税抵免明细表》如表13-7所示。

表 13-7　　　　　境外所得个人所得税抵免明细表

税款所属期:2020年1月1日至2020年12月31日
纳税人姓名:张××
纳税人识别号:□□□□□□□□□□□□□□□□□-□□　　金额单位:人民币元(列至角分)

本期境外所得抵免限额计算							
列　次		A	B	C	D	E	
项　目 || 行次	金　额					
国家(地区)		1	境内	境　外		合计	
				A 国	B 国		
一、综合所得	(一) 收入	2					
	其中:工资、薪金	3	96 000	115 200			211 200
	劳务报酬	4					
	稿酬	5					
	特许权使用费	6		7 000			7 000
	(二) 费用	7	0	1 400	0		1 400
	(三) 收入额	8	96 000	120 800	0		216 800
	(四) 应纳税额	9	—	—	—	—	14 440
	(五) 减免税额	10	—	—	—	—	0
	(六) 抵免限额	11	—				11 124.69
二、经营所得	(一) 收入总额	12	—				
	(二) 成本费用	13	—				
	(三) 应纳税所得额	14	—				
	(四) 应纳税额	15	—	—	—	—	
	(五) 减免税额	16	—	—	—	—	
	(六) 抵免限额	17	—				
三、利息、股息、红利所得	(一) 应纳税所得额	18	—	1 000			1 000
	(二) 应纳税额	19	—	200			200
	(三) 减免税额	20	—		0		0
	(四) 抵免限额	21	—		200		200
四、财产租赁所得	(一) 应纳税所得额	22	—				
	(二) 应纳税额	23	—				
	(三) 减免税额	24	—				
	(四) 抵免限额	25	—				

(续表)

项目		行次	A	B	C	D	E
			金额				
五、财产转让所得	(一)收入	26	—				
	(二)财产原值	27	—				
	(三)合理税费	28	—				
	(四)应纳税所得额	29	—				
	(五)应纳税额	30	—				
	(六)减免税额	31	—				
	(七)抵免限额	32	—				
六、偶然所得	(一)应纳税所得额	33	—				
	(二)应纳税额	34					
	(三)减免税额	35					
	(四)抵免限额	36					
七、股权激励	(一)应纳税所得额	37					
	(二)应纳税额	38		—	—	—	
	(三)减免税额	39		—	—	—	
	(四)抵免限额	40					
八、其他境内、境外所得	(一)应纳税所得额	41					
	(二)应纳税额	42					
	(三)减免税额	43					
	(四)抵免限额	44	—				
九、本年可抵免限额合计 (第45行=第11行+第17行+第21行+第25行+第32行+第36行+第40行+第44行)		45	—	8 045.90	200		8 245.90
本期实际可抵免额计算							
一、以前年度结转抵免额 (第46行=第47行+第48行+第49行+第50行+第51行)		46	—	0	0		0
其中:前5年		47	—				
前4年		48					
前3年		49					
前2年		50					
前1年		51					
二、本年境外已纳税额		52	—	2 280	280		2 560

(续表)

列次 项目	行次	A	B	C	D	E
		金　额				
其中:享受税收饶让抵免税额(视同境外已纳)	53	—	0	0		0
三、本年抵免额(境外所得已纳所得税抵免额)	54		2 280	200		2 480
四、可结转以后年度抵免额 (第55行＝第56行＋第57行＋第58行＋第59行＋第60行)	55	—	0	80		—
其中:前4年	56	—				—
前3年	57	—				—
前2年	58	—				—
前1年	59	—				—
本年	60	—		80		—

备　　注

谨声明:本表是根据国家税收法律法规及相关规定填报的,本人对填报内容(附带资料)的真实性、可靠性、完整性负责。

　　　　　　　　　　　纳税人签字:张××　2020年5月8日

经办人签字: 经办人身份证件类型: 经办人身份证件号码: 代理机构签章: 代理机构统一社会信用代码:	受理人: 受理税务机关(章): 受理日期:　年　月　日

国家税务总局监制

4. 假设上述所得发生在2019年张某应缴纳的个人所得税的计算:

(1) 境内工资、薪金所得应纳个人所得税:

$[(8\ 000-3\ 500)\times 10\%-105]\times 9+[(8\ 000-5\ 000)\times 3\%-0]\times 3$
$=3\ 105+270=3\ 375(元)$。

(2) 张某在A国所得缴纳税款的抵免:

工资、薪金所得按我国税法规定计算的应纳税额:

$[(115\ 200\div 12-4\ 800)\times 20\%-555]\times 9+[(115\ 200\div 12-5\ 000)\times 10\%-210]\times 3$
$=(4\ 800\times 20\%-555)\times 9+(4\ 600\times 10\%-210)\times 3$
$=3\ 645+750=4\ 395(元)$;

特许权使用费所得按我国税法规定计算的应纳税额:

$7\,000 \times (1-20\%) \times 20\% = 1\,120(元)$；

来源于 A 国所得的抵免限额：$4\,395 + 1\,120 = 5\,515(元)$；

该纳税人在 A 国缴纳的个人所得税 2 280 元，低于抵免限额，因此，可全额抵扣，并需在中国补缴个人所得税：$5\,515 - 2\,280 = 3\,235(元)$。

（3）张某在 B 国所得缴纳税款的抵免：

张某在 B 国取得的利息所得按照我国税法规定计算应纳税额，即抵免限额为：$1\,000 \times 20\% = 200(元)$；

该纳税人在 B 国实际缴纳的税款超出了抵扣限额，因此，只能在限额内抵扣 200 元，不用补缴税款。

（4）在 A、B 两国所得缴纳税款抵免结果。

根据上述计算结果，该纳税人 2018 年度的境外所得应在中国补缴个人所得税 3 235 元；B 国缴纳税款未抵扣完的 80 元，可在以后 5 年内该纳税人从 B 国取得的所得抵免限额有余额时补扣。

通过上述规定及分析不难发现，为了保证纳税人境外已纳税款能够得到正确抵免，必须重点注意：

（1）准确区分纳税人的收入来源国，不能将来源于不同国家或地区的收入归集到其中某一个国家。

（2）准确确定纳税人来源于境外的收入按照中国税法所应适用的应税所得项目，避免因适用应税项目的错误而使扣除限额的计算发生偏差。

（3）从 2019 年度起对于综合所得或者经营所得，境内外所得合并计算纳税。

（4）严格审核境外已纳税款的完税凭证，以防以假冒的完税凭证骗取税款抵免。